संस्कृतम्

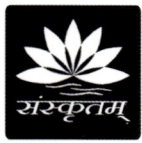

本丛书属于国家社科基金重大项目
　　——梵文研究及人才队伍建设

梵汉佛经对勘丛书

梵汉对勘
妙法莲华经

黄宝生 译注

中国社会科学出版社

图书在版编目(CIP)数据

梵汉对勘妙法莲华经/黄宝生译注. —北京：中国社会科学出版社，2018.5（2025.3 重印）

（梵汉佛经对勘丛书）

ISBN 978 - 7 - 5203 - 1304 - 9

Ⅰ.①梵… Ⅱ.①黄… Ⅲ.①大乘—佛经—校勘 Ⅳ.①B942.1

中国版本图书馆 CIP 数据核字（2017）第 267216 号

出 版 人	赵剑英
责任编辑	史慕鸿
特约编辑	常 蕾
责任校对	朱妍洁
责任印制	戴 宽

出　　版	中国社会科学出版社
社　　址	北京鼓楼西大街甲 158 号
邮　　编	100720
网　　址	http://www.csspw.cn
发 行 部	010 - 84083685
门 市 部	010 - 84029450
经　　销	新华书店及其他书店
印刷装订	北京君升印刷有限公司
版　　次	2018 年 5 月第 1 版
印　　次	2025 年 3 月第 4 次印刷
开　　本	710×1000　1/16
印　　张	55.75
字　　数	779 千字
定　　价	258.00 元

凡购买中国社会科学出版社图书，如有质量问题请与本社营销中心联系调换
电话：010 - 84083683
版权所有　侵权必究

《梵汉佛经对勘丛书》总序

印度佛教自两汉之际传入中国，译经活动也随之开始。相传摄摩腾和竺法兰所译《四十二章经》是中国的第一部汉译佛经。这样，汉译佛经活动始于东汉，持续至宋代，历时千余年。同样，印度佛教自七世纪传入中国藏族地区，藏译佛经活动始于松赞干布时期，持续至十七世纪，也历时千余年。据赵朴初先生的说法，汉译佛经共有"一千六百九十余部"，而藏译佛经共有"五千九百余种"。[①] 中国的佛教译经活动历时之久，译本数量之多，而且以写本和雕版印刷的传承方式保存至今，堪称世界古代文化交流史上的一大奇观。

印度佛教在中国文化土壤中扎下根，长期与中国文化交流融合，已经成为中国传统文化的有机组成部分。就汉文化而言，最终形成的传统文化是以儒家为主干的儒道释文化复合体。汉译佛经和中国古代高僧的佛学著述合称汉文大藏经。它们与儒家典籍和道藏共同成为中华民族的宝贵文化遗产。为了更好地继承和利用文化遗产，我们必须依循时代发展，不断对这些文献资料进行整理和研究。儒家典籍在中国古代文献整理和研究中始终是强项，自不待言。相比之下，佛教典籍自近代以来，学术界重视不够，已经逐渐成为中国古代文献整理和研究中的薄弱环节。

[①] 赵朴初：《佛教常识答问》，上海辞书出版社 2009 年版，第 147、150 页。另据吕澂著《新编汉文大藏经》目录，汉译佛经有一千五百零四部。关于汉译和藏译佛经的数量迄今未有确切的统计数字。

二十世纪五十至七十年代，中国台湾地区编辑的《中华大藏经》是迄今为止汇集经文数量最多的一部汉文大藏经。其后，八九十年代，中国大陆地区也着手编辑《中华大藏经》，已经出版了"正编"。这部大陆版《中华大藏经》（正编）以《赵城金藏》为基础，以另外八种汉文大藏经为校本，在每卷经文后面列出"校勘记"。可惜，这部《中华大藏经》的编辑只完成了一半，也就是它的"续编"还有待时日。这种收集经文完备又附有"校勘记"的新编汉文大藏经能为汉传佛教文献的整理和研究奠定坚实的基础。在此基础上，可以进一步开展标点和注释工作。

与汉文大藏经的总量相比，出自现代中国学者之手的汉文佛经的标点本和注释本数量十分有限。为何这两种《中华大藏经》都采取影印本，而不同时进行标点工作？就是因为标点工作的前期积累太少，目前还没有条件全面进行。而对于中国现代学术来说，古籍整理中的标点和注释工作也是不可或缺的。因此，有计划地对汉文佛经进行标点和注释的工作应该提到日程上来。唯有这项工作有了相当的成果，并在工作实践中造就了一批人才，《中华大藏经》的标点工作才有希望全面展开。

对于佛经标点和注释的人才，素质要求其实是很高的：既要熟谙古代汉语，又要通晓佛学。同时，我们还应该注意到，在汉文大藏经中，汉译佛经的数量占据一多半。而汉译佛经大多译自梵文，因此，从事佛经标点和注释，具备一些梵文知识也是必要的。此外，有一些佛经还保存有梵文原典，那么，采用梵汉对勘的方法必然对这些汉译佛经的标点和注释大有裨益。这就需要通晓梵文的人才参与其中了。

过去国内有些佛教学者认为留存于世的梵文佛经数量很少，对汉文大藏经的校勘能起到的作用有限。而实际情况并非这么简单。自十九世纪以来，西方和印度学者发掘和整理梵文佛经抄本的工作持续至今。当代中国学者也开始重视西藏地区的梵文佛经抄本的发掘和整理。由于这些抄本分散收藏在各个国家和地区，目前没有确切的统计数字。虽然不能说所有的汉译佛经都能找到相应的梵文原典，实际上也不可能做到这样，但其数量仍然十分可观，超乎人们以往的想象。例如，在汉译佛经中占据庞大篇幅的《般若经》，其梵文原典《十万颂般若经》、《二万五千颂般若经》和《八千颂般若经》等均有完整的抄本。又如，印度出版的《梵文佛经丛刊》（Buddhist Sanskrit Texts）收有三十多种梵文佛经校刊本。其中与汉译佛经对应的梵文原典有《神通游戏》（《方广大庄严经》）、《三昧王经》（《月灯三昧经》）、《入楞伽经》、《华严经》、《妙法莲华经》、《十地经》、《金光明经》、《菩萨学集》（《大乘集菩萨学论》）、《入菩提行论》、《中论》、《经庄严论》（《大乘庄严经论》）、《根本说一切有部毗奈耶》、《阿弥陀经》、《庄严宝王经》、《护国菩萨经》、《稻秆经》、《悲华经》、《撰集百缘经》、《佛所行赞》、《如来秘密经》（《一切如来金刚三业最上秘密大教王经》）和《文殊师利根本仪轨经》等。此外，诸如《金刚经》、《维摩诘经》、《阿毗达磨俱舍论》、《因明入正理论》和《辩中边论》等这样一些重要的汉译佛经也都已经有梵文校刊本。因此，对于梵汉佛经对勘在汉文佛教文献整理和研究中的学术价值不可低估，相反，应该予以高度重视。

其实，梵汉佛经对勘不仅有助于汉文佛教文献的整理，也有助于梵文佛经抄本的整理。梵文佛经抄本整理的主要成果是编订校刊本。因为梵文佛经抄本在传抄过程中，必定会产生或多或少的文字脱误或变异。这需要依据多种抄本进行校勘，确定正确的或可取的读法，加以订正。除了利用同一佛经的多种梵文抄本进行校勘外，还可以利用同一佛经的平行译本进行对勘。尤其是在有的梵文佛经只有一个抄本的情况下，利用平行译本进行对勘就显得更为重要。正是这个原因，长期以来，西方、印度和日本学者在编订梵文佛经校刊本时，都十分重视利用梵文佛经的汉译本和藏译本。但对于西方学者来说，掌握古代汉语比较困难，因此，从发展趋势看，他们越来越倚重藏译本。相比之下，日本学者在利用汉译本方面做得更好。

近一百多年来，国际佛教学术界已经出版了不少梵文佛经校刊本，同时也出版了完整的巴利文三藏校刊本。这些校刊本为佛教研究提供了方便。学者们依据这些校刊本从事翻译和各种专题研究。在此基础上，撰写了大量的印度佛教论著和多种印度佛教史。如果没有这些校刊本，这些学术成果的产生是不可设想的。这从这些著作中引用的梵文佛经校刊本及其现代语言（英语、法语或日语）译本资料便可见出。同时，我们也应该注意到，有些重要佛经缺乏梵文原典，西方学者还依据汉译佛经转译成西方文字，如英译《佛所行赞》（梵文原典缺失后半）、《胜鬘师子吼一乘大方便方广经》，德译和英译《维摩诘经》（译于梵文原典发现前），法译《成唯识论》、《大智度论》、《摄大乘论》、《那先比丘经》，等等。又鉴于印度古代缺少历史文献，他们也先后将法显的《佛国记》、玄奘的《大唐西域记》、慧立和彦悰的《大慈恩寺三藏法师传》、义净的《大唐西域求法高僧传》和《南海寄归内法传》译成英文或法文。这些都说明国际佛教学术界对汉文佛教文献的高度重视。只是限于通晓古代汉语的佛教学者终究不多，他们对汉文佛教文献的利用还远不充分。

而中国学术界直至二十世纪上半叶，才注意到国际上利用梵文佛经原典研究佛教的"新潮流"。引进这种"新潮流",利用梵文佛经原典研究与佛教相关的中国古代文献的先驱者是陈寅恪、汤用彤、季羡林和吕澂等先生。然而,当时国内缺少梵文人才,后继乏人。时光荏苒,到了近二三十年,才渐渐出现转机。因为国内已有一批青年学子在学习梵文后,有志于利用梵文从事佛教研究。这条研究道路在中国具有开拓性,研究者必定会备尝艰辛,但只要有锲而不舍的精神,前景是充满希望的。

利用梵文从事佛教研究的方法和途径多种多样,研究者完全可以依据自己的学术兴趣和专长选择研究领域。而梵汉佛经对勘研究应该是其中的一个重要选项。这项研究的学术价值至少体现在以下几个方面:

一、有助于读解汉译佛经。现代读者读解汉译佛经的难度既表现在义理上,也表现在语言上。佛教义理体现印度古代思维方式。尤其是大乘佛教的中观和唯识,更是体现印度古代哲学思辨方式。它们有别于中国传统的理论思维形态。而汉译佛经的语言对于现代读者,不仅有古今汉语的隔阂,还有佛经汉译受梵文影响而产生不同程度的变异,更增添一层读解难度。然而,通过梵汉佛经对勘,则可以针对汉译佛经中义理和语言两方面的读解难点,用现代汉语予以疏通和阐释。

二、有助于读解梵文佛经。佛教于十二世纪在印度本土消亡,佛经抄本大量散失,佛教学术也随之中断。近代以来,随着国际印度学的兴起,学者们重视发掘佛经原典,先后在尼泊尔和克什米尔等地,尤其是在中国西藏地区发现了数量可观的梵文佛经抄本。这样,印度佛教文献研究成了一门"新兴学科"。由于佛教学术在印度本土已经中断数百年之久,对于印度或西方学者来说,梵文佛经的读解也是印度古代文献研究中的一个难点。这与汉文佛教文献在现代中国古代文献研究中的情况类似。仅以梵文词典为例,著名的 M.威廉斯的《梵英词典》和 V. S.阿伯代的《实用梵英词典》基本上都没有收入佛教词汇。因此,才会有后来出现的 F.埃杰顿的《佛教混合梵语语法和词典》和荻原云来的《梵和大辞典》。尤其是《梵和大辞典》,充分利用了梵汉佛经对勘的成果。

现存的所有梵文佛经抄本都会存在或多或少的文字错乱或讹误,已经编订出版的校刊本也未必都能彻底予以纠正。校刊本质量的高低既取决于校刊者本人的学术造诣,也取决于所掌握抄本的数量和质量。同时,佛教梵语受方言俗语影响,在词汇、惯用语和句法上与古典梵语存在一些差异,以及经文中对一些义理的深邃思辨,都会形成梵文佛经读解中的难点。而梵汉佛经对勘能为扫除梵文佛经中的种种文字障碍,提供另一条有效途径。毫无疑问,在利用汉译佛经资料方面,中国学者具有得天独厚的优势。如果我们能在梵汉佛经对勘研究方面多做一些工作,也是对国际佛教学术作出应有的贡献。

三、有助于佛教汉语研究。现在国内汉语学界已经基本达成一个共识,即认为佛经汉语是中国古代汉语中的一个特殊类型。有的学者仿照"佛教混合梵语"(Buddhist Hybrid Sanskrit)的称谓,将它命名为"佛教混合汉语"。而时下比较简便的称谓则是"佛教汉语"。梵文佛经使用的语言在总体上属于通俗梵语,这是由佛教的口头传承方式决定的。而这种通俗梵语中含有佛教的种种特定词语,也夹杂有俗语语法成分,尤其是在经文的偈颂部分,因此,明显有别于传统的梵语。同样,汉译佛经受梵文佛经影响,主要采用白话文体,较多采用口语用词。同时，在构词、词义、语法和句式上也受梵文影响，语言形态发生一些变异，有别于传统的汉语。这些特殊的语言现象需要汉语学者认真研究和诠释。近二三十年中，佛教汉语研究已成为一门"显学"。日本学者辛嶋静志和中国学者朱庆之是这个领域中的代表人物。

尽管国内佛教汉语研究已经取得了不少成绩，但研究队伍中存在一个明显的缺陷，也就是通晓梵语的学者很少。如果通晓梵语，直接运用梵汉佛经对勘研究的方法，就会方便得多，避免一些不必要的暗中摸索和无端臆测。辛嶋静志能在这个领域中取得大家公认的学术成就，是与他具备多方面的语言和知识学养分不开的，尤其是直接运用梵汉佛经对勘研究的方法。这是值得国内从事佛教汉语研究的年青一代学者效仿的。希望在不久的将来，中国学者能在大量的梵汉佛经对勘研究的基础上，编出佛教汉语语法和词典。这样，不仅拓展和充实了中国汉语史，也能为现代学者阅读和研究汉文佛经提供方便实用的语言工具书。

四、有助于中国佛经翻译史研究。中国无论在古代或现代，都无愧为世界上的"翻译大国"。在浩瀚的汉文大藏经中，不仅保存有大量的汉译佛经，也保存有许多佛经翻译史料。现代学者经常依据这些史料撰写佛经翻译史论。但是，佛经翻译史研究若要进一步深入的话，也有赖于梵汉佛经对勘研究的展开。因为佛经翻译史中的一些重要论题，诸如佛经原文的文体和风格，翻译的方法和技巧，译文的质量，只有通过具体的梵汉佛经对勘研究，才会有比较切实的体认。在这样的基础上撰写佛经翻译史论，就能更加准确地把握和运用古代史料，并提供更多的实例，增添更多的新意。

鉴于上述学术理念，我们决定编辑出版《梵汉佛经对勘丛书》，由国内有志于从事梵汉佛经对勘的学者分工协作完成。这是一个长期计划，完成一部，出版一部，不追求一时的速度和数量。每部对勘著作的内容主要是提供梵文佛经的现代汉语今译，对梵文佛经和古代汉译进行对勘，作出注释。

其中，梵文佛经原文选用现已出版的校刊本。若有两个或两个以上校刊本，则选定一个校刊本作为底本，其他的校刊本用作参考。若有其他未经校勘的抄本，也可用作参考。而如果对勘者通晓藏文，也可将藏译本用作参考。当然，我们的主要任务是进行梵汉佛经对勘，而不是编订校刊本。因为编订校刊本是一项专门的工作，需要独立进行。编订校刊本的本意是为研究提供方便。前人已经编订出版的校刊本我们不应该"束之高阁"，而应该充分加以利用。在学术研究中，凡事不可能，也无必要从头做起，否则，就可能永远在原地踏步。正因为前人已经编订出版了不少梵文佛经校刊本，我们今天才有可能编辑出版《梵汉佛经对勘丛书》。而且，我们的梵汉佛经对勘研究也能在一定程度上起到改善前人校勘成果的作用。这也是我们对勘成果的一个组成部分。

梵汉佛经对勘的版面格式是将梵文佛经原文按照自然段落排列，依次附上相应段落的现代汉语今译和古代汉译。古代汉译若有多种译本，则选取其中在古代最通行和最接近现存梵本的译本一至两种，其他译本可依据对勘需要用作参考。现代汉语今译指依据梵文佛经原文提供的新译。为何要提供现代汉语今译呢？因为这样便于同行们检验或核实对勘者对原文的读解是否正确。如果读解本身有误或出现偏差，势必会影响对勘的学术价值。另外，国内利用汉译佛经从事相关研究的学者大多不通晓梵文，或者只是掌握一些梵文基础知识，尚未达到读解原典的程度。那么，我们提供的现代汉语今译可以供他们参考，为他们的研究助一臂之力。

实际上，现代汉语今译本身也是对勘成果的重要体现。因为梵文佛经原文中的一些疑点或难点往往可以通过对勘加以解决。如果有的疑点或难点一时解决不了，我们可以暂不译出，或者提供参考译文，并在注释中注明。确实，如果我们能正确读解梵文佛经原文，并提供比较准确的现代汉语今译，便会对古代汉译佛经中一些文字晦涩或意义难解之处产生豁然开朗的感觉。通过梵汉佛经对勘，帮助读解梵文佛经和汉译佛经，这正是我们的工作目的。

对勘注释主要包括这几个方面：

一、订正梵文佛经校刊本和汉译佛经中的文字讹误或提供可能的合理读法。

二、指出梵文佛经与汉译佛经的文字差异之处。

三、指出汉译佛经中的误译之处。

四、疏通汉译佛经中的文字晦涩之处。

五、诠释梵文佛经和汉译佛经中的一些特殊词语。

由于我们已经提供了现代汉语今译，也就不需要逐句作出对勘说明，而可以依据实际需要，有重点和有选择地进行对勘注释。

同时，利用这次梵汉佛经对勘的机会，我们也对古代汉译佛经进行标点。梵文和古代汉语一样，没有现代形式的标点。但梵文在散文文体中，用符号 | 表示一句结束，|| 表示一个段落结束；在诗体中，用符号 | 表示半颂结束，|| 表示一颂结束。这样，参考梵文佛经，尤其是依靠读通句义，便有助于汉译佛经的标点。但古代汉语的行文毕竟具有自身的特点，不可能完全依据梵文原文进行标点。我们的标点

也只是提供一个初步的样本，留待以后听取批评意见，加以完善。

以上是对《梵汉佛经对勘丛书》的基本学术设想。在实际工作中，对勘者可以根据自己的学术专长，在某些方面有所侧重。我们的共同宗旨是对中国古代佛教文献的整理和研究作出各自的创造性贡献。

千里之行，始于足下。不管前面的道路怎样艰难曲折，让我们现在就起步，登上征途吧！

黄宝生

2010 年 5 月 12 日

目　录

导言 1

妙法莲华经 1

第一　序品 3

第二　方便善巧品 63

第三　譬喻品 134

第四　信解品 218

第五　药草品 259

第六　授记品 299

第七　往世因缘品 322

第八　五百弟子受记品 397

第九　阿难等受记品 424

第十　法师品 438

第十一　见宝塔品 462

第十二　努力品 508

第十三　安乐行品 522

第十四　菩萨从地涌出品 563

第十五　如来寿量品 597

第十六　分别功德品 618

第十七　随喜功德品 652

第十八　法师功德品 667

第十九　常不轻菩萨品 706

第二十　如来神通力品 722

第二十一　陀罗尼品 735

第二十二　药王菩萨本事品 748

第二十三　妙音菩萨品 772

第二十四　普门品 789

第二十五　妙庄严王本事品 812

第二十六　普贤菩萨劝导品 829

第二十七　托付品 843

导　言

一

据《开元释教录》卷十四记载，《妙法莲华经》先后有六译：《法华三昧经》六卷，吴支疆良接译（第一译）；《萨昙芬陀利经》六卷，西晋竺法护译（第二译）；《正法华经》十卷，西晋竺法护译（第三译）；《方等法华经》五卷，东晋支道根译（第四译）；《妙法莲华经》八卷，姚秦鸠摩罗什译（第五译）；《添品妙法莲华经》七卷，隋崛多、笈多二法师添品（第六译）。现在，留传于世的是第三、第五和第六译。失传的三译中，《萨昙芬陀利经》与《正法华经》同为竺法护译，这两个经名只是音译和意译的区别，可能是同一译本。另有《法华三昧经》一卷，刘宋智严译，讲述佛在耆阇崛山说法，展现神通，后应罗阅王之女利行请求，宣讲法华三昧，经文内容显然不属于《妙法莲华经》。由此也可以推断，上述所谓"第一译"的六卷本《法华三昧经》可能不是《妙法莲华经》。此外，有《萨昙分陀利经》一卷，西晋失译人名，相当于《见宝塔品》。还有，失佚的吴支谦译《佛说三车唤经》一卷，相当于《譬喻品》。

在现存三种汉译本中，《正法华经》（以下简称护译本）有二十七品，《妙法莲华经》（以下简称什译本）有二十八品，《添品妙法莲华经》（以下简称《添品》）有二十七品。其中，《添品》是以《妙法莲华经》为基础，增添一些内容。对于这三种文本的情况，难得在《添品》的序中有比较具体的说明："昔敦煌沙门竺法护，于晋武之世译《正法华》，后秦姚秦更请罗什译《妙法莲华》。考验二译，定非一本。护似多罗之叶，什似龟兹之文。余捡经藏，备见二本。多罗则与《正法》符会，龟兹则共《妙法》允同。护叶尚有所遗，什文宁无其漏？

而护所缺者,《普门品》偈也。什所缺者,《药草喻品》之半,《富楼那》及《法师》等二品之初,《提婆达多品》,《普门品》偈也。什又移《嘱累》在《药王》之前。二本《陀罗尼》并置《普门》之后,其间异同,言不能极。余景仰遗风,宪章成范。大隋仁寿元年,因普曜寺沙门上行之请,遂共三藏崛多笈多二法师,于大兴寺重勘天竺多罗叶本,《富楼那》及《法师》等二品之初勘本犹阙,《药草喻品》更益其半。《提婆达多》通入《塔品》,《陀罗尼》次《神力》之后,《嘱累》还结其终。"

此序中提到的"多罗之叶"应是出自印度的贝叶,"龟兹之文"应是出自龟兹的抄本。《添品》所据也是印度的贝叶。三种文本之间的一些差异是在传承和抄写中出现的。依照《添品》所据贝叶梵本,不同之处在于护译本缺《普门品》偈颂部分,《陀罗尼品》排在《普门品》之后。什译本缺《药草喻品》后半部分、《普门品》偈颂部分和《提婆达多品》,《陀罗尼品》排在《普门品》之后,《嘱累品》排在《药王品》之前,还有缺富楼那(即《五百弟子受记品》)和《法师品》二品开头部分。

而从现存什译本看,《药草喻品》依然缺后半部分,《普门品》偈颂部分已经补上(采用《添品》译文)。《提婆达多品》也已补上(采用萧齐达摩菩提和法献译文),并且独立成品,而护译本和《添品》均归入《见宝塔品》,因此,什译本比护译本和《添品》多出一品。《陀罗尼品》依然排在《普门品》之后,与护译本相同,而在《添品》中排在《神力品》之后。《嘱累品》也依然排在《药王品》之前,而护译本与《添品》一致,属于全经最后一品。至于《五百弟子受记品》开头部分,什译本与《添品》一致,而护译本中另有一个"入海采宝"的譬喻。《法师品》开头部分,三种汉译本一致。因此,不知《添品》序中所说什译本这两品开头部分原先所缺是什么。此外,《开元释教录》中还提到"药王菩萨等咒六首,大唐三藏玄奘重译"。

现存《妙法莲华经》的梵语抄本很多。下面依据维迪耶(P. L.

Vaidya）编订本简要介绍现存梵本《妙法莲华经》（Saddharma-puṇḍarīkasūtra）各品的主要内容。从中可以看出，现存梵本共有二十七品，其排列次序与《添品》完全一致。由此也可以印证《添品》序中所说情况是可靠的。

第一《序品》（nidānaparivarta，什译《序品》第一，护译《光瑞品》第一）：世尊在灵鹫山为集会大众说法。在讲完《无量义经》后，结跏趺坐，进入无量义三昧。这时，世尊的眉间白毫放射光芒，普照东方一万八千佛土。弥勒菩萨询问文殊师利菩萨：世尊以何因缘展现这样的瑞相？文殊师利以自己前生的经历，告诉弥勒，在过去世无数劫前，名为日月灯明的如来在讲完《无量义经》，进入无量义三昧时，也出现这种瑞相，表明如来即将宣说大法。

第二《方便善巧品》（upāyakauśalyaparivarta，什译《方便品》第二，护译《善权品》第二）：世尊出离三昧后，告诉舍利弗，如来证得的佛智深邃，一切声闻和缘觉难以理解。因此，如来随宜所说，运用种种方便善巧宣说自证法。舍利弗代表集会大众，再三请求世尊宣说这种法。世尊最终表示同意宣说。这时，集会中有五千傲慢的比丘、比丘尼、优婆塞和优婆夷起座离开，因为他们自以为已经证得法。然后，世尊讲述如来以一大事因缘出世，也就是让众生获得如来知见。如来以种种因缘、譬喻和言辞，方便善巧说法。如来宣说一乘，也就是佛乘。只是因为在五浊恶世中，众生充满贪欲，缺少善根，故而如来运用方便善巧，将一乘分成三乘（即声闻乘、缘觉乘和菩萨乘）宣说。

第三《譬喻品》（aupamyaparivarta，什译《譬喻品》第三，护译《应时品》第三）：舍利弗理解世尊所说这种法后，世尊授记他未来成佛。然后，世尊应舍利弗之请，继续为集会大众说法。他讲述一个譬喻：有位长者的住宅起火，他的幼稚无知的儿子们在宅中游戏娱乐，不愿离开火宅。于是，长者运用方便善巧，告诉他们在门外有许多可爱的牛车、羊车和鹿车，诱使他们出离火宅。待他们平安出离火宅后，便赠给他们同一种白牛驾驭的大车。这个譬喻中，火宅比喻充满痛苦和烦恼的三界，幼稚无知的儿子们比喻三界中的众生，长者比喻如来，牛车、羊车和鹿车比喻声闻、缘觉和菩萨三乘，同一种白牛驾驭的大车比喻大乘，即唯一的佛乘，诱使儿子们出离火宅比喻运用方便善巧。

第四《信解品》（adhimuktiparivarta，什译《信解品》第四，护译《信乐品》第四）：须菩提和摩诃迦叶等大声闻闻听世尊说法后，满怀喜悦，以譬喻表达自己的体悟。这个譬喻讲述有位大财主的儿子年幼离家，流落他乡。长大成人后，生活贫困，到处流浪。而大财主也到处寻找儿子，最后定居在某个城市。一天，这个穷儿子寻求生计，来到这个城市，无意中走近父亲居住的豪宅。他已经不认得父亲，而父亲一眼就认出他。于是，这个大财主运用方便善巧，雇佣这个穷儿子做清扫垃圾的工作，付给他优厚的工资。穷儿子满足于这份工资，恪守本分，努力清扫垃圾。此后，大财主循循诱导，直至这个穷儿子适应豪宅的生活，才向众人说明真相，让这个儿子继承他的所有遗产。这个譬喻中，长者比喻如来，穷儿子比喻苦难众生，垃圾比喻各种低劣的法。努力清扫垃圾比喻努力修习这些法。获得工资比喻获得涅槃。满足于工资比喻满足于涅槃，没有更高企求心。适应豪宅的生活比喻具有信解力。继承遗产比喻最终获得如来智。

第五《药草品》（auṣadhīparivarta，什译《药草喻品》第五，护译《药草品》第五）：世尊称赞摩诃迦叶等大声闻说得很好，然后，向他们说明如来确立如来智，并运用一切方便善巧向众生示现如来智。他讲述一个譬喻：世界上有各种药草和树木。雨云普降同一味的雨水，而各种药草和树木根据自己的种子发芽、成长和开花结果。同样，如来宣说的一切法同一味，以如来智为终极目标。如来根据众生各自的根性，以多种多样方式说法。这样，长成的药草和树木有高、中、低的不同，闻法的众生也是如此。

世尊还指出，如同日月的光芒照耀一切世界，如来向有志于声闻乘、缘觉乘和菩萨乘的一切众生平等说法。而实际上，没有三乘，只是由于众生所行不同，才被说成三乘。

接着，世尊又讲述一个譬喻：有个天生的盲人不相信别人说有日月星宿。一个医生采集药草，为他治疗，让他恢复了视力。于是，他自以为能看清和知道一切。这时，一些五神通仙人指出他没有神通力，不能称为智者。于是，他遵照这些仙人的指点，前往林中修行，而获得神通力。这个譬喻中，天生的盲人比喻处在生死轮回中的众生盲目无知。医生比喻如来。各种药草比喻空、无相、无愿和涅槃等义理。恢复视力比喻断除生死轮回束缚。五神通仙人也比喻如来。前往林中修行比喻发起菩提心，修习菩萨行。获得神通力比喻获得无上正等菩提。

第六《授记品》（vyākaraṇaparivarta，什译《授记品》第六，护译《授声闻决品》第六）世尊授记摩诃迦叶、须菩提、摩诃迦旃延和目犍连未来成佛，指出他们的佛名、世界名、劫名、寿数以及正法和像法的住世时间。

第七《往世因缘品》（pūrvayogaparivarta，什译《化城喻品》第七，护译《往古品》第七）：世尊讲述在过去世无数劫前，有一位大通智胜如来，原本是王子，出家修行，证得无上正等菩提。随即，他的十六个儿子也出家成为沙弥，请求大通智胜如来转动法轮。十方世界的众天神也前来请求转动法轮。于是，大通智胜如来转动法轮，宣说缘起法。后来，他又应这十六个沙弥儿子之请，宣示无上正等菩提，演说《妙法莲华经》，并授记这十六个沙弥儿子未来成佛。此后，这十六个菩萨儿子为四众广说《妙法莲华经》。

最后，世尊向集会大众指出，自己就是当时大通智胜如来的第十六个儿子，而在过去世听他说法的众生，就是现在在座的集会大众。因为如来智难以理解，故而过去世听他说法的众生仍然处在声闻地，在接受无上正等菩提教化的过程中。众生界长期迷失，热衷小乘，故而如来此前运用方便善巧宣说涅槃，而现在时机已到，便宣说无上正等菩提。

接着，世尊讲述一个譬喻：一位向导带领众人前往珍宝岛。在越过一座险恶的大森林时，众人疲累又恐惧，想要返回。于是，向导运用方便善巧，幻化出大城，让众人在城中休息。待众人得到休息后，他消除幻化的大城，继续带领众人前往珍宝岛。这个譬喻中，向导比喻如来。珍宝岛比喻佛智。险恶的大森林比喻获得佛智艰难。众人畏难退却比喻众生产生怯弱心。幻化的大城比喻如来运用方便善巧宣说三乘。

第八《五百弟子受记品》（pañcabhikṣuśatavyākaraṇaparivarta，什译《五百弟子受记品》第八，护译《授五百弟子决品》第八）：世尊称赞富楼那弥多罗尼子自过去世至今始终是"说法第一"，授记他未来成佛。然后，世尊授记以阿若憍陈如为首的五百弟子未来成佛。这五百弟子获得授记，满怀喜悦，并悔过自己过去没有觉醒。他们讲述一个譬喻：有个人在朋友家中喝醉酒。朋友送给他一颗无价摩尼珠，系在他的衣服里。他酒醒后，离开朋友家。然后，他前往异乡谋生，千辛万苦获得一点衣食，便心满意足。后来，他与那个朋友相遇。朋友见他穷困潦倒，向他指出系在衣服里的摩尼珠。这个譬喻中，朋友比喻如来。摩尼珠比喻无上正等菩提。那个人获得一点衣食便心满意足比喻众生满足于小智。

第九《阿难等受记品》（ānandādivyākaraṇaparivarta，什译《授学无学人记品》第九，护译《授阿难罗云决品》第九）：世尊授记阿难和罗睺罗未来成佛。然后，又授记一千二百有学和无学声闻未来成佛。

第十《法师品》（dharmabhāṇakaparivarta，什译《法师品》第十，护译《法师品》第十）：世尊告诉以药王为首的八万菩萨：四众闻听《妙法莲华》这个法门，甚至听取一偈一句，而生起一念随喜，他就会为他们授记无上正等菩提。而在如来涅槃后，若有人宣说《妙法莲华》这个法门，就应该像如来那样受到尊敬、敬拜和供养。因为如来宣说许多法门，唯有这个法门难以理解。这是如来自觉内证的正法秘要。而只有闻听和理解《妙法莲华》这个法门，才得以接近无上正等菩提。譬如有人在沙地挖掘水池。挖出干燥发白的泥土时，知道水源还离地很远。直至挖出含水的湿土时，便知道已经接近水源。

世尊还指出，在如来涅槃后，向四众宣说这个法门，应该入如来室，穿如来衣，坐如来座。如来室意谓安住对一切众生慈悲。如来衣意谓乐于大忍辱。如来座意谓安坐一切法空性。

第十一《见宝塔品》（stūpasaṃdarśanaparivarta，什译《见宝塔品》第十一和《提婆达多品》第十二，护译《七宝塔品》第十一）：这时，在世尊的前面，从会众中间的地方，涌出一座七宝宝塔，耸立空中。宝塔中传出称赞世尊释迦牟尼的话语。于是，世尊告诉集会大众，这是过去世多宝如来的宝塔。多宝如来在涅槃时，要求众比丘为他的全身建造一座宝塔。以后十方世界如有佛土宣说《妙法莲华》这个法门，这座宝塔就会来到那里，从地涌出，耸立空中，发出赞叹。若有如来想要打开这座宝塔，让众生看到他的身体。那么，这位如来就应该召集自己在十方世界所有的如来幻化身，一起打开这座宝塔。这样，为了满足集会大众的愿望，世尊召集自己在十方世界所有的如来幻化身来到灵鹫山。然后，世尊打开这个宝塔门。集会大众看到这位多宝如来坐在宝塔里面狮子座上。多宝如来称赞世尊释迦牟尼宣说《妙法莲华》这个法门，邀请世尊释迦牟尼分坐那个狮子座。世尊向集会大众宣布，有谁能在娑婆世界宣说这个法门，这正是时机，因为他要托付这个法门。

然后，世尊又讲述自己在过去世曾经是国王，发愿追求无上正等菩提，孜孜不倦求取《妙法莲华经》。后来遇见一位掌握《妙法莲华经》的仙人，国王便充任这位仙人的奴仆，而获得《妙法莲华》这个法门，完成菩萨行，度化十方众生。世尊最后说明这位仙人是提婆达多的前身，并授记提婆达多未来成佛。

这时，来自下方多宝如来佛土的智积菩萨准备返回自己的佛土。世尊请他稍留片刻，与文殊师利菩萨讨论一回正法。随即文殊师利从大海蛇宫中涌出。他向智积介绍自己在大海中宣说《妙法莲华经》，教化无数众生。智积提出疑问：这部经深邃微妙，这些众生能理解这部经而获得无上正等菩提吗？文殊师利便以海蛇王的一位八岁的女儿为例说明。而智积觉得难以相信。随即，这位海蛇王的女儿出现在他们面前，现身说法，让智积信服。

第十二《努力品》（utsāhaparivarta，什译《劝持品》第十三，护译《劝说品》第十二）：这时，药王等众菩萨和五百比丘请世尊不要担忧，表示他们在如来涅槃后，全都会努力向众生宣说这个法门。然后，世尊为自己出家前的姨母乔答弥和妻子耶输陀罗授记未来成佛。她俩也表示以后会努力向众生宣说这个法门。

第十三《安乐行品》（sukhavihāraparivarta，什译《安乐行品》第十四，护译《安行品》第十三）：文殊师利询问世尊："菩萨应该怎样在未来世宣说这个法门？"世尊回答说："应该安住四法，安住所行和所行处宣说这个法门。""所行"指忍辱，柔顺，如实观察诸法实相，不妄想分别。"四法"指四种所行处：第一所行处是不亲近不该亲近的人。第二所行处是观察一切法空，不颠倒妄想。第三所行处是向一切众生平等说法。第四所行处是怀抱慈悲心，对求取菩提的众生充满热望。

接着，世尊讲述一个譬喻：有一位强力转轮王，赏赐奋力与敌交战的战士各种财物，最后才赏赐自己长久保护的顶珠。同样，如来的圣者战士与摩罗交战，如来先宣说百千种经，赏赐他们涅槃城，最后才赏赐自己长久保护的正法秘要，《妙法莲华》这个最高法门。

第十四《菩萨从地涌出品》（bodhisattvapṛthīvīvivarasamudgam-aparivarta，什译《从地踊出品》第十五，护译《菩萨从地踊出品》第十四）：这时，来自其他世界的无数菩萨，向世尊表示他们在如来涅槃后，也要在娑婆世界宣说这个法门。而世尊告诉他们说不必了，因为在这个娑婆世界已有无数菩萨，他们会在如来涅槃后，宣说这个法门。世尊的话音刚落，娑婆世界的四周裂开，涌出无数菩萨。他们居住在大地下方的虚空世界，都是以前接受世尊教化的菩萨。这时，弥勒菩萨见到这些前所未见的菩萨，便询问世尊这些菩萨来自哪里？世尊告诉弥勒：这些是他在娑婆世界觉知无上正等菩提后教化的菩萨。弥勒深感奇妙，继续询问世尊：世尊觉知无上正等菩提以来，至今才四十余年，怎么可能教化如此无量无数的菩萨？

第十五《如来寿量品》（tathāgatāyuṣpramāṇaparivarta，什译《如来寿量品》第十六，护译《如来现寿品》第十五）：于是，世尊告诉众菩萨：不要以为他只是从释迦族出家，在菩提道场觉知无上正等菩提。其实，他在无数劫前已经成佛。从那时开始，就在娑婆世界和其他无数世界向众生说法。如来寿命无量，只是为了教化众生，运用方便善巧，才示现涅槃。实际上，如来并没有涅槃。如来的菩萨行至今没有结束。示现涅槃，是为了让众生觉得如来难得出世，从而渴望见到如来，有利于他们接受教化。

接着，世尊讲述一个譬喻：有一位医生出外行医时，家中的那些儿子误服毒药，痛苦不堪。这位医生回家后，采集药草，为他们解毒。一些尚未神志不清的儿子喝药后，身体痊愈。而另一些神志不清的儿子拒绝喝药。于是，这位医生运用方便善巧，继续出外行医，同时，托人捎信给家中那些儿子，说自己已经死去。这些儿子听后，极其悲伤。而在持续的悲伤中，那些神志不清的儿子渐渐变得清醒，于是喝了父亲留下的药，身体痊愈。这位医生得知儿子们已经摆脱病痛，便回家与他们团聚。这个譬喻中，医生比喻如来，那些儿子比喻苦难众生。医生假称自己死去比喻如来运用方便善巧宣说涅槃。因此，医生和如来两者均非说谎言。

第十六《分别功德品》（puṇyaparyāyaparivarta，什译《分别功德品》第十七，护译《御福事品》第十六）：世尊强调众生闻听《如来寿量》这个法门，一念之间就理解和信奉，获得的功德胜过长期修习布施、持戒、忍辱、精进和禅定五种波罗蜜。如果闻听后，受持和宣说，应该知道这样的善男子或善女人已经前往菩提道场觉知菩提，应该在他们站立、坐下或散步的地方建造如来塔。

第十七《随喜功德品》(anumodanāpuṇyanirdeśaparivarta，什译《随喜功德品》第十八，护译《劝助品》第十七)：世尊讲述若有善男子或善女人在如来涅槃后，闻听这个《妙法莲华》法门，随即心生欢喜，并向他人宣说。这样，辗转传至第五十个人。这第五十个人闻听后，也随即心生欢喜。同时，有一位大施主将一切财物施舍给瞻部洲每个众生，并教导所有众生佛法，让他们成为阿罗汉。这位大施主的功德固然很多，但仍然远远比不上那第五十个人的功德。这第五十个人的功德尚且如此，更何况第一个当面闻听世尊说法者的功德？

第十八《法师功德品》(dharmabhāṇakānaśaṃsāparivarta，什译《法师功德品》第十九，护译《叹法师品》第十八)：世尊讲述受持和宣说这个法门，会获得眼、耳、鼻、舌、身和意六根的各种功德，具有超常的感知能力。

第十九《常不轻菩萨品》(sadāparibhūtaparivarta，什译《常不轻菩萨品》第二十，护译《常被轻慢品》)：世尊讲述在过去世威音王如来的像法时期，有位比丘经常对四众说"我不轻视你们"，鼓励他们修习菩萨行，未来成佛。然而，他遭到四众的憎恨和责骂，并蔑称他为"常不轻"。这位比丘在临近死期时，听到空中威音王如来宣说《妙法莲华》法门，由此六根清净，生命得以延长，而宣说这个法门。以前责骂他的众生现在追随他，接受无上正等菩提教化。最后，世尊指出这个常不轻菩萨是自己的前身。

第二十《如来神通力品》(tathāgatarddhyabhisaṃskāraparivarta，什译《如来神力品》第二十一，护译《如来神足行品》第二十)：这时，从地下涌出的无数菩萨请求世尊宣说《妙法莲华》法门。世尊展现神通，伸出的舌头直达梵界，放出无量光芒。世尊告知集会大众，这个法门宣示"一切佛的雄牛性，一切佛的秘要，一切佛的深邃处"。

第二十一《陀罗尼品》(dhāraṇīparivarta，什译《陀罗尼品》第二十六，护译《总持品》第二十四)：药王菩萨、勇施菩萨、毗沙门天王、增长天王以及众罗刹女向世尊表示他们会保护受持这个法门的说法者,并分别诵出陀罗尼咒语。

第二十二《药王菩萨本事品》(bhaiṣajyarājapūrvayogaparivarta,什译《药王菩萨本事品》第二十三,护译《药王菩萨品》第二十一):世尊讲述药王菩萨的前生事迹。在过去世日月净明德如来的佛土,名为一切众生喜见的菩萨受持《妙法莲华》法门,努力修行,获得呈现一切色三昧。于是,他决定舍身供佛。他长期喝香油,然后以天衣裹身,灌满香油,以自己的神通力点燃身体,供奉这位如来。他转生后,继续供奉这位如来。这位如来涅槃后,他又燃臂供奉涅槃的如来。然后,他凭借自己的真实誓愿,失去的手臂又得以恢复。

接着,世尊以种种比喻说明《妙法莲华经》是一切经中的经王,能救护一切众生,受持和宣说这个法门能获得数不尽的功德。

第二十三《妙音菩萨品》(gadgadasvaraparivarta,什译《妙音菩萨品》第二十四,护译《妙吼菩萨品》第二十二):这时,东方净光庄严世界的妙音菩萨来到娑婆世界看望和敬拜世尊释迦牟尼如来。世尊讲述这位妙音菩萨长期侍奉云鼓音王如来,获得呈现一切色三昧,具有殊胜威力,以各种化身向众生宣说《妙法莲华》法门。

第二十四《普门品》(samantamukhaparivarta,什译《观世音菩萨普门品》第二十五,护译《光世音菩萨品》第二十三):世尊应无尽意菩萨请求,说明观自在菩萨为何被称为观自在。世尊讲述观自在菩萨能解救众生苦难。众生只要记取和呼叫观自在菩萨名号,就能摆脱任何灾难。观自在菩萨也以种种化身向众生说法。观自在菩萨能解除一切众生的恐惧,故而又被称为"赐予无畏者"。

第二十五《妙庄严王本事品》(śubhavyūharājapūrvayogaparivarta,什译《妙庄严王本事品》第二十七,护译《净复净王品》第二十五):世尊讲述在过去世无数劫前,有位云中美妙雷声星宿王开花神通如来。那时,妙庄严王有两个儿子——净眼和净藏。他俩听从母后净授的建议,向父王展现神通,说服父王前往这位如来身边聆听《妙法莲华》法门,与他们一起出家。如来授记妙庄严王未来成佛。世尊最后指出，妙庄严王是华德菩萨的前身，净授王后是光照庄严旗王菩萨的前身，净眼和净藏两位王子是药王和药上菩萨的前身。

第二十六《普贤菩萨劝导品》（samantabhadrotsāhanaparivarta，什译《普贤菩萨劝发品》第二十八，护译《乐普贤品》第二十六）：这时，东方的普贤菩萨展现神通，来到灵鹫山，听取《妙法莲华》法门，并向世尊表示自己会在末世末时保护受持这个法门的说法者，并赐予说法者陀罗尼咒语。普贤菩萨也鼓励说法者，称述受持和宣说这个法门的种种功德。

第二十七《托付品》（anuparīndanāparivarta，什译《嘱累品》第二十二，护译《嘱累品》第二十七）：世尊用右掌放在众菩萨右手上，将无上正等菩提托付给他们，嘱咐他们向众生广为宣说《妙法莲华》法门。众菩萨向世尊表示一定会遵照世尊的嘱托去做，请世尊放心。

二

大乘佛教的兴起在公元初前后。初期大乘经典主要是般若波罗蜜一类经典，基本教义是针对早期佛教追求"出世间"，以个人获得阿罗汉果位和达到涅槃为最高目标，而强调"世间和出世间不二"，提倡发菩提心，通过修习"六波罗蜜"菩萨行，获得佛性，并以普度众生为最高目标。从《妙法莲华经》的内容看，它的产生时间应该在大乘教义获得确立之后，因而至早在公元一、二世纪。

《妙法莲华经》的重要思想特色是提出"佛乘"（buddhayāna），以佛乘统摄声闻乘、缘觉乘和菩萨乘，也就是中国佛教天台宗所概括的"开权显实"和"会三归一"。三乘中，声闻乘通常指闻听佛陀言教而修行，最终证得阿罗汉果位。而佛经中，对缘觉乘的界定有多种说法，一般是指在闻听佛陀言教，证得不还果位后，独自修行，最终证得阿罗汉果位。故而，"缘觉"（pratyekabuddha，音译"辟支佛"）又译"独觉"。声闻乘和缘觉乘属于小乘，菩萨乘则是大乘。

以一乘统摄三乘这个创见是大乘佛教创立初期，为适应现实需要提出的。大乘教义是对早期佛教的创造性发展，不少见解甚至是对早期佛教的颠覆。这势必在佛教内部引发争论，遭到固守传统的教徒反对。这从《妙法莲华经》中就可以得到证实。在《方便品》中，佛陀应舍利弗请求，开始宣说这种一乘法时，集会中有五千比丘、比丘尼、优婆塞和优婆夷起坐退席，因为他们认为自己已经证得法，不需要再听这种法。在《譬喻品》中，舍利弗对佛陀说："初闻佛所说，心中大惊疑，将非魔作佛，恼乱我心耶？"（3.15）[①]在《劝持品》中，众菩萨向佛陀表示会在恶浊世努力宣说《妙法莲华经》时，提到愚夫们会毁谤他们说："自作此经典，诳惑世间人，为求名闻故，分别于是经。"（12.9）而即使这些"无智人，恶口骂詈等，及加刀杖等，我等皆能忍"（12.3）。

由此可见，大乘佛教有必要对大乘佛教与早期佛教之间继承和发展的关系在理论上作出合理的说明。这样，《妙法莲华经》应运而生，提出了一乘统摄三乘说。《方便品》中指出："诸佛世尊唯以一大事因缘故出现于世"，"欲令众生开佛知见"，"悟佛知见"，"入佛知见道"。然而，"诸佛出现于五浊恶世"，"众生垢重，悭贪嫉妒，成就诸不善根故，诸佛以方便力，于一佛乘分说为三"。"方便力"就是运用种种因缘、譬喻和言辞，方便善巧，随宜而说。《序品》中指出如来"演说正法，初善，中善，后善。……为求声闻者说应四谛法，度生老病死，究竟涅槃；为求辟支佛者说应十二因缘；为诸菩萨者说应六波罗蜜，令得阿耨多三藐三菩提，成一切种智"。也就是佛陀初期和中期始终宣说以涅槃为目标的声闻乘和缘觉乘，而在后期宣说以无上正等菩提为目标的菩萨乘。经中还多次指出，众生在恶浊世缺少善根，对佛乘难以理解，因此需要在无数劫中无数次接受佛的教化，种植善根，最后才能理解和接受佛乘。

① 此处和以下《妙法莲华经》引文（包括品名）依据什译，括号中标注的序号属于梵本。

经中还用多个譬喻说明这个道理。如《化城喻品》中，以众生在越过险恶的大森林前往珍宝岛时中途畏难退却比喻获得佛智艰难，众生产生怯弱心。以向导幻化大城比喻佛陀宣说三乘，示现涅槃。珍宝岛比喻获得无上正等菩提而成佛。又如《譬喻品》中，以火宅比喻苦难的三界，以牛车、羊车和鹿车比喻三乘，以白牛驾驭的大车比喻大乘。在这两个譬喻中，向导幻化大城和长者假称门外有三种车，都比喻佛陀运用方便善巧说法。

众生在无数劫中接受佛的教化，追求涅槃，获得净化，积累善根，最后时机成熟，佛陀才向他们宣说佛乘。这样，小乘的涅槃理想和大乘的成佛理想获得有机的联系。经中对小乘的涅槃概念作出新的解释，也就是小乘的涅槃并非真正的涅槃，如同"化城"，只是佛陀运用的方便善巧。只有成佛，才是真正的涅槃。这样，也就不否定小乘追求涅槃所作出的努力，有利于调和小乘和大乘的矛盾，说服小乘信众皈依大乘。

《维摩诘所说经》也是在大乘教义获得确立后产生的一部大乘经典。而在这部经的《示现不可思议解脱品》中，大迦叶闻听菩萨的不可思议解脱后，说道："确实，哪位智者闻听这种不可思议解脱后，不会发起无上正等菩提心？而我们还能做什么？我们的根器已灭绝，犹如烧焦的种子，不堪承受大乘。"在《如来种性品》中，大迦叶又说道："众声闻即使闻听佛法威力和无畏，也不能发起无上正等菩提心。"[①] 按照《维摩诘所说经》中这种说法，就将小乘关在大乘的门外了。

而《妙法莲华经》对小乘采取包容的态度。在这部经中，佛陀不仅为诸位大声闻授记成佛，也为五百弟子和所有集会大众授记成佛。理由是这些众生已经在无数劫中接受佛的教化，具足善根，在闻听佛陀宣说佛乘后，立即能理解和接受。

---

① 参阅《梵汉对勘维摩诘所说经》，中国社会科学出版社 2011 年版，第 187、230 页。

在这部经中，甚至还讲述佛陀授记提婆达多未来成佛。在早期佛教中，提婆达多始终被描写成佛陀的怨敌，而在这部经中讲述在过去世，佛陀曾是国王，提婆达多曾是仙人。正是这位仙人传授给这位国王《妙法莲华》这个法门。这样，尽管他在现在世贪图利养和名位，企图谋害佛陀而下地狱，佛陀仍然授记他未来成佛。

前面已经提到，现存的什译本中的《提婆达多品》是后人补入的。依据护译本的《七宝塔品》、昙摩伽陀耶舍译《萨昙芬陀利经》和现存梵本的《见宝塔品》中都有这部分内容，说明很可能是鸠摩罗什对这部分内容持有保留意见，而予以删除。这里还可以顺便提及在什译《陀罗尼品》中，罗刹女所说偈颂中有一句"调达（即提婆达多）破僧罪"不见于护译和梵本，也很可能是什译有意添加的。其实，大乘对提婆达多看法的转变是值得研究的。在僧祐的《释迦谱》（《释迦从弟调达出家因缘记》第十）中也有这样的记载："提婆达兜后犯五逆罪恶"，"为火所烧，便发悔心，称南无佛。……入地狱中。阿难悲泣言：'提婆达在地狱中，为经几时？'佛言：'经一大劫，命终生四天王上，展转至他化自在天，经六十劫，不堕三恶趣，最后度身，成辟支佛，名曰南无。由命终之时，称南无故。'"明代圆澄的《妙法莲华经意语序》中也有这样的说法："依正法克果者，如舍利弗等千二百声闻是也。修行异道克果者，如提婆达多、妙庄严王是也。既克果不拣邪正，岂不如莲之不拣净秽也。"而从印度佛教史看，在佛陀释迦牟尼逝世后，提婆达多一系的信徒始终是存在的。东晋法显的《佛国记》中记载：在拘萨罗国舍卫城，"调达亦有众在，常供养过去三佛，唯不供养释迦文佛"。唐玄奘的《大唐西域记》中也记载，在羯罗拿苏伐剌那国，"有三伽蓝，不食乳酪，遵提婆达多遗训也"。因此，《妙法莲华经》中的《提婆达多品》一方面说明提婆达多在佛教内部仍有影响力，另一方面也体现大乘佛教的一切众生皆能成佛的观念。

在《妙法莲华经》中，佛陀不止一次指出在座的四众在过去世无数劫中就是自己的弟子。这也是对释迦牟尼生平传说的创造性发展。

因为按照早期佛教，佛陀从释迦族出家修行，在菩提道场觉悟成佛，随后转动法轮，传播佛法，最后涅槃。因此，在《从地踊出品》中，弥勒菩萨询问佛陀：世尊"坐于道场，得成阿耨多罗三藐三菩提。从是已来始过四十余年"，怎么能"教化如是无量大菩萨众当成阿耨多罗三藐三菩提？"于是，在《如来寿量品》中，佛陀解释说自己在无数劫前已经成佛，从那时以来在娑婆世界和其他无数世界向众生说法，而且寿命至今未尽。佛陀明确表示自己的"寿命无量阿僧祇劫，常住不灭"。正是为了教化众生，才运用方便善巧，一次又一次示现涅槃。

如来寿命无量，常住不灭，与大乘的法身观念相通。"法身"这个概念在小乘部派佛教中已经出现，主要是将佛所说教法称为"法身"。而在大乘佛教中，将佛身分为三身：法身（dharmakāya，或译"自性身"）、报身（saṃbhogakāya，或译"受用身"）和化身（nirmāṇakāya，或译"应身"）。其中，报身是佛陀具有三十二大人相和八十种随好之身。化身是佛陀为教化众生而变化显现之身，如在《如来寿量品》中，佛陀说自己"处处自说名字不同，年纪大小，亦复现言当入涅槃"。法身则是佛陀永恒长存的佛性。正是由于这种永恒的佛性，佛陀的寿命无量，能在无数劫中变化显现，教化众生。

当然，在《妙法莲华经》产生的时期尚未形成这样明确的三身观念。在现存梵本中，dharmakāya（"法身"）这个词只出现一次，见于《药草喻品》后半部分："这位大智者看到，所有一切是法身，没有任何三种乘，世上唯有一种乘。"（5.82）然而，什译本恰恰缺译《药草喻品》的后半部分，也就没有出现"法身"一词。护译本中这一品是完整的。而护译将此处"一切是法身"译为"一切本"，没有直接译为"法身"。可是，护译本中有两处使用了"法身"这个词。一处就在这一品的前半部分中："或听受法，离诸贪惑，转稍以渐，遵诸通慧，因从本力，如其能量，坚固成就平等法身。"此处按梵本原文是："众生听法后，摆脱障碍，按照自己的能力和境况修习种种知一切智法。"什译："既闻法已，离诸障碍，于诸法中任力所能，渐得入道。"可见原文中并无"法身"一词。护译"平等法身"对应的原词是"知一切智法"（什译"一切种智"），也就是佛智，或者说是无上正等菩提。护译这句中的"诸通慧"是护译《正法华经》中对应"知一切智"（sarvajñajñāna）的用词。护译中另一处出现的"法身"一词在《五百弟子受记品》。这品开头部分有个"入海采宝"的譬喻：一位导师带领贫困众生入海采宝。众生只采集通常的七宝，而不知采集如意珠。由此比喻众生只求超越生死轮回的涅槃，而不知求取无上正等菩提。其中有一句的译文是："得如意珠谓获如来无极法身。"然而，什译和现存梵本恰恰缺少这个譬喻，因此不知原文的用词，但多半可能使用了 dharmakāya（"法身"）这个词。

依据上述情况，可以说，在《妙法莲华经》梵本中偶尔使用的"法身"一词，以及护译中两次出现的"法身"一词，主要意谓佛法、佛智或无上正等菩提。然而，这个意义结合如来寿命无量，应该是通向后来出现的大乘法身观念的。

《妙法莲华经》的主旨是以佛乘统摄声闻、缘觉和菩萨三乘，但它并没有充分阐释佛乘的义理。依据经中有限的说明，其中有几个标志性概念：无上正等菩提（什译"阿耨多罗三藐三菩提"）、如来知见（tathāgatajñānadarśana）、知一切智（sarvajñajñāna，什译"一切种智"）、知一切智性（sarvajñatā）、方便善巧（upāyakauśalya）和随宜所说（saṃdhābhāṣya）。无上正等菩提、如来知见和知一切智其实是同义词，都是指称佛智。"知一切"（sarvajña）是佛的称号。"知一切智"是佛智，"知一切智性"也就是佛性。而对于众生，佛智和佛性难以理解和接受，故而如来需要运用方便善巧和随宜所说，将一乘分为三乘。

具体而言，在《方便品》中，佛陀指出，"如来知见广大深远，无量无碍，力、无所畏、禅定、解脱、三昧，深入无际，成就一切未曾有法"。"如来能种种分别，巧说诸法，言辞柔软，悦可众心。"

在《药草喻品》中，佛陀指出"如来知是一相一味之法，所谓解脱相、离相、灭相、究竟涅槃常寂灭相，终归于空。佛知是已，观众心欲而将护之，是故不即为说一切种智"，而采取"随宜说法"。在《安乐行品》中，佛陀讲述菩萨在宣说《妙法莲华》这个法门时，应该"观一切法空。如实相，不颠倒，不动，不退，不转。如虚空，无所有性。一切语言道断，不生，不出，不起，无名无相，实无所有，无量无边，无碍无障，但以因缘有，以颠倒生故说"。在《如来寿量品》中，佛陀指出"如来如实知见三界之相，无有生死若退若出，亦无在世及灭度者，非实非虚，非如非异，不如三界见于三界。……以诸众生有种种性、种种欲、种种行、种种忆想分别故，欲令生诸善根，以若干因缘、譬喻、言辞种种说法"。

从这些以及经中其他相关论述可以看出，《妙法莲华经》中所说佛乘的理论依据主要是般若经确立的大乘空论和倡导的菩萨行。但是，《妙法莲华经》中比较明确佛乘的终极目标是让一切众生获得佛智和佛性而成佛。如在《譬喻品》中，舍利弗自责过去自以为已经获得涅槃，现在认识到"若得作佛时，具三十二相"，"是时乃可谓，永尽灭无余"（3.13）。在《方便品》中，佛陀自述"自证无上道，大乘平等法，若以小乘化，乃至于一人，我则堕悭贪，此事为不可"（2.57）。又说："舍利弗当知，我本立誓愿，欲令一切众，如我等无异。"（2.60）

这里有必要顺便讨论一下什译本《妙法莲华经》中的"十如是"概念。它出自《方便品》中这一段："唯佛与佛乃能究尽诸实相，所谓诸法如是相，如是性，如是体，如是力，如是作，如是因，如是缘，如是果，如是报，如是本末究竟等。"中国历代高僧对这"十如是"有所阐释。而隋智顗的《妙法莲华经玄义》（简称《法华玄义》）和《妙法莲华经文句》（简称《法华文句》），通过对《妙法莲华经》的注疏，创造性地构建了一个庞大而周密的佛学体系。在这个体系中，"十如是"也是一个至关重要的理论构件。智顗的这两部著作加上他的《摩诃止观》，成为中国佛教天台宗的三部立宗经典。

但是，我们对照梵本，发现原文中没有这样明确的"十如是"表述。上引这段文字按照原文可以直译如下："唯有如来宣示一切法，也唯有如来知道一切法。它们是这些法，这样的法，如此的法，如此形相的法。这些法这样，如此，如此形相，如此自性。唯有如来亲证明了这些法。"再看这段文字的护译："如来皆了诸法所由，从何所来，诸法自然，分别法类，众相根本，知法自然。"比照梵本原文，护译是一种笼统的意译，并非逐句对译。这也可以证明原文中并没有明确的"十如是"表述。虽然我们可以说，可能什译所据文本，此处与现存梵本不同。然而，更有可能是什译采取阐释性的意译。按照原文这段文字，是强调如来知道一切法，尤其是诸法的"形相"和"自性"。护译也是突出这两个概念，即"众相"和"自然"。"自然"一词是护译《正法华经》中对译"自性"（svabhāva）的用词。同时，护译"这样的法"和"如此的法"译为"诸法所由"和"从何所来"，也就是因和缘。按照原文，这段文字共有十个短语，这样，什译便意译为"十如是"，将原文中"这样的法"和"如此的法"加以具体化。

这里作为比较，还可以提及在《药草喻品》中有一段类似的表述方式："如来知道这些众生：他们是这些，他们这样，他们如此，他们怎样想，他们想什么，他们依据什么想，他们怎样修习，他们修习什么，他们依据什么修习，他们怎样获得，他们获得什么，他们依据什么获得。"这段文字有十二个短语，其中后面九个短语的语义比较明确，故而护译基本上做到逐句对译："群生根本，形所象类，如所想念，已念当念，所可施行，以行当行，所当行者，诸所因缘，所当获致，所当说者。"虽然译文语义含混，也不精确，但要点还是译出的，"念"对应 cintayanti（"想"），"行"对应 bhāvayanti（"修习"或"修行"），"获"对应 prāpnuvanti（"获得"）。什译没有逐句对译，而采取融会贯通的译法："唯有如来知此众生种相体性，念何事，思何事，修何事，云何念，云何思，云何修，以何法念，以何法思，以何法修，以何法得何法。"其中，原文中的"想"，什译用了"念"和"思"两个同义词。后三个短语又合为一个短语。这样，构成十个短语。如果我们仿照"十如是"，什译这段文字也可以简称为"十何"。这也体现什译的翻译技巧。

其实，什译"十如是"中的十个概念在佛经中也是习见的。"相"（lakṣaṇa）指事物的形相或表相。"性"（svabhāva）指事物自性或本性。"体"（bhāva 或 svabhāva）指实体或实质，常与"性"相通。"力"（bala）指能力。"作"（karman）指作业。"因"（hetu）指原因。"缘"（pratyaya 或 pratītya）指缘起或缘由。"果"和"报"也合称为"果报"（phala），指业果和报应。"本末究竟"（niṣṭhā）指诸法始末实质或根底，这是什译对译原文中的"如来亲证明了这些法"这个短语。同时，什译将原文中所说"唯有如来知道一切法"译为"唯佛与佛究尽诸法实相"。也就是说，这"十如是"体现一切法的实相。"实相"是什译《妙法莲华经》中对译"自性"（svabhāva）的用词，如《序品》中的"诸法实相义"（1.79）、"助发实相义"（1.98）和《方便品》中的"为说实相印"（2.59）。而有一处，即《安乐行品》中，"证诸实相"（13.67）中的"实相"对应的原词是"法性"（dharmatā）。这也说明"实相"与"法性"相通，内含义都是诸法假有性空的大乘空观。

《妙法莲华经》除了倡导佛乘，以一乘统摄三乘外，另一个重要思想特色是倡导宗教崇拜：崇拜佛，崇拜菩萨，崇拜经书，崇拜说法者。

在《妙法莲华经》中，佛是世界至高无上的导师和救主。信众对佛的崇拜表现为各种敬拜方式以及供奉食物、饮料、衣服、住舍、床座和治病药物。众天神是佛的护法神，常来听法，为佛降下天国花雨，奏响天乐，撒下天衣。《化城喻品》中提到十方天神前来请求佛陀说法，各自献给佛陀天车（即能在空中飞行的宫殿）。在佛涅槃后，信众为佛舍利建造宝塔供奉。《授记品》中提到这些宝塔"以金、银、琉璃、车渠、马瑙、真珠、玫瑰七宝合成,众华、璎珞、涂香、末香、烧香、缯盖,幢幡,供养塔庙"。《方便品》中提到供奉佛舍利塔的功德,无论建造七宝宝塔、石塔、泥塔,乃至童子聚沙为塔,敬拜供奉,都能获得佛菩提。制作佛的雕像、塑像或画像具有同样的功德。在佛塔或佛像前,即使供奉一束鲜花或一支乐曲,合掌敬拜一次或抬头瞻仰一次,都能获得佛菩提。

在《药王菩萨本事品》中,讲述药王菩萨过去世在日月净明德如来的佛土,受持《妙法莲华》法门。为报答佛恩,以自焚方式供奉佛。转生后,继续侍奉佛。在佛涅槃后,他"收取舍利,作八万四千宝瓶,以起八万四千塔,高三世界,表刹庄严,垂诸幡盖,悬众宝铃"。但是,他不满足于这样的供奉,继而燃臂供佛。在早期佛教中的佛本生故事中,有不少故事讲述佛陀前生慷慨布施,乃至舍身救护众生。在《提婆达多品》中,佛陀也自述在过去世"勤行布施,心无吝惜,象马七珍、国城妻子、奴婢仆从、头目髓脑、身肉手足,不惜躯命"。而在《药王菩萨本事品》中,这种舍身布施众生转变成舍身供佛。这表明《妙法莲华经》已将对佛的崇拜方式推到极端。

在《妙法莲华经》中,除了《药王菩萨本事品》,还有《常不轻菩萨品》、《妙音菩萨品》、《观世音菩萨普门品》和《普贤菩萨劝发品》,专门称颂菩萨的业绩。其中最重要的是《观世音菩萨普门品》,讲述观世音菩萨有"大威神力","具足神通力",在娑婆世界以各种化身为众生说法,度化众生。凡众生遭遇灾难,诸如囚禁枷锁,刀杖加身,航海遇险,商队遇匪,只要呼唤观世音菩萨的名号,就能消除灾祸,转危为安。乃至女人求生儿女,只要敬拜供养观世音菩萨,就能如愿。因此,这品中强调众生"应当一心供养观世音菩萨。是观世音菩萨摩诃萨,于畏怖急难中能施无畏,是故此娑婆世界皆号之为施无畏"。这品为观世音菩萨树立了众生救主的形象。在中国佛教中,这位菩萨已成为最受民间信众喜爱和敬仰的一位菩萨,常被称为"大慈大悲、救苦救难观世音菩萨"。而且,随着这位菩萨的塑像或画像逐渐女性化，又称"观音娘娘"。

"观世音"按照梵语原词 avalokiteśvara 的译法应是"观自在"，即由 avalokita（"观"）和 īśvara（"自在"）组成的复合词。而"观世音"（或"观音"）这个译名已在中国得到普及。过去有学者推测，这位菩萨最初的名字可能是 avalokitasvara，即由 avalokita（"观"）和 svara（"音"）组成的复合词，即"观音"。现在，这种推测已由《妙法莲华经》的早期梵语抄本残片得到证实①。而译为"观世音"，因为原文 avalokita（"观"）这个词中也含有与 loka（"世界"）相近的词音。应该说，译成"观世音"也是很恰当的，表明这位菩萨观察世间众生的呼声，救护众生。在古代汉译佛经中，"观音"和"观世音"的译名出现早于"观自在"的译名，由此也说明这位菩萨的梵语名号原先是"观音"（avalokitasvara），后来演变为"观自在"（avalokiteśvara）。古代印度注重口耳相传，avalokitasvara（"观音"）与 avalokiteśvara（"观自在"）词音相近，很容易将 avalokitasvara 听成 avalokiteśvara（"观自在"），而"观自在"这个名号可以突出这位菩萨具有观察一切的超凡能力，故而，产生这种演变，也合情合理。

《普贤菩萨劝发品》讲述普贤菩萨具有自在神通力，从东方世界来到灵鹫山，听佛陀说法，向佛陀表示会在恶浊世保护《妙法莲华经》的受持和宣说者，并称颂说法者的功德。这位普贤（samantabhadra）菩萨后来在《华严经》中成为享有崇高地位的菩萨，菩萨行的典范。此外，在独立通行的《普贤行愿品》中提出的普贤菩萨"十大行愿"对大乘佛教修行产生深刻影响。

《妙法莲华经》中还反复称颂受持、供奉和宣说《妙法莲华经》功德无量。《法师品》中说："若善男子、善女人于《法华经》乃至一句受持，读诵，解说，书写，种种供养经卷，华香、璎珞、末香、烧香、缯盖、幢幡、衣服、伎乐，合掌恭敬，是人一切世间所应瞻奉，应以如来供养而供养之。当知是人是大菩萨，成就阿耨多罗三藐三菩

---

① 参阅蒋忠新《旅顺博物馆藏梵文法华经残片》（1997）导言和第 161、162 页。

提。"又说："在在处处，若说若读若诵若书，若经卷所在处，皆应起七宝塔，极令高广严饰，不须复安舍利。所以者何？此中已有如来全身。此塔应以一切华香、璎珞、幢幡、伎乐歌颂，供养恭敬，尊重赞叹。"类似的称颂还见于《分别功德品》、《随喜功德品》和《法师功德品》等。这些称颂已将受持、诵读、书写、供奉和宣说《妙法莲华经》者以及《妙法莲华经》本身提高到与如来等同的地位，也就是应该受到像如来那样的敬仰和供奉。

此外，《妙法莲华经》中还推崇陀罗尼咒语。《陀罗尼品》中有药王菩萨等提供的五种咒语，《普贤菩萨劝发品》中有普贤菩萨提供的一种咒语。这些咒语都用于保护受持和宣说《妙法莲华经》者。咒语在印度古代有悠久的历史。上古时代的《阿达婆吠陀》主要是一部巫术诗歌集，包含有大量咒语，用于祝福和驱邪。在早期佛教中，佛陀并不推崇咒语，要求弟子远离外道幻术和咒术。而大乘佛教接纳和推崇咒语，显然是顺应根深蒂固的社会习俗。大乘佛经中出现的这些咒语，其语义都在可解和不可解之间。《妙法莲华经》中的这些咒语，什译采取音译。当然，用汉字实际上无法真正对应梵语中的音节，只是约略相似而已。护译则对这些咒语采取意译，而他的译文同样在可解和不可解之间。这说明对于这些咒语，翻译的功能难以发挥。因此，在汉译佛经中，咒语通常都采取音译，也许这样反倒更能暗示这些咒语内含神秘力量。

三

《妙法莲华经》的叙事中饱含神奇的想象，并巧妙运用譬喻，语言繁复而又通俗质朴。这种文体风格在大乘佛经中具有代表性，也是这部佛经得以广为流布的重要原因之一。

此经《序品》将佛陀说法的背景安置在广阔无边的宇宙中。集会大众无计其数，不仅有人间的菩萨、声闻和四众，还有天国的众天神。

佛陀在宣说《妙法莲华经》前，先宣说《无量义经》，然后进入无量义三昧。此时，天降花雨，一切世界出现六种震动。随后，佛陀宣说《妙法莲华经》。《见宝塔品》描写在佛陀说法过程中，从集会大众中间涌出一座宝塔，耸立空中，里面坐着已经在过去世涅槃的多宝佛，前来听取佛陀宣说《妙法莲华经》。为了打开这座宝塔门，让集会大众见到多宝佛，佛陀按照多宝佛的要求，召集自己在十方无数世界的如来化身来到灵鹫山。为了给这些如来化身腾出空间，佛陀将娑婆世界的众生移往其他世界。十方无数世界如来化身到齐，坐在各种的狮子座上，佛陀升入空中，打开宝塔门。多宝佛邀请佛陀与自己分坐狮子座。佛陀又满足集会大众的心愿，运用神通力，让他们站立空中，靠近宝塔，继续听他说法。在《从地踊出品》中，又描写从娑婆世界下方的虚空中涌出无数菩萨。他们是无数劫以来受佛陀教化的菩萨，以此说明如来寿命无量。在《如来神力品》中，佛陀应那些从地下涌出的无数菩萨请求说法时，展现神通，伸出广长舌直达梵界，放出无量无数光芒，照见十方世界无数菩萨坐在狮子座上。多宝佛和其他无数如来也伸出同样的广长舌。而在收回广长舌时，他们同时发出咳嗽声和弹指声，随即十方无数世界出现六种震动。

《妙法莲华经》中诸如此类突破时空的神奇描写旨在颂扬佛陀具有无与伦比的神通力。而这种神通力又与三昧有直接联系。首先是通过修习禅定，获得各种三昧，然后依靠这些三昧，展现各种神通变幻。上面已提到佛陀在宣说《妙法莲华经》前，进入无量义三昧，而后在说法过程中，展现各种神通变幻。此外，《药王菩萨本事品》描写药王菩萨跟随日月净明德如来修行，获得呈现一切色三昧。而后，他进入这种三昧，展现神通，空中降下大花雨和蛇心旃檀香雨。他就用这种一两就价值整个娑婆世界的旃檀香供养如来。《妙音菩萨品》描写净光庄严世界的妙音菩萨在过去世侍奉无数佛，获得无数种三昧。他带领无数菩萨前往灵鹫山看望佛陀时，不必起身，在座位上进入三昧，就一齐出现在灵鹫山前。这样的神通变幻描写已经成为大乘佛经中常见的叙事方式。

《妙法莲华经》中反复强调诸佛"以无量无数方便，种种因缘、譬喻、言辞，而为众生演说诸法"。佛经文体分类有小乘九部类和大乘十二部类，两者中均有"譬喻"（avadāna）这一类。这类譬喻经实际包括譬喻故事、本生故事和授记故事。而《妙法莲华经》中所说譬喻（aumapya）主要指譬喻故事。《妙法莲华经》堪称巧妙运用各种譬喻故事说法的典范经典。

中国佛教传统习惯将这部经中的譬喻故事概括为"法华七喻"，即《譬喻品》中的火宅喻、《信解品》中的穷子喻、《药草喻品》中的药草喻、《化城喻品》中的化城喻、《五百弟子受记品》中的系珠喻、《安乐行品》中的髻珠喻和《如来寿量品》中的医师喻。这是依据什译本作出的概括。其实，在《法师品》中还有掘地求水喻。在护译《正法华经》的《药草喻品》中还有盲人喻，《五百弟子受记品》中还有入海采宝喻。故而，也可以概括为"法华十喻"。在《譬喻品》中，佛陀在讲述火宅喻时，就明确指出："今当复以譬喻（aumapya）更明此义，诸有智者，以譬（upamā）得解。"实际也是如此，这些譬喻故事都能形象生动地阐明《妙法莲华经》以一乘统摄三乘的主旨。

然而，《妙法莲华经》中运用譬喻并不局限于这些譬喻故事，还有更广义的譬喻，即修辞意义上的比喻（upamā）。善用比喻是小乘和大乘佛经共有的特色。《妙法莲华经》中的精妙比喻也随处可见。如《化城喻品》中，佛陀为了说明过去世大通智胜如来时间的久远，使用这样的比喻："譬如三千大千世界所有地种，假如有人磨以为墨，过于东方千国土下一点，大如微尘，又过千国土下一点，如是展转尽地种墨。于汝等意云何？是诸国土，若算师，若算师弟子，能得边际知其数不？"而大通智胜如来涅槃以来的时间"复过是数"。在《如来寿量品》中，佛陀也使用这个比喻说明自己寿命无量，已在无数劫中教化众生。经中也经常用优昙钵花难得一现比喻诸佛难遇。在《妙庄严王本事品》中，除了优昙钵花外，还比喻说："如一眼之龟值浮木孔。”这句按原文直译是：“犹如海龟脖颈伸进漂浮大海的车轭缝隙中。”“转法轮，吹法螺，击法鼓，雨法雨”也是经中描写佛陀说法的常用比喻。在《药王菩萨本事品》中，佛陀用许多比喻说明《妙法莲华经》是一切经中的至上经。同时，也用许多比喻称颂《妙法莲华经》“能救一切众生”：“如清凉池能满一切诸渴乏者，如寒者得火，如裸者得衣，如商人得主，如子得母，如渡得船，如病得医，如暗得灯，如贫得宝，如民得王，如贾客得海，如炬除暗。”这样的博喻在大乘佛经中也屡见不鲜，如说明诸法皆空，有《般若经》中的十喻：如灯、如焰、如水中月、如空、如响、如乾闼婆城、如梦、如影、如镜中像和如化。《金刚经》中的九喻：星、翳、灯、幻、露、泡、梦、电和云。《维摩诘所说经》中的十喻：聚沫、泡、炎、芭蕉、幻、梦、影、响、浮云和电。以上只是略举数例，倘若有心人能收集整理佛经中的比喻，可以编成一部条目丰富的佛经比喻词典。

《妙法莲华经》的语言繁复而通俗质朴。这并非这部经独有的特点，而是佛经语言带有普遍性的特点。这是因为印度古代典籍的创制和传播以口头方式为主，如吠陀经典、史诗和往世书，直至古典梵语文学才开始重视书面写作。早期佛教处在吠陀后期和史诗时期。佛陀在世时，以口头方式宣教。在他逝世后的几个世纪中，经过僧团三次口头结集，最后形成巴利语三藏，并以文字记录下来，从而得到比较稳定的传承。大乘佛经的创制和传播也采取同样的方式，但没有经过僧团结集。估计一部佛经基本定型后，便以抄本形式传承，并继续以口头方式宣说。因此，在《妙法莲华经》中，称颂说法者功德时，除了提到受持、诵读和宣说，也提到书写和制成经卷（pustaka，或译“经书”）。而这些经卷虽然表现为文字形式，但仍然保留着口头语言的本色。

大乘佛经不再使用早期佛教的巴利语，而使用梵语。梵语本身也有雅俗之分。大乘佛经使用的是通俗梵语，相当于印度史诗使用的通俗梵语。《妙法莲华经》中的散文部分基本上使用规范的通俗梵语，而偈颂部分则使用混合梵语，即与俗语语法形态混合的梵语。这种混合梵语比通俗梵语更体现口语化特点。语言通俗质朴表明经文是口头宣说的，便于听众理解和接受。许多词句的重复表达，不厌其烦，也便于强化听众的记忆。这方面只需要举出《妙法莲华经》中的一个典型例子：《化城喻品》中描写大通智胜如来获得无上正等菩提时，十方世界出现六种震动，大放光明。于是，十方世界众天神前来请求这位如来转动法轮。经中逐一描写东方、东南方和南方世界众天神前来请求转动法轮的全过程，内容和词句大同小异。然后，以"西南方乃至下方亦复如是"一笔带过，又重复描写上方世界众天神前来请求转动法轮的全过程。

经中许多重复性的词句已经形成程式化的套语，如佛陀说法前后展现的神通变幻，又如佛陀授记菩萨和声闻成佛，对他们未来所处美妙佛土的描绘，还有对用于供养佛陀、舍利塔乃至说法者和经书的各种物品的描写。这些程式化套语储存在佛经创制者和说法者的脑海中，随时可以使用，脱口而出，得心应手。其中一些程式化套语，如经文开头佛陀说法场面的描写和经文结束时的用语等，也已成为佛经中通用的表述方式。

此外，佛陀有十个固定的称号：如来、阿罗汉、正等觉、明行足、善逝、世间解、无上士、调御丈夫、天人师和佛世尊。在《妙法莲华经》中，凡是提到过去世某佛出世，都会将这十个称号重复一遍。除了这十个称号，《妙法莲华经》中还使用佛陀的其他许多称号，诸如大牟尼、大仙人、大药师、大英雄、两足至尊、人中雄牛、王中狮子、世界导师、世界明灯、胜者和救世者等。这类称号大多出现在偈颂中，一方面是表示以各种比喻方式赞颂佛，另一方面是用于调适诗律，因为这些称号的梵语原词音节数和长短音组合存在差异，便于依据诗律需要选用。

中国古代高僧通过翻译实践，才逐渐认清佛经的文体风格特征，也就是与中国传统经典相比，"胡经尚质，秦人好文"（道安语），"胡文委曲"、"秦人好简"（僧睿语）。这样，也就不再忌讳使用白话文体译经。然而，在中国的文化背景下，梵语佛经翻译成汉语书面文字，以纸抄本的方式流通，主要还是供读者阅读。这就需要考虑到传统的阅读习惯以及文体的实际阅读效果。或许还要考虑到作为媒介工具，纸张的成本显然高于印度的贝叶。因此，中国古代的佛经翻译或多或少总有简化的倾向。

什译《妙法莲华经》主要采取意译的方法，通常都能准确把握原文的句义，抓住关键词语，用比原文稍为简练的汉语表达。同时，对经中重复的词句或段落予以适当删略或简化。不仅散文翻译，偈颂翻译也是这样。什译的偈颂常常将原文的两颂文字并作一颂。前面提到偈颂原文中经常使用的佛陀的各种称号，在什译中也大多没有译出，而直接称为佛，以节省文字，保证偈颂主要意义的传达。因此，什译和原文同样使用通俗的语言，但相对原文语言的质朴和繁复，什译文字显得更为文雅和简约，而又不失原文的精神和风貌。

就护译而言，在总体上没有采取简化的方法。因此，护译本的文字篇幅要比什译本多出许多，尤其是在偈颂部分。护译本虽然比较贴近原文，但译文中也常有简化原文词句的情况。而护译本存在的主要问题是译文表达中多有含混或晦涩之处，不如什译准确和晓畅。还有，护译所处译经时期，许多专有名词的译名还处在摸索过程中，因此，不少译名有别于后来约定俗成的通用译名。这样，在什译本问世后，自然在读者的眼中，什译本远胜于护译本。

僧睿《法华经后序》中记载："秦司隶校尉、左将军安侯姚嵩拟韵玄门，宅心世表，注诚斯典，信诣弥至。每思寻其文，深识译者之失。既遇鸠摩罗法师，为之传写，指其大归，真若披重霄而高蹈，登昆仑而俯眄矣。"道宣在《妙法莲华经弘传序》中也指出《正法华经》、《妙法莲华经》和《添品妙法莲华经》"三经重沓，文旨互陈，时所宗尚，皆弘秦本"。这些评价是符合历史实际的。

四

在近现代发现的梵语佛经抄本中,《妙法莲华经》的数量最多,有四十种左右。早在1852年,法国学者布奴夫(E. Burnouf)就依据梵本完成《妙法莲华经》法译本。之后,又有荷兰学者科恩(H. Kern)依据梵本完成英译本。而科恩和南条文雄校勘出版的《妙法莲华经》是第一部梵语编订本。之后有荻原云来和土田弥胜的编订本(1934—1935)、印度学者达德(N. Dutt)的编订本和维迪耶(P. L. Vaidya)的编订本(1960)。

中国学者蒋忠新也对《妙法莲华经》梵语抄本的整理和研究作出了重要贡献。他于1988年出版《民族文化宫图书馆藏梵文〈妙法莲华经〉写本(拉丁字母转写本)》。这个写本原藏西藏萨迦寺,保存很好,完整无缺。蒋忠新的这部著作虽然称为"转写本",但他参照上述四种编订本,做了细致认真的校勘工作,体现在详尽的校注中。而且,梵本《妙法莲华经》中含有较多的混合梵语语法形态,他也努力标注它们的正规形式。

此后,他又完成了藏于西藏布达拉宫和罗布林卡的三部梵文《妙法莲华经》写本的转写工作,出版于2006年。此外,他还发表有《旅顺博物馆藏梵文法华经残片》的转写本(1997)。他总结自己多年从事整理《妙法莲华经》抄本的经验,写有《关于梵文法华经文本的若干问题》一文,其中提出编订梵文《妙法莲华经》精校本的设想。他将现存抄本分为三类:尼泊尔抄本(西藏地区抄本也属于这一类)、克什米尔抄本和中亚抄本。其中,中亚抄本均为残本。尼泊尔抄本和克什米尔抄本属于同一传本,而克什米尔抄本比尼泊尔抄本古老。因此,他主张首先以克什米尔抄本为底本,尼泊尔抄本为参校本。校完后,若是克什米尔抄本有缺失的部分,则选择一个尼泊尔抄本为底本,其他尼泊尔抄本为参校本。这样,便能编出一个精校本。

可惜的是,蒋忠新于2002年逝世,享年六十岁。我和蒋忠新是同学,也是同龄人。我对他很了解,他的梵文功底很扎实。但要知道,上述这些著作是他在长期忍受病痛折磨的情况下完成的，可谓呕心沥血之作。若不是病魔过早地夺走他的生命，他完全能胜任这项编订梵文《妙法莲华经》精校本的工作。确实，我们应该永远铭记中国现代梵学史上这位可敬的梵文学者。

关于汉译《妙法莲华经》的研究，必须提到日本学者辛嶋静志。他于1992年出版《汉译〈妙法莲华经〉文本研究》(The Textual Study of the Chinese Version of the Saddharmapuṇḍarīkasūtra)，后又编纂了《正法华经词典》(1998) 和《妙法莲华经词典》(2001)。他在《正法华经词典》的前言中表达了自己的研究理念：鉴于"准确读汉译佛典的困难"，"我们可以把它与梵语、巴利语、藏语等经典或不同译者翻译的经典（异译）进行对比。通过与梵语等佛典或异译相比较，我们就很可能明确汉译佛典中一些难解的语法和词汇，找到一些发现"。他的上述三部著作正是这种研究理念和方法的具体实践，因此，对于中国学者研究什译和护译《妙法莲华经》的汉语词汇很有参考价值。而且，他表示要继续以这种方法编纂其他汉译佛典的词典，"最终将它们总归在一起，编一部以汉语佛典为材料的《佛典汉语词典》"。这样，近年来，他又编纂了《道行般若经词典》。

其实，中国学者也应该从事这项研究工作。在二十世纪，日本学者渡边海旭和荻原云来创始编纂《梵和大辞典》，历时半个世纪（1928—1978）得以完成，其最大特点是通过梵汉佛典对勘，汇集了大量与梵语原词对应的汉译用词。之后，1997年，又出版了平川彰编纂的《佛教汉梵大辞典》。这样，前者便于通过梵语原词查阅汉译用词，后者便于通过汉译用词查阅梵语原词，相得益彰。这两种辞典以资料性见长，为佛教汉语研究奠定了坚实的语料基础。进一步要做的工作是应该采用辛嶋静志的语言比较方法，结合佛典梵语原词，对汉译用词进行必要的辨析，这样，新编的《佛教汉语词典》就更有学术价值和实用价值，也对中国古代汉语史研究作出新的贡献。

我这次进行《妙法莲华经》对勘，梵本采用维迪耶（P. L. Vaidya）

编订本（Saddharmapuṇḍarīkasūtra，The Mithila Institute，Darbhanga，1960）。这个编订本是依据此前的三个编订本编定的。每页的边沿都标明其他三个编订本的相应页码，校注中也列出某些文字在其他编订本中的不同写法。同时，我也参考蒋忠新的《民族文化宫图书馆藏梵文〈妙法莲华经〉写本（拉丁字母转写本）》（简称 J 本）。古代汉译本采用什译《妙法莲华经》（《中华大藏经》第十五册），护译《正法华经》用作参考，而不纳入校勘工作范围。但相信对于需要研究《正法华经》的学者，本书也会有一定的参考价值。

最后，本书的电子文稿由常蕾帮我按照出版要求的格式做了编排工作，在此表示感谢。

黄宝生

2016 年 6 月

सद्धर्मपुण्डरीकसूत्रम्।

今译：妙法莲华经
什譯：妙法蓮華經

नमः सर्वबुद्धबोधिसत्त्वेभ्यः । नमः सर्वतथागतप्रत्येकबुद्धार्यश्रावकेभ्योऽतीतानागतप्रत्युत्पन्नेभ्यश्च बोधिसत्त्वेभ्यः ॥

今译：向一切佛和菩萨致敬！向过去、未来和现在的一切如来、缘觉、声闻和菩萨致敬！

१ निदानपरिवर्तः ।

今译：第一　序品[①]

什译：序品第一

एवं मया श्रुतम्। एकस्मिन्समये भगवान्राजगृहे विहरति स्म गृध्रकूटे पर्वते महता भिक्षुसंघेन सार्धं द्वादशभिर्भिक्षुशतैः सर्वैरर्हद्भिः क्षीणास्रवैर्निःक्लेशैर्वशीभूतैः सुविमुक्तचित्तैः सुविमुक्तप्रज्ञैराजानेयैर्महानागैः कृतकृत्यैः कृतकरणीयैरपहृत-भारैरनुप्राप्तस्वकार्थैः परिक्षीणभवसंयोजनैः सम्यगाज्ञासुविमुक्तचित्तैः सर्वचेतो-वशितापरमपारमिताप्राप्तैरभिज्ञाताभिज्ञातैर्महाश्रावकैः । तद्यथा -- आयुष्मता च आज्ञातकौण्डिन्येन, आयुष्मता च अश्वजिता, आयुष्मता च बाष्पेण, आयुष्मता च महानाम्ना, आयुष्मता च भद्रिकेण, आयुष्मता च महाकाश्यपेन, आयुष्मता च

[①] 在许多抄本前面有这首偈颂：

vaipulyasūtrarājaṃ paramārthanayāvatāranirdeśam |
saddharmapuṇḍarīkaṃ sattvāya mahāpathaṃ vakṣye ||

我将为众生讲述《妙法莲华经》，这是
方广经王，宣示入第一义谛法门的大道。

उरुबिल्वकाश्यपेन, आयुष्मता च नदीकाश्यपेन, आयुष्मता च गयाकाश्यपेन, आयुष्मता च शारिपुत्रेण, आयुष्मता च महामौद्गल्यायनेन, आयुष्मता च महाकात्यायनेन, आयुष्मता च अनिरुद्धेन, आयुष्मता च रेवतेन, आयुष्मता च कप्फिनेन, आयुष्मता च गवांपतिना, आयुष्मता च पिलिन्दवत्सेन, आयुष्मता च बक्कुलेन, आयुष्मता च महाकौष्ठिलेन, आयुष्मता च भरद्वाजेन, आयुष्मता च महानन्देन, आयुष्मता च उपनन्देन, आयुष्मता च सुन्दरनन्देन, आयुष्मता च पूर्णमैत्रायणीपुत्रेण, आयुष्मता च सुभूतिना आयुष्मता च राहुलेन । एभिश्चान्यैश्च महाश्रावकैः -- आयुष्मता च आनन्देन शैक्षेण । अन्याभ्यां च द्वाभ्यां भिक्षुसहस्राभ्यां शैक्षाशैक्षाभ्याम्। महाप्रजापतीप्रमुखैश्च षड्भिर्भिक्षुणीसहस्रैः । यशोधरया च भिक्षुण्या राहुलमात्रा सपरिवारया ।

今译：我这样听说。世尊曾经住在王舍城灵鹫山①，与大比丘僧团一起，有一千二百比丘，全都是阿罗汉，灭尽烦恼，清除污染，获得自在，心善解脱，慧善解脱②，柔顺似大象，完成职责，完成应做的事，卸下重担，达到自己的目的，断除生死束缚，凭正智而心善解脱，彻底控制一切思想③，是众所周知的大声闻，诸如尊者阿若憍陈如、尊者阿说示、尊者婆师波、尊者摩诃南、尊者跋提罗、尊者摩诃迦叶、尊者优楼频螺迦叶、尊者那提迦叶、尊者伽耶迦叶、尊者舍利弗、尊者摩诃目犍连、尊者摩诃迦旃延、尊者阿尼娄驮、尊者离波多、尊者劫宾那、尊者憍梵波提、尊者毕陵伽婆蹉、尊者薄俱罗、尊者摩诃拘絺罗、尊者颇罗堕、尊者摩诃难陀、尊者优波难陀、尊者孙陀罗难陀、尊者富楼那弥多罗尼子、尊者须菩提、尊者罗睺罗，这些和其他大声闻，包括尊者有学阿难以及其他二千有学和无学④比丘。还有

① “灵鹫山”（gṛdhrakūṭa）也译“鹫峰山”或“耆阇崛山”。

② “心善解脱”（suvimuktacitta）和“慧善解脱”（suvimuktaprajña）指心和智慧善于摆脱一切束缚，尤指摆脱贪欲和无知的束缚。

③ “彻底控制一切思想”的原文是 sarvacetovaśitāparamapāramitāprāpta，直译为“控制一切思想达到最高圆满”。

④ “有学”（śaikṣa）指学习修行者。“无学”（aśaikṣa）指完成修行者。

以摩诃波阇波提[①]为首的六千比丘尼，罗睺罗的母亲耶输陀罗[②]比丘尼及其随从。

什译：如是我聞：一時，佛住王舍城耆闍崛山中，與大比丘眾萬二千人[③]俱，皆是阿羅漢，諸漏[④]已盡，無復煩惱，逮得己利[⑤]，盡諸有結[⑥]，心得自在。其名曰：阿若憍陳如、摩訶迦葉、優樓頻螺迦葉、伽耶迦葉、那提迦葉、舍利弗、大目揵連、摩訶迦旃延、阿㝹樓馱、劫賓那、憍梵波提、離婆多、畢陵伽婆蹉、薄拘羅、摩訶拘絺羅、難陀、孫陀羅難陀、富樓那彌多羅尼子、須菩提、阿難、羅睺羅。如是眾所知識[⑦]大阿羅漢等。復有學、無學二千人。摩訶波闍波提比丘尼，與眷屬六千人俱。羅睺羅母耶輸陀羅比丘尼，亦與眷屬俱。

अशीत्या च बोधिसत्त्वसहस्रैः सार्धं सर्वैरवैवर्तिकैरेकजातिप्रतिबद्धैर्यदुत
अनुत्तरायां सम्यक्संबोधौ, धारणीप्रतिलब्धैर्महाप्रतिभानप्रतिष्ठितैरवैवर्त्यधर्मचक्र-
प्रवर्तकैर्बहुबुद्धशतपर्युपासितैर्बहुबुद्धशतसहस्रावरोपितकुशलमूलैर्बुद्धशतसहस्र-
संस्तुतैर्मैत्रीपरिभावितकायचित्तैस्तथागतज्ञानावतारणकुशलैर्महाप्राज्ञैः प्रज्ञापारमि-
तागतिंगतैर्बहुलोकधातुशतसहस्रविश्रुतैर्बहुप्राणिकोटीनयुतशतसहस्रसंतारकैः।
तद्यथा-- मञ्जुश्रिया च कुमारभूतेन बोधिसत्त्वेन महासत्त्वेन, अवलोकितेश्वरेण च महास्थामप्राप्तेन च सर्वार्थनाम्ना च नित्योद्युक्तेन च अनिक्षिप्तधुरेण च रत्नपाणिना च भैषज्यराजेन च भैषज्यसमुद्गतेन च व्यूहराजेन च प्रदानशूरेण च रत्नचन्द्रेण च रत्नप्रभेण च पूर्णचन्द्रेण च महाविक्रामिणा च अनन्तविक्रामिणा च त्रैलोक्यविक्रामिणा च महाप्रतिभानेन च सततसमिताभियुक्तेन च धरणीधरेण च अक्षयमतिना च पद्मश्रिया च नक्षत्रराजेन च मैत्रेयेण च बोधिसत्त्वेन महासत्त्वेन,

---

① “摩诃波阇波提”（mahāprajāpatī）是释迦牟尼的姨母，又称憍答弥（gautamī）。

② “耶输陀罗”（yaśodharā）是释迦牟尼的妻子。

③ 此处“万二千人”，按原文是“一千二百人”。

④ “漏”的原词是 āsrava，词义为痛苦、不幸或烦恼。

⑤ “逮得己利”的原词是 anuprāptasvakārtha，词义为达到自己的目的。其中的 artha 一词，词义为目的或利益，故而也可理解为获得自己的利益。

⑥ “有结”的原词是 bhavasaṃyojana，词义为生存的束缚，即生死的束缚。

⑦ “知识”意谓相知相识。“众所知识”意谓众所周知。

सिंहेन च बोधिसत्त्वेन महासत्त्वेन। भद्रपालपूर्वंगमैश्च षोडशभिः सत्पुरुषैः सार्धम्। तद्यथा -- भद्रपालेन च रत्नाकरेण च सुसार्थवाहेन च नरदत्तेन च गुह्यगुप्तेन च वरुणदत्तेन च इन्द्रदत्तेन च उत्तरमतिना च विशेषमतिना च वर्धमानमतिना च अमोघदर्शिना च सुसंप्रस्थितेन च सुविक्रान्तविक्रामिणा च अनुपममतिना च सूर्यगर्भेण च धरणींधरेण च। एवंप्रमुखैरशीत्या च बोधिसत्त्वसहस्रैः सार्धम्।

今译：还有八万菩萨，全都是不退转的一生所系①，安住无上正等菩提，获得陀罗尼②，具有大辩才，转动不退转法轮③，曾侍奉数百佛，于数百千佛处种植善根，受数百千佛赞叹，身心展现慈悲，精通如来智，具有大智慧，通晓般若波罗蜜，闻名数百千世界，度化百千千万那由他众生，诸如文殊师利法王子菩萨大士、观自在、得大势、一切义名、常精进、不休息、宝掌、药王、药上、庄严王、勇施、宝月、宝光、满月、大力、无量力、越三界、大辩、常恒精进、持地、无尽意、华德、星宿王、弥勒菩萨大士、狮子菩萨大士。还有以跋陀婆罗为首的十六位贤士④，诸如跋陀婆罗、宝积、导师、那罗达多、密护、伐楼那达多、因陀罗达多、上意、最上意、增意、不虚见、安住、勇猛、无比意、日藏、持地，以这些为首的八万菩萨。

什译：菩薩摩訶薩⑤八萬人，皆於阿耨多羅三藐三菩提⑥不退轉，皆得陀羅尼，樂說辯才⑦，轉不退轉法輪，供養無量百千諸佛，於諸

① “一生所系”（ekajātipratibaddha，或译“一生补处”）指菩萨修行达到圆满，过完这一生，下一生就要成佛，也就是已成为候补的佛。“不退转的一生所系”指必定会成佛，而不会退转到声闻和缘觉二乘。

② “陀罗尼”（dhāraṇī，或译“总持”）一是指记诵佛经的超常的能力，二是指咒语（相当于 mantra）。

③ “转动不退转法轮”指菩萨为众生说法，令众生不退转。

④ 此处“贤士”（satpuruṣa，或译“开士”或“善丈夫”）指居士菩萨。

⑤ “摩诃萨”是“大士”（mahāsattava）一词的音译。

⑥ “阿耨多罗三藐三菩提”（anuttarasamyaksaṃbodhi）也译“无上正等觉”或“无上正等菩提”。

⑦ “乐说辩才”的原词是 mahāprabhāna（“大辩才”）。“乐说”意谓喜欢说或善于说。“乐说辩才”意谓乐于说法，具有辩才。

佛所殖眾德本①，常為諸佛之所稱歎，以慈修身，善入佛慧，通達大智到於彼岸②，名稱普聞無量世界，能度無數百千眾生。其名曰：文殊師利菩薩、觀世音③菩薩、得大勢菩薩、常精進菩薩、不休息菩薩、寶掌菩薩、藥王菩薩、勇施菩薩、寶月菩薩、月光菩薩、滿月菩薩、大力菩薩、無量力菩薩、越三界菩薩、跋陀婆羅菩薩、彌勒菩薩、寶積菩薩、導師菩薩，如是等菩薩摩訶薩八萬人俱。

शक्रेण च देवानामिन्द्रेण सार्धं विंशतिदेवपुत्रसहस्रपरिवारेण । तद्यथा -- चन्द्रेण च देवपुत्रेण सूर्येण च देवपुत्रेण समन्तगन्धेन च देवपुत्रेण रत्नप्रभेण च देवपुत्रेण अवभासप्रभेण च देवपुत्रेण । एवंप्रमुखैर्विंशत्या च देवपुत्रसहस्रैः । चतुर्भिश्च महाराजैः सार्धं त्रिंशद्देवपुत्रसहस्रपरिवारैः । तद्यथा -- विरूढकेन च महाराजेन, विरूपाक्षेण च महाराजेन, धृतराष्ट्रेण च महाराजेन, वैश्रवणेन च महाराजेन । ईश्वरेण च देवपुत्रेण च महेश्वरेण च देवपुत्रेण त्रिंशद्देवपुत्र-सहस्रपरिवाराभ्याम् । ब्रह्मणा च सहांपतिना सार्धं द्वादशब्रह्मकायिक-देवपुत्रसहस्रपरिवारेण । तद्यथा -- शिखिना च ब्रह्मणा ज्योतिष्प्रभेण च ब्रह्मणा । एवंप्रमुखैर्द्वादशभिश्च ब्रह्मकायिकदेवपुत्रसहस्रैः । अष्टाभिश्च नागराजैः सार्धं बहुनागकोटीशतसहस्रपरिवारैः । तद्यथा -- नन्देन च नागराजेन, उपनन्देन च नागराजेन, सागरेण च वासुकिना च तक्षकेण च मनस्विना च अनवतप्तेन च उत्पलकेन च नागराजेन । चतुर्भिश्च किन्नरराजैः सार्धं बहुकिन्नर-कोटीशतसहस्रपरिवारैः । तद्यथा -- द्रुमेण च किन्नरराजेन, महाधर्मेण च किन्नरराजेन, सुधर्मेण च किन्नरराजेन, धर्मधरेण च किन्नरराजेन । चतुर्भिश्च

---

① "德本"的原词是 kuśalamūla，词义为善根。
② "通达大智到于彼岸"的原文是 prajñāpāramitāgatiṃgata，直译为"到达般若波罗蜜"。按照什译，其中的 prajñā（"般若"或"智慧"）是"大智"，pāramitā（"波罗蜜"）是"到于彼岸"，gatiṃgata（"到达"）是"通达"。在佛经梵语中，pāramitāgatiṃgata 与 pāramitāprāpta（"通晓"或"达到圆满"）是同义词。因此，prajñāpāramitāgatiṃgata 这个复合词也可以直接译为"通晓般若智慧"或"达到般若智慧圆满"。
③ 此处和后面出现的"观世音"的原词是 avalokiteśvara。此词是由 avalokita（"观察"或"观照"）和 īśvara（"自在天"或"主宰者"）组成的复合词，即"观自在"，可以理解为"至高的观照者"或"至高的观世者"。而"观世音"的译法也有依据，对应的原词是avalokitasvara，即 avalokita（"观"）-svara（"音"），"观音"或"观世音"。

गन्धर्वकायिकदेवपुत्रैः सार्धं बहुगन्धर्वशतसहस्रपरिवारैः । तद्यथा -- मनोज्ञेन च गन्धर्वेण मनोज्ञस्वरेण च मधुरेण च मधुरस्वरेण च गन्धर्वेण । चतुर्भिश्चासुरेन्द्रैः सार्धं बह्वसुरकोटीशतसहस्रपरिवारैः । तद्यथा -- बलिना च असुरेन्द्रेण, खरस्कन्धेन च असुरेन्द्रेण, वेमचित्रिणा च असुरेन्द्रेण, राहुणा च असुरेन्द्रेण । चतुर्भिश्च गरुडेन्द्रैः सार्धं बहुगरुडकोटीशतसहस्रपरिवारैः । तद्यथा -- महातेजसा च गरुडेन्द्रेण, महाकायेन च महापूर्णेन च महर्द्धिप्राप्तेन च गरुडेन्द्रेण । राज्ञा च अजातशत्रुणा मागधेन वैदेहीपुत्रेण सार्धम् ॥

今译：还有天王帝释天，二万天子陪随，诸如月亮天子、太阳天子、普香天子、宝光天子、光耀天子，以这些为首的二万天子。还有四大天王，三万天子陪随，诸如增长天王、广目天王、持国天王、多闻天王。自在天子、大自在天子，三万天子陪随。还有娑婆[①]世界主梵天，一万二千梵众天子陪随，诸如尸弃梵天、光明梵天，以这些为首的一万二千梵众天子陪随。还有八蛇王，数百千千万蛇陪随，诸如难陀蛇王、优波难陀蛇王、娑伽罗、和修吉、德叉迦、摩那斯、阿那婆闼多、优钵罗蛇王。还有四紧那罗王，数百千千万紧那罗陪随，诸如大树紧那罗王、大法紧那罗王、妙法紧那罗王、持法紧那罗王。还有四健达缚众天子，数百千健达缚陪随，诸如乐健达缚、乐音健达缚、美健达缚、美音健达缚。还有四阿修罗王，数百千千万阿修罗陪随，诸如婆离阿修罗王、佉罗骞驮阿修罗王、毗摩质多罗阿修罗王、罗睺阿修罗王。还有四迦楼罗王，数百千千万迦楼罗陪随，诸如大威德迦楼罗王、大身迦楼罗王、大满迦楼罗王、如意迦楼罗王。还有摩揭陀国韦提希之子阿阇世[②]王。

① “娑婆”（sahā，或译“娑诃”）指称人类所处的这个现实世界，即“娑婆世界”（sahā-lokadhātu）。sahā 一词也意译“堪忍”，意谓这个世界是需要忍受种种苦难和烦恼的世界。

② “阿阇世”（ajātaśatru）是摩揭陀国王频毗沙罗之子，其母名为韦提希。他曾犯有弑父篡位之罪，而遍体生疮，后向佛陀忏悔，得以痊愈，随即皈依佛陀。

什译：爾時，釋提桓因[①]，與其眷屬[②]二萬天子俱。復有名月天子、普香天子、寶光天子、四大天王，與其眷屬萬天子俱。自在天子、大自在天子，與其眷屬三萬天子俱。娑婆世界主梵天王、尸棄大梵、光明大梵等，與其眷屬萬二千天子俱。有八龍王：難陀龍王、跋難陀龍王、娑伽羅龍王、和脩吉龍王、德叉迦龍王、阿那婆達多龍王、摩那斯龍王、優鉢羅龍王等，各與若干百千眷屬俱。有四緊那羅王：法緊那羅王、妙法緊那羅王、大法緊那羅王、持法緊那羅王，各與若干百千眷屬俱。有四乾闥婆王：樂乾闥婆王、樂音乾闥婆王、美乾闥婆王、美音乾闥婆王，各與若干百千眷屬俱。有四阿修羅王：婆稚阿修羅王、佉羅騫馱阿修羅王、毗摩質多羅阿修羅王、羅睺阿修羅王，各與若干百千眷屬俱。有四迦樓羅王：大威德迦樓羅王、大身迦樓羅王、大滿迦樓羅王、如意迦樓羅王，各與若干百千眷屬俱。韋提希子阿闍世王，與若干百千眷屬俱。各禮佛足，退坐一面。

तेन खलु पुनः समयेन भगवांश्चतसृभिः पर्षद्भिः परिवृतः पुरस्कृतः सत्कृतो गुरुकृतो मानितः पूजितो ऽर्चितो ऽपचायितो महानिर्देशं नाम धर्मपर्यायं सूत्रान्तं महावैपुल्यं बोधिसत्त्वाववादं सर्वबुद्धपरिग्रहं भाषित्वा तस्मिन्नेव महाधर्मासने पर्यङ्कमाभुज्य अनन्तनिर्देशप्रतिष्ठानं नाम समाधिं समापन्नो ऽभूदनिञ्जमानेन कायेन स्थितो ऽनिञ्जप्राप्तेन च चित्तेन । समनन्तरसमापन्नस्य खलु पुनर्भगवतो मान्दारवमहामान्दारवाणां मञ्जूषकमहामञ्जूषकाणां दिव्यानां पुष्पाणां महत्पुष्प-वर्षमभिप्रावर्षत्, भगवन्तं ताश्च चतस्रः पर्षदो ऽभ्यवाकिरन्। सर्वावच्च बुद्धक्षेत्रं षड्विकारं प्रकम्पितमभूच्चलितं संप्रचलितं वेधितं संप्रवेधितं क्षुभितं संप्रक्षुभितम्। तेन खलु पुनः समयेन तस्यां पर्षदि भिक्षुभिक्षुण्युपासकोपासिका देवनागयक्ष-गन्धर्वासुरगरुडकिन्नरमहोरगमनुष्यामनुष्याः संनिपतिता अभूवन्संनिषण्णाः, राजानश्च मण्डलिनो बलचक्रवर्तिनश्चतुर्द्वीपकचक्रवर्तिनश्च । ते सर्वे सपरिवारा

---

① “释提桓因”是 śakro devānām indraḥ（“神中因陀罗帝释”）的音译，即天王帝释天。

② “眷属”的原词是 parivāra，在汉译佛经中通常指随从。

भगवन्तं व्यवलोकयन्ति स्म आश्चर्यप्राप्ता अद्भुतप्राप्ता औद्बिल्यप्राप्ताः ॥

今译：这时，世尊受四众①围绕、恭敬、尊敬、尊重、敬重、崇敬、崇拜、供奉和供拜。他讲完名为《无量义》②的法门。这是为菩萨宣说、受一切佛护持的大方广经③。随即，他在大法座上结跏趺坐，进入名为安住无量义④的三昧⑤，身心安住不动。就在世尊入定之时，天上普降大花雨，曼陀罗花、大曼陀罗花、曼殊沙花和大曼殊沙花，飘撒在世尊和四众身上。一切佛土出现六种震动：摇动、遍摇动、颠簸、遍颠簸、涌动和遍涌动。这时，在集会上聚坐的比丘、比丘尼、优婆塞、优婆夷、天神、蛇、药叉、健达缚、阿修罗、迦楼罗、紧那罗、大蛇、人和非人以及国王、领主、强力转轮王和四洲转轮王，他们及其随从全都凝视世尊，深感奇妙和惊异，欢喜踊跃。

什译：爾時，世尊四眾圍遶，供養，恭敬，尊重，讚歎，為諸菩薩說大乘經，名《無量義》，教菩薩法，佛所護念。佛說此經已，結跏趺坐，入於無量義處三昧，身心不動。是時，天雨曼陀羅華、摩訶曼陀羅華、曼殊沙華、摩訶曼殊沙華，而散佛上及諸大眾。普佛世界，六種震動。爾時會中，比丘、比丘尼、優婆塞、優婆夷、天龍、夜叉、乾闥婆、阿修羅、迦樓羅、緊那羅、摩睺羅伽、人非人，及諸小王、轉輪聖王，是諸大眾得未曾有⑥，歡喜合掌，一心觀佛。

---

① "四众"（catasraḥ parṣadaḥ）通常指比丘、比丘尼、优婆塞和优婆夷，也泛指集会大众。

② 此处"无量义"的原词是 mahānirdeśa，即由 mahā（"大"）和 nirdeśa（"宣示"或"宣说"）组成的复合词，可以直译为"大说经"。这里什译"无量义"。此词在竺法护译《正法华经》（以下简称"护译"）中译为"大颂"。《无量义经》于 481 年由昙摩伽陀耶舍译出。此经的论旨与《妙法莲华经》相同，可视为《妙法莲华经》的序说或引论，故而这里讲述世尊先宣讲《无量义经》。

③ "大方广经"（mahāvaipulya）指大乘经。

④ 此处"无量义"的原词是 anantanirdeśa（"无量说"）。这里按照什译译为"无量义"。此词护译"无量颂"。由此可见，anantanirdeśa 和 mahānirdeśa 两者意义相通。在下面偈颂第 60 颂中，提到经名《无量义》，用词就是 anantanirdeśa。故而，什译统一译为"无量义"。

⑤ "三昧"是 samādhi（"入定"）一词的音译。

⑥ "未曾有"的原词为 adbhuta，词义为奇妙、奇异或奇特。

अथ खलु तस्यां वेलायां भगवतो भ्रूविवरान्तरादूर्णाकोशादेका रश्मिर्निश्चरिता । सा पूर्वस्यां दिशि अष्टादशबुद्धक्षेत्रसहस्राणि प्रसृता । तानि च सर्वाणि बुद्धक्षेत्राणि तस्या रश्मेः प्रभया सुपरिस्फुटानि संदृश्यन्ते स्म यावदवीचिर्महानिरयो यावच्च भवाग्रम्। ये च तेषु बुद्धक्षेत्रेषु षड्सु गतिषु सत्त्वाः संविद्यन्ते स्म, ते सर्वे ऽशेषेण संदृश्यन्ते स्म । ये च तेषु बुद्धक्षेत्रेषु बुद्धा भगवन्तस्तिष्ठन्ति ध्रियन्ते यापयन्ति च, ते ऽपि सर्वे संदृश्यन्ते स्म । यं च ते बुद्धा भगवन्तो धर्मं देशयन्ति, स च सर्वो निखिलेन श्रूयते स्म । ये च तेषु बुद्धक्षेत्रेषु भिक्षुभिक्षुण्युपासकोपासिका योगिनो योगाचाराः प्राप्तफलाश्चाप्राप्तफलाश्च, ते ऽपि सर्वे संदृश्यन्ते स्म । ये च तेषु बुद्धक्षेत्रेषु बोधिसत्त्वा महासत्त्वा अनेकविविधश्रवणारम्बणाधिमुक्तिहेतुकारणैरुपायकौशल्यैर्बोधिसत्त्वचर्यां चरन्ति, ते ऽपि सर्वे संदृश्यन्ते स्म । ये च तेषु बुद्धक्षेत्रेषु बुद्धा भगवन्तः परिनिर्वृताः, ते ऽपि सर्वे संदृश्यन्ते स्म । ये च तेषु बुद्धक्षेत्रेषु परिनिर्वृतानां बुद्धानां भगवतां धातुस्तूपा रत्नमयाः ते ऽपि सर्वे संदृश्यन्ते स्म ॥

今译：这时，世尊的眉间白毫放射一道光芒，普照东方一万八千佛土。这光芒照亮所有这些佛土，清晰可见，下至阿鼻大地狱，上至世界顶端①。可以看到在这些佛土六道②中生活的所有众生。也可以看到在这些佛土中居住、生活和度日的所有佛世尊。可以听到这些佛世尊宣说的所有法。也可以看到这些佛土中所有比丘、比丘尼、优婆塞、优婆夷、修行者、瑜伽行者、得果者和尚未得果者。也可以看到这些佛土中所有菩萨大士，依据种种所闻、信解③、因缘和方便善巧，实施菩萨行。也可以看到这些佛土中所有涅槃的佛世尊。也可以看到这

---

① “世界顶端”（bhavāgra）指位于三界顶端的阿迦尼吒天（akaniṣṭha）。此词什译“阿迦尼吒天”，在别处也译“有顶”。

② “六道”（ṣaḍgati，或译“六趣”）指众生生死轮回中的六种去处：天、人、畜生、饿鬼、地狱和阿修罗。

③ “信解”的原词是 adhimukti，源自动词词根 muñc（“解脱”），加上词缀 adhi。这是佛经用词。在巴利语中，动词形式是 adhimuccati，词义为拽向、倾向、热衷、执著、确定、决定、相信、信念或信仰。戴维斯和斯坦德的《巴利语英语词典》中指出，这是后出的习惯用词，代表早期的 anvāvisati（“进入”）一词。此词的过去分词是 adhimutta，名词是 adhimutti，对应的佛经梵语是 adhimukta 和 adhimukti。此词在汉译佛经中常译为“信解”，意谓相信而理解。也译为“信受”、“信心”、“深信”、“信乐”、“欲乐”或“性欲”等。

些佛土中所有涅槃的佛世尊的舍利宝塔。

什译：爾時，佛放眉間白毫相光，照東方萬八千世界，靡不周遍，下至阿鼻地獄，上至阿迦尼吒天。於此世界盡見彼土六趣眾生，又見彼土現在諸佛，及聞諸佛所說經法。并見彼諸比丘、比丘尼、優婆塞、優婆夷，諸修行得道者。復見諸菩薩摩訶薩種種因緣、種種信解、種種相貌，行菩薩道。復見諸佛般涅槃者。復見諸佛般涅槃後，以佛舍利起七寶塔。

अथ खलु मैत्रेयस्य बोधिसत्त्वस्य महासत्त्वस्यैतदभूत्-- महानिमित्तं प्रातिहार्यं बतेदं तथागतेन कृतम्। को न्वत्र हेतुर्भविष्यति किं कारणं यद्भगवता इदमेवंरूपं महानिमित्तं प्रातिहार्यं कृतम्? भगवांश्च समाधिं समापन्नः। इमानि चैवंरूपाणि महाश्चर्याद्भुताचिन्त्यानि महर्द्धिप्रातिहार्याणि संदृश्यन्ते स्म। किं नु खल्वहमेतमर्थं परिप्रष्टव्यं परिपृच्छेयम्? को न्वत्र समर्थः स्यादेतमर्थं विसर्जयितुम्? तस्यैतदभूत्-- अयं मञ्जुश्रीः कुमारभूतः पूर्वजिनकृताधिकारो ऽवरोपितकुशलमूलो बहुबुद्धपर्युपासितः। दृष्टपूर्वाणि च अनेन मञ्जुश्रिया कुमारभूतेन पूर्वकाणां तथागतानामर्हतां सम्यक्संबुद्धानामेवंरूपाणि निमित्तानि भविष्यन्ति, अनुभूतपूर्वाणि च महाधर्मसांकथ्यानि। यन्न्वहं मञ्जुश्रियं कुमारभूतमेतमर्थं परिपृच्छेयम्॥

今译：这时，弥勒菩萨大士思忖道："啊！如来展现这种大瑞相、神变相。如来以何因缘展现这样的大瑞相、神变相？世尊进入三昧，展现这些极其奇妙希有、不可思议的大神变。我应该向谁询问这件事？谁能说明这件事？"他思忖道："这位文殊师利法王子[①]曾侍奉过去佛，供养许多佛，种植善根。这位文殊师利法王子以前亲眼目睹过去如来、阿罗汉、正等觉展现这样的大瑞相，亲耳聆听宣说大法。我

---

① 此处"法王子"的原词是 kumārabhūta，词义为曾是王子，可直译为"前王子"或"原王子"。梵语佛经中对应"法王子"的一词是 dharmarājaputra。而汉译佛经中也常将 kumārabhūta 译为"法王子"。此词护译"童真"，是 kumārabhūta 一词的意译。其中，kumāra 的词义是童子，bhūta 的词义是成为、曾是或真实。

应该向文殊师利法王子询问这件事。”

什译：爾時，彌勒菩薩作是念：“今者世尊現神變相，以何因緣而有此瑞？今佛世尊入于三昧，是不可思議現希有事，當以問誰？誰能答者？”復作此念：“是文殊師利，法王之子，已曾親近供養過去無量諸佛，必應見此希有之相，我今當問。”

तासां चतसृणां पर्षदां भिक्षुभिक्षुण्युपासकोपासिकानां बहूनां च देवनागयक्षगन्धर्वासुरगरुडकिन्नरमहोरगमनुष्यामनुष्याणामिमभेवंरूपं भगवतो महानिमित्तं प्रातिहार्यावभासं दृष्ट्वा आश्चर्यप्राप्तानामद्भुतप्राप्तानां कौतूहलप्राप्तानामेतदभवत्-- किं नु खलु वयमिममेवंरूपं भगवतो महर्द्धिप्रातिहार्यावभासं कृतं परिपृच्छेम?

今译：比丘、比丘尼、优婆塞和优婆夷四众以及众多的天神、蛇、药叉、健达缚、阿修罗、迦楼罗、紧那罗、大蛇、人和非人看到世尊展现这样的大瑞相、神变相，深感奇妙和惊异，充满好奇，心想：“我们向谁询问世尊展现大神变这件事？”

什译：爾時，比丘、比丘尼、優婆塞、優婆夷，及諸天、龍、鬼神等，咸作此念：“是佛光明神通之相，今當問誰？”

अथ खलु मैत्रेयो बोधिसत्त्वो महासत्त्वस्तस्मिन्नेव क्षणलवमुहूर्ते तासां चतसृणां पर्षदां चेतसैव चेतःपरिवितर्कमाज्ञाय आत्मना च धर्मसंशयप्राप्तस्तस्यां वेलायां मञ्जुश्रियं कुमारभूतमेतदवोचत्-- को न्वत्र मञ्जुश्रीर्हेतुः कः प्रत्ययो यदयमेवंरूप आश्चर्याद्भुतो भगवता ऋद्ध्यवभासः कृतः, इमानि चाष्टादशबुद्धक्षेत्रसहस्राणि विचित्राणि दर्शनीयानि परमदर्शनीयानि तथागतपूर्वंगमानि तथागतपरिणायकानि संदृश्यन्ते?

今译：弥勒菩萨大士就在这顷刻刹那瞬间，知道四众心中所想。于是，他带着疑问，亲自询问文殊师利法王子：“文殊师利啊，什么原因？什么缘故？世尊展现这样奇异的神通？可以看到这一万八千佛土呈现以如来为首、以如来为导师的各种可爱和最可爱景象。”

什译：爾時，彌勒菩薩欲自決疑，又觀四眾比丘、比丘尼、優婆塞、優婆夷，及諸天，龍、鬼神等眾會之心，而問文殊師利言：“以何因緣而有此瑞神通之相，放大光明，照于東方萬八千土，悉見彼佛國界莊嚴？”

अथ खलु मैत्रेयो बोधिसत्त्वो महासत्त्वो मञ्जुश्रियं कुमारभूतमाभिर्गाथाभिरध्यभाषत –

今译：然后，弥勒菩萨大士又用这些偈颂对文殊师利法王子说道：

什译：於是，彌勒菩薩欲重宣此義，以偈問曰：

किं कारणं मञ्जुशिरी इयं हि रश्मिः प्रमुक्ता नरनायकेन ।
प्रभासयन्ती भ्रमुकान्तरातु ऊर्णाय कोशादियमेकरश्मिः ॥ १ ॥

今译：文殊师利啊，什么原因，
人中导师放射这道光芒？
这道普照一切的光芒，
出自双眉之间的白毫。（1）

什译：文殊師利！導師何故，
眉間白毫，大光普照？

मान्दारवाणां च महन्त वर्षं पुष्पाणि मुञ्चन्ति सुराः सुहृष्टाः ।
मञ्जूषकांश्चन्दनचूर्णमिश्रान्दिव्यान्सुगन्धांश्च मनोरमांश्च ॥ २ ॥

今译：众天神满怀喜悦，
降下曼陀罗大花雨，
曼殊沙花和旃檀粉，
散发神奇可爱芳香。（2）

什译：雨曼陀羅，曼殊沙華，
　　　旃檀香風，悅可眾心。

येही मही शोभतियं समन्तात्पर्षाश्च चत्वार सुलब्धहर्षाः ।
सर्वं च क्षेत्रं इमु संप्रकम्पितं षड्भिर्विकारेहि सुभीष्मरूपम्॥ ३ ॥

今译：整个大地优美清净，
　　　所有四众满怀喜悦，
　　　整个国土出现摇晃，
　　　有六种可怕的震动。（3）

什译：以是因緣，地皆嚴淨，
　　　而此世界，六種震動，
　　　時四部眾，咸皆歡喜，
　　　身意快然，得未曾有。

सा चैव रश्मी पुरिमादिशाय अष्टादशक्षेत्रसहस्र पूर्णाः ।
अवभासयी एकक्षणेन सर्वे सुवर्णवर्णा इव भोन्ति क्षेत्राः ॥ ४ ॥

今译：这道光芒一刹那间，
　　　照遍东方所有佛土，
　　　这一万八千个佛土
　　　仿佛全都变成金色。（4）

什译：眉間光明，照于東方，
　　　萬八千土，皆如金色。

यावानवीची परमं भवाग्रं क्षेत्रेषु यावन्ति च तेषु सत्त्वाः ।
षड्सू गतीषू तहि विद्यमाना च्यवन्ति ये चाप्युपपद्यि तत्र ॥ ५ ॥

今译：下至阿鼻，上至

世界顶端，众生
就在这些佛土的
六道中生生死死。（5）

什译：從阿鼻獄，上至有頂，
諸世界中，六道眾生。

कर्माणि चित्रा विविधानि तेषां गतीषु दृश्यन्ति सुखा दुखा च ।
हीना प्रणीता तथ मध्यमा च इह स्थितो अद्दशि सर्वमेतत्॥ ६ ॥

今译：他们在六道中的各种
业行以及痛苦和快乐，
无论低劣、优秀或中等，
我在这里都可以看到。（6）

什译：生死所趣，善惡業緣，
受報好醜，於此悉見。

बुद्धांश्च पश्यामि नरेन्द्रसिंहान्प्रकाशयन्तो विवरन्ति धर्मम्।
प्रशासमानान्बहुसत्त्वकोटीः उदाहरन्तो मधुरस्वरां गिरम्॥ ७ ॥

今译：我看到王狮[①]诸佛，
宣说和开示正法，
教导数千万众生，
使用甜美的话语。（7）

什译：又覩諸佛，聖主師子，
演說經典，微妙第一，
其聲清淨，出柔軟音，

① “王狮”（narendrasiṃha，即“王中狮子”）是佛的称号。

教諸菩薩，無數億萬①，
　　梵音深妙，令人樂聞。

गम्भीरनिर्घोषमुदारमद्भुतं मुञ्चन्ति क्षेत्रेषु स्वकस्वकेषु ।
दृष्टान्तहेतूनयुतान कोटिभिः प्रकाशयन्तो इमु बुद्धधर्मम् ॥ ८ ॥

今译：他们分别在各自的佛土，
　　　发出深邃的话音，崇高
　　　而奇妙，以千万那由他②
　　　譬喻和因缘，宣示佛法。（8）

什译：各於世界，講說正法，
　　　種種因緣，以無量喻，
　　　照明佛法，開悟眾生。

दुःखेन संपीडित ये च सत्त्वा जातीजराखिन्नमना अजानकाः ।
तेषां प्रकाशेन्ति प्रशान्तनिर्वृतिं दुःखस्य अन्तो अयु भिक्षवे ति ॥ ९ ॥

今译：那些无知众生受痛苦折磨，
　　　心中厌弃生、老、病和死，
　　　便向他们宣示寂静涅槃：
　　　"众比丘！这是死的灭寂。"（9）

什译：若人遭苦，厭老病死，
　　　為說涅槃，盡諸苦際③。

उदारस्थामाधिगताश्च ये नराः पुण्यैरुपेतास्तथ बुद्धदर्शनैः ।
प्रत्येकयानं च वदन्ति तेषां संवर्णयन्तो इम धर्मनेत्रीम् ॥ १० ॥

---

① "亿万"的原词是 koṭi 或 koṭī，词义为千万，汉译佛经中常译为"亿"。
② "那由他"（nayuta，或译"那由多"）是数目极大的数字，相当于千亿。
③ "尽诸苦际"意谓灭尽各种痛苦。

今译：有些人具有大勇力，
　　　积有功德，见过诸佛[①]，
　　　便向他们宣说缘觉乘，
　　　描述这一种正法门径[②]。（10）

什译：若人有福，曾供養佛，
　　　志求勝法，為說緣覺。

ये चापि अन्ये सुगतस्य पुत्रा अनुत्तरं ज्ञान गवेषमाणाः ।
विविधां क्रियां कुर्विषु सर्वकालं तेषां पि बोधाय वदन्ति वर्णम्॥ ११ ॥

今译：另一些人是如来之子，
　　　追求至高无上的智慧，
　　　始终坚持各种修行，
　　　便向他们宣说菩提道。（11）

什译：若有佛子，修種種行，
　　　求無上慧，為說淨道。

शृणोमि पश्यामि च मञ्जुघोष इह स्थितो ईदृशकानि तत्र ।
अन्या विशेषाण सहस्रकोट्यः प्रदेशमात्रं ततु वर्णयिष्ये ॥ १२ ॥

今译：文殊师利啊，我站在这里
　　　能听到和看到所有这一切，
　　　还有其他千千万殊胜景象，
　　　而我将讲述其中一小部分。（12）

---

① "见过诸佛"指在前生逢佛出世，拜见和侍奉佛。
② "正法门径"的原词是 dharmanetrī，其中的 netrī 源自 netra（"眼睛"），故而汉译佛经中译为"法眼"。而 netrī 相当于巴利语的 netti，词义为向导或引导，故而这里将 dharmanetrī 一词译为"正法门径"，也可译为"法门"。

什译：文殊師利！我住於此，
見聞若斯，及千億事，
如是眾多，今當略說。

पश्यामि क्षेत्रेषु बहूषु चापि ये बोधिसत्त्वा यथ गङ्गवालिकाः ।
कोटीसहस्राणि अनल्पकानि विविधेन वीर्येण जनेन्ति बोधिम्॥ १३ ॥

今译：在这众多的佛土上，
我看到恒河沙数菩萨，
数千千万之多，各自
精进努力，求取菩提。（13）

什译：我見彼土，恒沙菩薩，
種種因緣，而求佛道。

ददन्ति दानानि तथैव केचिद्धनं हिरण्यं रजतं सुवर्णम्।
मुक्तामणिं शङ्खशिलाप्रवालं दासांश्च दासी रथअश्वएडकान्॥ १४ ॥

今译：其中有许多菩萨实行布施，
施舍金子、银子和摩尼珠，
还有贝壳、美玉和珊瑚，
男女奴仆、车、马和羊。（14）

什译：或有行施，金銀珊瑚，
真珠摩尼，車𤦲馬腦，
金剛諸珍，奴婢車乘。[1]

शिबिकास्तथा रत्नविभूषिताश्च ददन्ति दानानि प्रहृष्टमानसाः ।

① 这颂中的“车渠”、“马脑”（“玛瑙”）和“金刚”的梵语用词分别是 musāragalva、aśmagarbha 和 vajra，原文中没有这三个词。

परिणामयन्तो इह अग्रबोधौ वयं हि यानस्य भवेम लाभिनः ॥ १५ ॥

今译：他们心中满怀喜悦，
施舍珠宝装饰的轿子，
回向[①]至上菩提，心想：
“我们会获得这种乘。”（15）

什译：寶飾輦輿，歡喜布施，
迴向佛道，願得是乘，

त्रैधातुके श्रेष्ठविशिष्टयानं यद्बुद्धयानं सुगतेहि वर्णितम् ।
अहं पि तस्यो भवि क्षिप्र लाभी ददन्ति दानानि इमीदृशानि ॥ १६ ॥

今译：“这是善逝[②]们宣说的佛乘，
三界之中至上的殊胜乘，
我会迅速获得这种乘。”
他们实行这样的布施。（16）

什译：三界第一，諸佛所歎。

चतुर्हयैर्युक्तरथांश्च केचित्सवेदिकान्पुष्पध्वजैरलंकृतान्।
सवैजयन्तात्रतनामयानि ददन्ति दानानि तथैव केचित्॥ १७ ॥

今译：有些菩萨这样布施，
施舍驷马驾驭的车辆，
装饰有围栏和花幢，
还有胜利旗和珠宝。（17）

什译：或有菩薩，駟馬寶車，

① “回向”指将自己积累的功德奉献给众生，这里是指奉献给菩提，即用于求取菩提。
② “善逝”（sugata）是佛的称号之一。

欄楯華蓋，軒飾布施。

ददन्ति पुत्रांश्च तथैव पुत्रीः प्रियाणि मांसानि ददन्ति केचित्।
हस्तांश्च पादांश्च ददन्ति याचिताः पर्येषमाणा इममग्रबोधिम्॥ १८॥

今译：有些菩萨受到乞求，
　　　施舍儿女、可爱的
　　　肉体、双手和双足，
　　　一心追求至上菩提。（18）

什译：復有①菩薩，身肉手足，
　　　及妻子施，求無上道。

शिरांसि केचिन्नयनानि केचिद्ददन्ति केचित्प्रवरात्मभावान्।
दत्वा च दानानि प्रसन्नचित्ताः प्रार्थेन्ति ज्ञानं हि तथागतानाम्॥ १९॥

今译：有些菩萨施舍头颅、
　　　眼睛、宝贵的身体，
　　　施舍之后内心平静，
　　　一心追求如来智慧。（19）

什译：又見菩薩，頭目身體，
　　　欣樂施與，求佛智慧。

पश्याम्यहं मञ्जुशिरी कहिंचित्स्फीतानि राज्यानि विवर्जयित्वा।
अन्तःपुरान्द्वीप तथैव सर्वानमात्यज्ञातींश्च विहाय सर्वान्॥ २०॥

今译：文殊师利啊，我也看到
　　　有些国王，舍弃辽阔的

---

① 此处"有"字，据《中华大藏经》校勘记，诸本作"见"。

王国、后宫和所有岛屿，
抛弃所有的大臣和亲戚。（20）

什译：文殊師利！我見諸王，
往詣佛所，問無上道，
便捨樂土，宮殿臣妾。

उपसंक्रमी लोकविनायकेषु पृच्छन्ति धर्मं प्रवरं शिवाय ।
काषायवस्त्राणि च प्रावरन्ति केशांश्च श्मश्रूण्यवतारयन्ति ॥ २१ ॥

今译：来到世界导师前，
求教吉祥殊胜法，
他们穿上袈裟衣，
剃去头发和胡须。（21）

什译：剃除鬚髮，而被法服[1]。

कांश्चिच्च पश्याम्यहु बोधिसत्त्वान्भिक्षू समानाः पवने वसन्ति ।
शून्यान्यरण्यानि निषेवमाणानुद्देशस्वाध्यायरतांश्च कांश्चित्॥ २२ ॥

今译：我看到有些菩萨，
与比丘同样住林中，
还看到有些菩萨，
于空闲处诵习经典。（22）

什译：或見菩薩，而作比丘，
獨處閑靜，樂誦經典。

कांश्चिच्च पश्याम्यहु बोधिसत्त्वान्गिरिकन्दरेषु प्रविशन्ति धीराः ।
विभावयन्तो इमु बुद्धज्ञानं परिचिन्तयन्तो ह्युपलक्षयन्ति ॥ २३ ॥

① “法服”的原词是 kāṣāyavastra，词义为袈裟衣。

今译：我看到有些菩萨，
　　　坚定地进入山谷，
　　　专心修习佛智慧，
　　　思惟、观察和认知。(23)

什译：又見菩薩，勇猛精進，
　　　入於深山，思惟佛道。

उत्सृज्य कामांश्च अशेषतो ऽन्ये परिभावितात्मान विशुद्धगोचराः।
अभिज्ञ पञ्चेह च स्पर्शयित्वा वसन्त्यरण्ये सुगतस्य पुत्राः॥ २४॥

今译：另一些完全摒弃爱欲，
　　　自我调伏，所行清净，
　　　获得五神通①，他们住在
　　　空闲处，成为善逝之子②。(24)

什译：又見離欲，常處空閑，
　　　深修禪定，得五神通。

पादैः समैः स्थित्विह केचि धीराः कृताञ्जली संमुखि नायकानाम्।
अभिस्तवन्तीह हर्षं जनित्वा गाथासहस्रेहि जिनेन्द्रराजम्॥ २५॥

今译：有些菩萨双足站定，
　　　合掌面向世界导师，
　　　心中喜悦，以数千
　　　偈颂赞美胜者法王。(25)

什译：又見菩薩，安禪合掌，
　　　以千萬偈，讚諸法王。

---

① "五神通"（pañcābhijñā）指天眼通、天耳通、他心通、宿命通和神变通。
② "善逝之子"即佛子，指称菩萨。

स्मृतिमन्त दान्ताश्च विशारदाश्च सूक्ष्मां चरि केचि प्रजानमानाः ।
पृच्छन्ति धर्मं द्विपदोत्तमानां श्रुत्वा च ते धर्मधरा भवन्ति ॥ २६ ॥

今译：有些菩萨富有记忆力，
柔顺，无畏，通晓微妙
所行，向两足至尊①求法，
聆听之后，成为持法者。（26）

什译：復見菩薩，智深志固，
能問諸佛，聞悉受持。

परिभावितात्मान जिनेन्द्रपुत्रान्कांश्चिच्च पश्याम्यहु तत्र तत्र ।
धर्मं वदन्तो बहुप्राणकोटिनां दृष्टान्तहेतूनयुतैरनेकैः ॥ २७ ॥

今译：我看到那里到处都有
自我调伏的胜者王子②，
以数那由他譬喻因缘，
向数千万众生说法。（27）

什译：又見佛子，定慧具足，
以無量喻，為眾講法。

प्रामोद्यजाताः प्रवदन्ति धर्मं समादपेन्तो बहुबोधिसत्त्वान्।
निहत्य मारं सबलं सवाहनं पराहनन्ती इमु धर्मदुन्दुभिम्॥ २८ ॥

今译：他们满怀喜悦说法，
教导众多菩萨，降伏
摩罗③及其军队和车马，

① “两足至尊”（dvipadottama）是佛的称号。
② “胜者”（jina）是佛的称号。“胜者王子”指称菩萨。
③ “摩罗”（māra，或译“魔罗”）是与佛陀作对，扰乱佛陀修行的魔。

然后，敲响大法鼓。（28）

什译：欣樂說法，化諸菩薩，
破魔兵眾，而擊法鼓。

पश्यामि कांश्चित्सुगतस्य शासने संपूजितान्नरमरुयक्षराक्षसैः ।
अविस्मयन्तान्सुगतस्य पुत्राननुन्नतान् शान्तप्रशान्तचारीन्॥ २९ ॥

今译：我看到那些善逝之子，遵行
善逝教导，受到凡人、天神、
药叉和罗刹敬拜，而不惊喜，
不傲慢，平静，举止安详。（29）

什译：又見菩薩，寂然宴默[①]，
天龍恭敬，不以為喜。

वनषण्ड निश्राय तथान्यरूपा अवभासु कायातु प्रमुञ्चमानाः ।
अभ्युद्धरन्तो नरकेषु सत्त्वांस्तांश्चैव बोधाय समादपेन्ति ॥ ३० ॥

今译：有些菩萨进入丛林，
身体放射道道光芒，
拯救那些地狱众生，
劝导他们求取菩提。（30）

什译：又見菩薩，處林放光，
濟地獄苦，令入佛道。

वीर्ये स्थिताः केचि जिनस्य पुत्रा मिद्धं जहित्वा च अशेषतो ऽन्ये ।
चंक्रम्ययुक्ताः पवने वसन्ति वीर्येण ते प्रस्थित अग्रबोधिम्॥ ३१ ॥

① “宴默”意谓静默。

今译：有些菩萨勤奋努力，
彻底摆脱昏睡怠惰，
在林中居住和散步，
凭精勤追求至上菩提。（31）

什译：又見佛子，未嘗睡眠，
經行[1]林中，懃求佛道。

ये चात्र रक्षन्ति सदा विशुद्धं शीलं अखण्डं मणिरत्नसादृशम्।
परिपूर्णचारी च भवन्ति तत्र शीलेन ते प्रस्थित अग्रबोधिम्॥ ३२ ॥

今译：有些菩萨始终保持
戒行纯洁完整，如同
摩尼宝珠，修行圆满，
凭守戒追求至上菩提。（32）

什译：又見具戒，威儀無缺，
淨如寶珠，以求佛道。

क्षान्तीबला केचि जिनस्य पुत्रा अधिमानप्राप्तान क्षमन्ति भिक्षुणाम्।
आक्रोश परिभाष तथैव तर्जनां क्षान्त्या हि ते प्रस्थित अग्रबोधिम्॥ ३३ ॥

今译：有些菩萨具有忍辱力，
忍受那些傲慢比丘的
谩骂、斥责和恫吓，
凭忍辱追求至上菩提。（33）

什译：又見佛子，住忍辱力，
增上慢[2]人，惡罵捶打，

① “经行”（caṃkramya）指散步，尤指在饭后和修行困倦时散步。
② “增上慢”的原词是 adhimāna，词义为极其傲慢。

皆悉能忍，以求佛道。

कांश्चिच्च पश्याम्यहु बोधिसत्त्वान् क्रीडारतिं सर्व विवर्जयित्वा ।
बालान्सहायान्परिवर्जयित्वा आर्येषु संसर्गरतान्समाहितान्॥ ३४ ॥

今译：我还看到一些菩萨，
　　　摒弃一切游戏娱乐，
　　　远离那些愚痴朋友，
　　　乐于亲近交往圣者。（34）

什译：又見菩薩，離諸戲笑，
　　　及癡眷屬，親近智者。

विक्षेपचित्तं च विवर्जयन्तानेकाग्रचित्तान्वनकन्दरेषु ।
ध्यायन्त वर्षाण सहस्रकोट्यो ध्यानेन ते प्रस्थित अग्रबोधिम्॥ ३५ ॥

今译：他们排除散乱心思，
　　　在森林山谷凝思静虑，
　　　坚持沉思千千万年，
　　　凭禅定追求至上菩提。（35）

什译：一心除亂，攝念山林，
　　　億千萬歲，以求佛道。

ददन्ति दानानि तथैव केचित्सशिष्यसंघेषु जिनेषु संमुखम् ।
खाद्यं च भोज्यं च तथान्नपान्नं गिलानभैषज्य बहू अनल्पकम्॥ ३६ ॥

今译：有些菩萨实行布施，
　　　向胜者及其弟子僧众，
　　　施舍各种食物饮料，
　　　还有许多治病药物。（36）

什译：或見菩薩，餚饍飲食，
百種湯藥，施佛及僧。

वस्त्राण कोटीशत ते ददन्ति सहस्त्रकोटीशतमूल्य केचित्।
अनर्घमूल्यांश्च ददन्ति वस्त्रान्सशिष्यसंघान जिनान संमुखम्॥ ३७ ॥

今译：有些菩萨向胜者及其
弟子僧众施舍百千万
衣料，价值百千千万，
还有许多无价的衣料。（37）

什译：名衣上服，價直千萬，
或無價衣，施佛及僧。

विहार कोटीशत कारयित्वा रत्नामयांश्चो तथ चन्दनामयान्।
प्रभूतशय्यासनमण्डितांश्च निर्यातयन्तो सुगतान संमुखम्॥ ३८ ॥

今译：他们建造百千万寺舍，
装饰有宝石和旃檀香，
配备有许多卧床和
座椅，施舍给胜者。（38）

什译：千萬億種，旃檀寶舍，
眾妙臥具，施佛及僧。

आराम चौक्षांश्च मनोरमांश्च फलैरुपेतान् कुसुमैश्च चित्रैः ।
दिवाविहारार्थ ददन्ति केचित्सश्रावकाणां पुरुषर्षभाणाम्॥ ३९ ॥

今译：也向人中雄牛[①]和声闻

① “人中雄牛”（puruṣarṣabha）也常用作佛的称号。

施舍可爱清净的园林，
具有各种美妙的花果，
供他们日间休憩散步。（39）

什译：清淨園林，華菓茂盛，
流泉浴池，施佛及僧。

ददन्ति दानानिममेवरूपा विविधानि चित्राणि च हर्षजाताः ।
दत्वा च बोधाय जनेन्ति वीर्यं दानेन ते प्रस्थित अग्रबोधिम् ॥ ४० ॥

今译：他们实行各种各样的
奇妙布施，心中喜悦，
然后，努力求取菩提，
凭布施追求至上菩提。（40）

什译：如是等施，種種微妙，
歡喜無厭，求無上道。

धर्मं च केचित्प्रवदन्ति शान्तं दृष्टान्तहेतूनयुतैरनेकैः ।
देशेन्ति ते प्राणसहस्रकोटिनां ज्ञानेन ते प्रस्थित अग्रबोधिम् ॥ ४१ ॥

今译：有些菩萨宣说寂静法，
以数那由他譬喻因缘，
为数千千万众生宣讲，
凭智慧追求至上菩提。（41）

什译：或有菩薩，說寂滅法，
種種教詔，無數眾生。

निरीहका धर्म प्रजानमाना द्वयं प्रवृत्ताः खगतुल्यसादृशाः ।
अनोपलिप्ताः सुगतस्य पुत्राः प्रज्ञाय ते प्रस्थित अग्रबोधिम् ॥ ४२ ॥

今译：有些菩萨通晓无作①法，
　　　已经摆脱二边②，如同
　　　空中飞鸟，无所污染，
　　　凭智慧追求至上菩提。（42）

什译：或見菩薩，觀諸法性，
　　　無有二相，猶如虛空；
　　　又見佛子，心無所著，
　　　以此妙慧，求無上道。

भूयश्च पश्याम्यहु मञ्जुघोष परिनिर्वृतानां सुगतान शासने ।
उत्पन्न धीरा बहुबोधिसत्त्वाः कुर्वन्ति सत्कारु जिनान धातुषु ॥ ४३ ॥

今译：文殊师利啊，我看到
　　　许多菩萨遵行涅槃的
　　　胜者教导，沉稳坚定，
　　　敬拜供奉胜者的舍利。（43）

什译：文殊師利！又有菩薩，
　　　佛滅度後，供養舍利。

स्तूपान पश्यामि सहस्रकोट्यो अनल्पका यथरिव गङ्गवालिकाः ।
येभिः सदा मण्डित क्षेत्रकोटियो ये कारिता तेहि जिनात्मजेहि ॥ ४४ ॥

今译：我看到千千万宝塔，
　　　数量之多如恒河沙，

---

①　"无作"的原词是 nirīhaka，也译"不动"，意谓"无行动"、"无作为"或"无作者"。此处"通晓无作法"，什译"观诸法性"，可以理解为观察诸法性空，而无作为或无作者。

②　此处"摆脱二边"的原词是 dvaya，似应写为 advaya（"无二"）。此词什译"无有二相"。

由胜者之子们建造，
永远装饰千万佛土。（44）

什译：又見佛子，造諸塔廟，
無數恒沙，嚴飾國界。

रत्नान सप्तान विशिष्ट उच्छ्रिताः सहस्र पञ्चो परिपूर्ण योजना ।
द्वे चो सहस्रे परिणाहवन्तश्छत्रध्वजास्तेषु सहस्रकोटयः ॥ ४५ ॥

今译：这些庄严七宝宝塔，
高度足足五千由旬①，
宽度达到两千由旬，
有千千万华盖幢幡。（45）

什译：寶塔高妙，五千由旬，
縱廣正等，二千由旬，
一一塔廟，各千幢幡。

सवैजयन्ताः सद शोभमाना घण्टासमूहै रणमान नित्यम्।
पुष्पैश्च गन्धैश्च तथैव वाद्यैः संपूजिता नरमरुयक्षराक्षसैः ॥ ४६ ॥

今译：它们始终装饰有胜利旗，
无数铃铛永远叮当作响，
凡人、天神、药叉和罗刹，
供奉鲜花、香料和音乐。（46）

什译：珠交露幔②，寶鈴和鳴，
諸天龍神，人及非人，
香華伎樂，常以供養。

① “由旬”（yojana）是长度单位，相当于二十五公里。
② “交露幔”指帐幔，这颂原文中无此词。

कारापयन्ती सुगतस्य पुत्रा जिनान धातुष्विह पूजमीदृशीम्।
येभिर्दिशायो दश शोभिता यः सुपुष्पितैर्वा यथ पारिजातैः ॥ ४७ ॥

今译：善逝之子们这样供奉
胜者们的舍利，由此，
十方光辉灿烂，犹如
波利质多树[1]鲜花盛开。（47）

什译：文殊師利！諸佛子等，
為供舍利，嚴飾塔廟，
國界自然，殊特妙好，
如天樹王，其華開敷。

अहं चिमाश्चो बहुप्राणकोट्य इह स्थिताः पश्यिषु सर्वमेतत्।
प्रपुष्पितं लोकमिमं सदेवकं जिनेन मुक्ता इयमेकरश्मिः ॥ ४८ ॥

今译：由于世尊放射这道光芒，
我和聚集这里的数千万
众生，看到所有这一切，
这世界和天国布满鲜花。（48）

什译：佛放一光，我及眾會，
見此國界，種種殊妙。

अहो प्रभावः पुरुषर्षभस्य अहो ऽस्य ज्ञानं विपुलं अनास्रवम्।
यस्यैकरश्मिः प्रसृताद्य लोके दर्शेति क्षेत्राण बहू सहस्रान्॥ ४९ ॥

今译：啊，人中雄牛的威力！
啊，他的广大无漏智！

---

① “波利质多树”（pārijāta）是天国乐园中的宝树。

他此刻放射一道光芒，
展现世界上数千佛土。（49）

什译：諸佛神力，智慧希有，
放一淨光，照無量國。

आश्चर्यप्राप्ताः स्म निमित्त दृष्ट्वा इममीदृशं चाद्भुतमप्रमेयम्।
वदस्व मञ्जुस्वर एतमर्थं कौतूहलं ह्यपनय बुद्धपुत्र ॥ ५० ॥

今译：看到这种无比奇异的
瑞相，大众惊奇不已，
文殊师利佛子啊，请你
解除疑惑，说明这件事。（50）

什译：我等見此，得未曾有，
佛子文殊！願決眾疑。

चत्वारिमा पर्ष उदग्रचित्तास्त्वां चाभिवीक्षन्तिह मां च वीर।
जनेहि हर्षं व्यपनेहि काङ्क्षां त्वं व्याकरोही सुगतस्य पुत्र ॥ ५१ ॥

今译：这里所有四众兴奋激动，
英雄啊，凝望着你和我，
请解除疑惑，让他们高兴，
说明这件事，善逝之子啊！（51）

什译：四眾欣仰，瞻仁①及我。

किमर्थमेषः सुगतेन अद्य प्रभास एतादृशको विमुक्तः।
अहो प्रभावः पुरुषर्षभस्य अहो ऽस्य ज्ञानं विपुलं विशुद्धम्॥ ५२ ॥

---

① "仁"的原词是 tvām（"你"）。"仁"是敬称，相当于"您"。

今译：此时此刻，世尊为何
放射这样的一道光芒？
啊，人中雄牛的威力！
啊，他的广大清净智！（52）

什译：世尊何故，放斯光明？
佛子時答，決疑令喜。

यस्यैकरश्मी प्रसृताद्य लोके दर्शेति क्षेत्राण बहून्सहस्रान्।
एतादृशो अर्थ अयं भविष्यति येनैष रश्मी विपुला प्रमुक्ता ॥ ५३ ॥

今译：他此刻放射一道光芒，
展现世界上数千佛土，
必定是为了某一件事，
他才会这样大放光芒。（53）

什译：何所饒益，演斯光明？

ये अग्रधर्मा सुगतेन स्पृष्टास्तद् बोधिमण्डे पुरुषोत्तमेन ।
किं तेह निर्देक्ष्यति लोकनाथो अथ व्याकरिष्यत्ययु बोधिसत्त्वान्॥ ५४ ॥

今译：这位人中至尊①善逝当时
在菩提道场证得至上法，
是否世界导师要在这里
宣示，然后授记②众菩萨？（54）

什译：佛坐道場，所得妙法，
為欲說此？為當授記？

① “人中至尊”（puruṣottama）是佛的称号。
② “授记”指预言未来获得无上正等菩提而成佛。

अनल्पकं कारणमेत्त भेष्यति यद्दर्शिताः क्षेत्रसहस्र नेके ।
सुचित्रचित्रा रतनोपशोभिता बुद्धाश्च दृश्यन्ति अनन्तचक्षुषः ॥ ५५ ॥

今译：其中必定有大因缘，
　　　故而展现数千佛土，
　　　装饰种种美妙珠宝，
　　　能看到无限眼①众佛。（55）

什译：示諸佛土，眾寶嚴淨，
　　　及見諸佛，此非小緣。

पृच्छेति मैत्रेयु जिनस्य पुत्र स्पृहेन्ति ते नरमरुयक्षराक्षसाः ।
चत्वारिमा पर्ष उदीक्षमाणा मञ्जुस्वरः किं न्विह व्याकरिष्यति ॥ ५६ ॥

今译：善逝之子弥勒这样询问，
　　　凡人、天神、药叉、罗刹
　　　以及所有四众注目凝视，
　　　等待文殊师利说明此事。（56）

什译：文殊當知，四眾龍神，
　　　瞻察仁者，為說何等。

अथ खलु मञ्जुश्रीः कुमारभूतो मैत्रेयं बोधिसत्त्वं महासत्त्वं तं च सर्वावन्तं बोधिसत्त्वगणमामन्त्रयते स्म -- महाधर्मश्रवणसांकथ्यमिदं कुलपुत्रास्तथागतस्य कर्तुमभिप्रायः, महाधर्मवृष्ट्यभिप्रवर्षणं च महाधर्मदुन्दुभिसंप्रवादनं च महाधर्मध्वजसमुच्छ्रयणं च महाधर्मोल्कासंप्रज्वालनं च महाधर्मशङ्खाभिप्रपूरणं च महाधर्मभेरीपराहणनं च महाधर्मनिर्देशं च अद्य कुलपुत्रास्तथागतस्य कर्तुमभिप्रायः । यथा मम कुलपुत्राः प्रतिभाति, यथा च मया पूर्वकाणां तथागतानामर्हतां सम्यक्संबुद्धानामिदमेवंरूपं पूर्वनिमित्तं दृष्टमभूत्, तेषामपि

---

① "无限眼"（anantacakṣus）是佛的称号。

पूर्वकाणां तथागतानामर्हतां सम्यक्संबुद्धानामेवं रश्मिप्रमोचनावभासो ऽभुत्। तेनैवं प्रजानामि -- महाधर्मश्रवणसांकथ्यं तथागतः कर्तुकामो महाधर्मश्रवणं श्रावयितुकामः, यथेदमेवंरूपं पूर्वनिमित्तं प्रादुष्कृतवान्। तत्कस्य हेतोः? सर्वलोकविप्रत्यनीयकधर्मपर्यायं श्रावयितुकामस्तथागतो ऽर्हन्सम्यक्संबुद्धः, यथेदमेवंरूपं महाप्रातिहार्यं रश्मिप्रमोचनावभासं च पूर्वनिमित्तमुपदर्शयति ॥

今译：这时，文殊师利法王子告诉弥勒菩萨大士和众菩萨这一切："诸位善男子啊，如来想要宣讲大法。诸位善男子啊，如来此刻想要降下大法雨，敲响大法鼓，竖起大法旗，点燃大法炬，吹响大法螺，捶响大法锣，演说大法义。诸位善男子啊，在我看来，如同我所见过去如来、阿罗汉、正等觉预先展现这样的瑞相。那些过去如来、阿罗汉、正等觉也放射这样的光芒。因此，我知道如来想要宣讲大法，想要让众生闻听大法，预先展现这样的瑞相。为什么？如来、阿罗汉、正等觉想要让众生闻听一切世界难信的法门，故而施展这样的大神变，放射光芒，预先展现瑞相。

什译：爾時，文殊師利語彌勒菩薩摩訶薩及諸大士、善男子等："如我惟忖，今佛世尊欲說大法，雨大法雨，吹大法螺，擊大法鼓，演大法義。諸善男子！我於過去諸佛，曾見此瑞，放斯光已，即說大法。是故當知，今佛現光，亦復如是，欲令眾生咸得聞知一切世間難信之法，故現斯瑞。

अनुस्मराम्यहं कुलपुत्रा अतीते ऽध्वनि असंख्येयैः कल्पैरसंख्येयतरैर्विपुलैरप्रमेयैरचिन्त्यैरपरिमितैरप्रमाणैस्ततःपरेण परतरं यदासीत्-- तेन कालेन तेन समयेन चन्द्रसूर्यप्रदीपो नाम तथागतो ऽर्हन्सम्यक्संबुद्धो लोक उदपादि विद्याचरणसंपन्नः सुगतो लोकविदनुत्तरः पुरुषदम्यसारथिः शास्ता देवानां च मनुष्याणां च बुद्धो भगवान्। स धर्मं देशयति स्म आदौ कल्याणं मध्ये कल्याणं पर्यवसाने कल्याणम्।स्वर्थं सुव्यञ्जनं केवलं परिपूर्णं परिशुद्धं पर्यवदातं ब्रह्मचर्यं संप्रकाशयति स्म । यदुत श्रावकाणां चतुरार्यसत्यसंप्रयुक्तं प्रतीत्यसमुत्पादप्रवृत्तं धर्मं देशयति स्म जातिजराव्याधिमरणशोकपरिदेवदुःखदौर्मनस्योपायासानां

समतिक्रमाय निर्वाणपर्यवसानम्। बोधिसत्त्वानां च महासत्त्वानां च षट्पारमिताप्रतिसंयुक्तमनुत्तरां सम्यक्संबोधिमारभ्य सर्वज्ञज्ञानपर्यवसानं धर्मं देशयति स्म ॥

今译：“诸位善男子啊，我记得在过去世，比无数更多无数、无比、不可思议、无限、无量劫更久远时，有一位名为日月灯明的如来、阿罗汉、正等觉、明行足、善逝、世间解、无上士、调御丈夫、天人师、佛世尊出世。他宣说正法，开始有益，中间有益，最后有益①。他阐明纯洁清净的梵行，意义深邃，言辞美妙，独一无二，完美无缺。他向众声闻宣说相应的②四圣谛③，从十二因缘说起，直至灭除生、老、病、死、忧愁、哀伤、痛苦、烦恼和不安，达到涅槃。他向众菩萨大士宣说相应的六波罗蜜④，从无上正等菩提说起，直至获得知一切智⑤。

什译：“諸善男子！如過去無量無邊不可思議阿僧祇⑥劫，爾時有佛，號日月燈明如來、應供、正遍知、明行足、善逝、世間解、無上士、調御丈夫、天人師、佛世尊，演說正法，初善，中善，後善。其義深遠，其語巧妙，純一無雜，具足清白梵行之相。為求聲聞者說應四諦法，度生老病死，究竟涅槃；為求辟支佛⑦者說應十二因緣法；為諸菩薩說應六波羅蜜，令得阿耨多羅三藐三菩提，成一切種智。

तस्य खलु पुनः कुलपुत्राः चन्द्रसूर्यप्रदीपस्य तथागतस्यार्हतः

---

① “有益”的原词是 kalyāṇa，词义为幸运、美好、吉祥或真实。汉译佛经中常译为“善”。

② 此处“相应的”原词是 saṃprayukta，词义为联系，或译“相关的”。此词什译“应”。

③ “四圣谛”（caturāryasatya）是苦谛、集谛、灭谛和道谛，意谓一切皆苦，苦有原因，苦能灭寂，灭寂有道。

④ “六波罗蜜”（ṣaṭpāramitā）指布施、持戒、忍辱、精进、禅定和智慧（“般若”）。

⑤ “知一切智”（sarvajñajñāna）中的“知一切”（sarvajña，或译“一切知”）也是佛的称号。故而“知一切智”也就是佛智。此词什译“一切种智”，护译“诸通慧”。

⑥ “阿僧祇”是 asaṃkhyeya（“无数”）一词的音译。

⑦ “辟支佛”也译“缘觉”。此处原文中没有直接说明“十二因缘”为缘觉而说。护译与原文一致。但什译也有根据，在《无量义经》中，提到世尊“初说四谛，为求声闻乘人”，“中于处处演说甚深十二因缘，为求缘觉乘人”，“次说方等十二部经、摩诃般若……演说菩萨历劫修行”。这也与世尊说法初善、中善和后善一致。

सम्यक्संबुद्धस्य परेण परतरं चन्द्रसूर्यप्रदीप एव नाम्ना तथागतो ऽर्हन्सम्यक्संबुद्धो लोक उदपादि । इति हि अजित एतेन परंपरोदाहारेण चन्द्रसूर्यप्रदीपनामकानां तथागतानामर्हतां सम्यक्संबुद्धानामेकनामधेयानामकेकुलगोत्राणां यदिदं भरद्वाज-सगोत्राणां विंशतितथागतसहस्राण्यभूवन्। तत्र अजित तेषां विंशतितथागत-सहस्राणां पूर्वकं तथागतमुपादाय यावत्पश्चिमकस्तथागतः, सो ऽपि चन्द्र-सूर्यप्रदीपनामधेय एव तथागतो ऽभूदर्हन्सम्यक्संबुद्धो विद्याचरणसंपन्नः सुगतो लोकविदनुत्तरः पुरुषदम्यसारथिः शास्ता देवानां च मनुष्याणां च बुद्धो भगवान्। सो ऽपि धर्मं देशितवानादौ कल्याणं मध्ये कल्याणं पर्यवसाने कल्याणम्। स्वर्थं सुव्यञ्जनं केवलं परिपूर्णं परिशुद्धं पर्यवदातं ब्रह्मचर्यं संप्रकाशितवान्। यदुत श्रावकाणां चतुरार्यसत्यसंयुक्तं प्रतीत्यसमुत्पादप्रवृत्तं धर्मं देशितवान् जाति-जराव्याधिमरणशोकपरिदेवदुःखदौर्मनस्योपायासानां समतिक्रमाय निर्वाण-पर्यवसानम्। बोधिसत्त्वानां च महासत्त्वानां च षट्पारमिताप्रतिसंयुक्तमनुत्तरां सम्यक्संबोधिमारभ्य सर्वज्ञज्ञानपर्यवसानं धर्मं देशितवान्॥

今译："诸位善男子啊，比这位日月灯明如来、阿罗汉、正等觉更久远，还有一位名为日月灯明的如来、阿罗汉、正等觉出世。阿逸多啊，因为依次有出生同一家族即颇罗堕家族的二万如来，全都名为日月灯明如来、阿罗汉、正等觉。阿逸多[①]啊，这二万如来，从第一位如来至最后一位如来，都名为日月灯明的如来、阿罗汉、正等觉、明行足、善逝、世间解、无上士、调御丈夫、天人师、佛世尊出世。宣说正法，开始有益，中间有益，最后有益。他阐明纯洁清净的梵行，意义深邃，言辞美妙，独一无二，完美无缺。向众声闻宣说相应的四圣谛，从十二因缘说起，直至灭除生、老、病、死、忧愁、哀伤、痛苦、烦恼和不安，达到涅槃。向众菩萨大士宣说相应的六波罗蜜，从无上正等菩提说起，直至获得知一切智。

什译："次復有佛亦名日月燈明，次復有佛亦名日月燈明，如是二萬佛，皆同一字，號日月燈明，又同一姓，姓頗羅墮。彌勒當知，

① "阿逸多"（ajita）是弥勒的又一称号。

初佛後佛，皆同一字，名日月燈明，十號具足。所可說法，初中後善。

तस्य खलु पुनरजित भगवतश्चन्द्रसूर्यप्रदीपस्य तथागतस्यार्हतः सम्यक्संबुद्धस्य पूर्वं कुमारभूतस्यानभिनिष्क्रान्तगृहावासस्य अष्टौ पुत्रा अभूवन्। तद्यथा -- मतिश्च नाम राजकुमारो ऽभूत्। सुमतिश्च नाम राजकुमारो ऽभूत्। अनन्तमतिश्च नाम, रत्नमतिश्च नाम, विशेषमतिश्च नाम, विमतिसमुद्घाटी च नाम, घोषमतिश्च नाम, धर्ममतिश्च नाम राजकुमारो ऽभूत्। तेषां खलु पुनरजित अष्टानां राजकुमाराणां तस्य भगवतश्चन्द्रसूर्यप्रदीपस्य तथागतस्यपुत्राणां विपुलर्द्धिरभूत्। एकैकस्य चत्वारो महाद्वीपाः परिभोगो ऽभूत्। तेष्वेव च राज्यं कारयामासुः । ते तं भगवन्तमभिनिष्क्रान्तगृहावासं विदित्वा अनुत्तरां च सम्यक्संबोधिमभिसंबुद्धं श्रुत्वा सर्वराज्यपरिभोगानुत्सृज्य तं भगवन्तमनु प्रव्रजिताः । सर्वे च अनुत्तरां सम्यक्संबोधिमभिसंप्रस्थिता धर्मभाणकाश्चाभुवन्। सदा च ब्रह्मचारिणो बहुबुद्धशतसहस्रावरोपितकुशलमूलाश्च ते राजकुमारा अभुवन्॥

今译："阿逸多啊，这位世尊、如来、阿罗汉、正等觉以前未出家时是王子，有八个儿子，名为有意王子、善意王子、无量意王子、宝意王子、增意王子、除疑意王子、响意王子和法意王子。阿逸多啊，这八位王子，即世尊日月灯明如来的儿子，神通广大。每位王子享有四大洲，在那里行使王权。他们得知世尊出家，又听说他证得无上正等菩提，于是舍弃享有的一切王权，追随世尊出家，求取无上正等菩提，成为法师①。这些王子始终修梵行，在数百千佛处种植善根。

什译："其最後佛，未出家時有八王子：一名有意，二名善意，三名無量意，四名寶意，五名增意，六名除疑意，七名嚮意，八名法意。是八王子，威德自在，各領四天下。是諸王子，聞父出家得阿耨多羅三藐三菩提，悉捨王位，亦隨出家，發大乘意，常修梵行，皆為法師，已於千萬佛所殖諸善本。

तेन खलु पुनरजित समयेन स भगवांश्चन्द्रसूर्यप्रदीपस्तथागतो

① "法师"的原词是 dharmabhāṇaka，词义为说法者。

ऽर्हन्सम्यक्संबुद्धो महानिर्देशं नाम धर्मपर्यायं सूत्रान्तं महावैपुल्यं बोधिसत्त्वाववादं सर्वबुद्धपरिग्रहं भाषित्वा तस्मिन्नेव क्षणलवमुहूर्ते तस्मिन्नेव पर्षत्संनिपाते तस्मिन्नेव महाधर्मासने पर्यङ्कमाभुज्य अनन्तनिर्देशप्रतिष्ठानं नाम समाधिं समापन्नो ऽभूदनिञ्जमानेन कायेन स्थितेन अनिञ्जमानेन चित्तेन। समनन्तरसमापन्नस्य खलु पुनस्तस्य भगवतो मान्दारवमहामान्दारवाणां मञ्जूषकमहामञ्जूषकाणां च दिव्यानां पुष्पाणां महत्पुष्पवर्षमभिप्रावर्षत्। तं भगवन्तं सपर्षदमभ्यवाकिरत्, सर्वावच्च तद्बुद्धक्षेत्रं षड्विकारं प्रकम्पितमभूत् चलितं संप्रचलितं वेधितं संप्रवेधितं क्षुभितं संप्रक्षुभितम्। तेन खलु पुनरजित समयेन तेन कालेन ये तस्यां पर्षदि भिक्षुभिक्षुण्युपासकोपासिका देवनागयक्षगन्धर्वासुरगरुडकिन्नरमहोरगमनुष्या-मनुष्याः संनिपतिता अभूवन्संनिषण्णाः, राजानश्च मण्डलिनो बलचक्र-वर्तिनश्चतुर्द्वीपकचक्रवर्तिनश्च, ते सर्वे सपरिवारास्तं भगवन्तं व्यवलोकयन्ति स्म आश्चर्यप्राप्ता अद्भुतप्राप्ता औद्बिल्यप्राप्ताः। अथ खलु तस्यां वेलायां तस्य भगवतश्चन्द्रसूर्यप्रदीपस्य तथागतस्य भ्रूविवरान्तरादूर्णाकोशादेका रश्मिर्निश्चरिता। सा पूर्वस्यां दिशि अष्टादशबुद्धक्षेत्रसहस्राणि प्रसृता। तानि च बुद्धक्षेत्राणि सर्वाणि तस्या रश्मेः प्रभया सुपरिस्फुटानि संदृश्यन्ते स्म, तद्यथापि नाम अजित एतर्ह्येतानि बुद्धक्षेत्राणि संदृश्यन्ते॥

今译："阿逸多啊，那时，世尊日月灯明如来、阿罗汉、正等觉讲完名为《无量义》的法门。这是为菩萨宣说、受一切佛护持的大方广经。就在这顷刻刹那瞬间，在这大众集会上，他在大法座上结跏趺坐，进入名为安住无量义的三昧，身心安住不动。就在世尊入定之时，天上普降大花雨，曼陀罗花、大曼陀罗花、曼殊沙花和大曼殊沙花，飘撒在世尊和四众身上。一切佛土出现六种震动：摇动、遍摇动、颠簸、遍颠簸、涌动和遍涌动。阿逸多啊，那时，在集会上聚坐的比丘、比丘尼、优婆塞、优婆夷、天神、蛇、药叉、健达缚、阿修罗、迦楼罗、紧那罗、大蛇、人和非人以及国王、领主、强力转轮王和四洲转轮王，他们及其随从全都凝视世尊，深感奇妙和惊异，欢喜踊跃。随即，世尊日月灯明如来的眉间白毫放射一道光芒，普照东方一万八千佛土。这光芒照亮所有这些佛土，清晰可见，阿逸多啊，就像现在这些佛土清晰可见。

什译：“是時，日月燈明佛說大乘經，名《無量義》，教菩薩法，佛所護念。說是經已，即於大眾中結加趺坐，入於無量義處三昧，身心不動。是時，天雨曼陀羅華、摩訶曼陀羅華、曼殊沙華、摩訶曼殊沙華，而散佛上及諸大眾。普佛世界，六種震動。爾時會中，比丘、比丘尼、優婆塞、優婆夷，天、龍、夜叉、乾闥婆、阿修羅、迦樓羅、緊那羅、摩睺羅伽、人非人，及諸小王、轉輪聖王等，是諸大眾得未曾有，歡喜合掌，一心觀佛。爾時，如來放眉間白毫相光，照東方萬八千佛土，靡不周遍，如今所見是諸佛土。

तेन खलु पुनरजित समयेन तस्य भगवतो विंशतिबोधिसत्त्वकोट्यः समनुबद्धा अभुवन्। ये तस्यां पर्षदि धर्मश्रवणिकाः, ते आश्चर्यप्राप्ता अभूवनद्भुतप्राप्ता औद्बिल्यप्राप्ताः कौतूहलसमुत्पन्ना एतेन महारश्म्यवभासेनावभासितं लोकं दृष्ट्वा ॥

今译：“阿逸多啊，那时，有二十千万菩萨追随这位世尊。在这集会上的听法者看到这道大光芒照亮世界，全都深感奇妙和惊异，欢喜踊跃，产生好奇心。

什译：“彌勒當知，爾時會中，有二十億菩薩樂欲聽法。是諸菩薩見此光明普照佛土，得未曾有，欲知此光所為因緣。

तेन खलु पुनरजित समयेन तस्य भगवतः शासने वरप्रभो नाम बोधिसत्त्वो ऽभूत्। तस्याष्टौ शतान्यन्तेवासिनामभूवन्। स च भगवांस्ततः समाधेर्व्युत्थाय तं वरप्रभं बोधिसत्त्वमारभ्य सद्धर्मपुण्डरीकं नाम धर्मपर्यायं संप्रकाशयामास । यावत्परिपूर्णान्षष्ट्यन्तरकल्पान्भाषितवानेकासने निषण्णो ऽसंप्रवेधमानेन कायेन अनिञ्जमानेन चित्तेन । सा च सर्वावती पर्षदेकासने निषण्णा तान्षष्ट्यन्तरकल्पांस्तस्य भगवतो ऽन्तिकाद्धर्मं शृणोति स्म । न च तस्यां पर्षदि एकसत्त्वस्यापि कायक्लमथो ऽभूत्, न च चित्तक्लमथः ॥

今译："阿逸多啊，那时，有一位名为妙光的菩萨，遵行世尊的教导。他有八百弟子。然后，世尊出离三昧，开始为妙光菩萨讲解名为《妙法莲华》的法门。他坐在座位上，身心不动，整整讲了六十中间劫。所有会众也都坐在座位上，在世尊身边听法六十中间劫[①]。在会众中，没有一人身心疲倦。

什译：時有菩薩，名曰妙光，有八百弟子。是時，日月燈明佛從三昧起，因妙光菩薩，說大乘經，名《妙法蓮華》，教菩薩法，佛所護念，六十小劫不起于座。時會聽者亦坐一處，六十小劫身心不動，聽佛所說，謂如食頃[②]。是時眾中，無有一人若身若心而生懈惓。

अथ स भगवांश्चन्द्रसूर्यप्रदीपस्तथागतो ऽर्हन्सम्यक्संबुद्धः षष्ट्यन्तर-कल्पानामत्ययात्तं सद्धर्मपुण्डरीकं धर्मपर्यायं सूत्रान्तं महावैपुल्यं बोधिसत्त्वाववादं सर्वबुद्धपरिग्रहं निर्दिश्य तस्मिन्नेव क्षणलवमुहूर्ते परिनिर्वाणमारोचितवान्सदेवकस्य लोकस्य समारकस्य सब्रह्मकस्य सश्रमणब्राह्मणिकायाः प्रजायाः सदेव-मानुषासुरायाः पुरस्तात्-- अद्य भिक्षवो ऽस्यामेव रात्र्यां मध्यमे यामे तथागतो ऽनुपधिशेषे निर्वाणधातौ परिनिर्वास्यतीति ॥

今译："世尊日月灯明如来、阿罗汉、正等觉用了六十中间劫宣说《妙法莲华》法门。这是为菩萨宣说、受一切佛护持的大方广经。就在这顷刻刹那瞬间，世尊向包括天界、魔界和梵界在内的世界以及包括沙门、婆罗门、天神、凡人和阿修罗在内的众生宣告般涅槃[③]：'众比丘啊，就在今晚中夜时分，如来将进入无余涅槃界[④]。'

什译："日月燈明佛於六十小劫說是經已，即於梵、魔、沙門、

① "中间劫"（antarakalpa）简称"中劫"。此词在汉译佛经中也常译为"小劫"。"劫"（kalpa）指世界由产生至毁灭的一个周期。佛经中对大劫、中劫和小劫的描述不一。其中的一种说法是：一个大劫分成四劫，每劫又分成二十中劫（或小劫）。

② "食顷"译为吃饭的片刻时间。

③ "般涅槃"（parinirvāṇa）指完全涅槃。但此词常与"涅槃"（nirvāṇa）一词通用。

④ "无余涅槃界"（anupadhiśeṣa-nirvāṇadhātu）指完全摆脱对一切生存因素执著的涅槃，也称为"无余依涅槃"。

婆羅門及天、人、阿修羅眾中，而宣此言：‘如來於今日中夜，當入無餘涅槃。’

अथ खल्वजित स भगवांश्चन्द्रसूर्यप्रदीपस्तथागतो ऽर्हन्सम्यक्संबुद्धः श्रीगर्भं नाम बोधिसत्त्वं महासत्त्वमनुत्तरायां सम्यक्संबोधौ व्याकृत्य तां सर्वावतीं पर्षदमामन्त्रयते स्म -- अयं भिक्षवः श्रीगर्भो बोधिसत्त्वो ममानन्तरमनुत्तरां सम्यक्संबोधिमभिसंभोत्स्यते । विमलनेत्रो नाम तथागतो ऽर्हन्सम्यक्संबुद्धो भविष्यति ॥

今译：“阿逸多啊，随后，世尊日月灯明如来、阿罗汉、正等觉为名为德藏的菩萨大士授记无上正等菩提，告诉所有会众：‘众比丘啊，这位德藏菩萨在我之后，将获得无上正等菩提，成为名为净眼[①]的如来、阿罗汉、正等觉。’

什译：“時有菩薩，名曰德藏，日月燈明佛即授其記，告諸比丘：‘是德藏菩薩，次當作佛，號曰淨身多陀阿伽度、阿羅訶、三藐三佛陀[②]。’

अथ खल्वजित स भगवांश्चन्द्रसूर्यप्रदीपस्तथागतो ऽर्हन्सम्यक्संबुद्धस्तस्यामेव रात्र्यां मध्यमे यामे ऽनुपधिशेषे निर्वाणधातौ परिनिर्वृतः । तं च सद्धर्मपुण्डरीकं धर्मपर्यायं स वरप्रभो बोधिसत्त्वो महासत्त्वो धारितवान्। अशीतिं चान्तरकल्पांस्तस्य भगवतः परिनिर्वृतस्य शासनं स वरप्रभो बोधिसत्त्वो महासत्त्वो धारितवान्संप्रकाशितवान्। तत्र अजित ये तस्य भगवतो ऽष्टौ पुत्रा अभूवन्, मतिप्रमुखाः, ते तस्यैव वरप्रभस्य बोधिसत्त्वस्यान्तेवासिनो ऽभूवन्। ते तेनैव परिपाचिता अभूवन्ननुत्तरायां सम्यक्संबोधौ । तैश्च ततः पश्चाद्बहूनि बुद्धकोटीनयुतशतसहस्राणि दृष्टानि सत्कृतानि च । सर्वे च ते ऽनुत्तरां सम्यक्संबोधिमभिसंबुद्धाः । पश्चिमकश्च तेषां दीपंकरो ऽभूत्तथागतो ऽर्हन्सम्यक्संबुद्धः ॥

---

① “净眼”的原词是 vimalanetra。此词什译“净身”，可能所据原文存在差异。护译“无垢体”，与什译一致。

② “多陀阿伽度、阿罗诃、三藐三佛陀”是“如来、阿罗汉、正等觉”的另一种译名。

今译："阿逸多啊，随后，世尊日月灯明如来、阿罗汉、正等觉在中夜时分进入无余涅槃界。此后，妙光菩萨大士受持《妙法莲华》法门。在八十中间劫中，妙光菩萨执持和演说这位已涅槃世尊的教导。阿逸多啊，这位世尊的八个儿子，以有意为首，成为妙光菩萨的弟子。他教导他们无上正等菩提。此后，他们遇见和供奉数百千千万那由他佛，全都证得无上正等菩提。他们中的最后一位成为燃灯如来、阿罗汉、正等觉。

什译："佛授記已，便於中夜入無餘涅槃。佛滅度後，妙光菩薩持《妙法蓮華經》，滿八十小劫為人演說。日月燈明佛八子皆師妙光。妙光教化令其堅固阿耨多羅三藐三菩提。是諸王子供養無量百千萬億佛已，皆成佛道，其最後成佛者，名曰燃燈。

तेषां च अष्टानामन्तेवासिशतानामेको बोधिसत्त्वो ऽधिमात्रं लाभगुरुको ऽभूत्सत्कारगुरुको ज्ञातगुरुको यशस्कामः । तस्योद्दिष्टोद्दिष्टानि पदव्यञ्जनान्यन्तर्धीयन्ते न संतिष्ठन्ते स्म । तस्य यशस्काम इत्येव संज्ञाभूत्। तेनापि तेन कुशलमूलेन बहूनि बुद्धकोटीनयुतशतसहस्राण्यारागितान्यभूवन्। आरागयित्वा च सत्कृतानि गुरुकृतानि मानितानि पूजितान्यर्चितान्यपचायितानि । स्यात्खलु पुनस्ते अजित काङ्क्षा वा विमतिर्वा विचिकित्सा वा -- अन्यः स तेन कालेन तेन समयेन वरप्रभो नाम बोधिसत्त्वो महासत्त्वो ऽभूद्धर्मभाणकः । न खलु पुनरेवं द्रष्टव्यम्। तत्कस्य हेतोः? अहं स तेन कालेन तेन समयेन वरप्रभो नाम बोधिसत्त्वो महासत्त्वो ऽभूद्धर्मभाणकः । यश्चासौ यशस्कामो नाम बोधिसत्त्वो ऽभूत्कौसीद्यप्राप्तः, त्वमेव अजित स तेन कालेन तेन समयेन यशस्कामो नाम बोधिसत्त्वो ऽभूत्कौसीद्यप्राप्तः । इति हि अजित अहमनेन पर्यायेणेदं भगवतः पूर्वनिमित्तं दृष्ट्वा एवंरूपां रश्मिमुत्सृष्टामेवं परिमीमांसे, यथा भगवानपि तं सद्धर्मपुण्डरीकं धर्मपर्यायं सूत्रान्तं महावैपुल्यं बोधिसत्त्वाववादं सर्वबुद्धपरिग्रहं भाषितुकामः ॥

今译："在八百弟子中，有一位菩萨看重利养，看重恭敬，看重名望，贪求名声。闻听的经文词句每每忘失，不能牢记。由此，他获得求名的称号。而他有种种善根，得以遇见数百千千万那由他佛，恭敬、尊敬、崇敬、崇拜、供奉和供拜。阿逸多啊，或许你怀疑、误会或猜想当时这位名为妙光的菩萨大士法师是另一人。你不要这样想。为什么？因为我就是当时名为妙光的菩萨大士法师。而那位名为求名的懈怠的菩萨，阿逸多啊，你就是当时名为求名的懈怠的菩萨。阿逸多啊，正是依据这个道理，我看到世尊预先展现的这个瑞相，放射的这道光芒，推断世尊也要宣说《妙法莲华》法门。这是为菩萨宣说、受一切佛护持的大方广经。"

什译："八百弟子中，有一人號曰求名，貪著利養，雖復讀誦眾經，而不通利①，多所忘失，故號求名。是人亦以種諸善根因緣故，得值無量百千萬億諸佛，供養、恭敬、尊重、讚歎。彌勒當知，爾時妙光菩薩豈異人乎？我身是也；求名菩薩，汝身是也。今見此瑞，與本無異，是故惟忖：今日如來當說大乘經，名《妙法蓮華》，教菩薩法，佛所護念。"

अथ खलु मञ्जुश्रीः कुमारभूत एतमेवार्थं भूयस्या मात्रया प्रदर्शयमानस्तस्यां वेलायामिमा गाथा अभाषत --

今译：然后，文殊师利法王子再次说明这件事。此时，他用这些偈颂说道：

什译：爾時，文殊師利於大眾中，欲重宣此義，而說偈言：

अतीतमध्वानमनुस्मरामि अचिन्तिये अपरिमितस्मि कल्पे ।
यदा जिनो आसि प्रजान उत्तमश्चन्द्रस्य सूर्यस्य प्रदीप नाम ॥ ५७ ॥

今译：我记得在过去世，
　　　不可思议无量劫，
　　　有人中至尊名为

---

① 此处"通利"的原词是 saṃtiṣṭhante，词义为保持或维持，在这里意谓记住或掌握。

日月灯明的胜者。(57)

什译：我念過去世，無量無數劫，
有佛人中尊，號日月燈明。

सद्धर्म देशेति प्रजान नायको विनेति सत्त्वान अनन्तकोट्यः ।
समादपेती बहुबोधिसत्त्वानचिन्तियानुत्तमि बुद्धज्ञाने ॥ ५८ ॥

今译：这位众生导师说法，
度化无数千万众生，
教导不可思议数量
菩萨求取至上佛智。(58)

什译：世尊演說法，度無量眾生，
無數億菩薩，令入佛智慧。

ये चाष्ट पुत्रास्तद तस्य आसन्कुमारभूतस्य विनायकस्य ।
दृष्ट्वा च तं प्रव्रजितं महामुनिं जहित्व कामांल्लघु सर्वि प्राव्रजन्॥ ५९ ॥

今译：导师以前是王子，
当时有八个儿子，
见这位大牟尼[1]出家，
也都迅即离欲出家。(59)

什译：佛未出家時，所生八王子，
見大聖出家，亦隨修梵行。

धर्मं च सो भाषति लोकनाथो अनन्तनिर्देशवरं ति सूत्रम्।
नामेव वैपुल्यमिदं प्रवुच्यति प्रकाशयी प्राणिसहस्रकोटिनाम्॥ ६० ॥

① “大牟尼”（mahāmuni）是佛的称号。

今译：这位世界导师说法，
　　　为千千万众生宣说
　　　讲解这部大方广经，
　　　名为《殊胜无量义》。（60）

什译：時佛說大乘，經名無量義，
　　　於諸大眾中，而為廣分別。

समनन्तरं भाषिय सो विनायकः पर्यङ्क बन्धित्व क्षणस्मि तस्मिन्।
अनन्तनिर्देशवरं समाधिं धर्मासनस्थो मुनिश्रेष्ठ ध्यायी ॥ ६१ ॥

今译：讲完经，随即结跏趺坐，
　　　这位导师此刻进入殊胜
　　　无量义三昧，这位优秀
　　　牟尼在法座上凝思静虑。（61）

什译：佛說此經已，即於法座上，
　　　加趺坐三昧，名無量義處。

दिव्यं च मान्दारववर्षमासीदघट्टिता दुन्दुभयश्च नेदुः।
देवाश्च यक्षाश्च स्थितान्तरीक्षे कुर्वन्ति पूजां द्विपदोत्तमस्य ॥ ६२ ॥

今译：天国降下曼陀罗花雨，
　　　那些天鼓不擂自鸣，
　　　天神和药叉站在空中，
　　　敬拜这位两足至尊。（62）

什译：天雨曼陀華，天鼓自然鳴，
　　　諸天龍鬼神，供養人中尊。

सर्वं च क्षेत्रं प्रचचाल तत्क्षणमाश्चर्यमत्यद्भुतमासि तत्र।

रश्मिं च एकां प्रमुमोच नायको भ्रुवान्तरात्तामतिदर्शनीयाम्॥ ६३ ॥

今译：所有的佛土顿时震动，
无比奇妙，前所未有，
导师双眉之间放射出
一道光芒，极其优美。（63）

什译：一切諸佛土，即時大震動，
佛放眉間光，現諸希有事。

पूर्वां च गत्वा दिश सा हि रश्मिरष्टादशक्षेत्रसहस्र पूर्णा ।
प्रभासयं भ्राजति सर्वलोकं दर्शेति सत्त्वान च्युतोपपादम्॥ ६४ ॥

今译：这道光芒普照东方
所有一万八千佛土，
一切世界明亮清晰，
展现众生生生死死。（64）

什译：此光照東方，萬八千佛土，
示一切眾生，生死業報處。

रत्नामया क्षेत्र तथात्र केचिद्वैडूर्यनिर्भास तथैव केचित्।
दृश्यन्ति चित्रा अतिदर्शनीया रश्मिप्रभासेन विनायकस्य ॥ ६५ ॥

今译：有些佛土布满珠宝，
有些佛土闪耀琉璃光，
在导师的光芒照耀下，
展现种种可爱的景象。（65）

什译：有見諸佛土，以眾寶莊嚴，

琉璃頗梨[①]色，斯由佛光照。

देवा मनुष्यास्तथ नाग यक्षा गन्धर्व तत्राप्सरकिन्नराश्च ।
ये चाभियुक्ताः सुगतस्य पूजया दृश्यन्ति पूजेन्ति च लोकधातुषु ॥६६ ॥

今译：可以看到一切世界上，
天神、凡人、蛇、药叉、
健达缚、天女和紧那罗，
全都敬拜和侍奉善逝。（66）

什译：及見諸天人，龍神夜叉眾，
乾闥緊那羅，各供養其佛。

बुद्धाश्च दृश्यन्ति स्वयं स्वयंभुवः सुवर्णयूपा इव दर्शनीयाः ।
वैडूर्यमध्ये च सुवर्णबिम्बं पर्षाय मध्ये प्रवदन्ति धर्मम्॥ ६७ ॥

今译：那些自我成就的佛，
在集会大众中说法，
如同优美的金柱子，
又如琉璃中的金珠。（67）

什译：又見諸如來，自然成佛道，
身色如金山，端嚴甚微妙，
如淨琉璃中，內現真金像，
世尊在大眾，敷演深法義。

तहि श्रावकाणां गणना न विद्यते ते चाप्रमाणाः सुगतस्य श्रावकाः ।
एकैकक्षेत्रस्मि विनायकानां रश्मिप्रभा दर्शयते हि सर्वान्॥ ६८ ॥

---

① “颇梨”对应的梵语用词通常是 sphaṭika（也译“水晶”或“玻璃”）。这颂原文中无此词。

今译：善逝的弟子无限无量，
　　　那里的声闻无计其数，
　　　而在导师光芒照耀下，
　　　能看见所有佛土声闻。（68）

什译：一一諸佛土，聲聞眾無數，
　　　因佛光所照，悉見彼大眾。

वीर्यैरुपेताश्च अखण्डशीला अच्छिद्रशीला मणिरत्नसादृशाः ।
दृश्यन्ति पुत्रा नरनायकानां विहरन्ति ये पर्वतकन्दरेषु ॥ ६९ ॥

今译：看到那些导师之子，
　　　居住在山谷中修行，
　　　精进努力，保持戒律
　　　完整无缺如摩尼宝珠。（69）

什译：或有諸比丘，在於山林中，
　　　精進持淨戒，猶如護明珠。

सर्वस्वदानानि परित्यजन्तः
　　　क्षान्तीबला ध्यानरताश्च धीराः ।
बहुबोधिसत्त्वा यथ गङ्गवालिकाः
　　　सर्वे ऽपि दृश्यन्ति तया हि रश्म्या ॥ ७० ॥

今译：这道光芒也照见一切
　　　菩萨，数量如同恒河沙，
　　　舍尽财物，具有忍辱力，
　　　勇猛坚定，乐在修禅。（70）

什译：又見諸菩薩，行施忍辱等，
　　　其數如恒沙，斯由佛光照。

अनिञ्जमानाश्च अवेधमानाः क्षान्तौ स्थिता ध्यानरताः समाहिताः ।
दृश्यन्ति पुत्राः सुगतस्य औरसा ध्यानेन ते प्रस्थित अग्रबोधिम् ॥ ७१ ॥

今译：看到这些善逝亲生子，
　　　忍辱坚定，乐在修禅，
　　　凝思静虑，不动不摇，
　　　凭禅定追求至上菩提。（71）

什译：又見諸菩薩，深入諸禪定，
　　　身心寂不動，以求無上道。

भूतं पदं शान्तमनास्रवं च प्रजानमानाश्च प्रकाशयन्ति ।
देशेन्ति धर्मं बहुलोकधातुषु सुगतानुभावादियमीदृशी क्रिया ॥ ७२ ॥

今译：依靠善逝的威力，
　　　他们通晓和宣讲
　　　寂静无漏真实义，
　　　在许多世界说法。（72）

什译：又見諸菩薩，知法寂滅相，
　　　各於其國土，說法求佛道。

दृष्ट्वा च ता पर्ष चतस्र तायिनश्चन्द्रार्कदीपस्य इमं प्रभावम् ।
हर्षस्थिताः सर्वि भवित्व तत्क्षणमन्योन्य पृच्छन्ति कथं नु एतत् ॥ ७३ ॥

今译：所有四众目睹救世主
　　　日月灯明佛这种威力，
　　　全都满怀喜悦，此刻
　　　互相询问这意味什么？（73）

什译：爾時四部眾，見日月燈佛，

現大神通力，其心皆歡喜，
各各自相問：是事何因緣？

अचिराच्च सो नरमरुयक्षपूजितः समाधितो व्युत्थित लोकनायकः ।
वरप्रभं पुत्र तदाध्यभाषत यो बोधिसत्त्वो विदु धर्मभाणकः ॥ ७४ ॥

今译：不久，凡人、天神和
药叉敬拜的世界导师
出离三昧，对睿智的
说法者妙光菩萨说道：（74）

什译：天人所奉尊，適從三昧起，
讚妙光菩薩：

लोकस्य चक्षुश्च गतिश्च त्वं विदुर्वैश्वासिको धर्मधरश्च मह्यम्।
त्वं ह्यत्र साक्षी मम धर्मकोशे यथाहु भाषिष्यि हिताय प्राणिनाम्॥ ७५ ॥

今译：“你是世界眼睛和归依，
是我值得信赖的持法者，
聪明睿智，亲证我的法藏，
会像我一样说法利益众生。”（75）

什译：“汝為世間眼，一切所歸信，
能奉持法藏，如我所說法，
唯汝能證知。”

संस्थापयित्वा बहुबोधिसत्त्वान्हर्षित्व संवर्णिय संस्तवित्वा ।
प्रभाषते तज्जिन अग्रधर्मान्परिपूर्ण सो अन्तरकल्प षष्टिम्॥ ७६ ॥

今译：这位胜者鼓励、激发、
赞美和赞颂众菩萨后，

便宣说种种至上法，
历时整整六十中间劫。（76）

什译：世尊既讚歎，令妙光歡喜，
說是法華經，滿六十小劫。

यं चैव सो भाषति लोकनाथो एकासनस्थः प्रवराग्रधर्मम्।
तं सर्वमाधारयि सो जिनात्मजो वरप्रभो यो अभु धर्मभाणकः ॥ ७७ ॥

今译：世界导师坐在法座上，
宣说演讲殊胜至上法，
佛子妙光这位说法者，
受持导师所说的一切。（77）

什译：不起於此座，所說上妙法，
是妙光法師，悉皆能受持。

सो चो जिनो भाषिय अग्रधर्मं प्रहर्षयित्वा जनतामनेकाम्।
तस्मिंश्च दिवसे वदते स नायकः पुरतो हि लोकस्य सदेवकस्य ॥ ७८ ॥

今译：这位胜者讲完至上法，
令无数众生满心欢喜，
这天，在包括天界的
世界前面，导师宣告：（78）

什译：佛說是法華，令眾歡喜已，
尋即於是日，告於天人眾：

प्रकाशिता मे इय धर्मनेत्री आचक्षितो धर्मस्वभाव यादृशः ।
निर्वाणकालो मम अद्य भिक्षवो रात्रीय यामस्मिह मध्यमस्मिन्॥ ७९ ॥

今译："我已说明正法门径，
如实宣说诸法自性，
众比丘啊，今晚中夜
时分，是我涅槃时间。（79）

什译："諸法實相[1]義，已為汝等說，
我今於中夜，當入於涅槃。

भवथाप्रमत्ता अधिमुक्तिसारा अभियुज्यथा मह्य इमस्मि शासने ।
सुदुर्लभा भोन्ति जिना महर्षयः कल्पान कोटीनयुतान अत्ययात्॥ ८० ॥

今译："你们要不放逸，信心
坚定，遵奉我的教导，
历经数千万那由他劫，
胜者大仙[2]也难得一遇。"（80）

什译："汝一心精進，當離於放逸，
諸佛甚難值，億劫時一遇。"

संतापजाता बहुबुद्धपुत्रा दुःखेन चोग्रेण समर्पिताभवन्।
श्रुत्वान घोषं द्विपदोत्तमस्य निर्वाणशब्दं अतिक्षिप्रमेतत्॥ ८१ ॥

今译：一听到两足至尊说出
马上就要涅槃的话音，
众多佛子焦虑不安，
心中充满强烈的痛苦。（81）

① "诸法实相"的原词是 dharmasvabhāva，词义为诸法自性，即诸法的本性或本质。"诸法实相"意谓诸法的真实之相，也就是法性（dharmatā）或真如（tathatā）。此处护译"自然之谊"。

② "大仙"（mahārṣi）也是佛的称号。

什译：世尊諸子等，聞佛入涅槃，
　　　各各懷悲惱，佛滅一何速。

आश्वासयित्वा च नरेन्द्रराजा ताः प्राणकोट्यो बहवो अचिन्तियाः ।
मा भायथा भिक्षव निर्वृते मयि भविष्यथ बुद्ध ममोत्तरेण ॥ ८२ ॥

今译：于是，这位王中之王安慰
　　　不可计量的数千万众生：
　　　“众比丘啊，不要害怕，
　　　我涅槃后，会有另一位佛。（82）

什译：聖主法之王，安慰無量眾：
　　　“我若滅度時，汝等勿憂怖。

श्रीगर्भ एषो विदु बोधिसत्त्वो गतिं गतो ज्ञानि अनास्रवस्मिन्।
स्पृशिष्यते उत्तममग्रबोधिं विमलाग्रनेत्रो ति जिनो भविष्यति ॥ ८३ ॥

今译：“这位德藏菩萨聪明
　　　睿智，通晓无漏智慧，
　　　他将获得至高的菩提，
　　　成为名为净眼的胜者。”（83）

什译：“是德藏菩薩，於無漏實相[①]，
　　　心已得通達，其次當作佛，
　　　號曰為淨身，亦度無量眾。”

तामेव रात्रिं तद् यामि मध्यमे परिनिर्वृतो हेतुक्षये व दीपः ।
शरीर वैस्तारिकु तस्य चाभूत्स्तूपान कोटीनयुता अनन्तका ॥ ८४ ॥

① 此处“实相”的原词是 jñāna（“智慧”）。

今译：他就在当晚中夜时分
涅槃，犹如油尽灯灭，
他的舍利分别送往各地，
建起无量千万那由他塔。（84）

什译：佛此夜滅度，如薪盡火滅，
分布諸舍利，而起無量塔。

भिक्षुश्च तत्रा तथ भिक्षुणीयो
ये प्रस्थिता उत्तममग्रबोधिम्।
अनल्पकास्ते यथ गङ्गबालिका
अभियुक्त तस्यो सुगतस्य शासने ॥८५ ॥

今译：那些比丘和比丘尼，
数量之多如恒河沙，
遵奉这位善逝教导，
追求殊胜至上菩提。（85）

什译：比丘比丘尼，其數如恒沙，
倍復加精進，以求無上道。

यश्चापि भिक्षुस्तद धर्मभाणको वरप्रभो येन स धर्म धारितः ।
अशीति सो अन्तरकल्प पूर्णा तहि शासने भाषति अग्रधर्मान्॥ ८६ ॥

今译：而那位说法者妙光比丘，
执持正法，遵照善逝的
教导，宣讲种种至上法，
历时整整八十中间劫。（86）

什译：是妙光法師，奉持佛法藏，
八十小劫中，廣宣法華經。

अष्टाशतं तस्य अभूषि शिष्याः परिपाचिता ये तद तेन सर्वे ।
दृष्टा च तेभिर्बहुबुद्धकोट्यः सत्कारु तेषां च कृतो महर्षिणाम्॥ ८७ ॥

今译：那时他有八百弟子，
　　　全都接受他的教化，
　　　他们遇见数千万佛，
　　　虔诚供奉这些大仙。（87）

什译：是諸八王子，妙光所開化，
　　　堅固無上道，當見無數佛。

चर्यां चरित्वा तद आनुलोमिकीं बुद्धा अभूवन्बहुलोकधातुषु ।
परस्परं ते च अनन्तरेण अन्योन्य व्याकर्षु तदाग्रबोधये ॥ ८८ ॥

今译：他们坚持柔顺修行，
　　　在许多世界中成佛，
　　　他们相互接连不断，
　　　依次授记至上菩提。（88）

什译：供養諸佛已，隨順行大道，
　　　相繼得成佛，轉次而授記。

तेषां च बुद्धान परंपरेण दीपंकरः पश्चिमको अभूषि ।
देवातिदेवो ऋषिसंघपूजितो विनीतवान्प्राणिसहस्रकोट्यः ॥ ८९ ॥

今译：这些依次接连不断的佛，
　　　其中最后一位是燃灯佛①，
　　　这位至高神受到众仙人
　　　崇拜，教化千千万众生。（89）

---

① 按照前面散文部分中的描述，这位燃灯佛是日月灯明佛的第八个儿子。

什译：最後天中天，號曰燃燈佛，
諸仙之導師，度脫無量眾。

यश्चासि तस्यो सुगतात्मजस्य वरप्रभस्यो तद् धर्म भाषतः ।
शिष्यः कुसीदश्च स लोलुपात्मा लाभं च ज्ञानं च गवेषमाणः ॥ ९० ॥

今译：在善逝之子妙光
说法时，有一位
贪心而懈怠的弟子，
追逐利养和名望。（90）

什译：是妙光法師，時有一弟子，
心常懷懈怠，貪著於名利。

यशोर्थिकश्चाप्यतिमात्र आसीत्कुलाकुलं च प्रतिपन्नमासीत्।
उद्देश स्वाध्यायु तथास्य सर्वो न तिष्ठते भाषितु तस्मि काले ॥ ९१ ॥

今译：他十分渴望名声，
游走于各个家族[①]，
不能记住诵习和
闻听的种种经文。（91）

什译：求名利無厭，多遊族姓家，
棄捨所習誦，廢忘不通利。

नामं च तस्यो इममेवमासीद्यशकामनाम्ना दिशतासु विश्रुतः ।
स चापि तेनाकुशलेन कर्मणा कल्माषभूतेनभिसंस्कृतेन ॥ ९२ ॥

今译：就这样，他得名

① 此处“各个家族”的原文是 kulākulam，与 kulaṃkulam 相通，相当于巴利语的 kolaṅkolam。

求名，闻名四方，
然而他虽有污点，
但也积累有善业[1]。（92）

什译：以是因緣故，號之為求名，
亦行眾善業，

आरागयी बुद्धसहस्रकोट्यः पूजां च तेषां विपुलामकार्षीत्।
चीर्णा च चर्या वर आनुलोमिकी दृष्टश्च बुद्धो अयु शाक्यसिंहः ॥ ९३ ॥

今译：他曾亲近千千万佛，
尽心尽力敬拜供奉，
长期坚持柔顺修行，
得以遇见释迦狮子[2]。（93）

什译：得見無數佛，供養於諸佛，
隨順行大道，具六波羅蜜，
今見釋師子。

अयं च सो पश्चिमको भविष्यति अनुत्तरां लप्स्यति चाग्रबोधिम्।
मैत्रेयगोत्रो भगवान् भविष्यति विनेष्यति प्राणसहस्रकोट्यः ॥ ९४ ॥

今译：这是他的最后一生，
他将获得无上菩提，
成为弥勒族姓世尊，
会教化千千万众生。（94）

什译：其後當作佛，號名曰彌勒，

① 此处“善业”的原文是 tenākuśalena，可以读为 tenā kuśalena，其中的 tenā，在混合梵语中也用作中性单数具格。
② “释迦狮子”指释迦牟尼佛。

廣度諸衆生，其數無有量。

कौसीद्यप्राप्तस्तद् यो बभूव परिनिर्वृतस्य सुगतस्य शासने ।
त्वमेव सो तादृशको बभूव अहं च आसीत्तद् धर्मभाणकः ॥ ९५ ॥

今译：当时那位善逝涅槃后，
在遵行他的教导方面，
那位懈怠的弟子就是你，
而我是那位说法者妙光。（95）

什译：彼佛滅度後，懈怠者汝是；
妙光法師者，今則我身是。

इमेन हं कारणहेतुनाद्य दृष्ट्वा निमित्तं इदमेवरूपम्।
ज्ञानस्य तस्य प्रथितं निमित्तं प्रथमं मया तत्र वदामि दृष्टम्॥ ९६ ॥

今译：正是由于这一因缘，
我今天看到这瑞相，
而说我以前也看到
如此展现的瑞相。（96）

什译：我見燈明佛，本光瑞如此，

ध्रुवं जिनेन्द्रो ऽपि समन्तचक्षुः शाक्याधिराजः परमार्थदर्शी ।
तमेव यं इच्छति भाषणाय पर्यायमग्रं तदद्यो मया श्रुतः ॥ ९७ ॥

今译：肯定是普遍眼释迦王，
洞悉第一义的胜者王，
今天想要宣说我以前
已经闻听的至高法门。（97）

什译：以是知今佛，欲說法華經。

तदेव परिपूर्ण निमित्तमद्य उपायकौशल्य विनायकानाम्।
संस्थापनं कुर्वति शाक्यसिंहो भाषिष्यते धर्मस्वभावमुद्राम्॥ ९८ ॥

今译：今天所展现的这种瑞相，
那是导师们的方便善巧，
释迦狮子用以激励大众，
他将宣说诸法自性法印[1]。（98）

什译：今相如本瑞，是諸佛方便，
今佛放光明，助發實相義。

प्रयता सुचित्ता भवथा कृताञ्जली भाषिष्यते लोकहितानुकम्पी ।
वर्षिष्यते धर्ममनन्तवर्षं तर्पिष्यते ये स्थित बोधिहेतोः ॥ ९९ ॥

今译：你们要合掌，认真专心，
他同情关心世界的利益，
将要说法，降下大法雨，
满足追求菩提的人们。（99）

什译：諸人今當知，合掌一心待，
佛當雨法雨，充足求道者。

येषां च संदेहगतीह काचिद्ये संशया या विचिकित्स काचित्।
व्यपनेष्यते ता विदुरात्मजानां ये बोधिसत्त्वा इह बोधिप्रस्थिताः ॥ १०० ॥

今译：无论有什么疑问或疑难，
无论有什么怀疑或困惑，

① “法印”的原词是 mudrā，词义为印记、印契或手印。佛经中有“法印”（dharmamudrā）一说，意谓法的总结或概要。此处“自性法印”，什译“实相义”，护译“自然之教”。

这智者将为他的儿子们、
追求菩提的众菩萨排除。（100）

什译：諸求三乘[1]人，若有疑悔者，
佛當為除斷，令盡無有餘。

इत्यार्यसद्धर्मपुण्डरीके धमपर्यायेये निदानपरिवर्तो नाम प्रथमः ॥ १ ॥

今译：以上是神圣《妙法莲华》法门中名为《序品》的第一品。

① “三乘”指声闻乘、缘觉乘和菩萨乘。

२ उपायकौशल्यपरिवर्तः ।

今译：第二 方便善巧品

什译：方便品第二

अथ खलु भगवान्स्मृतिमान्संप्रजानंस्ततः समाधेर्व्युत्थितः । व्युत्थाय आयुष्मन्तं शारिपुत्रमामन्त्रयते स्म -- गम्भीरं शारिपुत्र दुर्दृशं दुरनुबोधं बुद्धज्ञानं तथागतैरर्हद्भिः सम्यक्संबुद्धैः प्रतिबुद्धम्, दुर्विज्ञेयं सर्वश्रावकप्रत्येकबुद्धैः । तत्कस्य हेतोः? बहुबुद्धकोटीनयुतशतसहस्रपर्युपासिताविनो हि शारिपुत्र तथागता अर्हन्तः सम्यक्संबुद्धा बहुबुद्धकोटीनयुतशतसहस्रचीर्णचरिताविनो ऽनुत्तरायां सम्यक्संबोधौ दूरानुगताः कृतवीर्या आश्चर्याद्भुतधर्मसमन्वागता दुर्विज्ञेयधर्मसमन्वागता दुर्विज्ञेय-धर्मानुज्ञाताविनः ॥

今译：这时，具有正念和正知^①的世尊起身出离三昧。出离后，对尊者舍利弗说道："舍利弗啊，如来、阿罗汉、正等觉们证得的佛智深邃，难以观察，难以觉知。一切声闻和缘觉都难以理解。为什么？舍利弗啊，因为如来、阿罗汉、正等觉们已经侍奉数百千千万那由他佛，已经在数百千千万那由他佛处修习无上正等菩提，时间久远，勇猛坚定，获得前所未有的奇妙法，获得难以理解的法，认知难以理解的法。

什译：爾時，世尊從三昧安詳而起，告舍利弗："諸佛智慧甚深無量，其智慧門難解難入，一切聲聞、辟支佛所不能知。所以者何？佛曾親近百千萬億無數諸佛，盡行諸佛無量道法，勇猛精進，名稱普聞，成就甚深未曾有法，隨宜所說，意趣難解。

---

① "正念"（smṛtimat）指正确的忆念或观想。"正知"（saṃprajāna）指正确的认知。

दुर्विज्ञेयं शारिपुत्र संधाभाष्यं तथागतानामर्हतां सम्यक्संबुद्धानाम्। तत्कस्य हेतोः? स्वप्रत्ययान्धर्मान्प्रकाशयन्ति विविधोपायकौशल्यज्ञानदर्शनहेतुकारण-निर्देशनारम्बणनिरुक्तिप्रज्ञप्तिभिस्तैरुपायकौशल्यैस्तस्मिंस्तस्मिंल्लग्नान् सत्त्वान् प्रमोचयितुम्। महोपायकौशल्यज्ञानदर्शनपरमपारमिताप्राप्ताः शारिपुत्र तथागता अर्हन्तः सम्यक्संबुद्धाः । असङ्गाप्रतिहतज्ञानदर्शनबलवैशारद्यावेणिकेन्द्रियबल-बोध्यङ्गध्यानविमोक्षसमाधिसमापत्त्यद्भुतधर्मसमन्वागता विविधधर्मसंप्रकाशकाः । महाश्चर्याद्भुतप्राप्ताः शारिपुत्र तथागता अर्हन्तः सम्यक्संबुद्धाः । अलं शारिपुत्र एतावदेव भाषितुं भवतु -- परमाश्चर्यप्राप्ताः शारिपुत्र तथागता अर्हन्तः सम्यक्संबुद्धाः । तथागत एव शारिपुत्र तथागतस्य धर्मान्देशयेत्, यान् धर्मांस्तथागतो जानाति । सर्वधर्मानपि शारिपुत्र तथागत एव देशयति । सर्वधर्मानपि तथागत एव जानाति, ये च ते धर्माः, यथा च ते धर्माः, यादृशाश्च ते धर्माः, यल्लक्षणाश्च ते धर्माः, यत्स्वभावाश्च ते धर्माः, ये च यथा च यादृशाश्च यल्लक्षणाश्च यत्स्वभावाश्च ते धर्मा इति। तेषु धर्मेषु तथागत एव प्रत्यक्षो ऽपरोक्षः॥

今译："舍利弗啊，如来、阿罗汉、正等觉的随宜所说①难以理解。为什么？他们运用种种方便善巧②知见、因缘、演示、言语和假名③，宣讲自证法。运用种种方便善巧，让陷入种种执著的众生获得解脱。舍利弗啊，如来、阿罗汉、正等觉们彻底通晓大方便善巧知见。他们获得前所未有的无阻无碍知见、力、无畏、不共法、根、力、菩提分、禅定、解脱、三昧和等至法④，宣讲种种法。舍利弗啊，如来、阿罗汉、正等觉们获得前所未有的大奇妙法。舍利弗啊，你且莫说话！舍

① "随宜所说"的原词是 saṃdhābhāṣya。其中，saṃdhā 的词义为联系、结合、依据或按照，bhāṣya 的词义为所说。因此，这个复合词的词义为依据对象、情况或时机说法，也就是随宜说法。汉译佛经中，也常将 saṃdhā 一词译为"密意"，实际也是指诸佛运用方便善巧说法。

② "方便善巧"的原词是 upāyakauśalya，其中 upāya 的词义是方法、办法、计策或手段。kauśalya 的词义为娴熟、能干或技巧。

③ "假名"（prajñapti）指为分别种种事物形相而施设的言语名称。

④ 这里，"力"（bala）指佛的十种智慧力。"无畏"（vaiśārdya）指佛的四种无畏。"不共法"（āveṇika）指佛的十八种特征或特质。"根"（indriya）指信根、勤根、念根、定根和慧根。"力"（bala）指信力、勤力、念力、定力和慧力。"菩提分"（bodhyaṅga）指三十七种修行方法。"等至"（samāpatti）指达到无念无想的入定状态。这些均为大乘佛法的组成部分。

利弗啊，如来、阿罗汉、正等觉们获得绝顶的奇妙法。舍利弗啊，唯有如来能宣示如来的法。如来知道这些法。舍利弗啊，也唯有如来宣示一切法，也唯有如来知道一切法。它们是这些法，这样的法，如此的法，如此形相的法，如此自性的法。这些法这样，如此，如此形相，如此自性。唯有如来亲证明了这些法。"

什译："舍利弗！吾從成佛已來，種種因緣，種種譬喻，廣演言教無數方便，引導眾生令離諸著。所以者何？如來方便知見波羅蜜皆已具足①。舍利弗！如來知見廣大深遠，無量無礙，力、無所畏、禪定、解脫、三昧，深入無際，成就一切未曾有法。舍利弗！如來能種種分別，巧說諸法，言辭柔軟，悅可眾心。舍利弗！取要言之，無量無邊未曾有法，佛悉成就。止，舍利弗！不須復說。所以者何？佛所成就第一希有難解之法。唯佛與佛乃能究盡諸法實相，所謂諸法如是相，如是性，如是體，如是力，如是作，如是因，如是緣，如是果，如是報，如是本末究竟等②。"

अथ खलु भगवानेतमेवार्थं भूयस्या मात्रया संदर्शयमानस्तस्यां वेलायामिमा गाथा अभाषत --

今译：然后，世尊再次说明这件事。此时，他用这些偈颂说道：

什译：爾時，世尊欲重宣此義，而說偈言：

अप्रमेया महावीरा लोके समरुमानुषे ।
न शक्यं सर्वशो ज्ञातुं सर्वसत्त्वैर्विनायकाः ॥ १ ॥

---

① 此处"波罗蜜皆已具足"的原文是 paramapāramitāprāpta，词义为达到至高圆满。
② 此处什译的十种"如是"与原文存在差异。按照原文，这里可以读为十个短语，强调世尊知道一切法的形相（lakṣaṇa）和自性（svabhāva）。最后一个短语"唯有如来亲证明了这些法"，相当于什译"如是本末究竟"。出现这种差异有两种可能：或是所据文本如此，或是阐释性翻译。此处护译"诸法所由，从何而来，诸法自然，分别法类，众相根本，知法自然"，与原文接近，是一种笼统的意译。

今译：在凡人和天神世界，
有无量无数大英雄①，
而一切众生都不能，
完全理解这些导师。（1）

什译：世雄不可量，諸天及世人，
一切眾生類，無能知佛者。

बला विमोक्षा ये तेषां वैशारद्याश्च यादृशाः ।
यादृशा बुद्धधर्माश्च न शक्यं ज्ञातु केनचित्॥ २ ॥

今译：没有众生能理解
他们具有这样的
力、解脱和无畏，
具有这样的佛法。（2）

什译：佛力無所畏，解脫諸三昧，
及佛諸餘法，無能測量者。

पूर्वे निषेविता चर्या बुद्धकोटीन अन्तिके ।
गम्भीरा चैव सूक्ष्मा च दुर्विज्ञेया सुदुर्दृशा ॥ ३ ॥

今译：以前我在千万佛
身边，修习此法，
深邃微妙，难以
理解，难以观察。（3）

什译：本從無數佛，具足行諸道，
甚深微妙法，難見難可了。

① 此处“大英雄”（mahāvīra）指称佛。

तस्यां चीर्णाय चर्यायां कल्पकोट्यो अचिन्तिया ।
फलं मे बोधिमण्डस्मिन्दृष्टं यादृशकं हि तत्॥ ४ ॥

今译：我修习此法历时
不可思议千万劫，
终于在菩提道场，
见到此法的果实。（4）

什译：於無量億劫，行此諸道已，
道場得成果，我已悉知見。

अहं च तत्प्रजानामि ये चान्ये लोकनायकाः ।
यथा यद्यादृशं चापि लक्षणं चास्य यादृशम्॥ ५ ॥

今译：我和其他的导师，
全都知道这种法，
是这样，是如此，
具有如此的形相。（5）

什译：如是大果報，種種性相義，
我及十方佛，乃能知是事。

न तद्दर्शयितुं शक्यं व्याहारो ऽस्य न विद्यते ।
नाप्यसौ तादृशः कश्चित्सत्त्वो लोकस्मि विद्यते ॥ ६ ॥

今译：无法向谁展示它，
这种法不可言说，
在这世上还没有
任何这样的众生。（6）

什译：是法不可示，言辭相寂滅，

諸餘眾生類，無有能得解。

यस्य तं देशयेद्धर्म देशितं चापि जानियात्।
अन्यत्र बोधिसत्त्वेभ्यो अधिमुक्तीय ये स्थिताः ॥ ७ ॥

今译：若是向谁宣示此法，
他理解宣示的此法，
除非是那些菩萨，
他们具有信解力。（7）

什译：除諸菩薩眾，信力堅固者。

ये चापि ते लोकविदुस्य श्रावकाः कृताधिकाराः सुगतानुवर्णिताः ।
क्षीणास्रवा अन्तिमदेहधारिणो न तेष विषयो ऽस्ति जिनान ज्ञाने ॥ ८ ॥

今译：即使是世间解[①]的众声闻，
完成职责，受善逝称赞，
灭尽烦恼，是最后一生[②]，
也不能进入佛智的领域。（8）

什译：諸佛弟子眾，曾供養諸佛，
一切漏已盡，住是最後身，
如是諸人等，其力所不堪。

स चैव सर्वा इय लोकधातु पूर्णा भवेच्छारिसुतोपमानाम्।
एकीभवित्वान विचिन्तयेयुः सुगतस्य ज्ञानं न हि शक्य जानितुम्॥ ९ ॥

今译：即使世上所有人，

① “世间解”（lokavid）指通晓世间一切事务者，是佛的称号。
② “最后一生”的原词是 antimadehadhārin，词义为具有最后的身体，意谓过完这一生，下一生就会成佛。

全都如同舍利弗，
他们共同一起思惟，
也不能知晓佛智。（9）

什译：假使滿世間，皆如舍利弗，
盡思共度量，不能測佛智。

सचेह त्वं सादृशकेहि पण्डितैः पूर्णा भवेयुर्दशा पि दिशायो ।
ये चापि मह्यं इमि श्रावकान्ये तेषां पि पूर्णा भवि एवमेव ॥ १० ॥

今译：如果世界所有十方，
充满像你这样的智者，
还有我的其他声闻，
也是这样充满十方。（10）

什译：正使[1]滿十方，皆如舍利弗，
及餘諸弟子，亦滿十方剎，

एकीभवित्वान च ते ऽद्य सर्वे विचिन्तयेयुः सुगतस्य ज्ञानम्।
न शक्त सर्वे सहिता पि ज्ञातुं यथाप्रमेयं मम बुद्धज्ञानम्॥ ११ ॥

今译：即使他们今日聚集，
共同一起思惟佛智，
他们也都不能知晓
我的无限无量佛智。（11）

什译：盡思共度量，亦復不能知。

प्रत्येकबुद्धान अनास्रवाणां तीक्ष्णेन्द्रियाणान्तिमदेहधारिणाम्।

① 此处“正使”意谓假使或即使。

दिशो दशः सर्व भवेयुः पूर्णा यथा नडानां वनवेणुनां वा ॥ १२ ॥

今译：那些缘觉已灭尽烦恼，
具有利根[①]，是最后一生，
如果他们也充满十方，
如同芦苇和林中竹子。（12）

什译：辟支佛利智，無漏最後身，
亦滿十方界，其數如竹林。

एको भवित्वान विचिन्तयेयुर्ममाग्रधर्माण प्रदेशमात्रम्।
कल्पान कोटीनयुताननन्तान्न तस्य भूतं परिजानि अर्थम्॥ १३ ॥

今译：即使他们共同一起思惟
我的少量至上法，历时
无限无量千万那由他劫，
也不能知晓它的真实义。（13）

什译：斯等共一心，於億無量劫，
欲思佛實智，莫能知少分。

नवयानसंप्रस्थित बोधिसत्त्वाः
कृताधिकारा बहुबुद्धकोटिषु ।
सुविनिश्चितार्था बहुधर्मभाणकास्तेषां
पि पूर्णा दशिमा दिशो भवेत्॥ १४ ॥

今译：那些新入乘菩萨已在
数千万佛处完成职责，
明了意义，擅长说法，

① “利根”（tīkṣṇendriya）指感官敏锐。

如果他们也充满十方。（14）

什译：新發意菩薩，供養無數佛，
了達諸義趣，又能善說法，

नडान वेणून व नित्यकालमच्छिद्रपूर्णो भवि सर्वलोकः ।
एकीभवित्वान विचिन्तयेयुर्यो धर्म साक्षात्सुगतेन दृष्टः ॥ १५ ॥

今译：永久在一切世界，如同
稠密无间的芦苇和竹子，
也是这样共同一起思惟
善逝亲身证得的这种法。（15）

什译：如稻麻竹葦，充滿十方剎，

अनुचिन्तयित्वा बहुकल्पकोट्यो गङ्गा यथा वालिक अप्रमेयाः ।
अनन्यचित्ताः सुखुमाय प्रज्ञया तेषां पि चास्मिन्विषयो न विद्यते ॥ १६ ॥

今译：即使思惟数千万劫，
如同无量的恒河沙，
专心致志，智慧微妙，
也不能进入佛智领域。（16）

什译：一心以妙智，於恒河沙劫，
咸皆共思量，不能知佛智。

अविवर्तिका ये भवि बोधिसत्त्वा अनल्पका यथरिव गङ्गवालिकाः ।
अनन्यचित्ताश्च विचिन्तयेयुस्तेषां पि चास्मिन्विषयो न विद्यते ॥ १७ ॥

今译：如果那些不退转菩萨，
数量之多如同恒河沙，

即使他们专心致志思惟，
也不能进入佛智领域。（17）

什译：不退諸菩薩，其數如恒沙，
一心共思求，亦復不能知。

गम्भीर धर्मा सुखुमा पि बुद्धा अतर्किकाः सर्वि अनास्रवाश्च ।
अहं च जानामिह यादृशा हि ते ते वा जिना लोकि दशद्दिशासु ॥ १८ ॥

今译：一切佛法深邃和微妙，
不可思辨，清净无漏，
我和世界十方的胜者，
知道它们是什么样。（18）

什译：又告舍利弗：無漏不思議，
甚深微妙法，我今已具得，
唯我知是相，十方佛亦然。

यं शारिपुत्रो सुगतः प्रभाषते अधिमुक्तिसंपन्न भवाहि तत्र ।
अनन्यथावादि जिनो महर्षी चिरेण पी भाषति उत्तमार्थम् ॥ १९ ॥

今译：舍利弗啊，善逝说法，
你一定要具足信解力，
胜者大仙所言无变异，
历久最终宣说至上义。（19）

什译：舍利弗當知，諸佛語無異，
於佛所說法，當生大信力，
世尊法久後，要當說真實①。

---

① 这行中，"久后"的原词是 cireṇa，词义为长久、长期、久远、最终或终究。"要当"意谓"必定会"。故而什译这句的意思是世尊说法长久，最终必定会说真实义。这句护译"说无上谊，以来久远"。

आमन्त्रयामी इमि सर्वश्रावकान्प्रत्येकबोधाय च ये ऽभिप्रस्थिताः ।
संस्थापिता ये मय निर्वृतीय संमोक्षिता दुःखपरंपरातः ॥ २० ॥

今译：我告诉所有的声闻，
那些追求缘觉乘者，
那些靠我摆脱种种
痛苦而确定涅槃者。（20）

什译：告諸聲聞眾，及求緣覺乘：
我令脫苦縛，逮得涅槃者。

उपायकौशल्य ममेतदग्रं भाषामि धर्मं बहु येन लोके ।
तहिं तहिं लग्न प्रमोचयामि त्रीणी च यानान्युपदर्शयामि ॥ २१ ॥

今译：我在世界上经常凭借
方便善巧宣说至上法，
我宣示三乘，让陷入
种种执著者获得解脱。（21）

什译：佛以方便力，示以三乘教，
眾生處處著，引之令得出。

अथ खलु ये तत्र पर्षत्संनिपाते महाश्रावका आज्ञातकौण्डिन्यप्रमुखा अर्हन्तः क्षीणास्त्रवा द्वादश वशीभूतशतानि ये चान्ये श्रावकयानिका भिक्षु-भिक्षुण्युपासकोपासिका ये च प्रत्येकबुद्धयानसंप्रस्थिताः, तेषां सर्वेषामेतदभवत्--को नु हेतुः किं कारणं यद्भगवानधिमात्रमुपायकौशल्यं तथागतानां संवर्णयति? गम्भीरश्चायं मया धर्मो ऽभिसंबुद्ध इति संवर्णयति? दुर्विज्ञेयश्च सर्वश्रावक-प्रत्येकबुद्धैरिति संवर्णयति? यथा तावद्भगवता एकैव विमुक्तिराख्याता, वयमपि बुद्धधर्माणां लाभिनो निर्वाणप्राप्ताः । अस्य च वयं भगवतो भाषितस्यार्थं न जानीमः ॥

今译：然后，集会大众中，以阿若憍陈如为首的一千二百大声闻，全都是灭尽烦恼、获得自在的阿罗汉，还有进入声闻乘和追求缘觉乘的比丘、比丘尼、优婆塞和优婆夷，全都这样思忖："什么原因？什么缘由？世尊特别称赞如来们的方便善巧，称赞自己觉知的法深邃，一切声闻和缘觉难以理解。而世尊又说明一种解脱，我们也能获得佛法，达到涅槃。而我们不知晓世尊所说的意义。"

什译：爾時，大眾中有諸聲聞漏盡阿羅漢阿若憍陳如等千二百人，及發聲聞、辟支佛心比丘、比丘尼、優婆塞、優婆夷，各作是念："今者世尊何故慇懃稱歎方便而作是言：'佛所得法甚深難解，有所言說意趣難知，一切聲聞、辟支佛所不能及。'佛說一解脫義，我等亦得此法到於涅槃，而今不知是義所趣。"

अथ खल्वायुष्मान् शारिपुत्रस्तासां चतसृणां पर्षदां विचिकित्साकथंकथां विदित्वा चेतसैव चेतःपरिवितर्कमाज्ञाय आत्मना च धर्मसंशयप्राप्तस्तस्यां वेलायां भगवन्तमेतदवोचत्-- को भगवन्हेतुः, कः प्रत्ययो यद्भगवानधिमात्रं पुनः पुनस्तथागतानामुपायकौशल्यज्ञानदर्शनधर्मदेशनां संवर्णयति -- गम्भीरश्च मे धर्मोऽभिसंबुद्ध इति । दुर्विज्ञेयं च संघाभाष्यमिति पुनः पुनः संवर्णयति । न च मे भगवतोऽन्तिकादेवंरूपो धर्मपर्यायः श्रुतपूर्वः । इमाश्च भगवंश्चतस्रः पर्षदो विचिकित्साकथंकथाप्राप्ताः । तत्साधु भगवान्निर्दिशतु यत्संघाय तथागतो गम्भीरस्य तथागतधर्मस्य पुनः पुनः संवर्णनां करोति ॥

今译：这时，尊者舍利弗知道四众的疑惑，知道他们心中的想法，而他自己也心存疑惑。此刻，他对世尊说道："世尊啊，什么原因？什么缘由？世尊一再特别称赞如来们的方便善巧知见说法。一再称赞自己觉知的法深邃，随宜说法，难以理解。我以前在世尊身边，没有听到过这样的法门。世尊啊，这里的四众产生疑惑。因此，世尊啊，请你说明如来依据什么，一再称赞如来法深邃。"

什译：爾時，舍利弗知四眾心疑，自亦未了，而白佛言："世尊！

何因何緣慇懃稱歎諸佛第一方便甚深微妙難解之法？我自昔來，未曾從佛聞如是說。今者四眾咸皆有疑，唯願世尊敷演斯事。世尊何故慇懃稱歎甚深微妙難解之法？”

अथ खल्वायुष्मान्शारिपुत्रस्तस्यां वेलायामिमा गाथा अभाषत --

今译：此时，尊者舍利弗又用这些偈颂说道：

什译：爾時，舍利弗欲重宣此義，而說偈言：

चिरस्याद्य नरादित्य ईदृशीं कुरुते कथाम्।
बला विमोक्षा ध्यानाश्च अप्रमेया मि स्पर्शिताः ॥ २२ ॥

今译：长久以来直至今日，
人中太阳[1]才这样说：
“我已获得无量的
力、解脱和禅定。”（22）

什译：慧日大聖尊，久乃說是法，
自說得如是，力無畏三昧，
禪定解脫等，不可思議法。

बोधिमण्डं च कीर्तेसि पृच्छकस्ते न विद्यते ।
संधाभाष्यं च कीर्तेसि न च त्वां कश्चि पृच्छति ॥ २३ ॥

今译：你提到菩提道场，
没有向你发问者；
你提到随宜所说，
没有向你发问者。（23）

① 此处“人中太阳”（narāditya）指称佛。

什译：“道場所得法，無能發問者；
我意難可測，亦無能問者。”[①]

अपृच्छितो व्याहरसि चर्यां वर्णेसि चात्मनः ।
ज्ञानाधिगम कीर्तेसि गम्भीरं च प्रभाषसे ॥ २४ ॥

今译：于是你不问自说，
称赞自己的修行；
你提到获得智慧，
说这种智慧深邃。（24）

什译：無問而自說，稱歎所行道，
智慧甚微妙，諸佛之所得。

अद्येमे संशयप्राप्ता वशीभूता अनास्रवाः ।
निर्वाणं प्रस्थिता ये च किमेतद्भाषते जिनः ॥ २५ ॥

今译：这些灭尽烦恼而得
自在的追求涅槃者，
他们现在产生疑惑：
“为何胜者这样说？”（25）

什译：無漏諸羅漢，及求涅槃者，
今皆墮疑網，佛何故說是？

प्रत्येकबोधिं प्रार्थेन्ता भिक्षुण्यो भिक्षवस्तथा ।
देवा नागाश्च यक्षाश्च गन्धर्वाश्च महोरगाः ॥ २६ ॥

今译：同样，那些追求

① 此处是直接引述世尊的话。

成为缘觉的比丘、
比丘尼以及天神、
蛇、药叉和大蛇。（26）

什译：其求緣覺者，比丘比丘尼，
諸天龍鬼神，及乾闥婆等，

समालपन्तो अन्योन्यं प्रेक्षन्ते द्विपदोत्तमम्।
कथंकथी विचिन्तेन्ता व्याकुरुष्व महामुने ॥ २७ ॥

今译：他们互相交谈议论，
注目仰望两足至尊，
因为心中怀有疑惑，
大牟尼啊，请说明吧！（27）

什译：相視懷猶豫，瞻仰兩足尊，
是事為云何，願佛為解說。

यावन्तः श्रावकाः सन्ति सुगतस्येह सर्वशः ।
अहमत्र पारमीप्राप्तो निर्दिष्टः परमर्षिणा ॥ २८ ॥

今译：这里有如此众多
善逝的声闻弟子，
至高仙人指出我
在其中名列第一。（28）

什译：於諸聲聞眾，佛說我第一。

ममापि संशयो ह्यत्र स्वके स्थाने नरोत्तम ।
किं निष्ठा मम निर्वाणे अथ चर्या मि दर्शिता ॥ २९ ॥

今译：人中至尊啊，即使我
自己处于这样的地位，
我也怀疑自己的修行
是否最终能达到涅槃。（29）

什译：我今自於智，疑惑不能了，
為是究竟法？為是所行道？

प्रमुञ्च घोषं वरदुन्दुभिस्वरा
उदाहरस्वा यथ एष धर्मः ।
इमे स्थिता पुत्र जिनस्य औरसा
व्यवलोकयन्तश्च कृताञ्जली जिनम् ॥ ३० ॥

今译：你的话音似美妙鼓音，
请你如实宣说这种法！
善逝亲生子们站立着，
双手合掌注目仰望你。（30）

什译：佛口所生子，合掌瞻仰待，
願出微妙音，時為如實說。

देवाश्च नागाश्च सयक्षराक्षसाः कोटीसहस्रा यथ गङ्गवालिकाः ।
ये चापि प्रार्थेन्ति समग्रबोधिं सहस्रशीतिः परिपूर्ण ये स्थिताः ॥ ३१ ॥

今译：天神、蛇、药叉和罗刹，
千千万万如同恒河沙，
他们也都追求至上菩提，
站在这里的总数有八万。（31）

什译：諸天龍神等，其數如恒沙，
求佛諸菩薩，大數有八萬。

राजान ये महिपति चक्रवर्तिनो ये आगताः क्षेत्रसहस्रकोटिभिः ।
कृताञ्जली सर्वि सगौरवाः स्थिताः कथं नु चर्यां परिपूरयेम ॥ ३२ ॥

今译：还有国王和转轮王，
从千千万国土来到，
合掌恭敬站立，心想：
“我们如何完成修行？”（32）

什译：又諸萬億國，轉輪聖王至，
合掌以敬心，欲聞具足道。

एवमुक्ते भगवानायुष्मन्तं शारिपुत्रमेतदवोचत्-- अलं शारिपुत्र । किमनेनार्थेन भाषितेन? तत्कस्य हेतोः? उत्त्रसिष्यति शारिपुत्र अयं सदेवको लोको ऽस्मिन्नर्थे व्याक्रियमाणे । द्वैतीयकमप्यायुष्मान् शारिपुत्रो भगवन्तमध्येषते स्म -- भाषतां भगवान्, भाषतां सुगत एतमेवार्थम्। तत्कस्य हेतोः? सन्ति भगवंस्तस्यां पर्षदि बहूनि प्राणिशतानि बहूनि प्राणिसहस्राणि बहूनि प्राणिशतसहस्राणि बहूनि प्राणिकोटीनयुतशतसहस्राणि पूर्वबुद्धदर्शावीनि प्रज्ञावन्ति, यानि भगवतो भाषितं श्रद्धास्यन्ति प्रतीयिष्यन्ति उद्ग्रहीष्यन्ति ॥

今译：这样说罢，世尊对尊者舍利弗说道：“行了，舍利弗啊！何必宣说这种意义呢？如果说明这种意义，这个世界连同天界都会惊恐。”于是，尊者舍利弗第二次请求世尊：“请世尊宣说吧！请善逝宣说这种意义吧！为什么？世尊啊，在这个集会上，有数百众生、数千众生、数百千众生、数百千千万那由他众生，见到过过去佛，具有智慧。他们会相信、信任和接受世尊所说。”

什译：爾時，佛告舍利弗：“止，止！不須復說。若說是事，一切世間諸天及人皆當驚疑。”舍利弗重白佛言：“世尊！唯願說之，唯願說之！所以者何？是會無數百千萬億阿僧祇眾生，曾見諸佛，諸根猛利，智慧明了，聞佛所說，則能敬信。”

अथ खल्वायुष्मान्शारिपुत्रो भगवन्तमनया गाथयाध्यभाषत --

今译：然后，尊者舍利弗又用这首偈颂对世尊说道：

什译：爾時，舍利弗欲重宣此義，而說偈言：

विस्पष्टु भाषस्व जिनान उत्तमा सन्तीह पर्षाय सहस्र प्राणिनाम्।
श्राद्धाः प्रसन्नाः सुगते सगौरवा ज्ञास्यन्ति ये धर्ममुदाहृतं ते ॥ ३३ ॥

今译：请明白宣说吧！集会上
有数千清净虔诚的众生，
敬重善逝，至高胜者啊！
他们将会理解你说的法。（33）

什译：法王無上尊，唯說願勿慮，
是會無量眾，有能敬信者。

अथ खलु भगवान्द्वैतीयकमप्यायुष्मन्तं शारिपुत्रमेतदवोचत्-- अलं शारिपुत्र अनेनार्थेन प्रकाशितेन । उत्त्रसिष्यति शारिपुत्र अयं सदेवको लोको ऽस्मिन्नर्थे व्याक्रियमाणे । अभिमानप्राप्ताश्च भिक्षवो महाप्रपातं प्रपतिष्यन्ति ॥

今译：然后，世尊第二次对尊者舍利弗说道："舍利弗啊，不必宣说这种意义了。舍利弗啊，如果说明这种意义，这个世界连同天界都会惊恐。那些骄慢的比丘会坠落大坑。"

什译：佛復止舍利弗："若說是事，一切世間天、人、阿修羅皆當驚疑，增上慢比丘將墜於大坑。"

अथ खलु भगवांस्तस्यां वेलायामिमां गाथामभाषत --

今译：这时，世尊又用这首偈颂说道：

什译：爾時，世尊重說偈言：

अलं हि धर्मेणिह भाषितेन सूक्ष्मं इदं ज्ञानमतर्किकं च ।
अभिमानप्राप्ता बहु सन्ति बाला निर्दिष्टधर्मस्मि क्षिपे अजानकाः ॥ ३४ ॥

今译：不必在这里宣说这种法，
这种微妙智慧不可思辨，
如果宣说这种法，许多
骄慢愚痴无知者会毁谤。（34）

什译：止止不須說，我法妙難思，
諸增上慢者，聞必不敬信。

त्रैतीयकमप्यायुष्मान् शारिपुत्रो भगवन्तमध्येषते स्म -- भाषतां भगवान्, भाषतां सुगत एतमेवार्थम्। मादृशानां भगवन्निह पर्षदि बहूनि प्राणिशतानि संविद्यन्ते, अन्यानि च भगवन्बहूनि प्राणिशतानि बहूनि प्राणिसहस्राणि बहूनि प्राणिशतसहस्राणि बहूनि प्राणिकोटीनयुतशतसहस्राणि, यानि भगवता पूर्वभवेषु परिपाचितानि, तानि भगवतो भाषितं श्रद्धास्यन्ति प्रतीयिष्यन्ति उद्ग्रहीष्यन्ति । तेषां तद्भविष्यति दीर्घरात्रमर्थाय हिताय सुखायेति ॥

今译：而尊者舍利弗第三次请求世尊："请世尊宣说吧！请善逝宣说这种意义吧！世尊啊，在这个集会上，有数百众生。世尊啊，还有数千众生、数百千众生、数百千千万那由他众生。他们在过去世受过世尊教化。世尊啊，他们会相信、信任和接受世尊所说。这将是为了他们在长夜①中获得利益和幸福。"

什译：爾時，舍利弗重白佛言："世尊！唯願說之，唯願說之！今此會中，如我等比百千億，世世已曾從佛受化。如此人等，必能敬信，長夜安隱，多所饒益。"

अथ खल्वायुष्मान्शारिपुत्रस्तस्यां वेलायामिमा गाथा अभाषत --

① "长夜"（dīrgharātram）是佛经惯用词，表示长期或长久。

今译：此时，尊者又用这些偈颂说道：

什译：爾時，舍利弗欲重宣此義，而說偈言：

भाषस्व धर्मं द्विपदानमुत्तमा अहं त्वामध्येषमि ज्येष्ठपुत्रः ।
सन्तीह प्राणीन सहस्रकोटयो ये श्रद्दधास्यन्ति ते धर्म भाषितम्॥ ३५ ॥

今译：两足至尊啊，说法吧！
我这位长子请求你，
这里有千千万众生，
他们会相信你说的法。（35）

什译：無上兩足尊，願說第一法，
我為佛長子，唯垂分別說，
是會無量眾，能敬信此法。

ये च त्वया पूर्वभवेषु नित्यं परिपाचिताः सत्त्व सुदीर्घरात्रम्।
कृताञ्जली ते पि स्थितात्र सर्वे ये श्रद्दधास्यन्ति तवैत धर्मम्॥ ३६ ॥

今译：在过去世的漫漫长夜中，
这些众生接受你的教化，
现在全都合掌站在这里，
他们会相信你说的法。（36）

什译：佛已曾世世，教化如是等，
皆一心合掌，欲聽受佛語。

अस्मादृशा द्वादशिमे शताश्च ये चापि ते प्रस्थित अग्रबोधये ।
तान्पश्यमानः सुगतः प्रभाषतां तेषां च हर्षं परमं जनेतु ॥ ३७ ॥

今译：你看我们一千二百位，

还有追求至上菩提者，
请善逝为他们说法吧！
让他们感到莫大喜悦。（37）

什译：我等千二百，及餘求佛者，
願為此眾故，唯垂分別說，
是等聞此法，則生大歡喜。

अथ खलु भगवांस्त्रैतीयकमप्यायुष्मतः शारिपुत्रस्याध्येषणां विदित्वा आयुष्मन्तं शारिपुत्रमेतदवोचत्-- यदिदानीं त्वं शारिपुत्र यावत्त्रैतीयकमपि तथागतमध्येषसे । एवमध्येषमाणं त्वां शारिपुत्र किं वक्ष्यामि ? तेन हि शारिपुत्र शृणु, साधु च सुष्ठु च मनसि कुरु । भाषिष्ये ऽहं ते ॥

今译：这时，世尊知道这是尊者舍利弗第三次请求，便对尊者舍利弗说道："舍利弗啊，现在你是第三次请求了。舍利弗啊，你这样再三请求，我怎么能不说呢？那么，舍利弗啊，请听吧！请安下心来，我将为你说法。"

什译：爾時，世尊告舍利弗："汝已慇懃三請，豈得不說。汝今諦聽，善思念之，吾當為汝分別解說。"

समनन्तरभाषिता चेयं भगवता वाक्, अथ खलु ततः पर्षद आभिमानिकानां भिक्षूणां भिक्षुणीनामुपासकानामुपासिकानां पञ्चमात्राणि सहस्राण्युत्थाय आसनेभ्यो भगवतः पादौ शिरसाभिवन्दित्वा ततः पर्षदो ऽपक्रामन्ति स्म, यथापीदम-भिमानाकुशलमूलेन अप्राप्ते प्राप्तसंज्ञिनो ऽनधिगते ऽधिगतसंज्ञिनः । ते आत्मानं सव्रणं ज्ञात्वा ततः पर्षदो ऽपक्रान्ताः । भगवांश्च तूष्णींभावेनाधिवासयति स्म ॥

今译：世尊说完这话，随即有五千骄慢的比丘、比丘尼、优婆塞、优婆夷从座位上起身，向世尊俯首行触足礼后，离开集会。显然因为他们具有骄慢的劣根，以未获得为获得，以未证悟为证悟。他们觉得自己受到伤害①，于是离开集会。世尊对此保持沉默。

什译：說此語時，會中有比丘、比丘尼、優婆塞、優婆夷五千人等，即從座起，禮佛而退。所以者何？此輩罪根深重及增上慢，未得謂得，未證謂證，有如此失，是以不住。世尊默然而不制止。

अथ खलु भगवानायुष्मन्तं शारिपुत्रमामन्त्रयते स्म -- निष्पलावा मे शारिपुत्र पर्षतपगतफल्गुः श्रद्धासारे प्रतिष्ठिता । साधु शारिपुत्र एतेषामाभिमानिकानामतो ऽपक्रमणम्। तेन हि शारिपुत्र भाषिष्ये एतमर्थम्। साधु भगवन्नित्यायुष्मान् शारिपुत्रो भगवतः प्रत्यश्रौषीत्॥

今译：然后，世尊对尊者舍利弗说道："我的会众没有枝叶，没有芜杂，信仰坚固。舍利弗啊，这些骄慢者离开也好。现在，舍利弗啊，我就宣说这种意义。"尊者舍利弗回答世尊道："好吧，世尊！"

什译：爾時，佛告舍利弗："我今此眾無復枝葉，純有貞實。舍利弗！如是增上慢人，退亦佳矣。汝今善聽，當為汝說。"舍利弗言："唯然②，世尊！願樂欲聞。"

भगवानेतदवोचत्-- कदाचित्कर्हिचिच्छारिपुत्र तथागत एवंरूपां धर्मदेशनां कथयति । तद्यथापि नाम शारिपुत्र उदुम्बरपुष्पं कदाचित्कर्हिचित्संदृश्यते, एवमेव शारिपुत्र तथागतो ऽपि कदाचित्कर्हिचितेवंरूपां धर्मदेशनां कथयति । श्रद्दधत मे शारिपुत्र, भूतवाद्यहमस्मि, तथावाद्यहमस्मि, अनन्यथावाद्यहमस्मि । दुर्बोध्यं शारिपुत्र तथागतस्य संधाभाष्यम्। तत्कस्य हेतोः? नानानिरुक्तिनिर्देशा-भिलापनिर्देशनैर्मया शारिपुत्र विविधैरुपायकौशल्यशतसहस्रैर्धर्मः संप्रकाशितः । अतर्को ऽतर्कावचरस्तथागतविज्ञेयः शारिपुत्र सद्धर्मः । तत्कस्य हेतोः? एककृत्येन शारिपुत्र एककरणीयेन तथागतो ऽर्हन्सम्यक्संबुद्धो लोक उत्पद्यते महाकृत्येन महाकरणीयेन । कतमं च शारिपुत्र तथागतस्य एककृत्यमेककरणीयं महाकृत्यं

① 此处"受到伤害"的原词是 savraṇa，词义为有伤口或有创伤，这里意谓自尊心受到伤害。

② 此处"唯然"的原词是 sādhu，用作应答词，意谓"好吧！"

महाकरणीयं येन कृत्येन तथागतो ऽर्हन्सम्यक्संबुद्धो लोक उत्पद्यते? यदिदं तथागतज्ञानदर्शनसमादापनहेतुनिमित्तं सत्त्वानां तथागतो ऽर्हन्सम्यक्संबुद्धो लोक उत्पद्यते । तथागतज्ञानदर्शनसंदर्शनहेतुनिमित्तं सत्त्वानां तथागतो ऽर्हन्सम्यक्संबुद्धो लोक उत्पद्यते । तथागतज्ञानदर्शनावतारणहेतुनिमित्तं सत्त्वानां तथागतो ऽर्हन्सम्यक्संबुद्धो लोक उत्पद्यते । तथागतज्ञानप्रतिबोधनहेतुनिमित्तं सत्त्वानां तथागतो ऽर्हन्सम्यक्संबुद्धो लोक उत्पद्यते । तथागतज्ञानदर्शन-मार्गावतारणहेतुनिमित्तं सत्त्वानां तथागतो ऽर्हन्सम्यक्संबुद्धो लोक उत्पद्यते । इदं तच्छारिपुत्र तथागतस्य एककृत्यमेककरणीयं महाकृत्यं महाकरणीयमेकप्रयोजनं लोके प्रादुर्भावाय ।

今译：世尊说道："舍利弗啊，如来在某时某地宣说这种法。舍利弗啊，正如优昙钵花在某时某地一现，舍利弗啊，如来也是在某时某地宣说这种法。你们要相信我。我所说真实，我所说如实，我所说无变异。舍利弗啊，如来随宜说法，难以理解。为什么？舍利弗啊，我用种种言说和言谈演示，用百千种方便善巧说法。舍利弗啊，正法不可思辨，超越思辨，依靠如来获知。为什么？舍利弗啊，为了一个任务，一个事业，一个大任务，一个大事业，如来、阿罗汉、正等觉出世。舍利弗啊，如来、阿罗汉、正等觉为此出世，这个任务、事业、大任务、大事业是什么？那就是为了让众生获得如来知见，如来、阿罗汉、正等觉出世。为了向众生示现如来知见，如来、阿罗汉、正等觉出世。为了让众生悟入如来知见，如来、阿罗汉、正等觉出世。为了让众生觉知如来知见，如来、阿罗汉、正等觉出世。为了让众生进入如来知见道，如来、阿罗汉、正等觉出世。舍利弗啊，这就是如来的一个任务、一个事业、一个大任务、一个大事业，如来出世的唯一目的。

什译：佛告舍利弗："如是妙法，諸佛如來時乃說之，如優曇鉢華，時一現耳。舍利弗！汝等當信佛之所說言不虛妄。舍利弗！諸佛隨宜說法，意趣難解。所以者何？我以無數方便，種種因緣、譬喻、言辭，演說諸法。是法非思量分別之所能解，唯有諸佛乃能知之。所以者何？諸佛世尊唯以一大事因緣故出現於世。舍利弗！云何名諸佛世尊唯以一大事因緣故出現於世？諸佛世尊欲令眾生開佛知見，使得清淨故，出現於世；欲示眾生佛之知見故，出現於世；欲令眾生悟佛知見故，出現於世；欲令眾生入佛知見道故，出現於世。舍利弗！是為諸佛以一大事因緣故出現於世。”

इति हि शारिपुत्र यत्तथागतस्य एककृत्यमेककरणीयं महाकृत्यं महाकरणीयम्, तत्तथागतः करोति । तत्कस्य हेतोः? तथागतज्ञानदर्शनसमादापक एवाहं शारिपुत्र, तथागतज्ञानदर्शनसंदर्शक एवाहं शारिपुत्र, तथागतज्ञानदर्शनावतारक एवाहं शारिपुत्र, तथागतज्ञानदर्शनप्रतिबोधक एवाहं शारिपुत्र, तथागतज्ञानदर्शनमार्गावतारक एवाहं शारिपुत्र । एकमेवाहं शारिपुत्र यानमारभ्य सत्त्वानां धर्मं देशयामि यदिदं बुद्धयानम्। न किंचिच्छारिपुत्र द्वितीयं वा तृतीयं वा यानं संविद्यते । सर्वत्रैषा शारिपुत्र धर्मता दशदिग्लोके । तत्कस्य हेतोः? ये ऽपि तु शारिपुत्र अतीत ऽध्वन्यभूवन्दशसु दिक्ष्वप्रमेयेष्वसंख्येयेषु लोकधातुषु तथागता अर्हन्तः सम्यक्संबुद्धा बहुजनहिताय बहुजनसुखाय लोकानुकम्पायै महतो जनकायस्यार्थाय हिताय सुखाय देवानां च मनुष्याणां च । ये नानाभिनिर्हारनिर्देशविविधहेतुकारणनिदर्शनारम्बणनिरुक्त्युपायकौशल्यैर्नानाधिमुक्तानां सत्त्वानां नानाधात्वाशयानामाशयं विदित्वा धर्मं देशितवन्तः । ते ऽपि सर्वे शारिपुत्र बुद्धा भगवन्त एकमेव यानमारभ्य सत्त्वानां धर्मं देशितवन्तः, यदिदं बुद्धयानं सर्वज्ञतापर्यवसानम्, यदिदं तथागतज्ञानदर्शनसमादापनमेव सत्त्वानां तथागतज्ञानदर्शनसंदर्शनमेव तथागतज्ञानदर्शनावतारणमेव तथागतज्ञानदर्शनप्रतिबोधनमेव तथागतज्ञानदर्शनमार्गावतारणमेव सत्त्वानां धर्मं देशितवन्तः । यैरपि शारिपुत्र सत्त्वैस्तेषामतीतानां तथागतानामर्हतां सम्यक्संबुद्धानामन्तिकात्सद्धर्मः श्रुतः, ते ऽपि सर्वे ऽनुत्तरायाः सम्यक्संबोधेर्लाभिनो ऽभूवन्॥

今译：“舍利弗啊，如来正是履行如来的这个任务、事业、大任务、大事业。为什么？舍利弗啊，我就是为了教导众生如来知见。舍利弗啊，我就是为了向众生示现如来知见。舍利弗啊，我就是为了让众生悟入如来知见。舍利弗啊，我就是为了让众生觉知如来知见。舍利弗啊，我就是为了让众生进入如来知见道。舍利弗啊，我向众生宣说关于一乘的法，也就是佛乘。舍利弗啊，没有任何第二乘或第三乘。这是所有十方世界的法性。为什么？舍利弗啊，在过去世，在十方无量无数世界，如来、阿罗汉、正等觉们出于同情世界，为了众生的利益，为了众生的幸福，为了天神和凡人一切大众的利益和幸福，了解根性不同的各类信众的意愿，用种种启示、演示、因缘、示现、言说，方便善巧说法。舍利弗啊，所有这些佛世尊为众生宣说关于一乘的法，也就是以知一切性[①]为终极的佛乘，也就是他们说法，为了让众生获得如来知见，为了向众生示现如来知见，为了让众生悟入如来知见，为了让众生觉知如来知见，为了让众生进入如来知见道。舍利弗啊，那些众生在过去如来、阿罗汉、正等觉身边闻听正法，全都获得无上正等菩提。

什译：佛告舍利弗："諸佛如來但教化菩薩，諸有所作，常為一事，唯以佛之知見示悟眾生。舍利弗！如來但以一佛乘故，為眾生說法，無有餘乘，若二若三。舍利弗！一切十方諸佛，法亦如是。舍利弗！過去諸佛以無量無數方便，種種因緣、譬喻、言辭，而為眾生演說諸法，是法皆為一佛乘故。是諸眾生從諸佛聞法，究竟皆得一切種智。

ये ऽपि ते शारिपुत्र अनागते ऽध्वनि भविष्यन्ति दशसु दिक्ष्वप्रमेयेष्वसंख्येयेषु लोकधातुषु तथागता अर्हन्तः सम्यक्संबुद्धा बहुजनहिताय बहुजनसुखाय लोकानुकम्पायै महतो जनकायस्यार्थाय हिताय सुखाय देवानां च मनुष्याणां च, ये च नानाभिर्निहारनिर्देशविविधहेतुकारणनिदर्शनारम्बणनिरुक्त्युपायकौशल्यैर्नानाधिमुक्तानां सत्त्वानां नानाधात्वाशयानामाशयं विदित्वा धर्मं देशयिष्यन्ति, ते ऽपि सर्वे शारिपुत्र बुद्धा भगवन्त एकमेव यानमारभ्य सत्त्वानां धर्मं देशयिष्यन्ति यदिदं बुद्धयानं सर्वज्ञतापर्यवसानम्, यदिदं तथागतज्ञानदर्शनसमादापनमेव सत्त्वानां

① "知一切性"（sarvajñatā）即佛性。此词什译"一切种智"，护译"诸通慧"，两者与前面 sarvajñajñāna（"知一切智"）一词的译名相同。

तथागतज्ञानदर्शनसंदर्शनमेव तथागतज्ञानदर्शनावतारणमेव तथागतज्ञानदर्शन-प्रतिबोधनमेव तथागतज्ञानदर्शनमार्गावतारणमेव सत्त्वानां धर्मं देशयिष्यन्ति । ये ऽपि ते शारिपुत्र सत्त्वास्तेषामनागतानां तथागतानामर्हतां सम्यक्संबुद्धानामन्तिकात्तं धर्मं श्रोष्यन्ति, ते ऽपि सर्वे ऽनुत्तरायाः सम्यक्संबोधेर्लाभिनो भविष्यन्ति ॥

今译："舍利弗啊，在未来世，在十方无量无数世界，也会有如来、阿罗汉、正等觉们出于同情世界，为了众生的利益，为了众生的幸福，为了天神和凡人一切大众的利益和幸福，了解根性不同的各类信众的意愿，用种种启示、演示、因缘、示现、言说，方便善巧说法。舍利弗啊，所有这些佛世尊也会为众生宣说关于一乘的法，也就是以知一切性为终极的佛乘，也就是他们说法，为了让众生获得如来知见，为了向众生示现如来知见，为了让众生悟入如来知见，为了让众生觉知如来知见，为了让众生进入如来知见道。舍利弗啊，那些众生在未来如来、阿罗汉、正等觉身边闻听这种法，也都会获得无上正等菩提。

什译："舍利弗！未來諸佛當出於世，亦以無量無數方便，種種因緣、譬喻、言辭，而為眾生演說諸法，是法皆為一佛乘故。是諸眾生從佛聞法，究竟皆得一切種智。

ये ऽपि ते शारिपुत्र एतर्हि प्रत्युत्पन्ने ऽध्वनि दशसु दिक्ष्वप्रमेयेष्वसंख्येयेषु लोकधातुषु तथागता अर्हन्तः सम्यक्संबुद्धास्तिष्ठन्ति ध्रियन्ते यापयन्ति, धर्मं च देशयन्ति बहुजनहिताय बहुजनहिताय लोकानुकम्पायै महतो जनकायस्यार्थाय हिताय सुखाय देवानां च मनुष्याणां च, ये नानाभिनिर्हारनिर्देशविविध-हेतुकारणनिदर्शनारम्बणनिरुक्त्युपायकौशल्यैर्नानाधिमुक्तानां सत्त्वानां नाना-धात्वाशयानामाशयं विदित्वा धर्मं देशयन्ति, ते ऽपि सर्वे शारिपुत्र बुद्धा भगवन्त एकमेव यानमारभ्य सत्त्वानां धर्मं देशयन्ति यदिदं बुद्धयानं सर्वज्ञतापर्यवसानम्, यदिदं तथागतज्ञानदर्शनसमादापनमेव सत्त्वानां तथागतज्ञानदर्शनसंदर्शनमेव तथागतज्ञानदर्शनावतारणमेव तथागतज्ञानदर्शनप्रतिबोधनमेव तथागतज्ञान-दर्शनमार्गावतारणमेव सत्त्वानां धर्मं देशयन्ति । ये ऽपि ते शारिपुत्र सत्त्वास्तेषां प्रत्युत्पन्नानां तथागतानामर्हतां सम्यक्संबुद्धानामन्तिकात्तं धर्मं शृण्वन्ति, ते ऽपि

सर्वे ऽनुत्तरायाः सम्यक्संबोधेर्लाभिनो भविष्यन्ति ॥

今译：“舍利弗啊，在现在世，在十方无量无数世界，如来、阿罗汉、正等觉们居住、生活和度日，出于同情世界，为了众生的利益，为了众生的幸福，为了天神和凡人一切大众的利益和幸福，了解根性不同的各类信众的意愿，用种种启示、演示、因缘、示现、言说，方便善巧说法。舍利弗啊，所有这些佛世尊也为众生宣说关于一乘的法，也就是以知一切性为终极的佛乘，也就是他们说法，为了让众生获得如来知见，为了向众生示现如来知见，为了让众生悟入如来知见，为了让众生觉知如来知见，为了让众生进入如来知见道。舍利弗啊，那些众生在现在如来、阿罗汉、正等觉身边闻听这种法，也都会获得无上正等菩提。

什译：“舍利弗！現在十方無量百千萬億佛土中，諸佛世尊多所饒益安樂眾生。是諸佛亦以無量無數方便，種種因緣、譬喻、言辭，而為眾生演說諸法，是法皆為一佛乘故。是諸眾生從佛聞法，究竟皆得一切種智。舍利弗！是諸佛但教化菩薩，欲以佛之知見示眾生故，欲以佛之知見悟眾生故，欲令眾生入佛之知見故。

अहमपि शारिपुत्र एतर्हि तथागतो ऽर्हन्सम्यक्संबुद्धो बहुजनहिताय बहुजनसुखाय लोकानुकम्पायै महतो जनकायस्यार्थाय हिताय सुखाय देवानां च मनुष्याणां च नानाभिनिर्हारनिर्देशविविधहेतुकारणनिदर्शनारम्बणनिरुक्त्युपायकौशल्यैर्नानाधिमुक्तानां सत्त्वानां नानाधात्वाशयानामाशयं विदित्वा धर्मं देशयामि । अहमपि शारिपुत्र एकमेव यानमारभ्य सत्त्वानां धर्मं देशयामि यदिदं बुद्धयानं सर्वज्ञतापर्यवसानम्, यदिदं तथागतज्ञानदर्शनसमादापनमेव सत्त्वानां तथागतज्ञानदर्शनसंदर्शनमेव तथागतज्ञानदर्शनावतारणमेव तथागतज्ञानदर्शनप्रतिबोधनमेव तथागतज्ञानदर्शनमार्गावतारणमेव सत्त्वानां धर्मं देशयामि । ये ऽपि ते शारिपुत्र सत्त्वा एतर्हि ममेमं धर्मं शृण्वन्ति, ते ऽपि सर्वे ऽनुत्तरायाः सम्यक्संबोधेर्लाभिनो भविष्यन्ति । तदनेनापि शारिपुत्र पर्यायेण एवं वेदितव्यं यथा नास्ति द्वितीयस्य यानस्य क्वचिद्दशसु दिक्षु लोके प्रज्ञप्तिः, कुतः पुनस्तृतीयस्य ॥

今译："舍利弗啊，如今我也是如来、阿罗汉、正等觉，也出于同情世界，为了众生的利益，为了众生的幸福，为了天神和凡人一切大众的利益和幸福，了解根性不同的各类信众的意愿，用种种启示、演示、因缘、示现、言说，方便善巧说法。舍利弗啊，我也为众生宣说关于一乘的法，也就是以知一切性为终极的佛乘，也就是我说法，为了让众生获得如来知见，为了向众生示现如来知见，为了让众生悟入如来知见，为了让众生觉知如来知见，为了让众生进入如来知见道。舍利弗啊，那些众生闻听我说的法，也都会获得无上正等菩提。依据这个道理，应该知道在十方世界无论何处都没有所谓的第二乘，更何况有第三乘？

什译："舍利弗！我今亦復如是，知諸眾生有種種欲，深心所著，隨其本性，以種種因緣、譬喻、言辭方便力而為說法。舍利弗！如此皆為得一佛乘、一切種智故。舍利弗！十方世界中，尚無二乘，何況有三？

अपि तु खलु पुनः शारिपुत्र यदा तथागता अर्हन्तः सम्यक्संबुद्धा कल्पकषाये वोत्पद्यन्ते सत्त्वकषाये वा क्लेशकषाये वा दृष्टिकषाये वा आयुष्कषाये वोत्पद्यन्ते। एवंरूपेषु शारिपुत्र कल्पसंक्षोभकषायेषु बहुसत्त्वेषु लुब्धेष्वल्पकुशलमूलेषु तदा शारिपुत्र तथागता अर्हन्तः सम्यक्संबुद्धा उपायकौशल्येन तदेवैकं बुद्धयानं त्रियाननिर्देशेन निर्दिशन्ति। तत्र शारिपुत्र ये श्रावका अर्हन्तः प्रत्येकबुद्धा वा इमां क्रियां तथागतस्य बुद्धयानसमादपनां न शृण्वन्ति नावतरन्ति नावबुध्यन्ति, न ते शारिपुत्र तथागतस्य श्रावका वेदितव्याः, नाप्यर्हन्तो नापि प्रत्येकबुद्धा वेदितव्याः। अपि तु खलु पुनः शारिपुत्र यः कश्चिद्भिक्षुर्वा भिक्षुणी वा अर्हत्त्वं प्रतिजानीयात्, अनुत्तरायां सम्यक्संबोधौ प्रणिधानमपरिगृह्य उच्छिन्नो ऽस्मि बुद्धयानादिति वदेत्, एतावन्मे समुच्छ्रयस्य पश्चिमकं परिनिर्वाणं वदेत्, आभिमानिकं तं शारिपुत्र प्रजानीयाः। तत्कस्य हेतोः? अस्थानमेतच्छारिपुत्र अनवकाशो यद्भिक्षुरर्हन्क्षीणास्रवः संमुखीभूते तथागते इमं धर्मं श्रुत्वा न श्रद्दध्यात्स्थापयित्वा परिनिर्वृतस्य तथागतस्य। तत्कस्य हेतोः? न हि शारिपुत्र श्रावकास्तस्मिन्काले

तस्मिन्समये परिनिर्वृते तथागते एतेषामेवंरूपाणां सूत्रान्तानां धारका वा देशका वा भविष्यन्ति । अन्येषु पुनः शारिपुत्र तथागतेष्वर्हत्सु सम्यक्संबुद्धेषु निःसंशया भविष्यन्ति । इमेषु बुद्धधर्मेषु श्रद्दधाध्वं मे शारिपुत्र पत्तीयत अवकल्पयत । न हि शारिपुत्र तथागतानां मृषावादः संविद्यते । एकमेवेदं शारिपुत्र यानं यदिदं बुद्धयानम् ॥

今译："然而，舍利弗啊，如果如来、阿罗汉、正等觉出生在劫浊世、众生浊世、烦恼浊世、见浊世或命浊世[①]。舍利弗啊，在这样的劫浊乱世，大量的众生充满贪欲，缺少善根。这时，舍利弗啊，如来、阿罗汉、正等觉便运用方便善巧，将一佛乘分成三乘宣说。舍利弗啊，如果那些声闻、阿罗汉或缘觉不闻听、悟入和觉知如来教导佛乘这件事，那么，舍利弗啊，应该知道他们不是如来的声闻，也不是阿罗汉，也不是缘觉。还有，舍利弗啊，若有某个比丘或比丘尼自以为知晓阿罗汉性，不发愿求取无上正等菩提，而说自己无须佛乘，乃至说自己的最后一身达到涅槃。舍利弗啊，应该知道这是骄慢者。为什么？因为灭尽烦恼的比丘、阿罗汉，在如来前面闻听这种法后，会不相信，绝无这等事，除非如来在涅槃之后。为什么？舍利弗啊，因为如来涅槃后，那时没有声闻受持和宣说这样的经。然而，舍利弗啊，还会遇到其他如来、阿罗汉、正等觉，而解除疑惑。舍利弗啊，你们要相信我说的这些佛法，要信奉，要领会。舍利弗啊，因为如来们言无虚妄。舍利弗啊，这是一乘，也就是佛乘。"

什译："舍利弗！諸佛出於五濁惡世，所謂劫濁、煩惱濁、眾生濁、見濁、命濁。如是，舍利弗！劫濁亂時，眾生垢重，慳貪嫉妬，成就諸不善根故，諸佛以方便力，於一佛乘分別說三。舍利弗！若我弟子，自謂阿羅漢、辟支佛者，不聞不知諸佛如來但教化菩薩事，此

---

① "劫浊世"（kalpakaṣāya）指经常遭逢战争、瘟疫和饥荒。"众生浊世"（sattvakaṣāya）指众生难以教化。"烦恼浊世"（kleśakaṣāya）指陷入贪瞋痴，充满烦恼。"见浊世"（dṛṣṭikaṣāya）指邪见盛行。"命浊世"（āyuṣkaṣāya）指人的寿命越来越短。这五种浊世统称为"五浊恶世"。

非佛弟子，非阿羅漢，非辟支佛。又，舍利弗！是諸比丘、比丘尼，自謂已得阿羅漢，是最後身，究竟涅槃，便不復志求阿耨多羅三藐三菩提，當知此輩皆是增上慢人。所以者何？若有比丘實得阿羅漢，若不信此法，無有是處。除佛滅度①後，現前②無佛。所以者何？佛滅度後，如是等經受持讀誦解義者，是人難得。若遇餘佛，於此法中便得決了。舍利弗！汝等當一心信解受持佛語。諸佛如來言無虛妄，無有餘乘，唯一佛乘。"

अथ खलु भगवानेतमेवार्थं भूयस्या मात्रया संदर्शयमानस्तस्यां वेलायामिमा गाथा अभाषत --

今译：此时，世尊再次宣示这种意义，用这些偈颂说道：

什译：爾時，世尊欲重宣此義，而說偈言：

अथाभिमानप्राप्ता ये भिक्षुभिक्षुण्युपासकाः ।
उपासिकाश्च अश्राद्धाः सहस्राः पञ्चनूनकाः ॥ ३८ ॥

今译：那些骄慢的比丘、
　　　比丘尼、优婆塞、
　　　优婆夷缺乏信仰，
　　　总数不少于五千。（38）

什译：比丘比丘尼，有懷增上慢，
　　　優婆塞我慢，優婆夷不信，
　　　如是四眾等，其數有五千。

अपश्यन्त इमं दोषं छिद्रशिक्षासमन्विताः ।
व्रणांश्च परिरक्षन्तः प्रक्रान्ता बालबुद्धयः ॥ ३९ ॥

---

① "灭度"（parinirvṛta）也译"涅槃"，与 parinirvāṇa 一词同义。
② "现前"意谓面前或眼前。

今译：他们的戒学有纰漏，
而不觉察这种缺点，
智慧浅薄，为了维护
自己创痛而离开集会。（39）

什译：不自見其過，於戒有缺漏，
護惜其瑕疵，是小智已出。

पर्षत्कषायतां ज्ञात्वा लोकनाथो ऽधिवासयि ।
तत्तेषां कुशलं नास्ति शृणुयुर्धर्म ये इमम्॥ ४० ॥

今译：世界导师知道他们是
会众中的糟糠而默许[①]，
因为他们缺乏善根，
而不能闻听这种法。（40）

什译：眾中之糟糠，佛威德故去，
斯人尠福德，不堪受是法。

शुद्धा च निष्पलावा च सुस्थिता परिषन्मम ।
फल्गुव्यपगता सर्वा सारा चेयं प्रतिष्ठिता ॥ ४१ ॥

今译：现在这里我的会众
清净无垢，身心安定，
没有枝叶，去除杂芜，
他们全都信仰坚固。（41）

什译：此眾無枝葉，唯有諸貞實。

① 此处“默许”的原词是 adhivāsayi，词义为允许或认可。

श्रृणोहि मे शारिसुता यथैष संबुद्ध धर्मः पुरुषोत्तमेहि ।
यथा च बुद्धाः कथयन्ति नायका उपायकौशल्यशतैरनेकैः ॥ ४२ ॥

今译：舍利弗啊，现在请听
人中至尊觉知的正法，
诸佛导师用数以百计
方便善巧宣说的正法。（42）

什译：舍利弗善聽！諸佛所得法，
無量方便力，而為眾生說。

यथाशयं जानिय ते चरिं च नानाधिमुक्तानिह प्राणकोटिनाम्।
चित्राणि कर्माणि विदित्व तेषां पुराकृतं यत्कुशलं च तेहि ॥ ४३ ॥

今译：我知道千万众生
心中意愿和行为，
各种信念和业行，
前世种植的善根。（43）

什译：眾生心所念，種種所行道，
若干諸欲性，先世善惡業。

नानानिरुक्तीहि च कारणेहि संप्रापयामी इम तेष प्राणिनाम्।
हेतूहि दृष्टान्तशतेहि चाहं तथा तथा तोषयि सर्वसत्त्वान्॥ ४४ ॥

今译：我运用种种言说和
理由引导这些众生，
我用数百种因缘和
譬喻满足一切众生。（44）

什译：佛悉知是已，以諸緣譬喻，

言辭方便力，令一切歡喜。

सूत्राणि भाषामि तथैव गाथा इतिवृत्तकं जातकमद्भुतं च ।
निदान औपम्यशतैश्च चित्रैर्गेयं च भाषामि तथोपदेशान्॥ ४५ ॥

今译：我运用数以百计经文、
　　　偈颂、本生、如是语、
　　　未曾有法、各种因缘、
　　　譬喻、应颂和论义说法。（45）

什译：或說修多羅，伽陀及本事，
　　　本生未曾有，亦說於因緣，
　　　譬喻并祇夜，優波提舍經。①

ये भोन्ति हीनाभिरता अविद्वसू अचीर्णचर्या बहुबुद्धकोटिषु ।
संसारलग्नाश्च सुदुःखिताश्च निर्वाण तेषामुपदर्शयामि ॥ ४६ ॥

今译：愚钝者热衷于小道，
　　　未在千万佛处修行，
　　　陷入轮回遭受痛苦，
　　　我向他们宣说涅槃。（46）

什译：鈍根樂小法，貪著於生死，
　　　於諸無量佛，不行深妙道，
　　　眾苦所惱亂，為是說涅槃。

उपायमेतं कुरुते स्वयंभूर्बौद्धस्य ज्ञानस्य प्रबोधनार्थम्।
न चापि तेषां प्रवदे कदाचिद्युष्मे ऽपि बुद्धा इह लोकि भेष्यथ ॥ ४७ ॥

---

① 这里所说的各种佛经文体名称中，"修多罗"是 sūtra（"经"）的音译。"伽陀"是 gāthā（"偈颂"）的音译。"本事"（itivṛttaka）也译"如是语"。"祇夜"是 geya（"应颂"）的音译。"优波提舍"是 upadeśa（"论义"）的音译。

今译：为了让他们觉知佛智，
　　　自在者①使用这种方便，
　　　但始终不会对他们说：
　　　"你们会成为世上佛陀。"（47）

什译：我設是方便，令得入佛慧，
　　　未曾說汝等，當得成佛道。

किं कारणं कालमवेक्ष्य तायी क्षणं च दृष्ट्वा ततु पश्च भाषते ।
सो ऽयं क्षणो अद्य कथंचि लब्धो वदामि येनेह च भूतनिश्चयम् ॥ ४८ ॥

今译：为什么？救世者②等待
　　　时机，时机成熟才说，
　　　现在这时机终于来到，
　　　我便决定宣说真实义。（48）

什译：所以未曾說，說時未至故，
　　　今正是其時，決定說大乘。

नवाङ्गमेतन्मम शासनं च प्रकाशितं सत्त्वबलाबलेन ।
उपाय एषो वरदस्य ज्ञाने प्रवेशनार्थाय निदर्शितो मे ॥ ४९ ॥

今译：按照众生智力强弱，
　　　我运用九分教③宣说，
　　　这是方便善巧，为让
　　　众生悟入施恩者智慧。（49）

---

① "自在者"（svayaṃbhū）是佛的称号。
② "救世者"（tāyin）是佛的称号。
③ "九分教"（navāṅga，也译"九部经"或"九部法"）指佛经的九种文体。具体所指参见前面第45颂。大乘佛经中有十二分教，即除了上述九种文体，还有方广（vaipulya）、自说（udāna）和授记（vyākaraṇa）。巴利语三藏中也有九分教，与上述九分教略有不同，即缺少前者的因缘、譬喻和论义，而另有解说（veyyākaraṇa）、自说（udāna）和方广（vedalla）。

什译：我此九部法，隨順眾生說，
　　　　入大乘為本，以故說是經。

भवन्ति ये चेह सदा विशुद्धा व्यक्ता शुची सूरत बुद्धपुत्राः ।
कृताधिकारा बहुबुद्धकोटिषु वैपुल्यसूत्राणि वदामि तेषाम्॥ ५० ॥

今译：这里的佛子们清净、
　　　　聪慧、纯洁、柔顺，
　　　　在千万佛处完成职责，
　　　　我向他们宣说方广经。①（50）

什译：有佛子心淨，柔軟亦利根，
　　　　無量諸佛所，而行深妙道，
　　　　為此諸佛子，說是大乘經。

तथा हि ते आशयसंपदाय विशुद्धरूपाय समन्विताभून्।
वदामि तान्बुद्ध भविष्यथेति अनागते ऽध्वानि हितानुकम्पकाः ॥ ५१ ॥

今译：他们全都具有意愿，
　　　　身心清净，我告诉
　　　　他们："你们未来会
　　　　成为慈悲利他的佛。"（51）

什译：我記②如是人，來世成佛道，
　　　　以深心念佛，修持淨戒故。

श्रुत्वा च प्रीतिस्फुट भोन्ति सर्वे बुद्धा भविष्याम जगत्प्रधानाः ।
पुनश्च हं जानिय तेष चर्यां वैपुल्यसूत्राणि प्रकाशयामि ॥ ५२ ॥

---

① 以上两颂是说以上九分教是方便善巧，而最重要的大乘经是方广经。
② 此处"记"意谓授记。

今译：他们闻听后，喜形于色：
　　　　"我们将成为世上佛尊。"
　　　　我知道他们种种行为，
　　　　而向他们宣说方广经。（52）

什译：此等聞得佛，大喜充遍身，
　　　　佛知彼心行，故為說大乘。

इमे च ते श्रावक नायकस्य येहि श्रुतं शासनमेतमग्र्यम् ।
एकापि गाथा श्रुत धारिता वा सर्वेष बोधाय न संशयो ऽस्ति ॥ ५३ ॥

今译：导师的这些声闻，
　　　　闻听这种至上法，
　　　　只要闻听记住一颂，
　　　　就必定会获得菩提。（53）

什译：聲聞若①菩薩，聞我所說法，
　　　　乃至於一偈，皆成佛無疑。

एकं हि यानं द्वितियं न विद्यते तृतियं हि नैवास्ति कदाचि लोके ।
अन्यत्रुपाया पुरुषोत्तमानां यद्याननानात्वुपदर्शयन्ति ॥ ५४ ॥

今译：在这世上只有这一乘，
　　　　绝无第二乘或第三乘，
　　　　除非是人中至尊们运用
　　　　方便，才会宣说各种乘。（54）

什译：十方佛土中，唯有一乘法，
　　　　無二亦無三，除佛方便說，

---

① 此处"若"意谓或者。在汉译佛经中，"若"常用于表示"如果"、"如同"或"或者"，视语境而定。

但以假名字，引導於眾生。

बौद्धस्य ज्ञानस्य प्रकाशनार्थं लोके समुत्पद्यति लोकनाथः ।
एकं हि कार्यं द्वितियं न विद्यते न हीनयानेन नयन्ति बुद्धाः ॥ ५५ ॥

今译：世界导师出世，为宣说
佛智，这是唯一的事业，
没有第二种事业，诸佛
不依靠小乘度化众生。（55）

什译：說佛智慧故，諸佛出於世，
唯此一事實，餘二則非真，
終不以小乘，濟度於眾生。

प्रतिष्ठितो यत्र स्वयं स्वयंभूर्यच्चैव बुद्धं यथ यादृशं च ।
बलाश्च ये ध्यानविमोक्ष इन्द्रियास्तत्रैव सत्त्वा पि प्रतिष्ठपेति ॥ ५६ ॥

今译：自在者自我确立，如此
这般觉知，具有种种力，
种种禅定、解脱和根，
也会让众生这样确立。（56）

什译：佛自住大乘，如其所得法，
定慧力莊嚴，以此度眾生。

मात्सर्यदोषो हि भवेत मह्यं स्पृशित्व बोधिं विरजां विशिष्टाम्।
यदि हीनयानस्मि प्रतिष्ठपेयमेकं पि सत्त्वं न ममते साधु ॥ ५७ ॥

今译：如果我自己获得无垢殊胜
菩提，而让众生安住小乘，
哪怕是一个众生，我则犯有

悭吝的过失，这对我不合适。（57）

什译：自證無上道，大乘平等法，
若以小乘化，乃至於一人，
我則墮慳貪，此事為不可。

मात्सर्य मह्यं न कहिंचि विद्यते ईर्ष्या न मे नापि च छन्दरागः ।
उच्छिन्न पापा मम सर्वधर्मास्तेनास्मि बुद्धो जगतोऽनुबोधात्॥ ५८ ॥

今译：我无论何时都不悭吝，
也无任何嫉妒和贪欲，
我的一切法断除罪恶，
而成为通晓世界的佛。（58）

什译：若人信歸佛，如來不欺誑，
亦無貪嫉意，斷諸法中惡，
故佛於十方，而獨無所畏。

यथा ह्यहं चित्रितु लक्षणेहि प्रभासयन्तो इमु सर्वलोकम्।
पुरस्कृतः प्राणिशतैरनेकैर्देशेमिमां धर्मस्वभावमुद्राम्॥ ५९ ॥

今译：我具有种种妙相，
照亮所有一切世界，
受数百千众生尊敬，
宣说诸法自性法印[①]。（59）

什译：我以相嚴身，光明照世間，
無量眾所尊，為說實相印。

① 此处“诸法自性法印”，什译“实相印”，护译“自然之印”。

एवं च चिन्तेम्यहु शारिपुत्र कथं नु एवं भवि सर्वसत्त्वाः ।
द्वात्रिंशतीलक्षणरूपधारिणः स्वयंप्रभा लोकविदू स्वयंभूः ॥ ६० ॥

今译：舍利弗啊，我这样想：
　　　"世间解自在者自身
　　　放光，怎样让众生
　　　也具有这三十二相？"（60）

什译：舍利弗當知，我本立誓願，
　　　欲令一切眾，如我等無異。

यथा च पश्यामि यथा च चिन्तये यथा च संकल्प ममासि पूर्वम् ।
परिपूर्णमेतत्प्रणिधानु मह्यं बुद्धा च बोधिं च प्रकाशयामि ॥ ६१ ॥

今译：我以前这样观察，
　　　这样思忖和思考，
　　　我的誓愿如今实现，
　　　向众生宣说佛菩提。（61）

什译：如我昔所願，今者已滿足，
　　　化一切眾生，皆令入佛道。

सचेदहं शारिसुता वदेयं सत्त्वान बोधाय जनेथ छन्दम् ।
अजानकाः सर्व भ्रमेयुरत्र न जातु गृह्णीयु सुभाषितं मे ॥ ६२ ॥

今译：舍利弗啊，如果我对众生
　　　这样说："你们求取菩提！"
　　　所有无知者会陷入混乱，
　　　他们不会理解我所说法。（62）

什译：若我遇眾生，盡教以佛道，

無智者錯亂，迷惑不受教。

तांश्चैव हं जानिय एवरूपान्न चीर्णचर्याः पुरिमासु जातिषु ।
अध्योषिताः कामगुणेषु सक्तास्तृष्णाय संमूर्छित मोहचित्ताः ॥ ६३ ॥

今译：我知道他们的情形：
在前生中没有修行，
充满贪欲，愚昧昏沉，
迷恋执著种种欲乐。（63）

什译：我知此眾生，未曾修善本，
堅著於五欲[①]，癡愛故生惱。

ते कामहेतोः प्रपतन्ति दुर्गतिं षड्सू गतीषू परिखिद्यमानाः ।
कटसी च वर्धेन्ति पुनः पुनस्ते दुःखेन संपीडित अल्पपुण्याः ॥ ६४ ॥

今译：因贪欲而堕入恶道，
在六道中备受折磨，
一次次死去，缺少
功德，而遭受痛苦。（64）

什译：以諸欲因緣，墜墮三惡道[②]，
輪迴六趣中，備受諸苦毒，
受胎之微形，世世常增長，
薄德少福人，眾苦所逼迫。

विलग्न दृष्टीगहनेषु नित्यमस्तीति नास्तीति तथास्ति नास्ति ।
द्वाषष्टि दृष्टीकृत निश्रयित्वा असन्त भावं परिगृह्य ते स्थिताः ॥ ६५ ॥

---

① “坚著于五欲”意谓贪著色、声、香、味和触五种感官享受。

② 在天、人、畜生、饿鬼、地狱和阿修罗六道中，通常将畜生、饿鬼和地狱称为“三恶道”。

今译：他们陷入邪见密林，
始终纠缠有无是非，
信赖六十二种邪见[①]，
顽固执著不实生存。（65）

什译：入邪見稠林，若有若無等，
依止此諸見，具足六十二，
深著虛妄法，堅受不可捨。

दुःशोधका मानिन दम्भिनश्च वङ्काः शठा अल्पश्रुताश्च बालाः ।
ते नैव शृण्वन्ति सुबुद्धघोषं कदाचि पि जातिसहस्रकोटिषु ॥ ६६ ॥

今译：骄慢虚伪，难以教化，
寡闻愚昧，狡猾欺诈，
即使已历经千千万生，
也从未闻听美妙佛音。（66）

什译：我慢自矜高，諂曲心不實，
於千萬億劫，不聞佛名字，
亦不聞正法，如是人難度。

तेषामहं शारिसुता उपायं वदामि दुःखस्य करोथ अन्तम्।
दुःखेन संपीडित दृष्ट्व सत्त्वान्निर्वाण तत्राप्युपदर्शयामि ॥ ६७ ॥

今译：舍利弗啊，我运用方便，
告诉他们：“灭寂痛苦吧！”
看到众生备受痛苦折磨，
故而我向他们宣说涅槃。（67）

① “六十二种邪见”是对一切外道邪见的总称。

什译：是故舍利弗！我為設方便，
　　　　說諸盡苦道，示之以涅槃。

एवं च भाषाम्यहु नित्यनिर्वृता आदिप्रशान्ता इमि सर्वधर्माः ।
चर्यां च सो पूरिय बुद्धपुत्रो अनागते ऽध्वानि जिनो भविष्यति ॥ ६८ ॥

今译：这样，我宣说一切法
　　　本来寂静，永远涅槃，
　　　佛子圆满完成修行，
　　　在未来世会成为胜者。（68）

什译：我雖說涅槃，是亦非真滅①，
　　　諸法從本來，常自寂滅相，
　　　佛子行道已，來世得作佛。

उपायकौशल्य ममैवरूपं यत्त्रीणि यानान्युपदर्शयामि ।
एकं तु यानं हि नयश्च एक एका चियं देशन नायकानाम् ॥ ६९ ॥

今译：出于这种方便善巧，
　　　我宣说三乘，实际
　　　只有一乘，一法门，
　　　导师们的一种说法。（69）

什译：我有方便力，開示三乘法，
　　　一切諸世尊，皆說一乘道。

व्यपनेहि काङ्क्षां तथ संशयं च येषां च केषां चिह काङ्क्ष विद्यते ।
अनन्यथावादिन लोकनायका एकं इदं यानु द्वितीयु नास्ति ॥ ७० ॥

---

① "是亦非真灭"意谓这并非真正的灭度，因为原本就是"一切法本来寂静，永远涅槃"。

今译：请消除疑问和疑虑，
　　　消除所有人的疑惑，
　　　导师们无异语，只有
　　　这一乘，别无第二乘。（70）

什译：今此諸大眾，皆應除疑惑，
　　　諸佛語無異，唯一無二乘。

ये चाप्यभूवन्पुरिमास्तथागताः परिनिर्वृता बुद्धसहस्र नेके ।
अतीतमध्वानमसंख्यकल्पे तेषां प्रमाणं न कदाचि विद्यते ॥ ७१ ॥

今译：在过去世无数劫，
　　　已有数以千计的
　　　过去如来佛涅槃，
　　　其数目不可计量。（71）

什译：過去無數劫，無量滅度佛，
　　　百千萬億種，其數不可量。

सर्वेहि तेहि पुरुषोत्तमेहि प्रकाशिता धर्म बहू विशुद्धाः ।
दृष्टान्तकैः कारणहेतुभिश्च उपायकौशल्यशतैरनेकैः ॥ ७२ ॥

今译：所有这些人中至尊
　　　运用数以百计譬喻、
　　　因缘和方便善巧，
　　　宣说种种清净法。（72）

什译：如是諸世尊，種種緣譬喻，
　　　無數方便力，演說諸法相。

सर्वे च ते दर्शयि एकयानमेकं च यानं अवतारयन्ति ।

एकस्मि याने परिपाचयन्ति अचिन्तिया प्राणिसहस्रकोट्यः ॥ ७३ ॥

今译：他们全都向不可思议
千千万众生宣说一乘，
让这些众生悟入一乘，
依靠这一乘达到成熟。（73）

什译：是諸世尊等，皆說一乘法，
化無量衆生，令入於佛道。

अन्ये उपाया विविधा जिनानां येही प्रकाशेन्तिममग्रधर्मम्।
ज्ञात्वाधिमुक्तिं तथ आशयं च तथागता लोकि सदेवकस्मिन्॥ ७४ ॥

今译：如来们了解世界和天界
一切众生的信念和意愿，
还会运用胜者们其他的
各种方便，宣说至上法。（74）

什译：又諸大聖主，知一切世間，
天人群生類，深心之所欲，
更以異方便，助顯第一義。

ये चापि सत्त्वास्तहि तेष संमुखं शृण्वन्ति धर्मं अथ वा श्रुताविनः।
दानं च दत्तं चरितं च शीलं क्षान्त्या च संपादित सर्वचर्याः ॥ ७५ ॥

今译：众生在他们面前
闻听正法，闻听后，
便从事一切修行，
布施、持戒和忍辱。（75）

什译：若有衆生類，值諸過去佛，

若聞法布施，或持戒忍辱。

वीर्येण ध्यानेन कृताधिकाराः प्रज्ञाय वा चिन्तित एति धर्माः ।
विविधानि पुण्यानि कृतानि येहि ते सर्वि बोधाय अभूषि लाभिनः ॥७६ ॥

今译：精进和禅定，凭智慧
思考正法，完成职责，
积累各种各样功德，
由此全都获得菩提。（76）

什译：精進禪智等，種種修福慧，
如是諸人等，皆已成佛道。

परिनिर्वृतानां च जिनान तेषां ये शासने केचिदभूषि सत्त्वाः ।
क्षान्ता च दान्ता च विनीत तत्र ते सर्वि बोधाय अभूषि लाभिनः ॥ ७७ ॥

今译：一些众生遵行那些
已涅槃胜者的教导，
忍辱、调伏和柔顺，
他们全都获得菩提。（77）

什译：諸佛滅度已，若人善軟心，
如是諸眾生，皆已成佛道。

ये चापि धातून करोन्ति पूजां जिनान तेषां परिनिर्वृतानाम्।
रत्नामयान्स्तूपसहस्र नेकान्सुवर्णरूप्यस्य च स्फाटिकस्य ॥ ७८ ॥

今译：一些众生供奉那些
已涅槃胜者的舍利，
建造数以千计宝塔，
使用金、银和水晶。（78）

什译：諸佛滅度已，供養舍利者，
　　　起萬億種塔，金銀及頗梨，

ये चाश्मगर्भस्य करोन्ति स्तूपान्कर्केतनामुक्तमयांश्च केचित्।
वैडूर्यश्रेष्ठस्य तथेन्द्रनीलान्ते सर्वि बोधाय अभूषि लाभिनः॥ ७९ ॥

今译：一些众生建造宝塔，
　　　使用玛瑙、猫眼石、
　　　珍珠、琉璃和青玉，
　　　他们全都获得菩提。（79）

什译：車𤦲與馬腦，玫瑰琉璃珠，
　　　清淨廣嚴飾，莊校①於諸塔。

ये चापि शैलेषु करोन्ति स्तूपान्ये चन्दनानामगुरुस्य केचित्।
ये देवदारूस्य करोन्ति स्तूपान्ये दारुसंघातमयांश्च केचित्॥ ८० ॥

今译：或建造宝塔，使用
　　　石料、旃檀和沉香；
　　　或建造宝塔，使用
　　　松树木和其他木料。（80）

什译：或有起石廟，旃檀及沈水，
　　　木櫁②并餘材，塼瓦泥土等。

इष्टामयान्मृत्तिकसंचितान्वा प्रीताश्च कुर्वन्ति जिनान स्तूपान्।
उद्दिश्य ये पांसुकराशयो ऽपि अटवीषु दुर्गेषु च कारयन्ति॥ ८१ ॥

今译：或喜悦地建造宝塔，

---

① 此处"庄校"意谓装饰。
② "木櫁"的原词是 devadāru，词义为松树。

使用砖瓦①和泥土堆；
或在林中和旷野中，
用沙土堆积起宝塔。（81）

什译：若於曠野中，積土成佛廟，

सिकतामयान्वा पुन कूट कृत्वा ये केचिदुद्दिश्य जिनान स्तूपान्।
कुमारकाः क्रीडिषु तत्र तत्र ते सर्वि बोधाय अभूषि लाभिनः ॥ ८२ ॥

今译：一些儿童随地游戏，
　　　将沙子聚拢成沙堆，
　　　作为胜者们的宝塔，
　　　他们全都获得菩提。（82）

什译：乃至童子戲，聚沙為佛塔，
　　　如是諸人等，皆已成佛道。

रत्नामया बिम्ब तथैव केचिद्द्वात्रिंशतीलक्षणरूपधारिणः।
उद्दिश्य कारापित येहि चापि ते सर्वि बोधाय अभूषि लाभिनः ॥ ८३ ॥

今译：一些众生使用各种
　　　宝石，制作成佛像，
　　　具有三十二种妙相，
　　　他们全都获得菩提。（83）

什译：若人為佛故，建立諸形像，
　　　刻雕成眾相，皆已成佛道。

ये सप्तरत्नामय तत्र केचिद्ये ताम्रिका वा तथ कांसिका वा।

---

① "砖瓦"的原词是 iṣṭā，属于混合梵语用词，相当于 iṣṭakā。

कारापयीषु सुगतान बिम्बा ते सर्वि बोधाय अभूषि लाभिनः ॥ ८४ ॥

今译：一些众生使用七宝，
或使用青铜和黄铜，
制作如来们的雕像，
他们全都获得菩提。(84)

什译：或以七寶成，鍮石赤白銅，

सीसस्य लोहस्य च मृत्तिकाय वा कारापयीषु सुगतान विग्रहान्।
ये पुस्तकर्मामय दर्शनीयांस्ते सर्वि बोधाय अभूषि लाभिनः ॥ ८५ ॥

今译：一些众生使用铅锡、
赤铁、泥土或胶泥，
制作优美的如来像，
他们全都获得菩提。(85)

什译：白鑞及鉛錫，鐵木及與泥，
或以膠漆布，嚴飾作佛像，
如是諸人等，皆已成佛道。

ये चित्रभित्तीषु करोन्ति विग्रहान्परिपूर्णगात्रान् शतपुण्यलक्षणान्।
लिखेत्स्वयं चापि लिखापयेद्वा ते सर्वि बोधाय अभूषि लाभिनः ॥ ८६ ॥

今译：或自己，或让他人
在墙壁上画出如来
全身像，百种福相，
他们全都获得菩提。(86)

什译：彩畫作佛像，百福莊嚴相，
自作若使人，皆已成佛道。

ये चापि केचित्तहि शिक्षमाणाः क्रीडारतिं चापि विनोदयन्तः ।
नखेन काष्ठेन कृतासि विग्रहान्भित्तीषु पुरुषा च कुमारका वा ॥ ८७ ॥

今译：一些成人或者儿童，
　　　学习或游戏娱乐时，
　　　使用指甲或者木片，
　　　在墙壁上刻画佛像。（87）

什译：乃至童子戲，若草木及筆，
　　　或以指爪甲，而畫作佛像，

सर्वे च ते कारूणिका अभूवन्सर्वे ऽपि ते तारयि प्राणिकोट्यः ।
समादपेन्ता बहुबोधिसत्वांस्ते सर्वि बोधाय अभूषि लाभिनः ॥ ८८ ॥

今译：他们全都获得菩提，
　　　成为慈悲为怀的佛，
　　　同样教导众多菩萨，
　　　并救度数千万众生。（88）

什译：如是諸人等，漸漸積功德，
　　　具足大悲心，皆已成佛道，
　　　但化諸菩薩，度脫無量眾。

धातूषु यैश्चापि तथागतानां स्तूपेषु वा मृत्तिकविग्रहेषु वा ।
आलेख्यभित्तीष्वपि पांसुस्तूपे पुष्पा च गन्धा च प्रदत्त आसीत् ॥ ८९ ॥

今译：或向如来的舍利塔、
　　　泥塑像和泥土宝塔，
　　　或向墙壁上的画像，
　　　供奉鲜花和香料。（89）

什译：若人於塔廟，寶像及畫像，
　　　以華香幡蓋，敬心而供養。

वाद्या च वादापित येहि तत्र भेर्यो ऽथ शङ्खाः पटहाः सुघोषकाः ।
निर्नादिता दुन्दुभयश्च येहि पूजाविधानाय वराग्रबोधिनाम् ॥ ९० ॥

今译：或者在那里演奏音乐，
　　　敲击大鼓小鼓，吹响
　　　贝螺，声音优美动听，
　　　供奉获得至上菩提者。（90）

什译：若使人作樂，擊鼓吹角貝，

वीणाश्च ताला पणवाश्च येहि मृदङ्ग वंशा तुणवा मनोज्ञाः ।
एकोत्सवा वा सुकुमारका वा ते सर्वि बोधाय अभूषि लाभिनः ॥ ९१ ॥

今译：演奏琵琶和单弦琴，
　　　敲击腰鼓和吹笛子，
　　　柔美乐音动人心弦，
　　　他们全都获得菩提。（91）

什译：簫笛琴箜篌，琵琶鐃銅鈸，

वादापिता झल्लरियो ऽपि येहि जलमण्डका चर्पटमण्डका वा ।
सुगतान उद्दिश्यथ पूजनार्थं गीतं सुगीतं मधुरं मनोज्ञम् ॥ ९२ ॥

今译：或者摇动铃铛，演奏
　　　遮罗曼陀迦和遮波吒

曼陀迦[1]，演唱歌曲，
甜美动听，供奉善逝。（92）

什译：如是眾妙音，盡持以供養。

सर्वे च ते बुद्ध अभूषि लोके कृत्वान तां बहुविधधातुपूजाम्।
किमल्पकं पि सुगतान धातुषु एकं पि वादापिय वाद्यभाण्डम्॥ ९३ ॥

今译：他们供奉众多佛舍利，
即使只是微薄的供奉，
即使只演奏一种乐器，
他们都会在世上成佛。（93）

什译：或以歡喜心，歌唄[2]頌佛德，
乃至一小音，皆已成佛道。

पुष्पेण चैकेन पि पूजयित्वा आलेख्यभित्तौ सुगतान बिम्बान्।
विक्षिप्तचित्ता पि च पूजयित्वा अनुपूर्व द्रक्ष्यन्ति च बुद्धकोट्यः ॥ ९४ ॥

今译：即使有的人思想散乱，
只是偶尔向墙壁上的
善逝画像供奉一束花，
此后也能见到千万佛。（94）

什译：若人散亂心，乃至以一華，
供養於畫像，漸見無數佛。

यैश्चाञ्जलिस्तत्र कृतो ऽपि स्तूपे परिपूर्ण एका तलसक्तिका वा।

① 遮罗曼陀迦（jalamaṇḍaka）和遮波吒曼陀迦（carpaṭamaṇḍaka）是两种乐器名称，具体所指不详。
② “歌呗”对应的原词是上一颂中的 gīta（“歌曲”）。

उन्नामितं शीर्षमभून्मुहूर्तमवनामितः कायु तथैकवारम्॥ ९५ ॥

今译：即使在佛塔前合掌，
或是举手恭拜一次，
或是抬头瞻仰一次，
或是俯首致敬一次。（95）

什译：或有人禮拜，或復但合掌，
乃至舉一手，或復小低頭，
以此供養像，漸見無量佛，
自成無上道，廣度無數眾，
入無餘涅槃，如薪盡火滅。①

नमो ऽस्तु बुद्धाय कृतैकवारं येही तदा धातुधरेषु तेषु ।
विक्षिप्तचित्तैरपि एकवारं ते सर्वि प्राप्ता इममग्रबोधिम्॥ ९६ ॥

今译：或者有人思想散乱，
只是在佛舍利塔前，
说一声“向佛致敬！”
也都获得至上菩提。（96）

什译：若人散亂心，入於塔廟中，
一稱南無②佛，皆已成佛道。

सुगतान तेषां तद तस्मि काले परिनिर्वृतानामथ तिष्ठतां वा ।
ये धर्मनामापि श्रुणिंसु सत्त्वास्ते सर्वि बोधाय अभूषि लाभिनः ॥ ९७ ॥

今译：无论在如来涅槃后，
或者在如来在世时，

---

① 这颂中的后三行不见于原文。
② “南无”是 namas（“致敬”）一词的音译。

众生只要闻听法名，
他们也都获得菩提。(97)

什译：於諸過去佛，在世或滅度，
若有聞是法，皆已成佛道。

अनागता पी बहुबुद्धकोट्यो अचिन्तिया येषु प्रमाणु नास्ति ।
ते पी जिना उत्तमलोकनाथाः प्रकाशयिष्यन्ति उपायमेतम्॥ ९८ ॥

今译：未来世的数千万佛，
不可思议无量无数，
至高的导师胜者们，
也会宣说这种方便。(98)

什译：未來諸世尊，其數無有量，
是諸如來等，亦方便說法。

उपायकौशल्यमनन्तु तेषां भविष्यति लोकविनायकानाम्।
येना विनेष्यन्तिह प्राणकोट्यो बौद्धस्मि ज्ञानस्मि अनास्रवस्मिन्॥ ९९ ॥

今译：这些世界导师具有
无限无量方便善巧，
会用这些引导千万
众生获得无漏佛智。(99)

什译：一切諸如來，以無量方便，
度脫諸眾生，入佛無漏智。

एको ऽपि सत्त्वो न कदाचि तेषां श्रुत्वान धर्मं न भवेत बुद्धः ।
प्रणिधानमेतद्धि तथागतानां चरित्व बोधाय चरापयेयम्॥ १०० ॥

今译：闻听他们的法，没有
哪一个众生不会成佛，
因为这是如来的本愿：
“我要让众生修习菩提。”（100）

什译：若有聞法者，無一不成佛，
諸佛本誓願，我所行佛道，
普欲令衆生，亦同得此道。

धर्मामुखा कोटिसहस्र नेके प्रकाशयिष्यन्ति अनागते ऽध्वे ।
उपदर्शयन्तो इममेकयानं वक्ष्यन्ति धर्मं हि तथागतत्वे ॥ १०१ ॥

今译：虽然未来世如来们，
会宣说数千万法门，
但他们按照如来性
说法，宣说这一乘。（101）

什译：未來世諸佛，雖說百千億，
無數諸法門，其實為一乘。

स्थितिका हि एषा सद धर्मनेत्री प्रकृतिश्च धर्माण सदा प्रभा[सते] ।
विदित्व बुद्धा द्विपदानमुत्तमा प्रकाशयिष्यन्ति ममेकयानम्॥ १०२ ॥

今译：两足至尊诸佛知道
这种法则永久长存，
诸法自性永远明净，
他们会宣说这一乘。（102）

什译：諸佛兩足尊，知法常無性，

佛種從緣起，是故說一乘。①

धर्मस्थितिं धर्मनियामतां च नित्यस्थितां लोकि इमामकम्प्याम्।
बुद्धाश्च बोधिं पृथिवीय मण्डे प्रकाशयिष्यन्ति उपायकौशलम्॥ १०३ ॥

今译：诸佛在菩提道场觉知
法住和法位②在世界上
永久长存，不会动摇，
他们会宣说方便善巧。（103）

什译：是法住法位，世間相常住，
於道場知已，導師方便說。

दशसू दिशासू नरदेवपूजितास्तिष्ठन्ति बुद्धा यथ गङ्गवालिकाः ।
सुखापनार्थं इह सर्वप्राणिनां ते चापि भाषन्तिममग्रबोधिम्॥ १०४ ॥

今译：十方诸佛如同恒河沙，
受到凡人和天神崇拜，
他们为一切众生谋福，
也会宣说这至上菩提。（104）

什译：天人所供養，現在十方佛，
其數如恒沙，出現於世間，
安隱眾生故，亦說如是法。

उपायकौशल्य प्रकाशयन्ति विविधानि यानान्युपदर्शयन्ति ।

① 这颂的表述与原文有差异。其中，“法常无性”意谓“法常空性”，“佛种”可能意谓佛种性（buddhagotra），即佛性。“从缘起”意谓“缘起性空”。而原文中所谓“诸法自性永远明净”实际也是说明诸法性空。

② “法住”（dharmasthiti）和“法位”（dharmaniyāmatā）均指真如。真如（tathatā）也就是法性（dharmatā），即原本如此的真实法性。真如住于一切法中，故谓“法住”。真如是一切法安住之位，故谓“法位”。

एकं च यानं परिदीपयन्ति बुद्धा इमामुत्तमशान्तभूमिम्॥ १०५ ॥

今译：诸佛展现方便善巧，
　　　用以宣说各种乘，
　　　而他们也宣说一乘，
　　　这种至上寂静境界。（105）

什译：知第一寂滅，以方便力故，
　　　雖示種種道，其實為佛乘。

चरितं च ते जानिय सर्वदेहिनां यथाशयं यच्च पुरा निषेवितम्।
वीर्यं च स्थामं च विदित्व तेषां ज्ञात्वाधिमुक्तिं च प्रकाशयन्ति ॥ १०६ ॥

今译：诸佛了解一切众生
　　　行为、心愿和习惯，
　　　精进、勇力和信念，
　　　然后，向他们宣说。（106）

什译：知眾生諸行，深心之所念，
　　　過去所習業，欲性①精進力，

दृष्टान्तहेतून्बहु दर्शयन्ति बहुकारणान् ज्ञानबलेन नायकाः ।
नानाधिमुक्तांश्च विदित्व सत्त्वान्नानाभिनिर्हारुपदर्शयन्ति ॥ १०७ ॥

今译：了解众生种种信念，
　　　导师们运用智慧力，
　　　演说种种譬喻因缘，
　　　种种理由启发引导。（107）

什译：及諸根利鈍，以種種因緣，

---

① 此处"欲性"的原词是 adhimukti（"信解"）。

譬喻亦言辭，隨應方便說。

अहं पि चैतर्हि जिनेन्द्रनायको उत्पन्न सत्त्वान सुखापनार्थम्।
संदर्शयामी इम बुद्धबोधिं नानाभिनिर्हारसहस्रकोटिभिः ॥ १०८ ॥

今译：我如今也是胜者导师，
　　　为众生谋福而出世，
　　　也用千万种启示方式，
　　　向众生宣说佛菩提。（108）

什译：今我亦如是，安隱眾生故，
　　　以種種法門，宣示於佛道。

देशेमि धर्मं च बहुप्रकारं अधिमुक्तिमध्याशय ज्ञात्व प्राणिनाम्।
संहर्षयामी विविधैरुपायैः प्रत्यात्मिकं ज्ञानबलं ममैतत्॥ १०९ ॥

今译：我了解众生信念和意愿，
　　　然后巧妙运用各种方便，
　　　宣说各种法，取悦他们，
　　　依靠我这种内在智慧力。（109）

什译：我以智慧力，知眾生性欲①，
　　　方便說諸法，皆令得歡喜。

अहं पि पश्यामि दरिद्रसत्त्वान्प्रज्ञाय पुण्येहि च विप्रहीणान्।
प्रस्कन्न संसारि निरुद्ध दुर्गे मग्नाः पुनर्दुःखपरंपरासु ॥ ११० ॥

今译：我也看到穷苦众生，
　　　缺少智慧和功德，

---

① 此处"性欲"的原词也是 adhimukti（"信解"），意谓信念或意欲。

堕入轮回和恶道，
连续不断陷入痛苦。（110）

什译：舍利弗當知！我以佛眼觀，
見六道眾生，貧窮無福慧，
入生死嶮道，相續苦不斷。

तृष्णाविलग्नांश्चमरीव बाले कामैरिहान्धीकृत सर्वकालम्।
न बुद्धमेषन्ति महानुभावं न धर्म मार्गन्ति दुखान्तगामिनम्॥ १११ ॥

今译：执著贪欲如同牦牛贪爱
尾毛，充满欲望而盲目，
不寻求具有大威力的佛，
也不追求灭除痛苦的法。（111）

什译：深著於五欲，如犛牛愛尾，
以貪愛自蔽，盲瞑無所見，
不求大勢[①]佛，及與斷苦法。

गतीषु षट्सु परिरुद्धचित्ताः कुदृष्टिदृष्टीषु स्थिता अकम्प्याः।
दुःखातु दुःखानुप्रधावमानाः कारुण्य मह्यं बलवन्तु तेषु ॥ ११२ ॥

今译：思想局限于六道，
坚信邪见和恶见，
从痛苦走向痛苦，
我对他们充满同情。（112）

什译：深入諸邪見，以苦欲捨苦，
為是眾生故，而起大悲心。

① 此处“大势”的原词是 mahānubhāva（“大威力”）。

सो ऽहं विदित्वा तहि बोधिमण्डे सप्ताह त्रीणि परिपूर्ण संस्थितः ।
अर्थं विचिन्तेमिममेवरूपं उल्लोकयन्पादपमेव तत्र ॥ ११३ ॥

今译：我知道所有这一切，
整整三七二十一天，
安住菩提道场，思考
这件事，凝视那棵树。（113）

什译：我始坐道場，觀樹亦經行，
於三七日中，思惟如是事。

प्रेक्षामि तं चानिमिषं द्रुमेन्द्रं तस्यैव हेष्ठे अनुचंक्रमामि ।
आश्चर्यज्ञानं च इदं विशिष्टं सत्त्वाश्च मोहान्ध अविद्वसू इमे ॥ ११४ ॥

今译：目不转睛凝视树王，
并在树下踱步思索：
“这是殊胜奇妙智，
而众生愚昧无知。”（114）

什译：我所得智慧，微妙最第一，
眾生諸根鈍，著樂癡所盲，
如斯之等類，云何而可度？

ब्रह्मा च मां याचति तस्मि काले शक्रश्च चत्वारि च लोकपालाः ।
महेश्वरो ईश्वर एव चापि मरुद्गणानां च सहस्रकोटयः ॥ ११५ ॥

今译：就在此时，梵天请求我，
还有帝释天和四大护世
天王，以及大自在天、
自在天和千千万天神。（115）

什译：爾時諸梵王，及諸天帝釋，
護世四天王，及大自在天，
并餘諸天眾，眷屬百千萬，

कृताञ्जली सर्वि स्थिताः सगौरवा अर्थं च चिन्तेमि कथं करोमि ।
अहं च बोधीय वदामि वर्णानिमे च दुःखैरभिभूत सत्त्वाः ॥ ११६ ॥

今译：他们全都恭敬合掌站着，
我思考此事我该怎么办？
如果我向众生称赞菩提，
而众生已经被痛苦压倒。（116）

什译：恭敬合掌禮，請我轉法輪，
我即自思惟：若但讚佛乘，
眾生沒在苦，不能信是法。

ते मह्य धर्मं क्षिपि बालभाषितं क्षिपित्व गच्छेयुरपायभूमिम्।
श्रेयो ममा नैव कदाचि भाषितुं अद्यैव मे निर्वृतिरस्तु शान्ता ॥ ११७ ॥

今译：他们会毁谤我说话幼稚，
毁谤之后依然追逐恶道，
我最好还是什么也不说，
就在今日进入寂静涅槃。（117）

什译：破法不信故，墜於三惡道，
我寧不說法，疾入於涅槃。

पुरिमांश्च बुद्धान्समनुस्मरन्तो उपायकौशल्यु यथा च तेषाम्।
यं नून हं पि इम बुद्धबोधिं त्रिधा विभज्येह प्रकाशयेयम्॥ ११८ ॥

今译：然而，我记得过去诸佛，

正如他们运用方便善巧，
确实，我也完全可以将
这佛菩提分为三种宣说。（118）

什译：尋念過去佛，所行方便力，
我今所得道，亦應說三乘。

एवं च मे चिन्तितु एष धर्मो ये चान्ये बुद्धा दशसु दिशासु ।
दर्शिंसु ते मह्य तदात्मभावं साधुं ति घोषं समुदीरयन्ति ॥ ११९ ॥

今译：我这样思考这件事，
就在此时，十方的
诸佛全都向我显身，
异口同声说："好啊！（119）

什译：作是思惟時，十方佛皆現，
梵音慰喻我："善哉釋迦文①！

साधू मुने लोकविनायकाग्र अनुत्तरं ज्ञानमिहाधिगम्य ।
उपायकौशल्यु विचिन्तयन्तो अनुशिक्षसे लोकविनायकानाम् ॥ १२० ॥

今译："世界至高导师牟尼！
好啊！你已获得无上智，
现在学习世界导师们，
思考着运用方便善巧。（120）

什译："第一之導師，得是無上法，
隨諸一切佛，而用方便力。

① "释迦文"是 śākyamuni（"释迦牟尼"）的另一种音译。

वयं पि बुद्धाय परं तदा पदं तृधा च कृत्वान प्रकाशयामः ।
हीनाधिमुक्ता हि अविद्वसू नरा भविष्यथा बुद्ध न श्रद्दधेयुः ॥ १२१ ॥

今译："我们当时觉知至上智后，
也是分为三种宣说，因为
无知众生热衷小道，若说
'你们会成佛。'他们不信。（121）

什译："我等亦皆得，最妙第一法，
為諸眾生類，分別說三乘，
少智樂小法，不自信作佛。

ततो वयं कारणसंग्रहेण उपायकौशल्य निषेवमाणाः ।
फलाभिलाषं परिकीर्तयन्तः समादपेमो बहुबोधिसत्त्वान्॥ १२२ ॥

今译："于是我们把握因缘，
经常运用方便善巧，
称赞求取正果的志愿，
这样教导众多菩萨。"（122）

什译："是故以方便，分別說諸果。
雖復說三乘，但為教菩薩。"

अहं चुदग्रस्तद आसि श्रुत्वा घोषं मनोज्ञं पुरुषर्षभाणाम्।
उदग्रचित्तो भणि तेष तायिनां न मोहवादी प्रवरा महर्षी ॥ १२३ ॥

今译：我闻听这些人中雄牛的
可爱话语，内心激动，
兴奋地对救世者们说道：
"优秀大仙们言无虚妄。（123）

什译：舍利弗當知！我聞聖師子[①]，
深淨微妙音，喜稱南無佛。

अहं पि एवं समुदाचरिष्ये यथा वदन्ती विदु लोकनायकाः ।
अहं पि संक्षोभि इमस्मि दारुणे उत्पन्न सत्त्वान कषायमध्ये ॥ १२४ ॥

今译："我也会像睿智的世界
导师们所说的那样行动，
我也出生在这种可怕的
乱世中，恶浊的众生中。"（124）

什译：復作如是念："我出濁惡世，
如諸佛所說，我亦隨順行。"

ततो ह्यहं शारिसुता विदित्वा वाराणसीं प्रस्थितु तस्मि काले ।
तहि पञ्चकानां प्रवदामि भिक्षुणां धर्मं उपायेन प्रशान्तभूमिम्॥ १२५ ॥

今译：我明白这些后，立即
前往波罗奈，舍利弗啊！
运用方便，向五位比丘[②]
宣说达到寂静境界的法。（125）

什译：思惟是事已，即趣波羅奈，
諸法寂滅相，不可以言宣，
以方便力故，為五比丘說。

ततः प्रवृत्तं मम धर्मचक्रं निर्वाणशब्दश्च अभूषि लोके ।
अर्हन्तशब्दस्तथ धर्मशब्दः संघस्य शब्दश्च अभूषि तत्र ॥ १२६ ॥

① 此处"圣师子"意谓神圣的狮子，相当于原文中所说"人中雄牛"。
② "五位比丘"指释迦牟尼当初出家求道修苦行时，陪伴他的五位比丘。后来，释迦牟尼在菩提道场修行得道，首先向这五位比丘说法。

今译：我从此开始转动法轮，
世界上才有了涅槃的
名称、阿罗汉的名称、
法的名称和僧的名称。（126）

什译：是名轉法輪，便有涅槃音，
及以阿羅漢，法僧差別名[1]。

भाषामि वर्षाणि अनल्पकानि निर्वाणभूमिं चुपदर्शयामि ।
संसारदुःखस्य च एष अन्तो एवं वदामी अहु नित्यकालम्॥ १२७ ॥

今译：我在许多年中说法，
宣说灭除生死轮回
痛苦的涅槃境界，
我始终这样说法。（127）

什译：從久遠劫來，讚示涅槃法，
生死苦永盡，我常如是說。

यस्मिंश्च काले अहु शारिपुत्र पश्यामि पुत्रान्द्विपदोत्तमानाम्।
ये प्रस्थिता उत्तममग्रबोधिं कोटीसहस्राणि अनल्पकानि ॥ १२८ ॥

今译：舍利弗啊，那时候，
我看到有数千千万
两足至尊的儿子们，
追求殊胜至上菩提。（128）

什译：舍利弗當知！我見佛子等，
志求佛道者，無量千萬億。

① “差别名”意谓各种名称。

第二　方便善巧品　127

उपसंक्रमित्वा च ममैव अन्तिके कृताञ्जलीः सर्वि स्थिताः सगौरवाः ।
येही श्रुतो धर्म जिनान आसीतुपायकौशल्यु बहुप्रकारम्॥ १२९ ॥

今译：他们来到我身边，全都
双手合掌，恭敬站立，
因为他们曾闻听胜者们
运用种种方便善巧说法。（129）

什译：咸以恭敬心，皆來至佛所，
曾從諸佛聞，方便所說法。

ततो ममा एतदभूषि तत्क्षणं समयो ममा भाषितुमग्रधर्मम्।
यस्याहमर्थं इह लोकि जातः प्रकाशयामी तमिहाग्रबोधिम्॥ १३० ॥

今译：这时，我思忖道："宣说
至上法的时机已经来到，
我正是为此目的而出世，
要在这里宣说至上菩提。"（130）

什译：我即作是念："如來所以出，
為說佛慧故，今正是其時。"

दुःश्रद्दधं एतु भविष्यते ऽद्य निमित्तसंज्ञानिह बालबुद्धिनाम्।
अधिमानप्राप्तान अविद्वसूनां इमे तु श्रोष्यन्ति हि बोधिसत्त्वाः ॥ १३१ ॥

今译：那些骄慢无知的众生，
智慧浅薄，执著形相，
现在难以相信这种法，
然而那些菩萨会听取。（131）

什译：舍利弗當知！鈍根小智人，

著相憍慢者，不能信是法。

विशारदश्चाहु तदा प्रहृष्टः संलीयनां सर्व विवर्जयित्वा ।
भाषामि मध्ये सुगतात्मजानां तांश्चैव बोधाय समादपेमि ॥ १३२ ॥

今译：我无所畏惧而喜悦，
　　　摒弃一切怯弱心，
　　　在佛子们中间说法，
　　　教导他们求取菩提。（132）

什译：今我喜無畏，於諸菩薩中，
　　　正直捨方便①，但說無上道。

संदृश्य चैताद‍ृशबुद्धपुत्रांस्तवापि काङ्क्षा व्यपनीत भेष्यति ।
ये चा शता द्वादशिमे अनास्रवा बुद्धा भविष्यन्तिमि लोकि सर्वे ॥ १३३ ॥

今译：看到这样的佛子们，
　　　你也就会排除疑虑，
　　　这一千二百个佛子，
　　　都会消除烦恼成佛。（133）

什译：菩薩聞是法，疑網皆已除，
　　　千二百羅漢，悉亦當作佛。

यथैव तेषां पुरिमाण तायिनां अनागतानां च जिनान धर्मता ।
ममापि एषैव विकल्पवर्जिता तथैव हं देशयि अद्य तुभ्यम्॥ १३४ ॥

今译：正如这是过去救世者和
　　　未来胜者的法性，同样，

---

① "正直舍方便"意谓直接宣说，而不必使用方便善巧。原文中无此句。

是我的摒弃妄想分别的
法性，今天我为你宣说。（134）

什译：如三世諸佛，說法之儀式，
我今亦如是，說無分別法。

कदाचि कहिंचि कथंचि लोके उत्पादु भोति पुरुषर्षभाणाम्।
उत्पद्य चा लोकि अनन्तचक्षुषः कदाचिदेतादृशु धर्म देशयुः ॥ १३५ ॥

今译：这些人中雄牛难得
在某时和某地出世；
无限眼们难得某时
出世，宣说这种法。（135）

什译：諸佛興出世，懸遠值遇難，
正使出于世，說是法復難。

सुदुर्लभो ईदृशु अग्रधर्मः कल्पान कोटीनयुतैरपि स्यात्।
सुदुर्लभा ईदृशकाश्च सत्त्वाः श्रुत्वान ये श्रद्दधि अग्रधर्मम्॥ १३६ ॥

今译：这样的至上法，甚至
千万那由他劫也难得，
而闻听和信奉至上法，
这样的众生更是难得。（136）

什译：無量無數劫，聞是法亦難，
能聽是法者，斯人亦復難。

औदुम्बरं पुष्प यथैव दुर्लभं कदाचि कहिंचि कथंचि दृश्यते ।
मनोज्ञरूपं च जनस्य तद्भवेदाश्चर्यु लोकस्य सदेवकस्य ॥ १३७ ॥

今译：正如优昙钵花难得
在某时和某地一现，
成为世界和天界众生
眼中奇妙可爱的景观。（137）

什译：譬如優曇花，一切皆愛樂，
天人所希有，時時乃一出。

अतश्च आश्चर्यतरं वदामि श्रुत्वान यो धर्ममिमं सुभाषितम्।
अनुमोदि एकं पि भणेय वाचं कृत सर्वबुद्धान भवेय पूजा ॥ १३८ ॥

今译：而我说，闻听这种法，
只要说一句高兴的话，
就等于敬拜了一切佛，
这比优昙钵花更奇妙。（138）

什译：聞法歡喜讚，乃至發一言，
則為已供養，一切三世佛，
是人甚希有，過於優曇花。

व्यपनेहि काङ्क्षामिह संशयं च आरोचयामि अहु धर्मराजा ।
समादपेमि अहमग्रबोधौ न श्रावकाः केचिदिहास्ति मह्यम्॥ १३९ ॥

今译：你们要解除疑惑，
我宣告我是法王，
劝导求取至上菩提，
世上没有我的声闻①。（139）

什译：汝等勿有疑，我為諸法王，

① 这句可能是指释迦牟尼教导众生成为菩萨追求无上正等菩提，而非成为声闻。

普告諸大眾，但以一乘道，
教化諸菩薩，無聲聞弟子。

तव शारिपुत्रैतु रहस्यु भोतु ये चापि मे श्रावक मह्य सर्वे ।
ये बोधिसत्त्वाश्च इमे प्रधाना रहस्यमेतन्मम धारयन्तु ॥ १४० ॥

今译：舍利弗啊，让这个秘要
　　　归于你，也让我的所有
　　　声闻和这些优秀杰出的
　　　菩萨掌握我的这个秘要！（140）

什译：汝等舍利弗，聲聞及菩薩，
　　　當知是妙法，諸佛之祕要。

किं कारणं पञ्चकषायकाले क्षुद्राश्च दुष्टाश्च भवन्ति सत्त्वाः ।
कामैरिहान्धीकृत बालबुद्धयो न तेष बोधाय कदाचि चित्तम्॥ १४१ ॥

今译：为什么？在五浊恶世，
　　　众生卑微邪恶，智慧
　　　浅薄，贪欲蒙蔽双目，
　　　从来不想求取菩提。（141）

什译：以五濁惡世，但樂著諸欲，
　　　如是等眾生，終不求佛道。

श्रुत्वा च यानं मम एतदेकं प्रकाशितं तेन जिनेन आसीत्।
अनागतेऽध्वानि भ्रमेयु सत्त्वाः सूत्रं क्षिपित्वा नरकं व्रजेयुः ॥ १४२ ॥

今译：闻听我宣说胜者们
　　　过去宣说的这一乘，
　　　若众生迷乱而毁谤，

在未来世堕入地狱。（142）

什译：當來世惡人，聞佛說一乘，
迷惑不信受，破法墮惡道。

लज्जी शुची ये च भवेयु सत्त्वाः संप्रस्थिता उत्तममग्रबोधिम्।
विशारदो भूत्व वदेमि तेषामेकस्य यानस्य अनन्तवर्णान्॥ १४३ ॥

今译：而那些知羞纯洁的众生，
他们追求殊胜至上菩提，
我无所畏惧，使用无数
赞语，向他们宣说一乘。（143）

什译：有慚愧清淨，志求佛道者，
當為如是等，廣讚一乘道。

एतादृशी देशन नायकानामुपायकौशल्यमिदं वरिष्ठम्।
बहूहि संधावचनेहि चोक्तं दुर्बोध्यमेतं हि अशिक्षितेहि ॥ १४४ ॥

今译：导师们这样的说法，
这种殊胜方便善巧，
各种各样随宜所说，
未修习者难以理解。（144）

什译：舍利弗當知！諸佛法如是，
以萬億方便，隨宜而說法，
其不習學者，不能曉了此。

तस्माद्धि संधावचनं विजानिया बुद्धान लोकाचरियाण तायिनाम्।
जहित्व काङ्क्षां विजहित्व संशयं भविष्यथा बुद्ध जनेथ हर्षम्॥ १४५ ॥

今译：因此，理解世界导师、
　　　　救世者、佛的随宜所说，
　　　　消除疑惑，抛弃怀疑，
　　　　你们会成佛，满心欢喜。（145）

什译：汝等既已知，諸佛世之師，
　　　　隨宜方便事，無復諸疑惑，
　　　　心生大歡喜，自知當作佛。

इत्यार्यसद्धर्मपुण्डरीके धर्मपर्याये उपायकौशल्यपरिवर्तो नाम द्वितीयः ॥

今译：以上是神圣《妙法莲华》法门中名为《方便善巧品》的第二品。

३ औपम्यपरिवर्तः ।

今译：第三 譬喻品

什译：譬喻品第三

अथ खल्वायुष्मान् शारिपुत्रस्तस्यां वेलायां तुष्ट उदग्र आत्तमनाः प्रमुदितः प्रीतिसौमनस्यजातो येन भगवांस्तेनाञ्जलिं प्रणम्य भगवतो ऽभिमुखो भगवन्तमेव व्यवलोकयमानो भगवन्तमेतदवोचत्-- आश्चर्याद्भुतप्राप्तो ऽस्मि भगवनौद्बिल्यप्राप्तः इदमेवंरूपं भगवतो ऽन्तिकाद्घोषं श्रुत्वा । तत्कस्य हेतोः? अश्रुत्वैव तावदहं भगवनिदमेवंरूपं भगवतो ऽन्तिकाद्धर्मं तदन्यान्बोधिसत्त्वान्दृष्ट्वा बोधिसत्त्वानां च अनागते ऽध्वनि बुद्धनाम श्रुत्वा अतीव शोचामि अतीव संतप्ये, भ्रष्टो ऽस्म्येवंरूपात्तथागतज्ञानगोचराद् ज्ञानदर्शनात्। यदा चाहं भगवनभीक्ष्णं गच्छामि पर्वतगिरिकन्दराणि वनषण्डान्यारामनदीवृक्षमूलान्येकान्तानि दिवाविहाराय, तदाप्यहं भगवन्यद्भूयस्त्वेन अनेनैव विहारेण विहरामि । तुल्ये नाम धर्मधातुप्रवेशे वयं भगवता हीनेन यानेन निर्यातिताः । एवं च मे भगवंस्तस्मिन्समये भवति -- अस्माकमेवैषो ऽपराधः, नैव भगवतो ऽपराधः । तत्कस्य हेतोः? सचेद्भगवानस्माभिः प्रतीक्षितः स्यात्सामुत्कर्षिकीं धर्मदेशनां कथयमानः, यदिदमनुत्तरां सम्यक्संबोधिमारभ्य, तेष्वेव वयं भगवन्धर्मेषु निर्याताः स्याम । यत्पुनर्भगवनस्माभिरनुपस्थितेषु बोधिसत्त्वेषु संधाभाष्यं भगवतो ऽजानमानैस्त्वरमाणैः प्रथमभाषितैव तथागतस्य धर्मदेशना श्रुत्वोद्गृहीता धारिता भाविता चिन्तिता मनसिकृता । सो ऽहं भगवनात्मपरिभाषणयैव भूयिष्ठेन रात्रिंदिवान्यतिनामयामि ।

今译：这时，尊者舍利弗满意，激动，喜悦，高兴，欢喜，愉快，向世尊合掌行礼，面对世尊，凝视世尊，对世尊说道：“世尊啊，在世尊身边，闻听这样的话语，我深感奇妙惊异，我深心欢喜。为什么？世尊啊，我从未在世尊身边听到过这样的法。我看到其他菩萨，并听到那些菩萨在未来世成佛的称号，我极其忧伤，极其焦虑。我失去这样的如来智境界知见。世尊啊，我经常前往山谷、树林、丛林、园林、河畔和树下僻静处，进行白天散步。世尊啊，那时，我总是这样想：我们进入同样的法界①，而世尊授予我们小乘。世尊啊，那时我想：这并不是世尊的过错，而是我们自己的过错。为什么？如果我们等待世尊宣说殊胜法，也就是关于无上正等菩提的法，世尊啊，我们就会获得这些法。还有，世尊啊，我们在菩萨未出现时，不理解世尊的随宜所说，初闻世尊说法，就匆忙接受，记取，修习，思考，思惟。世尊啊，我经常这样在自责中度过日夜。

什译：爾時，舍利弗踊躍歡喜，即起合掌，瞻仰尊顏而白佛言："今從世尊聞此法音，心懷踊躍，得未曾有。所以者何？我昔從佛聞如是法，見諸菩薩受記作佛，而我等不豫斯事，甚自感傷，失於如來無量知見。世尊！我常獨處山林樹下，若坐若行，每作是念：'我等同入法性，云何如來以小乘法而見濟度？是我等咎，非世尊也。所以者何？若我等待說所因成就阿耨多羅三藐三菩提者，必以大乘而得度脫。然我等不解方便隨宜所說，初聞佛法，遇便信受，思惟，取證。'世尊！我從昔來，終日竟夜每自剋責。

अद्यास्मि भगवन्निर्वाणप्राप्तः । अद्यास्मि भगवन्परिनिर्वृतः । अद्य मे भगवनर्हत्त्वं प्राप्तम् । अद्याहं भगवन्भगवतः पुत्रो ज्येष्ठ औरसो मुखतो जातो धर्मजो धर्मनिर्मितो धर्मदायादो धर्मनिर्वृत्तः । अपगतपरिदाहो ऽस्म्यद्य भगवनिममेवंरूपमद्भुतधर्ममश्रुतपूर्वं भगवतो ऽन्तिकाद्घोषं श्रुत्वा ॥

今译："世尊啊，如今我达到涅槃。世尊啊，如今我达到般涅槃。

---

① "法界"（dharmadhātu）泛指一切法，即一切事物，特指一切法的要素、本质或本性。此词什译"本性"。而在下面偈颂第4颂中提到"进入同样的无漏法"，据此也可以理解这里所说"法界"实际指佛法。

世尊啊，如今我获得阿罗汉性。世尊啊，如今我成为世尊的长子，亲生子，从世尊口中生出，从法中生出，从法中化出，是法的继承者，从法中转出。世尊啊，如今我从世尊身边听到这种前所未闻的奇妙法，已经消除焦虑。”

什译：“而今從佛聞所未聞未曾有法，斷諸疑悔，身意泰然，快得安隱。今日乃知真是佛子，從佛口生，從法化生，得佛法分[①]。”

अथ खल्वायुष्मान् शारिपुत्रस्तस्यां वेलायां भगवन्तमाभिर्गाथाभिरध्यभाषत —

今译：这时，尊者舍利弗又用这些偈颂对世尊说道：

什译：爾時，舍利弗欲重宣此義，而說偈言：

आश्चर्यप्राप्तो ऽस्मि महाविनायक औद्बिल्यजातो इमु घोष श्रुत्वा ।
कथंकथा मह्य न भूय काचित्परिपाचितो ऽहं इह अग्रयाने ॥ १ ॥

今译：大导师啊，闻听这些话，
　　　我深感奇妙，深心欢喜，
　　　在这至上乘中达到成熟，
　　　我已经不再有任何疑虑。（1）

什译：我聞是法音，得所未曾有，
　　　心懷大歡喜，疑網皆已除。

आश्चर्यभूतः सुगतान घोषः काङ्क्षां
　　च शोकं च जहाति प्राणिनाम्।
क्षीणास्त्रवस्यो मम यश्च शोको
　　विगतो ऽस्ति सर्वं श्रुणियान घोषम्॥ २ ॥

---

① “法分”（dharmadāyāda）指法的继承人。

今译：善逝们的话音真奇妙，
消除众生的怀疑忧虑，
我虽烦恼已灭，闻听
这话音，也消除忧虑。（2）

什译：昔來蒙佛教[①]，不失於大乘，
佛音甚希有，能除眾生惱，
我已得漏盡，聞亦除憂惱。

दिवाविहारमनुचंक्रमन्तो वनषण्ड आराममथ वृक्षमूलम्।
गिरिकन्दरांश्चौप्युपसेवमानो अनुचिन्तयामी इममेव चिन्ताम्॥ ३ ॥

今译：我白天散步，依次
出现在树林、丛林、
园林、树下和山谷，
心中萦绕这种念头。（3）

什译：我處於山谷，或在林樹下，
若坐若經行，常思惟是事。

अहो ऽस्मि परिवञ्चितु पापचित्तैस्तुल्येषु धर्मेषु अनास्रवेषु ।
यन्नाम त्रैधातुकि अग्रधर्मं न देशयिष्यामि अनागते ऽध्वे ॥ ४ ॥

今译：唉，我被罪心蒙蔽，
进入同样的无漏法，
而我不能在未来世
三界中宣说至上法。（4）

什译：嗚呼深自責，云何而自欺？

① “蒙佛教”意谓蒙受佛的教导。

我等亦佛子，同入無漏法，
不能於未來，演說無上道。

**द्वात्रिंशती लक्षण मह्य भ्रष्टा सुवर्णवर्णच्छविता च भ्रष्टा ।
बला विमोक्षाश्चिमि सर्वि रिञ्चिता तुल्येषु धर्मेषु अहो ऽस्मि मूढः ॥ ५ ॥**

今译：我失去三十二相，
　　　失去金黄的肤色，
　　　失去诸力和解脱，
　　　在同一法中迷失。（5）

什译：金色三十二，十力諸解脫，
　　　同共一法中，而不得此事。

**अनुव्यञ्जना ये च महामुनीनामशीति पूर्णाः प्रवरा विशिष्टाः ।
अष्टादशावेणिक ये च धर्मास्ते चापि भ्रष्टा अहु वञ्चितो ऽस्मि ॥ ६ ॥**

今译：唉，我受蒙蔽而
　　　失去大牟尼们的
　　　整整八十种随好[①]，
　　　还有十八不共法。（6）

什译：八十種妙好，十八不共法，
　　　如是等功德，而我皆已失。

**दृष्ट्वा च त्वां लोकहितानुकम्पी दिवाविहारं परिगम्य चैकः ।
हा वञ्चितो ऽस्मीति विचिन्तयामि असङ्गज्ञानातु अचिन्तियातः ॥ ७ ॥**

今译：看到你关心世界利益，

---

① 佛陀有三十二大人相，八十种随好。"随好"（anuvyañjana）指三十二大人相之外的八十种肢体妙相。

我在白天独自散步时，
依据不可思议无碍智，
心中感叹自己受蒙蔽。（7）

什译：我獨經行時，見佛在大眾，
　　　名聞滿十方，廣饒益眾生，
　　　自惟失此利，我為自欺誑。

रात्रिंदिवानि क्षपयामि नाथ भूयिष्ठ सो एव विचिन्तयन्तः।
पृच्छामि तावद्भगवन्तमेव भ्रष्टो ऽहमस्मीत्यथ वा न वेति ॥ ८ ॥

今译：救世者①啊，我常常是
　　　在这样的思虑中度过
　　　日夜，我要询问世尊：
　　　"我已失去或未失去？"（8）

什译：我常於日夜，每思惟是事，
　　　欲以問世尊，為失為不失？

एवं च मे चिन्तयतो जिनेन्द्र गच्छन्ति रात्रिंदिव नित्यकालम्।
दृष्ट्वा च अन्यान्बहुबोधिसत्त्वान्संवर्णितांल्लोकविनायकेन ॥ ९ ॥

今译：看到其他那些菩萨
　　　受到世界导师称赞，
　　　胜者之王啊，我常常
　　　这样思虑，度过日夜。（9）

什译：我常見世尊，稱讚諸菩薩，
　　　以是於日夜，籌量如此事。

---

① "救世者"的原词是 nātha，也可译为"保护者"。

श्रुत्वा च सो ऽहं इमु बुद्धधर्मं संघाय एतत्किल भाषितं ति ।
अतर्किकं सूक्ष्ममनास्रवं च ज्ञानं प्रणेती जिन बोधिमण्डे ॥ १० ॥

今译：我如今闻听这种佛法，
确是随宜所说，这就是
胜者在菩提道场宣导的
不可思辨微妙无漏智。（10）

什译：今聞佛音聲，隨宜而說法，
無漏難思議，令眾至道場。

दृष्टीविलग्नो ह्यहमासि पूर्वं परिव्राजकस्तीर्थिकसंमतश्च ।
ततो ममा आशयु ज्ञात्व नाथो दृष्टीविमोक्षाय ब्रवीति निर्वृतिम्॥ ११ ॥

今译：我以前是外道出家人，
执著邪见，后来世尊
知道我的意愿，向我
宣说涅槃，摆脱邪见。（11）

什译：我本著邪見，為諸梵志①師，
世尊知我心，拔邪說涅槃。

विमुच्य ता दृष्टिकृतानि सर्वशः शून्यांश्च धर्मानहु स्पर्शयित्वा ।
ततो विजानाम्यहु निर्वृतो ऽस्मि न चापि निर्वाणमिदं प्रवुच्यति ॥ १२ ॥

今译：摆脱一切邪见后，
我获知种种空法，
认为已经达到涅槃，
而这不能说是涅槃。（12）

① “梵志”是 brāhmaṇa（“婆罗门”）一词的意译。这颂原文中没有使用此词。

什译：我悉除邪見，於空法得證，
爾時心自謂，得至於滅度，
而今乃自覺，非是實滅度。

यदा तु बुद्धो भवते ऽग्रसत्त्वः पुरस्कृतो नरमरुयक्षराक्षसैः ।
द्वात्रिंशतीलक्षणरूपधारी अशेषतो निर्वृतु भोति तत्र ॥ १३ ॥

今译：一旦成为众生至尊佛，
受凡人、天神、药叉和
罗刹敬拜，有三十二相，
才能说是达到无余涅槃。（13）

什译：若得作佛時，具三十二相，
天人夜叉眾，龍神等恭敬，
是時乃可謂，永盡滅無餘。

व्यपनीत सर्वाणि मि मन्यितानि श्रुत्वा च घोषं अहमद्य निर्वृतः ।
यदापि व्याकुर्वसि अग्रबोधौ पुरतो हि लोकस्य सदेवकस्य ॥ १४ ॥

今译：闻听你的话后，我消除
一切疑惑，而达到涅槃，
当时你在世界和天界前，
也为我授记至上菩提。（14）

什译：佛於大眾中，說我當作佛，
聞如是法音，疑悔悉已除。

बलवच्च आसीन्मम छम्भितत्वं प्रथमं गिरं श्रुत्व विनायकस्य ।
मा हैव मारो स भवेद्विहेठको अभिनिर्मिणित्वा भुवि बुद्धवेषम्॥ १५ ॥

今译：我最初闻听导师的话，

心中大为惊恐，莫非
作恶的摩罗变幻模样，
乔装成佛，来到这里。（15）

什译：初聞佛所說，心中大驚疑，
將非魔作佛，惱亂我心耶？

यदा तु हेतूहि च कारणैश्च दृष्टान्तकोटीनयुतैश्च दर्शिता ।
सुपरिस्थिता सा वरबुद्धबोधिस्ततो ऽस्मि निष्काङ्क्षु श्रुणित्व धर्मम्॥ १६ ॥

今译：一旦你用千万那由他
因缘譬喻宣说和确立
殊胜佛菩提，我闻听
这种法后，解除疑虑。（16）

什译：佛以種種緣，譬喻巧言說，
其心安如海，我聞疑網斷。

यदा च मे बुद्धसहस्रकोट्यः कीर्तेष्यती तान्परिनिर्वृतान्जिनान्।
यथा च तैर्देशितु एष धर्म उपायकौशल्य प्रतिष्ठिहित्वा ॥ १७ ॥

今译：你也向我称说数千万
那由他已涅槃的胜者，
他们也都是这样运用
方便善巧宣说这种法。（17）

什译：佛說過去世，無量滅度佛，
安住方便中，亦皆說是法。

अनागताश्चो बहु बुद्ध लोके तिष्ठन्ति ये चो परमार्थदर्शिनः ।
उपायकौशल्यशतैश्च धर्मं निदर्शयिष्यन्त्यथ देशयन्ति च ॥ १८ ॥

今译：众多未来佛和世上的
现在佛，洞悉第一义，
他们同样会展现百千种
方便善巧，宣说这种法。（18）

什译：現在未來佛，其數無有量，
亦以諸方便，演說如是法。

तथा च ते आत्मन यादृशी चरी अभिनिष्क्रमित्वा प्रभृतीय संस्तुता ।
बुद्धं च ते यादृशु धर्मचक्रं तथा च ते ऽवस्थित धर्मदेशना ॥ १९ ॥

今译：正如你称扬自己的
所行，从出家开始，
直至觉悟成佛，然后，
转动法轮，这样说法。（19）

什译：如今者世尊，從生及出家，
得道轉法輪，亦以方便說。

ततश्च जानामि न एष मारो भूतां चरि दर्शयि लोकनाथः ।
न ह्यत्र माराण गती हि विद्यते ममैव चित्तं विचिकित्सप्राप्तम्॥ २० ॥

今译：于是，我知道这不是摩罗，
世界导师已示现真实所行，
这里确实没有摩罗的行迹，
而我此前心中却产生疑虑。（20）

什译：世尊說實道，波旬①無此事，
以是我定知，非是魔作佛，

① “波旬”是 pāpiyas（“邪恶者”）一词的音译。这是摩罗的称号。这颂原文中没有使用此词。

我墮疑網故，謂是魔所為。

यदा तु मधुरेण गभीरवल्गुना
संहर्षितो बुद्धस्वरेण चाहम्।
तदा मि विध्वंसित सर्वसंशया
विचिकित्स नष्टा च स्थितो ऽस्मि ज्ञाने ॥२१॥

今译：佛音深沉、柔和、甜美，
　　　我闻听之后，满怀喜悦，
　　　顿时排除了一切怀疑，
　　　疑虑消失，安住佛智。（21）

什译：聞佛柔軟音，深遠甚微妙，
　　　演暢清淨法，我心大歡喜，
　　　疑悔永已盡，安住實智中。

निःसंशयं भेष्यि तथागतो ऽहं पुरस्कृतो लोकि सदेवके ऽस्मिन्।
संघाय वक्ष्ये इमु बुद्धबोधिं समादपेन्तो बहुबोधिसत्त्वान्॥ २२ ॥

今译：无疑我将会成为如来，
　　　在世界和天界受尊敬，
　　　我将随宜而说，教导
　　　众多菩萨这种佛菩提①。（22）

什译：我定當作佛，為天人所敬，
　　　轉無上法輪，教化諸菩薩。

एवमुक्ते भगवानायुष्मन्तं शारिपुत्रमेतदवोचत्-- आरोचयामि ते शारिपुत्र, प्रतिवेदयामि ते अस्य सदेवकस्य लोकस्य पुरतः समारकस्य सब्रह्मकस्य

---

① "佛菩提"（buddhabodhi）也就是无上正等菩提。

सश्रमणब्राह्मणिकायाः प्रजायाः पुरतः । मया त्वं शारिपुत्र विंशतीनां बुद्धकोटीनयुतशतसहस्राणामन्तिके परिपाचितो ऽनुत्तरायां सम्यक्संबोधौ । मम च त्वं शारिपुत्र दीर्घरात्रमनुशिक्षितो ऽभूत्। स त्वं शारिपुत्र बोधिसत्त्वसंमन्त्रितेन बोधिसत्त्वरहस्येन इह मम प्रवचने उपपन्नः । स त्वं शारिपुत्र बोधिसत्त्वाधिष्ठानेन तत्पौर्वकं चर्याप्रणिधानं बोधिसत्त्वसंमन्त्रितं बोधिसत्त्वरहस्यं न समनुस्मरसि । निर्वृतो ऽस्मीति मन्यसे । सो ऽहं त्वां शारिपुत्र पूर्वचर्याप्रणिधानज्ञानानुबोधमनुस्मारयितुकाम इमं सद्धर्मपुण्डरीकं धर्मपर्यायं सूत्रान्तं महावैपुल्यं बोधिसत्त्वाववादं सर्वबुद्धपरिग्रहं श्रावकाणां संप्रकाशयामि ॥

今译：这样说罢，世尊对尊者舍利弗说道："我在包括天界、魔界和梵界的世界前，在包括沙门和婆罗门的众生前，告诉你，告知你。舍利弗啊，我曾在二十百千千万佛的身边，教给你无上正等菩提。舍利弗啊，你也在长夜中跟随我学习。舍利弗啊，你按照菩萨计划、菩萨秘要，从我所说法中出生在这里。舍利弗啊，你没有依靠菩萨护持力，记住以前的修行和誓愿、菩萨计划、菩萨秘要。你认为自己已达到涅槃。舍利弗啊，想要让你恢复记忆，觉知以前的修行、誓愿和智慧，我向众声闻宣说这个《妙法莲华》法门。这是为菩萨宣说、受一切佛护持的大方广经。

什译：爾時，佛告舍利弗："吾今於天、人、沙門、婆羅門等大眾中說，我昔曾於二萬億佛所，為無上道故，常教化汝。汝亦長夜隨我受學。我以方便引導汝故，生我法中。舍利弗！我昔教汝志願佛道，汝今悉忘，而便自謂已得滅度。我今還欲令汝憶念本願所行道故，為諸聲聞說是大乘經，名《妙法蓮華》，教菩薩法，佛所護念。

अपि खलु पुनः शारिपुत्र, भविष्यसि त्वमनागते ऽध्वनि अप्रमेयैः कल्पैरचिन्त्यैरप्रमाणैर्बहूनां तथागतकोटीनयुतशतसहस्राणां सद्धर्मं धारयित्वा विविधां च पूजां कृत्वा इमामेव बोधिसत्त्वचर्यां परिपूर्य पद्मप्रभो नाम तथागतो ऽर्हन्सम्यक्संबुद्धो लोके भविष्यसि विद्याचरणसंपन्नः सुगतो लोकविदनुत्तरः पुरुषदम्यसारथिः शास्ता देवानां च मनुष्याणां च बुद्धो भगवान्॥

今译:"还有,舍利弗啊,你将在未来世不可思议无量无限劫,记住这妙法,以各种方式供奉数百千千万那由他佛,完成这种菩萨行,而成为世上名为华光①的如来、阿罗汉、正等觉、明行足、善逝、世间解、无上士、调御丈夫、天人师、佛世尊。

什译:"舍利弗!汝於未來世,過無量無邊不可思議劫,供養若干千萬億佛,奉持正法,具足菩薩所行之道,當得作佛,號曰華光如來、應供、正遍知、明行足、善逝、世間解、無上士、調御丈夫、天人師、佛世尊。

तेन खलु पुनः शारिपुत्र समयेन तस्य भगवतः पद्मप्रभस्य तथागतस्य विरजं नाम बुद्धक्षेत्रं भविष्यति समं रमणीयं प्रासादिकं परमसुदर्शनीयं परिशुद्धं च स्फीतं च ऋद्धं च क्षेमं च सुभिक्षं च बहुजननारीगणाकीर्णं च मरुप्रकीर्णं च वैडूर्यमयं सुवर्णसूत्राष्टापदनिबद्धम्। तेषु च अष्टापदेषु रत्नवृक्षा भविष्यन्ति सप्तानां रत्नानां पुष्पफलैः सततसमितं समर्पिताः॥

今译:"还有,舍利弗啊,这时,这位世尊华光如来的佛土名为离垢。地面平整可爱,清净整洁,极其美观,昌盛,富饶,安宁,丰衣足食,男女人丁兴旺,布满天神,遍地琉璃,铺设以金绳分界的八交道②。这些八交道上长有宝树,常年结满七宝花果。

什译:"國名離垢,其土平正,清淨嚴飾,安隱豐樂,天人熾盛。琉璃為地。有八交道,黃金為繩,以界其側,其傍各有七寶行樹,常有華菓。

सो ऽपि शारिपुत्र पद्मप्रभस्तथागतो ऽर्हन्सम्यक्संबुद्धस्त्रीण्येव यानान्यारभ्य धर्मं देशयिष्यति। किंचापि शारिपुत्र स तथागतो न कल्पकषाय उत्पत्स्यते, अपि तु प्रणिधानवशेन धर्मं देशयिष्यति। महारत्नप्रतिमण्डितश्च नाम शारिपुत्र स कल्पो

---

① "华光"的原词是 padmaprabha,词义为莲花光。
② "八交道"(aṣṭāpada)指纵横各有八条道路,互相交叉。

भविष्यति । तत्किं मन्यसे शारिपुत्र केन कारणेन स कल्पो महारत्नप्रतिमण्डित इत्युच्यते? रत्नानि शारिपुत्र बुद्धक्षेत्रे बोधिसत्त्वा उच्यन्ते । ते तस्मिन्काले तस्यां विरजायां लोकधातौ बहवो बोधिसत्त्वा भविष्यन्त्यप्रमेया असंख्येया अचिन्त्या अतुल्या अमाप्या गणनां समतिक्रान्ता अन्यत्र तथागतगणनया । तेन कारणेन स कल्पो महारत्नप्रतिमण्डित इत्युच्यते ॥

今译:"舍利弗啊,这位华光如来、阿罗汉、正等觉也会宣说关于三乘的法。还有,舍利弗啊,即使这位如来不出生在劫浊世,他也会按照誓愿说法。舍利弗啊,此劫名为大宝庄严。舍利弗啊,你怎么想?此劫为何称为大宝庄严?舍利弗啊,因为佛土的菩萨都被称为宝。那时,在这个离垢世界,有众多菩萨,无量无数,不可思议,无与伦比,不可测量,不可计算,除非由如来计算。由于这个原因,此劫称为大宝庄严。

什译:"華光如來亦以三乘教化眾生。舍利弗!彼佛出時,雖非惡世,以本願故,說三乘法。其劫名大寶莊嚴。何故名曰大寶莊嚴?其國中以菩薩為大寶故。彼諸菩薩無量無邊,不可思議,算數譬喻所不能及,非佛智力無能知者。

तेन खलु पुनः शारिपुत्र समयेन बोधिसत्त्वास्तस्मिन्बुद्धक्षेत्रे यद्भूयसा रत्नपद्मविक्रामिणो भविष्यन्ति । अनादिकर्मिकाश्च ते बोधिसत्त्वा भविष्यन्ति । चिरचरितकुशलमूला बहुबुद्धशतसहस्रचीर्णब्रह्मचर्याः, तथागतपरिसंस्तुता बुद्ध-ज्ञानाभियुक्ता महाभिज्ञापरिकर्मनिर्जाताः सर्वधर्मनयकुशला मार्दवाः स्मृतिमन्तः । भूयिष्ठेन शारिपुत्र एवंरूपाणां बोधिसत्त्वानां परिपूर्णं तद्बुद्धक्षेत्रं भविष्यति ॥

今译:"还有,舍利弗啊,这时,这个佛土的菩萨大多足踩宝莲花而行。这些菩萨都是无始以来修行。他们长期种植善根,在数百千佛处修习梵行,受到如来们称赞,修习佛智,修习大神通,通晓一切法门,柔顺,富有记忆力。舍利弗啊,这样的菩萨几乎布满这个佛土。

什译:"若欲行時,寶華承足。此諸菩薩非初發意,皆久殖德本,於無量百千萬億佛所淨修梵行，恒為諸佛之所稱歎。常修佛慧，具大神通，善知一切諸法之門，質直無偽，志念堅固。如是菩薩充滿其國。

तस्य खलु पुनः शारिपुत्र पद्मप्रभस्य तथागतस्य द्वादशान्तरकल्पा आयुष्प्रमाणं भविष्यति स्थापयित्वा कुमारभूतत्वम्। तेषां च सत्त्वानामष्टान्तरकल्पा आयुष्प्रमाणं भविष्यति । स च शारिपुत्र पद्मप्रभस्तथागतो द्वादशाना-मन्तरकल्पानामत्ययेन धृतिपरिपूर्णं नाम बोधिसत्त्वं महासत्त्वं व्याकृत्य अनुत्तरायां सम्यक्संबोधौ परिनिर्वास्यति । अयं भिक्षवो धृतिपरिपूर्णो बोधिसत्त्वो महासत्त्वो ममानन्तरमनुत्तरां सम्यक्संबोधिमभिसंभोत्स्यते । पद्मवृषभविक्रामी नाम तथागतो ऽर्हन्सम्यक्संबुद्धो लोके भविष्यति विद्याचरणसंपन्नः सुगतो लोकविदनुत्तरः पुरुषदम्यसारथिः शास्ता देवानां च मनुष्याणां च बुद्धो भगवान्। तस्यापि शारिपुत्र पद्मवृषभविक्रामिणस्तथागतस्य एवंरूपमेव बुद्धक्षेत्रं भविष्यति ॥

今译："还有，舍利弗啊，这位华光如来除去作为王子的时间，寿命有十二中间劫。那些众生的寿命有八中间劫。舍利弗啊，这位华光如来度过十二中间劫，会向名为坚满的菩萨大士授记无上正等菩提，然后涅槃：'众比丘啊，这位坚满菩萨大士将在我之后证得无上正等菩提，成为世上名为华足安行[①]的如来、阿罗汉、正等觉、明行足、善逝、世间解、无上士、调御丈夫、天人师、佛世尊。'舍利弗啊，这位华足安行如来的佛土也是这样。

什译："舍利弗！華光佛壽十二小劫，除為王子未作佛時。其國人民壽八小劫。華光如來過十二小劫，授堅滿菩薩阿耨多羅三藐三菩提記，告諸比丘：'是堅滿菩薩次當作佛，號曰華足安行多陀阿伽度、阿羅訶、三藐三佛陀。'其佛國土，亦復如是。

तस्य खलु पुनः शारिपुत्र पद्मप्रभस्य तथागतस्य परिनिर्वृतस्य द्वात्रिंशदन्तरकल्पान्सद्धर्मः स्थास्यति । ततस्तस्य तस्मिन्सद्धर्मे क्षीणे द्वात्रिंश-

① "华足安行"的原词是padmavṛṣabhavikrāmin，词义为莲花雄牛安行。这里沿用什译"华足安行"。

दन्तरकल्पान्सद्धर्मप्रतिरूपकः स्थास्यति ॥

今译："还有，舍利弗啊，华光如来涅槃后，正法保持三十二中间劫。在这之后，正法衰微，像法[1]保持三十二中间劫。"

什译："舍利弗！是華光佛滅度之後，正法住世三十二小劫，像法住世亦三十二小劫。"

अथ खलु भगवांस्तस्यां वेलायामिमा गाथा अभाषत --

今译：然后，世尊又用这些偈颂说道：

什译：爾時，世尊欲重宣此義，而說偈言：

भविष्यसे शारिसुता तुहं पि अनागते ऽध्वानि जिनस्तथागतः ।
पद्मप्रभो नाम समन्तचक्षुर्विनेष्यसे प्राणिसहस्रकोट्यः ॥ २३ ॥

今译：舍利弗啊，在未来世，
你也会成为胜者如来，
名为华光，有普遍眼，
你将教化千千万众生。（23）

什译：舍利弗來世，成佛普智尊[2]，
號名曰華光，當度無量眾。

बहुबुद्धकोटीषु करित्व सत्क्रियां चर्याबलं तत्र उपार्जयित्वा ।
उत्पादयित्वा च दशो बलानि स्पृशिष्यसे उत्तममग्रबोधिम्॥ २४ ॥

今译：你已供奉数千万佛，
从中获得了修行力，

① 佛法在世上流布分为三个时期：正法期（saddharma）、像法期（saddharmpratirūpaka）和末法期（saddharmavipralopa）。"像法"意谓与正法相似，也就是正法开始衰微。

② 此处"普智尊"意谓具有博大智慧的尊者，对应的原词是 samantacakṣus（"普遍眼"）。

由此而具备十种力，
证得殊胜至上菩提。（24）

什译：供養無數佛，具足菩薩行，
十力等功德，證於無上道。

अचिन्तिये अपरिमितस्मि कल्पे प्रभूतरत्नस्तद कल्पु भेष्यति ।
विरजा च नाम्ना तद लोकधातुः क्षेत्रं विशुद्धं द्विपदोत्तमस्य ॥ २५ ॥

今译：不可思议无量劫后，
将出现大宝庄严劫，
那时世界名为离垢，
两足至尊佛土清净。（25）

什译：過無量劫已，劫名大寶嚴，
世界名離垢，清淨無瑕穢。

वैदूर्यसंस्तीर्ण तथैव भूमिः सुवर्णसूत्रप्रतिमण्डिता च ।
रत्नामयैर्वृक्षशतैरुपेता सुदर्शनीयैः फलपुष्पमण्डितैः ॥ २६ ॥

今译：大地上遍布琉璃，
装饰有种种金绳，
数百种宝树结满
花果，极其美观。（26）

什译：以琉璃為地，金繩界其道，
七寶雜色樹，常有華菓實。

स्मृतिमन्त तस्मिन्बहुबोधिसत्त्वाः चर्याभिनिर्हारसुकोविदाश्च ।
ये शिक्षिता बुद्धशतेषु चर्यां ते तत्र क्षेत्रे उपपद्य सन्ति ॥ २७ ॥

今译：许多菩萨出生这个
　　　佛土，富有记忆力，
　　　他们善于发心修行，
　　　在数百佛处学修行。（27）

什译：彼國諸菩薩，志念常堅固，
　　　神通波羅蜜，皆已悉具足，
　　　於無數佛所，善學菩薩道，
　　　如是等大士，華光佛所化。

सो चेज्जिनः पश्चिमके समुच्छ्रये कुमारभूमीमतिनामयित्वा ।
जहित्व कामानभिनिष्कमित्वा स्पृशिष्यते उत्तममग्रबोधिम् ॥ २८ ॥

今译：这位胜者具有最后
　　　一身，度过王子生活，
　　　他便抛弃欲乐而出家，
　　　证得殊胜至上菩提。（28）

什译：佛為王子時，棄國捨世榮，
　　　於最末後身，出家成佛道。

सम द्वादशा अन्तरकल्प तस्य भविष्यते आयु तदा जिनस्य ।
मनुजानपी अन्तरकल्प अष्ट आयुष्प्रमाणं तहि तेष भेष्यति ॥ २९ ॥

今译：这位如来的寿命，
　　　有十二个中间劫；
　　　那些众生的寿命，
　　　也有八个中间劫。（29）

什译：華光佛住世，壽十二小劫，

其國人民眾，壽命八小劫。

परिनिर्वृतस्यापि जिनस्य तस्य द्वात्रिंशतिं अन्तरकल्प पूर्णाम्।
सद्धर्म संस्थास्यति तस्मि काले हिताय लोकस्य सदेवकस्य ॥ ३० ॥

今译：这位如来涅槃之后，
为了世界和天界利益，
正法在那时还会保持
整整三十二个中间劫。（30）

什译：佛滅度之後，正法住於世，
三十二小劫，廣度諸眾生。

सद्धर्मि क्षीणे प्रतिरूपको ऽस्य द्वात्रिंशती अन्तरकल्प स्थास्यति ।
शरीरवैस्तारिक तस्य तायिनः सुसत्कृतो नरमरुतैश्च नित्यम्॥ ३१ ॥

今译：在正法衰微之后，像法
会保持三十二个中间劫，
救世者的舍利广为流布，
永远受凡人和天神供奉。（31）

什译：正法滅盡已，像法三十二，
舍利廣流布，天人普供養。

एतादृशः सो भगवान्भविष्यति प्रहृष्ट त्वं शारिसुता भवस्व ।
त्वमेव सो तादृशको भविष्यसि अनाभिभूतो द्विपदानमुत्तमः ॥ ३२ ॥

今译：这位世尊就是这样，
舍利弗啊，你要高兴！
你将来就是这样的
两足至尊，不可超越。（32）

什译：華光佛所為，其事皆如是，
　　　其兩足聖尊，最勝無倫匹，
　　　彼即是汝身，宜應自欣慶。

अथ खलु ताश्चतस्रः पर्षदो भिक्षुभिक्षुण्युपासकोपासिका देवनागयक्षगन्धर्वासुरगरुडकिन्नरमहोरगमनुष्यामनुष्या आयुष्मतः शारिपुत्रस्येदं व्याकरणमनुत्तरायां सम्यक्संबोधौ भगवतो ऽन्तिकात्संमुखं श्रुत्वा तुष्टा उदग्रा आत्तमनसः प्रमुदिताः प्रीतिसौमनस्यजाताः स्वकस्वकैश्चीवरैर्भगवन्तमभिच्छादयामासुः । शक्रश्च देवानामिन्द्रो ब्रह्मा च सहांपतिरन्याश्च देवपुत्रशतसहस्रकोट्यो भगवन्तं दिव्यैर्वस्त्रैरभिच्छादयामासुः । दिव्यैश्च मान्दारवैर्महामान्दरवैश्च पुष्पैरभ्यवकिरन्ति स्म । दिव्यानि च वस्त्राण्युपर्यन्तरीक्षे भ्रामयन्ति स्म । दिव्यानि च तूर्यशतसहस्राणि दुन्दुभयश्चोपर्यन्तरीक्षे पराहनन्ति स्म । महान्तं च पुष्पवर्षमभिप्रवर्षयित्वा एवं च वाचं भाषन्ते स्म -- पूर्वं भगवता वाराणस्यामृषिपतने मृगदावे धर्मचक्रं प्रवर्तितम्। इदं पुनर्भगवता अद्य अनुत्तरं द्वितीयं धर्मचक्रं प्रवर्तितम्। ते च देवपुत्रास्तस्यां वेलायामिमा गाथा अभाषन्त --

今译：然后，所有四众比丘、比丘尼、优婆塞、优婆夷，天神、蛇、药叉、健达缚、阿修罗、迦楼罗、紧那罗、大蛇、人和非人，听到尊者舍利弗在世尊身边，当面受记无上正等菩提。他们满意，激动，喜悦，高兴，欢喜，愉快，将各自的上衣献给世尊。天王帝释天、娑婆世界主梵天和百千千万天子也都将天衣献给世尊，并撒下天国曼陀罗花和大曼陀罗花。那些天衣飘荡在空中。百千种天乐和天鼓在空中奏响。他们降下大花雨后，这样说道：“世尊以前在波罗奈仙人堕处鹿野苑转动法轮。今天又第二次转动无上法轮。” 这时，那些天子用这些偈颂说道：

什译：爾時，四部眾比丘、比丘尼、優婆塞、優婆夷，天、龍、夜叉、乾闥婆、阿修羅、迦樓羅、緊那羅、摩睺羅伽等大眾，見舍利弗於佛前受阿耨多羅三藐三菩提記，心大歡喜，踊躍無量，各各脫身所著上衣，以供養佛。釋提桓因、梵天王等，與無數天子，亦以天妙衣、天曼陀羅華、摩訶曼陀羅華等，供養於佛。所散天衣住虛空中，而自迴轉。諸天伎樂百千萬種，於虛空中一時俱作。雨眾天華，而作是言：“佛昔於波羅奈初轉法輪，今乃復轉無上最大法輪。” 爾時，諸天子欲重宣此義，而說偈言：

धर्मचक्रं प्रवर्तेंसि लोके अप्रतिपुद्गल ।
वाराणस्यां महावीर स्कन्धानामुदयं व्ययम्॥ ३३ ॥

今译：无与伦比者啊，你在
这个世界上转动法轮，
在波罗奈说法，宣示
五蕴生灭，大英雄啊！（33）

什译：昔於波羅奈，轉四諦法輪，
分別說諸法，五眾①之生滅。

प्रथमं प्रवर्तितं तत्र द्वितीयमिह नायक ।
दुःश्रद्दधेय यस्तेषां देशितो ऽद्य विनायक ॥ ३४ ॥

今译：你在那里初转法轮，
如今在这里第二次
转动，当众宣说这
难信之法，导师啊！（34）

什译：今復轉最妙，無上大法輪，
是法甚深奧，少有能信者。

बहु धर्मः श्रुतो ऽस्माभिअर्लोकनाथस्य संमुखम्।
न चायमीदृशो धर्मः श्रुतपूर्वः कदाचन ॥ ३५ ॥

① “五众”的原词是 skandha，通常译为“五蕴”，即色、受、想、行和识。

今译：我们曾当面闻听
导师所说许多法，
而这样的法我们
确实是前所未闻。（35）

什译：我等從昔來，數聞世尊說，
未曾聞如是，深妙之上法。

अनुमोदाम महावीर संधाभाष्यं महर्षिणः ।
यथार्थो व्याकृतो ह्येष शारिपुत्रो विशारदः ॥ ३६ ॥

今译：大仙的随宜所说，
我们听了心欢喜，
如同无畏的圣者
舍利弗获得授记。（36）

什译：世尊說是法，我等皆隨喜，
大智舍利弗，今得受尊記。

वयमप्येदृशाः स्यामो बुद्धा लोके अनुत्तराः ।
संधाभाष्येण देशेन्तो बुद्धबोधिमनुत्तराम्॥ ३७ ॥

今译：我们也会在这世上
成为这样的至尊佛，
我们也会随宜说法，
宣示无上的佛菩提。（37）

什译：我等亦如是，必當得作佛，
於一切世間，最尊無有上，

佛道叵思議[1]，方便隨宜說。

यच्छ्रुतं कृतमस्माभिरस्मिंल्लोके परत्र वा ।
आरागितश्च यद्बुद्धः प्रार्थना भोतु बोधये ॥ ३८ ॥

今译：但愿这世和来世，
我们行善积功德，
得以亲近供养佛，
一心追求佛菩提。（38）

什译：我所有福業，今世若過世，
及見佛功德，盡迴向佛道。

अथ खल्वायुष्मान्शारिपुत्रो भगवन्तमेतदवोचत्-- निष्काङ्क्षो ऽस्मि भगवन्विगतकथंकथो भगवतो ऽन्तिकात्संमुखमिदमात्मनो व्याकरणं श्रुत्वा अनुत्तरायां सम्यक्संबोधौ । यानि च इमानि भगवन्द्वादश वशीभूतशतानि भगवता पूर्वं शैक्षभूमौ स्थापितानि एवमववदितानि एवमनुशिष्टान्यभूवनेतत्पर्यवसानो मे भिक्षवो धर्मविनयो यदिदं जातिजराव्याधिमरणशोकसमतिक्रमो निर्वाण-समवसरणः । इमे च भगवन्द्वे भिक्षुसहस्रे शैक्षाशैक्षाणां भगवतः श्रावकाणां सर्वेषामात्मदृष्टिभवदृष्टिविभवदृष्टिसर्वदृष्टिविवर्जितानां निर्वाणभूमिस्थिताः स्मः इत्यात्मनः संजानताम्, ते भगवतो ऽन्तिकादिममेवंरूपमश्रुतपूर्वं धर्मं श्रुत्वा कथंकथामापन्नाः । तत्साधु भगवान्भाषतामेषां भिक्षूणां कौकृत्यविनोदनार्थं यथा भगवन्नेताश्चतस्रः पर्षदो निष्काङ्क्षा निर्विचिकित्सा भवेयुः ॥

今译：然后，尊者舍利弗对世尊说道："世尊啊，我消除怀疑，解除疑虑，在世尊身边，当面聆听自己受记无上正等菩提。世尊啊，这一千二百获得自在的比丘，以前安住学地[2]，接受如来教诲和训导：

① "叵思议"意谓不可思议。
② "学地"（śaikṣabhūmi）指学习阶段。

‘众比丘啊，我的法律[①]以此为终极，即超越生、老、病、死和忧伤，进入涅槃。’世尊啊，还有这二千有学和无学比丘，世尊所有的声闻，已摆脱我见、有见、无有见和一切见，自以为已达到涅槃地。他们在世尊身边闻听这种前所未闻的法，产生疑惑。为了解除这些比丘的怀疑，请世尊说法吧！这样，也可以让所有四众消除怀疑，解除疑惑。”

什译：爾時，舍利弗白佛言：“世尊！我今無復疑悔，親於佛[②]得受阿耨多羅三藐三菩提記。是諸千二百心自在者，昔住學地，佛常教化言：‘我法能離生老病死，究竟涅槃。’是學無學人，亦各自以離我見及有無見等謂得涅槃，而今於世尊前聞所未聞，皆墮疑惑。善哉，世尊！願為四眾說其因緣，令離疑悔。”

एवमुक्ते भगवानायुष्मन्तं शारिपुत्रमेतदवोचत्-- ननु ते मया शारिपुत्र पूर्वमेवाख्यातं यथा नानाभिनिर्हारनिर्देशविविधहेतुकारणनिदर्शनारम्बण निरुक्त्युपायकौशल्यैर्नानाधिमुक्तानां सत्त्वानां नानाधात्वाशयानामाशयं विदित्वा तथागतोऽर्हन्सम्यक्संबुद्धो धर्मं देशयति । इमामेवानुत्तरां सम्यक्संबोधिमारभ्य सर्वधर्मदेशनाभिर्बोधिसत्त्वयानमेव समादापयति । अपि तु खलु पुनः शारिपुत्र औपम्यं ते करिष्यामि अस्यैवार्थस्य भूयस्या मात्रया संदर्शनार्थम्। तत्कस्य हेतोः? उपमया इह एकत्या विज्ञपुरुषा भाषितस्यार्थमाजानन्ति ॥

今译：这样说罢，世尊对尊者舍利弗说道：“舍利弗啊，难道我以前没有对你这样说明过吗？世尊、阿罗汉、正等觉知道具有各种信解力、各种根性的众生的意愿，运用各种启示、演示、因缘、示现、言说，方便善巧说法，宣说关于无上正等菩提的一切法，教导菩萨乘。舍利弗啊，为了更加说明这个意义，我将为你说个譬喻。为什么？因为世上的智者都能理解譬喻所说的意义。

什译：爾時，佛告舍利弗：“我先不言諸佛世尊以種種因緣、譬

① “法律”（dharmavinaya）指佛教戒律，或指佛法和戒律。

② 此处“佛”字，据《中华大藏经》校勘记，《资》、《碛》、《普》、《南》、《径》、《清》、《丽》作“佛前”。

喻、言词方便說法，皆為阿耨多羅三藐三菩提耶？是諸所說，皆為化菩薩故。然，舍利弗！今當復以譬喻更明此義，諸有智者以譬喻得解。

तद्यथापि नाम शारिपुत्र इह स्यात्कस्मिंश्चिदेव ग्रामे वा नगरे वा निगमे वा जनपदे वा जनपदप्रदेशे वा राष्ट्रे वा राजधान्यां वा गृहपतिर्जीर्णो वृद्धो महल्लको ऽभ्यतीतवयो ऽनुप्राप्त आढ्यो महाधनो महाभोगः । महच्चास्य निवेशनं भवेदुच्छ्रितं च विस्तीर्णं च चिरकृतं च जीर्णं च द्वयोर्वा त्रयाणां वा चतुर्णां वा पञ्चानां वा प्राणिशतानामावासः । एकद्वारं च तन्निवेशनं भवेत्। तृणसंछन्नं च भवेत्। विगलितप्रासादं च भवेत्। पूतिस्तम्भमूलं च भवेत्। संशीर्णकुड्यकटलेपनं च भवेत्। तच्च सहसैव महताग्निस्कन्धेन सर्वपार्श्वेषु सर्वावन्तं निवेशनं प्रदीप्तं भवेत्। तस्य च पुरुषस्य बहवः कुमारकाः स्युः पञ्च वा दश वा विंशतिर्वा । स च पुरुषस्तस्मान्निवेशनाद्बहिर्निर्गतः स्यात्॥

今译："譬如，舍利弗啊，在世上某个村庄、城市、乡镇、农村、聚落、王国或都城，有一位家主年迈体衰，而财力雄厚，享受充足。他有一个大宅子，宽大高耸，年久衰朽，里面住着两百、三百、四百或五百人。这个宅子只有一个门。屋顶覆盖干草，厅堂倾斜，柱子根部腐朽，墙面涂料脱落。突然这个宅子四周燃起大火。这个人有许多孩子，五个、十个或二十个。他已经走出这个宅子。

什译："舍利弗！若國邑聚落，有大長者，其年衰邁，財富無量，多有田宅及諸僮僕。其家廣大，唯有一門，多諸人眾，一百、二百乃至五百人，止住其中。堂閣朽故，牆壁隤落，柱根腐敗，梁棟傾危，周匝俱時欻然[①]火起，焚燒舍宅。長者諸子，若十、二十，或至三十，在此宅中。

अथ खलु शारिपुत्र स पुरुषस्तं स्वकं निवेशनं महताग्निस्कन्धेन समन्तात् संप्रज्वलितं दृष्ट्वा भीतस्त्रस्त उद्विग्नचित्तो भवेत्, एवं चानुविचिन्तयेत्-- प्रतिबलो ऽहमनेन महताग्निस्कन्धेनासंस्पृष्टो ऽपरिदग्धः क्षिप्रमेव स्वस्तिना अस्माद्गृहादा-

① "欻然"意谓忽然。

दीप्ताद्द्वारेण निर्गन्तुं निर्धावितुम्। अपि तु य इमे ममैव पुत्रा बालकाः कुमारका अस्मिन्नेव निवेशने आदीप्ते तैस्तैः क्रीडनकैः क्रीडन्ति रमन्ति परिचारयन्ति, इमं चागारमादीप्तं न जानन्ति न बुध्यन्ते न विदन्ति न चेतयन्ति नोद्वेगमापद्यन्ते, संतप्यमाना अप्यनेन महताग्निस्कन्धेन महता च दुःखस्कन्धेन स्पृष्टाः समाना न दुःखं मनसि कुर्वन्ति, नापि निर्गमनमनसिकारमुत्पादयन्ति ॥

今译："这时，舍利弗啊，这个人看到自己的宅子四周燃起大火，害怕，恐惧，心中焦急。他这样想：'我能躲避大火，不被烧着，迅速安全从这个门逃出着火的宅子。而我的这些年幼无知的儿子，还在着火的宅子里玩耍种种玩具，游戏娱乐，没有发现宅子着火，无知无觉，不惊不慌。即使受到大火烧烤折磨，也都不感觉痛苦，不想到痛苦，毫无跑出宅子的念头。'

什译：長者見是大火從四面起，即大驚怖，而作是念：'我雖能於此所燒之門安隱得出，而諸子等於火宅內樂著嬉戲，不覺不知，不驚不怖，火來逼身，苦痛切己，心不厭患，無求出意。'

स च शारिपुत्र पुरुषो बलवान्भवेद्बाहुबलिकः । स एवमनुविचिन्तयेत्-- अहमस्मि बलवान्बाहुबलिकश्च । यन्न्वहं सर्वानिमान्कुमारकानेकपिण्डयित्वा उत्सङ्गेनादाय अस्माद्गृहान्निर्गमयेयम्। स पुनरेवमनुविचिन्तयेत्-- इदं खलु निवेशनमेकप्रवेशं संवृतद्वारमेव । कुमारकाश्चपलाश्चञ्चला बालजातीयाश्च । मा हैव परिभ्रमेयुः । ते ऽनेन महताग्निस्कन्धेनानयव्यसनमापद्येरन्। यन्नूनमहमेता-न्संचोदययम्। इति प्रतिसंख्याय तान्कुमारकानामन्त्रयते स्म -- आगच्छत भवन्तः कुमारकाः, निर्गच्छत । आदीप्तमिदं गृहं महता अग्निस्कन्धेन । मा हैवात्रैव सर्वे ऽनेन महताग्निस्कन्धेन धक्ष्यथ, अनयव्यसनमापत्स्यथ । अथ खलु ते कुमारका एवं तस्य हितकामस्य पुरुषस्य तद्भाषितं नावबुध्यन्ते नोद्विजन्ति नोत्रसन्ति न संत्रसन्ति न संत्रासमापद्यन्ते, न विचिन्तयन्ति न निर्धावन्ति, नापि जानन्ति न विजानन्ति किमेतदादीप्तं नामेति । अन्यत्र तेन तेनैव धावन्ति विधावन्ति, पुनः पुनश्च तं पितरमवलोकयन्ति । तत्कस्य हेतोः? यथापीदं बालभावत्वात्॥

今译："舍利弗啊，这个人手臂有力。他这样想：'我手臂有力，可以把所有这些孩子在怀中抱成一团，带出这个宅子。'然而，他又这样想：'这个宅子只有一个通道，一扇关闭的门。而这些孩子年幼无知，东蹦西跳。啊，但愿他们不要乱跑，不幸遭遇这场大火灾难。确实，我应该劝导他们。'这样考虑后，他招呼孩子们：'你们过来吧，孩子们！离开这里！这宅子已经燃起大火。你们不要在这里被大火烧着，不幸遇难。'可是，这些孩子不理解这个人的好心劝告，不恐惧，不害怕，不惊慌，不考虑，不逃跑。他们甚至不懂得什么是着火。相反，他们跑来跑去，一再望着父亲。为什么？确实因为年幼无知。

什译："舍利弗！是長者作是思惟：'我身手有力，當以衣裓，若以机案[①]，從舍出之。'復更思惟：'是舍唯有一門，而復狹小。諸子幼稚，未有所識，戀著戲處，或當墮落，為火所燒。我當為說怖畏之事，此舍已燒，宜時疾出，無令為火之所燒害。'作是念已，如所思惟，具告諸子，汝等速出。父雖憐愍，善言誘喻，而諸子等樂著嬉戲，不肯信受，不驚不畏，了無出心，亦復不知何者是火？何者為舍？云何為失？但東西走戲，視父而已。

अथ खलु स पुरुष एवमनुविचिन्तयेत्-- आदीप्तमिदं निवेशनं महताग्निस्कन्धेन संप्रदीप्तम्। मा हैवाहं चेमे च कुमारका इहैवानेन महाताग्निस्कन्धेन अनयव्यसनमापत्स्यामहे । यन्न्वहमुपायकौशल्येनेमान् कुमारकानस्माद्गृहान्निष्क्रामयेयम्। स च पुरुषस्तेषां कुमारकाणामाशयज्ञो भवेत्, अधिमुक्तिं च विजानीयात्। तेषां च कुमारकाणामनेकविधान्यनेकानि क्रीडनकानि भवेयुर्विविधानि च रमणीयकानीष्टानि कान्तानि प्रियाणि मनआपानि, तानि च दुर्लभानि भवेयुः ॥

今译："然后，这个人这样想：'这宅子已经燃起大火，千万别让我和孩子们不幸葬身大火。我要运用方便善巧，让孩子们离开这宅

① 此处"当以衣裓，若以机案"，与原文有差异。"衣裓"意谓衣襟。"机案"意谓几案。这里的意思可能是以衣襟或以桌子挡住火，从宅子中逃出。

子。’这个人知道孩子们的心愿和爱好。他们有许多玩具，各种各样，可爱迷人，稀罕难得。

什译：“爾時，長者即作是念：‘此舍已為大火所燒，我及諸子若不時出，必為所焚。我今當設方便，令諸子等得免斯害。’父知諸子先心各有所好種種珍玩奇異之物，情必樂著，而告之言：

अथ खलु स पुरुषस्तेषां कुमारकाणामाशयं जानंस्तान्कुमारकानेतदवोचत्-- यानि तानि कुमारका युष्माकं क्रीडनकानि रमणीयकान्याश्चर्याद्भुतानि, येषामलाभात्संतप्यथ, नानावर्णानि बहुप्रकाराणि । तद्यथा गोरथकान्यजरथकानि मृगरथकानि । यानि भवतामिष्टानि कान्तानि प्रियाणि मनआपानि । तानि च मया सर्वाणि बहिर्निवेशनद्वारे स्थापितानि युष्माकं क्रीडनहेतोः । आगच्छन्तु भवन्तो निर्धावन्त्वस्मान्निवेशनात्। अहं वो यस्य यस्य येनार्थो येन प्रयोजनं भविष्यति, तस्मै तस्मै तत्प्रदास्यामि । आगच्छत शीघ्रं तेषां कारणम्, निर्धावत । अथ खलु ते कुमारकास्तेषां क्रीडनकानां रमणीयकानामर्थाय यथेप्सितानां यथा-संकल्पितानामिष्टानां कान्तानां प्रियाणां मनआपानां नामधेयानि श्रुत्वा तस्मादादीप्तादगारात्क्षिप्रमेवारब्धवीर्या बलवता जवेन अन्योन्यमप्रतीक्षमाणाः कः प्रथमं कः प्रथमतरमित्यन्योन्यं संघट्टितकायास्तस्मादादीप्तादगारात्क्षिप्रमेव निर्धाविताः ॥

今译：“这个人知道孩子们的心愿，便对他们说道：‘孩子啊，你们有许多玩具，可爱，奇特，美妙，你们不去拿，肯定会后悔。各种颜色，各种式样，譬如牛车、羊车和鹿车，都是你们喜欢的，可爱迷人。我已经把它们放在宅子门外，让你们玩耍。来吧，跑出这宅子！你们谁想要什么，我就给他什么。赶快跑出来拿这些玩具吧！’孩子们听到这些符合心愿的可爱迷人的玩具名称，想要得到它们，便迅速跑出这个着火的宅子。他们拼足力气，加快速度，互不相让，争先恐后，碰碰撞撞，迅速跑出这个着火的宅子。

什译：“‘汝等所可玩好，希有難得，汝若不取，後必憂悔。如此種種羊車、鹿車、牛車，今在門外，可以遊戲。汝等於此火宅宜速出來，隨汝所欲，皆當與汝。’爾時，諸子聞父所說珍玩之物，適其願故，心各勇鋭，互相推排，競共馳走，爭出火宅。

अथ स पुरुषः क्षेमस्वस्तिना तान्कुमारकान्निर्गतान्दृष्ट्वा अभयप्राप्तानिति विदित्वा आकाशे ग्रामचत्वरे उपविष्टः प्रीतिप्रामोद्यजातो निरुपादानो विगतनीवरणो ऽभयप्राप्तो भवेत्। अथ खलु ते कुमारका येन स पिता तेनोपसंक्रामन्, उपसंक्रम्यैवं वदेयुः -- देहि नस्तात तानि विविधानि क्रीडनकानि रमणीयानि । तद्यथा -- गोरथकान्यजरथकानि मृगरथकानि । अथ खलु शारिपुत्र स पुरुषस्तेषां स्वकानां पुत्राणां वातजवसंपन्नान् गोरथकानेवानुप्रयच्छेत्सप्तरत्नमयान्सवेदिकान्सकिङ्किणीजालाभिप्रलम्बितानुच्चान्प्रगृहीतानाश्चर्याद्भुतरत्नालंकृतान्रत्नदामकृतशोभान्पुष्पमाल्यालंकृतांस्तूलिकागोणिकास्तरणान्दूष्यपटप्रत्यास्तीर्णानुभयतो लोहितोपधानान्श्वेतैः प्रपाण्डरैः शीघ्रजवैर्गोणैर्योजितान्बहुपुरुषपरिगृहीतान्। सवैजयन्तान्गोरथकानेव वातबलजवसंपन्नानेकवर्णानेकविधानेकैकस्य दारकस्य दद्यात्।

今译：“这时，这个人看到孩子们平安跑出宅子，知道他们已经脱离危险。于是，他坐在村子十字路口空地上，满心欢喜，不再担心，已消除麻烦，摆脱恐惧。然后，这些孩子走近父亲，走近后，说道：‘父亲啊，给我们各种可爱的玩具吧，那些牛车、羊车和鹿车。’于是，舍利弗啊，这个人送给自己的儿子们七宝制成的牛车，快速似风，装有围栏，悬挂铃铛网，高大宽敞，装饰各种奇珍异宝、优美的宝绳和花环，铺设棉褥和毛毯，覆盖绢布，两边安放红色靠枕，由那些洁白而快速的牛驾驭，还有许多仆从护持。这些牛车飘扬胜利旗，快速似风。他把这些同一色、同一种的牛车一一分给孩子们。

什译：“是時，長者見諸子等安隱得出，皆於四衢道中露地而坐，無復障礙，其心泰然，歡喜踊躍。時諸子等各白父言：‘父先所許玩好之具，羊車、鹿車、牛車，願時賜與。’舍利弗！爾時，長者各賜諸子等一[1]大車，其車高廣，眾寶裝校[2]，周匝欄楯，四面懸鈴。又於其上張設幰蓋，亦以珍奇雜寶而嚴飾之，寶繩交[3]絡，垂諸華纓，重敷綩綖，安置丹枕。駕以白牛，膚色充潔，形體姝好，有大筋力，行步平正，其疾如風，又多僕從而侍衛之。

तत्कस्य हेतोः? तथा हि शारिपुत्र स पुरुष आढ्यश्च भवेन्महाधनश्च प्रभूतकोष्ठागारश्च । स एवं मन्येत -- अलं म एषां कुमारकाणामन्यैर्यानैर्दत्तैरिति । तत्कस्य हेतोः? सर्व एवैते कुमारका ममैव पुत्राः, सर्वे च मे प्रिया मनआपाः । संविद्यन्ते च मे इमान्येवंरूपाणि महायानानि । समं च मयैते कुमारकाः सर्वे चिन्तयितव्या न विषमम्। अहमपि बहुकोषकोष्ठागारः । सर्वसत्त्वानामप्यहमिमान्येवंरूपाणि महायानानि दद्याम्, किमङ्ग पुनः स्वकानां पुत्राणाम्। ते च दारकास्तस्मिन्समये तेषु महायानेष्वभिरुह्य आश्चर्याद्भुतप्राप्ता भवेयुः । तत्किं मन्यसे शारिपुत्र मा हैव तस्य पुरुषस्य मृषावादः स्यात्, येन तेषां दारकाणां पूर्वं त्रीणि यानान्युपदर्शयित्वा पश्चात्सर्वेषां महायानान्येव दत्तानि, उदारयानान्येव दत्तानि?

今译：“为什么？舍利弗啊，这是因为这个人财力雄厚，有许多库藏。他这样想：‘我何必给孩子们其他的车。为什么？这些孩子都是我的儿子，可爱迷人。而我有许多这样的大车。我应该平等对待所有孩子，没有偏爱。而且我有许多库藏，甚至可以施与一切众生这样的大车，更何况自己的儿子？’此刻，这些孩子登上这些大车，惊奇不已。舍利弗啊，你怎么想？舍利弗啊，这个人没有说假话吧？因为他先前向这些孩子许诺三种车，而后来给他们这些宽敞的大车。”

什译：“所以者何？是大長者財富無量，種種諸藏悉皆充溢，而作是念：‘我財物無極，不應以下劣小車與諸子等。今此幼童皆是吾

---

① “等一”意谓同样的。
② 此处“装校”通常写为“庄校”。
③ 此处“交”字，据《中华大藏经》校勘记，《丽》作“绞”。

子，愛無偏黨[1]。我有如是七寶大車，其數無量，應當等心[2]各各與之，不宜差別。所以者何？以我此物，周給一國猶尚不匱，何況諸子？'是時，諸子各乘大車，得未曾有，非本所望。舍利弗！於汝意云何，是長者等與諸子珍寶大車，寧有虛妄不？"

शारिपुत्र आह -- न ह्येतद्भगवन्, न ह्येतत्सुगत । अनेनैव तावद्भगवन्कारणेन स पुरुषो न मृषावादी भवेद्यत्तेन पुरुषेणोपायकौशल्येन ते दारकास्तस्मादादीप्ताद्गृहान्निष्कासिताः, जीवितेन च अभिच्छादिताः । तत्कस्य हेतोः? आत्मभावप्रतिलम्भेनैव भगवन्सर्वक्रीडनकानि लब्धानि भवन्ति । यद्यपि तावद्भगवन्स पुरुषस्तेषां कुमारकाणामेकरथमपि न दद्यात्, तथापि तावद्भगवन्स पुरुषो न मृषावादी भवेत्। तत्कस्य हेतोः? तथा हि भगवंस्तेन पुरुषेण पूर्वमेव एवमनुविचिन्तितम्-- उपायकौशल्येन अहमिमान्कुमारकांस्तस्मान्महतो दुःखस्कन्धात्परिमोचयिष्यामीति । अनेनापि भगवन्पर्यायेण तस्य पुरुषस्य न मृषावादो भवेत्। कः पुनर्वादो यत्तेन पुरुषेण प्रभूतकोशकोष्ठागारमस्तीति कृत्वा पुत्रप्रियतामेव मन्यमानेन श्लाघमानेनैकवर्णान्येकयानानि दत्तानि, यदुत महायानानि । नास्ति भगवंस्तस्य पुरुषस्य मृषावादः ॥

今译：舍利弗说道："确实不是这样，世尊啊！确实不是这样，善逝啊！这个人没有说假话，理由是这个人运用方便善巧，将这些孩子从着火的宅子中救出，保住性命。为什么？世尊啊，只有保住了身体，才能得到一切玩具。世尊啊，即使这个人甚至不给这些孩子一辆车，他也没有说假话。为什么？因为这个人先前确实这样想：'我要运用方便善巧，将这些孩子从大苦难中救出。'世尊啊，依据这个道理，这个人没有说假话。更何况这个人觉得自己有许多库藏，认为儿子们可爱，赞赏他们，给他们同一色、同一种的车，即那些大车。世尊啊，这个人没有说假话。"

什译：舍利弗言："不也，世尊！是長者但令諸子得免火難，全

---

① "偏党"意谓偏心。
② "等心"意谓平等心。

其軀命，非為虛妄。何以故？若全身命，便為已得玩好之具，況復方便於彼火宅而拔濟之。世尊！若是長者乃至不與最小一車，猶不虛妄。何以故？是長者先作是意：‘我以方便令子得出。’以是因緣，無虛妄也。何況長者自知財富無量，欲饒益諸子，等與大車。”

एवमुक्ते भगवानायुष्मन्तं शारिपुत्रमेतदवोचत्-- साधु साधु शारिपुत्र । एवमेतच्छारिपुत्र, एवमेतद्यथा वदसि । एवमेव शारिपुत्र तथागतोऽर्हन्सम्यक्संबुद्धः सर्वभयविनिवृत्तः सर्वोपद्रवोपायासोपसर्गदुःखदौर्मनस्याविद्यान्धकारतमस्तिमिरपटलपर्यवनाहेभ्यः सर्वेण सर्वं सर्वथा विप्रमुक्तः । तथागतो ज्ञानबलवैशारद्यावेणिकबुद्धधर्मसमन्वागतः ऋद्धिबलेनातिबलवांल्लोकपिताः, महोपायकौशल्यज्ञानपरमपारमिताप्राप्तो महाकारुणिकोऽपरिखिन्नमानसो हितैषी अनुकम्पकः । स त्रैधातुके महता दुःखदौर्मनस्यस्कन्धेन आदीप्तजीर्णपटलशरणनिवेशनसदृश उत्पद्यते सत्त्वानां जातिजराव्याधिमरणशोकपरिदेवदुःखदौर्मनस्योपायासाविद्यान्धकारतमस्तिमिरपटलपर्यवनाहप्रतिष्ठानां रागद्वेषमोहपरिमोचनहेतोरनुत्तरायां सम्यक्संबोधौ समादापनहेतोः ।

今译：尊者舍利弗这样说罢，世尊对他说道：“很好，很好，舍利弗啊！正是这样，舍利弗啊，正是像你说的这样。舍利弗啊，正是这样，如来、阿罗汉、正等觉已经灭除恐惧，彻底摆脱所有一切不幸、苦恼、灾难、痛苦、烦恼、无知、黑暗、幽暗、翳障和蒙蔽。如来具有智慧、力、无畏和不共佛法，具有大神通力，是世界之父。他通达大方便善巧智慧，大慈大悲，心不疲累，追求利益，富有同情心。他出生在充满痛苦忧愁的三界，如同屋顶和围墙衰朽着火的住宅，旨在让处在生、老、病、死、忧愁、哀伤、痛苦、烦恼、不安、无知、黑暗、幽暗、翳障和蒙蔽中的众生摆脱贪瞋痴，教导他们无上正等菩提。

什译：佛告舍利弗：“善哉，善哉！如汝所言。舍利弗！如來亦復如是，則為一切世間之父，於諸怖畏、衰惱、憂患、無明、闇蔽，永盡無餘，而悉成就無量知見、力、無所畏，有大神力及智慧力，具足方便智慧波羅蜜[①]，大慈大悲，常無懈惓，恒求善事，相[②]益一切，而生三界朽故火宅，為度眾生生老病死、憂悲、苦惱、愚癡、闇蔽、三毒[③]之火，教化令得阿耨多羅三藐三菩提。

स उत्पन्नः समानः पश्यति सत्त्वान्दह्यतः पच्यमानांस्तप्यमानान्परितप्यमानान् जातिजराव्याधिमरणशोकपरिदेवदुःखदौर्मनस्योपायासैः, परिभोगनिमित्तं च कामहेतुनिदानं च अनेकाविधानि दुःखानि प्रत्यनुभवन्ति । दृष्टधार्मिकं च पर्यैष्टिनिदानं परिग्रहनिदानं सांपरायिकं नरकतिर्यग्योनियमलोकेष्वनेकविधानि दुःखानि प्रत्यनुभविष्यन्ति । देवमनुष्यदारिद्र्यमनिष्टसंयोगमिष्टविनाभाविकानि च दुःखानि प्रत्यनुभवन्ति । तत्रैव च दुःखस्कन्धे परिवर्तमानाः क्रीडन्ति रमन्ते परिचारयन्ति नोत्रसन्ति न संत्रसन्ति न संत्रासमापद्यन्ते न बुध्यन्ते न चेतयन्ति नोद्विजन्ति न निःसरणं पर्यैषन्ते । तत्रैव च आदीप्तागारसदृशे त्रैधातुके ऽभिरमन्ति, तेन तेनैव विधावन्ति । तेन च महता दुःखस्कन्धेन अभ्याहता न दुःखमनसिकारसंज्ञामुत्पादयन्ति ॥

今译："他出生后，就看到众生受生、老、病、死、忧愁、哀伤、痛苦、烦恼和不安的烧灼、煎熬和折磨，缘于享受和贪爱，遭受种种痛苦。由于现世渴求和贪著，来世遭受地狱、畜生道和阎摩界的种种痛苦，遭受天神和凡人的困苦、怨憎会和爱别离[④]。他们在这些痛苦中流转，游戏，娱乐，游荡，不恐惧，不害怕，不惊慌，不警觉，不考虑，不焦急，不寻求出离。他们在这如同火宅的三界中游乐，跑来跑去，遭受大量的痛苦伤害，却不产生痛苦的想法。

什译："見諸眾生為生老病死、憂悲苦惱之所燒煮，亦以五欲財利故，受種種苦。又以貪著追求故，現受眾苦。後受地獄、畜生、餓

① "具足方便智慧波罗蜜"的原文是 mahopāyakauśalyajñānaparamapāramitāprāpta，意谓完全通晓大方便善巧智慧或大方便善巧智慧达到最高圆满。

② 此处"相"字，据《中华大藏经》校勘记，诸本作"利"。

③ "三毒"指贪瞋痴。

④ "怨憎会"（aniṣṭasaṃyoga）指与可憎者相聚。"爱别离"（iṣṭavinābhāvika）指与可爱者分离。

鬼之苦。若生天上及在人間，貧窮困苦、愛別離苦、怨憎會苦。如是等種種諸苦，眾生沒在①其中，歡喜遊戲，不覺不知，不驚不怖，亦不生厭，不求解脫。於此三界火宅東西馳走，雖遭大苦，不以為患。

तत्र शारिपुत्र तथागत एवं पश्यति -- अहं खल्वेषां सत्त्वानां पिता । मया ह्येते सत्त्वा अस्मादेवंरूपान्महतो दुःखस्कन्धात्परिमोचयितव्याः, मया चैषां सत्त्वानामप्रमेयमचिन्त्यं बुद्धज्ञानसुखं दातव्यम्, येनैते सत्त्वाः क्रीडिष्यन्ति रमिष्यन्ति परिचारयिष्यन्ति, विक्रीडितानि च करिष्यन्ति ॥

今译："舍利弗啊，如来看到这种情形，心想：'我是这些众生的父亲，理应让他们摆脱这样的大苦难。我要施与这些众生无量无数不可思议佛智快乐，他们将依靠它游戏、娱乐、游荡和玩耍。'

什译："舍利弗！佛見此已，便作是念：'我為眾生之父，應拔其苦難，與②無量無邊佛智慧樂，令其遊戲。'

तत्र शारिपुत्र तथागत एवं पश्यति -- सचेदहं ज्ञानबलो ऽस्मीति कृत्वा ऋद्धिबलो ऽस्मीति कृत्वा अनुपायेनैषां सत्त्वानां तथागतज्ञानबलवैशारद्यानि संश्रावयेयम्, नैते सत्त्वा एभिर्धर्मैर्निर्यायेयुः । तत्कस्य हेतोः? अध्यवसिता ह्यमी सत्त्वाः पञ्चसु कामगुणेषु त्रैधातुकरत्याम्। अपरिमुक्ता जातिजराव्याधिमरण-शोकपरिदेवदुःखदौर्मनस्योपायासेभ्यः । दह्यन्ते पच्यन्ते तप्यन्ते परितप्यन्ते । अनिर्धाविताස्त्रैधातुकादादीप्तजीर्णपटलशरणनिवेशनसदृशात्कथमेते बुद्धज्ञानं परि-भोत्स्यन्ते?

今译："舍利弗啊，如来看到这种情形，心想：'如果我认为自己有智慧力，认为自己有神通力，而不运用方便，向这些众生宣说如来的智慧、力和无畏，他们就不会依靠这些法出离。为什么？因为这些众生贪著五欲，迷恋三界，而不摆脱生、老、病、死、忧愁、哀伤、

① "没在"意谓沉没或沉溺。此处原文用词是"流转"（parivartamāna）。
② 此处"与"意谓施予。

痛苦、烦恼和不安，遭受烧灼、煎熬和折磨，不出离如同屋顶和围墙衰朽着火的住宅的三界，他们怎么可能觉知佛智呢？'

什译："舍利弗！如來復作是念：'若我但以神力及智慧力，捨於方便，為諸眾生讚如來知見、力無所畏者，眾生不能以是得度。所以者何？是諸眾生未免生老病死、憂悲苦惱，而為三界火宅所燒，何由能解佛之智慧？'

तत्र शारिपुत्र तथागतो यद्यथापि नाम स पुरुषो बाहुबलिकः स्थापयित्वा बाहुबलम्, उपायकौशल्येन तान्कुमारकांस्तस्मादादीप्तादगारान्निष्कासयेत्, निष्कासयित्वा स तेषां पश्चादुदाराणि महायानानि दद्यात्, एवमेव शारिपुत्र तथागतो ऽप्यर्हन्सम्यक्संबुद्धस्तथागतज्ञानबलवैशारद्यसमन्वागतः स्थापयित्वा तथागतज्ञानबलवैशारद्यम्, उपायकौशल्यज्ञानेनादीप्तजीर्णपटलशरणनिवेशन-सदृशात्त्रैधातुकात्सत्त्वानां निष्कासनहेतोस्त्रीणि यानान्युपदर्शयति यदुत्श्रावकयानं प्रत्येकबुद्धयानं बोधिसत्त्वयानमिति । त्रिभिश्च यानैः सत्त्वांल्लोभयति, एवं चैषां वदति -- मा भवन्तो ऽस्मिन्नादीप्तागारसदृशे त्रैधातुके ऽभिरमध्वं हीनेषु रूपशब्दगन्धरसस्पर्शेषु । अत्र हि यूयं त्रैधातुके ऽभिरताः पञ्चकामगुणसहगतया तृष्णया दह्यथ तप्यथ परितप्यथ । निर्धावध्वमस्मात्त्रैधातुकात्। त्रीणि यानान्यनुप्राप्स्यथ यदिदं श्रावकयानं प्रत्येकबुद्धयानं बोधिसत्त्वयानमिति । अहं वो ऽत्र स्थाने प्रतिभूः । अहं वो दास्याम्येतानि त्रीणि यानानि । अभियुज्यध्वे त्रैधातुकान्नि ऽसरणहेतोः । एवं चैतांल्लोभयामि -- एतानि भोः सत्त्वा यानि आर्याणि च आर्यप्रशस्तानि च महारमणीयकसमन्वागतानि च । अकृपणमेतै-र्भवन्तः क्रीडिष्यथ रमिष्यथ परिचारयिष्यथ । इन्द्रियबलबोध्यङ्गध्यानविमोक्ष-समाधिसमापत्तिभिश्च महतीं रतिं प्रत्यनुभविष्यथ । महता च सुखसौमनस्येन समन्वागता भविष्यथ ॥

今译："舍利弗啊，在这方面，如来如同那个人手臂有力，而搁置臂力，运用方便善巧，让那些孩子出离火宅，然后，给他们宽敞的大车。同样，舍利弗啊，如来、阿罗汉、正等觉具有如来智慧、力和无畏，而搁置这些，而运用方便善巧智慧，示现三乘，即声闻乘、缘觉乘和菩萨乘，以便让众生出离如同屋顶和围墙衰朽着火的住宅的三界。他用三乘诱导众生，对他们这样说：‘你们不要在这个如同火宅的三界中，迷恋低劣的色、声、香、味和触。你们迷恋三界，贪著五欲，而受烧灼、煎熬和折磨。出离这个三界吧！你们将获得三乘，即声闻乘、缘觉乘和菩萨乘。我在这里你们保证。我将给予你们三乘。你们凭借他们修行而出离三界吧！’我这样诱导他们：‘众生啊，这三乘高尚圣洁，为圣者们所称赞，完美可爱，你们可以依靠它们，自由自在游戏、娱乐和游荡。你们将依靠根、力、菩提分、禅定、解脱、三昧和等至，体验大欢喜，获得大快乐。’

什译：“舍利弗！如彼長者，雖復身手有力而不用之，但以慇懃方便免濟[①]諸子火宅之難，然後各與珍寶大車。如來亦復如是，雖有力、無所畏而不用之，但以智慧方便於三界火宅拔濟眾生，為說三乘，聲聞、辟支佛、佛乘，而作是言：‘汝等莫得樂住三界火宅，勿貪麁弊色聲香味觸也。若貪著生愛，則為所燒。汝速出三界，當得三乘，聲聞、辟支佛、佛乘。我今為汝保任[②]此事，終不虛也。汝等但當勤修精進。’如來以是方便誘進眾生，復作是言：‘汝等當知此三乘法，皆是聖所稱歎，自在無繫，無所依求。乘是三乘，以無漏根、力、覺道、禪定、解脫、三昧等而自娛樂，便得無量安隱快樂。’

तत्र शारिपुत्र ये सत्त्वाः पण्डितजातीया भवन्ति, ते तथागतस्य लोकपितुरभिश्रद्दधन्ति । अभिश्रद्दधित्वा च तथागतशासने ऽभियुज्यन्ते उद्योगमापद्यन्ते । तत्र केचित्सत्त्वा परघोषश्रवानुगमनमाकाङ्क्षमाणा आत्मपरिनिर्वाणहेतोश्चतुरार्यसत्यानुबोधाय तथागतशासने ऽभियुज्यन्ते । ते उच्यन्ते श्रावकयानमाकाङ्क्षमाणाः त्रैधातुकान्निर्धावन्ति । तद्यथापि नाम तस्मादादीप्तादगारादन्यतरे दारका मृगरथमाकाङ्क्षमाणा निर्धाविताः । अन्ये सत्त्वा अनाचार्यकं ज्ञानं दमशमथमाकाङ्क्षमाणा आत्मपरिनिर्वाणहेतोर्हेतुप्रत्ययानुबोधाय तथागतशासने

① “免济”意谓救助，对应的原词是 niṣkāsayet，词义为驱离或救出。
② “保任”意谓保证。

ऽभियुज्यन्ते, ते उच्यन्ते प्रत्येकबुद्धयानमाकाङ्क्षमाणास्त्रैधातुकान्निर्धावन्ति । तद्यथापि नाम तस्मादादीप्तादगारादन्यतरे दारका अजरथमाङ्क्षमाणा निर्धाविताः । अपरे पुनः सत्त्वाः सर्वज्ञज्ञानं बुद्धज्ञानं स्वयंभूज्ञानमनाचार्यकं ज्ञानमाकाङ्क्षमाणा बहुजनहिताय बहुजनसुखाय लोकानुकम्पायै महतो जनकायस्यार्थाय हिताय सुखाय देवानां च मनुष्याणां च सर्वसत्त्वपरिनिर्वाणहेतोस्तथागतज्ञानबलवैशारद्यानुबोधाय तथागतशासने ऽभियुज्यन्ते । ते उच्यन्ते महायानमाकाङ्क्षमाणास्त्रैधातुकान्निर्धावन्ति । तेन कारणेनोच्यन्ते बोधिसत्त्वा महासत्त्वा इति । तद्यथापि नाम तस्मादादीप्तादगारादन्यतरे दारका गोरथमाकाङ्क्षमाणानिर्धाविताः ।

今译：“舍利弗啊，那些聪慧的众生相信世界之父如来。相信而修习如来的教法，勤奋努力。其中有些众生为了自己达到涅槃，为了觉知四圣谛，渴求依靠闻听他者说法，修行如来的教法。他们被称为渴求声闻乘而出离三界，如同有些孩子渴求鹿车而出离火宅。另一些众生为了自己达到涅槃，为了觉知因缘，渴求无师智，柔顺寂静，修行如来的教法。他们被称为渴求缘觉乘而出离三界，如同有些孩子渴求羊车而出离火宅。还有另一些众生渴求知一切智、佛智、自然智和无师智[①]，为了众生的利益，为了众生的幸福，同情世界，为了大众，为了天神和凡人的利益和幸福，为了一切众生达到涅槃，为了觉如来的智慧、力和无畏，修行如来的教法。他们被称为渴求大乘而出离三界。因此，被称为菩萨大士，如同有些孩子渴求牛车而出离火宅。

什译：“舍利弗！若有眾生，內有智性，從佛世尊聞法信受，慇懃精進，欲速出三界，自求涅槃，是名聲聞乘，如彼諸子為求羊車出於火宅。若有眾生，從佛世尊聞法信受，慇懃精進，求自然慧，樂獨善寂，深知諸法因緣，是名辟支佛乘，如彼諸子為求鹿車出於火宅。若有眾生，從佛世尊聞法信受，勤修精進，求一切智、佛智、自然智、無師智、如來知見、力、無所畏，愍念安樂無量眾生，利益天人，度脫一切，是名大乘，菩薩求此乘故，名為摩訶薩，如彼諸子為求牛車

① “自然智”（svayaṃbhūjñāna）和“无师智”（anācāryajñāna）指内心自觉的智慧。

出於火宅。

तद्यथापि नाम शारिपुत्र स पुरुषस्तान्कुमारकांस्तस्मादादीप्तादगारान्निर्धावितान्दृष्ट्वा क्षेमस्वस्तिभ्यां परिमुक्तानभयप्राप्तानिति विदित्वा आत्मानं च महाधनं विदित्वा तेषां दारकाणामेकमेव यानमुदारमनुप्रयच्छेत्, एवमेव शारिपुत्र तथागतो ऽप्यर्हन्सम्यक्संबुद्धो यदा पश्यति -- अनेकाः सत्त्वकोटीस्त्रैधातुकात्परिमुक्ता दुःखभयभैरवोपद्रवपरिमुक्तास्तथागतशासनद्वारेण निर्धाविताः परिमुक्ताः सर्वभयोपद्रवकान्तारेभ्यः । निर्वृतिसुखप्राप्ताः निर्वृतिसुखाप्राप्ताः । तानेतान्शारिपुत्र तस्मिन्समये तथागतो ऽर्हन्सम्यक्संबुद्धः प्रभूतो महाज्ञानबलवैशारद्यकोश इति विदित्वा सर्वे चैते ममैव पुत्रा इति ज्ञात्वा बुद्धयानेनैव तान्सत्त्वान्परिनिर्वापयति । न च कस्यचित्सत्त्वस्य प्रत्यात्मिकं परिनिर्वाणं वदति। सर्वांश्च तान्सत्त्वांस्तथागतपरिनिर्वाणेन महापरिनिर्वाणेन परिनिर्वापयति । ये चापि ते शारिपुत्र सत्त्वास्त्रैधातुकात्परिमुक्ता भवन्ति, तेषां तथागतो ध्यानविमोक्षसमाधिसमापत्तीरार्याणि परमसुखानि क्रीडनकानि रमणीयकानि ददाति, सर्वाण्येतान्येकवर्णानि ।

今译：“同样，舍利弗啊，如同那个人看到那些孩子跑出火宅，知道他们安然无恙，摆脱危险，也知道自己财力雄厚，便送给孩子们同一种宽敞的大车，舍利弗啊，如来、阿罗汉、正等觉也是这样，一旦看到数千万众生脱离三界，摆脱痛苦、危险、恐惧和不幸，摆脱一切恐惧、不幸和险境，通过如来的法门出离，获得涅槃安乐，舍利弗啊，这时，如来、阿罗汉、正等觉知道自己有许多大智慧、力和无畏库藏，认为他们全都是自己的儿子，便用佛乘让这些众生达到涅槃。他不宣说任何众生的个人涅槃。他让一切众生全都依据如来的涅槃，依据大涅槃，达到涅槃。舍利弗啊，那些众生脱离三界后，如来给予他们禅定、解脱、三昧和等至，这些高尚圣洁、至上快乐的可爱玩具，全都同一色。

什译：“舍利弗！如彼長者見諸子等安隱得出火宅，到無畏處，自惟財富無量，等以大車而賜諸子。如來亦復如是，為一切眾生之父，若見無量億千眾生以佛教門出三界苦、怖畏險道，得涅槃樂，如來爾時便作是念：‘我有無量無邊智慧、力、無畏等諸佛法藏，是諸眾生皆是我子，等與大乘，不令有人獨得滅度，皆以如來滅度而滅度之。’是諸眾生脫三界者，悉與諸佛禪定、解脫等娛樂之具，皆是一相、一種，聖所稱歎，能生淨妙第一之樂。

तद्यथापि नाम शारिपुत्र तस्य पुरुषस्य न मृषावादो भवेत्, येन त्रीणि यानान्युपदर्शयित्वा तेषां कुमारकाणामेकमेव महायानं सर्वेषां दत्तं सप्तरत्नमयं सर्वालंकारविभूषितमेकवर्णमेव उदारयानमेव सर्वेषामग्रयानमेव दत्तं भवेत्। एवमेव शारिपुत्र तथागतो ऽप्यर्हन्सम्यक्संबुद्धो न मृषावादी भवति, येन पूर्वमुपायकौशल्येन त्रीणि यानान्युपदर्शयित्वा पश्चान्महायानेनैव सत्त्वान्परिनिर्वापयति । तत्कस्य हेतोः? तथागतो हि शारिपुत्र प्रभूतज्ञानबलवैशारद्यकोशकोष्ठागारसमन्वागतः प्रतिबलः सर्वसत्त्वानां सर्वज्ञज्ञानसहगतं धर्ममुपदर्शयितुम्। अनेनापि शारिपुत्र पर्यायेणैवं वेदितव्यम्, यथा उपायकौशल्यज्ञानाभिनिर्हारैस्तथागत एकमेव महायानं देशयति ॥

今译：“同样，舍利弗啊，如同那个人没有说假话，因为先许诺这些孩子三种车，而后给予他们同一种大车，七宝制成，装饰齐全，同一色，宽敞的车，至上的车。舍利弗啊，如来、阿罗汉、正等觉也是这样，没有说假话。因为他先运用方便善巧示现三乘，而后用佛乘让众生达到涅槃。为什么？舍利弗啊，因为如来有许多智慧、力和无畏库藏，能向众生宣示具有知一切智的法。舍利弗啊，应该知道正是依据这样的道理，如来运用种种方便善巧，宣说唯一的大乘。”

什译：“舍利弗！如彼長者初以三車誘引諸子，然後但與大車，寶物莊嚴，安隱第一。然彼長者無虛妄之咎。如來亦復如是，無有虛妄，初說三乘引導眾生，然後但以大乘而度脫之。何以故？如來有無量智慧、力、無所畏諸法之藏，能與一切眾生大乘之法，但不盡能受。舍利弗！以是因緣，當知諸佛方便力故，於一佛乘分別說三。”

第三　譬喻品　173

अथ खलु भगवांस्तस्यां वेलायामिमा गाथा अभाषत --

今译：这时，世尊又用这些偈颂说道：

什译：佛欲重宣此義，而說偈言：

यथा हि पुरुषस्य भवेदगारं जीर्णं महन्तं च सुदुर्बलं च ।
विशीर्णं प्रासादु तथा भवेत स्तम्भाश्च मूलेषु भवेयु पूतिकाः ॥ ३९ ॥

今译：譬如有人有一座
年久衰朽大宅子，
厅堂已衰败不堪，
柱子根部已腐烂。（39）

什译：譬如長者，有一大宅，
其宅久故，而復頓弊，
堂舍高危，柱根摧朽。

गवाक्षहर्म्या गलितैकदेशा विशीर्ण कुडयं कटलेपनं च ।
जीर्णु प्रवृद्धोद्धृतवेदिकं च तृणच्छदं सर्वत ओपतन्तम्॥ ४० ॥

今译：窗户楼阁部分倾斜，
墙壁的涂料破裂，
老朽的围栏松动，
屋顶干草散落各处。（40）

什译：梁棟傾斜，基陛隤毀，
牆壁圮坼，泥塗陀[1]落，
覆苫亂墜，椽梠差脫。

① 此处“陀”，据《中华大藏经》校勘记，《资》、《丽》作“褫”。“褫落”意谓脱落。

शतान पञ्चान अनूनकानां आवासु सो तत्र भवेत प्राणिनाम्।
बहूनि चा निष्कुटसंकटानि उच्चारपूर्णानि जुगुप्सितानि ॥ ४१ ॥

今译：这座大宅子里面，
住着足足五百人，
林间狭路中充满
令人厌恶的尿粪。（41）

什译：周障屈曲[①]，雜穢充遍，
有五百人，止住其中。

गोपानसी विगलित तत्र सर्वा कुडयाश्च भित्तीश्च तथैव स्रस्ताः ।
गृध्राण कोट्यो निवसन्ति तत्र पारावतोलूक तथान्यपक्षिणः ॥ ४२ ॥

今译：所有的栋梁倾斜，
墙壁破败，秃鹫、
山鸠和猫头鹰等，
千万只鸟聚居这里。（42）

什译：鵄梟雕鷲，烏鵲鳩鴿，

आशीविषा दारुण तत्र सन्ति देशप्रदेशेषु महाविषोग्राः ।
विचित्रिका वृश्चिकमूषिकाश्च एतान आवासु सुदुष्टप्राणिनाम्॥ ४३ ॥

今译：到处藏着可怕的
毒蛇，毒液剧烈，
还有蝎子和老鼠，
各种邪恶的生物。（43）

① 此处“周障屈曲”对应的原词应该不是“林间狭路”，而是下一颂中的“栋梁倾斜，墙壁破败”。

什译：蚖蛇蝮蠍，蜈蚣蚰蜒[1]，
守宮百足[2]，鼬狸鼷鼠，
諸惡蟲輩，交横馳走。

देशे च देशे अमनुष्य भूयो उच्चारप्रस्रावविनाशितं च ।
कृमिकीटखद्योतकपूरितं च श्वभिः शृगालैश्च निनादितं च ॥ ४४ ॥

今译：处处都有鬼怪，处处
被尿粪败坏，被蛆虫、
昆虫和萤火虫玷污，
野狗和豺狼发出吼叫。（44）

什译：屎尿臭處，不淨流溢，
蜣蜋[3]諸蟲，而集其上，
狐狼野干[4]，咀嚼踐蹋。

भेरुण्डका दारुणा तत्र सन्ति मनुष्यकुणपानि च भक्षयन्तः ।
तेषां च निर्याणु प्रतीक्षमाणाः श्वानाः शृगालाश्च वसन्त्यनेके ॥ ४५ ॥

今译：到处有凶猛的野兽，
正在吞噬人的尸体，
许多野狗和豺狼，
等待着它们离去。（45）

什译：𪘂齧死屍，骨肉狼藉，
由是群狗，競來搏撮。

① “蚰蜒”是一种生活在潮湿地方的节肢动物。
② “守宫”意谓壁虎。“百足”意谓马陆（一种节肢动物）。
③ “蜣蜋”是一种吃动物尿粪的昆虫，俗称“屎壳郎”。
④ “野干”意谓豺，对应的原词是 śṛgāra。

ते दुर्बला नित्य क्षुधाभिभूता देशेषु देशेषु विखादमानाः ।
कलहं करोन्ताश्च निनादयन्ति सुभैरवं तद्गृहमेवरूपम्॥ ४६ ॥

今译：它们经常饥饿难忍，
衰弱乏力，四处觅食，
互相争斗，发出吼叫，
这个宅子如此恐怖。（46）

什译：飢羸慞惶，處處求食，
鬭争摣掣，啀喍嘷吠[①]，
其舍恐怖，變狀如是。

सुरौद्रचित्ता पि वसन्ति यक्षा मनुष्यकुणपानि विकड्ढमानाः ।
देशेषु देशेषु वसन्ति तत्र शतापदी गोनसकाश्च व्यालाः ॥ ४७ ॥

今译：这里也居住着许多
凶恶的药叉，拽走
人的尸体，到处可见
蜈蚣、牛鼻蛇和野兽。（47）

什译：處處皆有，魑魅魍魎，
夜叉惡鬼，食噉人肉。

देशेषु देशेषु च निक्षिपन्ति ते पोतकान्यालयनानि कृत्वा ।
न्यस्तानि न्यस्तानि च तानि तेषां ते यक्ष भूयो परिभक्षयन्ति ॥ ४८ ॥

今译：那些动物四处筑窝，
悉心安置自己的幼崽，
而那些药叉一再出现，

① “啀喍嘷吠”对应的原词是 ninādayanti，词义为发出叫声。

前来吞噬这些幼崽。（48）

什译：毒蟲之屬，諸惡禽獸，
孚乳[①]產生，各自藏護，
夜叉競來，爭取食之。

यदा च ते यक्ष भवन्ति तृप्ताः परसत्त्व खादित्व सुरौद्रचित्ताः ।
परसत्त्वमांसैः परितृप्तगात्राः कलहं तदा तत्र करोन्ति तीव्रम् ॥ ४९ ॥

今译：这些恶药叉吃饱后，
又吞噬其他的生物，
食肉后全身更壮实，
争斗时也就更迅猛。（49）

什译：食之既飽，惡心轉熾，
鬪諍之聲，甚可怖畏。

विध्वस्तलेनेषु वसन्ति तत्र कुम्भाण्डका दारूणरौद्रचित्ताः ।
वितस्तिमात्रास्तथ हस्तमात्रा द्विहस्तमात्राश्चनुचंक्रमन्ति ॥ ५० ॥

今译：这里一些废墟中，住着
凶暴可怕的鸠槃荼鬼，
体型只有一拃[②]、一腕尺[③]
或两腕尺，四处游荡。（50）

什译：鳩槃荼鬼，蹲踞土埵，
或時離地，一尺二尺，
往返遊行，縱逸嬉戲。

---

① “孚乳”的对应原词是 potaka，词义为幼崽。
② “一拃”（vitasti）指张开的拇指至小指之间的长度。
③ “腕尺”（hasta）指肘部至中指尖之间的长度。

ते चापि श्वानान्परिगृह्य पादैरुत्तानकान्कृत्व तथैव भूमौ ।
ग्रीवासु चोत्पीड्य विभर्त्सयन्तो व्याबाधयन्तश्च रमन्ति तत्र ॥ ५१ ॥

今译：他们用脚踩住野狗，
又让野狗仰面朝天，
掐住脖子，折磨恐吓，
虐待伤害，以此为乐。（51）

什译：捉狗兩足，撲令失聲，
以腳加頸，怖狗自樂。

नानाश्च कृष्णाश्च तथैव दुर्बला उच्चा महन्ताश्च वसन्ति प्रेताः ।
जिघत्सिता भोजन मार्गमाणा आर्तस्वरं क्रन्दिषु तत्र तत्र ॥ ५२ ॥

今译：还住着赤裸的饿鬼，
高大、黝黑和羸弱，
饥渴难忍，四处觅食，
发出痛苦的呼叫声。（52）

什译：復有諸鬼，其身長大，
裸形黑瘦，常住其中，
發大惡聲，叫呼求食。

सूचीमुखा गोणमुखाश्च केचित्मनुष्यमात्रास्तथ श्वानमात्राः ।
प्रकीर्णकेशाश्च करोन्ति शब्दमाहारतृष्णापरिदह्यमानाः ॥ ५३ ॥

今译：或针口，或马面，
或像人，或像狗，
头发凌乱，忍受
饥火烧灼而呼叫。（53）

什译：復有諸鬼，其咽如針，
　　　復有諸鬼，首如牛頭，
　　　或食人肉，或復噉狗，
　　　頭髮蓬亂，殘害凶險，
　　　飢渴所逼，叫喚馳走。

चतुर्दिशं चात्र विलोकयन्ति गवाक्ष--उल्लोकनकेहि नित्यम्।
ते यक्ष प्रेताश्च पिशाचकाश्च गृध्राश्च आहार गवेषमाणाः ॥ ५४ ॥

今译：那些药叉、饿鬼、
　　　毕舍遮鬼和秃鹫，
　　　寻找食物，经常朝
　　　四处的窗户中观望。（54）

什译：夜叉餓鬼，諸惡鳥獸，
　　　飢急四向，窺看窓牖。

एतादृशं भैरवु तद्गृहं भवेत्महन्तमुच्चं च सुदुर्बलं च।
विजर्जरं दुर्बलमित्वरं च पुरुषस्य एकस्य परिग्रहं भवेत्॥ ५५ ॥

今译：这座高大的宅子，
　　　如此恐怖，满目
　　　衰朽破败的景象，
　　　为一个人所拥有。（55）

什译：如是諸難，恐畏無量，
　　　是朽故宅，屬于一人。

स च बाह्यतः स्यात्पुरुषो गृहस्य निवेशनं तच्च भवेत्प्रदीप्तम्।
सहसा समन्तेन चतुर्दिशं च ज्वालासहस्रैः परिदीप्यमानम्॥ ५६ ॥

今译：这个人在宅子外，
突然间宅子起火，
数千道火焰围绕
宅子的四周燃烧。（56）

什译：其人近出，未久之間，
於後舍宅，忽然火起，
四面一時，其炎俱熾。

वंशाश्च दारूणि च अग्नितापिताः करोन्ति शब्दं गुरुकं सुभैरवम्।
प्रदीप्त स्तम्भाश्च तथैव भित्तयो यक्षाश्च प्रेताश्च मुचन्ति नादम्॥ ५७ ॥

今译：竹子和木材着火燃烧，
发出深重可怕的声响，
柱子和墙壁也在燃烧，
药叉和饿鬼发出呼叫。（57）

什译：棟梁椽柱，爆聲震裂，
摧折墮落，牆壁崩倒，
諸鬼神等，揚聲大叫。

ज्वालूषिता गृध्रशताश्च भूयः कुम्भाण्डकाः प्लोष्टमुखा भ्रमन्ति ।
समन्ततो व्यालशताश्च तत्र नदन्ति क्रोशन्ति च दह्यमानाः ॥ ५८ ॥

今译：数百秃鹫遭到火烧，
鸠槃荼鬼面孔烧焦，
四处乱跑，数百野兽
遭到火烧，发出哀号。（58）

什译：雕鷲諸鳥，鳩槃荼等，

周章惶怖，不能自出，
惡獸毒蟲，藏竄孔穴。

पिशाचकास्तत्र बहू भ्रमन्ति संतापिता अग्निन मन्दपुण्याः ।
दन्तेहि पाटित्व ति अन्यमन्यं रुधिरेण सिञ्चन्ति च दह्यमानाः ॥ ५९ ॥

今译：那里的许多毕舍遮鬼，
缺乏功德，遭到火烧，
四处乱跑，互相之间
用牙撕咬，鲜血流淌。（59）

什译：毗舍闍鬼，亦住其中，
薄福德故，為火所逼，
共相殘害，飲血噉肉。

भेरूण्डकाः कालगताश्च तत्र खादन्ति सत्त्वाश्च ति अन्यमन्यम्।
उच्चार दह्यत्यमनोज्ञगन्धः प्रवायते लोकि चतुर्दिशासु ॥ ६० ॥

今译：那些豺狼命数已尽，
生物之间互相吞噬，
尿粪遭到火烧，散发
恶臭，弥漫世界四方。（60）

什译：野干之屬，并已前死[1]，
諸大惡獸，競來食噉，
臭烟蓬㶿，四面充塞。

शतापदीयो प्रपलायमानाः कुम्भाण्डकास्ताः परिभक्षयन्ति ।
प्रदीप्तकेशाश्च भ्रमन्ति प्रेताः क्षुधाय दाहेन च दह्यमानाः ॥ ६१ ॥

① “并已前死”对应的原词是 kālagata，词义为达到死期。

今译：鸠槃荼鬼吞噬纷纷
逃窜的蜈蚣，饿鬼
头发着火，四处乱跑，
遭受饥饿和火烧折磨。（61）

什译：蜈蚣蚰蜒，毒蛇之類，
為火所燒，爭走出穴，
鳩槃荼鬼，隨取而食，
又諸餓鬼，頭上火燃，
飢渴熱惱，周慞悶走。

एतादृशं भैरव तन्निवेशनं ज्वालासहस्रैर्हि विनिश्चरद्भिः ।
पुरुषश्च सो तस्य गृहस्य स्वामी द्वारस्मि अस्थासि विपश्यमानः ॥६२ ॥

今译：这宅子如此可怕，
窜出数千道火焰，
这个人是宅子主人，
这时站在门外观看。（62）

什译：其宅如是，甚可怖畏，
毒害火災，眾難非一，
是時宅主，在門外立。

शृणोति चासौ स्वके अत्र पुत्रान्क्रीडापनैः क्रीडनसक्तबुद्धीन्।
रमन्ति ते क्रीडनकप्रमत्ता यथापि बाला अविजानमानाः ॥ ६३ ॥

今译：他听说自己的儿子们
贪爱玩具，还在宅子
里面玩耍娱乐，沉醉于
玩具，如同无知的傻子。（63）

什译：聞有人言："汝諸子等，
先因遊戲，來入此宅，
稚小無知，歡娛樂著。"

श्रुत्वा च सो तत्र प्रविष्टु क्षिप्रं प्रमोचनार्थाय तदात्मजानाम्।
मा मह्य बाला इमि सर्वि दारका दह्येयु नश्येयु च क्षिप्रमेव ॥ ६४ ॥

今译：听说之后，他迅速进入
宅子，想要救出儿子们：
"别让我的这些幼稚的
孩子顷刻之间被火烧死。"（64）

什译：長者聞已，驚入火宅，
方宜[①]救濟，令無燒害。

स भाषते तेषमगारदोषान्दुःखं इदं भोः कुलपुत्र दारुणम्।
विविधाश्च सत्त्वेह अयं च अग्नि महन्तिका दुःखपरंपरा तु ॥ ६५ ॥

今译：他告诉他们这宅子的危险：
"好儿子啊，这是可怕的
痛苦，各种生物，这大火，
这里的深重苦难接连不断。（65）

什译：告喻諸子，說眾患難，
惡鬼毒蟲，災火蔓延，
眾苦次第，相續不絕。

आशीविषा यक्ष सुरौद्रचित्ताः कुम्भाण्ड प्रेता बहवो वसन्ति ।
भेरुण्डकाः श्वानशृगालसंघा गृध्राश्च आहार गवेषमाणाः ॥ ६६ ॥

① "方宜"意谓设法。

今译："这里住着许多毒蛇、
凶恶的药叉、鸠槃荼鬼、
饿鬼，还有成群的豺狼、
野狗和秃鹫，寻找食物。（66）

什译：毒蛇蚖蝮，及諸夜叉，
鸠槃荼鬼，野干狐狗，
雕鷲鵄梟，百足之屬，

एतादृशास्मिन्बहवो वसन्ति विनापि चाग्नेः परमं सुभैरवम्।
दुःखं इदं केवलमेवरूपं समन्ततश्चाग्निरयं प्रदीप्तः ॥ ६७ ॥

今译："这里有这样多兽怪，
即使无火也恐怖至极，
现在又遭遇这种痛苦，
这大火燃遍四面八方。"（67）

什译：飢渴惱急，甚可怖畏，
此苦難處，況復大火。

ते चोद्यमानास्तथ बालबुद्धयः कुमारकाः क्रीडनके प्रमत्ताः ।
न चिन्तयन्ते पितरं भणन्तं न चापि तेषां मनसीकरोन्ति ॥ ६८ ॥

今译：他这样劝说思想幼稚、
沉醉于玩具的儿子们，
而他们不考虑父亲的
劝说，也不自己思考。（68）

什译：諸子無知，雖聞父誨，
猶故樂著，嬉戲不已。

第三 譬喻品

पुरुषश्च सो तत्र तदा विचिन्तयेत्सुदुःखितो ऽस्मी इह पुत्रचिन्तया ।
किं मह्य पुत्रेहि अपुत्रकस्य मा नाम दह्येयुरिहाग्निना इमे ॥ ६९ ॥

今译：这时，这个人心中思忖：
　　　"我为儿子们忧心如焚，
　　　我怎能失去儿子无子嗣？
　　　决不能让他们被火烧死。（69）

什译：是時長者，而作是念：
　　　"諸子如此，益①我愁惱。

उपायु सो चिन्तयि तस्मि काले लुब्धा इमे क्रीडनकेषु बालाः ।
न चात्र क्रीडा च रती च काचिद्बालान हो यादृशु मूढभावः ॥ ७० ॥

今译："这些孩子贪恋玩具，
　　　这里毫无游戏欢乐可言，
　　　唉！这些孩子如此愚痴。"
　　　此刻，他想到运用方便。（70）

什译："今此舍宅，無一可樂，
　　　而諸子等，耽湎嬉戲，
　　　不受我教，將為火害。"
　　　即便思惟，設諸方便，

स तानवोचच्छृणुथा कुमारका नानाविधा यानक या ममास्ति ।
मृगैरजैर्गोणवरैश्च युक्ता उच्चा महन्ता समलंकृता च ॥ ७१ ॥

今译：他对他们说道："孩子们，
　　　听着！我有各种各样的车，

---

① 此处"益"意谓增加。

又高又大，装饰齐全优美，
由优良的鹿、羊和牛驾驭。（71）

什译：告諸子等："我有種種，
珍玩之具，妙寶好車，
羊車鹿車，大牛之車。

ता बाह्यतो अस्य निवेशनस्य निर्धावथा तेहि करोथ कार्यम्।
युष्माकमर्थे मय कारितानि निर्याथ तैस्तुष्टमनाः समेत्य ॥ ७२ ॥

今译："它们就在这宅子外面，
跑出来，使用这些车吧！
那是我专为你们定做的，
来吧！会让你们满意的。"（72）

什译："今在門外，汝等出來，
吾為汝等，造作此車，
隨意所樂，可以遊戲。"

ते यान एतादृशका निशाम्य आरब्धवीर्यास्त्वरिता हि भूत्वा।
निर्धावितास्तत्क्षणमेव सर्वे आकाशि तिष्ठन्ति दुखेन मुक्ताः ॥ ७३ ॥

今译：他们听说有这样的车，
勇力倍增，加快速度，
顷刻间全都跑出宅子，
站在空地，摆脱灾祸。（73）

什译：諸子聞說，如此諸車，
即時奔競，馳走而出，
到於空地，離諸苦難。

पुरुषश्च सो निर्गत दृष्ट्व दारकान्यामस्य मध्ये स्थितु चत्वरस्मिन्।
उपविश्य सिंहासनि तानुवाच अहो अहं निर्वृतु अद्य मार्षाः ॥ ७४ ॥

今译：这个人看到孩子们已跑出，
便站在村子中央十字路口，
坐在狮子座上，对大家说道：
“现在我才安定，贤士们啊！（74）

什译：長者見子，得出火宅，
住於四衢，坐師子座，
而自慶言：“我今快樂！

ये दुःखलब्धा मम ते तपस्विनः पुत्रा प्रिया ओरस विंश बालाः ।
ते दारूणे दुर्गगृहे अभूवन्बहूजन्तूपूर्णे च सुभैरवे च ॥ ७५ ॥

今译：“这二十个可怜可爱的
儿子，我辛辛苦苦获得，
他们呆在险恶的宅子里，
里面充满各种可怕生物。（75）

什译：“此諸子等，生育甚難，
愚小無知，而入險宅，
多諸毒蟲，魑魅可畏。

आदीप्तके ज्वालसहस्रपूर्णे रता च ते क्रीडरतीषु आसन्।
मया च ते मोचित अद्य सर्वे येनाहु निर्वाणु समागतो ऽद्य ॥ ७६ ॥

今译：“已经燃起数千道火焰，
他们仍然迷恋游戏娱乐，
现在我总算把他们救出，
这样我才完全放下心来。”（76）

什译:"大火猛焰,四面俱起,
　　　　而此諸子,貪樂嬉戲,
　　　　我已救之,令得脫難,
　　　　是故諸人,我今快樂。"

सुखस्थितं तं पितरं विदित्वा उपगम्य ते दारक एवमाहुः ।
ददाहि नस्तात यथाभिभाषितं त्रिविधानि यानानि मनोरमाणि ॥ ७७ ॥

今译:知道此刻父亲心情愉快,
　　　　孩子们走上前去,说道:
　　　　"父亲啊,请你给我们
　　　　你说的三种可爱的车吧!(77)

什译:爾時諸子,知父安坐,
　　　　皆詣父所,而白父言:
　　　　"願賜我等,三種寶車。

सचेत्तव सत्यक तात सर्वं यद्भाषितं तत्र निवेशने ते ।
त्रिविधानि यानानि ह संप्रदास्ये ददस्व कालो ऽयमिहाद्य तेषाम्॥ ७८ ॥

今译:"父亲啊,你在宅子里
　　　　说过你会给我们三种车,
　　　　如果你当时说的是真话,
　　　　那么,现在就给我们吧!(78)

什译:"如前所許:'諸子出來,
　　　　當以三車,隨汝所欲。'
　　　　今正是時,唯垂給與。"

पुरुषश्च सो कोशबली भवेत सुवर्णरूप्यामणिमुक्तकस्य ।

हिरण्य दासाश्च अनल्पकाः स्युरुपस्थपे एकविधा स याना ॥ ७९ ॥

今译：这个人库藏丰富，装满
金、银、摩尼珠和珍珠，
还有大量的金钱和奴仆，
他给予儿子们同一种车。（79）

什译：長者大富，庫藏眾多，
金銀琉璃，車渠瑪瑙，
以眾寶物，造諸大車。

रत्नामया गोणरथा विशिष्टा सवेदिकाः किङ्किणिजालनद्धाः ।
छत्रध्वजेभिः समलंकृताश्च मुक्तामणीजालिकछादिताश्च ॥ ८० ॥

今译：七宝制成的精良牛车，
装有围栏，悬挂铃铛网，
还装饰有华盖和旗帜，
覆盖珍珠和摩尼珠网。（80）

什译：裝校嚴飾，周匝欄楯，
四面懸鈴，金繩交①絡，
真珠羅網，張施其上。

सुवर्णपुष्पाण कृतैश्च दामैर्दशेषु देशेषु प्रलम्बमानैः ।
वस्त्रैरुदारैः परिसंवृताश्च प्रत्यास्तृता दूष्यवरैश्च शुक्लैः ॥ ८१ ॥

今译：车上到处悬挂着
金花制作的花环，
围有优质的布料，

① 此处“交”字，据《中华大藏经》校勘记，《碛》作“绞”。

铺有洁白的棉布。（81）

什译：金華諸瓔，處處垂下，
眾綵雜飾，周匝圍繞。

मृदुकान्पट्टान तथैव तत्र वरतूलिकासंस्तृत ये ऽपि ते रथाः ।
प्रत्यास्तृताः कोटिसहस्रमूल्यैर्वरैश्च कोच्चैर्बकहंसलक्षणैः ॥ ८२ ॥

今译：车上也铺设柔软
布料制作的褥子，
覆盖价值百亿的、
天鹅图案的毯子。（82）

什译：柔軟繒纊[①]，以為茵蓐，
上妙細氎，價直千億，
鮮白淨潔，以覆其上。

श्वेताः सुपुष्टा बलवन्त गोणा महाप्रमाणा अभिदर्शनीयाः ।
ये योजिता रत्नरथेषु तेषु परिगृहीताः पुरुषैरनेकैः ॥ ८३ ॥

今译：驾驭宝车的白牛
肥壮有力，身躯
庞大，姿态美观，
另有许多人护持。（83）

什译：有大白牛，肥壯多力，
形體姝好，以駕寶車，
多諸儐從，而侍衛之。

① “缯纩”指丝棉。

एतादृशान्सो पुरुषो ददाति पुत्राण सर्वाण वरान्विशिष्टान्।
ते चापि तुष्टात्तमनाश्च तेहि दिशाश्च विदिशाश्च व्रजन्ति क्रीडकाः ॥८४॥

今译：这个人将这些精美
宝车送给所有儿子，
他们个个高兴满意，
乘坐着出游四方。（84）

什译：以是妙車，等賜諸子，
諸子是時，歡喜踊躍，
乘是寶車，遊於四方，
嬉戲快樂，自在無礙。

एमेव हं शारिसुता महर्षी सत्त्वान त्राणं च पिता च भोमि।
पुत्राश्च ते प्राणिन सर्वि मह्यं त्रैधातुके कामविलग्न बालाः ॥ ८५ ॥

今译：舍利弗啊，我是大仙，
众生的庇护者和父亲，
众生全是我儿子，然而
还幼稚，贪著三界欲乐。（85）

什译：告舍利弗：我亦如是，
眾聖中尊，世間之父，
一切眾生，皆是吾子，
深著世樂，無有慧心。

त्रैधातुकं चो यथ तन्निवेशनं सुभैरवं दुःखशताभिकीर्णम्।
अशेषतः प्रज्वलितं समन्ताज्जातीजराव्याधिशतैरनेकैः ॥ ८६ ॥

今译：三界像这座恐怖宅子，

充满数以百计的痛苦，
尤其是所有各处燃烧
数百道生老病死火焰。（86）

什译：三界無安，猶如火宅，
眾苦充滿，甚可怖畏，
常有生老，病死憂患，
如是等火，熾然不息。

अहं च त्रैधातुकमुक्त शान्तो एकान्तस्थायी पवने वसामि ।
त्रैधातुकं चो ममिदं परिग्रहो ये ह्यत्र दह्यन्ति ममैति पुत्राः ॥ ८७ ॥

今译：我已超脱三界而寂静，
安住在林中的僻静处，
而我仍护持三界，因为
儿子们还在里面受煎熬。（87）

什译：如來已離，三界火宅，
寂然閑居，安處林野，
今此三界，皆是我有，
其中眾生，悉是吾子，
而今此處，多諸患難。

अहं च आदीनव तत्र दर्शयी विदित्व त्राणं अहमेव चैषाम्।
न चैव मे ते श्रुणि सर्वि बाला यथापि कामेषु विलग्नबुद्धयः ॥ ८८ ॥

今译：知道自己是他们的庇护者，
我向他们宣示其中的苦难，
而他们幼稚无知，不听从
我的话，依然贪著欲乐。（88）

什译：唯我一人，能為救護，
　　　　雖復教詔，而不信受，
　　　　於諸欲染，貪著深故。

उपायकौशल्यमहं प्रयोजयी यानानि त्रीणि प्रवदामि चैषाम्।
ज्ञात्वा च त्रैधातुकि नेकदोषान्निर्धावनार्थाय वदाम्युपायम्॥ ८९ ॥

今译：于是，我运用方便善巧，
　　　　向他们宣说三乘，因为
　　　　我深知三界的种种弊病，
　　　　宣说方便，便于他们出离。（89）

什译：以是方便，為說三乘，
　　　　令諸眾生，知三界苦，
　　　　開示演說，出世間道。

मां चैव ये निश्रित भोन्ति पुत्राः षडभिज्ञ त्रैविद्य महानुभावाः।
प्रत्येकबुद्धाश्च भवन्ति ये ऽत्र अविवर्तिका ये चिह बोधिसत्त्वाः॥ ९० ॥

今译：这些儿子依靠我，
　　　　获得六神通、三明①、
　　　　大威力，成为缘觉，
　　　　也成为不退转菩萨。（90）

什译：是諸子等，若心決定，
　　　　具足三明，及六神通，
　　　　有得緣覺，不退菩薩。

---

① "六神通"（ṣaḍabhijñā）指天眼通、天耳通、他心通、宿命通、神变通和漏尽通。"三明"（traividyā）指六神通中的天眼通、宿命通和漏尽通。

समान पुत्राण हु तेष तत्क्षणमिमेन दृष्टान्तवरेण पण्डित ।
वदामि एकं इमु बुद्धयानं परिगृह्णथा सर्वि जिना भविष्यथ ॥ ९१ ॥

今译：智者啊，此刻我也运用这个
　　　绝妙譬喻，为同样的儿子们
　　　宣说唯一佛乘，你们接受吧！
　　　接受后，你们都会成为胜者。（91）

什译：汝舍利弗！我為眾生，
　　　以此譬喻，說一佛乘，
　　　汝等若能，信受是語，
　　　一切皆當，得成佛道。

तच्चा वरिष्ठं सुमनोरमं च विशिष्टरूपं चिह सर्वलोके ।
बुद्धान ज्ञानं द्विपदोत्तमानामुदाररूपं तथ वन्दनीयम् ॥ ९२ ॥

今译：一切世界中最为优异，
　　　殊胜美妙，可爱迷人，
　　　这是两足至尊佛智慧，
　　　形相崇高，值得敬拜。（92）

什译：是乘微妙，清淨第一，
　　　於諸世間，為無有上，
　　　佛所悅可，一切眾生，
　　　所應稱讚，供養禮拜。

बलानि ध्यानानि तथा विमोक्षाः समाधिनां कोटिशता च नेका ।
अयं रथो ईदृशको वरिष्ठो रमन्ति येनो सद बुद्धपुत्राः ॥ ९३ ॥

今译：力，禅定，解脱，
　　　数百千万的三昧，

　　　　　佛子们乘坐这样的
　　　　　美妙车乘游戏娱乐。（93）

什译：　無量億千，諸力解脫，
　　　　禪定智慧，及佛餘法，
　　　　得如是乘，令諸子等，

**क्रीडन्त एतेन क्षपेन्ति रात्रयो दिवसांश्च पक्षानृतवो ऽथ मासान्।
संवत्सरानन्तरकल्पमेव च क्षपेन्ति कल्पान सहस्रकोट्यः ॥ ९४ ॥**

今译：　乘坐它，度过日夜、
　　　　半月、一月和一季、
　　　　一年和一个中间劫，
　　　　甚至度过千千万劫。（94）

什译：　日夜劫數，常得遊戲。

**रत्नामयं यानमिदं वरिष्ठं गच्छन्ति येनो इह बोधिमण्डे।
विक्रीडमाना बहुबोधिसत्त्वा ये चो शृणोन्ति सुगतस्य श्रावकाः ॥ ९५ ॥**

今译：　这辆七宝制成的美妙
　　　　车乘，众菩萨和声闻
　　　　乘坐游乐，前往菩提
　　　　道场，聆听善逝说法。（95）

什译：　與諸菩薩，及聲聞眾，
　　　　乘此寶乘，直至道場。

**एवं प्रजानाहि त्वमद्य तिष्य नास्तीह यानं द्वितियं कहिंचित्।
दिशो दशा सर्व गवेषयित्वा स्थापेत्वुपायं पुरुषोत्तमानाम् ॥ ९६ ॥**

今译：提舍[①]啊，你应该知道，
在世上寻遍四面八方，
这种车乘没有第二辆，
除了人中至尊的方便。（96）

什译：以是因緣，十方諦求，
更無餘乘，除佛方便。

पुत्रा ममा यूयमहं पिता वो मया च निष्कासित यूय दुःखात्।
परिदह्यमाना बहुकल्पकोटयस्त्रैधातुकातो भयभैरवातः ॥ ९७ ॥

今译：你们是儿子，我是父亲，
你们已在数千万劫中受尽
煎熬，我将你们从恐怖的
三界中救出，摆脱痛苦。（97）

什译：告舍利弗：汝諸人等，
皆是吾子，我則是父，
汝等累劫，衆苦所燒，
我皆濟拔，令出三界。

एवं च हं तत्र वदामि निर्वृतिमनिर्वृता यूय तथैव चाद्य ।
संसारदुःखादिह यूय मुक्ता बौद्धं तु यानं व गवेषितव्यम्॥ ९८ ॥

今译：我在这里宣说涅槃，
你们至今尚未涅槃，
你们应该寻求佛乘，
得以摆脱轮回痛苦。（98）

① “提舍”（tiṣya，或译“底沙”）是舍利弗的名字。

什译：我雖先說："汝等滅度。"
　　　但盡生死，而實不滅，
　　　今所應作，唯佛智慧。

**ये बोधिसत्त्वाश्च इहास्ति केचिच्छृण्वन्ति सर्वे मम बुद्धनेत्रीम्।
उपायकौशल्यमिदं जिनस्य येनो विनेती बहुबोधिसत्त्वान्॥ ९९ ॥**

今译：这世上的所有菩萨，
　　　全都聆听我的佛法，
　　　这是胜者的方便善巧，
　　　用于教化引导众菩萨。（99）

什译：若有菩薩，於是眾中，
　　　能一心聽，諸佛實法，
　　　諸佛世尊，雖以方便，
　　　所化眾生，皆是菩薩。

**हीनेषु कामेषु जुगुप्सितेषु रता यदा भोन्तिमि अत्र सत्त्वाः।
दुःखं तदा भाषति लोकनायको अनन्यथावादिरिहार्यसत्यम्॥ १०० ॥**

今译：世上众生贪著低贱
　　　而令人厌恶的爱欲，
　　　世界导师言无变异，
　　　这时就宣说苦圣谛。（100）

什译：若人小智，深著愛欲，
　　　為此等故，說於苦諦，
　　　眾生心喜，得未曾有，
　　　佛說苦諦，真實無異。

ये चापि दुःखस्य अजानमाना मूलं न पश्यन्तिह बालबुद्धयः ।
मार्गं हि तेषामनुदर्शयामि समुदागमस्तृष्ण दुखस्य संभवः ॥ १०१ ॥

今译：众生思想幼稚无知，
　　　看不清痛苦的根源，
　　　我为他们指明道路，
　　　贪欲聚集产生痛苦。（101）

什译：若有眾生，不知苦本，
　　　深著苦因，不能暫捨，
　　　為是等故，方便說道，
　　　諸苦所因，貪欲為本。

तृष्णानिरोधो ऽथ सदा अनिश्रिता निरोधसत्यं तृतियं इदं मे ।
अनन्यथा येन च मुच्यते नरो मार्गं हि भावित्व विमुक्त भोति ॥ १०२ ॥

今译：灭寂贪欲，毫无执著，
　　　这是我说的第三灭谛，
　　　人们靠它必定得解脱，
　　　这是通过修道得解脱。①（102）

什译：若滅貪欲，無所依止，
　　　滅盡諸苦，名第三諦，
　　　為滅諦故，修行於道，
　　　離諸苦縛，名得解脫。

कुतश्च ते शारिसुता विमुक्ता असन्तग्राहातु विमुक्त भोन्ति ।
न च ताव ते सर्वत मुक्त भोन्ति अनिर्वृतांस्तान्वदतीह नायकः ॥ १०३ ॥

---

① 以上三颂是说明四圣谛，即苦谛、集谛、灭谛和道谛。

今译：舍利弗啊，他们从哪里
解脱？从执取虚无中解脱；
而他们没有获得任何解脱，
导师说他们没有达到涅槃。（103）

什译：是人於何，而得解脱？
但離虚妄[①]，名為解脱，
其實未得，一切解脱，
佛說是人，未實滅度。

किकारणं नास्य वदामि मोक्षमप्राप्यिमामुत्तममग्रबोधिम्।
ममैष छन्दो अहु धर्मराजा सुखापनार्थायिह लोकि जातः ॥ १०४ ॥

今译：为什么我说没有获得至上
菩提，也就没有获得解脱？
我是法王，这是我的意欲，
为了赐予众生幸福而出世。（104）

什译：斯人未得，無上道故，
我意不欲，令至滅度，
我為法王，於法自在，
安隱眾生，故現於世。

इय शारिपुत्रा मम धर्ममुद्रा या पश्चिमे कालि मयाद्य भाषिता ।
हिताय लोकस्य सदेवकस्य दिशासु विदिशासु च देशयस्व ॥ १०५ ॥

今译：舍利弗啊，这是我的法印，
我如今在最后的时间宣说，

① 此处“离虚妄”的原词是 asantagrāha，词义为执取虚无，或执取无。此词护译“受无所有”。

为了包括天界的一切世界
利益，请你在十方宣说。（105）

什译：汝舍利弗！我此法印，
为欲利益，世間故說，
在所遊方，勿妄宣傳①。

यश्चापि ते भाषति कश्चि सत्त्वो अनुमोदयामीति वदेत वाचम्।
मूर्ध्नेन चेदं प्रतिगृह्य सूत्रं अविवर्तिकं तं नरु धारयेस्त्वम्॥ १०६ ॥

今译：若有任何众生对你说：
“我衷心赞同你所说。”
俯首行礼接受这部经，
你可认为他已不退转。（106）

什译：若有聞者，隨喜頂受，
當知是人，阿鞞跋致②。

दृष्टाश्च तेनो पुरिमास्तथागताः सत्कारु तेषां च कृतो अभूषि ।
श्रुतश्च धर्मो अयमेवरूपो य एत सूत्रं अभिश्रद्दधेत ॥ १०७ ॥

今译：他已在前世遇见和
供养过去的如来们，
已闻听过这样的法，
因此会信奉这部经。（107）

什译：若有信受，此經法者，
是人已曾，見過去佛，
恭敬供養，亦聞是法。

---

① 此处“勿妄宣传”，与原文有差异。但在后面的论述中，也有这样的意思。
② “阿鞞跋致”是 avivartika（“不退转”）一词的音译。

अहं च त्वं चैव भवेत दृष्टो अयं च सर्वो मम भिक्षुसंघः ।
दृष्टाश्च सर्वे इमि बोधिसत्त्वा ये श्रद्दधे भाषितमेत मह्यम्॥ १०८ ॥

今译：如果这个人见过我，
　　　见过你和我的僧众，
　　　见过所有这些菩萨，
　　　他会信奉我的说法。（108）

什译：若人有能，信汝所說，
　　　則為見我，亦見於汝，
　　　及比丘僧，并諸菩薩。

सूत्रं इमं बालजनप्रमोहनमभिज्ञज्ञानान मि एतु भाषितम्।
विषयो हि नैवास्तिह श्रावकाणां प्रत्येकबुद्धान गतिर्न चात्र ॥ १०९ ॥

今译：我的这部经为神通智者
　　　而说，令愚夫们困惑，
　　　它既不是声闻们的境界，
　　　也不是缘觉们的归宿。（109）

什译：斯法華經，為深智說，
　　　淺識聞之，迷惑不解，
　　　一切聲聞，及辟支佛，
　　　於此經中，力所不及。

अधिमुक्तिसारस्तुव शारिपुत्र किं वा पुनर्मह्य इमे ऽन्यश्रावकाः ।
एते ऽपि श्रद्धाय ममैव यान्ति प्रत्यात्मिकं ज्ञानु न चैव विद्यते ॥ ११० ॥

今译：舍利弗啊，你信仰
　　　坚固，何况我的其他
　　　声闻？他们信仰我，

而非具有自己的智慧。（110）

什译：汝舍利弗，尚於此經，
以信得入，況餘聲聞？
其餘聲聞，信佛語故，
隨順此經，非己智分。

मा चैव त्वं स्तम्भिषु मा च मानिषु मायुक्तयोगीन वदेसि एतत्।
बाला हि कामेषु सदा प्रमत्ता अजानका धर्मु क्षिपेयु भाषितम्॥ १११ ॥

今译：你不要向冥顽、骄慢、
不修行者宣说，出于
愚昧无知，贪恋爱欲，
他们会毁谤所说法。（111）

什译：又舍利弗！憍慢懈怠，
計[①]我見者，莫說此經；
凡夫淺識，深著五欲，
聞不能解，亦勿為說。

उपायकौशल्य क्षिपित्व मह्यं या बुद्धनेत्री सद लोकि संस्थिता ।
भृकुटिं करित्वान क्षिपित्व यानं विपाकु तस्येह श्रृणोहि तीव्रम्॥ ११२ ॥

今译：佛法永驻世间，如果
某个人毁谤我的方便
善巧，竖眉毁谤佛乘，
请听他的可怕恶果！（112）

什译：若人不信，毀謗此經，

① 此处“计”意谓计著或执著。

則斷一切，世間佛種[1]，
或復嚬蹙，而懷疑惑，
汝當聽說，此人罪報。

क्षिपित्व सूत्रं इदमेवरूपं मयि तिष्ठमाने परिनिर्वृते वा ।
भिक्षूषु वा तेषु खिलानि कृत्वा तेषां विपाकं ममिहं शृणोहि ॥ ११३ ॥

今译：在我在世或涅槃后，
若有人毁谤这部经，
或者扰乱那些比丘，
请听他的可怕恶果！（113）

什译：若佛在世，若滅度後，
其有誹謗，如斯經典，
見有讀誦，書持經者，
輕賤憎嫉，而懷結恨，
此人罪報，汝今復聽。

च्युत्वा मनुष्येषु अवीचि तेषां प्रतिष्ठ भोती परिपूर्णकल्पात्।
ततश्च भूयो ऽन्तरकल्प नेकांश्च्युताश्च्युतास्तत्र पतन्ति बालाः ॥ ११४ ॥

今译：他们在人间去世之后，
堕入阿鼻地狱整一劫，
然后这些愚夫又一再
堕入那里数个中间劫。（114）

什译：其人命終，入阿鼻獄，
具足一劫，劫盡更生。

① 此处“佛种”应该是对应原文中的 buddhanetrī（“佛法”）。

यदा च नरकेषु च्युता भवन्ति ततश्च तिर्यक्षु व्रजन्ति भूयः ।
सुदुर्बलाः श्वानशृगालभूताः परेष क्रीडापनका भवन्ति ॥ ११५ ॥

今译：他们在地狱命终后，
又再次堕入畜生道，
变成衰弱的狗和狼，
成为他人戏弄玩物。（115）

什译：如是展轉，至無數劫，
從地獄出，當墮畜生。

वर्णेन ते कालक तत्र भोन्ति कल्माषका व्राणिक कण्डुलाश्च ।
निर्लोमका दुर्बल भोन्ति भूयो विद्वेषमाणा मम अग्रबोधिम्॥ ११६ ॥

今译：敌视我的至上菩提，
故而它们身体发黑，
有斑点、伤疤和疥癣，
秃皮无毛，羸弱无力。（116）

什译：若狗野干，其形頜瘦，
黧黮疥癩，人所觸嬈[①]。

जुगुप्सिता प्राणिषु नित्य भोन्ति लोष्टप्रहाराभिहता रुदन्तः ।
दण्डेन संत्रासित तत्र तत्र क्षुधापिपासाहत शुष्कगात्राः ॥ ११७ ॥

今译：它们永远受众生厌恶，
遭到土块打击而哀号，
随时随地受棍棒威胁，
饥渴折磨，肢体干枯。（117）

① “触嬈”对应第 115 颂中的 kriḍāpaka（“戏弄”）一词。

什译：又復為人，之所惡賤，
常困飢渴，骨肉枯竭，
生受楚毒，死被瓦石，
斷佛種故，受斯罪報。

उष्ट्राथ वा गर्दभ भोन्ति भूयो भारं वहन्तः कशादण्डताडिताः ।
आहारचिन्तामनुचिन्तयन्तो ये बुद्धनेत्री क्षिपि बालबुद्धयः ॥ ११८ ॥

今译：思想浅薄，毁谤佛法，
它们又变成骆驼或驴，
背负重担，忍受棒打
鞭抽，时刻思念食物。（118）

什译：若作駱駝，或生驢中，
身常負重，加諸杖捶，
但念水草，餘無所知，
謗斯經故，獲罪如是。

पुनश्च ते क्रोष्टुक भोन्ति तत्र बीभत्सकाः काणक कुण्ठकाश्च ।
उत्पीडिता ग्रामकुमारकेहि लोष्टप्रहाराभिहताश्च बालाः ॥ ११९ ॥

今译：这些愚夫又变成豺狼，
独眼残疾，令人厌恶，
不断遭受土块打击，
时时受到村童折磨。（119）

什译：有作野干，來入聚落，
身體疥癩，又無一目，
為諸童子，之所打擲，
受諸苦痛，或時致死。

ततश्च्यवित्वान च भूयु बालाः पञ्चाशतीनां सम योजनानाम्।
दीर्घात्मभावा हि भवन्ति प्राणिनो जडाश्च मूढाः परिवर्तमानाः ॥ १२० ॥

今译：这些愚夫在那里再次
　　命终，之后又转生为
　　长虫，身长五百由旬，
　　愚呆迟钝，宛转而行。（120）

什译：於此死已，更受蟒身，
　　其形長大，五百由旬。

अपादका भोन्ति च क्रोडसक्किनो विखाद्यमाना बहुप्राणिकोटिभिः ।
सुदारुणां ते अनुभोन्ति वेदनां क्षिपित्व सूत्रं इदमेवरूपम्॥ १२१ ॥

今译：由于曾经毁谤这部经，
　　它们无足，而用腹部
　　爬行，遭到千万生物
　　吞噬，忍受剧烈痛苦。（121）

什译：聾騃無足，婉轉腹行，
　　為諸小蟲，之所唼食，
　　晝夜受苦，無有休息，
　　謗斯經故，獲罪如是。

पुरुषात्मभावं च यद लभन्ते ते कुण्ठका लङ्गक भोन्ति तत्र ।
कुब्जाथ काणा च जडा जघन्या अश्रद्दधन्ता इम सूत्र मह्यम्॥ १२२ ॥

今译：由于不信奉这部经，
　　即使他们获得人身，
　　也成为跛足、驼背、
　　独眼、愚钝而低贱。（122）

什译：若得為人，諸根闇鈍，
　　　矬陋攣躄，盲聾背傴。

अप्रत्यनीयाश्च भवन्ति लोके पूती मुखात्तेष प्रवाति गन्धः ।
यक्षग्रहो उक्रमि तेष काये अश्रद्दधन्तानिम बुद्धबोधिम् ॥ १२३ ॥

今译：由于不信奉佛菩提，
　　　他们不受世人信赖，
　　　口中散发出腐臭味，
　　　药叉附著他们身体。（123）

什译：有所言說，人不信受，
　　　口氣常臭，鬼魅所著。

दरिद्रका पेषणकारकाश्च उपस्थायका नित्य परस्य दुर्बलाः ।
आबाध तेषां बहुकाश्च भोन्ति अनाथभूता विहरन्ति लोके ॥ १२४ ॥

今译：他们贫穷，身体羸弱，
　　　经常担任差役和侍从，
　　　时时忍受病痛的折磨，
　　　活在世上，孤苦无助。（124）

什译：貧窮下賤，為人所使，
　　　多病痟瘦，無所依怙。

यस्यैव ते तत्र करोन्ति सेवनामदातुकामो भवती स तेषाम् ।
दत्तं पि चो नश्यति क्षिप्रमेव फलं हि पापस्य इमेवरूपम् ॥ १२५ ॥

今译：即使他们已侍奉别人，
　　　别人也不愿施舍他们，
　　　有所施舍也很快消失，

罪人的恶果就是这样。（125）

什译：雖親附人，人不在意，
若有所得，尋復忘失[①]。

यच्चापि ते तत्र लभन्ति औषधं सुयुक्तरूपं कुशलेहि दत्तम्।
तेनापि तेषां रुज भूयु वर्धते सो व्याधिरन्तं न कदाचि गच्छति ॥ १२६ ॥

今译：即使他们获得良医
精心调制的药物，
用药后疾病更加重，
永远也不会痊愈。（126）

什译：若修醫道，順方治病，
更增他疾，或復致死；
若自有病，無人救療，
設服良藥，而復增劇。[②]

अन्येहि चौर्याणि कृतानि भोन्ति डमराथ डिम्बास्तथ विग्रहाश्च ।
द्रव्यापहाराश्च कृतास्तथान्यैर्निपतन्ति तस्योपरि पापकर्मणः ॥ १२७ ॥

今译：别人偷盗、骚乱、
争斗和劫掠财物，
所做的这类恶事，
都会落他的头上。（127）

什译：若他反逆，抄劫竊盜，
如是等罪，横羅其殃。

① 此处“忘失”通“亡失”。
② 这颂中的前两行不见于原文。

न जातु सो पश्यति लोकनाथं नरेन्द्रराजं महि शासमानम्।
तस्याक्षणेष्वेव हि वासु भोति इमां क्षिपित्वा मम बुद्धनेत्रीम्॥ १२८ ॥

今译：由于毁谤我的佛法，
　　　他处在种种不幸中，
　　　不能遇见世界导师，
　　　统治大地的王中王。（128）

什译：如斯罪人，永不見佛，
　　　眾聖之王，說法教化。

न चापि सो धर्म शृणोति बालो बधिरश्च सो भोति अचेतनश्च।
क्षिपित्व बोधीमिममेवरूपामुपशान्ति तस्यो न कदाचि भोति॥ १२९ ॥

今译：他也不闻听佛法，
　　　耳聋，愚昧无知，
　　　毁谤这样的菩提，
　　　永远也不得安宁。（129）

什译：如斯罪人，常生難處，
　　　狂聾心亂，永不聞法。

सहस्र नेका नयुतांश्च भूयः कल्पान कोट्यो यथ गङ्गवालिकाः।
जडात्मभावो विकलश्च भोति क्षिपित्व सूत्रं इमु पापकं फलम्॥ १३० ॥

今译：数千千万那由他劫，
　　　如同恒河沙，始终
　　　身体迟钝，五官不全，
　　　这是毁谤此经的恶果。（130）

什译：於無數劫，如恒河沙，

生輒聾瘂，諸根不具。

उद्यानभूमी नरको ऽस्य भोति निवेशनं तस्य अपायभूमिः ।
खरसूकरा क्रोष्टुक भूमिसूचकाः प्रतिष्ठितस्येह भवन्ति नित्यम्॥ १३१ ॥

今译：地狱成为他的花园，
　　　恶道成为他的住处，
　　　驴、猪、豺狼和狗，
　　　永远生活在畜生中。（131）

什译：常處地獄，如遊園觀，
　　　在餘惡道，如己舍宅，
　　　駝驢猪狗，是其行處，
　　　謗斯經故，獲罪如是。

मनुष्यभावत्वमुपेत्य चापि अन्धत्व बधिरत्व जडत्वमेति ।
परप्रेष्य सो भोति दरिद्र नित्यं तत्कालि तस्याभरणानिमानि ॥ १३२ ॥

今译：他即使再次获得人身，
　　　目盲，耳聋，呆傻，
　　　受人差使，永远穷困，
　　　这些成为他的装饰。（132）

什译：若得為人，聾盲瘖瘂，
　　　貧窮諸衰，以自莊嚴。

वस्त्राणि चो व्याधयु भोन्ति तस्य व्रणान कोटीनयुताश्च काये ।
विचर्चिका कण्डु तथैव पामा कुष्ठं किलासं तथ आमगन्धः ॥ १३३ ॥

今译：疾病成为他的衣服，
　　　身上千万那由他伤疤，

疥癬、癞癣、疥疮、
麻风、白斑和腥臭。（133）

什译：水腫乾痟[1]，疥癩癰疽，
如是等病，以為衣服。

सत्कायदृष्टिश्च घनास्य भोति उदीर्यते क्रोधबलं च तस्य।
संरागु तस्यातिभृशं च भोति तिर्याण योनीषु च सो सदा रमी ॥ १३४ ॥

今译：他的有身见[2]顽固，
他的愤怒力暴发，
他的淫欲旺盛炽烈，
永远喜欢畜生道。（134）

什译：身常臭處，垢穢不淨，
深著我見，增益瞋恚，
婬欲熾盛，不擇禽獸，
謗斯經故，獲罪如是。

सचेदहं शारिसुताद्य तस्य परिपूर्णकल्पं प्रवदेय दोषान्।
यो ही ममा एतु क्षिपेत सूत्रं पर्यन्तु दोषाण न शक्य गन्तुम्॥ १३५ ॥

今译：他毁谤我的这部经，
舍利弗啊，如果我
列数他的过失，即使
说上一劫，也说不尽。（135）

什译：告舍利弗：謗斯經者，
若說其罪，窮劫不盡。

---

① “干痟”指消渴病。
② “有身见”（satkāyadṛṣṭi）指执著五蕴和合的身体的见解，即“我见”。

संपश्यमानो इदमेव चार्थं त्वां संदिशामी अहु शारिपुत्र ।
मा हैव त्वं बालजनस्य अग्रतो भाषिष्यसे सूत्रमिमेवरूपम्॥ १३६ ॥

今译：正是看到这样的情形，
舍利弗啊，我在这里
提示你，不要在那些
愚夫面前宣说这部经。（136）

什译：以是因緣，我故語汝：
無智人中，莫說此經。

ये तू इह व्यक्त बहुश्रुताश्च स्मृतिमन्त ये पण्डित ज्ञानवन्तः ।
ये प्रस्थिता उत्तममग्रबोधिं तान्श्रावयेस्त्वं परमार्थमेतत्॥ १३७ ॥

今译：然而，世上那些智者，
博学强记，聪明睿智，
追求至上菩提，可以
向他们宣说这第一义。（137）

什译：若有利根，智慧明了，
多聞強識，求佛道者，
如是之人，乃可為說。

दृष्टाश्च येही बहुबुद्धकोट्यः कुशलं च यै रोपितमप्रमेयम्।
अध्याशयाश्चा दृढ येष चो स्यात्तान् श्रावयेस्त्वं परमार्थमेतत्॥ १३८ ॥

今译：他们见过数千万佛，
已经种植无量善根，
志愿坚固，你可以
向他们宣说第一义。（138）

什译：若人曾見，億百千佛，
　　　　殖諸善本，深心堅固，
　　　　如是之人，乃可為說。

ये वीर्यवन्तः सद मैत्रचित्ता भावेन्ति मैत्रीमिह दीर्घरात्रम्।
उत्सृष्टकाया तथ जीविते च तेषामिदं सूत्र भणेः समक्षम्॥ १३९ ॥

今译：精勤努力，心地慈悲，
　　　　他们长期坚持修习慈悲，
　　　　不惜舍弃身体和性命，
　　　　你可以当面宣说这部经。（139）

什译：若人精進，常修慈心，
　　　　不惜身命，乃可為說。

अन्योन्यसंकल्प सगौरवाश्च तेषां च बालेहि न संस्तवो ऽस्ति।
ये चापि तुष्टा गिरिकन्दरेषु तान्श्रावयेस्त्वं इद सूत्र भद्रकम्॥ १४० ॥

今译：互相关心，互相尊重，
　　　　他们不与愚夫们交往，
　　　　乐于住在山谷，你可以
　　　　向他们宣说这部吉祥经。（140）

什译：若人恭敬，無有異心，
　　　　離諸凡愚，獨處山澤，
　　　　如是之人，乃可為說。

कल्याणमित्रांश्च निषेवमाणाः पापांश्च मित्रान्परिवर्जयन्तः।
यानीदृशान्पश्यसि बुद्धपुत्रांस्तेषामिदं सूत्र प्रकाशयेसि ॥ १४१ ॥

今译：他们与善友们交往，

他们远离那些恶友，
你看见这样的佛子，
则可以宣说这部经。（141）

什译：又舍利弗！若見有人，
捨惡知識[①]，親近善友，
如是之人，乃可為說。

अच्छिद्रशीला मणिरत्नसादृशा वैपुल्यसूत्राण परिग्रहे स्थिताः ।
पश्येसि यानीदृश बुद्धपुत्रांस्तेषाग्रतः सूत्रमिदं वदेसि ॥ १४२ ॥

今译：持戒毫无瑕疵，如同
摩尼珠，接受方广经，
你看见这样的佛子，
则可以宣说这部经。（142）

什译：若見佛子，持戒清潔，
如淨明珠，求大乘經，
如是之人，乃可為說。

अक्रोधना ये सद आर्जवाश्च कृपासमन्वागत सर्वप्राणिषु ।
सगौरवा ये सुगतस्य अन्तिके तेषाग्रतः सूत्रमिदं वदेसि ॥ १४३ ॥

今译：为人正直，从不发怒，
对一切众生怀有怜悯，
在善逝身边恭敬侍奉，
可向他们宣说这部经。（143）

什译：若人無瞋，質直柔軟，

① “恶知识”意谓恶友。

第三　譬喻品　215

常愍一切，恭敬諸佛，
如是之人，乃可為說。

यो धर्मु भाषे परिषाय मध्ये असङ्गप्राप्तो वदि युक्तमानसः ।
दृष्टान्तकोटीनयुतैरनेकैस्तस्येद सूत्रं उपदर्शयेसि ॥ १४४ ॥

今译：若是有人在集会上说法，
思想集中，运用数千万
那由他譬喻，无阻无碍，
你可以向他宣说这部经。（144）

什译：復有佛子，於大眾中，
以清淨心，種種因緣，
譬喻言詞，說法無礙，
如是之人，乃可為說。

मूर्ध्नाञ्जलिं यश्च करोति बद्ध्वा सर्वज्ञभावं परिमार्गमाणः ।
दशो दिशो यो ऽपि च चंक्रमेत सुभाषितं भिक्षु गवेषमाणः ॥ १४५ ॥

今译：若是有比丘俯首
合掌，出游十方，
寻求知一切智性，
寻求美妙的说法。（145）

什译：若有比丘，為一切智，
四方求法，合掌頂受。

वैपुल्यसूत्राणि च धारयेत न चास्य रुच्यन्ति कदाचिदन्ये ।
एकां पि गाथां न च धारये ऽन्यतस्तं श्रावयेस्त्वं वरसूत्रमेतत्॥ १४६ ॥

今译：他只是接受那些方广经，

　　　　从不喜爱其他经，甚至
　　　　不从别处接受一首偈颂，
　　　　你可以向他宣说这部经。（146）

什译：但樂受持，大乘經典，
　　　乃至不受，餘經一偈，
　　　如是之人，乃可為說。

तथागतस्यो यथ धातु धारयेत्तथैव यो मार्गति कोचि तं नरः ।
एमेव यो मार्गति सूत्रमीदृशं लभित्व यो मूर्धनि धारयेत ॥ १४७ ॥

今译：正如有人四处寻求，
　　　而受持如来的舍利，
　　　他这样寻求这部经，
　　　获得后，顶礼受持。（147）

什译：如人至心，求佛舍利，
　　　如是求經，得已頂受。

अन्येषु सूत्रेषु न काचि चिन्ता
　　लोकायतैरन्यतरैश्च शास्त्रैः ।
बालान एतादृश भोन्ति गोचरा-
　　स्तांस्त्वं विवर्जित्व प्रकाशयेरिदम् ॥ १४८ ॥

今译：不要关注其他任何经典，
　　　也不要关注世俗的论著，
　　　那是愚夫的领域，你要
　　　摒弃它们，宣说这部经。（148）

什译：其人不復，志求餘經，
　　　亦未曾念，外道典籍，

如是之人，乃可為說。

पूर्णं पि कल्पं अहु शारिपुत्र वदेयमाकार सहस्रकोट्यः ।
ये प्रस्थिता उत्तममग्रबोधिं तेषाग्रतः सूत्रमिदं वदेसि ॥ १४९ ॥

今译：舍利弗啊，千千万情形，
　　　我要用整整一劫才说尽，
　　　你应该向发心求取殊胜
　　　至上菩提者宣说这部经。（149）

什译：告舍利弗：我說是相，
　　　求佛道者，窮劫不盡，
　　　如是等人，則能信解，
　　　汝當為說，妙法華經。

इत्यार्यसद्धर्मपुण्डरीके धर्मपर्याये औपम्यपरिवर्तो नाम तृतीयः ॥

今译：以上是神圣《妙法莲华》法门中名为《譬喻品》的第三品。

४ अधिमुक्तिपरिवर्तः ।

今译：第四 信解品

什译：信解品第四

अथ खल्वायुष्मान्सुभूतिरायुष्मांश्च महाकात्यायनः आयुष्मांश्च महाकाश्यपः आयुष्मांश्च महामौद्गल्यायनः इममेवंरूपमश्रुतपूर्वं धर्मं श्रुत्वा भगवतोऽन्तिकात्संमुखमायुष्मतश्च शारिपुत्रस्य व्याकरणं श्रुत्वा अनुत्तरायां सम्यक्संबोधौ आश्चर्यप्राप्ता अद्भुतप्राप्ता औद्बिल्यप्राप्तास्तस्यां वेलायामुत्थायासनेभ्यो येन भगवांस्तेनोपसंक्रामन्। उपसंक्रम्य एकांसमुत्तरासङ्गं कृत्वा दक्षिणं जानुं पृथिव्यां प्रतिष्ठाप्य येन भगवांस्तेनाञ्जलिं प्रणम्य भगवन्तमभिमुखमुल्लोकयमाना अवनकाया अभिनतकायाः प्रणतकायास्तस्यां वेलायां भगवन्तमेतदवोचन् -- वयं हि भगवन् जीर्णा वृद्धा महल्लका अस्मिन्भिक्षुसंघे स्थविरसंमता जराजीर्णीभूता निर्वाणप्राप्ताः स्म इति भगवन्निरुद्यमा अनुत्तरायां सम्यक्संबोधावप्रतिबलाः स्मः, अप्रतिवीर्यारम्भाः स्मः । यदापि भगवान्धर्मं देशयति, चिरं निषण्णश्च भगवान्भवति, वयं च तस्यां धर्मदेशनायां प्रत्युपस्थिता भवामः, तदाप्यस्माकं भगवन् चिरं निषण्णानां भगवन्तं चिरं पर्युपासितानामङ्गप्रत्यङ्गानि दुःखन्ति, संधिविसंधयश्च दुःखन्ति ।

今译：这时，尊者须菩提、尊者摩诃迦旃延、尊者摩诃迦叶和尊者摩诃目犍连闻听这种前所未闻的法，闻听尊者舍利弗在世尊身边受记无上正等菩提，深感奇妙惊异，深心欢喜，此刻从座位上起身，走近世尊。走近后，偏袒右肩，右膝著地，合掌行礼，面向世尊，凝望世尊，弯腰鞠躬[①]，随即，对世尊说道："世尊啊，我们年长，年老，

① 此处"弯腰鞠躬"在原文中使用了三个同义词，其中一个原词是 avanakāya，应为 avanatakāya。

僧众中公认的长老[①]，年迈体衰，自认为已经涅槃，无力求取无上正等菩提，不再勤奋努力。世尊说法时，长时间坐着，我们也长时间坐着侍奉世尊说法。这样，世尊啊，我们长时间坐着侍奉世尊说法，全身大小肢体酸痛，大小关节酸痛。

什译：爾時，慧命[②]須菩提、摩訶迦旃延、摩訶迦葉、摩訶目犍連，從佛所聞未曾有法，世尊授舍利弗阿耨多羅三藐三菩提記，發希有心，歡喜踊躍，即從座起，整衣服，偏袒右肩，右膝著地，一心合掌，曲躬恭敬，瞻仰尊顏，而白佛言："我等居僧之首，年并朽邁，自謂已得涅槃，無所堪任，不復進求阿耨多羅三藐三菩提。世尊往昔說法既久，我時在座，身體疲懈。

ततो वयं भगवन्भगवतो धर्मं देशयमानस्य शून्यतानिमित्ताप्रणिहितं सर्वमाविष्कुर्मः। नास्माभिरेषु बुद्धधर्मेषु बुद्धक्षेत्रव्यूहेषु वा बोधिसत्त्वविक्रीडितेषु वा तथागतविक्रीडितेषु वा स्पृहोत्पादिता। तत्कस्य हेतोः? यच्चास्माद्भगवंस्त्रैधातुकान्निर्धाविता निर्वाणसंज्ञिनः, वयं च जराजीर्णाः। ततो भगवनस्माभिरप्यन्ये बोधिसत्त्वा अववदिता अभूवन्ननुत्तरायां सम्यक्संबोधौ, अनुशिष्टाश्च। न च भगवंस्तत्रास्माभिरेकमपि स्पृहाचित्तमुत्पादितमभूत्। ते वयं भगवन्नेतर्हि भगवतोऽन्तिकाच्छ्रावकाणामपि व्याकरणमनुत्तरायां सम्यक्संबोधौ भवतीति श्रुत्वा आश्चर्याद्भुतप्राप्ता महालाभप्राप्ताः स्मः। भगवन्नद्य सहसैवेममेवंरूपमश्रुतपूर्वं तथागतघोषं श्रुत्वा महारत्नप्रतिलब्धाश्च स्मः। भगवनप्रमेयरत्नप्रतिलब्धाश्च स्मः। भगवनमार्गितमपर्यैष्टमचिन्तितमप्रार्थितं चास्माभिर्भगवन्निदमेवं रूपं महारत्नं प्रतिलब्धम्।

今译："而后，世尊啊，我们明白世尊所说法，明白空性、无相、和无愿[③]这一切。而我们没有对这些佛法、佛土庄严、菩萨神通游戏

① "长老"（sthavira）的原义为年老者，汉译佛经中也译"上座"、"耆旧"或"尊宿"。

② "慧命"的原词是 āyuṣmat，词义为有寿命者，在汉译佛经中用作对比丘的尊称，通常译为"具寿"、"长老"或"尊者"。

③ "空性"（śūnyatā）、"无相"（animitta）和"无愿"（apraṇihita）合称为"三解脱门"。

和如来神通游戏[①]产生渴求之心。为什么？世尊啊，我们已经出离三界，认为已经涅槃，并且年迈体衰。世尊啊，我们也向其他菩萨宣说和教导无上正等菩提。然而，世尊啊，我们自己没有对此产生任何渴求之心。世尊啊，我们现在闻听甚至这些声闻也在世尊身边受记无上正等菩提，深感奇妙惊异，大有收获。世尊啊，今天突然闻听这种前所未闻的如来话音，我们获得大珍宝。世尊啊，我们获得无量珍宝。世尊啊，我们获得没有寻求、没有探求、没有想到、没有渴求的这种大珍宝。

什译：“但念空、無相、無作，於菩薩法、遊戲神通、淨佛國土、成就眾生，心不喜樂。所以者何？世尊令我等出於三界，得涅槃證。又今我等年已朽邁，於佛教化菩薩阿耨多羅三藐三菩提，不生一念好樂之心。我等今於佛前，聞授聲聞阿耨多羅三藐三菩提記，心甚歡喜，得未曾有。不謂[②]於今忽然得聞希有之法，深自慶幸，獲大善利，無量珍寶不求自得。

प्रतिभाति नो भगवन्, प्रतिभाति नः सुगत । तद्यथापि नाम भगवन्कश्चिदेव पुरुषः पितुरन्तिकादपक्रामेत्। सो ऽपक्रम्य अन्यतरं जनपदप्रदेशं गच्छेत्। स तत्र बहूनि वर्षाणि विप्रवसेद्विंशतिं वा त्रिंशद्वा चत्वारिंशद्वा पञ्चाशद्वा । अथ स भगवन्महान्पुरुषो भवेत्। स च दरिद्रः स्यात्। स च वृत्तिं पर्यैषमाण आहारचीवरहेतोर्दिशो विदिशः प्रकामनन्यतरं जनपदप्रदेशं गच्छेत्। तस्य च स पिता अन्यतमं जनपदं प्रक्रान्तः स्यात्। बहुधनधान्यहिरण्यकोशकोष्ठागारश्च भवेत्। बहुसुवर्णरूप्यमणिमुक्तावैडूर्यशङ्खशिलाप्रवालजातरूपरजतसमन्वागतश्च भवेत्। बहुदासीदासकर्मकरपौरुषेयश्च भवेत्। बहुहस्त्यश्वरथगवेडकसमन्वागतश्च भवेत्। महापरिवारश्च भवेत्। महाजनपदेषु च धनिकः स्यात्। आयोगप्रयोग- कृषिवणिज्यप्रभूतश्च भवेत्॥

① “神通游戏”的原词是 vikrīḍita，词义为游戏。此词相当于 ṛdhivikrīḍita 或 abhijñā-vikrīḍita，汉译佛经中译为“神通游戏”或“游戏神通”，意谓运用神通力，自由自在，随意变化，度化众生。

② 此处“不谓”意谓不曾想。

今译："世尊啊，我们明白。善逝啊，我们明白。譬如，有某个人从父亲身边离开。离开后，前往另一个地方。他在那里住了许多年，二十年、三十年、四十年或五十年。然后，世尊啊，他已成为大人，然而贫穷。为了衣食，他寻求生计，游走[①]四面八方。他前往另一个地方。而他的父亲已经移居这个地方。他有大量财物、谷物和金子库藏，有大量金银、摩尼珠、珍珠、琉璃、贝壳、宝石和珊瑚，有大量男女奴仆、工匠和差役，有大量马、车、牛和羊，有大量侍从。他是向各地放贷的大财主，经营许多农耕业和商业。

什译："世尊！我等今者樂說譬喻以明斯義。譬若有人，年既幼稚，捨父逃逝，久住他國，或十、二十，至五十歲。年既長大，加復窮困，馳騁四方，以求衣食。漸漸遊行，遇向本國。其父先來，求子不得，中止一城。其家大富，財寶無量，金、銀、琉璃、珊瑚、琥珀、頗梨珠[②]等，其諸倉庫悉皆盈溢。多有僮僕、臣佐、吏民[③]。象馬、車乘、牛羊無數。出入息利乃遍他國，商估賈客亦甚眾多。

अथ खलु भगवन्स दरिद्रपुरुष आहारचीवरपर्यैष्टिहेतोर्ग्रामनगरनिगमजनपदराष्ट्रराजधानीषु पर्यटमानो ऽनुपूर्वेण यत्रासौ पुरुषो बहुधनहिरण्यसुवर्णकोशकोष्ठागारस्तस्यैव पिता वसति, तन्नगरमनुप्राप्तो भवेत्। अथ खलु भगवन्स दरिद्रपुरुषस्य पिता बहुधनहिरण्यकोशकोष्ठागारस्तस्मिन्नगरे वसमानस्तं पञ्चाशद्वर्षनष्टं पुत्रं सततसमितमनुस्मरेत्। समनुस्मरमाणश्च न कस्यचिदाचक्षेदन्यत्रैक एवात्मनाध्यात्मं संतप्येत, एवं च चिन्तयेत्-- अहमस्मि जीर्णो वृद्धो महल्लकः। प्रभूतं मे हिरण्यसुवर्णधनधान्यकोशकोष्ठागारं संविद्यते। न च मे पुत्रः कश्चिदस्ति। मा हैव मम कालक्रिया भवेत्। सर्वमिदमपरिभुक्तं विनश्येत्। स तं पुनः पुनः पुत्रमनुस्मरेत्-- अहो नामाहं निर्वृतिप्राप्तो भवेयं यदि मे स पुत्र इमं धनस्कन्धं परिभुञ्जीत॥

① 此处"游走"的原词是prakāman，据J本（指蒋忠新《梵本〈妙法莲华经〉写本》，中国社会科学出版社1988年版。下同），此词写为prakraman，可取。

② 这里提及的"琥珀"和"颇梨珠"不见于原文。

③ 此处提及的"臣佐"和"吏民"，按照原文是"工匠"（karmakara）和"差役"（pauruṣeya）。

今译：“然后，世尊啊，这穷人为求衣食，依次游走村庄、城市、乡镇、乡村、王国和都城。他来到这个城市，也就是这个人，即他的拥有大量财物和金子库藏的父亲居住的地方。这时，世尊啊，这个穷人的父亲拥有大量财物和金子库藏，居住在这个城市，经常思念失散五十年的儿子。尽管这样思念，他也没有告诉其他任何人，只是独自承受心中的苦恼。他这样想：‘我已经衰老。我有大量金子、财物和谷物库藏。可是，我没有儿子。唉，不要到我死去时，这一切尚未享用，全都消失。’他经常反复思念这个儿子：‘啊，如果这个儿子能享用我的大量财富，那我就达到至福了。’

什译：“時貧窮子遊諸聚落，經歷國邑，遂到其父所止之城。父每念子，與子離別五十餘年，而未曾向人說如此事，但自思惟，心懷悔恨。自念老朽，多有財物，金銀珍寶倉庫盈溢，無有子息，一旦終沒，財物散失，無所委付。是以慇懃每憶其子，復作是念：‘我若得子，委付財物，坦然快樂，無復憂慮。’

अथ खलु भगवन्स दरिद्रपुरुष आहारचीवरं पर्येषमाणो ऽनुपूर्वेण येन तस्य प्रभूतहिरण्यसुवर्णधनधान्यकोशकोष्ठागारस्य समृद्धस्य पुरुषस्य निवेशनं तेनोपसंक्रामेत्। अथ खलु भगवन्स तस्य दरिद्रपुरुषस्य पिता स्वके निवेशनद्वारे महत्या ब्राह्मणक्षत्रियविड्शूद्रपरिषदा परिवृतः पुरस्कृतो महासिंहासने सपादपीठे सुवर्णरूप्यप्रतिमण्डिते उपविष्टो हिरण्यकोटीशतसहस्रैर्व्यवहारं कुर्वन्वालव्यजनेन वीज्यमानो विततविताने पृथिवीप्रदेशे मुक्तकुसुमाभिकीर्णे रत्नदामाभिप्रलम्बिते महत्यर्द्धया उपविष्टः स्यात्। अद्राक्षीत्स भगवन्दरिद्रपुरुषस्तं स्वकं पितरं स्वके निवेशनद्वारे एवंरूपया ऋध्या उपविष्टं महता जनकायेन परिवृतं गृहपतिकृत्यं कुर्वाणम्। दृष्ट्वा च पुनर्भीतस्त्रस्तः संविग्नः संहृष्टरोमकूपजातः उद्विग्नमानसः एवमनुविचिन्तयामास -- सहसैवायं मया राजा वा राजमात्रो वा आसादितः । नास्त्यस्माकमिह किंचित्कर्म । गच्छामो वयं येन दरिद्रवीथी, तत्रास्माकमाहारचीवरमल्पकृच्छ्रेणैव उत्पत्स्यते । अलं मे चिरं विलम्बितेन । मा हैवाहमिह वैष्टिको वा गृह्येय, अन्यतरं वा दोषमनुप्राप्नुयाम्॥

今译：“这时，世尊啊，这个穷人求取衣食，依次游走，走近这个拥有大量金子、财物和谷物库藏的富人住处。世尊啊，这个穷人的父亲在自己住宅门口，坐在大狮子座上。这大狮子座配有脚凳，装饰有金银。他的身边围绕着众多婆罗门、刹帝利、吠舍和首陀罗[1]，恭敬侍立。他正在处理涉及数百千千万金钱的事务。那里树有帐篷，拂尘摇动，撒有鲜花，悬挂金绳，富贵豪华。世尊啊，这个穷人看到自己的父亲坐在自己住宅门口，如此富贵豪华，众人围绕，处理家务。看到后，他恐惧，害怕，惊慌，浑身汗毛竖起，心中惶惶不安，这样想：‘我贸然来到这里，遇见这个国王或者宰相[2]。这里没有我们的任何事。我去穷人街，在那里还不难得到衣食。我别在这里待久了！别在这里被抓去做劳役，或遭遇其他麻烦。’

什译：“世尊！爾時，窮子傭賃[3]，展轉遇到父舍，住立門側。遙見其父踞師子床，寶机[4]承足，諸婆羅門、剎利、居士皆恭敬圍繞，以真珠瓔珞，價直千萬，莊嚴其身。吏民、僮僕手執白拂，侍立左右。覆以寶帳，垂諸華幡，香水灑地，散眾名華，羅列寶物，出內[5]取與，有如是等種種嚴飾，威德特尊。窮子見父有大力勢，即懷恐怖，悔來至此，竊作是念：‘此或是王，或是王等，非我傭力得物之處。不如往至貧里[6]，肆力有地[7]，衣食易得。若久住此，或見逼迫，強使我作。’

अथ खलु भगवन्स दरिद्रपुरुषो दुःखपरंपरामनसिकारभयभीतस्त्वरमाणः प्रक्रामेत्पलायेत्, न तत्र संतिष्ठेत्। अथ खलु भगवन्स आढ्यः पुरुषः स्वके निवेशनद्वारे सिंहासने उपविष्टस्तं स्वकं पुत्रं सहदर्शनेनैव प्रत्यभिजानीयात्। दृष्ट्वा च

---

① 婆罗门、刹帝利、吠舍和首陀罗是印度古代种姓制度中的四种主要种姓。

② 此处“宰相”的原词是 rājamātra，属于混合梵语用词，词义是地位仅次于国王的大臣。此词什译“王等”，意思是与国王相等。护译“大君主”。在下面偈颂第 16 首中也有此词，什译“国王等”，护译“王太子”。

③ “佣赁”意谓受人雇佣做工。

④ “机”通“几”，此处意谓凳子，即脚凳。

⑤ “出内”意谓出纳。

⑥ “贫里”的原词是 daridravīthī，词义为贫穷的街区。

⑦ “肆力有地”意谓有地方出力干活。

पुनस्तुष्ट उदग्र आत्तमनस्कः प्रमुदितः प्रीतिसौमनस्यजातो भवेत्, एवं च चिन्तयेत्-- आश्चर्यं यावद्यत्र हि नाम अस्य महतो हिरण्यसुवर्णधनधान्य-कोशकोष्ठागारस्य परिभोक्ता उपलब्धः । अहं चैतमेव पुनः पुनः समनुस्मरामि । अयं च स्वयमेवेहागतः । अहं च जीर्णो वृद्धो महल्लकः ॥

今译："世尊啊，这个穷人担心遭遇种种痛苦，恐惧害怕，迅速离开出走，不滞留那里。而这时，世尊啊，这个富人坐在自己住宅门口狮子座上，已经看到自己的儿子，一眼就认出。看到后，满意、激动、喜悦、高兴、欢喜和愉快。他这样想：'真是奇迹！大量的金子、财富和谷物库藏终于有了享用者。我长久反复思念他。现在他自己来了，而我已经衰老。'

什译："作是念已，疾走而去。時富長者於師子座，見子便識，心大歡喜，即作是念：'我財物庫藏今有所付。我常思念此子，無由見之，而忽自來，甚適我願。我雖年朽，猶故貪惜。'

अथ खलु भगवन्स पुरुषः पुत्रतृष्णासंपीडितस्तस्मिन्क्षणलवमुहूर्ते जवनान्पुरुषान्संप्रेषयेत्-- गच्छत मार्षा एतं पुरुषं शीघ्रमानयध्वम्। अथ खलु भगवंस्ते पुरुषाः सर्व एव जवेन प्रधावितास्तं दरिद्रपुरुषमध्यालम्बेयुः । अथ खलु दरिद्रपुरुषस्तस्यां वेलायां भीतस्त्रस्तः संविग्नः संहृष्टरोमकूपजातः उद्विग्नमानसो दारुणमार्तस्वरं मुञ्चेदारवेद्विरवेत्। नाहं युष्माकं किंचिदपराध्यामीति वाचं भाषेत । अथ खलु ते पुरुषा बलात्कारेण तं दरिद्रपुरुषं विरवन्तमप्याकर्षेयुः । अथ खलु स दरिद्रपुरुषो भीतस्त्रस्तः संविग्न उद्विग्नमानस एवं च चिन्तयेत्-- मा तावदहं वध्यो दण्डयो भवेयम्। नश्यामीति । स मूर्छितो धरण्यां प्रपतेत्, विसंज्ञश्च स्यात्। आसन्ने चास्य स पिता भवेत्। स तान्पुरुषानेवं वदेत्-- मा भवन्त एतं पुरुषमानयन्त्विति । तमेनं शीतलेन वारिणा परिसिञ्चित्वा न भूय आलपेत्। तत्कस्य हेतोः? जानाति स गृहपतिस्तस्य दरिद्रपुरुषस्य हीनाधिमुक्तिकता-मात्मनश्चोदारस्थामताम्। जानीते च ममैष पुत्र इति ॥

今译："这时，世尊啊，这个人渴望儿子而内心受折磨，顷刻刹那瞬间[1]，派遣一些差役：‘贤士们啊，快去带回这个人！’于是，世尊啊，这些差役快速抓回这个穷人。这时，这个穷人恐惧，害怕，惊慌，浑身汗毛竖起，心中惶惶不安，发出痛苦的叫声，说道：‘我没有做什么事得罪你们。’而这些差役强拉硬拽带回这个哀叫的穷人。这个穷人恐惧，害怕，惊慌，浑身汗毛竖起，心中惶惶不安，这样想：‘可别让我受刑杖，被处死。’他昏厥倒地，失去知觉。他的父亲就在附近。他对这些差役说：‘贤士们啊，别这样带回这个人！’他用凉水浇醒他，但不与他交谈。为什么？这位长者知道这个人心意低劣，而自己有财有势。但他明白：‘这个人是我的儿子。’

什译：“即遣傍人，急追將還。爾時，使者疾走往捉。窮子驚愕，稱怨大喚：‘我不相犯，何為見捉？’使者執之愈急，強牽將還。于時窮子自念無罪，而被囚執，此必定死，轉更惶怖，悶絕躄地。父遙見之，而語使言：‘不須此人，勿強將來。以冷水灑面，令得醒悟，莫復與語。’所以者何？父知其子志意下劣，自知豪貴，為子所難。

अथ खलु भगवन्स गृहपतिरुपायकौशल्येन न कस्यचिदाचक्षेत्-- ममैष पुत्र इति। अथ खलु भगवन्स गृहपतिरन्यतरं पुरुषमामन्त्रयेत्-- गच्छ त्वं भोः पुरुष। एनं दरिद्रपुरुषमेवं वदस्व -- गच्छ त्वं भोः पुरुष येनाकाङ्क्षसि। मुक्तो ऽसि। एवं वदति स पुरुषस्तस्मै प्रतिश्रुत्य येन स दरिद्रपुरुषस्तेनोपसंक्रामेत्। उपसंक्रम्य तं दरिद्रपुरुषमेवं वदेत्-- गच्छ त्वं भोः पुरुष येनाकाङ्क्षसि। मुक्तो ऽसीति। अथ खलु स दरिद्रपुरुष इदं वचनं श्रुत्वा आश्चर्याद्भुतप्राप्तो भवेत्। स उत्थाय तस्मात्पृथिवीप्रदेशाद्येन दरिद्रवीथी तेनोपसंक्रामेदाहारचीवरपर्येष्टिहेतोः। अथ खलु स गृहपतिस्तस्य दरिद्रपुरुषस्याकर्षणहेतोरुपायकौशल्यं प्रयोजयेत्। स तत्र द्वौ पुरुषौ प्रयोजयेत्दुर्वर्णावल्पौजस्कौ -- गच्छतां भवन्तौ यो ऽसौ पुरुष इहागतो ऽभूत्, तं युवां द्विगुणया दिवसमुद्रया आत्मवचनेनैव भरयित्वेह मम निवेशने कर्म कारापयेथाम्। सचेत्स एवं वदेत्-- किं कर्म कर्तव्यमिति, स युवाभ्यामेवं वक्तव्यः

① 此处“顷刻刹那瞬间”的原文是 kṣaṇalavamuhūrte，即由三个表示极短时间的同义词组成的复合词。

-- संकारधानं शोधयितव्यं सहावाभ्यामिति । अथ तौ पुरुषौ तं दरिद्रपुरुषं पर्येषयित्वा तया क्रियया संपादयेताम्। अथ खलु तौ द्वौ पुरुषौ स च दरिद्रपुरुषो वेतनं गृहीत्वा तस्य महाधनस्य पुरुषस्यान्तिकात्तस्मिन्नेव निवेशने संकारधानं शोधयेयुः । तस्यैव च महाधनस्य पुरुषस्य गृहपरिसरे कटपलिकुञ्चिकायां वासं कल्पयेयुः । स चाढ्यः पुरुषो गवाक्षवातायनेन तं स्वकं पुत्रं पश्येत्संकारधानं शोधयमानम्। दृष्ट्वा च पुनराश्चर्यप्राप्तो भवेत्॥

今译："于是，世尊啊，这位长者运用方便善巧，不对任何人说：'这是我的儿子。'然后，世尊啊，他吩咐另一个仆从：'你去对这个穷人说你到你想去的地方去吧！你被释放了。'这样吩咐后，那个仆从遵命走近这个穷人。走近后，对这个穷人说：'你到你想去的地方去吧！你被释放了。'这个穷人听了这话，惊讶不已。他从那里起身，前往穷人街求取衣食。然后，这位长者为了吸引这个穷人回来，运用方便善巧。他差使两个肤色粗劣、缺乏威仪的仆从，说道：'你俩到来过这里的那个人那里，以自己的名义用双倍的日工资雇佣他在我的住宅里干活。如果他问要干什么活？你俩就说和我俩一起清除垃圾。'于是，这两个仆从找到这个穷人，雇佣他干这个活。此后，这两个仆从和这个穷人从这个大财主那里领取工资，在这个住宅里清除垃圾。他们住在这个大财主住宅附近的茅屋里。这个富人可以透过窗户看到自己的儿子清除垃圾。看到后，惊喜不已。

什译："審知[①]是子，而以方便，不語他人云是我子。使者語之：'我今放汝，隨意所趣。'窮子歡喜，得未曾有，從地而起，往至貧里以求衣食。爾時，長者將欲誘引其子而設方便，密遣二人，形色憔悴無威德者：'汝可詣彼，徐語窮子此有作處，倍與汝直[②]。窮子若許，將來使作。若言欲何所作？便可語之：雇汝除糞，我等二人亦共汝作。'時二使人即求窮子，既已得之，具陳上事。爾時，窮子先取其價，尋

[①] "审知"意谓明知。
[②] 此处"直"意谓价值或价钱。

與除糞[①]。其父見子，愍而怪之。又以他日，於窓牖中遙見子身羸瘦憔悴，糞土塵坌，污穢不淨。

अथ खलु स गृहपतिः स्वकान्निवेशनादवतीर्य अपनयित्वा माल्याभरणानि, अपनयित्वा मृदुकानि वस्त्राणि, चौक्षाण्युदाराणि मलिनानि वस्त्राणि प्रावृत्य, दक्षिणेन पाणिना पिटकं परिगृह्य पांसुना स्वगात्रं दूषयित्वा दूरत एव संभाषमाणो येन स दरिद्रपुरुषस्तेनोपसंक्रामेत्। उपसंक्रम्यैवं वदेत्-- वहन्तु भवन्तः पिटकानि, मा तिष्ठत, हरत पांसूनि । अनेनोपायेन तं पुत्रमालपेत्संलपेच्च । एनं वदेत्-- इहैव त्वं भोः पुरुष कर्म कुरुष्व । मा भूयो ऽन्यत्र गमिष्यसि । सविशेषं ते ऽहं वेतनकं दास्यामि । येन येन च ते कार्यं भवेत्, तद्विश्रब्धं मां याचेः, यदि वा कुण्डमूल्येन यदि वा कुण्डिकामूल्येन यदि वा स्थालिकामूल्येन यदि वा काष्ठमूल्येन यदि वा लवणमूल्येन यदि वा भोजनेन यदि वा प्रावरणेन । अस्ति मे भोः पुरुष जीर्णशाटी । सचेत्तया ते कार्यं स्यात्, याचेः, अहं ते ऽनुप्रदास्यामि । येन येन ते भोः पुरुष कार्यमेवंरूपेण परिष्कारेण, तं तमेवाहं ते सर्वमनुप्रदास्यामि । निर्वृतस्त्वं भोः पुरुष भव । यादृशस्ते पिता, तादृशस्ते ऽहं मन्तव्यः । तत्कस्य हेतोः? अहं च वृद्धः, त्वं च दहरः । मम च त्वया बहु कर्म कृतमिमं संकारधानं शोधयता । न च त्वया भोः पुरुष अत्र कर्म कुर्वता शाठ्यं वा वक्रता वा कौटिल्यं वा मानो वा म्रक्षो वा कृतपूर्वः, करोषि वा । सर्वथा ते भोः पुरुष न समनुपश्याम्येकमपि पापकर्म, यथैषामन्येषां पुरुषाणां कर्म कुर्वतामिमे दोषाः संविद्यन्ते । यादृशो मे पुत्र औरसः, तादृशस्त्वं मम अद्याग्रेण भवसि ॥

今译：“后来，这位长者从自己的住宅中出来，除去花环装饰，脱去质地柔软、清洁、华贵的衣服，换上脏衣服，右手提着篮子，用尘土涂抹自己的肢体，然后，远远地打招呼，走近这个穷人。走近后，说道：‘你们拿着篮子，别站着，清除尘土。’用这个办法，他与儿子交谈。他对儿子说：‘你就在这里干活吧！不要再去别处了。我会给你优厚的工资。你有什么需要，你就放心向我开口吧！无论什么，买大罐、小罐、盆子、柴、盐、食物或衣服的钱。我也有旧衣服，如果

① “寻与除粪”意谓随后与二人一起除粪。

你需要，就开口，我会送给你。无论你需要什么日用品，我都会送给你。你放心吧！我就像是你的父亲，你也应该这样看待我。为什么？因为我已年老，而你还年轻。你为我清除垃圾，干了许多活。你在这里干活，从不刁钻耍奸，弄虚作假。我没有发现你有任何恶行，像其他那些干活奴仆的过失。从今往后，你就这样住在这里，就像我的亲生子。’

什译：“即脱瓔珞、細軟上服、嚴飾之具，更著麁弊垢膩之衣，塵土坌身，右手執持除糞之器，狀有所畏，語諸作人[①]：‘汝等勤作，勿得懈息。’以方便故，得近其子。後復告言：‘咄，男子！汝常此作，勿復餘去，當加汝價。諸有所須瓫器、米麵、鹽酢之屬，莫自疑難，亦有老弊[②]，使人須者相給[③]，好自安意。我如汝父，勿復憂慮。所以者何？我年老大，而汝少壯。汝常作時，無有欺怠、瞋恨、怨言，都不見汝有此諸惡如餘作人。自今已後，如所生子。’

अथ खलु भगवन्स गृहपतिस्तस्य दरिद्रपुरुषस्य पुत्र इति नाम कुर्यात्। स च दरिद्रपुरुषस्तस्य गृहपतेरन्तिके पितृसंज्ञामुत्पादयेत्। अनेन भगवन्पर्यायेण स गृहपतिः पुत्रकामतृषितो विंशतिवर्षाणि तं पुत्रं संकारधानं शोधापयेत्। अथ विंशतेर्वर्षाणामत्ययेन स दरिद्रपुरुषस्तस्य गृहपतेर्निवेशने विश्रब्धो भवेन्निष्क्रमण-प्रवेशे, तत्रैव च कटपलिकुञ्चिकायां वासं कल्पयेत्॥

今译：“此后，世尊啊，这位长者称呼这个穷人为儿子。这个穷人在这位长者身边产生是自己父亲的感觉。世尊啊，就这样，这位长者怀着对儿子的渴爱，让这个儿子清除垃圾二十年。二十年过去，这个穷人在这位长者的住宅中放心出入，而依然居住茅屋。

什译：“即時長者更與作字[④]，名之為兒。爾時，窮子雖欣此遇，

---

① “作人”意谓做工之人。

② 此处“老弊”对应的原词是 jīrṇaśāṭī（“旧衣服”）。

③ “使人”意谓仆从或差役。“使人须者相给”意谓若仆从需要，就送给他。

④ “作字”意谓取名。而按原文，并无取名的意思，只是“称呼这个穷人为儿子”。

猶故自謂客作賤人。由是之故，於二十年中常令除糞。過是已後，心相體信[1]，入出無難，然其所止猶在本處。

अथ खलु भगवंस्तस्य गृहपतेर्ग्लान्यं प्रत्युपस्थितं भवेत्। स मरणकालसमयं च आत्मनः प्रत्युपस्थितं समनुपश्येत्। स तं दरिद्रपुरुषमेवं वदेत्-- आगच्छ त्वं भोः पुरुष । इदं मम प्रभूतं हिरण्यसुवर्णधनधान्यकोशकोष्ठागारमस्ति । अहं बाढग्लानः । इच्छाम्येतं यस्य दातव्यं यतश्च ग्रहीतव्यं यच्च निधातव्यं भवेत्, सर्वं संजानीयाः । तत्कस्य हेतोः? यादृश एव अहमस्य द्रव्यस्य स्वामी, तादृशस्त्वमपि । मा च मे त्वं किंचिदतो विप्रणाशयिष्यसि ॥

今译："后来，世尊啊，这位长者生病。他感到自己的死期临近。他对这个穷人这样说：'你来吧！我有大量金子、财物和谷物库藏。我已经病重。我希望你知道这一切，给予谁什么，从哪里取来什么，又怎样安放。为什么？正像我是这些财物的主人，你同样也是。你不要让它们遭到任何毁损。'

什译："世尊！爾時，長者有疾，自知將死不久，語窮子言：'我今多有金銀珍寶，倉庫盈溢，其中多少，所應取與，汝悉知之。我心如是，當體此意[2]。所以者何？今我與汝，便為不異，宜加用心，無令漏失。'

अथ खलु भगवन्स दरिद्रपुरुषो ऽनेन पर्यायेण तच्च तस्य गृहपतेः प्रभूतं हिरण्यसुवर्णधनधान्यकोशकोष्ठागारं संजानीयात्। आत्मना च ततो निःस्पृहो भवेत्। न च तस्मात्किंचित्प्रार्थयेत्, अन्तशः सक्तुप्रस्थमूल्यमात्रमपि । तत्रैव च कटपलिकुञ्चिकायां वासं कल्पयेत्, तामेव दरिद्रचिन्तामनुविचिन्तयमानः ॥

今译："然后，世尊啊，这个穷人就这样掌管这位长者的大量金子、财物和谷物库藏。而他本人毫无贪图心。他不渴望从中获取什么，

① "心相体信"意谓身心完全相信，无所顾虑。
② "当体此意"意谓应当理解我的这种心意。

甚至一斗炒面粉。他仍然居住茅屋，心中安于贫穷。

什译："爾時，窮子即受教勅，領知眾物，金銀珍寶及諸庫藏，而無悕取一飡之意。然其所止故在本處，下劣之心亦未能捨。

अथ खलु भगवन्स गृहपतिस्तं पुत्रं शक्तं परिपालकं परिपक्वं विदित्वा अवमर्दितचित्तमुदारसंज्ञया च पौर्विकया दरिद्रचिन्तया आर्तीयन्तं जेह्रीयमाणं जुगुप्समानं विदित्वा मरणकालसमये प्रत्युपस्थिते तं दरिद्रपुरुषमानाय्य महतो ज्ञातिसंघस्योपनामयित्वा राज्ञो वा राजमात्रस्य वा पुरतो नैगमजानपदानां च संमुखमेवं संश्रावयेत्-- शृण्वन्तु भवन्तः, अयं मम पुत्र औरसो मयैव जनितः । अमुकं नाम नगरम्। तस्मादेष पञ्चाशद्वर्षो नष्टः । अमुको नामैष नाम्ना । अहमप्यमुको नाम । ततश्चाहं नगरादेतमेव मार्गमाण इहागतः । एष मम पुत्रः, अहमस्य पिता । यः कश्चिन्ममोपभोगो ऽस्ति, तं सर्वमस्मै पुरुषाय निर्यातयामि । यच्च मे किंचिदस्ति प्रत्यात्मकं धनम्, तत्सर्वमेष एव जानाति ॥

今译："这时，世尊啊，这位长者知道这个儿子老练成熟，有保护能力。他想到这个儿子行为高尚而以前受穷，不禁心中忧伤、羞愧和自责，备受折磨。临终时，他唤来这个穷人，召集所有亲戚，在国王和宰相面前，在城乡居民面前，宣布说：'诸位请听！这是我的儿子，我亲生的儿子。在名为某某的城市。从那个城市，他消失五十年。他名为某某。我名为某某。为了寻找他，我来到这个城市。他是我的儿子。我是他的父亲。他是我的继承人，我把所有一切交给他。我的任何私人财富，他全都知道。'

什译："復經少時，父知子意漸已通泰[①]，成就大志，自鄙先心。臨欲終時，而命其子并會[②]親族、國王、大臣、剎利、居士，皆悉已集，即自宣言：'諸君當知！此是我子，我之所生。於某城中捨吾逃走，伶俜[③]辛苦五十餘年。其本字某，我名某甲，昔在本城懷憂推覓，

---

① "通泰"意谓通达顺畅。
② "并会"意谓一起会见。
③ "伶俜"意谓孤苦伶仃。

忽於此間遇會得之。此實我子，我實其父。今我所有一切財物，皆是子有，先所出內，是子所知。’

अथ खलु भगवन्स दरिद्रपुरुषस्तस्मिन्समये इममेवंरूपं घोषं श्रुत्वा आश्चर्याद्भुतप्राप्तो भवेत्। एवं च विचिन्तयेत्-- सहसैव मयेदमेव तावद् हिरण्यसुवर्णधनधान्यकोशकोष्ठागारं प्रतिलब्धमिति ॥

今译：“这时，世尊啊，这个穷人听到这样的话语深感奇妙惊异。他这样想：‘我突然之间，就这样获得金子、财物和谷物库藏。’

什译：“世尊！是時，窮子聞父此言，即大歡喜，得未曾有，而作是念：‘我本無心有所希求，今此寶藏自然而至。’

एवमेव भगवन्वयं तथागतस्य पुत्रप्रतिरूपकाः । तथागतश्च अस्माकमेवं वदति -- पुत्रा मम यूयमिति, यथा स गृहपतिः । वयं च भगवंस्तिसृभिर्दुःखताभिः संपीडिता अभूम । कतमाभिस्तिसृभिः? यदुत दुःखदुःखतया संस्कारदुःखतया विपरिणामदुःखतया च । संसारे च हीनाधिमुक्तिकाः । ततो वयं भगवता बहून्धर्मान्प्रत्यवरान्संकारधानसदृशाननुविचिन्तयिताः । तेषु चास्म प्रयुक्ता घटमाना व्यायच्छमानाः । निर्वाणमात्रं च वयं भगवन्दिवसमुद्रामिव पर्येषमाणा मार्गामः । तेन च वयं भगवन्निर्वाणेन प्रतिलब्धेन तुष्टा भवामः । बहु च लब्धमिति मन्यामहे तथागतस्यान्तिकात्तेषु धर्मेष्वभियुक्ता घटित्वा व्यायमित्वा । प्रजानाति च तथागतो ऽस्माकं हीनाधिमुक्तिकताम्, ततश्च भगवानस्मानुपेक्षते, न संभिनत्ति, नाचष्टे -- यो ऽयं तथागतस्य ज्ञानकोशः, एष एव युष्माकं भविष्यतीति । भगवांश्चास्माकमुपायकौशल्येन अस्मिंस्तथागतज्ञानकोशे दायादान्संस्थापयति । निःस्पृहाश्च वयं भगवन्। तत एवं जानीम -- एतदेवास्माकं बहुकरं यद्वयं तथागतस्यान्तिकाद्दिवसमुद्रामिव निर्वाणं प्रतिलभामहे । ते वयं भगवन् बोधिसत्त्वानां महासत्त्वानां तथागतज्ञानदर्शनमारभ्य उदारां धर्मदेशनां कुर्मः । तथागतज्ञानं विवरामो दर्शयाम उपदर्शयामः । वयं भगवंस्ततो निःस्पृहाः समानाः ।

今译:"就这样,世尊啊,我们像是如来的儿子。正像这位长者,如来对我们说:'你们是我的儿子。'世尊啊,我们受三苦折磨。哪三苦?苦苦、行苦和坏苦①。我们在生死轮回中,心意低劣。于是,世尊让我们思考那些低劣法如同垃圾堆。而我们勤奋努力修习这些法。世尊啊,我们只是渴望和追求涅槃,就像日工资。世尊啊,我们获得涅槃,便心满意足。我们觉得勤奋努力修习这些法,已经从如来身边获得很多。如来知道我们心意低劣,没有干预我们,没有打断我们,没有告诉我们:'这个如来的智库将属于你们。'如来运用方便善巧,安排我们成为这个如来智库的继承人。世尊啊,我们对此没有企求心。我们觉得获得涅槃,就像获得日工资,我们已从如来身边获得很多。世尊啊,我们向菩萨大士们宣说关于如来知见的高尚法,说明、阐释和示现如来智。世尊啊,我们同样对此没有企求心。

什译:"世尊!大富長者則是如來,我等皆似佛子。如來常說我等為子。世尊!我等以三苦故,於生死中受諸熱惱,迷惑無知,樂著小法。今日世尊令我等思惟蠲除諸法戲論②之糞,我等於中勤加精進,得至涅槃一日之價。既得此已,心大歡喜,自以為足,而便自謂:'於佛法中勤精進故,所得弘多。'然世尊先知我等心著弊欲,樂於小法,便見縱捨,不為分別③:'汝等當有如來知見寶藏之分④。'世尊以方便力說如來智慧,我等從佛得涅槃一日之價,以為大得,於此大乘無有志求。我等又因如來智慧,為諸菩薩開示演說,而自於此無有志願。

तत्कस्य हेतोः? उपायकौशल्येन तथागतो ऽस्माकमधिमुक्तिं प्रजानाति । तच्च वयं न जानीमो न बुध्यामहे यदिदं भगवता एतर्हि कथितम्-- यथा वयं भगवतो भूताः पुत्राः, भगवांश्चास्माकं स्मारयति तथागतज्ञानदायादान्। तत्कस्य

---

① "苦苦"(duḥkhaduḥkhatā)指一切身心之苦,"行苦"(saṃskāraduḥkhatā)指诸行无常之苦,"坏苦"(vipariṇāmaduḥkhatā)指一切坏灭之苦,合称"三苦"。
② "戏论"(prapañca)意谓虚妄不实的言论。此处原文中没有使用此词。
③ 此处"分别"意谓说明。
④ "宝藏之分"意谓继承和享有宝藏。

हेतोः? यथापि नाम वयं तथागतस्य भूताः पुत्राः इति, अपि तु खलु पुनर्हीनाधिमुक्ताः । सचेद्भगवानस्माकं पश्येदधिमुक्तिबलम्, बोधिसत्त्वशब्दं भगवानस्माकमुदाहरेत्। वयं पुनर्भगवता द्वे कार्ये कारापिताः -- बोधिसत्त्वानां चाग्रतो हीनाधिमुक्तिका इत्युक्ताः, ते चोदारायां बुद्धबोधौ समादापिताः, अस्माकं चेदानीं भगवानधिमुक्तिबलं ज्ञात्वा इदमुदाहृतवान्। अनेन वयं भगवन्पर्यायेणैवं वदामः -- सहसैवास्माभिर्निःस्पृहैराकाङ्क्षितममार्गितमपर्येषितमचिन्तितमप्रार्थितं सर्वज्ञतारत्नं प्रतिलब्धं यथापीदं तथागतस्य पुत्रैः ॥

今译："为什么？如来运用方便善巧，知道我们的心意。而我们不知道、不觉知世尊现在所说的这一切。因为我们已成为如来的儿子，如来提醒我们是如来智继承人。为什么？因为如来认为我们已成为如来的儿子，然而心意低劣。如果世尊看到我们的信解力，会称呼我们为菩萨。然而，世尊让我们加倍做事。在菩萨们面前，说我们心意低劣，而教导他们高尚的佛菩提。而世尊现在知道了我们的信解力，便告诉我们这一切。世尊啊，正是这样，我们说：'我们突然之间获得这个自己没有渴望、企求、寻求、探求、思念和追求的知一切智性宝，正因为我们是如来的儿子。'"

什译："所以者何？佛知我等心樂小法，以方便力隨我等說，而我等不知真是佛子。今我等方知世尊於佛智慧無所悋惜。所以者何？我等昔來真是佛子，而但樂小法。若我等有樂大之心，佛則為我說大乘法，於此經中唯說一乘。而昔於菩薩前毀呰聲聞樂小法者，然佛實以大乘教化。是故我等說本無心有所悕求，今法王大寶自然而至，如佛子所應得者，皆已得之。"

अथ खल्वायुष्मान्महाकाश्यपस्तस्यां वेलायामिमा गाथा अभाषत्--

今译：这时，尊者摩诃迦叶又用这些偈颂说道：

什译：爾時，摩訶迦葉欲重宣此義，而說偈言：

आश्चर्यभूताः स्म तथाद्भुताश्च औद्बिल्यप्राप्ताः स्म श्रुणित्व घोषम्।
सहसैव अस्माभिरयं तथाद्य मनोज्ञघोषः श्रुतु नायकस्य ॥ १ ॥

今译：我们今天突然闻听
导师美妙可爱的话语，
闻听后，深感奇妙，
闻所未闻，满心欢喜。（1）

什译：我等今日，聞佛音教，
歡喜踊躍，得未曾有。

विशिष्टरत्नान महन्तराशिर्मुहूर्तमात्रेणयमद्य लब्धः ।
न चिन्तितो नापि कदाचि प्रार्थितस्तं श्रुत्व आश्चर्यगताः स्म सर्वे ॥ २ ॥

今译：今天我们顷刻间获得
如此大量的殊胜珍宝，
从来没有想到和追求，
闻听后全都深感惊奇。（2）

什译：佛說聲聞，當得作佛，
無上寶聚，不求自得。

यथापि बालः पुरुषो भवेत उत्प्लावितो बालजनेन सन्तः ।
पितुः सकाशातु अपक्रमेत अन्यं च देशं व्रजि सो सुदूरम्॥ ३ ॥

今译：正如有个幼稚孩子，
听从某些愚夫教唆，
从父亲的身边离开，
前往其他遥远地方。（3）

什译：譬如童子，幼稚無識，

捨父逃逝，遠到他土。

पिता च तं शोचति तस्मि काले पलायितं ज्ञात्व स्वकं हि पुत्रम्।
शोचन्तु सो दिग्विदिशासु अञ्चे वर्षाणि पञ्चाशदनूनकानि ॥ ४ ॥

今译：得知自己的儿子
出走，父亲忧伤，
忧伤中四处寻找，
度过整整五十年。（4）

什译：周流諸國，五十餘年，
其父憂念，四方推求。

तथा च सो पुत्र गवेषमाणो अन्यं महन्तं नगरं हि गत्वा ।
निवेशनं मापिय तत्र तिष्ठेत्समर्पितो कामुगणेहि पञ्चभिः ॥ ५ ॥

今译：在寻找儿子过程中，
来到另一个大城市，
新建一座住宅住下，
所有五欲享受齐备。（5）

什译：求之既疲，頓止一城，
造立舍宅，五欲自娛。

बहुं हिरण्यं च सुवर्णरूप्यं धान्यं धनं शङ्खशिलाप्रवालम्।
हस्ती च अश्वाश्च पदातयश्च गावः पशूश्चैव तथैडकाश्च ॥ ६ ॥

今译：大量的金银、谷物、
财物、贝壳、宝石、
珊瑚、象、马、牛、
羊、牲畜和侍从。（6）

什译：其家巨富，多諸金銀，
車𤦲瑪瑙，真珠琉璃，
象馬牛羊，輦輿車乘，
田業僮僕，人民眾多。

प्रयोग आयोग तथैव क्षेत्रा दासी च दासा बहु प्रेष्यवर्गः ।
सुसत्कृतः प्राणिसहस्रकोटिभी राज्ञश्च सो वल्लभु नित्यकालम्॥ ७ ॥

今译：放贷盈利，农田收入，
许多男女奴仆和差役，
受到千千万众生尊敬，
也经常受到国王恩宠。（7）

什译：出入息利，乃遍他國，
商估賈人，無處不有，
千萬億眾，圍繞恭敬，
常為王者，之所愛念。

कृताञ्जली तस्य भवन्ति नागरा ग्रामेषु ये चापि वसन्ति ग्रामिणः ।
बहुवाणिजास्तस्य व्रजन्ति अन्तिके बहूहि कार्यैहि कृताधिकाराः ॥ ८ ॥

今译：城市居民和乡村的
农民合掌向他致敬，
商人们来到他身边，
忙于完成许多事务。（8）

什译：群臣豪族，皆共宗重，
以諸緣故，往來者眾。

एतादृशो ऋद्धिमतो नरः स्याज्जीर्णश्च वृद्धश्च महल्लकश्च ।

स पुत्रशोकं अनुचिन्तयन्तः क्षपेय रात्रिंदिव नित्यकालम्॥ ९ ॥

今译：这个人财力雄厚，
　　　而身体已经衰老，
　　　他想念儿子而忧伤，
　　　经常这样度过日夜。（9）

什译：豪富如是，有大力勢，
　　　而年朽邁，益憂念子。

स तादृशो दुर्मति मह्य पुत्रः पञ्चाश वर्षाणि तदा पलानकः ।
अयं च कोशो विपुलो ममास्ति कालक्रिया चो मम प्रत्युपस्थिता ॥ १० ॥

今译：“我这个儿子愚痴，
　　　已经出走有五十年，
　　　我的库藏财富充盈，
　　　而我的死期已临近。”（10）

什译：夙夜惟念，死時將至，
　　　癡子捨我，五十餘年，
　　　庫藏諸物，當如之何？

सो चापि बालो तद तस्य पुत्रो दरिद्रकः कृपणकु नित्यकालम्।
ग्रामेण ग्रामं अनुचंक्रमन्तः पर्येषते भक्त अथापि चोलम्॥ ११ ॥

今译：这个愚昧的儿子，
　　　始终贫穷而可怜，
　　　从这村走到那村，
　　　求取食物和衣服。（11）

什译：爾時窮子，求索衣食，

從邑至邑，從國至國。

पर्येषमाणो ऽपि कदाचि किंचिल्लभेत किंचित्पुन नैव किंचित्।
स शुष्यते परशरणेषु बालो दद्रूय कण्डूय च दिग्धगात्रः ॥ १२ ॥

今译：他这样四处乞求，有时
　　　有所获，有时一无所获，
　　　靠他人庇护，肢体干瘦，
　　　身上长有疥癣和疥疮。（12）

什译：或有所得，或無所得，
　　　飢餓羸瘦，體生瘡癬。

सो च व्रजेत्तं नगरं यहिं पिता अनुपूर्वशो तत्र गतो भवेत।
भक्तं च चोलं च गवेषमाणो निवेशनं यत्र पितुः स्वकस्य ॥ १३ ॥

今译：他依次游走，来到
　　　父亲所在那个城市，
　　　为求取食物和衣服，
　　　来到自己父亲住宅。（13）

什译：漸次經歷，到父住城，
　　　傭賃展轉，遂至父舍。

सो चापि आढ्यः पुरुषो महाधनो द्वारस्मि सिंहासनि संनिषण्णः।
परिवारितः प्राणिशतैरनेकैर्वितान तस्या विततो ऽन्तरीक्षे ॥ १४ ॥

今译：这个大财主正坐在
　　　住宅门口狮子座上，
　　　头顶上面张有帐篷，
　　　身边围绕数百众生。（14）

什译：爾時長者，於其門內，
　　　施大寶帳，處師子座，
　　　眷屬圍遶，諸人侍衛。

आप्तो जनश्चास्य समन्ततः स्थितो धनं हिरण्यं च गणेन्ति केचित्।
केचित्तु लेखानपि लेखयन्ति केचित्प्रयोगं च प्रयोजयन्ति ॥ १५ ॥

今译：许多心腹侍立四周，
　　　有些人在计算金钱，
　　　有些人在记账登录，
　　　有些人在进行借贷。（15）

什译：或有計算，金銀寶物，
　　　出内財產，注記券疏。

सो चा दरिद्रो तहि एतु दृष्ट्वा विभूषितं गृहपतिनो निवेशनम्।
कहिं नु अद्य अहमत्र आगतो राजा अयं भेष्यति राजमात्रः ॥ १६ ॥

今译：这个穷人看到这一位
　　　长者的住宅装饰华丽，
　　　心想“我今天来到哪里？
　　　这个人是国王或宰相？（16）

什译：窮子見父，豪貴尊嚴，
　　　謂是國王，若國王等①。

मा दानि दोषं पि लभेयमत्र गृह्णित्व वेष्टिं पि च कारयेयम्।
अनुचिन्तयन्तः स पलायते नरो दरिद्रवीथीं परिपृच्छमानः ॥ १७ ॥

① “若国王等”意谓或与国王相等者。“国王等”的原词是 rājamātra，在前面出现时，什译“王等”。

今译：“我别在这里惹麻烦，
被人抓走去服劳役。”
他这样想着便离开，
前往穷街求取衣食。（17）

什译：驚怖自怪，何故至此？
覆自念言：“我若久住，
或見逼迫，強驅使作。”
思惟是已，馳走而去，
借問[①]貧里，欲往傭作。

सो चा धनी तं स्वकु पुत्र दृष्ट्वा सिंहासनस्थश्च भवेत्प्रहृष्टः ।
स दूतकान्प्रेषयि तस्य अन्तिके आनेथ एतं पुरुषं दरिद्रम्॥ १८ ॥

今译：这位财主在狮子座上，
已经看到自己的儿子，
满心欢喜，吩咐侍从：
“你们去带回这穷人！”（18）

什译：長者是時，在師子座，
遙見其子，默而識之，
即勅使者，追捉將來。

समनन्तरं तेहि गृहीतु सो नरो गृहीतमात्रो ऽथ च मूर्च्छं गच्छेत्।
ध्रूवं खु मह्यं वधका उपस्थिताः किं मह्य चोलेनथ भोजनेन वा ॥ १९ ॥

今译：随即他们抓住这个人，
他被抓时，昏厥过去：
“肯定是刽子手来到，

① “借问”意谓询问或打听。

食物衣服还有什么用？”（19）

什译：穷子驚喚，悶绝躄地：
“是人執我，必當見殺，
何用衣食，使我至此？”

दृष्ट्वा च सो पण्डितु तं महाधनी हीनाधिमुक्तो अयु बाल दुर्मतिः ।
न श्रद्दधी मह्यमिमां विभूषितां पिता ममायं ति न चापि श्रद्दधीत्॥ २० ॥

今译：聪明的大财主看到他后，
心想：“他愚痴，心意低劣，
不会信任我的这种豪华，
也不会相信我这位父亲。”（20）

什译：長者知子，愚癡狹劣，
不信我言，不信是父。

पुरुषांश्च सो तत्र प्रयोजयेत वङ्काश्च ये काणक कुण्ठकाश्च ।
कुचेलकाः कृष्णक हीनसत्त्वाः पर्येषथा तं नरु कर्मकारकम्॥ २१ ॥

今译：他吩咐一些生性低劣者，
驼背，独眼，手足残疾，
衣衫褴褛，皮肤黝黑：
“你们去雇这个人干活。（21）

什译：即以方便，更遣餘人，
眇目[①]矬陋，無威德者：
“汝可語之，云當相雇，

① “眇目”意谓只有一只眼。

संकारधानं इमु मह्य पूतिकमुच्चारप्रस्त्रावविनाशितं च ।
तं शोधनार्थाय करोहि कर्म द्विगुणं च ते वेतनकं प्रदास्ये ॥ २२ ॥

今译：“告诉他干清洁活，
清除这里的垃圾堆，
清除恶臭的尿粪，
我会给你双倍工资。”（22）

什译：“除諸糞穢，倍與汝價。”

एतादृशं घोष श्रुणित्व सो नरो आगत्य संशोधयि तं प्रदेशम्।
तत्रैव सो आवसथं च कुर्यान्निवेशनस्योपलिकुञ्चिके ऽस्मिन्॥ २३ ॥

今译：这个人听到这话后，
来到这里干清洁活，
同时他也住在这里，
住宅附近的茅屋中。（23）

什译：窮子聞之，歡喜隨來，
為除糞穢，淨諸房舍。

सो चा धनी तं पुरुषं निरीक्षेद्गवाक्षओलोकनके ऽपि नित्यम्।
हीनाधिमुक्तो अयु मह्य पुत्रः संकारधानं शुचिकं करोति ॥ २४ ॥

今译：这个财主常透过窗户
观看这个人，心想：
“我的儿子心意低劣，
他在干清除垃圾的活。”（24）

什译：長者於牖，常見其子，
念子愚劣，樂為彼事。

स ओतरित्वा पिटकं गृहीत्वा मलिनानि वस्त्राणि च प्रावरित्वा ।
उपसंक्रमेत्तस्य नरस्य अन्तिके अवभर्त्सयन्तो न करोथ कर्म ॥ २५ ॥

今译：他出来，手提篮子，
换上脏衣服，走到
这人身边，责备说：
“你没有好好干活。（25）

什译：於是長者，著弊垢衣，
執除糞器，往到子所，
方便附近，語令勤作：

द्विगुणं च ते वेतनकं ददामि द्विगुणां च भूयस्तथ पादम्रक्षणम्।
सलोणभक्तं च ददामि तुभ्य शाकं च शाटिं च पुनर्ददामि ॥ २६ ॥

今译：“我给你双倍的工资，
还有双倍的擦足油，
我也给你食物和盐，
还有果蔬和衣服。”（26）

什译：“既益汝價，并塗足油，
飲食充足，薦席厚煖。”

एवं च तं भर्त्सिय तस्मि काले संश्लेषयेत्तं पुनरेव पण्डितः ।
सुष्टुं खलू कर्म करोषि अत्र पुत्रो ऽसि व्यक्तं मम नात्र संशयः ॥ २७ ॥

今译：这样责备他后，这时，
这位智者又安抚他说：
“你好好在这里干活，
无疑，你像我的儿子。”（27）

什译：如是苦言："汝當勤作。"
　　　又以軟語："若如我子。"

स स्तोकस्तोकं च गृहं प्रवेशयेत्कर्म च कारापयि तं मनुष्यम्।
विंशच्च वर्षाणि सुपूरितानि क्रमेण विश्रम्भयि तं नरं सः ॥ २८ ॥

今译：他渐渐让这人进屋，
　　　交给他做各种事情，
　　　这样过了整二十年，
　　　逐步取得这人信任。（28）

什译：長者有智，漸令出入，
　　　經二十年，執作家事。

हिरण्यु सो मौक्तिकु स्फाटिकं च प्रतिसामयेत्तत्र निवेशनस्मिन्।
सर्वं च सो संगणनां करोति अर्थं च सर्वं अनुचिन्तयेत ॥ २९ ॥

今译：让他在住宅里整理
　　　金子、珍珠和水晶，
　　　计算它们的总数，
　　　操心所有这一切。（29）

什译：示其金銀，真珠頗梨，
　　　諸物出入，皆使令知。

बहिर्धा सो तस्य निवेशनस्य कुटिकाय एको वसमानु बालः ।
दरिद्रचिन्तामनुचिन्तयेत न मे ऽस्ति एतादृश भोग केचित्॥ ३० ॥

今译：而这愚人依然独自
　　　住在住宅外茅屋里，
　　　他安于贫穷，认为

自己不享有这一切。（30）

什译：猶處門外，止宿草庵，
自念貧事："我無此物。"

ज्ञात्वा च सो तस्य इमेवरूपमुदारसंज्ञाभिगतो मि पुत्रः ।
स आनयित्वा सुहृज्ज्ञातिसंघं निर्यातयिष्याम्यहु सर्वमर्थम्॥ ३१ ॥

今译：长者知道他的想法，
认为儿子思想高尚，
便召集朋友和亲戚，
说自己要移交财产。（31）

什译：父知子心，漸已廣大，
欲與財物，即聚親族，

राजान सो नैगमनागरांश्च समानयित्वा बहुवाणिजांश्च ।
उवाच एवं परिषाय मध्ये पुत्रो ममायं चिर विप्रनष्टकः ॥ ३२ ॥

今译：他邀集国王、城乡
居民以及许多商人，
当众宣布："这是我
失散许多年的儿子。（32）

什译：國王大臣，刹利居士，
於此大眾，說是我子。

पञ्चाश वर्षाणि सुपूर्णकानि अन्ये च ऽतो विंशतिये मि दृष्टः ।
अमुकातु नगरातु ममैष नष्टो अहं च मार्गन्त इहैवमागतः ॥ ३३ ॥

今译："失散了整整五十年，

此后相见也有二十年，
他在某城市与我失散，
我寻找他而来到这里。（33）

什译：“捨我他行，經五十歲，
自見子來，已二十年，
昔於某城，而失是子，
周行求索，遂來至此。

सर्वस्य द्रव्यस्य अयं प्रभुर्मे एतस्य निर्यातयि सर्वशेषतः ।
करोतु कार्यं च पितुर्धनेन सर्वं कुटुम्बं च ददामि एतत् ॥ ३४ ॥

今译：“他是我的财物的主人，
我毫无保留交给他一切，
把这整个家业都交给他
让他用父亲的财富办事。”（34）

什译：“凡我所有，舍宅人民，
悉以付之，恣其所用。”

आश्चर्यप्राप्तश्च भवेन्नरो ऽसौ
दरिद्रभावं पुरिमं स्मरित्वा ।
हीनाधिमुक्तिं च पितुश्च तान् गुणांल्लब्ध्वा
कुटुम्बं सुखितो ऽस्मि अद्य ॥ ३५ ॥

今译：这人深感惊奇惊异，回想
以前自己贫穷，心意低劣，
父亲具备美德，如今自己
获得家业，成为幸福的人。（35）

什译：子念昔貧，志意下劣，

今於父所，大獲珍寶，
并及舍宅，一切財物，
甚大歡喜，得未曾有。

तथैव चास्माक विनायकेन हीनाधिमुक्तित्व विजानियान ।
न श्रावितं बुद्ध भविष्यथेति यूयं किल श्रावक मह्य पुत्राः ॥ ३६ ॥

今译：正是这样，导师知道我们
心意低劣，没有告诉我们：
“你们将会成佛。”而是说：
“你们这些声闻是我的儿子。”（36）

什译：佛亦如是，知我樂小，
未曾說言：“汝等作佛。”
而說我等，得諸無漏，
成就小乘，聲聞弟子。

अस्मांश्च अध्येषति लोकनाथो ये प्रस्थिता उत्तममग्रबोधिम्।
तेषां वदे काश्यप मार्ग नुत्तरं यं मार्ग भावित्व भवेयु बुद्धाः ॥ ३७ ॥

今译：世界导师鼓励我们说：
“迦叶啊，你们要向
追求至上菩提者宣说
无上道，修道而成佛。”（37）

什译：佛勅我等，說最上道，
修習此者，當得成佛。

वयं च तेषां सुगतेन प्रेषिता बहुबोधिसत्त्वान महाबलानाम्।
अनुत्तरं मार्ग प्रदर्शयाम दृष्टान्तहेतूनयुतान कोटिभिः ॥ ३८ ॥

今译：我们受善逝的委派，
运用千万那由他譬喻
因缘，向许许多多
大力菩萨宣说无上道。（38）

什译：我承佛教，為大菩薩，
以諸因緣，種種譬喻，
若干言辭，說無上道。

श्रुत्वा च अस्माकु जिनस्य पुत्रा बोधाय भावेन्ति सुमार्गमग्र्यम्।
ते व्याक्रियन्ते च क्षणस्मि तस्मिन्भविष्यथा बुद्ध इमस्मि लोके ॥ ३९ ॥

今译：佛子们闻听我们说法，
修习无上道求取菩提，
他们顷刻间获得授记：
“你们将在世上成佛。”（39）

什译：諸佛子等，從我聞法，
日夜思惟，精勤修習，
是時諸佛，即授其記：
“汝於來世，當得作佛。”

एतादृशं कर्म करोम तायिनः संरक्षमाणा इम धर्मकोशम्।
प्रकाशयन्तश्च जिनात्मजानां वैश्वासिकस्तस्य यथा नरः सः ॥ ४० ॥

今译：我们这样为救世者
做事，守护这法库，
向胜者之子们宣说，
如同这人受到信任。（40）

什译：一切諸佛，祕藏之法，
但為菩薩，演其實事，
而不為我，說斯真要。[1]

दरिद्रचिन्ताश्च विचिन्तयाम विश्राणयन्तो इमु बुद्धकोशम्।
न चैव प्रार्थेम जिनस्य ज्ञानं जिनस्य ज्ञानं च प्रकाशयामः ॥ ४१ ॥

今译：我们想到自己贫穷，
而我们宣说这佛库，
我们不追求胜者智，
而我们宣说胜者智。（41）

什译：如彼窮子，得近其父，
雖知諸物，心不希取，
我等雖說，佛法寶藏，
自無志願，亦復如是。

प्रत्यात्मिकीं निर्वृति कल्पयाम एतावता ज्ञानमिदं न भूयः ।
नास्माक हर्षो ऽपि कदाचिअ भोति क्षेत्रेषु बुद्धान श्रुणित्व व्यूहान्॥ ४२ ॥

今译：我们认为自身已涅槃，
不再需要这样的智慧，
即使闻听各种佛土庄严，
我们也不感到任何欣喜。（42）

什译：我等內滅[2]，自謂為足，
唯了此事，更無餘事，
我等若聞，淨佛國土，

① 这颂与原文有差异。
② 此处“内灭”的原词是 pratyātmikī nirvṛti，词义为自身寂灭或自身涅槃。

教化眾生，都無欣樂。

शान्ताः किला सर्विमि धर्मनास्त्रवा निरोधौत्पादविवर्जिताश्च ।
न चात्र कश्चिद्भवतीह धर्मो एवं तु चिन्तेत्व न भोति श्रद्धा ॥ ४३ ॥

今译：所有一切法寂静，
无漏，无生无灭，
世上没有任何法，
这样思惟而不信。（43）

什译：所以者何？一切諸法，
皆悉空寂，無生無滅，
無大無小，無漏無為，
如是思惟，不生喜樂。

सुनिःस्पृहा स्मा वय दीर्घरात्रं बौद्धस्य ज्ञानस्य अनुत्तरस्य ।
प्रणिधानमस्माक न जातु तत्र इयं परा निष्ठ जिनेन उक्ता ॥ ४४ ॥

今译：我们在漫漫长夜中，
不渴求无上的佛智，
我们不愿追求胜者
所说这种至高终极。（44）

什译：我等長夜，於佛智慧，
無貪無著，無復志願，
而自於法，謂是究竟①。

निर्वाणपर्यन्ति समुच्छ्रये ऽस्मिन्

① “究竟”的原词是 niṣṭha（“终极”），这里意谓终极真理。而这一行的表述与原文有差异。

परिभाविता शून्यत दीर्घरात्रम्।
परिमुक्त त्रैधातुकदुःखपीडिताः
कृतं च अस्माभि जिनस्य शासनम्॥ ४५ ॥

今译：以自身涅槃为极限[①]，
在长夜中修习空性，
我们按照胜者教导，
摆脱三界痛苦折磨。（45）

什译：我等長夜，修習空法，
得脫三界，苦惱之患，
住最後身，有餘涅槃。
佛所教化，得道不虛，
則為已得，報佛之恩。[②]

यं हि प्रकाशेम जिनात्मजानां ये प्रस्थिता भोन्ति इहाग्रबोधौ ।
तेषां च यत्किंचि वदाम धर्मं स्पृह तत्र अस्माक न जातु भोति ॥ ४६ ॥

今译：我们向追求至上
菩提的佛子说法，
然而，我们自己
并不渴求这种法。（46）

什译：我等雖為，諸佛子等，
說菩薩法，以求佛道，
而於是法，永無願樂。

तं चास्म लोकाचरियः स्वयंभूरुपेक्षते कालमवेक्षमाणः ।

① 此处“涅槃为极限”的原词是 nirvāṇaparyanti，据 J 本，写为 nirvāṇaparyanta，可取。
② 这里最后两行不见于原文。

न भाषते भूतपदार्थसंधिं अधिमुक्तिमस्माकु गवेषमाणः ॥ ४७ ॥

今译：自在者世界导师不管
　　　我们，而是等待时机，
　　　他在观察我们的信念，
　　　而不宣说真实密意。（47）

什译：道①師見捨②，觀我心故，
　　　初不勸進，說有實利③。

उपायकौशल्य यथैव तस्य महाधनस्य पुरुषस्य काले ।
हीनाधिमुक्तं सततं दमेति दमियान चास्मै प्रददाति वित्तम् ॥ ४८ ॥

今译：这就像那个大财主，
　　　当时运用方便善巧，
　　　调伏儿子低劣心意，
　　　调伏后交给他财物。（48）

什译：如富長者，知子志劣，
　　　以方便力，柔伏其心，
　　　然後乃付，一切財寶④。

सुदुष्करं कुर्वति लोकनाथो उपायकौशल्य प्रकाशयन्तः ।
हीनाधिमुक्तान्दमयन्तु पुत्रान्दमेत्व च ज्ञानमिदं ददाति ॥ ४९ ॥

今译：世界导师做这难事，

---

① 此处"道"字，据《中华大藏经》校勘记，《资》、《碛》、《普》、《南》、《径》、《清》、《丽》作"导"。
② "见舍"的原词是 upekṣate，词义为不关心或舍弃。
③ 此处"实利"的原词是 bhūtapadārthasaṃdhi，词义为真实句义（或事物）联系（或密意）。
④ 此处"宝"字，据《中华大藏经》校勘记，诸本作"物"。

运用方便善巧说法，
调伏心意低劣儿子，
调伏后教给他佛智。（49）

什译：佛亦如是，現希有事，
知樂小者，以方便力，
調伏其心，乃教大智。

आश्चर्यप्राप्ताः सहसा स्म अद्य यथा दरिद्रो लभियान वित्तम् ।
फलं च प्राप्तं इह बुद्धशासने प्रथमं विशिष्टं च अनास्रवं च ॥ ५० ॥

今译：正像穷人获得财物，
我们今天惊奇不已，
按照佛的教导获得
最为殊胜的无漏果。（50）

什译：我等今者①，得未曾有，
非先所望，而今自得，
如彼窮子，得無量寶，
世尊我今，得道得果，
於無漏法，得清淨眼。

यच्छीलमस्माभि च दीर्घरात्रं संरक्षितं लोकविदुस्य शासने ।
अस्माभि लब्धं फलमद्य तस्य शीलस्य पूर्वं चरितस्य नाथ ॥ ५१ ॥

今译：我们在长夜中持戒，
恪守世间解的教导，
导师啊，我们今天

---

① 此处"者"字，据《中华大藏经》校勘记，《资》、《碛》、《普》、《南》、《径》、《清》、《丽》作"日"。

获得以前持戒的果。(51)

什译：我等長夜，持佛淨戒，
　　　　始於今日，得其果報。

यद्ब्रह्मचर्यं परमं विशुद्धं निषेवितं शासनि नायकस्य ।
तस्यो विशिष्टं फलमद्य लब्धं शान्तं उदारं च अनास्रवं च ॥ ५२ ॥

今译：我们遵照导师的教导，
　　　　修习最为清净的梵行，
　　　　今天获得它的殊胜果，
　　　　寂静、崇高和无漏。(52)

什译：法王法中，久修梵行，
　　　　今得無漏，無上大果。

अद्यो वयं श्रावकभूत नाथ संश्रावयिष्यामथ चाग्रबोधिम् ।
बोधीय शब्दं च प्रकाशयामस्तेनो वयं श्रावक भीष्मकल्पाः ॥ ५३ ॥

今译：今天我们成为真声闻，
　　　　此后将宣说至上菩提，
　　　　我们宣示这种菩提音，
　　　　由此我们是威猛声闻。(53)

什译：我等今者，真是聲聞，
　　　　以佛道聲，令一切聞。

अर्हन्तभूता वयमद्य नाथ अर्हामहे पूज सदेवकातः ।
लोकात्समारातु सब्रह्मकातः सर्वेष सत्त्वान च अन्तिकातः ॥ ५४ ॥

今译：救世者啊，今天我们

成为真阿罗汉，值得
世界、天界、梵界和
魔界的一切众生敬拜。（54）

什译：我等今者，真阿羅漢，
於諸世間，天人魔梵，
普於其中，應受供養。

को नाम शक्तः प्रतिकर्तु तुभ्यमुद्युक्तरूपो बहुकल्पकोट्यः ।
सुदुष्कराणीदृशका करोषि सुदुष्करान्यानिह मर्त्यलोके ॥ ५५ ॥

今译：你在这个生死世界，
做这样的极难之事，
有谁能用数千万劫
报答得完你的恩情？（55）

什译：世尊大恩，以希有事，
憐愍教化，利益我等，
無量億劫，誰能報者？

हस्तेहि पादेहि शिरेण चापि प्रतिप्रियं दुष्करकं हि कर्तुम्।
शिरेण अंसेन च यो धरेत परिपूर्णकल्पान्यथ गङ्गवालिकाः ॥ ५६ ॥

今译：用手、足和头致敬，
用头顶和肩膀承载，
即使历时恒河沙数劫，
也难以报答你的恩情。（56）

什译：手足供給，頭頂禮敬，
一切供養，皆不能報；

若以頂戴，兩肩荷負，
於恒沙劫，盡心恭敬，

खाद्यं ददेद्भोजनवस्त्रपानं शयनासनं चो विमलोत्तरच्छदम्।
विहार कारापयि चन्दनामयान्संस्तीर्य चो दूष्ययुगेहि दद्यात्॥ ५७ ॥

今译：布施各种食物、饮料、
衣服、卧床、座位和
洁净被褥，建造旃檀
寺舍，铺设双层绢布。（57）

什译：又以美饍，無量寶衣，
及諸臥具，種種湯藥，
牛頭旃檀[①]，及諸珍寶，
以起塔廟，寶衣布地。

गिलानभैषज्य बहुप्रकारं पूजार्थ दद्यात्सुगतस्य नित्यम्।
ददेय कल्पान्यथ गङ्गवालिका नैवं कदाचित्प्रतिकर्तु शक्यम्॥ ५८ ॥

今译：布施各种治病药物，
经常这样供奉如来，
即使历时恒河沙数劫，
也不能报答他的恩情。（58）

什译：如斯等事，以用供養，
於恒沙劫，亦不能報。

महात्मधर्मा अतुलानुभावा महर्द्धिकाः क्षान्तिबले प्रतिष्ठिताः ।

---

① “牛头旃檀”（gośīrṣacandana）是一种旃檀名称。此处原文只是使用 candana（“旃檀”）一词。

बुद्धा महाराज अनास्रवा जिना सहन्ति बालान इमीदृशानि ॥ ५९ ॥

今译：至尊之法，威力无比，
诸佛胜者，无漏法王，
具有大神通和忍辱力，
能承受这些无知众生。（59）

什译：諸佛希有，無量無邊，
不可思議，大神通力，
無漏無為，諸法之王，
能為下劣，忍于斯事，
取相凡夫①，隨宜為說。

अनुवर्तमानस्तथ नित्यकालं निमित्तचारीण ब्रवीति धर्मम्।
धर्मेश्वरो ईश्वरु सर्वलोके महेश्वरो लोकविनायकेन्द्रः ॥ ६० ॥

今译：这些自在者，大自在，
法自在，世界导师王，
永远在一切世界随顺
取相而行的众生说法。（60）

什译：諸佛於法，得最自在，
知諸眾生，種種欲樂，

प्रतिपत्ति दर्शेति बहुप्रकारं सत्त्वान स्थानानि प्रजानमानः ।
नानाधिमुक्तिं च विदित्व तेषां हेतूसहस्रेहि ब्रवीति धर्मम्॥ ६१ ॥

今译：他们知道众生的处境，
宣示各种方式的修行，

① “取相凡夫”指执取形相的凡夫。

知道众生的各种信念，
运用数千种因缘说法。（61）

什译：及其志力，隨所堪任，
以無量喻，而為說法。

तथागतश्चर्य प्रजानमानः सर्वेष सत्त्वानथ पुद्गलानाम्।
बहुप्रकारं हि ब्रवीति धर्मं निदर्शयन्तो इममग्रबोधिम्॥ ६२ ॥

今译：如来了解各种各类
众生及其所作所为，
宣说多种多样的法，
示现这种至上菩提。（62）

什译：隨諸眾生，宿世善根，
又知成熟，未成熟者，
種種籌量，分別知已，
於一乘道，隨宜說三。

इत्यार्यसद्धर्मपुण्डरीके धर्मपर्याये अधिमुक्तिपरिवर्तो नाम चतुर्थः ॥

今译：以上是神圣《妙法莲华》法门中名为《信解品》的第四品。

५ ओषधीपरिवर्तः ।

今译：第五 药草品

什译：藥草喻品第五

अथ खलु भगवानायुष्मन्तं महाकाश्यपं तांश्चान्यान्स्थविरान्महाश्रावकानामन्त्रयामास -- साधु साधु महाकाश्यप । साधु खलु पुनर्युष्माकं काश्यप यद्यूयं तथागतस्य भूतान्गुणवर्णान्भाषध्वे । एते च काश्यप तथागतस्य भूता गुणाः । अतश्चान्ये ऽप्रमेया असंख्येयाः, येषां न सुकरः पर्यन्तो ऽधिगन्तुमपरिमितानपि कल्पान्भाषमाणैः । धर्मस्वामी काश्यप तथागतः, सर्वधर्माणां राजा प्रभुर्वशी । यं च काश्यप तथागतो धर्मं यत्रोपनिक्षिपति, स तथैव भवति । सर्वधर्मांश्च काश्यप तथागतो युक्त्योपनिक्षिपति । तथागतज्ञानेनोपनिक्षिपति । यथा ते धर्माः सर्वज्ञभूमिमेव गच्छन्ति । सर्वधर्मार्थगतिं च तथागतो व्यवलोकयति । सर्वधर्मार्थवशिताप्राप्तः सर्वधर्माध्याशयप्राप्तः सर्वधर्मविनिश्चयकौशल्यज्ञानपरमपारमिताप्राप्तः सर्वज्ञज्ञानसंदर्शकः सर्वज्ञज्ञानावतारकः सर्वज्ञज्ञानोपनिक्षेपकः काश्यप तथागतो ऽर्हन्सम्यक्संबुद्धः ॥

今译：然后，世尊对尊者摩诃迦叶和其他那些大声闻长老说道：“很好，很好，摩诃迦叶啊！确实很好，尊者迦叶啊！你们称赞如来的真实功德。迦叶啊，如来的这些和其他无量无数真实功德，即使历时无量劫，也难以说尽。迦叶啊，如来是法主，一切法之王，一切法的统辖者。迦叶啊，如来在哪里确立法，法就在那里存在。迦叶啊，如来合理确立一切法，确立如来智。这样，这些法通向知一切智地。

如来洞悉一切法义根底。迦叶啊，如来、阿罗汉、正等觉通达一切法义，深信一切法，彻底掌握判断选择一切法的方便智慧，示现知一切智，进入知一切智，确立知一切智。

什译：爾時，世尊告摩訶迦葉及諸大弟子：“善哉，善哉！迦葉善說如來真實功德。誠如所言，如來復有無量無邊阿僧祇功德，汝等若於無量億劫說不能盡。迦葉！當知如來是諸法之王，若有所說皆不虛也。於一切法，以智方便而演說之。其所說法皆悉到於一切智地。如來觀知一切諸法之所歸趣，亦知一切眾生深心所行，通達無礙。又於諸法究盡明了，示諸眾生一切智慧。

तद्यथापि नाम काश्यप अस्यां त्रिसाहस्रमहासाहस्रायां लोकधातौ यावन्तस्तृणगुल्मौषधिवनस्पतयो नानावर्णा नानाप्रकारा ओषधिग्रामा नानानामधेयाः पृथिव्यां जाताः पर्वतगिरिकन्दरेषु वा । मेघश्च महावारिपरिपूर्ण उन्नमेत्, उन्नमित्वा सर्वावतीं त्रिसाहस्रमहासाहस्रां लोकधातुं संछादयेत्। संछाद्य च सर्वत्र समकालं वारि प्रमुञ्चेत्। तत्र काश्यप ये तृणगुल्मौषधिवनस्पतयो ऽस्यां त्रिसाहस्रमहासाहस्रलोकधातौ, तत्र ये तरुणाः कोमलनालशाखापत्रपलाशास्तृणगुल्मौषधिवनस्पतयो द्रुमा महाद्रुमाः, सर्वे ते ततो महामेघप्रमुक्ताद्वारिणो यथाबलं यथाविषयमब्धातुं प्रत्यापिबन्ति । ते चैकरसेन वारिणा प्रभूतेन मेघप्रमुक्तेन यथाबीजमन्वयं विवृद्धिं विरूढिं विपुलतामापद्यन्ते, तथा च पुष्पफलानि प्रसवन्ति । ते च पृथक्पृथगू नानानामधेयानि प्रतिलभन्ते । एकधरणीप्रतिष्ठिताश्च ते सर्वे ओषधिग्रामा बीजग्रामा एकरसतोयाभिष्यन्दिताः ।

今译：“譬如，迦叶啊，在这三千大千世界，有这样多的草、灌木、药草和树木，各种颜色，各种形状，各种名称的药草，生长在大地、山岭和山谷中。饱含雨水的乌云升起。升起后，覆盖所有三千大千世界。覆盖后，在所有各地同时降下雨水。迦叶啊，这三千大千世界上的草、灌木、药草和树木，其中那些幼嫩的茎秆、枝叶、草、灌木、药草和树木，那些树，那些大树，它们全都按照自己的能力和环境吸收大云降下的雨水。它们依靠这种大量降下的同一味的水，根据自己的种子，依次发芽、成长、壮大和开花结果。它们分别获得各种名称。所有这些药草和种子扎根同一大地，受同一味的水滋润。

什译："迦葉！譬如三千大千世界，山川、谿谷、土地所生卉木、叢林及諸藥草，種類若干，名色各異。密雲彌布，遍覆三千大千世界，一時等澍①，其澤普洽。卉木、叢林及諸藥草，小根小莖小枝小葉，中根中莖中枝中葉，大根大莖大枝大葉，諸樹大小，隨上中下各有所受。一雲所雨，稱②其種性而得生長華菓敷實。雖一地所生，一雨所潤，而諸草木各有差別。

एवमेव काश्यप तथागतो ऽर्हन्सम्यक्संबुद्धो लोक उत्पद्यते । यथा महामेघः उन्नमते, तथा तथागतो ऽप्युत्पद्य सर्वावन्तं सदेवमानुषासुरं लोकं स्वरेणाभिविज्ञापयति । तद्यथापि नाम काश्यप महामेघः सर्वावतीं त्रिसाहस्र-महासाहस्रां लोकधातुमवच्छादयति, एवमेव काश्यप तथागतो ऽर्हन्सम्यक्संबुद्धः सदेवमानुषासुरस्य लोकस्य पुरत एवं शब्दमुदीरयति, घोषमनुश्रावयति -- तथागतो ऽस्मि भवन्तो देवमनुष्याः अर्हन्सम्यक्संबुद्धः, तीर्णस्तारयामि, मुक्तो मोचयामि, आश्वस्त आश्वासयामि, परिनिर्वृतः परिनिर्वापयामि । अहमिमं च लोकं परं च लोकं सम्यक्प्रज्ञया यथाभूतं प्रजानामि सर्वज्ञः सर्वदर्शी । उपसंक्रामन्तु मां भवन्तो देवमनुष्या धर्मश्रवणाय । अहं मार्गस्याख्याता मार्गदेशिको मार्गवित् मार्गकोविदः ।

今译："正是这样，迦叶啊，如来、阿罗汉、正等觉出世，如同大云升起，用同一音教导包括天神、凡人和阿修罗在内的一切世界众生。譬如，迦叶啊，大云覆盖所有三千大千世界，同样，迦叶啊，如来、阿罗汉、正等觉在包括天神、凡人和阿修罗在内的世界面前，发出话音，向一切众生宣布：'诸位天神和凡人啊，我是如来、阿罗汉、正等觉。我已经抵达彼岸，也让他人抵达彼岸。我已经解脱，也让他人解脱。我已经安宁，也让他人们安宁。我已经涅槃，也让他人涅槃。

---

① "一时等澍"意谓同时降雨。
② 此处"称"意谓按照或适合。

我依靠正智如实知道此界和彼界。我是知一切者，洞察一切。诸位天神和凡人啊，你们前来听法吧！我说明道路，指示道路，了解道路，通晓道路。’

什译：“迦葉！當知如來亦復如是，出現於世，如大雲起，以大音聲普遍世界天、人、阿修羅，如彼大雲遍覆三千大千國土。於大眾中，而唱是言：‘我是如來、應供、正遍知、明行足、善逝、世間解、無上士、調御丈夫、天人師、佛世尊，未度者令度，未解者令解，未安者令安，未涅槃者令得涅槃，今世後世，如實知之。我是一切知者，一切見者，知道者，開道者，說道者。汝等天、人、阿修羅眾皆應到此，為聽法故。’

तत्र काश्यप बहूनि प्राणिकोटीनयुतशतसहस्राणि तथागतस्य धर्मश्रवणायोपसंक्रामन्ति । अथ तथागतो ऽपि तेषां सत्त्वानामिन्द्रियवीर्यपरापरवैमात्रतां ज्ञात्वा तांस्तान्धर्मपर्यायानुपसंहरति, तां तां धर्मकथां कथयति बह्वीं विचित्रां हर्षणीयां परितोषणीयां प्रामोद्यकरणीयां हितसुखसंवर्तनकरणीयाम्। यया कथय ते सत्त्वाः दृष्ट एव धर्मे सुखिता भवन्ति, कालं च कृत्वा सुगतीषूपपद्यन्ते, यत्र प्रभूतांश्च कामान्परिभुञ्जन्ते, धर्मं च शृण्वन्ति । श्रुत्वा च तं धर्मं विगतनीवरणा भवन्ति । अनुपूर्वेण च सर्वज्ञधर्मेष्वभियुज्यन्ते यथाबलं यथाविषयं यथास्थानम्॥

今译：“迦叶啊，有数百千千万那由他众生来到如来这里听法。这时，如来也知道这些众生强弱不同的根力和精力，教给他们种种法门。他以多种多样方式说种种法，令人喜悦，令人满意，令人欢喜，令人获得利益和快乐。闻听这样的说法，这些众生在现世获得幸福，死后出生在善道，在那里享受许多快乐和听法。听法后，摆脱障碍，按照自己的能力和境况修习种种知一切智法。

什译：“爾時，無數千萬億種眾生來至佛所而聽法。如來于時觀是眾生諸根利鈍、精進懈怠，隨其所堪而為說法，種種無量，皆令歡喜，快得善利。是諸眾生聞是法已，現世安隱，後生善處，以道受樂，亦得聞法。既聞法已，離諸障礙，於諸法中任力所能，漸得人道[①]。

तद्यथापि नाम काश्यप महामेघः सर्वावतीं त्रिसाहस्रमहासाहस्रां लोकधातुं संछाद्य समं वारि प्रमुञ्चति, सर्वांश्च तृणगुल्मौषधिवनस्पतीन्वारिणा संतर्पयति । यथाबलं यथाविषयं यथास्थामं च ते तृणगुल्मौषधिवनस्पतयो वार्यापिबन्ति, स्वकस्वकां च जातिप्रमाणतां गच्छन्ति । एवमेव काश्यप तथागतो ऽर्हन् सम्यक्संबुद्धो यं धर्मं भाषते, सर्वः स धर्म एकरसो यदुत विमुक्तिरसो विरागरसो निरोधरसः सर्वज्ञज्ञानपर्यवसानः । तत्र काश्यप ये ते सत्त्वास्तथागतस्य धर्मं भाषमाणस्य शृण्वन्ति धारयन्ति अभिसंयुज्यन्ते, न ते आत्मनात्मानं जानन्ति वा वेदयन्ति वा बुध्यन्ति वा । तत्कस्य हेतोः? तथागत एव काश्यप तान्सत्त्वांस्तथा जानाति, ये च ते, यथा च ते, यादृशाश्च ते । यं च ते चिन्तयन्ति, यथा च ते चिन्तयन्ति, येन च ते चिन्तयन्ति । यं च ते भावयन्ति, यथा च ते भावयन्ति, येन च ते भावयन्ति । यं च ते प्राप्नुवन्ति, यथा च ते प्राप्नुवन्ति, येन च ते प्राप्नुवन्ति । तथागत एव काश्यप तत्र प्रत्यक्षः प्रत्यक्षदर्शी यथा च दर्शी तेषां सत्त्वानां तासु तासु भूमिषु स्थितानां तृणगुल्मौषधिवनस्पतीनां हीनोत्कृष्टमध्यमानाम्। सो ऽहं काश्यप एकरसधर्मं विदित्वा यदुत विमुक्तिरसं निर्वृतिरसं निर्वाणपर्यवसानं नित्यपरिनिर्वृतमेकभूमिकमाकाशगतिकमधिमुक्तिं सत्त्वानामनुरक्षमाणो न सहसैव सर्वज्ञज्ञानं संप्रकाशयामि । आश्चर्यप्राप्ता अद्भुतप्राप्ता यूयं काश्यप यद्यूयं संधाभाषितं तथागतस्य न शक्नुथ अवतरितुम्। तत्कस्य हेतोः? दुर्विज्ञेयं काश्यप तथागतानामर्हतां सम्यक्संबुद्धानां संधाभाषितमिति ॥

今译：“譬如，迦叶啊，大云覆盖所有三千大千世界，同时降下雨水，满足所有的草、灌木、药草和树木。这些草、灌木、药草和树木按照自己的能力、环境和威力吸收水分，长成各自的规模。同样，迦叶啊，如来、阿罗汉、正等觉宣说的一切法同一味，即解脱味，离欲味，寂灭味，以知一切智为终极。迦叶啊，这些众生闻听、记取和修习如来所说的法，然而他们并不感知和觉知自己。为什么？迦叶啊，

① 此处“漸得人道”中的“人”字，据《中华大藏经》校勘记，诸本作“入”。“漸得入道”按原文是 sarvajñadharmeṣv abhiyujyente（“修习知一切智法”），而护译“成就平等法身”。

如来知道这些众生：他们是这些，他们这样，他们如此，他们想什么，他们怎样想，他们依据什么想，他们修习什么，他们怎样修习，他们依据什么修习，他们获得什么，他们怎样获得，他们依据什么获得。迦叶啊，如来目睹而洞悉这些众生所处的种种境地，如同那些高、中和低不同的草、灌木、药草和树木。迦叶啊，我知道一味法，即解脱味，寂灭味，以涅槃为终极，确信永远涅槃的唯一地，以空为归宿。但我为了保护众生，不突然宣说知一切智。迦叶啊，你们深感奇妙惊异，因为你们不能领会如来的随宜所说。为什么？迦叶啊，如来、阿罗汉、正等觉的随宜所说难以理解。”

什译：“如彼大雲，雨於一切卉木、叢林及諸藥草，如其種性，具足蒙潤，各得生長。如來說法一相一味，所謂解脱相、離相、滅相，究竟至於一切種智。其有眾生聞如來法，若持讀誦，如說修行，所得功德，不自覺知。所以者何？唯有如來知此眾生種相體性，念何事，思何事，修何事，云何念，云何思，云何修，以何法念，以何法思，以何法修，以何法得何法[①]。眾生住於種種之地，唯有如來如實見之，明了無礙。如彼卉木、叢林、諸藥草等，而不自知上中下性。如來知是一相一味之法，所謂解脱相、離相、滅相，究竟涅槃常寂滅相，終歸於空。佛知是已，觀眾生心欲而將護[②]之，是故不即為說一切種智。汝等，迦葉！甚為希有，能知如來隨宜說法，能信能受。所以者何？諸佛世尊隨宜說法，難解難知。”

अथ खलु भगवांस्तस्यां वेलायामिममेवार्थं भूयस्या मात्रया संदर्शयमान इमा गाथा अभाषत --

今译：这时，世尊为了再次说明这种意义，又用这些偈颂说道：

什译：爾時，世尊欲重宣此義，而說偈言：

---

① 此处按照原文有十二个短语，什译将最后关于“获得”的三个短语合为一个，则总共十个短语。反顾前面《方便品》中什译十个“如是”，并不像这里有明确对应的梵语原词。

② “将护”意谓保护。

धर्मराजा अहं लोके उत्पन्नो भवमर्दनः ।
धर्मं भाषामि सत्त्वानामधिमुक्तिं विजानिय ॥ १ ॥

今译：我是法王，为了
灭除生死而出世，
了解一切众生的
心意后，我说法。（1）

什译：破有①法王，出現世間，
隨眾生欲，種種說法。

धीरबुद्धी महावीरा चिरं रक्षन्ति भाषितम् ।
रहस्यं चापि धारेन्ति न च भाषन्ति प्राणिनाम् ॥ २ ॥

今译：睿智的大英雄们，
长久守护所说法，
他们执持这秘要，
暂不向众生宣说。（2）

什译：如來尊重②，智慧深遠，
久默斯要，不務速說。

दुर्बोध्यं चापि तज्ज्ञानं सहसा श्रुत्व बालिशाः ।
काङ्क्षां कुर्युः सुदुर्मेधास्ततो भ्रष्टा भ्रमेयु ते ॥ ३ ॥

今译：愚夫们智力低下，
这种智慧难理解，
突然闻听，必定
心生怀疑而迷失。（3）

---

① "破有"（bhavamardana）意谓灭除生死。
② 此处"尊重"对应的原词是 mahāvīra（"大英雄"）。

什译：有智若聞，则能信解；
無智疑悔，則為永失。

यथाविषयु भाषामि यस्य यादृशकं बलम्।
अन्यमन्येहि अर्थेहि दृष्टिं कुर्वामि उज्जुकाम्॥ ४ ॥

今译：根据他们各自的
具体能力和情况，
我运用各种意义
说法，宣示正见。（4）

什译：是故迦葉！隨力為說，
以種種緣，令得正見。

यथापि काश्यपा मेघो लोकधातूय उन्नतः ।
सर्वमोनहती चापि छादयन्तो वसुंधराम्॥ ५ ॥

今译：迦叶啊，就好像
大云在这世界上
升起，笼罩一切，
覆盖这整个大地。（5）

什译：迦葉當知！譬如大雲，
起於世間，遍覆一切。

सो च वारिस्य संपूर्णो विद्युन्माली महाम्बुदः ।
निर्नादयन्त शब्देन हर्षयेत्सर्वदेहिनः ॥ ६ ॥

今译：这大云饱含雨水，
夹带着闪电花环，
发出轰鸣的响声，
令一切众生欢喜。（6）

什译：慧雲[①]合[②]潤，電光晃曜，
雷聲遠震，令眾悅豫。

सूर्यरश्मी निवारित्वा शीतलं कृत्व मण्डलम्।
हस्तप्राप्तो ऽवतिष्ठन्तो वारि मुञ्चेत्समन्ततः ॥ ७ ॥

今译：遮蔽太阳的光芒，
让地面变得清凉，
它仿佛触手可及，
向四处降下雨水。（7）

什译：日光掩蔽，地上清涼，
靉靆[③]垂布，如可承攬。

स चैव मम मुञ्चेत आपस्कन्धमनल्पकम्।
प्राखरन्तः समन्तेन तर्पयेन्मेदिनीमिमाम्॥ ८ ॥

今译：它同时[④]降下滂沱
大雨，四面八方
布满充沛的流水，
满足这整个大地。（8）

什译：其雨普等，四方俱下，
流澍無量，率土充洽。

इह या काचि मेदिन्यां जाता ओषधयो भवेत्।
तृणगुल्मवनस्पत्यो द्रुमा वाथ महाद्रुमाः ॥ ९ ॥

---

① 此处“慧云”的原词是 mahāmbuda，词义为大云。
② 此处“合”字，据《中华大藏经》校勘记，诸本作“含”。
③ “叆叇”形容云多。
④ 此处“同时”的原词是 mama，据 J 本，应为 sama。

今译：大地的各个地方，
　　　生长着各种药草、
　　　草、灌木和树木，
　　　其他的树和大树。（9）

什译：山川險谷，幽邃所生，
　　　卉木藥草，大小諸樹，

सस्यानि विविधान्येव यद्वापि हरितं भवेत्।
पर्वते कन्दरे चैव निकुञ्जेषु च यद्भवेत्॥ १० ॥

今译：各种各样的谷物，
　　　以及绿色的植物，
　　　它们生长在山岭、
　　　山谷或者丛林中。（10）

什译：百穀苗稼，甘蔗蒲萄。

सर्वान्संतर्पयेन्मेघस्तृणगुल्मवनस्पतीन्।
तृषितां धरणीं तर्पेत्परिषिञ्चति चौषधीः॥ ११ ॥

今译：大云满足所有的
　　　草、灌木和树木，
　　　满足焦渴的大地，
　　　也浇灌那些药草。（11）

什译：雨之所潤，無不豐足，
　　　乾地普洽，藥木并茂。

तच्च एकरसं वारि मेघमुक्तमिहस्थितम्।
यथाबलं यथाविषयं तृणगुल्मा पिबन्ति तत्॥ १२ ॥

今译：云降下同一味的
雨水，各种草和
灌木按照各自的
能力和环境吸收。（12）

什译：其雲所出，一味之水，
草木叢林，隨分[①]受潤。

द्रुमाश्च ये केचि महाद्रुमाश्च खुद्राक मध्याश्च यथावयाश्च ।
यथाबलं सर्वे पिबन्ति वारि पिबन्ति वर्धन्ति यथेच्छकामाः ॥ १३ ॥

今译：大树、中树和小树，
都按照它们各自的
树龄、能力和意欲，
吸水、成长和壮大。（13）

什译：一切諸樹，上中下等，
稱其大小，各得生長。

काण्डेन नालेन त्वचा यथैव शाखाप्रशाखाय तथैव पत्रैः ।
वर्धन्ति पुष्पेहि फलेहि चैव मेघाभिवृष्टेन महौषधीयः ॥ १४ ॥

今译：大药草受到大云
雨水浇灌，枝节、
茎秆、皮鞘和枝叶
茁壮，开花，结果。（14）

什译：根莖枝葉，華菓光色，
一雨所及，皆得鮮澤。

① “随分”意谓依随各自的本分或性能。

यथाबलं ता विषयश्च यादृशो यासां च यद्यादृशकं च बीजम्।
स्वकस्वकं ताः प्रसवं ददन्ति वारि च तं एकरसं प्रमुक्तम्॥ १५॥

今译：降下的雨水同一味，
而它们按照各自的
能力、环境和种子，
生长出各自的花果。（15）

什译：如其體相，性分大小，
所潤是一，而各滋茂。

एमेव बुद्धो ऽपि ह लोके काश्यप उत्पद्यते वारिधरो व लोके।
उत्पद्य च भाषति लोकनाथो भूतां चरिं दर्शयते च प्राणिनाम्॥ १६॥

今译：迦叶啊，如同雨云，
佛世尊出现世界上，
这位世界导师说法，
向众生示现真实行。（16）

什译：佛亦如是，出現於世，
譬如大雲，普覆一切，
既出于世，為諸眾生，
分別演說，諸法之實。

एवं च संश्रावयते महर्षिः पुरस्कृतो लोके सदेवके ऽस्मिन्।
तथागतो ऽहं द्विपदोत्तमो जिनो उत्पन्नु लोकस्मि यथैव मेघः॥ १७॥

今译：在世界和天界中受尊敬，
这位大仙宣布道："我是
两足至尊、如来、胜者，
如同雨云出现在世界上。（17）

什译：大聖世尊，於諸天人，
一切眾中，而宣是言：
“我為如來，兩足之尊，
出于世間，猶如大雲。

संतर्पयिष्याम्यहु सर्वसत्त्वान्संशुष्कगात्रांस्त्रिभवे विलग्नान्।
दुःखेन शुष्यन्त सुखे स्थपेयं कामांश्च दास्याम्यहु निर्वृतिं च ॥ १८ ॥

今译：“我将满足执著三界、
肢体枯槁的一切众生，
让痛苦焦虑者得安乐，
赐予他们幸福和涅槃。（18）

什译：“充潤一切，枯槁眾生，
皆令離苦，得安隱樂，
世間之樂，及涅槃樂。

शृणोथ मे देवमनुष्यसंघा उपसंक्रमध्वं मम दर्शनाय ।
तथागतो ऽहं भगवाननाभिभूः संतारणार्थं इह लोकि जातः ॥ १९ ॥

今译：“诸位天神和凡人啊，
你们前来听我说法吧！
我是不可征服的如来，
为了救度众生而出世。（19）

什译：“諸天人眾，一心善聽，
皆應到此，覲無上尊，
我為世尊，無能及者，
安隱眾生，故現於世。

भाषामि च प्राणिसहस्रकोटिनां धर्मं विशुद्धं अभिदर्शनीयम्।

एका च तस्यो समता तथत्वं यदिदं विमुक्तिश्चथ निर्वृती च ॥ २० ॥

今译："我向千千万众生
宣说清净美妙的法，
唯一平等的真实法，
那就是解脱和涅槃。（20）

什译："為大眾說，甘露淨法，
其法一味，解脫涅槃。

स्वरेण चैकेन वदामि धर्मं बोधिं निदानं करियान नित्यम्।
समं हि एतद्विषमत्व नास्ति न कश्चि विद्वेषु न रागु विद्यते ॥ २१ ॥

今译："我用同一音说法，
永远以菩提为因缘，
一切平等而无偏颇，
也没有任何爱和憎。（21）

什译："以一妙音，演暢斯義，
常為大乘，而作因緣，
我觀一切，普皆平等，
無有彼此，愛憎之心。

अनुनीयता मह्य न काचिदस्ति प्रेमा च दोषश्च न मे कहिंचित्।
समं च धर्मं प्रवदामि देहिनां यथैकसत्त्वस्य तथा परस्य ॥ २२ ॥

今译："我无须任何抚慰，
我不怀抱爱和憎，
平等向众生说法，
不分此人和彼人。（22）

什译："我無貪著，亦無限礙，

恒為一切，平等說法，
如為一人，眾多亦然。

अनन्यकर्मा प्रवदामि धर्मं गच्छन्तु तिष्ठन्तु निषीदमानः ।
निषण्ण शय्यासनमारुहित्वा किलासिता मह्य न जातु विद्यते ॥ २३ ॥

今译：“我心无旁骛说法，
无论行走、站或坐，
一旦我坐在座位上，
始终不会感到疲倦。（23）

什译：“常演說法，曾無他事，
去來坐立，終不疲厭。

संतर्पयामी इमु सर्वलोकं मेघो व वारि सम मुञ्चमानः ।
आर्येषु नीचेषु च तुल्यबुद्धिर्दुःशीलभूतेष्वथ शीलवत्सु ॥ २४ ॥

今译：“我满足所有一切世界，
如同大云同时降下雨水，
高尚者或低劣者，持戒
或毁戒，我都一视同仁。（24）

什译：“充足世間，如雨普潤，
貴賤上下，持戒毀戒，

विनष्टचारित्र तथैव ये नराश्चारित्रआचारसमन्विताश्च ।
दृष्टिस्थिता ये च विनष्टदृष्टी सम्यग्दृशो ये चाविशुद्धदृष्टयः ॥ २५ ॥

今译：“无论是具备善行，
或者不具备善行，
有邪见或无邪见，
有正见或有恶见。（25）

什译："威儀具足，及不具足，

हीनेषु चोत्कृष्टमतीषु चापि मृद्विन्द्रियेषु प्रवदामि धर्मम्।
किलासितां सर्व विवर्जयित्वा सम्यक्प्रमुञ्चाम्यहु धर्मवर्षम्॥ २६ ॥

今译："无论是心意低劣者，
或者思想高尚、根力
迟钝者，我毫不倦怠，
都为他们降下正法雨。（26）

什译："正見邪見，利根鈍根，
等雨法雨，而無懈倦。

यथाबलं च श्रुणियान मह्यं विविधासु भूमीषु प्रतिष्ठिहन्ति ।
देवेषु मर्त्येषु मनोरमेषु शक्रेषु ब्रह्मेष्वथ चक्रवर्तिषु ॥ २७ ॥

今译："可爱的众天神、凡人、
帝释天、梵天和转轮王，
处于各种环境，都按照
各自的能力聆听我说法。（27）

什译："一切眾生，聞我法者，
隨力所受，住於諸地。

क्षुद्रानुक्षुद्रा इम ओषधीयो क्षुद्रीक एता इह याव लोके ।
अन्या च मध्या महती च ओषधी श्रृणोथ ताः सर्व प्रकाशयिष्ये ॥ २८ ॥

今译："请听，我要向你们
说明那些药草，其中
有细小和微小的药草，

也有中型和大型药草。①（28）

अनास्रवं धर्म प्रजानमाना निर्वाणप्राप्ता विहरन्ति ये नराः ।
षडभिज्ञ त्रैविद्य भवन्ति ये च सा क्षुद्रिका ओषधि संप्रवुत्ता ॥ २९ ॥

今译："已经知晓无漏法，
达到涅槃而安住，
具有六神通和三明，
他们成为小药草。（29）

什译："或處人天，轉輪聖王，
釋梵諸王，是小藥草。

गिरिकन्देषू विहरन्ति ये च प्रत्येकबोधिं स्पृहयन्ति ये नराः ।
ये ईदृशा मध्यविशुद्धबुद्धयः सा मध्यमा ओषधि संप्रवुत्ता ॥ ३० ॥

今译："一些人住在山谷，
修行获得缘觉菩提，
具有中等清净智，
他们成为中药草。（30）

什译："知無漏法，能得涅槃，
起六神通，及得三明，
獨處山林，常行禪定，
得緣覺證，是中藥草。②

ये प्रार्थयन्ते पुरुषर्षभत्वं बुद्धो भविष्ये नरदेवनाथः ।
वीर्यं च ध्यानं च निषेवमाणाः सा ओषधी अग्र इयं प्रवुच्चति ॥ ३१ ॥

今译："追求成为人中雄牛，

① 这颂不见于什译。
② 什译以上两颂关于小药草和中药草的说明，与原文有差异。

庇护天神和凡人的佛，
精勤努力，修习禅定，
他们被称为大药草。（31）

什译：“求世尊處，我當作佛，
行精進定，是上藥草。

ये चापि युक्ताः सुगतस्य पुत्रा मैत्रीं निषेवन्तिह शान्तचर्याम्।
निष्काङ्क्षप्राप्ता पुरुषर्षभत्वे अयं द्रुमो वुच्यति एवरूपः ॥ ३२ ॥

今译：“善逝之子们努力
修习慈悲和寂静行，
无疑成为人中雄牛，
他们也就被称为树。（32）

什译：“又諸佛子，專心佛道，
常行慈悲，自知作佛，
決定無疑，是名小樹。

अविवर्तिचक्रं हि प्रवर्तयन्ता ऋद्धीबलस्मिन्स्थित ये च धीराः ।
प्रमोचयन्तो बहु प्राणिकोटी महाद्रुमो सो च प्रवुच्चते हि ॥ ३३ ॥

今译：“转动不退转法轮，
具有神通力而坚定，
救度数千万众生，
他们被称为大树。（33）

什译：“安住神通，轉不退輪，
度無量億，百千眾生，
如是菩薩，名為大樹。

समश्च सो धर्म जिनेन भाषितो मेघेन वा वारि समं प्रमुक्तम्।

चित्रा अभिज्ञा इम एवरूपा यथौषधीयो धरणीतलस्थाः ॥ ३४ ॥

今译：“如来宣说同一法，
如同云降同样的水，
而展现的各种神通，
如同地上各种药草。（34）

什译：“佛平等說，如一味雨，
隨衆生性，所受不同，
如彼草木，所稟各異。

अनेन दृष्टान्तनिदर्शनेन उपायु जानाहि तथागतस्य ।
यथा च सो भाषति एकधर्मं नानानिरुक्ती जलबिन्दवो वा ॥ ३५ ॥

今译：“运用这样的譬喻说明，
你们便知道如来的方便，
他运用各种言说宣说
同一法，如同大量雨滴。（35）

什译：“佛以此喻，方便開示，
種種言辭，演說一法，
於佛智慧，如海一渧。①

ममापि चो वर्षतु धर्मवर्षं लोको ह्ययं तर्पितु भोति सर्वः ।
यथाबलं चानुविचिन्तयन्ति सुभाषितं एकरसं पि धर्मम्॥ ३६ ॥

今译：“我同样降下法雨，
满足所有一切世界，
众生按照各自能力，
思考所说的一味法。（36）

① 此处“渧”通“滴”，对应原文中的 bindu。此词在原文使用复数，即许多水滴或雨滴。

什译：“我雨法雨，充滿世間，
一味之法，隨力修行。

तृणगुल्मका वा यथ वर्षमाणे मध्या पि वा ओषधियो यथैव ।
द्रुमा पि वा ते च महाद्रुमा वा यथ शोभयन्ते दशदिक्षु सर्वे ॥ ३७ ॥

今译：“正如雨水降下时，
十方的草、灌木或
中药草、树和大树，
全都变得洁净明亮。（37）

什译：“如彼叢林，藥草諸樹，
隨其大小，漸增茂好。

इयं सदा लोकहिताय धर्मता तर्पेति धर्मेणिमु सर्वलोकम्।
संतर्पितश्चाप्यथ सर्वलोकः प्रमुञ्चते ओषधि पुष्पकाणि ॥ ३८ ॥

今译：“这种法性永远利益
世界，以法满足一切
世界，而获得满足后，
如同遍地的药草开花。（38）

什译：“諸佛之法，常以一法[①]，
令諸世間，普得具足，
漸次修行，皆得道果。

मध्यापि च ओषधियो विवर्धयी अर्हन्त ये ते स्थित आस्रवक्षये ।
प्रत्येकबुद्धा वनषण्डचारिणो निष्पादयी धर्ममिमं सुभाषितम्॥ ३९ ॥

今译：“壮大的中药草如同

① 此处“法”，据《中华大藏经》校勘记，诸本作“味”。而此处原文中，用词是“法”（dharma），而非“味”（rasa）。

灭尽烦恼的阿罗汉，
或者在丛林中修行
所说这种法的缘觉。（39）

什译：“聲聞緣覺，處於山林，
住最後身，聞法得果，
是名藥草，各得增長。

बहुबोधिसत्त्वाः स्मृतिमन्त धीराः सर्वत्र त्रैधातुकि ये गतिंगताः ।
पर्यैषमाणा इममग्रबोधिं द्रुमा व वर्धन्ति ति नित्यकालम् ॥ ४० ॥

今译：“众多菩萨具有正念，
聪明睿智，通达三界，
追求这种至上菩提，
永远如同茁壮的树。（40）

什译：“若諸菩薩，智慧堅固，
了達三界，求最上乘，
是名小樹，而得增長。

ये ऋद्धिमन्तश्चतुध्यानध्यायिनो ये शून्यतां श्रुत्व जनेन्ति प्रीतिम्।
रश्मीसहस्राणि प्रमुञ्चमानास्ते चैव वुच्चन्ति महाद्रुमा इह ॥ ४१ ॥

今译：“具有神通，修习四禅，
闻听空性，心中喜悦，
身体闪耀着千道光芒，
他们由此被称为大树。（41）

什译：“復有住禪，得神通力，
聞諸法空，心大歡喜，
放無數光，度諸眾生，
是名大樹，而得增長。

एतादृशी काश्यप धर्मदेशना मेघेन वा वारि समं प्रमुक्तम्।
बह्वी विवर्धन्ति महौषधीयो मनुष्यपुष्पाणि अनन्तकानि ॥ ४२ ॥

今译：“迦叶啊，这种说法
如同云降同样的雨水，
众多大药草成长壮大，
人间的花朵无限无量。（42）

什译：“如是迦葉！佛所說法，
譬如大雲，以一味雨，
潤於人華，各得成實。

स्वप्रत्ययं धर्म प्रकाशयामि कालेन दर्शेमि च बुद्धबोधिम्।
उपायकौशल्यु ममैतदग्रं सर्वेष चो लोकविनायकानाम्॥ ४३ ॥

今译：“我宣说自证的法，
到时候宣说佛菩提，
世界导师们都运用
这种至高方便善巧。（43）

什译：“迦葉當知！以諸因緣，
種種譬喻，開示佛道，
是我方便，諸佛亦然。

परमार्थ एवं मयं भूतभाषितो ते श्रावकाः सर्वि न एन्ति निर्वृतिम्।
चरन्ति एते वर बोधिचारिकां बुद्धा भविष्यन्तिमि सर्वश्रावकाः ॥ ४४ ॥

今译：“我如实宣说第一义，
所有声闻未达到寂灭，
一旦修行这殊胜菩提，
一切声闻都将会成佛。”（44）

什译:"今為汝等,說最實事,
　　　　諸聲聞眾,皆非滅度,
　　　　汝等所行,是菩薩道,
　　　　漸漸修學,悉當成佛。"

पुनरपरं काश्यप तथागतः सत्त्वविनये समो न चासमः । तद्यथा काश्यप चन्द्रसुर्यप्रभा सर्वलोकमवभासयति कुशलकारिणमकुशलकारिणं चोर्ध्वावस्थित-मधरावस्थितं च सुगन्धि दुर्गन्धि, सा सर्वत्र समं प्रभा निपतति न विषमम्, एवमेव काश्यप तथागतानामर्हतां सम्यक्संबुद्धानां सर्वज्ञज्ञानचित्तप्रभा सर्वेषु पञ्च-गत्युपपन्नेषु सत्त्वेषु यथाधिमुक्तिं महायानिकप्रत्येकबुद्धयानिकश्रावकयानिकेषु सद्धर्मदेशना समं प्रवर्तते । न च तथागतस्य ज्ञानप्रभाया ऊनता वा अतिरिक्तता वा यथापुण्यज्ञानसमुदागमाय संभवति । न सन्ति काश्यप त्रीणि यानानि । केवलमन्योन्यचरिताः सत्त्वाः, तेन त्रीणि यानानि प्रज्ञप्यन्ते ॥

今译:"还有,迦叶啊,如来教化众生平等无偏颇。譬如,迦叶啊,日月的光芒照耀一切世界,有善行者或无善行者,高者或低者,香者或臭者,光芒普照一切平等无偏颇。同样,迦叶啊,如来、阿罗汉、正等觉的知一切智心光芒照耀出生在五道中的一切众生,向有志于大乘、缘觉乘和声闻乘者平等宣说妙法。如来的智慧光芒不减不增,为积聚功德和智慧而产生。迦叶啊,没有三乘,仅仅由于众生所行互不相同,而被说成三乘。"①

एवमुक्ते आयुष्मान्महाकाश्यपो भगवन्तमेतदवोचत्-- यदि भगवन्न सन्ति त्रीणि यानानि, किं कारणं प्रत्युत्पन्ने ऽध्वनि श्रावकप्रत्येकबुद्धबोधिसत्त्वानां प्रज्ञप्तिः प्रज्ञप्यते? एवमुक्ते भगवानायुष्मन्तं महाकाश्यपमेतदवोचत्-- तद्यथा काश्यप कुम्भकारः समासु मृत्तिकासु भाजनानि करोति । तत्र कानिचिद्गुडभाजनानि भवन्ति, कानिचिद्घृतभाजनानि, कानिचिद्दधिक्षीरभाजनानि, कानिचिद् हीना-

---

① 此处以下部分,什译无,护译有。阇那崛多共笈多译《添品妙法莲华经》(以下简称《添品》)中已补足这部分。

न्यशुचिभाजनानि भवन्ति, न च मृत्तिकाया नानात्वम्, अथ च द्रव्यप्रक्षेपमात्रेण भाजनानां नानात्वं प्रज्ञायते । एवमेव काश्यप एकमेवेदं यानं यदुत बुद्धयानम्। न द्वितीयं न तृतीयं वा यानं संविद्यते ॥

今译：这样说罢，尊者摩诃迦叶对世尊说道："世尊啊，如果没有三乘，为何现在有声闻、缘觉和菩萨的名称？"这样说罢，世尊对尊者摩诃迦叶说道："譬如，迦叶啊，陶工用同样的泥土制作罐。其中，有些是糖罐，有些是酥油罐，有些是凝乳罐，有些是污物罐。不是泥土不同，仅仅是所盛的物品不同，才有不同的名称。正是这样，迦叶啊，只有这一乘，没有第二乘或第三乘。"

एवमुक्ते आयुष्मान्महाकाश्यपो भगवन्तमेतदवोचत्-- यद्यपि भगवन्सत्त्वा नानाधिमुक्तयो ये त्रैधातुकान्निःसृताः, किं तेषामेकं निर्वाणमुत द्वे त्रीणि वा? भगवानाह -- सर्वधर्मसमतावबोधाद्धि काश्यप निर्वाणम्। तच्चैकम्, न द्वे न त्रीणि । तेन हि काश्यप उपमां ते करिष्यामि । उपमया इहैकत्या विज्ञपुरुषा भाषितस्यार्थमाजानन्ति । तद्यथा काश्यप जात्यन्धः पुरुषः । स एवं ब्रूयान्न सन्ति सुवर्णदुर्वर्णानि रूपाणि, न सन्ति सुवर्णदुर्वर्णानां रूपाणां द्रष्टारः, न स्तः सूर्याचन्द्रमसौ, न सन्ति नक्षत्राणि, न सन्ति ग्रहाः, न सन्ति ग्रहाणां द्रष्टारः । अथान्ये पुरुषास्तस्य जात्यन्धस्य पुरुषस्य पुरत एवं वदेयुः -- सन्ति सुवर्णदुर्वर्णानि रूपाणि, सन्ति सुवर्णदुर्वर्णानां रूपाणां द्रष्टारः, स्तः सूर्याचन्द्रमसौ, सन्ति नक्षत्राणि, सन्ति ग्रहाः, सन्ति ग्रहाणां द्रष्टारः । स च जात्यन्धः पुरुषस्तेषां पुरुषाणां न श्रद्दध्यात्, नोक्तं गृह्णीयात्। अथ कश्चिद्वैद्यः सर्वव्याधिज्ञः स्यात्। स तं जात्यन्धं पुरुषं पश्येत्। तस्यैवं स्यात्-- तस्य पुरुषस्य पूर्वपापेन कर्मणा व्याधिरुत्पन्नः । ये च केचन व्याधय उत्पद्यन्ते, ते सर्वे चतुर्विधाः -- वातिकाः पैत्तिकाः श्लैःमिकाः सांनिपातिकाश्च । अथ स वैद्यस्तस्य व्याधेर्व्युपशमनार्थं पुनः पुनरुपायं चिन्तयेत्।

今译：这样说罢，尊者摩诃迦叶对世尊说道："世尊啊，如果众生依据各种志愿，出离三界，他们的涅槃是一种、两种或三种？"世尊说道："迦叶啊，觉知一切法平等而涅槃，只有一种，没有两种或三种。迦叶啊，我这就为你说个譬喻。在这世上，聪明人依靠譬喻，都能理解所说的意义。譬如，迦叶啊，有个天生的盲人。他说没有容貌美丑，没有人看见容貌美丑。没有太阳月亮，没有星星，没有星宿，没有行星，没有人看见行星。然后，其他人对这个天生的盲人说：‘有容貌美丑，有看见容貌美丑的人。有太阳月亮，有星宿，有行星，有看见行星的人。’而这个天生的盲人不相信他们，不接受他们的说法。然后，有个医术高明的医生看到这个天生的盲人，心想：‘这个人前世作恶，得了这个病。’疾病有四类：风病、胆汁病、黏液病和综合病。这个医生想要为他治病，反复想办法。

तस्यैवं स्यात्-- यानि खल्विमानि द्रव्याणि प्रचरन्ति, न तैः शक्यो ऽयं व्याधिश्चिकित्सितुम्। सन्ति तु हिमवति पर्वतराजे चतस्र ओषधयः । कतमाश्चतस्रः? तद्यथा -- प्रथमा सर्ववर्णरसस्थानानुगता नाम, द्वितीया सर्वव्याधिप्रमोचनी नाम, तृतीया सर्वविषविनाशनी नाम, चतुर्थी यथास्थानस्थितसुखप्रदा नाम । इमाश्चतस्रः ओषधयः । अथ स वैद्यस्तस्मिन्जात्यन्धे कारुण्यमुत्पाद्य तादृशमुपायं चिन्तयेत्, येनोपायेन हिमवन्तं पर्वतराजं शक्नुयाद्गन्तम्। गत्वा चोर्ध्वमप्यारोहेत्, अधो ऽप्यवतरेत्, तिर्यगपिप्रविचिनुयात्। स एवं प्रविचिन्वंस्ताश्चतस्र ओषधीराराागयेत्। आराग्य च कांचिद्दन्तैः क्षोदितां कृत्वा दद्यात्, कांचित्पेषयित्वा दद्यात्, कांचिदन्यद्रव्यसंयोजितां पाचयित्वा दद्यात्, कांचिदामद्रव्यसंयोजितां कृत्वा दद्यात्, कांचिच्छलाकया शरीरस्थानं विद्धा दद्यात्, कांचिदग्निना परिदाह्य दद्यात्, कांचिदन्योन्यद्रव्यसंयुक्तां यावत्पानभोजनादिष्वपि योजयित्वा दद्यात्। अथ स जात्यन्धपुरुषस्तेनोपाययोगेन चक्षुः प्रतिलभेत । स प्रतिलब्धचक्षुर्बहिरध्यात्मं दूरे आसन्ने च चन्द्रसूर्यप्रभां नक्षत्राणि ग्रहान्सर्वरूपाणि च पश्येत्। एवं च वदेत्-- अहो बताहं मूढः, यो ऽहं पूर्वमाचक्षमाणानां न श्रद्दधामि, नोक्तं गृह्णामि । सो ऽहमिदानीं सर्वं पश्यामि । मुक्तो ऽस्मि अन्धभावात्। प्रतिलब्धचक्षुश्चास्मि । न च मे कश्चिद्विशिष्टतरो ऽस्तीति ।

今译：“他想：‘现有的种种药草都不能治这种病。而在山王雪山有四种药草。哪四种？是这四种药草，第一种名为随顺一切色味，第二种名为祛除一切瘟病，第三种名为解除一切毒素，第四种名为随处赐予安乐。’这个医生同情这个天生的盲人，想办法前往雪山。到了雪山，上下左右采集。他采集到这四种药草。然后，他用这些药草给这个人治病，有些用牙齿嚼碎，有些碾碎，有些加入其他药物煮熟，有些加入某些生药，有些用针刺入身体，有些用火烘烤，有些互相混合，有些与饮食配合。依靠这样的治疗方法，这个天生的盲人恢复视力。恢复视力后，他看见内外远近一切物象，月光、阳光、星星和行星。他这样说道：‘哎啊，我真是愚蠢。我不相信以前人们说的话，不接受他们的说法。现在，我看见了这一切。我摆脱了盲目黑暗。我恢复了视力。这样，也就没有人比我更优越了。’

तेन च समयेन पञ्चाभिज्ञा ऋषयो भवेयुर्दिव्यचक्षुर्दिव्यश्रोत्रपरचित्तज्ञानपूर्वनिवासानुस्मृतिज्ञानर्द्धिविमोक्षक्रियाकुशलाः, ते तं पुरुषमेवं वदेयुः -- केवलं भोः पुरुष त्वया चक्षुः प्रतिलब्धम्। न तु भवान्किंचिज्जानाति । कुतो ऽभिमानस्ते समुत्पन्नः? न च ते ऽस्ति प्रज्ञा । न चासि पण्डितः । तमेनमेवं वदेयुः -- यदा त्वं भोः पुरुष अन्तर्गृहं निषण्णो बहिरन्यानि रूपाणि न पश्यसि, न च जानासि, नापि ते ये सत्त्वाः स्निग्धचित्ता वा द्रुग्धचित्ता वा । न विजानीषे पञ्चयोजनान्तरस्थितस्य जनस्य भाषमाणस्य । भेरीशङ्खादीनां शब्दं न प्रजानासि, न शृणोषि । क्रोशान्तरमप्यनुत्क्षिप्य पादौ न शक्नोषि गन्तुम्। जातसंवृद्धश्चासि मातुः कुक्षौ । तां च क्रियां न स्मरसि । तत्कथमसि पण्डितः? कथं च सर्वं पश्यामीति वदसि? तत्साधु भोः पुरुष यदन्धकारं तत्प्रकाशमिति संजानीषे, यच्च प्रकाशं तदन्धकारमिति संजानीषे ॥

今译：“这时，有一些五神通仙人，具有天眼通、天耳通、他心通、宿命通和神变通。他们对这个人说：‘你只是恢复了视力，对一切还无知，哪里来的这种骄傲？你没有智慧。你不是智者。’他们对他这样说：‘若是你坐在屋内，你就看不见外面的物象，也就不知道。你也不知道众生心善或心恶。你不知道五由旬外说话的人们，听不见那里的鼓声或螺号声。你不抬脚，甚至不能到达一拘卢舍[1]远的地方。你在母胎中出生发育，而你不记得这事。你怎么可能是智者？你怎么能说你看见一切？哎，你这人哪！你这是将黑暗认作光明，将光明认作黑暗。’

अथ स पुरुषस्तानृषीनेवं वदेत्-- क उपायः, किं वा शुभं कर्म कृत्वेदृशीं प्रज्ञां प्रतिलभेय, युष्माकं प्रसादाच्चैतान्गुणान्प्रतिलभेयउ अथ खलु ते ऋषयस्तस्य पुरुषस्यैवं कथयेयुः -- यदीच्छसि, अरण्ये वस । पर्वतगुहासु वा निषण्णो धर्मं चिन्तय । क्लेशाश्च ते प्रहातव्याः । तथा धूतगुणसमन्वागतो ऽभिज्ञाः प्रतिलप्स्यसे । अथ स पुरुषस्तमर्थं गृहीत्वा प्रव्रजितः । अरण्ये वसनेकाग्रचित्तो लोकतृष्णां प्रहाय पञ्चाभिज्ञाः प्राप्नुयात्। प्रतिलब्धाभिज्ञश्च चिन्तयेत्-- यदहं पूर्वमन्यत्कर्म कृतवान्, तेन मे न कश्चिद्गुणो ऽधिगतः । इदानीं यथाचिन्तितं गच्छामि । पूर्वं चाहमल्पप्रज्ञो ऽल्पप्रतिसंवेदी अन्धभूतो ऽस्म्यासीत्॥

今译：“于是，这个人对这些仙人说道：‘有什么办法，或者我做什么善事，可以获得这样的智慧，依靠你们的恩惠，获得这些功德？’然后，这些仙人对这个人说：‘如果你有这愿望，你就居住林中吧！或者坐在山洞中，思考正法。你会断除烦恼。这样，具备了头陀[2]功德，你就会获得种种神通。’于是，这个人领会意义，成为出家人。他居住林中，专心致志，断除世俗贪欲，获得五神通。获得神通后，他思忖：‘我以前做别种事，因此，没有获得任何功德。现在，我随意而行。我以前缺少智慧，缺少知觉，而成为盲人。’

इति हि काश्यप उपमैषा कृता अस्यार्थस्य विज्ञप्तये । अयं च पुनरत्रार्थो द्रष्टव्यः । जात्यन्ध इति काश्यप षड्गतिसंसारस्थितानां सत्त्वानामेतदधिवचनम्, ये सद्धर्मं न जानन्ति, क्लेशतमोन्धकारं च संवर्धयन्ति । ते चाविद्यान्धाः । अविद्यान्धाश्च संस्कारानुपविचिन्वति, संस्कारप्रत्ययं च नामरूपम्, यावदेवमस्य

① “拘卢舍”（krośa）是长度单位，相当于由旬（约二十五公里）的四分之一。
② “头陀”（dhūta）指苦行者。

केवलस्य महतो दुःखस्कन्धस्य समुदयो भवति । एवमविद्यान्धास्तिष्ठन्ति सत्त्वाः संसारे । तथागतस्तु करुणां जनयित्वा त्रैधातुकान्निःसृतः पितेव प्रिये एकपुत्रके करुणां जनयित्वा त्रैधातुके ऽवतीर्य सत्त्वान्संसारचक्रे परिभ्रमतः संपश्यति । न च ते संसारान्निःसरणं प्रजानन्ति । अथ भगवांस्तान्प्रज्ञाचक्षुषा पश्यति । दृष्ट्वा च जानाति -- अमी सत्त्वाः पूर्वं कुशलं कृत्वा मन्दद्वेषास्तीव्ररागाः, मन्द-रागास्तीव्रद्वेषाः, केचिदल्पप्रज्ञाः, केचित्पण्डिताः, केचित्परिपाकशुद्धाः, केचिन्मिथ्यादृष्टयः । तेषां सत्त्वानां तथागत उपायकौशल्येन त्रीणि यानानि देशयति । तत्र यथा ते ऋषयः पञ्चाभिज्ञा विशुद्धचक्षुषः, एवं बोधिसत्त्वा बोधिचित्तान्युत्पाद्य अनुत्पत्तिकीं धर्मक्षान्तिं प्रतिलभ्य अनुत्तरां सम्यक्संबोधि-मभिसंबुध्यन्ते ॥

今译："迦叶啊，我用这个譬喻说明意义。应该知道其中这样的意义。天生的盲人意谓处于六道中的众生。他们不知道正法，烦恼愚暗增长。他们无知盲目。无知盲目而执取诸行。缘于诸行①，产生名色，乃至产生唯一的大痛苦。这样，无知盲目的众生陷入生死轮回。如来已经出离三界，而心生怜悯，如同父亲怜悯可爱的独生子。他降生三界，看到众生在生死轮回中流转。他们不知道出离生死轮回。然后，世尊用慧眼观察他们。观察后，知道这些众生前世行善，有些仇恨弱，贪欲强，有些贪欲弱，仇恨强，有些缺少智慧，有些是智者，有些成熟清净，有些怀抱邪见。如来运用方便善巧向这些众生宣说三乘。而如同譬喻中那些具有清净眼的五神通仙人，众菩萨发起菩提心，获得无生法忍②，觉知无上正等菩提。

तत्र यथासौ महावैद्यः, एवं तथागतो द्रष्टव्यः । यथासौ जात्यन्धस्तथा मोहान्धाः सत्त्वा द्रष्टव्याः । यथा वातपित्तश्लेष्माणः, एवं रागद्वेषमोहाः, द्वाषष्टि च दृष्टिकृतानि द्रष्टव्यानि । यथा चतस्र ओषधयस्तथा शून्यतानिमित्ताप्रणिहित-निर्वाणद्वारं च द्रष्टव्यम् । यथा यथा द्रव्याण्युपयुज्यन्ते, तथा तथा व्याधयः

---

① "行"（saṃskāra）指人的身、口和意的业行或意志力。
② "无生法忍"（anutpattikī dharmakṣānti）指安忍或忍可诸法无生无灭。

प्रशाम्यन्तीति । एवं शून्यतानिमित्ताप्रणिहितानि विमोक्षमुखानि भावयित्वा सत्त्वा अविद्यां निरोधयन्ति । अविद्यानिरोधात्संस्कारनिरोधः, यावदेवमस्य केवलस्य महतो दुःखस्कन्धस्य निरोधो भवति । एवं चास्य चित्तं न कुशले तिष्ठति न पापे ॥

今译："应该知道如来如同那个医术高明的医生。应该知道愚痴盲目的众生如同那个天生盲目的人。应该知道贪瞋痴和六十二邪见如同风病、胆汁病和粘液病。应该知道空、无相、无愿和涅槃门是那四种药草。采用这样那样的药物治愈这种那种疾病。同样，修习空、无相和无愿这些解脱门，众生灭除无知。灭除无知后，灭除诸行，乃至灭除唯一的大痛苦。这样，一心行善，不作恶。

यथा अन्धश्चक्षुः प्रतिलभते, तथा श्रावकप्रत्येकबुद्धयानीयो द्रष्टव्यः । संसारक्लेशबन्धनानि च्छिनत्ति । क्लेशबन्धनान्निर्मुक्तः प्रमुच्यते षड्गतिकात्त्रैधातुकात्। तेन श्रावकयानीयः एवं जानाति, एवं च वाचं भाषते -- न सन्त्यपरे धर्मा अभिसंबोद्धव्याः । निर्वाणप्राप्तो ऽस्मीति । अथ खलु तथागतस्तस्मै धर्मं देशयति । येन सर्वधर्मा न प्राप्ताः, कुतस्तस्य निर्वाणमिति? तं भगवान्बोधौ समादापयति । स उत्पन्नबोधिचित्तो न संसारस्थितो न निर्वाणप्राप्तो भवति । सो ऽवबुध्य त्रैधातुकं दशसु दिक्षु शून्यं निर्मितोपमं मायोपमं स्वप्नमरीचिप्रतिश्रुत्कोपमं लोकं पश्यति । स सर्वधर्माननुत्पन्नाननिरुद्धानबद्धानमुक्तानतमोन्धकारान्न-प्रकाशान्पश्यति । य एवं गम्भीरान्धर्मान्पश्यति, स पश्यति अपश्यनया सर्वत्रैधातुकं परिपूर्णमन्योन्यसत्त्वाशयाधिमुक्तम्॥

今译："应该知道声闻乘和缘觉乘如同盲人获得视力。他们断除生死轮回烦恼束缚。摆脱烦恼束缚后，摆脱三界六道。声闻乘知道这样，便这样说：'我不需要觉知其他的法，我已经获得涅槃。'于是，如来为他说法。不获得一切法，哪来涅槃？世尊教给他菩提。他发起菩提心，不住于生死轮回，不住于涅槃。他觉知后，看到十方三界皆空，如化如幻，如梦、阳焰[①]和回音。他看到一切法不生不灭，无缚

① "阳焰"（marīca）指阳光造成的幻影或幻觉。

无解，无暗无明。他看到这样深邃的法。他不看而见所有三界充满各种各样众生的意愿。”

अथ खलु भगवानिममेवार्थं भूयस्या मात्रया संदर्शयमानः तस्यां वेलायामिमा गाथा अभाषत --

今译：这时，世尊为了再次宣说这种意义，又用这些偈颂说道：

चन्द्रसूर्यप्रभा यद्वन्निपतन्ति समं नृषु ।
गुणवत्स्वथ पापेषु प्रभाया नोनपूर्णता ॥ ४५ ॥

今译：如同月光和阳光，
同时照耀所有人，
有德者和作恶者，
光芒不减亦不增。（45）

तथागतस्य प्रज्ञाभा समा ह्यादित्यचन्द्रवत्।
सर्वसत्त्वान्विनयते न चोना नैव चाधिका ॥ ४६ ॥

今译：如同太阳和月亮，
如来的智慧光芒，
也同时度化一切
众生，不减不增。（46）

यथा कुलालो मृद्भाण्डं कुर्वन्मृत्सु समास्वपि ।
भवन्ति भाजना तस्य गुडक्षीरघृताम्भसाम्॥ ४७ ॥

今译：如同陶工制作罐，
使用同样的泥土，
制成糖罐、奶罐、
酥油罐以及水罐。（47）

अशुचेः कानिचित्तत्र दध्नो ऽन्यानि भवन्ति तु ।
मृदमेकां स गृह्णाति कुर्वन्भाण्डानि भार्गवः ॥ ४८ ॥

今译：还有一些污物罐，
另有一些凝乳罐，
使用同样的泥土，
陶工制作各种罐。（48）

यादृक्प्रक्षिप्यते द्रव्यं भाजनं तेन लक्ष्यते ।
सत्त्वाविशेषे ऽपि तथा रुचिभेदात्तथागताः ॥ ४९ ॥

今译：依据盛放的物品，
这些罐获得名称，
如来也区分众生，
依据他们的喜好。（49）

यानभेदं वर्णयन्ति बुद्धयानं तु निंश्चितम्।
संसारचक्रस्याज्ञानान्निर्वृतिं न विजानते ॥ ५० ॥

今译：如来宣说三种乘，
而确定一种佛乘；
不知道生死轮回，
也就不知道涅槃。（50）

यस्तु शून्यान्विजानाति धर्मानात्मविवर्जितान्।
संबुद्धानां भगवतां बोधिं जानाति तत्त्वतः ॥ ५१ ॥

今译：若是有人知道空，
也知道诸法无我，
他就会如实知道
正觉世尊的菩提。（51）

प्रज्ञामध्यव्यवस्थानात्प्रत्येकजिन उच्यते ।
शून्यज्ञानविहीनत्वाच्छ्रावकः संप्रभाष्यते ॥ ५२ ॥

今译：处于中等智慧者，
　　　他们被称为缘觉；
　　　那些缺乏空智者
　　　他们被称为声闻①。（52）

सर्वधर्मावबोधात्तु सम्यक्संबुद्ध उच्यते ।
तेनोपायशतैर्नित्यं धर्मं देशेति प्राणिनाम् ॥ ५३ ॥

今译：若是觉知一切法，
　　　则被称为正等觉，
　　　他们常运用方便，
　　　向众生宣说正法。（53）

यथा हि कश्चिज्जात्यन्धः सूर्येन्दुग्रहतारकाः ।
अपश्यन्नेवमाहासौ नास्ति रूपाणि सर्वशः ॥ ५४ ॥

今译：如同某个天生盲人，
　　　他看不见空中太阳、
　　　月亮、星星和行星，
　　　而说没有任何物象。（54）

जात्यन्धे तु महावैद्यः कारुण्यं संनिवेश्य ह ।
हिमवन्तं स गत्वान तिर्यगूर्ध्वमधस्तथा ॥ ५५ ॥

今译：有个高明的医生，
　　　怜悯天生的盲人，

---

① 这首的后半偈，护译"倚空不解慧。则名为声闻"。《添品》译"空智教化已，显名为声闻"。

前往雪山，上下
左右，采集药草。（55）

सर्ववर्णरस्थाना नगाल्लभत ओषधीः ।
एवमादीश्चतस्रो ऽथ प्रयोगमकरोत्ततः ॥ ५६ ॥

今译：他从雪山上采回
四种药草，名为
随顺一切色味等，
然后用它们制药。（56）

दन्तैः संचूर्ण्य कांचित्तु पिष्ट्वा चान्यां तथापराम्।
सूच्यग्रेण प्रवेश्याङ्गे जात्यन्धाय प्रयोजयेत्॥ ५७ ॥

今译：有些用牙齿嚼碎，
有些则碾成粉末，
或用针刺入身体，
为天生盲人治疗。（57）

स लब्धचक्षुः संपश्येत्सूर्येन्दुग्रहतारकाः ।
एवं चास्य भवेत्पूर्वज्ञानात्तदुदाहृतम्॥ ५८ ॥

今译：这盲人恢复视力，
看见日月和星星，
于是，承认自己
以前无知而妄说。（58）

एवं सत्त्वा महाज्ञाना जात्यन्धाः संसरन्ति हि ।
प्रतीत्योत्पादचक्रस्य अज्ञानाद्दुःखवर्त्मनः ॥ ५९ ॥

今译：同样，众生天生

盲目，愚昧无知，
在痛苦的道路上，
随缘起之轮流转。（59）

एवमज्ञानसंमूढे लोके सर्वविदुत्तमः ।
तथागतो महावैद्य उत्पन्नः करुणात्मकः ॥ ६० ॥

今译：至尊如来世间解，
这位高明的医生，
满怀慈悲，出生
在愚昧无知世界。（60）

उपायकुशलः शास्ता सद्धर्मं देशयत्यसौ ।
अनुत्तरां बुद्धबोधिं देशयत्यग्रयानिके ॥ ६१ ॥

今译：于是，导师运用
方便善巧宣说正法，
而向奉行至上乘者
宣说无上佛菩提。（61）

प्रकाशयति मध्यां तु मध्यप्रज्ञाय नायकः ।
संसारभीरवे बोधिमन्यां संवर्णयत्यपि ॥ ६२ ॥

今译：向具有中等智慧者，
导师宣说中等菩提，
向惧怕生死轮回者，
导师宣说别种菩提。（62）

त्रैधातुकान्निःसृतस्य श्रावकस्य विजानतः ।
भवत्येवं मया प्राप्तं निर्वाणममलं शिवम् ॥ ६३ ॥

今译：那些声闻闻听后，
　　　出离三界，认为
　　　自己已获得清凉、
　　　清净无垢的涅槃。（63）

तामेव तत्र प्रकाशेमि नैतन्निर्वाणमुच्यते ।
सर्वधर्मावबोधात्तु निर्वाणं प्राप्यते ऽमृतम्॥ ६४ ॥

今译：我便向他们说明，
　　　这不能称为涅槃，
　　　只有觉知一切法，
　　　才获得甘露涅槃。（64）

महर्षयो यथा तस्मै करुणां संनिवेश्य वै ।
कथयन्ति च मूढो ऽसि मा ते ऽभूज्ज्ञानवानहम्॥ ६५ ॥

今译：如同众仙人心生
　　　怜悯，对那个人
　　　说："你头脑愚痴，
　　　别说自己是智者。（65）

अभ्यन्तरावस्थितस्त्वं यदा भवसि कोष्ठके ।
बहिर्यद्वर्तते तद्वै न जानीषे त्वमल्पधीः ॥ ६६ ॥

今译："如果你停在屋子
　　　里边，就不知道
　　　外面的种种事情，
　　　因为你缺乏智慧。（66）

यो ऽभ्यन्तरे ऽवस्थितस्तु बहिर्ज्ञातं कृताकृतम्।
सो अद्यापि न जानाति कुतस्त्वं वेत्स्यसे ऽल्पधीः ॥ ६७ ॥

今译："你停在屋子里边，
至今也不会知道
外面的事，缺乏
智慧，怎会知道？（67）

पञ्चयोजनमात्रं तु यः शब्दो निश्चरेदिह ।
तं श्रोतुं न समर्थो ऽसि प्रागेवान्यं विदूरतः ॥ ६८ ॥

今译："仅仅五由旬远的
地方发出的声音，
你甚至不能听见，
何况更远的地方？（68）

त्वयि ये पापचित्त वा अनुनीतास्तथापरे ।
ते न शक्यं त्वया ज्ञातुमभिमानः कुतो ऽस्ति ते ॥ ६९ ॥

今译："同样，你不知道
别人心中对你怀有
恶意或者怀有善意，
你怎么能产生骄傲？（69）

क्रोशमात्रे ऽपि गन्तव्ये पदवीं न विना गतिः ।
मातुः कुक्षौ च यद्वृत्तं विस्मृतं तत्तदेव ते ॥ ७० ॥

今译："一拘卢舍的距离，
你不抬步不能到达；
你从母胎中出生，
你也已经不记得。（70）

अभिज्ञा यस्य पञ्चैताः स सर्वज्ञ इहोच्यते ।
त्वं मोहादप्यकिंचिज्ज्ञः सर्वज्ञो ऽस्मीति भाषसे ॥ ७१ ॥

今译：“只有具备五神通，
才能被称为知一切，
你愚昧而一无所知，
不能说自己知一切。（71）

सर्वज्ञत्वं प्रार्थयसे यद्यभिज्ञाभिनिर्हरेः ।
तं चाभिज्ञाभिनिर्हारमरण्यस्थो विचिन्तय ।
धर्मं विशुद्धं तेन त्वमभिज्ञाः प्रतिलप्स्यसे ॥ ७२ ॥

今译：“如果你追求引发
神通的知一切性，
你就居住在林中，
专心思考清净法，
依靠它引发神通，
你就会获得神通。”[①]（72）

सो ऽर्थं गृह्य गतो ऽरण्यं चिन्तयेत्सुसमाहितः ।
अभिज्ञाः प्राप्तवान्पञ्च नचिरेण गुणान्वितः ॥ ७३ ॥

今译：他领会这种意义，
在林中凝思静虑，
不久便获得功德，
最后获得五神通。（73）

तथैव श्रावकाः सर्वे प्राप्तनिर्वाणसंज्ञिनः ।
जिनो ऽथ देशयेत्तस्मै विश्रामो ऽयं न निर्वृतिः ॥ ७४ ॥

今译：同样，所有声闻
自认为达到涅槃，

① 这首原文为一偈半。

胜者向他们说明，
这是小憩非涅槃。（74）

उपाय एष बुद्धानां वदन्ति यदिमं नयम्।
सर्वज्ञत्वमृते नास्ति निर्वाणं तत्समारभ ॥ ७५ ॥

今译：这是诸佛的方便，
他们宣说这法门，
除了知一切性外，
没有这样的涅槃。（75）

त्र्यध्वज्ञानमनन्तं च षड्व पारमिताः शुभाः ।
शून्यतामनिमित्तं च प्रणिधानविवर्जितम्॥ ७६ ॥

今译：三世的智慧无穷
无尽，六波罗蜜
清净美妙，还有
空、无相和无愿。（76）

बोधिचित्तं च ये चान्ये धर्मा निर्वाणगामिनः ।
सास्रवानास्रवाः शान्ताः सर्वे गगनसंनिभाः ॥ ७७ ॥

今译：菩提心，还有其他
各种通向涅槃的法，
烦恼无烦恼，所有
一切寂静如同天空。（77）

ब्रह्मविहाराश्चत्वारः संग्रहा ये च कीर्तिताः ।
सत्त्वानां विनयार्थाय कीर्तिताः परमर्षिभिः ॥ ७८ ॥

今译：为教化一切众生，

至高仙人们全都
赞美称扬四梵住[1]，
赞美称扬四摄事[2]。（78）

यश्च धर्मान्विजानाति मायास्वप्नस्वभावकान्।
कदलीस्कन्धनिःसारान्प्रतिश्रुत्कासमानकान्॥ ७९ ॥

今译：如果知道一切法，
其本性如幻如梦，
如同空心不实的
芭蕉，如同回音。（79）

तत्स्वभावं च जानाति त्रैधातुकमशेषतः ।
अबद्धमविमुक्तं च न विजानाति निर्वृतिम्॥ ८० ॥

今译：如果知道三界中
一切的自性如此，
他就无缚亦无解，
也不知所谓涅槃。（80）

सर्वधर्मान्समान् शून्यान्निर्नानाकरणात्मकान्।
न चैतान्प्रेक्षते नापि किंचिद्धर्मं विपश्यति ॥ ८१ ॥

今译：一切法空而平等，
没有不同的本质，
既不观看一切法，

---

① “四梵住”（brahmavihāra）指慈、悲、喜和舍四种无量心，即四种广大无边的利他心。其中，慈心是让众生获得快乐，悲心是让众生摆脱痛苦，喜心是让众生离苦得乐而喜悦，舍心是对众生怀抱平等心，无怨亲之分。

② “四摄事”（saṃgraha）指菩萨引导众生达到解脱的四种方法：布施、爱语、利行和同事。其中，“布施”是向众生进行财施和法施，“爱语”是好言好语劝导众生，“利行”是以善行利益众生，“同事”是与众生同甘共苦，示现正法，令众生入道。

也不观看某种法。（81）

स पश्यति महाप्रज्ञो धर्मकायमशेषतः ।
नास्ति यानत्रयं किंचिदेकयानमिहास्ति तु ॥ ८२ ॥

今译：这位大智者看到
所有一切是法身①，
没有任何三种乘，
世上唯有一种乘。（82）

सर्वधर्माः समाः सर्वे समाः समसमाः सदा ।
एवं ज्ञात्वा विजानाति निर्वाणममृतं शिवम् ॥ ८३ ॥

今译：一切法永远平等，
平等平等复平等，
知道这样就知道
清凉的甘露涅槃。（83）

इत्यार्यसद्धर्मपुण्डरीके धर्मपर्याये ओषधीपरिवर्तो नाम पञ्चमः ॥

今译：以上是神圣《妙法莲华》法门中名为《药草品》的第五品。

---

① "法身"（dharmakāya）指佛的精神实体，即佛性、法性或真如。此处"一切是法身"，护译"一切本"。

६ व्याकरणपरिवर्तः ।

今译：第六 授记品

什译：授記品第六

अथ खलु भगवानिमा गाथा भाषित्वा सर्वावन्तं भिक्षुसंघमामन्त्रयते स्म -- आरोचयामि वो भिक्षवः, प्रतिवेदयामि । अयं मम श्रावकः काश्यपो भिक्षुस्त्रिंशतो बुद्धकोटीसहस्राणामन्तिके सत्कारं करिष्यति, गुरुकारं माननां पूजना-मर्चनामपचायनां करिष्यति, तेषां च बुद्धानां भगवतां सद्धर्मं धारयिष्यति । स पश्चिमे समुच्छ्रये अवभासप्राप्तायां लोकधातौ महाव्यूहे कल्पे रश्मिप्रभासो नाम तथागतो ऽर्हन्सम्यक्संबुद्धो लोके भविष्यति विद्याचरणसंपन्नः सुगतो लोकविदनुत्तरः पुरुषदम्यसारथिः शास्ता देवानां च मनुष्याणां च बुद्धो भगवान् । द्वादश चास्यान्तरकल्पानायुष्प्रमाणं भविष्यति । विंशतिं चास्यान्तरकल्पान्सद्धर्मः स्थास्यति । विंशतिमेवान्तरकल्पान्सद्धर्मप्रतिरूपकः स्थास्यति । तच्चास्य बुद्धक्षेत्रं शुद्धं भविष्यति शुचि अपगतपाषाणशर्करकठल्यमपगतश्वभ्रप्रपातमपगत-स्यन्दनिकागूथोलिगल्लं समं रमणीयं प्रासादिकं दर्शनीयं वैडूर्यमयं रत्नवृक्ष-प्रतिमण्डितं सुवर्णसूत्राष्टापदनिबद्धं पुष्पाभिकीर्णम् । बहूनि च तत्र बोधिसत्त्वशत-सहस्राण्युत्पत्स्यन्ते । अप्रमेयाणि च तत्र श्रावककोटीनयुतशतसहस्राणि भविष्यन्ति । न च तत्र मारः पापीयानवतारं लप्स्यते, न च मारपर्षत्प्रज्ञास्यते । भविष्यन्ति तत्र खलु पुनर्मारश्च मारपर्षदश्च । अपि तु खलु पुनस्तत्र लोकधातौ तस्यैव भगवतो रश्मिप्रभासस्य तथागतस्य शासने सद्धर्मपरिग्रहायाभियुक्ता भविष्यन्ति ॥

今译：世尊说完这些偈颂后，对全体比丘僧众说道："我告诉你们，众比丘啊，我告知你们，我的这位声闻迦叶比丘将供奉三十千千万佛，尊重，尊敬，崇敬，供奉，供养。他将接受这些佛世尊的正法。他会在最后一身，在大庄严劫获得光明世界，成为名为光明的如来、阿罗汉、正等觉、明行足、善逝、世间解、无上士、调御丈夫、天人师、佛世尊。他的寿命有十二中间劫。他的正法住世二十中间劫，像法住世二十中间劫。他的佛土清净，纯洁，没有沙石瓦砾，没有坑洼悬崖，没有粪便污秽。平坦整齐，美观可爱，遍地琉璃，装饰有宝树，八交道金绳为界，撒满鲜花。数百千菩萨出生在这里。还有无量百千千万那由他声闻。作恶的摩罗不进入这里，也没有魔众。即使摩罗和魔众进入这个世界，也会遵照这位世尊光明如来的教诫，护持正法。"

什译：爾時，世尊說是偈已，告諸大眾，唱如是言："我此弟子摩訶迦葉於未來世，當得奉覲三百萬億諸佛世尊，供養，恭敬，尊重，讚歎，廣宣諸佛無量大法。於最後身得成為佛，名曰光明如來、應供、正遍知、明行足、善逝、世間解、無上士、調御丈夫、天人師、佛世尊。國名光德①，劫名大莊嚴。佛壽十二小劫，正法住世二十小劫，像法亦住二十小劫。國界嚴飾，無諸穢惡、瓦礫、荊棘、便利②不淨。其土平正，無有高下、坑坎、堆阜③。琉璃為地，寶樹行列，黃金為繩，以界道側，散諸寶華，周遍清淨。其國菩薩無量千億，諸聲聞眾亦復無數。無有魔事，雖有魔及魔民，皆護佛法。"

अथ खलु भगवांस्तस्यां वेलायामिमा गाथा अभाषत --

今译：这时，世尊又用这些偈颂说道：

什译：爾時，世尊欲重宣此義，而說偈言：

पश्याम्यहं भिक्षव बुद्धचक्षुषा स्थविरो ह्ययं काश्यप बुद्ध भेष्यति ।
अनागते ऽध्वानि असंख्यकल्पे कृत्वान पूजां द्विपदोत्तमानाम्॥ १ ॥

---

① 此词"光德"的原词是 avabhāsaprāpta，词义为获得光明。
② "便利"意谓尿粪。
③ "堆阜"意谓土堆和小山。

今译：诸位比丘啊，我用佛眼
　　　看到长老迦叶将会成佛，
　　　他在未来世无数劫中，
　　　尊敬供奉两足至尊们。（1）

什译：告諸比丘：我以佛眼，
　　　見是迦葉，於未來世，
　　　過無數劫，當得作佛。

त्रिंशत्सहस्राः परिपूर्णकोट्यो जिनानयं द्रक्ष्यति काश्यपो ह्ययम्।
चरिष्यती तत्र च ब्रह्मचर्यं बौद्धस्य ज्ञानस्य कृतेन भिक्षवः ॥ २ ॥

今译：这位迦叶将会看见
　　　整整三十千千万佛，
　　　众比丘啊，为求佛智，
　　　他在那里修习梵行。（2）

什译：而於來世，供養奉覲，
　　　三百萬億，諸佛世尊，
　　　為佛智慧，淨修梵行。

कृत्वान पूजां द्विपदोत्तमानां समुदानिय ज्ञानमिदं अनुत्तरम्।
स पश्चिमे चोच्छ्रयि लोकनाथो भविष्यते अप्रतिमो महर्षिः ॥ ३ ॥

今译：尊敬供奉两足至尊们，
　　　从而获得这种无上智，
　　　在最后一身，他成为
　　　至高世界导师大仙人。（3）

什译：供養最上，二足尊已，
　　　修習一切，無上之慧，
　　　於最後身，得成為佛。

第六　授记品　301

क्षेत्रं च तस्य प्रवरं भविष्यति विचित्र शुद्धं शुभ दर्शनीयम्।
मनोज्ञरूपं सद प्रेमणीयं सुवर्णसूत्रैः समलंकृतं च ॥ ४ ॥

今译：他的佛土殊胜美妙，
清净，纯洁，美观，
各种景象可爱迷人，
到处以金绳为装饰。（4）

什译：其土清淨，琉璃為地，

रत्नामया वृक्ष तहिं विचित्रा अष्टापदस्मिं तहि एकमेके।
मनोज्ञगन्धं च विमुञ्चमाना भेष्यन्ति क्षेत्रस्मि इमस्मि भिक्षो ॥ ५ ॥

今译：这个佛土有各种
宝石制成的树木，
行行排列八交道，
散发迷人的香味。（5）

什译：多諸寶樹，行列道側，
金繩界道，見者歡喜。

पुष्पप्रकारैः समलंकृतं च विचित्रपुष्पैरुपशोभितं च।
श्वभ्रप्रपाता न च तत्र सन्ति समं शिवं भेष्यति दर्शनीयम्॥ ६ ॥

今译：装饰有各种鲜花，
展现美丽的光彩，
没有坑洼和悬崖，
处处平整而美观。（6）

什译：常出好香，散眾名華，
種種奇妙，以為莊嚴，
其地平正，無有丘坑。

तहि बोधिसत्त्वान सहस्रकोट्यः सुदान्तचित्तान महर्द्धिकानाम्।
वैपुल्यसूत्रान्तधराण तायिनां बहू भविष्यन्ति सहस्र नेके ॥ ७ ॥

今译：这里有千千万菩萨，
心地柔顺有大神通，
他们接受救世者们
数以千计的方广经。（7）

什译：諸菩薩衆，不可稱計，
其心調柔，逮大神通，
奉持諸佛，大乘經典。

अनास्रवा अन्तिमदेहधारिणो भेष्यन्ति ये श्रावक धर्मराज्ञः ।
प्रमाणु तेषां न कदाचि विद्यते दिव्येन ज्ञानेन गणित्व कल्पान्॥ ८ ॥

今译：那些法王的声闻，灭尽
烦恼，只有最后的一身，
其数量即使用神奇智慧，
历时数劫，也计算不清。（8）

什译：諸聲聞衆，無漏後身①，
法王之子，亦不可計，
乃以天眼，不能數知。

सो द्वादश अन्तरकल्प स्थास्यति सद्धर्म विंशान्तरकल्प स्थास्यति ।
प्रतिरूपकश्चान्तरकल्प विंशतिं रश्मिप्रभासस्य वियूह भेष्यति ॥ ९ ॥

今译：他的寿命十二中间劫，
正法住世二十中间劫，
像法住世二十中间劫，

① 此处“后身”意谓最后一身。

这是光明如来的庄严。（9）

什译：其佛當壽，十二小劫，
正法住世，二十小劫，
像法亦住，二十小劫，
光明世尊，其事如是。

अथ खल्वायुष्मान्महामौद्गल्यायनः स्थविर आयुष्मांश्च सुभूतिरायुष्मांश्च महाकात्यायनः प्रवेपमानैः कायैर्भगवन्तमनिमिषैर्नेत्रैर्व्यवलोकयन्ति स्म ।

今译：这时，尊者摩诃目犍连、尊者须菩提和尊者摩诃迦旃延身体颤动，凝望世尊，目不转睛。

什译：爾時，大目犍連、須菩提、摩訶迦旃延等，皆悉悚慄，一心合掌，瞻仰尊顏，目不暫捨，

तस्यां च वेलायां पृथक्पृथङ्मनःसंगीत्या इमा गाथा अभाषन्त --

今译：他们异口同声用这些偈颂说道：

什译：即共同聲而說偈言：

अर्हन्त हे महावीर शाक्यसिंह नरोत्तम ।
अस्माकमनुकम्पाय बुद्धशब्दमुदीरय ॥ १० ॥

今译：嗨！释迦族狮子，
阿罗汉，大英雄，
人中至尊，同情
我们，发出佛音。（10）

什译：大雄猛世尊，諸釋之法王，
哀愍我等故，而賜佛音聲。

अवश्यमवसरं ज्ञात्वा अस्माकं पि नरोत्तम ।
अमृतेनेव सिञ्चित्वा व्याकुरुष्व विभोजन ॥ ११ ॥

今译：人中至尊已知道
到了合适的时间，
请胜者洒下甘露，
为我们授记成佛。[①]（11）

什译：若知我深心，見為授記者，
如以甘露灑，除熱得清涼。

दुर्भिक्षादागतः कश्चिन्नरो लब्ध्वा सुभोजनम् ।
प्रतीक्ष भूय उच्येत हस्तप्राप्तस्मि भोजने ॥ १२ ॥

今译：仿佛某个人来自
饥荒之地，获得
美食，食物到手，
却被告知要等待。（12）

什译：如從饑國來，忽遇大王饍，
心猶懷疑懼，未敢即便食，
若復得王教，然後乃敢食。

एवमेवोत्सुका अस्मो हीनयानं विचिन्तय ।
दुष्कालभुक्तसत्त्वा वा बुद्धज्ञानं लभामहे ॥ १३ ॥

今译：我们常思惟小乘，
充满渴望，众生
处在艰难的时世，
而我们获得佛智。（13）

① 这颂原文中的 vyākuruṣva vibhojana，其中的 vibhojana 似应为 vibho jina。据 J 本，此处写为 vyākriṣyati no jinaḥ，则后半颂可读为“胜者会洒下甘露，为我们授记成佛”。

什译：我等亦如是，每惟小乘過[①]，
不知當云何，得佛無上慧。

न तावदस्मान्संबुद्धो व्याकरोति महामुनिः ।
यथा हस्तस्मि प्रक्षिप्तं न तद्भुञ्जीत भोजनम्॥ १४ ॥

今译：可是正等觉大牟尼
那时不为我们授记，
仿佛食物已经到手，
却被吩咐先不要吃。（14）

什译：雖聞佛音聲，言我等作佛，
心尚懷憂懼，如未敢便食。

एवं च उत्सुका वीर श्रुत्वा घोषमनुत्तरम्।
व्याकृता यद भेष्यामस्तदा भेष्याम निर्वृताः ॥ १५ ॥

今译：英雄啊，满怀渴望，
我们听到无上佛音，
如果我们获得授记，
我们就会达到涅槃。（15）

什译：若蒙佛授記，爾乃快安樂。

व्याकरोहि महावीर हितैषी अनुकम्पकः ।
अपि दारिद्र्यचित्तानां भवेदन्तो महामुने ॥ १६ ॥

今译：大英雄啊，你满怀
慈悲，一心利益他人，
牟尼啊，请你授记吧！

① “每惟小乘过”意谓经常思惟小乘的过失。

让我们的心不再贫瘠。（16）

什译：大雄猛世尊，常欲安世間，
　　　願賜我等記，如飢須教食。

अथ खलु भगवांस्तेषा महाश्रावकाणां स्थविराणामिममेवंरूपं चेतसैव चेतःपरिवितर्कमाज्ञाय पुनरपि सर्वावन्तं भिक्षुसंघमामन्त्रयते स्म -- अयं मे भिक्षवो महाश्रावकः स्थविरः सुभूतिस्त्रिंशत एव बुद्धकोटीनयुतशतसहस्राणां सत्कारं करिष्यति, गुरुकारं माननां पूजनामर्चनामपचायनां करिष्यति । तत्र च ब्रह्मचर्यं चरिष्यति, बोधिं च समुदानयिष्यति । एवंरूपांश्चाधिकारान्कृत्वा पश्चिमे समुच्छ्रये शशिकेतुर्नाम तथागतो ऽर्हन्सम्यक्संबुद्धो लोके भविष्यति विद्याचरणसंपन्नः सुगतो लोकविदनुत्तरः पुरुषदम्यसारथिः शास्ता देवानां च मनुष्याणां च बुद्धो भगवान्। रत्नसंभवं च नामास्य तद्बुद्धक्षेत्रं भविष्यति । रत्नावभासश्च नाम स कल्पो भविष्यति । समं च तद्बुद्धक्षेत्रं भविष्यति, रमणीयं स्फटिकमयं रत्नवृक्षविचित्रितमपगतश्वभ्र-प्रपातमपगतगूथोलिगल्लं मनोज्ञं पुष्पाभिकीर्णम्। कूटागारपरिभोगेषु चात्र पुरुषा वासं कल्पयिष्यन्ति । बहवश्चास्य श्रावका भविष्यन्त्यपरिमाणाः, येषां न शक्यं गणनया पर्यन्तो ऽधिगन्तुम्। बहूनि चात्र बोधिसत्त्वकोटीनयुतशतसहस्राणि भविष्यन्ति । तस्य च भगवतो द्वादशान्तरकल्पानायुष्प्रमाणं भविष्यति । विंशतिं चान्तरकल्पान्सद्धर्मः स्थास्यति । विंशतिमेवान्तरकल्पान्सद्धर्मप्रतिरूपकः स्थास्यति । स च भगवान्वैहायसमन्तरीक्षे स्थित्वा अभीक्ष्णं धर्मं देशयिष्यति, बहूनि च बोधिसत्त्वशतसहस्राणि बहूनि च श्रावकशतसहस्राणि विनेष्यति ॥

今译：这时，世尊知道这些大声闻长老们心中所想，又对全体比丘僧众说道："众比丘啊，我的这位大声闻长老须菩提将供奉三十百千千万那由他佛，尊重，尊敬，崇敬，供奉，供养。他在那里修习梵行，获得菩提。完成这些职责后，他会在最后一身，成为名为月旗的如来、阿罗汉、正等觉、明行足、善逝、世间解、无上士、调御丈夫、天人师、佛世尊。他的佛土名为宝生。他所处的劫名为宝光。他的佛土平坦整齐，美观可爱，遍地水晶，各种宝树，没有坑洼悬崖，没有粪便污秽，撒满迷人的鲜花。人们居住亭台楼阁。有数不尽的无量声闻。有数百千千万那由他菩萨。这位世尊的寿命十二中间劫。正法住世二十劫。像法住世二十劫。这位世尊经常站在空中说法，教化数百千菩萨和数百千声闻。”

什译：爾時，世尊知諸大弟子心之所念，告諸比丘：“是須菩提於當來世，奉覲三百萬億那由他佛，供養，恭敬，尊重，讚歎，常修梵行，具菩薩道。於最後身得成為佛，號曰名相[①]如來、應供、正遍知、明行足、善逝、世間解、無上士、調御丈夫、天人師、佛世尊。劫名有寶[②]，國名寶生。其土平正，頗梨為地，寶樹莊嚴，無諸丘坑、沙礫、荊棘、便利之穢。寶華覆地，周遍清淨。其土人民，皆處寶臺、珍妙樓閣。聲聞弟子無量無邊，算數譬喻所不能知。諸菩薩眾無數千萬億那由他。佛壽十二小劫，正法住世二十小劫，像法亦住二十小劫。其佛常處虛空為眾說法，度脫無量菩薩及聲聞眾。”

अथ खलु भगवांस्तस्यां वेलायामिमा गाथा अभाषत --

今译：这时，世尊又用偈颂说道：

什译：爾時，世尊欲重宣此義，而說偈言：

आरोचयामि अहमद्य भिक्षवः प्रतिवेदयाम्यद्य ममा शृणोथ ।
स्थविरः सुभूतिर्मम श्रावको ऽयं भविष्यते बुद्ध अनागते ऽध्वनि ॥ १७ ॥

今译：众比丘啊，你们请听！
　　　今天，我向你们宣布：
　　　这位声闻长老须菩提，
　　　他将在未来世成佛。（17）

什译：諸比丘眾，今告汝等，
　　　皆當一心，聽我所說：

① “名相”的原词是 śaśiketu，词义为月旗。
② 此处“有宝”的原词是 ratnāvabhāsa，词义为宝光。

我大弟子，須菩提者，
當得作佛，號曰名相。

बुद्धांश्च पश्यित्व महानुभावान्त्रिंशच्च पूर्णानयुतान कोटीः ।
चरिष्यते चर्य तदानुलोमिकीमिमस्य ज्ञानस्य कृतेन चैषः ॥ १८ ॥

今译：他会遇见大威力诸佛，
整整三十千万那由他，
遇见后，为求取佛智，
依随这些佛世尊修行。（18）

什译：當供無數，萬億諸佛，
隨佛所行，漸具大道。

स पश्चिमे वीर समुच्छ्रयस्मिन्द्वात्रिंशतीलक्षणरूपधारी ।
सुवर्णयूपप्रतिमो महर्षिर्भविष्यते लोकहितानुकम्पी ॥ १९ ॥

今译：在他的最后一身，
会获得三十二相，
犹如金柱，成为
饶益世间大仙人。（19）

什译：最後身得，三十二相，
端正姝妙，猶如寶山①。

सुदर्शनीयं च सुक्षेत्र भेष्यति इष्टं मनोज्ञं च महाजनस्य ।
विहरिष्यते यत्र स लोकबन्धुस्तारित्व प्राणीनयुतान कोटीः ॥ २० ॥

今译：他的殊胜佛土美观可爱，
所有的人都满意和喜欢，

① 此处“宝山”的原词是 suvarṇayūpa，词义为金柱。

这位世界至亲住在那里，
救度数千万那由他众生。（20）

什译：其佛國土，嚴淨第一，
眾生見者，無不愛樂，
佛於其中，度無量眾。

बहुबोधिसत्त्वात्र महानुभावा अविवर्त्यचक्रस्य प्रवर्तितारः ।
तीक्ष्णेन्द्रियास्तस्य जिनस्य शासने ये शोभयिष्यन्ति त बुद्धक्षेत्रम्॥२१ ॥

今译：众多菩萨具有大威力，
他们转动不退转法轮，
具有利根，遵奉胜者
教导，装饰这个佛土。（21）

什译：其佛法中，多諸菩薩，
皆悉利根，轉不退輪，
彼國常以，菩薩莊嚴。

बहुश्रावकास्तस्य न संख्य तेषां प्रमाणु नैवास्ति कदाचि तेषाम्।
षडभिज्ञ त्रैविद्य महर्द्धिकाश्च अष्टाविमोक्षेषु प्रतिष्ठिताश्च ॥ २२ ॥

今译：众多声闻无量无数，
任何时候都数不清，
具有六神通、三明、
大神变以及八解脱①。（22）

什译：諸聲聞眾，不可稱數，
皆得三明，具六神通，
住八解脱，有大威德。

① “八解脱”（aṣṭāvimokṣa）指依据八种定力摆脱对色和无色的贪欲。

अचिन्तियं ऋद्धिबलं च भेष्यति प्रकाशयन्तस्यिममग्रबोधिम्।
देवा मनुष्या यथ गङ्गवालिका भेष्यन्ति तस्यो सततं कृताञ्जली ॥ २३ ॥

今译：他宣说这种至上菩提，
他的神通力不可思议，
天神和凡人似恒河沙，
始终恭敬地合掌侍立。（23）

什译：其佛說法，現於[1]無量，
神通變化，不可思議，
諸天人民，數如恒沙，
皆共合掌，聽受佛語。

सो द्वादशो अन्तरकल्प स्थास्यपि सद्धर्मु विंशान्तरकल्प स्थास्यति ।
प्रतिरूपको विंशतिमेव स्थास्यति कल्पान्तराणि द्विपदोत्तमस्य ॥ २४ ॥

今译：这位两足至尊在世的
寿命总共十二中间劫，
正法住世二十中间劫，
像法住世二十中间劫。（24）

什译：其佛當壽，十二小劫，
正法住世，二十小劫，
像法亦住，二十小劫。

अथ खलु भगवान्पुनरेव सर्वावन्तं भिक्षुसंघमामन्त्रयते स्म -- आरोचयामि वो भिक्षयः, प्रतिवेदयामि । अयं मम श्रावकः स्थविरो महाकात्यायनो ऽष्टानां बुद्धकोटीशतसहस्राणामन्तिके सत्कारं करिष्यति, गुरुकारं माननां पूजनामर्चनामपचायनां करिष्यति । परिनिर्वृतानां च तेषां तथागतानां स्तूपान्करिष्यति योजनसहस्रं समुच्छ्रयेण पञ्चाशद्योजनानि परिणाहेन सप्तानां रत्नानाम्। तद्यथा

① 此处“现于”意谓展现。

सुवर्णस्य रूप्यस्य वैडूर्यस्य स्फटिकस्य लोहितमुक्तेरश्मगर्भस्य मुसारगल्वस्य सप्तमस्य रत्नस्य । तेषां च स्तूपानां पूजां करिष्यति पुष्पधूपगन्धमाल्यविलेपन-चूर्णचीवरच्छत्रध्वजपताकावैजयन्तीभिश्च । ततश्च भूयः परेण परतरेण पुनर्विंशतीनां बुद्धकोटीनामन्तिके एवरूपमेव सत्कारं करिष्यति, गुरुकारं माननां पूजनामर्चनामपचायनां करिष्यति । स पश्चिमे समुच्छ्रये पश्चिमे आत्मभाव-प्रतिलम्भे जाम्बूनदप्रभासो नाम तथागतो ऽर्हन्सम्यक्संबुद्धो लोके भविष्यति विद्याचरणसंपन्नः सुगतो लोकविदनुत्तरः पुरुषदम्यसारथिः शास्ता देवानां च मनुष्याणां च बुद्धो भगवन्। परिशुद्धं चास्य बुद्धक्षेत्रं भविष्यति समं रमणीयं प्रासादिकं दर्शनीयं स्फटिकमयं रत्नवृक्षाभिविचित्रितं सुवर्णसूत्राच्छोडितं पुष्प-संस्तरसंस्तृतमपगतनिरयतिर्यग्योनियमलोकासुरकायं बहुनरदेवप्रतिपूर्णं बहु-श्रावकशतसहस्रोपशोभितं बहुबोधिसत्त्वशतसहस्रालंकृतम्। द्वादश चास्य अन्तर-कल्पानायुष्प्रमाणं भविष्यति । विंशतिं चास्य अन्तरकल्पान्सद्धर्मः स्थास्यति । विंशतिमेवान्तरकल्पान्सद्धर्मप्रतिरूपकः स्थास्यति ॥

今译：然后，世尊又对全体比丘僧众说道："我告诉你们，众比丘啊，我告知你们，我的这位大声闻长老摩诃迦旃延将供奉八十百千千万佛，尊重，尊敬，崇敬，供奉，供养。他将为这些涅槃的如来用七宝建塔，一千由旬高，五十由旬宽。七宝是金、银、琉璃、水晶、赤珠、玛瑙和翡翠。他用鲜花、香料、花环、香膏、香粉、衣服、华盖、幢幡和胜利旗供奉这些宝塔。然后，他又继续这样供奉二十千万佛，尊重，尊敬，崇敬，供奉，供养。他会在最后一身，成为名为阎浮那提金光的如来、阿罗汉、正等觉、明行足、善逝、世间解、无上士、调御丈夫、天人师、佛世尊。他的佛土清净，美观可爱，遍地水晶，各种宝树，金绳交错，撒满鲜花。没有地狱、畜生、阎摩界和阿修罗。充满凡人和天神，数百千声闻，数百千菩萨。他的寿命十二中间劫，正法住世二十中间劫，像法住世二十中间劫。"

什译：爾時，世尊復告諸比丘眾："我今語汝，是大迦旃延於當來世，以諸供具供養奉事八千億佛，恭敬尊重。諸佛滅後，各起塔廟，高千由旬，縱廣正等五百由旬，以[①]金、銀、琉璃、車𤦲，馬瑙、真珠、玫瑰[②]七寶合成，眾華、瓔珞、塗香、末香、燒香、繒蓋、幢幡，供養塔廟。過是已後，當復供養二萬億佛，亦復如是。供養是諸佛已，具菩薩道，當得作佛，號曰閻浮那提金光如來、應供、正遍知、明行足、善逝、世間解、無上士、調御丈夫、天人師、佛世尊。其土平正，頗梨為地，寶樹莊嚴，黃金為繩，以界道側，妙華覆地，周遍清淨，見者歡喜。無四惡道，地獄、餓鬼、畜生、阿修羅道。多有天、人、諸聲聞眾及諸菩薩，無量萬億，莊嚴其國。佛壽十二小劫，正法住世二十小劫，像法亦住二十小劫。”

अथ खलु भगवांस्तस्यां वेलायामिमा गाथा अभाषत --

今译：这时，世尊又用这些偈颂说道：

什译：爾時，世尊欲重宣此義，而說偈言：

श्रृणोथ मे भिक्षव अद्य सर्वे
उदाहरन्तस्य गिरामनन्यथाम्।
कात्यायनः स्थविरु अयं मि श्रावकः
करिष्यते पूज विनायकानाम्॥ २५ ॥

今译：众比丘啊，请听！今天
我所说的一切真实无异：
我的这位声闻长老比丘
迦旃延将供奉众多导师。（25）

什译：諸比丘眾，皆一心聽，
如我所說，真實無異，

① 此处“以”字，据《中华大藏经》校勘记，《丽》作“皆以”。

② 此处“玫瑰”是宝石名，对应的原词是musāragalva，指翡翠或猫眼石。汉译佛经中使用的译名不一，除这里的“玫瑰”，还有“车𤦲”、“琥珀”或“玛瑙”等。

是迦旃延，當以種種，
妙好供具，供養諸佛。

सत्कारु तेषां च बहुप्रकारं बहूविधं लोकविनायकानाम्।
स्तूपांश्च कारापयि निर्वृतानां पुष्पेहि गन्धेहि च पूजयिष्यति ॥ २६ ॥

今译：他以各种各样方式，
供奉那些世界导师，
为涅槃的导师建塔，
并供奉鲜花和香料。（26）

什译：諸佛滅後，起七寶塔，
亦以華香，供養舍利。

लभित्व सो पश्चिमकं समुच्छ्रयं परिशुद्धक्षेत्रस्मि जिनो भविष्यति।
परिपूरयित्वा इममेव ज्ञानं देशेष्यते प्राणिसहस्रकोटिनाम्॥ २७ ॥

今译：他最后一身在这个
清净佛土成为胜者，
已经获得圆满佛智，
教导数千千万众生。（27）

什译：其最後身，得佛智慧，
成等正覺，國土清淨，
度脫無量，萬億眾生。

स सत्कृतो लोकि सदेवकस्मिन्प्रभाकरो बुद्ध विभुर्भविष्यति।
जाम्बूनदाभासु स चापि नाम्ना संतारको देवमनुष्यकोटिनाम्॥ २८ ॥

今译：他受世界和天界供奉，
成为金光闪耀的佛尊，
名为阎浮那提金光佛，

救度千万天神和凡人。（28）

什译：皆為十方，之所供養，
佛之光明，無能勝者，
其佛號曰，閻浮金光。

बहुबोधिसत्त्वास्तथ श्रावकाश्च अमिता असंख्या पि च तत्र क्षेत्रे ।
उपशोभयिष्यन्ति ति बुद्धशासनं भवप्रहीणा विभवाश्च सर्वे ॥ २९ ॥

今译：同样，在这个佛土上，
菩萨和声闻无量无数，
他们为佛的教导增辉，
全都断除生死无生死。（29）

什译：菩薩聲聞，斷一切有，
無量無數，莊嚴其國。

अथ खलु भगवान्पुनरेव सर्वावन्तं भिक्षुसंघमामन्त्रयते स्म -- आरोचयामि वो भिक्षवः, प्रतिवेदयामि । अयं मम श्रावकः स्थविरो महामौद्गल्यायनो ऽष्टाविंशतिबुद्धसहस्राण्यारागयिष्यति, तेषां च बुद्धानां भगवतां विविधं सत्कारं करिष्यति, गुरुकारं माननां पूजनामर्चनामपचायनां करिष्यति । परिनिर्वृतानां च तेषां बुद्धानां भगवतां स्तूपान्कारयिष्यति सप्तरत्नमयान्। तद्यथा सुवर्णस्य रूप्यस्य वैदूर्यस्य स्फटिकस्य लोहितमुक्तेरश्मगर्भस्य मुसारगल्वस्य । योजनसहस्रं समुच्छ्रयेण पञ्चयोजनशतानि परिणाहेन । तेषां च स्तूपानां विविधां पूजां करिष्यति पुष्पधूपगन्धमाल्यविलेपनचूर्णचीवरच्छत्रध्वजपताकावैजयन्तीभिः । ततश्च भूयः परेण परतरेण विंशतेर्बुद्धकोटीशतसहस्राणामेवंरूपमेव सत्कारं करिष्यति, गुरुकारं माननां पूजनामर्चनामपचायनां करिष्यति । पश्चिमे च आत्मभावप्रतिलम्भे तमालपत्रचन्दनगन्धो नाम तथागतो ऽर्हन्सम्यक्संबुद्धो लोके भविष्यति विद्याचरणसंपन्नः सुगतो लोकविदनुत्तरः पुरुषदम्यसारथिः शास्ता देवानां च मनुष्याणां च बुद्धो भगवान्। मनोभिरामं च नामास्य तद्बुद्धक्षेत्रं भविष्यति

। रतिप्रपूर्णश्च नाम स कल्पो भविष्यति । परिशुद्धं चास्य तद्बुद्धक्षेत्रं भविष्यति, समं रमणीयं प्रासादिकं सुदर्शनीयं स्फटिकमयं रत्नवृक्षाभिविचित्रितं मुक्तकुसुमाभिकीर्णं बहुनरदेवप्रतिपूर्णमृषिशतसहस्रनिषेवितं यदुत श्रावकैश्च बोधिसत्त्वैश्च । चतुर्विंशतिं चास्य अन्तरकल्पानायुष्प्रमाणं भविष्यति । चत्वारिंशच्च अन्तरकल्पान्सद्धर्मः स्थास्यति । चत्वारिंशदेव अन्तरकल्पान्सद्धर्मप्रतिरूपकः स्थास्यति ॥

今译：然后，世尊又对全体比丘僧众说道："我告诉你们，众比丘啊，我告知你们，我的这位大声闻长老摩诃目犍连将供奉二万八千佛，以各种方式，尊重，尊敬，崇敬，供奉，供养。他将为这些涅槃的佛世尊用七宝建塔，一千由旬高，五百由旬宽。七宝是金、银、琉璃、水晶、赤珠、玛瑙和翡翠。他以各种方式，用鲜花、香料、花环、香膏、香粉、衣服、华盖、幢幡和胜利旗供奉这些宝塔。然后，他又继续这样供奉二十百千千万佛，尊重，尊敬，崇敬，供奉，供养。他会在最后一身，成为名为多摩罗跋旃檀香的如来、阿罗汉、正等觉、明行足、善逝、世间解、无上士、调御丈夫、天人师、佛世尊。他的佛土名为意乐。他所处的劫名为喜满。他的佛土清净，平坦整齐，美观可爱，遍地水晶，各种宝树，撒满珍珠花。那里充满凡人和天神，数百千仙人即声闻和菩萨。他的寿命二十四中间劫，正法住世四十中间劫，像法住世四十中间劫。"

什译：爾時，世尊復告大眾："我今語汝，是大目犍連當以種種供具供養八千諸佛，恭敬尊重。諸佛滅後，各起塔廟，高千由旬，縱廣正等五百由旬，皆以金、銀、琉璃、車渠、瑪瑙、真珠、玫瑰七寶合成，眾華、瓔珞、塗香、末香、燒香、繒蓋、幢幡，以用供養。過是已後，當復供養二百萬億諸佛，亦復如是。當得成佛，號曰多摩羅跋旃檀香如來、應供、正遍知、明行足、善逝、世間解、無上士、調御丈夫、天人師、佛世尊。劫名喜滿，國名意樂。其土平正，頗梨為地，寶樹莊嚴，散真珠華，周遍清淨，見者歡喜。多諸天、人、菩薩、聲聞，其數無量。佛壽二十四小劫，正法住世四十小劫，像法亦住四十小劫。"

अथ खलु भगवांस्तस्यां वेलायामिमा गाथा अभाषत --

今译：这时，世尊又用这些偈颂说道：

什译：爾時，世尊欲重宣此義，而說偈言：

मौद्गल्यगोत्रो मम श्रावको ऽयं जहित्व मानुष्यकमात्मभावम्।
विंशत्सहस्राणि जिनान तायिनामन्यांश्च अष्टौ विरजान द्रक्ष्यति ॥ ३० ॥

今译：我的声闻目犍连，
抛弃自己人身后，
会遇见二万八千
清净无垢救世者。（30）

什译：我此弟子，大目犍連，
捨是身已，得見八千，
二百萬億，諸佛世尊。

चरिष्यते तत्र च ब्रह्मचर्यं बौद्धं इमं ज्ञान गवेषमाणः ।
सत्कारु तेषां द्विपदोत्तमानां विविधं तदा काहि विनायकानाम्॥ ३१ ॥

今译：为求取这种佛智，
在那里修习梵行，
以各种方式侍奉
两足至尊导师们。（31）

什译：為佛道故，供養恭敬，
於諸佛所，常修梵行。

सद्धर्मु तेषां विपुलं प्रणीतं धारेत्व कल्पान सहस्रकोट्यः ।
पूजां च स्तूपेषु करिष्यते तदा परिनिर्वृतानां सुगतान तेषाम्॥ ३२ ॥

今译：千千万劫中接受

美妙广大的正法，
也为这些涅槃的
善逝建塔并供奉。（32）

什译：於無量劫，奉持佛法，
諸佛滅後，起七寶塔。

रत्नामयान्स्तूप सवैजयन्तान्करिष्यते तेष जिनोत्तमानाम्।
पुष्पेहि गन्धेहि च पूजयन्तो वाद्येहि वा लोकहितानुकम्पिनाम्॥६।३३ ॥

今译：他为至高胜者们建造
七宝宝塔，用胜利旗、
鲜花、香料以及音乐，
供奉饶益世间的导师。（33）

什译：長表金刹[①]，華香伎樂，
而以供養，諸佛塔廟。

तत्पश्चिमे चैव समुच्छ्रयस्मिन्प्रियदर्शने तत्र मनोज्ञक्षेत्रे ।
भविष्यते लोकहितानुकम्पी तमालपत्रचन्दनगन्ध नाम्ना ॥ ३४ ॥

今译：在最后一身，他在这个
可爱迷人的佛土，成为
同情和饶益世间的佛尊，
名为多摩罗跋旃檀香佛。（34）

什译：漸漸具足，菩薩道已，
於意樂國，而得作佛，
號多摩羅，旃檀之香。

① 此处“长表金刹”的原词是 vaijayanta 词义为胜利旗，汉译佛经中也译“胜幡”。在什译《药王菩萨本事品》中，有“表刹”一词，对应的原词是 chatra（“伞盖”或“华盖”）。因此，“长表金刹”意谓长长的旗帜和金色的华盖。

चतुर्विंशपूर्णान्तरकल्प तस्य आयुष्प्रमाणं सुगतस्य भेष्यति ।
प्रकाशयन्तस्यिम बुद्धनेत्रीं मनुजेषु देवेषु च नित्यकालम्॥ ३५ ॥

今译：这位善逝的寿命有
整整二十四中间劫，
始终向凡人和天神
演示宣说这种佛法。（35）

什译：其佛壽命，二十四劫，
常為人天①，演說佛道。

बहुश्रावकास्तस्य जिनस्य तत्र कोटी सहस्रा यथ गङ्गवालिकाः ।
षडभिज्ञ त्रैविद्य महर्द्धिकाश्च अभिज्ञप्राप्ताः सुगतस्य शासने ॥ ३६ ॥

今译：这位胜者有众多的声闻，
千千万似恒河沙，遵奉
善逝的教导，具有威力，
六神通、三明和大神变。（36）

什译：聲聞無量，如恒河沙，
三明六通，有大威德。

अवैवर्तिकाश्चो बहुबोधिसत्त्वा आरब्धवीर्याः सद संप्रजानाः ।
अभियुक्तरूपाः सुगतस्य शासने तेषां सहस्राणि बहूनि तत्र ॥ ३७ ॥

今译：数千不退转菩萨，
聪明睿智，始终
精勤努力，遵照
善逝的教导修行。（37）

什译：菩薩無數，志固精進，

---

① 此处"人天"，据《中华大藏经》校勘记，诸本作"天人"。

於佛智慧，皆不退轉。

परिनिर्वृतस्यापि जिनस्य तस्य सद्धर्मु संस्थास्यति तस्मि काले ।
विंशच्च विंशान्तरकल्प पूर्णा एतत्प्रमाणं प्रतिरूपकस्य ॥ ३८ ॥

今译：在这位胜者涅槃后，
正法住世整整四十
中间劫，像法同样
也住世四十中间劫。（38）

什译：佛滅度後，正法當住，
四十小劫，像法亦爾。

महर्द्धिकाः पञ्च मि श्रावका ये
निर्दिष्ट ये ते मय अग्रबोधये ।
अनागते ऽध्वानि जिनाः स्वयंभुव-
स्तेषां च चर्यां शृणुथा ममान्तिकात्॥ ३९ ॥

今译：我的这五位大神通声闻[①]，
我向他们宣示至上菩提，
在未来世成为自在胜者，
你们听我讲述他们所行。（39）

什译：我諸弟子，威德具足，
其數五百，皆當授記，
於未來世，咸得成佛，
我及汝等，宿世因緣，

① “五位大神通声闻”指已经获得佛陀授记的舍利弗、摩诃迦叶、须菩提、摩诃迦旃延和摩诃目犍连。

吾今當說，汝等善聽。[1]

इत्यार्यसद्धर्मपुण्डरीके धर्मपर्याये व्याकरणपरिवर्तो नाम षष्ठः ॥

今译：以上是神圣《妙法莲华》法门中名为《授记品》的第六品。

① 什译这颂与原文有差异。按照原文，这里只是针对五位大声闻而说。然而，在下一品中，世尊并未具体讲述这五位大声闻的所行，而是讲述往世因缘，是针对所有比丘与世尊的往世因缘。再接下去的一品便是《五百弟子受记品》。从这个角度看，什译此颂更合理。

७ पूर्वयोगपरिवर्तः ।

今译：第七 往世因缘品[①]

什译：化城喻品第七

भूतपूर्वं भिक्षवो ऽतीते ऽध्वनि असंख्येयैः कल्पैरसंख्येयतरैर्विपुलैरप्रमेयैरचिन्त्यैरपरिमितैरप्रमाणैस्ततः परेण परतरेण यदासीत्-- तेन कालेन तेन समयेन महाभिज्ञाज्ञानाभिभूर्नाम तथागतो ऽर्हन्सम्यक्संबुद्धो लोक उदपादि विद्याचरणसंपन्नः सुगतो लोकविदनुत्तरः पुरुषदम्यसारथिः शास्ताः देवानां च मनुष्याणां च बुद्धो भगवान्संभवायां लोकधातौ महारूपे कल्पे । कियच्चिरोत्पन्नः स भिक्षवस्तथागतो ऽभूत्। तद्यथापि नाम भिक्षवो यावानिह त्रिसाहस्रमहासाहस्रे लोकधातौ पृथिवीधातुः, तं कश्चिदेव पुरुषः सर्वं चूर्णीकुर्यात्, मषिं कुर्यात्। अथ खलु स पुरुषस्तस्माल्लोकधातोरेकं परमाणुरजो गृहीत्वा पूर्वस्यां दिशि लोकधातुसहस्रमतिक्रम्य तदेकं परमाणुरज उपनिक्षिपेत्। अथ स पुरुषो द्वितीयं च परमाणुरजो गृहीत्वा ततः परेण परतरं लोकधातुसहस्रमतिक्रम्य द्वितीयं परमाणुरज उपनिक्षिपेत्। अनेन पर्यायेण स पुरुषः सर्वावन्तं पृथिवीधातुमुपनिक्षिपेत्पूर्वस्यां दिशि । तत्किं मन्यध्वे भिक्षवः शक्यं तेषां लोकधातूनामन्तो वा पर्यन्तो वा गणनयाधिगन्तुम्? त आहुः -- नो हीदं भगवन्, नो हीदं सुगत ।

今译："众比丘啊，在过去世，比不可思议无数、无量、无边、无限劫更久远，那时，有一位名为大通[②]智胜的如来、阿罗汉、正等觉、明行足、善逝、世间解、无上士、调御丈夫、天人师、佛世尊在

---

① 这个品名的原文是 pūrvayoga，即"往世因缘"。护译"往古"。而什译"化城喻"，是突出本品最后部分世尊讲述的化城譬喻。在下面《五百弟子受记品》的开头部分，也提到这个品名，什译"宿世因缘"。

② "大通"的原词是 mahābhijñā，词义为大神通。

大相劫生成世界出世。众比丘啊，这位如来出世离现在有多久远？譬如，众比丘啊，有人将这三千大千世界所有土地碾成墨粉。然后，这个人从中取一极微[1]墨粉，向东方跨越一千世界，点上一极微墨粉。然后，这个人又取第二极微墨粉，继续向前跨越一千世界，点上第二极微墨粉。按照这种方式，这个人用这些墨粉点完东方的所有土地。众比丘啊，你们认为怎样？能数清这些世界的数量吗？”众比丘回答说：“确实不能，世尊！确实不能，世尊！”

什译：佛告諸比丘：“乃往過去無量無邊不可思議阿僧祇劫，爾時，有佛名大通智勝如來、應供、正遍知、明行足、善逝、世間解、無上士、調御丈夫、天人師、佛世尊。其國名好成[2]，劫名大相。諸比丘！彼佛滅度已來，甚大久遠，譬如三千大千世界所有地種[3]，假使有人磨以為墨，過於東方千國土乃下一點，大如微塵，又過千國土復下一點，如是展轉盡地種墨。於汝等意云何？是諸國土，若算師，若算師弟子[4]，能得邊際，知其數不？”“不也，世尊！”

भगवानाह -- शक्यं पुनर्भिक्षवस्तेषां लोकधातूनां केनचिद्गणकेन वा गणकमहामात्रेण वा गणनया पर्यन्तो ऽधिगन्तुम्, येषु वोपनिक्षिप्तानि तानि परमाणुरजांसि, येषु वा नोपनिक्षिप्तानि । न त्वेव तेषां कल्पकोटीनयुतशत-सहस्राणां शक्यं गणनायोगेन पर्यन्तो ऽधिगन्तुम्। यावन्तः कल्पास्तस्य भगवतो महाभिज्ञाज्ञानाभिभुवस्तथागतस्य परिनिर्वृतस्य, एतावान्स कालो ऽभूदेव-मचिन्त्यः, एवमप्रमाणः । तं चाहं भिक्षवस्तथागतं तावच्चिरं परिनिर्वृतमनेन तथागतज्ञानदर्शनबलाधानेन यथाद्य श्वो वा परिनिर्वृतमनुस्मरामि ॥

今译：世尊说道：“众比丘啊，任何计算师或计算官都不能数清

① “极微”（paramāṇu，或译“微尘”）是最小的度量单位。

② “好成”的原词是 saṃbhava，词义为生成。

③ “地种”的原词是 pṛthivīdhātu，词义为地元素。此词汉译佛经中也直接译为“土地”或“大地”。

④ “算师弟子”的原词是 gaṇakamahāmātra，词义为计算官，汉译佛经中也译“司历”或“大算者”。

那些点上或未点上墨粉的世界数量。即使用上数百千千万那由他劫计算，也不能数清。这位已涅槃的大通智胜如来的劫数时间久远确实这样不可思议，无限无量。众比丘啊，这位已涅槃如来的时间这样久远，而我凭借如来知见力，记得这位已涅槃如来仿佛就在今天或昨天[①]。”

什译：“諸比丘！是人所經國土，若點不點，盡抹為塵[②]，一塵一劫。彼佛滅度已來，復過是數無量無邊百千萬億阿僧祇劫。我以如來知見力故，觀彼久遠猶若今日。”

अथ खलु भगवांस्तस्यां वेलायामिमा गाथा अभाषत --

今译：这时，世尊又用这些偈颂说道：

什译：爾時，世尊欲重宣此義，而說偈言：

अभू अतीता बहु कल्पकोट्यो अनुस्मरामि द्विपदानमुत्तमम्।
अभिज्ञज्ञानाभिभूवं महामुनिमभूषि तत्कालमनुत्तमो जिनः ॥ १ ॥

今译：我记得在过去世，
数千万劫前，那时
有一位胜者大牟尼、
两足至尊大通智胜。（1）

什译：我念過去世，無量無邊劫，
有佛兩足尊，名大通智勝。

यथा त्रिसाहस्रिम लोकधातुं कश्चिद्रजं कुर्य अणुप्रमाणम्।
परमाणुमेकं च ततो गृहीत्वा क्षेत्रं सहस्रं गमियान निक्षिपेत्॥ २ ॥

今译：譬如有人将这三千大千

① “昨天”的原词是 śva，相当于 śvas（“明天”），而在这里的词义为昨天，属于混合梵语用法。

② “尽抹为尘”意谓全部碾磨为微尘。

世界全部碾成极微墨粉，
然后，取一极微，前行
一千佛土，点上一极微。（2）

什译：如人以力磨，三千大千土，
盡此諸地種，皆悉以為墨。

द्वितीयं तृतीयं पि च एव निक्षिपेत्सर्वं पि सो निक्षिपि तं रजोगतम्।
रिक्ता भवेता इय लोकधातुः सर्वश्च सो पांसु भवेत क्षीणः॥ ३॥

今译：继而他依次点上
第二、第三极微，
点完所有的世界，
用尽所有的墨粉。（3）

什译：過於千國土，乃下一塵點，
如是展轉點，盡此諸塵墨。

यो लोकधातूषु भवेत तासु पांसु रजो यस्य प्रमाणु नास्ति।
रजं करित्वान अशेषतस्तं लक्ष्यं ददे कल्पशते गते च॥ ४॥

今译：即使用尽所有的墨粉，
也不能数清点在这些
世界的墨粉，我用此
说明已经逝去的劫数。（4）

什译：如是諸國土，點與不點等，
復盡抹為塵，一塵為一劫。

एवाप्रमेया बहु कल्पकोट्यः परिनिर्वृतस्य सुगतस्य तस्य।
परमाणु सर्वे न भवन्ति लक्ष्यास्तावद्बहु क्षीण भवन्ति कल्पाः॥ ५॥

今译：这位已涅槃善逝的
劫数有无量数千万，
所有的这些极微墨粉
也不能表明这些劫数。（5）

什译：此諸微塵數，其劫復過是，
彼佛滅度來，如是無量劫。

तावच्चिरं निर्वृतु तं विनायकं तान् श्रावकांस्तांश्च पि बोधिसत्त्वान्।
एतादृशं ज्ञानु तथागतानां स्मरामि वृत्तं यथ अद्य श्वो वा ॥ ६ ॥

今译：而我凭借如来智记得
这位涅槃久远的善逝，
以及那些声闻和菩萨，
仿佛就在今天或昨天。（6）

什译：如來無礙智，知彼佛滅度，
及聲聞菩薩，如見今滅度。

एतादृशं भिक्षव ज्ञानमेतदनन्तज्ञानश्च तथागतस्य ।
बुद्धं मया कल्पशतैरनेकैः स्मृतीय सूक्ष्माय अनास्रवाय ॥ ७ ॥

今译：众比丘啊，正是凭借
这样的无限智如来智，
微妙，无漏，我记得
无数百劫前的这位佛。（7）

什译：諸比丘當知！佛智淨微妙，
無漏無所礙，通達無量劫。

तस्य खलु पुनर्भिक्षवो महाभिज्ञाज्ञानाभिभुवस्तथागतस्यार्हतः सम्यक्संबुद्धस्य चतुष्पञ्चाशत्कल्पकोटीनयुतशतसहस्राण्यायुष्प्रमाणमभूत्। पूर्वं च स

भगवान्महाभिज्ञानाभिभूस्तथागतो ऽनभिसंबुद्धो ऽनुत्तरां सम्यक्संबोधिं बोधिमण्ड-वराग्रग्रत एव सर्वां मारसेनां प्राभञ्जीत्पराजैषीत्। प्रभञ्जयित्वा पराजयित्वा अनुत्तरां सम्यक्संबोधिमभिसंभोत्स्यामिति न च तावत्तस्य ते धर्मा आमुखीभवन्ति स्म । स बोधिवृक्षमूले बोधिमण्डे एकमन्तरकल्पमस्थात्। द्वितीयमप्यन्तरकल्पस्थात्। न च तावदनुत्तरां सम्यक्संबोधिमभिसंबुध्यते । तृतीयमपि चतुर्थमपि पञ्चममपि षष्ठमपि सप्तममपि अष्टममपि नवममपि दशमममप्यन्तरकल्पं ।

今译："还有，众比丘啊，这位大通智胜如来、阿罗汉、正等觉寿命五十四百千千万那由他劫。这位世尊大通智胜起先没有觉知无上正等菩提，而在殊胜菩提道场[①]击溃和征服所有魔军。击溃和征服魔军后，他想：'我将觉知无上正等菩提。'然而，那些正法此时没有向他显现。他在菩提道场的菩提树下度过一个中间劫。继而，又度过第二个中间劫。此时，他仍未觉知无上正等菩提。他又度过第三、第四、第五、第六、第七、第八、第九和第十个中间劫。

什译：佛告諸比丘："大通智勝佛壽五百四十萬億那由他劫。其佛本坐道場，破魔軍已，垂得[②]阿耨多羅三藐三菩提，而諸佛法不現在前，如是一小劫乃至十小劫。

बोधिवृक्षमूले बोधिमण्डे ऽस्थात्सकृद्वर्तनेन पर्यङ्केन अन्तरादव्युत्थितः । अनिञ्जमानेन चित्तेन अचलमानेन अवेपमानेन कायेनास्थात्। न च तावदस्य ते धर्मा आमुखीभवन्ति स्म ॥

今译："他在菩提道场的菩提树下结跏趺坐，其间没有起身过一次。思想不动摇，身体不移动，不颤动。此时，那些法仍然没有向他显现。

什译："結跏趺坐，身心不動，而諸佛法猶不在前。

---

① 此处"在殊胜菩提道场"原文的最后一个词 grata，按照后面同样的用语，应为 gata。

② "垂得"意谓即将获得。

तस्य खलु पुनर्भिक्षवो भगवतो बोधिमण्डवराग्रगतस्य देवैस्त्रायस्त्रिंशैर्महासिंहासनं प्रज्ञप्तमभूद्योजनशतसहस्रं समुच्छ्रयेण, यत्र स भगवान्निषद्य अनुत्तरां सम्यक्संबोधिमभिसंबुद्धः । समनन्तरनिषण्णस्य च खलु पुनस्तस्य भगवतो बोधिमण्डे, अथ ब्रह्मकायिका देवपुत्रा दिव्यं पुष्पवर्षमभिप्रवर्षयामासुः । बोधिमण्डस्य परिसामन्तकेन योजनशतमन्तरिक्षे च वातान्प्रमुञ्चन्ति, ये तं जीर्णपुष्पमवकर्षयन्ति । यथाप्रवर्षितं च तत्पुष्पवर्षं तस्य भगवतो बोधिमण्डे निषण्णस्य अव्युच्छिन्नं प्रवर्षयन्ति । परिपूर्णान्दशान्तरकल्पान्तं भगवन्तमभ्यवकिरन्ति स्म । तथा प्रवर्षितं च तत्पुष्पवर्षं प्रवर्षयन्ति यावत्परिनिर्वाणकालसमये तस्य भगवतस्तं भगवन्तमभ्यवकिरन्ति । चातुर्महाराजकायिकाश्च देवपुत्रा दिव्यां देवदुन्दुभिमभिप्रवादयामासुः । तस्य भगवतो बोधिमण्डवराग्रगतस्य सत्कारार्थ- मव्युच्छिन्नं प्रवादयामासुः परिपूर्णान्दशान्तरकल्पान्तस्य भगवतो निषण्णस्य । तत उत्तरि तानि दिव्याणि तूर्याणि सततसमितं प्रवादयामासुर्यावत्तस्य भगवतो महापरिनिर्वाणकालसमयात्॥

今译：“众比丘啊，这位世尊在菩提道场时，忉利天众天神为他安置十万由旬高的大狮子座。他坐在那里觉知无上正等菩提。梵众天天子们为坐在那里的世尊降下天花雨。菩提道场周边一百由旬空中风儿吹拂，吹走枯萎的花。正是这样接连不断，为坐在菩提道场的世尊降下花雨。整整十个中间劫，他们为这位世尊降下花雨。这样降下花雨，直至这位世尊涅槃时。四大天王天子们擂响天鼓。为了向这位坐在菩提道场的世尊表示尊敬，整整十个中间劫，他们为坐着的世尊擂响天鼓。此后，他们始终奏响这些天国乐器，直至这位世尊大般涅槃时。

什译：“爾時，忉利諸天先為彼佛於菩提樹下敷師子座，高一由旬。佛於此座當得阿耨多羅三藐三菩提。適坐此座，時諸梵天王雨眾天華，面[①]百由旬，香風時來，吹去萎華，更雨新者。如是不絕，滿十小劫，供養於佛，乃至滅度，常雨此華。四王諸天為供養佛，常擊

① 此处“面”对应的原词是 parisāmantakena，词义为周边或四周。

天鼓，其餘諸天作天伎樂，滿十小劫，至于滅度，亦復如是。

अथ खलु भिक्षवो दशानामन्तरकल्पानामत्ययेन स भगवान्महाभिज्ञाज्ञानाभिभूस्तथागतो ऽर्हन्सम्यक्संबुद्धो ऽनुत्तरां सम्यक्संबोधिमभिसंबुद्धः । समनन्तराभिसंबुद्धं च तं विदित्वा ये तस्य भगवतः कुमारभूतस्य षोडश पुत्रा अभूवन्नौरसाः, ज्ञानाकरो नाम तेषां ज्येष्ठो ऽभूत्। तेषां च खलु पुनर्भिक्षवः षोडशानां राजकुमाराणामेकैकस्य च विविधानि क्रीडनकानि रामणीयकान्यभूवन्विचित्राणि दर्शनीयानि । अथ खलु भिक्षवस्ते षोडश राजकुमारास्तानि विविधानि क्रीडनकानि रामणीयकानि विसर्जयित्वा, तं भगवन्तं महाभिज्ञाज्ञानाभिभुवं तथागतमर्हन्तं सम्यक्संबुद्धमनुत्तरां सम्यक्संबोधिमभिसंबुद्धं विदित्वा, मातृभिर्धात्रीभिश्च रुदन्तीभिः परिवृताः पुरस्कृताः तेन च महाराज्ञा चक्रवर्तिना आर्यकेण महाकोशेन राजामात्यैश्च बहुभिश्च प्राणिकोटीनयुतशतसहस्रैः परिवृताः पुरस्कृताः येन भगवान्महाभिज्ञाज्ञानाभिभूस्तथागतो ऽर्हन्सम्यक्संबुद्धो बोधिमण्डवराग्रगतः, तेनोपसंक्रामन्ति स्म । तस्य भगवतः सत्कारार्थाय गुरुकारार्थाय माननार्थाय पूजनार्थाय अर्चनार्थाय अपचायनार्थाय उपसंक्रान्ताः । उपसंक्रम्य तस्य भगवतः पादौ शिरोभिर्वन्दित्वा तं भगवन्तं त्रिष्प्रदक्षिणीकृत्य अञ्जलिं प्रगृह्य तं भगवन्तं संमुखमाभिर्गाथाभिः सारूप्याभिरभिष्टुवन्ति स्म --

今译："众比丘啊，这样，世尊大通智胜如来、阿罗汉、正等觉度过十个中间劫，觉知无上正等菩提。这位世尊原是王子，有十六个亲生儿子，其中的长子名为智积。他们得知他觉知无上正等菩提。众比丘啊，这十六个王子各自都有各种可爱奇妙的玩具。众比丘啊，这十六个王子抛弃各种可爱奇妙的玩具，他们得知世尊大通智胜如来、阿罗汉、正等觉觉知无上正等菩提，在哭泣的母亲和保姆们恭敬围绕下，在高贵富裕的转轮大王、众多王臣和百千千万那由他众生的恭敬围绕下，走近坐在殊胜菩提道场的世尊大通智胜如来、阿罗汉、正等觉，为了恭敬、尊敬、崇敬、崇拜、供奉和供拜这位世尊。走近后，他们俯首向世尊行触足礼，右绕三匝，双手合掌，面向世尊，异口同声，用这些偈颂赞美道：

什译："諸比丘！大通智勝佛過十小劫，諸佛之法乃現在前，成阿耨多羅三藐三菩提。其佛未出家時，有十六子，其第一者名曰智積。諸子各有種種珍異玩好之具，聞父得成阿耨多羅三藐三菩提，皆捨所珍，往詣佛所。諸母涕泣而隨送之。其祖[①]轉輪聖王，與一百大臣及餘百千萬億人民，皆共圍繞，隨至道場，咸欲親近大通智勝如來，供養，恭敬，尊重，讚歎。到已，頭面禮足，繞佛畢已，一心合掌，瞻仰世尊，以偈頌曰：

महाभिषक्को ऽसि अनुत्तरो ऽसि अनन्तकल्पैः समुदागतो ऽसि ।
उत्तारणार्थायिह सर्वदेहिनां परिपूर्ण संकल्पु अयं ति भद्रकः ॥ ८ ॥

今译：你是无上大药师[②]，
为了拯救一切众生，
修行无量无数劫，
美好心愿圆满实现。（8）

什译：大威德世尊，為度眾生故，
於無量億歲[③]，爾乃得成佛，
諸願已具足，善哉吉無上。

सुदुष्करा अन्तरकल्पिमान्दश
कृतानि एकासनि संनिषद्य ।
न च ते ऽन्तरा कायु कदाचि चालितो
न हस्तपादं न पि चान्यदङ्गम् ॥ ९ ॥

今译：你做了极难做的事，
安坐一处十个中间劫，

① "其祖"指这些王子的祖父，而原文中无此词。
② 此处"大药师"（mahābhiṣaṭka）用作佛的称号。
③ 此处"岁"，据《中华大藏经》校勘记，《丽》作"劫"。

身体、双手、双足和
其他肢体从不摇动。（9）

什译：世尊甚希有，一坐十小劫，
　　　身體及手足，靜然安不動。

चित्तं पि ते शान्तगतं सुसंस्थित
　　मनिञ्ज्यभूतं सद अप्रकम्प्यम्।
विक्षेपु नैवास्ति कदाचि पि तव
　　अत्यन्तशान्तस्थितु त्वं अनास्रवः॥ १० ॥

今译：你的思想也平静，
　　　安稳，不动不摇，
　　　从不散乱，始终
　　　寂静安宁而无漏。（10）

什译：其心常惔怕①，未曾有散亂，
　　　究竟永寂滅，安住無漏法。

दिष्ट्यासि क्षेमेण च स्वस्तिना च अविहेठितः प्राप्त इमाग्रबोधिम्।
अस्माकमृद्धी इयमेवरूपा दिष्ट्या च वर्धाम नरेन्द्रसिंह॥ ११ ॥

今译：你多么幸运，平安吉祥，
　　　没有受伤害，终于获得
　　　至上菩提，我们多么幸运，
　　　王狮啊，获得这样的福分。（11）

什译：今者見世尊，安隱成佛道，
　　　我等得善利，稱慶大歡喜。

---

① "惔怕"意谓淡泊。

अनायिकेयं प्रज सर्व दुःखिता उत्पाटिताक्षी व निहीनसौख्या ।
मार्गं न जानन्ति दुखान्तगामिनं न मोक्षहेतोर्जनयन्ति वीर्यम्॥ १२ ॥

今译：一切众生痛苦无快乐，
　　　没有导师而盲目无知，
　　　不知道灭寂痛苦之道，
　　　不精勤努力追求解脱。（12）

什译：眾生常苦惱，盲瞑無導師，
　　　不識苦盡道，不知求解脫。

अपाय वर्धन्ति च दीर्घरात्रं दिव्याश्च कायाः परिहाणधर्माः ।
न श्रूयते जातु जिनान शब्दस्तमोन्धकारो अयु सर्वलोकः ॥ १३ ॥

今译：长夜中恶道增盈，
　　　众天神日益减损，
　　　听不到胜者话音，
　　　全世界陷入黑暗。（13）

什译：長夜增惡趣，減損諸天眾，
　　　從瞑入於瞑，永不聞佛名。

प्राप्तं च ते लोकविदू इहाद्य शिवं पदं उत्तम नास्रवं च ।
वयं च लोकश्च अनुगृहीतः शरणं च त्वा एति व्रजाम नाथ ॥ १४ ॥

今译：世间解啊，如今你在这里
　　　达到清凉无漏的至高境界，
　　　我们和整个世界蒙受恩惠，
　　　救主啊，我们前来归依你。（14）

什译：今佛得最上，安隱無漏道，
　　　我等及天人，為得最大利，

是故咸稽首，歸命無上尊。

अथ खलु भिक्षवस्ते षोडश राजकुमाराः कुमारभूता एव बालकाः, तं भगवन्तं महाभिज्ञाज्ञानाभिमुखं तथागतमर्हन्तं सम्यक्संबुद्धमाभिः सारूप्य-भीर्गाथाभिः संमुखमभिष्टुत्य तं भगवन्तमध्येषन्ते स्म धर्मचक्रप्रवर्तनतायै -- देशयतु भगवान्धर्मम्, देशयतु सुगतो धर्मं बहुजनहिताय बहुजनसुखाय लोकानुकम्पायै महतो जनकायस्यार्थाय हिताय सुखाय देवानां च मनुष्याणां च । तस्यां च वेलायामिमा गाथा अभाषन्त --

今译："众比丘啊，这十六个王子还是幼稚的童子，他们异口同声用这些偈颂当面赞美世尊大通智胜如来、阿罗汉、正等觉后，请求世尊转动法轮：'请世尊说法吧！请善逝为了大众的利益，大众的幸福，怜悯世界，为了天神、凡人和广大众生的利益和幸福，说法吧！'此时，他们又用这些偈颂说道：

什译："爾時，十六王子偈讚佛已，勸請世尊轉於法輪，咸作是言：'世尊說法，多所安隱、憐愍、饒益諸天人民。'重說偈言：

देशेहि धर्मं शतपुण्यलक्षणा विनायका अप्रतिमा महर्षे ।
लब्धं ति ज्ञानं प्रवरं विशिष्टं प्रकाशया लोकि सदेवकस्मिन्॥ १५ ॥

今译： 具有百福相的导师啊，
　　　无与伦比的大仙人啊，
　　　请你向这世界和天界，
　　　宣说获得的殊胜智吧！（15）

什译： 世雄無等倫，百福自莊嚴，
　　　得無上智慧，願為世間說。

अस्मांश्च तारेहि इमांश्च सत्त्वान्निदर्शय ज्ञानु तथागतानाम्।
यथा वयं पि इममग्रबोधिं अनुप्राप्नुयामो ऽथ इमे च सत्त्वाः ॥ १६ ॥

今译：请救度我们和众生，
请宣说如来的智慧，
让我们和这些众生
也都获得至上菩提。（16）

什译：度脱於我等，及諸眾生類，
為分別顯示，令得是智慧，
若我等得佛，眾生亦復然。

चर्यां च ज्ञानं पि च सर्व जानसि अध्याशयं पूर्वकृतं च पुण्यम्।
अधिमुक्ति जानासि च सर्वप्राणिनां प्रवर्तया चक्रवरं अनुत्तरम्॥ १७ ॥

今译：你知道一切众生的
行为、智力、意欲、
宿世功德以及信念，
请转动无上法轮吧！（17）

什译：世尊知眾生，深心之所念，
亦知所行道，又知智慧力，
欲樂及修福，宿命所行業，
世尊悉知已，當轉無上輪。

इति ॥

तेन खलु पुनर्भिक्षवः समयेन तेन भगवता महाभिज्ञाज्ञानाभिभुवा तथागतेनार्हता सम्यक्संबुद्धेन अनुत्तरां सम्यक्संबोधिमभिसंबुध्यमानेन दशसु दिक्ष्वैकैकस्यां दिशि पञ्चाशल्लोकधातुकोटीनयुतशतसहस्राणि षड्विकारं प्रकम्पितान्यभूवन्, महता चावभासेन स्फुटान्यभूवन्। सर्वेषु च तेषु लोकधातुषु या लोकान्तरिकास्तासु ये अक्षणाः संवृता अन्धकारतमिस्राः यत्र इमावपि चन्द्रसूर्यौ एवंमहर्द्धिकौ एवंमहानुभावौ एवंमहौजस्कौ आभयाप्याभां नानुभवतः, वर्णेनापि वर्णं तेजसापि तेजो नानुभवतः, तास्वपि तस्मिन्समये महतो ऽवभासस्य प्रादुर्भावो

ऽभूत्। ये ऽपि तासु लोकान्तरिकासु सत्त्वा उपपन्नाः, ते ऽप्यन्योन्यमेवं पश्यन्ति अन्योन्यमेवं संजानन्ति -- अन्ये ऽपि बत भोः सत्त्वाः सन्तीहोपपन्नाः । अन्ये ऽपि बत भोः सत्त्वाः सन्तीहोपपन्नाः इति । सर्वेषु च तेषु लोकधातुषु यानि देवभवनानि देवविमानानि च, यावद्ब्रह्मलोकाद्षड्विकारं प्रकम्पितान्यभूवन्, महता चावभासेन स्फुटान्यभूवनतिक्रम्य देवानां देवानुभावम्। इति हि भिक्षवस्तस्मिन्समये तेषु लोकधातुषु महतः पृथिवीचालस्य महतश्च औदारिकस्यावभासस्य लोके प्रादुर्भावो ऽभूत्॥

今译："还有，众比丘啊，世尊大通智胜如来、阿罗汉、正等觉觉知无上正等菩提时，十方中每一方五十百千千万那由他世界出现六种震动，大放光明。在所有这些世界中间的那些地带充满不幸，黑暗笼罩，即使太阳和月亮具有这样的大神通、大威力和大光辉，也不能在那里展现光芒，展现色彩，展现光辉。而在这时，那里也大放光明。出生在这些世界中间地带的众生，他们互相看到，互相认出，说道：'嗨，这里还有其他出生的众生。嗨，这里还有其他出生的众生。'在一切世界的天宫和天车①乃至梵界出现六种震动，大放光明，胜过众天神的神力。正是这样，众比丘啊，这时，这些世界的大地震动，大放光明。

什译：佛告諸比丘："大通智勝佛得阿耨多羅三藐三菩提時，十方各五百萬億諸佛世界六種震動。其國中間幽暝之處，日月威光所不能照，而皆大明。其中眾生各得相見，咸作是言：'此中云何忽生眾生？'又其國界，諸天宫殿乃至梵宫，六種震動，大光普照，遍滿世界，勝諸天光。'

अथ पूर्वस्यां दिशि तेषु पञ्चाशत्सु लोकधातुकोटीनयुतशतसहस्रेषु यानि ब्राह्माणि विमानानि, तान्यतीव भ्राजन्ति तपन्ति विराजन्ति, श्रीमन्ति औजस्वीनि च । अथ खलु भिक्षवस्तेषां महाब्रह्मणामेतदभवत्-- इमानि खलु पुनर्ब्राह्माणि

① "天车"（devavimāna）指天国中能飞行的宫殿。

विमानान्यतीव भ्राजन्ति तपन्ति विराजन्ति श्रीमन्ति औजस्वीनि च । कस्य खल्विदं पूर्वनिमित्तं भविष्यतीति? अथ खलु भिक्षवस्तेषु पञ्चाशत्सु लोकधातु-कोटीनयुतशतसहस्रेषु ये महाब्रह्माणः, ते सर्वे ऽन्योन्यभवनानि गत्वा आरोचयामासुः ॥

今译："在东方的五十百千千万那由他世界，那些梵天车显得格外明亮、显赫、辉煌、优美和庄严。众比丘啊，那些大梵天心想：'这些梵天车显得格外明亮、显赫、辉煌、优美和庄严。这是谁预示的瑞相？'于是，众比丘啊，这五十百千千万那由他世界的大梵天们互相探望住处，商讨此事。

什译："爾時，東方五百萬億諸國土中，梵天宮殿光明照曜，倍於常明。諸梵天王各作是念：'今者宮殿光明昔所未有，以何因緣而現此相？'是時，諸梵天王即各相詣，共議此事。

अथ खलु भिक्षवः सर्वसत्त्वत्राता नाम महाब्रह्मा तं महान्तं ब्रह्मगणं गाथाभिरध्यभाषत --

今译："众比丘啊，这时，一位名为救一切的大梵天用这些偈颂对众梵天说道：

什译："時彼眾中，有一大梵天王，名救一切，為諸梵眾而說偈言：

अतीव नो हर्षित अद्य सर्वे विमानश्रेष्ठा इमि प्रज्वलन्ति ।
श्रिया द्युतीया च मनोरमा ये किं कारणं ईदृशु भेष्यते ऽद्य ॥ १८ ॥

今译：今天这些殊胜的天车
格外辉煌，优美明亮，
令我们喜爱和高兴，
这是出于什么原因？（18）

什译：我等諸宮殿，光明昔未有，
　　　此是何因緣，宜各共求之。

**साधु गवेषामथ एतमर्थं को देवपुत्रो उपपन्नु अद्य ।
यस्यानुभावो अयमेवरूपो अभूतपूर्वो अयमद्य दृश्यते ॥ १९ ॥**

今译：让我们探寻这件事吧！
　　　是哪位天子今天出生？
　　　他今天所展现的这种
　　　威力，确实前所未有。（19）

**यदि वा भवेद्बुद्ध नरेन्द्रराजा उत्पन्नु लोकस्मि कहिंचिदद्य ।
यस्यो निमित्तं इममेवरूपं श्रिया दशो दिक्षु ज्वलन्ति अद्य ॥ २० ॥**

今译：或者，是王中王佛陀
　　　今天在世界某处出现，
　　　是他的这种瑞相今天
　　　在所有十方闪耀光芒。（20）

什译：為大德天生？為佛出世間？
　　　而此大光明，遍照於十方。

अथ खलु भिक्षवस्तेषु पञ्चाशत्सु लोकधातुकोटीनयुतशतसहस्रेषु ये महाब्रह्माणः, ते सर्वे सहिताः समग्रास्तानि दिव्यानि स्वानि स्वानि ब्राह्माणि विमानान्यभिरुह्य दिव्यांश्च सुमेरुमात्रान्पुष्पपुटान्गृहीत्वा चतसृषु दिक्ष्वनुचंक्रमन्तोऽनुविचरन्तः पश्चिमं दिग्भागं प्रक्रान्ताः । अद्राक्षुः खलु पुनस्तेषु पञ्चाशत्सु लोकधातुकोटीनयुतशतसहस्रेषु भिक्षवस्ते महाब्रह्माणः पश्चिमे दिग्भागे तं भगवन्तं महाभिज्ञाज्ञानाभिभुवं तथागतमर्हन्तं सम्यक्संबुद्धं बोधिमण्डवराग्रगतं बोधिवृक्ष-मूले सिंहासनोपविष्टं परिवृतं पुरस्कृतं देवनागयक्षगन्धर्वासुरगरूडकिन्नरमहोरग-मनुष्यामनुष्यैः, तैश्च पुत्रैः षोडशभी राजकुमारैरध्येष्यमाणं धर्मचक्रप्रवर्तनतायै । दृष्ट्वा च पुनर्येन स भगवांस्तेनोपसंक्रान्ताः । उपसंक्रम्य तस्य भगवतः पादौ

शिरोभिर्वन्दित्वा तं भगवन्तमनेकशतसहस्रकृत्वः प्रदक्षिणीकृत्य तैश्च सुमेरुमात्रैः पुष्पपुटैस्तं भगवन्तमभ्यवकिरन्ति स्म, अभिप्रकिरन्ति स्म, तं च बोधिवृक्षं दशयोजनप्रमाणम्। अभ्यवकीर्य तानि ब्राह्माणि विमानानि तस्य भगवतो निर्यातयामासुः -- परिगृह्णातु भगवानिमानि ब्राह्माणि विमानानि अस्माकमनुकम्पामुपादाय । परिभुञ्जतु सुगत इमानि ब्राह्माणि विमानान्यस्माकमनुकम्पामुपादाय ॥

今译："于是，众比丘啊，这五十百千千万那由他世界的大梵天们集合，登上各自的梵天车，携带的鲜花累积似须弥山，依次巡游四方，来到西方。众比丘啊，这五十百千千万那由他世界的大梵天们在西方看到世尊大通智胜如来、阿罗汉、正等觉坐在殊胜菩提道场菩提树下的狮子座上，天神、蛇、药叉、健达缚、阿修罗、迦楼罗、紧那罗、大蛇、人和非人恭敬围绕，十六个王子请求转动法轮。看到后，他们走近这位世尊。走近后，俯首向世尊行触足礼，向世尊右绕百千匝，将累积似须弥山的鲜花撒向这位世尊，撒向高达十由旬的菩提树。撒完鲜花后，将那些天车献给这位世尊，说道：'请世尊垂怜我们，接受这些梵天车。请善逝垂怜我们，享用这些梵天车。'

什译："爾時，五百萬億國土諸梵天王，與宮殿俱，各以衣裓盛諸天華，共詣西方推尋是相。見大通智勝如來處于道場菩提樹下，坐師子座，諸天、龍王、乾闥婆、緊那羅、摩睺羅伽、人非人等恭敬圍繞，及見十六王子請佛轉法輪。即時，諸梵天王頭面禮佛，繞百千匝，即以天華而散佛上，其所散華如須彌山，并以供養佛菩提樹，其菩提樹高十由旬。華供養已，各以宮殿奉上彼佛，而作是言：'唯見哀愍，饒益我等，所獻宮殿，願垂納受。'

अथ खलु भिक्षवस्ते महाब्रह्माणस्तानि स्वानि स्वानि विमानानि तस्य भगवतो निर्यात्य तस्यां वेलायां तं भगवन्तं संमुखमाभिर्गाथाभिः सारूप्याभिरभिष्टुवन्ति स्म --

今译："众比丘啊，这些大梵天将各自的天车献给世尊后，随即面向世尊，异口同声用这些偈颂赞美道：

什译："時諸梵天王即於佛前，一心同聲以偈頌曰：

आश्चर्यभूतो जिन अप्रमेयो
　　उत्पन्न लोकस्मि हितानुकम्पी ।
नाथो ऽसि शास्तासि गुरूसि जातो
　　अनुगृहीता दशिमा दिशो ऽद्य ॥ २१ ॥

今译：你是无比奇妙的胜者，
　　　怜悯世界利益而出世，
　　　成为救世主和大导师，
　　　如今十方世界受恩泽。（21）

什译：世尊甚希有，難可得值遇，
　　　具無量功德，能救護一切，
　　　天人之大師，哀愍於世間，
　　　十方諸眾生，普皆蒙饒益。

पञ्चाशती कोटिसहस्र पूर्णा या लोकधातून इतो भवन्ति ।
यतो वयं वन्दन आगता जिनं विमानश्रेष्ठान्प्रजहित्व सर्वशः ॥ २२ ॥

今译：整整五十千千万世界，
　　　我们从那里来到这里
　　　敬拜胜者，向你献上
　　　所有这些殊胜的天车。（22）

什译：我等所從來，五百萬億國，
　　　捨深禪定樂，為供養佛故。

पूर्वेण कर्मेण कृतेन अस्मिन्विचित्रचित्रा हि इमे विमानाः ।
प्रतिगृह्य अस्माकमनुग्रहार्थं परिभुञ्जतां लोकविदू यथेष्टम्॥ २३ ॥

今译：依靠我们前世的善业，
　　　而获得这些美妙天车，
　　　世间解啊，请你垂恩，
　　　接受和随意享用吧！（23）

什译：我等先世福，宫殿甚嚴飾，
　　　今以奉世尊，唯願哀納受。

अथ खलु भिक्षवस्ते महाब्रह्माणस्तं भगवन्तं महाभिज्ञाज्ञानभिभुवं तथागतमर्हन्तं सम्यक्संबुद्धं संमुखमाभिः सारूप्याभिर्गाथाभिरभिष्टुत्य तं भगवन्तमेतदूचुः -- प्रवर्तयतु भगवान्धर्मचक्रम्, प्रवर्तयतु सुगतो धर्मचक्रं लोके । देशयतु भगवान्निर्वृतिम्। तारयतु भगवान्सत्त्वान्। अनुगृह्णातु भगवानिमं लोकम्। देशयतु भगवान्धर्मस्वामी धर्ममस्य लोकस्य समारकस्य सब्रह्मकस्य सश्रमणब्राह्मणिकायाः प्रजायाः सदेवमानुषासुरायाः । तद्भविष्यति बहुजनहिताय बहुजनसुखाय लोकानुकम्पायै महतो जनकायस्यार्थाय हिताय सुखाय देवानां च मनुष्याणां च ॥

今译：“众比丘啊，这些大梵天异口同声用这些偈颂当面赞美世尊大通智胜如来、阿罗汉、正等觉后，对世尊说道：‘请世尊转动法轮吧！请善逝在世界上转动法轮吧！请世尊宣说涅槃吧！请世尊救度众生吧！请世尊护持这个世界吧！请世尊法王为包括魔界和梵界在内的这个世界，为包括沙门、婆罗门、天神、凡人和阿修罗在内的一切众生说法吧！这是为了大众的利益，大众的幸福，怜悯世界，为了天神、凡人和广大众生的利益和幸福。’

什译：“爾時，諸梵天王偈讚佛已，各作是言：‘唯願世尊轉於法輪，度脱眾生，開涅槃道。’

अथ खलु भिक्षवस्तानि पञ्चाशद्ब्रह्मकोटीनयुतशतसहस्राण्येकस्वरेण सम-
संगीत्या तं भगवन्तमाभिः सारूप्याभिर्गाथाभिरध्यभाषन्त --

今译："众比丘啊，这五十百千千万那由他梵天异口同声这样说后，又异口同声用这些偈颂请求道：

什译："時諸梵天王一心同聲而說偈言：

देशेहि भगवन्धर्मं देशेहि द्विपदोत्तम ।
मैत्रीबलं च देशेहि सत्त्वांस्तारेहि दुःखितान्॥ २४ ॥

今译：世尊啊，请说法吧！
两足尊啊，请说法吧！
请宣示慈悲的力量！
请救度受苦的众生！（24）

什译：世雄兩足尊，唯願演說法，
以大慈悲力，度苦惱眾生。

दुर्लभो लोकप्रद्योतः पुष्पमौदुम्बरं यथा ।
उत्पन्नो ऽसि महावीर अध्येषामस्तथागतम्॥ २५ ॥

今译：世界之灯难得一遇，
似优昙钵花难得一现，
大英雄啊，你已出世，
我们求请你这位如来。（25）

अथ खलु भिक्षवः स भगवांस्तेषां महाब्रह्मणां तूष्णींभावेनाधिवासयति स्म॥

今译："众比丘啊，这时，世尊以沉默向这些大梵天表示同意。

什译："爾時，大通智勝如來默然許之。

तेन खलु पुनर्भिक्षवः समयेन पूर्वदक्षिणे दिग्भागे तेषु पञ्चाशत्सु लोकधातुकोटीनयुतशतसहस्रेषु यानि ब्राह्माणि विमानानि, तान्यतीव भ्राजन्ति तपन्ति विराजन्ति श्रीमन्ति ओजस्वीनि च । अथ खलु भिक्षवस्तेषां ब्रह्मणामेतदभवत्-- इमानि खलु पुनर्ब्राह्माणि विमानान्यतीव भ्राजन्ति तपन्ति विराजन्ति श्रीमन्ति ओजस्वीनि च । कस्य खल्विदं पूर्वनिमित्तं भविष्यतीति? अथ खलु भिक्षवस्तेषु पञ्चाशत्सु लोकधातुकोटीनयुतशतसहस्रेषु ये महाब्रह्माणः, तेऽपि सर्वेऽन्योन्यभवनानि गत्वा आरोचयामासुः । अथ खलु भिक्षवोऽधिमात्रकारुणिको नाम महाब्रह्मा तं महान्तं ब्रह्मगणं गाथाभिरध्यभाषत --

今译："众比丘啊，那时，东南方的五十百千千万那由他世界，那些梵天车同样显得格外明亮、显赫、辉煌、优美和庄严。众比丘啊，那些大梵天心想：'这些梵天车显得格外明亮、显赫、辉煌、优美和庄严。这是谁预示的瑞相？'于是，众比丘啊，这五十百千千万那由他世界的大梵天们互相探望住处，商讨此事。众比丘啊，这时，一位名为大悲的大梵天用这些偈颂对众梵天说道：

什译："又，諸比丘！東南方五百萬億國土諸大梵王，各自見宮殿光明照曜，昔所未有，歡喜踊躍，生希有心，即各相詣，共議此事。時彼眾中有一大梵天王，名曰大悲，為諸梵眾而說偈言：

कस्य पूर्वनिमित्तेन मारिषा अथ दृश्यते ।
विमानाः सर्वि भ्राजन्ति अधिमात्रं यशस्विनः ॥ २६ ॥

今译：诸位贤士啊，今天
是谁预示这种瑞相？
所有这些天车显得
格外明亮和辉煌。（26）

什译：是事何因緣，而現如此相？
我等諸宮殿，光明昔未有。

यदि वा देवपुत्रो ऽद्य पुण्यवन्त इहागतः ।
यस्येमे अनुभावेन विमानाः सर्वि शोभिताः ॥ २७ ॥

今译：或许今天某一位具有
福德的天子来到这里，
由于他的威力，所有
这些天车显得更优美。（27）

अथ वा बुद्ध लोके ऽस्मिन्नुत्पन्नो द्विपदोत्तमः ।
अनुभावेन यस्याद्य विमाना इमि ईदृशाः ॥ २८ ॥

今译：或者是两足至尊佛
出现在这个世界上，
正是由于他的威力，
这些天车才会这样。（28）

什译：為大德天生？為佛出世間？

सहिताः सर्वि मार्गामो नैतत्कारणमल्पकम्।
न खल्वेतादृशं पूर्वं निमित्तं जातु दृश्यते ॥ २९ ॥

今译：我们全体集合起来，
探寻这件大事缘由，
确实以前我们没有
见到过这样的瑞相。（29）

什译：未曾見此相，當共一心求。

चतुर्दिशं प्रपद्यामो अञ्चामः क्षेत्रकोटियो ।
व्यक्तं लोके ऽद्य बुद्धस्य प्रादुर्भावो भविष्यति ॥ ३० ॥

今译：我们一起前往四方，

巡游数以千万国土，
这一切显然应该是
佛陀出现在世界上。（30）

什译：過千萬億土，尋光共推之[①]，
多是佛出世，度脱苦眾生。

अथ खलु भिक्षवस्तान्यपि पञ्चाशद्ब्रह्मकोटीनयुतशतसहस्राणि तानि स्वानि स्वानि दिव्यानि ब्राह्माणि विमानान्यभिरुह्य दिव्यांश्च सुमेरुमात्रान्पुष्प पुटान् गृहीत्वा चतसृषु दिक्ष्वनुचंक्रमन्तो ऽनुविचरन्त उत्तरपश्चिमं दिग्भागं प्रक्रान्ताः । अद्राक्षुः खलु पुनर्भिक्षवस्ते महाब्रह्माण उत्तर पश्चिमे दिग्भागे तं भगवन्तं महाभिज्ञाज्ञानाभिभुवं तथागतमर्हन्तं सम्यक्संबुद्धं बोधिमण्डवराग्रगतं बोधिवृक्ष-मूले सिंहासनोपविष्ट परिवृतं पुरस्कृतं देवनागयक्षगन्धर्वासुरगरुडकिन्नरमहोरग-मनुष्यामनुष्यैः, तैश्च पुत्रैः षोडशभी राजकुमारैरध्येष्यमाणं धर्मचक्रप्रवर्तनतायै। दृष्ट्वा च पुनर्येन स भगवान्महाभिज्ञाज्ञानाभिभूस्तथागतो ऽर्हन्सम्यक्संबुद्ध-स्तेनोपसंक्रन्ताः । उपसंक्रम्य च तस्य भगवतः पादौ शिरोभिर्वन्दित्वा तं भगवन्तमनेकःअतसहस्रकृत्वः प्रदक्षिणीकृत्य तैः सुमेरुमात्रैः पुष्पपुटैस्तं भगवन्तमभ्यवकिरन्ति स्म, अभिप्रकिरन्ति स्म तं च बोधिवृक्षं दशयोजनप्रमाणम्। अभ्यवकीर्य तानि ब्राह्माणि विमानानि तस्य भगवतो निर्यातयामासुः -- परिगृह्णातु भगवानिमानि ब्राह्माणि विमानान्यस्माकमनुकम्पामुपादाय । परिभुञ्जतु सुगत इमानि ब्राह्माणि विमानान्यस्माकमनुकम्पामुपादाय ॥

今译：“于是，众比丘啊，这五十百千千万那由他世界的大梵天们集合，登上各自的梵天车，携带的鲜花累积似须弥山，依次巡游四方，来到西北方。众比丘啊，这五十百千千万那由他世界的大梵天们在西北方看到世尊大通智胜如来、阿罗汉、正等觉坐在殊胜菩提道场菩提树下的狮子座上，天神、蛇、药叉、健达缚、阿修罗、迦楼罗、紧那罗、大蛇、人和非人恭敬围绕，十六个王子请求转动法轮。看到

① “寻光共推之”意谓一起寻求放光的缘由。

后，他们走近这位世尊。走近后，俯首向世尊行触足礼，向世尊右绕百千匝，将累积似须弥山的鲜花撒向这位世尊，撒向高达十由旬的菩提树。撒完鲜花后，将那些天车献给这位世尊，说道：‘请世尊垂怜我们，接受这些梵天车。请善逝垂怜我们，享用这些梵天车。’

什译：“爾時，五百萬億諸梵天王與宮殿俱，各以衣裓盛諸天華，共詣西北方推尋是相。見大通智勝如來處于道場菩提樹下，坐師子座，諸天、龍王、乾闥婆、緊那羅、摩睺羅伽、人非人等恭敬圍繞，及見十六王子請佛轉法輪。時諸梵天王頭面禮佛，繞百千匝，即以天華而散佛上，所散之華如須彌山，并以供養佛菩提樹。華供養已，各以宮殿奉上彼佛，而作是言：‘唯見哀愍，饒益我等，所獻宮殿，願垂納受。’

अथ खलु भिक्षवस्ते महाब्रह्माणस्तानि स्वानि स्वानि विमानानि तस्य भगवतो निर्यात्य तस्यां वेलायां तं भगवन्तं संमुखमाभिः सारूप्याभिर्गाथाभिरभिष्टुवन्ति स्म --

今译：“众比丘啊，这些大梵天将各自的天车献给世尊后，随即面向世尊，异口同声用这些偈颂赞美道：

什译：“爾時，諸梵天王即於佛前，一心同聲以偈頌曰：

नमो ऽस्तु ते अप्रतिमा महर्षे देवातिदेवा कलविङ्कसुस्वरा ।
विनायका लोकि सदेवकस्मिन्वन्दामि ते लोकहितानुकम्पी ॥ ३१ ॥

今译：向你致敬，无与伦比的大仙，
王中王，话音似迦陵频伽鸟，
包括天界在内的世界导师，
怜悯世界利益，向你行礼！（31）

什译：聖主天中王，迦陵頻伽聲，
哀愍眾生者，我等今敬禮。

आश्चर्यभूतो ऽसि कथंचिल्लोके उत्पन्नु अद्यो सुचिरेण नाथ ।
कल्पान पूर्णा शत शून्य आसीदशीति बुद्धैरयु जीवलोकः ॥ ३२ ॥

今译：真奇妙，间隔这么久，
你今天好不容易出世，
救主啊，一百八十劫，
这个生命世界缺少佛。（32）

什译：世尊甚希有，久遠乃一現，
一百八十劫，空過無有佛。

शून्यश्च आसीद्विपदोत्तमेहि अपायभूमी तद उत्सदासि ।
दिव्याश्च कायाः परिहायिषू तदा अशीति कल्पान शता सुपूर्णा ॥ ३३ ॥

今译：由于缺少两足至尊，
那些恶道日益增盈，
而众天神日益减损，
已有整一百八十劫。（33）

什译：三惡道充滿，諸天眾減少。

सो दानि चक्षुश्च गतिश्च लेणं त्राणं पिता चो तथ बन्धुभूतः ।
उत्पन्नु लोकस्मि हितानुकम्पी अस्माक पुण्यैरिह धर्मराजा ॥ ३४ ॥

今译：由于我们的功德，这一位
法王怜悯世界利益而出世，
他是赐予眼睛者，我们的
归宿、庇护、父亲和至亲。（34）

什译：今佛出於世，為眾生作眼，
世間所歸趣，救護於一切，
為眾生之父，哀愍饒益者，

我等宿福慶，今得值世尊。

अथ खलु भिक्षवस्ते महाब्रह्माणस्तं भगवन्तं महाभिज्ञाज्ञानाभिभुवं तथागतमर्हन्तं सम्यक्संबुद्धं संमुखमाभिः सारूप्याभिर्गाथाभिरभिष्टुत्य तं भगवन्तमेतदूचुः -- प्रवर्तयतु भगवान्धर्मचक्रम्। प्रवर्तयतु सुगतो धर्मचक्रं लोके । देशयतु भगवान्निर्वृतिम्। तारयतु भगवान्सत्त्वान्। अनुगृह्णातु भगवानिमं लोकम्। देशयतु भगवान्धर्ममस्य लोकस्य समारकस्य सब्रह्मकस्य सश्रमणब्राह्मणिकायाः प्रजायाः सदेवमानुषासुरयाः । तद्भविष्यति बहुजनहिताय बहुजनसुखाय लोकानुकम्पायै महतो जनकायस्यार्थाय हिताय सुखाय देवानां च मनुष्याणां च ॥

今译：“众比丘啊，这些大梵天异口同声用这些偈颂当面赞美世尊大通智胜如来、阿罗汉、正等觉后，对世尊说道：‘请世尊转动法轮吧！请善逝在世界上转动法轮吧！请世尊宣说涅槃吧！请世尊救度众生吧！请世尊护持这个世界吧！请世尊法王为包括魔界和梵界在内的这个世界，为包括沙门、婆罗门、天神、凡人和阿修罗在内的一切众生说法吧！这是为了大众的利益，大众的幸福，怜悯世界，为了天神、凡人和广大众生的利益和幸福。’

什译：“爾時，諸梵天王偈讚佛已，各作是言：‘唯願世尊哀愍一切，轉於法輪，度脫眾生。’

अथ खलु भिक्षवस्तानि पञ्चाशद्ब्रह्मकोटीनयुतशतसहस्राणि एकस्वरेण समसंगीत्या तं भगवन्तमाभ्यां सारूप्याभ्यां गाथाभ्यामध्यभाषन्त --

今译：“众比丘啊，这五十百千千万那由他梵天异口同声这样说后，又异口同声用这些偈颂请求道：

什译：“時諸梵天王，一心同聲而說偈言：

प्रवर्तया चक्रवरं महामुने प्रकाशया धर्मु दशादिशासु ।
तारेहि सत्त्वान्दुखधर्मपीडितान्प्रामोद्य हर्षं जनयस्व देहिनाम्॥ ३५ ॥

今译：大牟尼啊，请你转动
法轮吧！为十方说法，
救度受痛苦折磨的众生，
让这些众生喜悦和高兴。（35）

什译：大聖轉法輪，顯示諸法相，
度苦惱眾生，令得大歡喜。

यं श्रुत्व बोधीय भवेयु लाभिनो दिव्यानि स्थानानि व्रजेयु चापि ।
हायेयु चो आसुरकाय सर्वे शान्ताश्च दान्ताश्च सुखी भवेयुः ॥ ३६ ॥

今译：听法后，会获得菩提，
也能前往天神的居处，
全都会摆脱阿修罗身，
而平静、柔顺和快乐。（36）

什译：眾生聞此法，得道若生天，
諸惡道減少，忍善者增益。

अथ खलु भिक्षवः स भगवांस्तेषामपि महाब्रह्मणां तूष्णीभावेनाधिवासयति स्म ॥

今译："众比丘啊，这时，世尊以沉默向这些大梵天表示同意。

什译："爾時，大通智勝如來默然許之。

तेन खलु पुनर्भिक्षवः समयेन दक्षिणस्यां दिशि तेषु पञ्चाशत्सु लोकधातुकोटीनयुतशतसहस्रेषु यानि ब्राह्माणि विमानानि तान्यतीव भ्राजन्ति तपन्ति विराजन्ति, श्रीमन्ति ओजस्वीनि च । अथ खलु भिक्षवस्तेषां महा-ब्रह्मणामेतदभवत्-- इमानि खलु पुनर्ब्राह्माणि विमानान्यतीव भ्राजन्ति तपन्ति विराजन्ति श्रीमन्ति ओजस्वीनि च । कस्य खल्विदमेवंरूपं पूर्वनिमित्तं भविष्यति? अथ खलु भिक्षवस्तेषु पञ्चाशत्सु लोकधातुकोटीनयुतशतसहस्रेषु ये महाब्रह्माणः,

ते सर्वे ऽन्योन्यभवनानि गत्वा आरोचयामासुः । अथ खलु भिक्षवः सुधर्मो नाम महाब्रह्मा तं महान्तं ब्रह्मगणं गाथाभ्यामध्यभाषत --

今译："众比丘啊，那时，南方的五十百千千万那由他世界，那些梵天车同样显得格外明亮、显赫、辉煌、优美和庄严。众比丘啊，那些大梵天心想：'这些梵天车显得格外明亮、显赫、辉煌、优美和庄严。这是谁预示的瑞相？'于是，众比丘啊，这五十百千千万那由他世界的大梵天们互相探望住处，商讨此事。众比丘啊，这时，一位名为妙法的大梵天用这些偈颂对众梵天说道：

什译："又，諸比丘！南方五百萬億國土諸大梵王，各自見宮殿光明照曜，昔所未有，歡喜踊躍，生希有心，即各相詣，共議此事：'以何因緣，我等宮殿有此光曜？'時彼眾中有一大梵天王，名曰妙法，為諸梵眾而說偈言：

नाहेतु नाकारणमद्य मार्षाः सर्वे विमाना इह जाज्वलन्ति ।
निमित्त दर्शेन्ति ह किं पि लोके साधु गवेषाम तमेतमर्थम्॥ ३७ ॥

今译：诸位贤士啊，这些天车
不会无缘无故闪耀光辉，
是否世上有人展示瑞相，
让我们探寻这件事吧！（37）

什译：我等諸宮殿，光明甚威曜，
此非無因緣，是相宜求之。

अनून कल्पान शता ह्यतीता नैतादृशं जातु निमित्तमासीत्।
यदि वोपपन्नो इह देवपुत्रो उत्पन्नु लोके यदि वेह बुद्धः ॥ ३८ ॥

今译：已经有一百多劫，
没有出现这种瑞相，
或许是天子出世，

也或许是佛陀出世。（38）

什译：過於百千劫，未曾見是相，

為大德天生？為佛出世間？

अथ खलु भिक्षवस्तेषु पञ्चाशत्सु लोकधातुकोटीनयुतशतसहस्रेषु ये महाब्रह्माणः ते सर्वे सहिताः समग्रास्तानि दिव्यानि स्वानि स्वानि ब्राह्माणि विमानान्यभिरुह्य दिव्यांश्च सुमेरुमात्रान्पुष्पपुटान्गृहीत्वा चतसृषु दिक्ष्वनुचंक्रमन्तो ऽनुविचरन्त उत्तरं दिग्भागं प्रक्रान्ताः । अद्राक्षुः खलु पुनर्भिक्षवस्ते महाब्रह्माण उत्तरं दिग्भागं तं भगवन्तं महाभिज्ञाज्ञानाभिभुवं तथागतमर्हन्तं सम्यक्संबुद्धं बोधिमण्डवराग्रगतं बोधिवृक्षमूले सिंहासनोपविष्टं परिवृतं पुरस्कृतं देवनागयक्ष-गन्धर्वासुरगरुडकिन्नरमहोरगमनुष्यामनुष्यैः, तैश्च पुत्रैः षोडषभी राजकुमारै-रध्येष्यमाणं धर्मचक्रप्रवर्तनतायै । दृष्ट्वा च पुनर्येन स भगवांस्तेनोपसंक्रान्ताः । उपसंक्रम्य तस्य भगवतः पादौ शिरोभिर्वन्दित्वा तं भगवन्तमनेकशतसहस्रकृत्वः प्रदक्षिणीकृत्य तैः सुमेरुमात्रैः पुष्पपुटैस्तं भगवन्तमभ्यवकिरन्ति स्म, अभिप्रकिरन्ति स्म तं च बोधिवृक्षं दशयोजनप्रमाणम्। अभ्यवकीर्य तानि ब्राह्माणि दिव्यानि विमानानि तस्य भगवतो निर्यातयामासुः -- परिगृह्णातु भगवानिमानि ब्राह्माणि विमानानि अस्माकमनुकम्पामुपादाय । परिभुञ्जतु सुगत इमानि ब्राह्माणि विमानानि अस्माकमनुकम्पामुपादाय ॥

今译：“于是，众比丘啊，这五十百千千万那由他世界的大梵天们集合，登上各自的梵天车，携带的鲜花累积似须弥山，依次巡游四方，来到北方。众比丘啊，这五十百千千万那由他世界的大梵天们在北方看到世尊大通智胜如来、阿罗汉、正等觉坐在殊胜菩提道场菩提树下的狮子座上，天神、蛇、药叉、健达缚、阿修罗、迦楼罗、紧那罗、大蛇、人和非人恭敬围绕，十六个王子请求转动法轮。看到后，他们走近这位世尊。走近后，俯首向世尊行触足礼，向世尊右绕百千匝，将累积似须弥山的鲜花撒向这位世尊，撒向高达十由旬的菩提树。撒完鲜花后，将那些天车献给这位世尊，说道：‘请世尊垂怜我们，接受这些梵天车。请善逝垂怜我们，享用这些梵天车。’

什译:"爾時,五百萬億諸梵天王與宮殿俱,各以衣裓盛諸天華,共詣北方推尋是相。見大通智勝如來處于道場菩提樹下,坐師子座,諸天、龍王、乾闥婆、緊那羅、摩睺羅伽、人非人等恭敬圍繞,及見十六王子請佛轉法輪。時諸梵天王頭面禮佛,繞百千匝,即以天華而散佛上,所散之華如須彌山,并以供養佛菩提樹。華供養已,各以宮殿奉上彼佛,而作是言:'唯見哀愍,饒益我等,所獻宮殿,願垂納受。'

अथ खलु भिक्षवस्ते ऽपि महाब्रह्माणस्तानि स्वानि स्वानि विमानानि तस्य भगवतो निर्यात्य तस्यां वेलायां तं भगवन्तं संमुखमाभिः सारूप्याभिर्गाथाभि-रभिष्टुवन्ति स्म --

今译:"众比丘啊,这些大梵天将各自的天车献给世尊后,随即面向世尊,异口同声用这些偈颂赞美道:

什译:"爾時,諸梵天王即於佛前,一心同聲以偈頌曰:

सुदुर्लभं दर्शन नायकानां स्वभ्यागतं ते भवरागमर्दन ।
सुचिरस्य ते दर्शनमद्य लोके परिपूर्ण कल्पान शतेभि दृश्यसे ॥ ३९ ॥

今译: 导师们极其难得一遇,
你是灭寂生死贪欲者,
欢迎①你,经过一百劫,
今天终于见到你出世。(39)

什译: 世尊甚難見,破諸煩惱者,
過百三十劫,今乃得一見。

तृषितां प्रजां तर्पय लोकनाथ अदृष्टपूर्वो ऽसि कथंचि दृश्यसे ।

---

① "欢迎"的原词 svabhyāgatam,相当于 svāgatam。此词 J 本写为 svābhyāgatam,则可读为"不请自来"。

औदुम्बरं पुष्प यथैव दुर्लभं तथैव दृष्टो ऽसि कथंचि नायक ॥ ४० ॥

今译：前所未见的世界导师，
请你满足渴望的众生，
似优昙钵花难得一现，
今天好不容易见到你。（40）

什译：諸飢渴眾生，以法雨充滿，
昔所未曾見，無量智慧者，
如優曇鉢羅①，今日乃值遇。

विमान अस्माकमिमा विनायक तवानुभावेन विशोभिताद्य ।
परिगृह्य एतानि समन्तचक्षुः परिभुञ्ज चास्माकमनुग्रहार्थम्॥ ४१ ॥

今译：导师啊，由于你的威力。
今天这些天车光彩熠熠，
你具有普遍眼，请垂怜
我们，享用这些天车吧！（41）

什译：我等諸宮殿，蒙光故嚴飾，
世尊大慈悲，唯願垂納受。

अथ खलु भिक्षवस्ते महाब्रह्माणस्तं भगवन्तं महाभिज्ञाज्ञानाभिभुवं तथागतमर्हन्तं सम्यक्संबुद्धं संमुखमाभिः सारूप्यभिर्गाथाभिरभिष्टुत्य ते भगवन्तमेतदूचुः -- प्रवर्तयतु भगवान्धर्मचक्रं लोके । देशयतु भगवान्निर्वृतिम्। तारयतु भगवान्सत्त्वान्। अनुगृह्णातु भगवानिमं लोकम्। देशयतु भगवान्धर्ममस्य लोकस्य समारकस्य सब्रह्मकस्य सश्रमणब्राह्मणिकायाः प्रजायाः सदेवमानुषासुरायाः । तद्भविष्यति बहुजनहिताय बहुजनसुखाय लोकानुकम्पायै महतो जन-

---

① 此处“罗”字，据《中华大藏经》校勘记，《资》、《碛》、《普》、《南》、《径》、《清》、《丽》作“华”。其实，“优昙钵罗”（audumbara）是花名，通常译为“优昙钵”（或“优昙花”），而“优昙钵罗”是完整的音译。

कायस्यार्थाय हिताय सुखाय देवानां च मनुष्याणां च ॥

今译:"众比丘啊,这些大梵天异口同声用这些偈颂当面赞美世尊大通智胜如来、阿罗汉、正等觉后,对世尊说道:'请世尊转动法轮吧!请善逝在世界上转动法轮吧!请世尊宣说涅槃吧!请世尊救度众生吧!请世尊护持这个世界吧!请世尊法王为包括魔界和梵界在内的这个世界,为包括沙门、婆罗门、天神、凡人和阿修罗在内的一切众生说法吧!这是为了大众的利益,大众的幸福,怜悯世界,为了天神、凡人和广大众生的利益和幸福。'

什译:"爾時,諸梵天王偈讚佛已,各作是言:'唯願世尊轉於法輪,令一切世間諸天、魔、梵、沙門、婆羅門皆獲安隱而得度脫。'

अथ खलु भिक्षवस्तानि पञ्चाशद्ब्रह्मकोटीनयुतशतसहस्राणि एकस्वरेण समसंगीत्या तं भगवन्तमाभ्यां सारूप्याभ्यां गाथाभ्यामध्यभाषन्त --

今译:"众比丘啊,这五十百千千万那由他梵天异口同声这样说后,又异口同声用这些偈颂请求道:

什译:"時諸梵天王一心同聲以偈頌曰:

देशेहि धर्मं भगवन्विनायक प्रवर्तया धर्ममयं च चक्रम्।
निर्नादया धर्ममयं च दुन्दुभिं तं धर्मशङ्खं च प्रपूरयस्व ॥ ४२ ॥

今译:世尊啊,请说法吧!
　　　导师啊,转法轮吧!
　　　请你擂响法鼓吧!
　　　请你吹响法螺吧!(42)

什译:唯願天人尊,轉無上法輪,
　　　擊于大法鼓,而吹大法螺。

सद्धर्मवर्षं वर्षयस्व लोके वल्गुस्वरं भाष सुभाषितं च ।
अध्येषितो धर्ममुदीरयस्व मोचेहि सत्त्वा नयुतान कोट्यः ॥ ४३ ॥

今译：请为世界降下法雨吧！
　　　请宣说柔美的妙语吧！
　　　你就接受请求说法吧，
　　　救度千万那由他众生！（43）

什译：普雨大法雨，度無量眾生，
　　　我等咸歸請，當演深遠音。

अथ खलु भिक्षवः स भगवांस्तेषां महाब्रह्मणां तूष्णींभावेनाधिवासयति स्म । पेयालम् । एवं दक्षिणपश्चिमायां दिशि, एवं पश्चिमायां दिशि, एवं पश्चिमोत्तरस्यां दिशि, एवमुत्तरस्यां दिशि, एवमुत्तरपूर्वस्यां दिशि, एवमधोदिशि ॥

今译："众比丘啊，这时，世尊以沉默向这些大梵天表示同意。在西南方、西方、西北方、北方、东北方和下方的情况同样如此。

什译："爾時，大通智勝如來默然許之。西南方乃至下方，亦復如是。

अथ खलु भिक्षव ऊर्ध्वायां दिशि तेषु पञ्चाशत्सु लोकधातुकोटीनयुत-शतसहस्रेषु यानि ब्राह्माणि विमानानि, तान्यतीव भ्राजन्ति तपन्ति विराजन्ति श्रीमन्ति ओजस्वीनि च । अथ खलु भिक्षवस्तेषां महाब्रह्मणामेतदभवत्-- इमानि खलु पुनर्ब्राह्माणि विमानान्यतीव भ्राजन्ति तपन्ति विराजन्ति श्रीमन्ति ओजस्वीनि च । कस्य खल्विदमेवंरूपं पूर्वनिमित्तं भविष्यतीति? अथ खलु भिक्षवस्तेषु पञ्चाशत्सु लोकधातुकोटीनयुतशतसहस्रेषु ये महाब्रह्माणः, ते सर्वे ऽन्योन्य-भवनानि गत्वा आरोचयामासुः ॥

今译："众比丘啊，那时，上方的五十百千千万那由他世界，那些梵天车同样显得格外明亮、显赫、辉煌、优美和庄严。众比丘啊，那些大梵天心想：'这些梵天车显得格外明亮、显赫、辉煌、优美和庄严。这是谁预示的瑞相？’于是，众比丘啊，这五十百千千万那由他世界的大梵天们互相探望住处，商讨此事。

什译：“爾時，上方五百萬億國土諸大梵王，皆悉自覩所止宮殿光明威曜，昔所未有，歡喜踊躍，生希有心，即各相詣，共議此事：‘以何因緣，我等宮殿有斯光明？’

अथ खलु भिक्षवः शिखी नाम महाब्रह्मा तं महान्तं ब्रह्मगणं गाथाभिरध्यभाषत --

今译：“众比丘啊，这时，一位名为尸弃的大梵天用这些偈颂对众梵天说道：

什译：“時彼眾中有一大梵天王，名曰尸棄，為諸梵眾而說偈言：

किं कारणं मार्ष इदं भविष्यति येना विमानानि परिस्फुटानि ।
ओजेन वर्णेन द्युतीय चापि अधिमात्र वृद्धानि किमत्र कारणम्॥ ४४ ॥

今译：诸位贤士啊，为何
这些天车闪耀光辉？
为何今天它们显得
格外的明亮和绚丽？（44）

什译：今以何因緣，我等諸宮殿，
威德光明曜，嚴飾未曾有？

न ईदृशं नो अभिदृष्टपूर्वं
श्रुतं च केनो तथ पूर्व आसीत्।
ओज ऽस्फुटानि यथ अद्य एता
अधिमात्र भ्राजन्ति किमत्र कारणम्॥ ४५ ॥

今译：这样的情况我们确实

前所未见，前所未闻，
这是什么原因？它们
今天格外的光辉明亮。（45）

什译：如是之妙相，昔所未聞見。

यदि वा नु कश्चिद्भवि देवपुत्रः शुभेन कर्मेण समन्वितो इह ।
उपपन्नु तस्यो अयमानुभावो यदि वा भवेद्बुद्ध कदाचि लोके ॥ ४६ ॥

今译：或许是某个天子出生
在这里，他具足善业，
因此，这是他的威力，
也或许是佛陀已出世。（46）

什译：為大德天生？為佛出世間？

अथ खलु भिक्षवस्तेषु पञ्चाशत्सु लोकधातुकोटीनयुतशतसहस्रेषु ये महाब्रह्माणः, ते सर्वे सहिताः समग्रास्तानि दिव्यानि स्वानि स्वानि ब्राह्माणि विमानान्यभिरुह्य दिव्यांश्च सुमेरुमात्रान्पुष्पपुटान्गृहीत्वा चतसृषु दिक्ष्वनुचंक्रमन्तो ऽनुविचरन्तो येन अधोदिग्भागस्तेनोपसंक्रान्ताः । अद्राक्षुः खलु पुनर्भिक्षवस्ते महाब्रह्माणो ऽधोदिग्भागे तं भगवन्तं महाभिज्ञाज्ञानाभिभुवं तथागतमर्हन्तं सम्यक्संबुद्धं बोधिमण्डवराग्रगतं बोधिवृक्षमूले सिंहासनोपविष्टं परिवृतं पुरस्कृतं देवनागयक्षगन्धर्वासुरगरूडकिन्नरमहोरगमनुष्यामनुष्यैः, तैश्च पुत्रैः षोडशभी राजकुमारैरध्येष्यमाणं धर्मचक्रप्रवर्तनतायै । दृष्ट्वा च पुनर्येन स भगवांस्तेनोपसंक्रान्ताः । उपसंक्रम्य भगवतः पादौ शिरोभिर्वन्दित्वा तं भगवन्तमनेकशतसहस्रकृत्वः प्रदक्षिणीकृत्य तैः सुमेरुमात्रैः पुष्पपुटैस्तं भगवन्तमभ्यवकिरन्ति स्म, अभिप्रकिरन्ति स्म तं च बोधिवृक्षं दशयोजनप्रमाणम्। अभ्यवकीर्य तानि दिव्यानि स्वानि स्वानि ब्राह्माणि विमानानि तस्य भगवतो निर्यातयामासुः -- प्रतिगृह्णातु भगवानिमानि ब्राह्माणि विमानान्यस्माकमनुकम्पामुपादाय । परिभुञ्जतु सुगत इमानि ब्राह्माणि विमानान्यस्माकमनुकम्पामुपादायेति ॥

今译："于是，众比丘啊，这五十百千千万那由他世界的大梵天们集合，登上各自的梵天车，携带的鲜花累积似须弥山，依次巡游四方，来到下方。众比丘啊，这五十百千千万那由他世界的大梵天们在下方看到世尊大通智胜如来、阿罗汉、正等觉坐在殊胜菩提道场菩提树下的狮子座上，天神、蛇、药叉、健达缚、阿修罗、迦楼罗、紧那罗、大蛇、人和非人恭敬围绕，十六个王子请求转动法轮。看到后，他们走近这位世尊。走近后，俯首向世尊行触足礼，向世尊右绕百千匝，将累积似须弥山的鲜花撒向这位世尊，撒向高达十由旬的菩提树。撒完鲜花后，将那些天车献给这位世尊，说道：'请世尊垂怜我们，接受这些梵天车。请善逝垂怜我们，享用这些梵天车。'

什译："爾時，五百萬億諸梵天王與宮殿俱，各以衣裓盛諸天華，共詣下方推尋是相。見大通智勝如來處于道場菩提樹下，坐師子座，諸天、龍王、乾闥婆、緊那羅、摩睺羅伽、人非人等恭敬圍繞，及見十六王子請佛轉法輪。時諸梵天王頭面禮佛，繞百千匝，即以天華而散佛上，所散之花如須彌山，并以供養佛菩提樹。花供養已，各以宮殿奉上彼佛，而作是言：'唯見哀愍，饒益我等，所獻宮殿，願垂納受。'

अथ खलु भिक्षवस्ते ऽपि महाब्रह्माणस्तानि स्वानि स्वानि विमानानि तस्य भगवतो निर्यात्य तस्यां वेलायां तं भगवन्तं संमुखमाभिः सारूप्याभिर्गाथाभि-रभिष्टुवन्ति स्म --

今译："众比丘啊，这些大梵天将各自的天车献给世尊后，随即面向世尊，异口同声用这些偈颂赞美道：

什译："時諸梵天王即於佛前，一心同聲以偈頌曰：

साधु दर्शन बुद्धान लोकनाथान तायिनाम्।
त्रधातुकस्मि बुद्धा वै सत्त्वानां ये प्रमोचका: ॥ ४७ ॥

今译：多好啊，见到佛陀，
世界导师，救世者，
正是这些佛，他们
救度三界一切众生。（47）

什译：善哉見諸佛，救世之聖尊，
能於三界獄，勉出[①]諸眾生。

समन्तचक्षु लोकेन्द्रा व्यवलोकेन्ति दिशो दश ।
विवरित्वामृतद्वारमोतारेन्ति बहून् जनान्॥ ४८ ॥

今译：世界王具有普遍眼，
洞悉所有十方世界，
他们敞开甘露大门，
救度许许多多众生。（48）

什译：普智天人尊，愍哀[②]群萌[③]類，
能開甘露門，廣度於一切。

शून्या अचिन्तियाः कल्पा अतीताः पूर्वि ये अभू ।
अदर्शनाज्जिनेन्द्राणां अन्धा आसीद्दिशो दश ॥ ४९ ॥

今译：已经有不可思议的
无数劫白白地逝去，
由于见不到胜者王，
十方世界陷入黑暗。（49）

什译：於昔無量劫，空過無有佛，

① “勉出”的原词是 pramocaka，词义为解脱或解救。
② 此处“愍哀”，据《中华大藏经》校勘记，《资》、《碛》、《普》、《南》、《径》、《清》、《丽》作“哀愍”。
③ 此处“萌”通“氓”，指平民。“群萌”意谓百姓或众生。

世尊未出時，十方常暗瞑。

वर्धन्ति नरकास्तीव्रास्तिर्यग्योनिस्तथासुराः ।
प्रेतेषु चोपपद्यन्ते प्राणिकोट्यः सहस्रशः ॥ ५० ॥

今译：那些恐怖的地狱、
　　　畜生和阿修罗增盈，
　　　数以千千万的众生
　　　命终出生在饿鬼道。（50）

什译：三惡道增長，阿修羅亦盛，

दिव्याः कायाश्च हीयन्ते च्युता गच्छन्ति दुर्गतिम् ।
अश्रुत्वा धर्मं बुद्धानां गत्येषां भोति पापिका ॥ ५१ ॥

今译：天国众天神减损，
　　　命终后堕入恶道，
　　　由于不闻听佛法，
　　　这是罪人的归宿。（51）

什译：諸天眾轉減，死多墮惡道。

चर्याशुद्धिगतिप्रज्ञा हीयन्ते सर्वप्राणिनाम् ।
सुखं विनश्यती तेषां सुखसंज्ञा च नश्यति ॥ ५२ ॥

今译：一切众生的善行、
　　　善道和智慧减损，
　　　他们的幸福失去，
　　　连同幸福的感觉。（52）

什译：不從佛聞法，常行不善事，

色力[1]及智慧，斯等皆減少，
罪業因緣故，失樂及樂想。

अनाचाराश्च ते भोन्ति असद्धर्मे प्रतिष्ठिताः ।
अदान्ता लोकनाथेन दुर्गतिं प्रपतन्ति ते ॥ ५३ ॥

今译：他们不遵守仪轨，
他们不恪守正法，
得不到世界导师
调顺，堕入恶道。（53）

什译：住於邪見法，不識善儀則，
不蒙佛所化，常墮於惡道。

दृष्टो ऽसि लोकप्रद्योत सुचिरेणासि आगतः ।
उत्पन्नु सर्वसत्त्वानां कृतेन अनुकम्पकः ॥ ५४ ॥

今译：见到你，世界之灯啊，
尽管时间隔了这么久，
你终于来到，你怜悯
同情一切众生而出世。（54）

什译：佛為世間眼，久遠時乃出，
哀愍諸眾生，故現於世間。

दिष्ट्या क्षेमेण प्राप्तो ऽसि बुद्धज्ञानमनुत्तरम्।
वयं ते अनुमोदामो लोकश्चैव सदेवकः ॥ ५५ ॥

今译：多么幸运，你平安
获得至高无上佛智，

① “色力”指形貌和力量。原文中没有此词。

我们和包括天界的
一切世界欢欣鼓舞。（55）

什译：超出成正覺，我等甚欣慶，
及餘一切衆，喜歎未曾有。

विमानानि सुचित्राणि अनुभावेन ते विभो ।
ददाम ते महावीर प्रतिगृह्ण महामुने ॥ ५६ ॥

今译：主人啊，由于你的威力，
这些天车格外明亮绚丽，
大英雄啊，我们献给你，
大牟尼啊，请你接受吧！（56）

什译：我等諸宫殿，蒙光故嚴飾，
今以奉世尊，唯垂哀納受。

अस्माकमनुकम्पार्थं परिभुञ्ज विनायक ।
वयं च सर्वसत्त्वाश्च अग्रां बोधिं स्पृशेमहि ॥ ५७ ॥

今译：导师啊，请垂怜
我们，享用它们，
我们和一切众生
都渴望至上菩提。（57）

什译：願以此功德，普及於一切，
我等與衆生，皆共成佛道。

अथ खलु भिक्षवस्ते महाब्रह्माणस्तं भगवन्तं महाभिज्ञाज्ञानाभिभुवं तथागतमर्हन्तं सम्यक्संबुद्धं संमुखमाभिः सारूप्याभिर्गाथाभिरभिष्टुत्य तं भगवन्तमेतदूचुः -- प्रवर्तयतु भगवान्धर्मचक्रम्। प्रवर्तयतु सुगतो धर्मचक्रम्। देशयतु भगवान्निर्वृतिम्। तारयतु भगवान्सर्वसत्त्वान्। अनुगृह्णातु भगवानिमं

लोकम्। देशयतु भगवान्। धर्ममस्य लोकस्य समारकस्य सब्रह्मकस्य सश्रमणब्राह्मणिकायाः प्रजायाः सदेवमानुषासुरायाः । तद्भविष्यति बहुजनहिताय बहुजनसुखाय लोकनुकम्पायै महतो जनकायस्यार्थाय हिताय सुखाय देवानां च मनुष्याणां च ॥

今译："众比丘啊，这些大梵天异口同声用这些偈颂当面赞美世尊大通智胜如来、阿罗汉、正等觉后，对世尊说道：'请世尊转动法轮吧！请善逝在世界上转动法轮吧！请世尊宣说涅槃吧！请世尊救度众生吧！请世尊护持这个世界吧！请世尊法王为包括魔界和梵界在内的这个世界，为包括沙门、婆罗门、天神、凡人和阿修罗在内的一切众生说法吧！这是为了大众的利益，大众的幸福，怜悯世界，为了天神、凡人和广大众生的利益和幸福。'

什译："爾時，五百萬億諸梵天王偈讚佛已，各白佛言：'唯願世尊轉於法輪，多所安隱，多所度脫。'

अथ खलु भिक्षवस्तानि पञ्चाशद्ब्रह्मकोटीनयुतशतसहस्राण्येकस्वरेण समसंगीत्या तं भगवन्तमाभ्यां सारूप्याभ्यां गाथाभ्यामध्यभाषन्त --

今译："众比丘啊，这五十百千千万那由他梵天异口同声这样说后，又异口同声用这些偈颂请求道：

什译："時諸梵天王而說偈言：

प्रवर्तया चक्रवरमनुत्तरं पराहनस्वा अमृतस्य दुन्दुभिम्।
प्रमोचया दुःखशतैश्च सत्त्वान्निर्वाणमार्गं च प्रदर्शयस्व ॥ ५८ ॥

今译：请转动无上法轮吧！
请擂响甘露法鼓吧！
解救受苦难的众生，
请宣示涅槃之道吧！（58）

什译：世尊轉法輪，擊甘露法鼓，
　　　度苦惱眾生，開示涅槃道。

अस्माभिरध्येषितु भाष धर्ममस्माननुगृह्ण इमं च लोकम्।
वल्गुस्वरं चो मधुरं प्रमुञ्च समुदानितं कल्पसहस्रकोटिभिः ॥ ५९ ॥

今译：我们请求你说法，
　　　恩赐我们和世界，
　　　请宣示千千万劫
　　　修成的美妙法音。（59）

什译：唯願受我請，以大微妙音，
　　　哀愍而敷演，無量劫習法。

अथ खलु भिक्षवः स भगवान्महाभिज्ञाज्ञानाभिभूस्तथागतोऽर्हन्सम्यक्संबुद्धस्तेषां ब्रह्मकोटीनयुतशतसहस्राणामध्येषणां विदित्वा तेषां च षोडशानां पुत्राणां राजकुमाराणाम्, तस्यां वेलायां धर्मचक्रं प्रवर्तयामास त्रिपरिवर्तं द्वादशाकारमप्रवर्तितं श्रमणेन वा ब्राह्मणेन वा देवेन वा मारेण वा ब्रह्मणा वा अन्येन वा केनचित्पुनर्लोके सह धर्मेण। यदिदं दुःखम्, अयं दुःखसमुदयः, अयं दुःखनिरोधः, इयं दुःखनिरोधगामिनी प्रतिपदार्यसत्यमिति। प्रतीत्यसमुत्पाद-प्रवृत्तिं च विस्तरेण संप्रकाशयामास -- इति हि भिक्षवोऽविद्याप्रत्ययाः संस्काराः, संस्कारप्रत्ययं विज्ञानम्, विज्ञानप्रत्ययं नामरूपम्, नामरूपप्रत्ययं षडायतनम्, षडायतनप्रत्ययः स्पर्शः, स्पर्शप्रत्यया वेदना वेदनाप्रत्यया तृष्णा, तृष्णाप्रत्यय-मुपादानम्, उपादानप्रत्ययो भवः, भवप्रत्यया जातिः, जातिप्रत्यया जरामरणशोक-परिदेवदुःखदौर्मनस्योपायासाः संभवन्ति। एवमस्य केवलस्य महतो दुःख-स्कन्धस्य समुदयो भवति। अविद्यानिरोधात्संस्कारनिरोधः, संस्कारनिरोधा-द्विज्ञाननिरोधः, विज्ञाननिरोधान्नामरूपनिरोधः, नामरूपनिरोधात्षडायतननिरोधः, षडायतननिरोधात्स्पर्शनिरोधः, स्पर्शनिरोधाद्वेदनानिरोधः, वेदनानिरोधात्तृष्णा-निरोधः, तृष्णानिरोधादुपादाननिरोधः, उपादाननिरोधाद्भवनिरोधः, भवनिरोधा-ज्जातिनिरोधः, जातिनिरोधाज्जरामरणशोकपरिदेवदुःखदौर्मनस्योपायासा निरुध्यन्ते

। एवमस्य केवलस्य महतो दुःखस्कन्धस्य निरोधो भवति ॥

今译:"众比丘啊,世尊大通智胜如来、阿罗汉、正等觉知道数百千千万那由他梵天以及十六个王子这样的请求。此时,他转动法轮,三转十二行①。在这世上,沙门、婆罗门、天神、摩罗、梵天以及其他任何人都不曾转动这种法轮。他宣说圣谛:这是苦,这是苦集,这是苦灭,这是苦灭之道。他详细说明缘起法,众比丘啊,无明缘行②,行缘识,识缘名色,名色缘六处,六处缘触,触缘受,受缘爱,爱缘取,取缘有,有缘生,生缘老、死、忧愁、哀伤、痛苦、烦恼和不安。这样,产生这种唯一的大苦蕴。而无明灭则行灭,行灭则识灭,识灭则名色灭,名色灭则六处灭,六处灭则触灭,触灭则受灭,受灭则爱灭。爱灭则取灭,取灭则有灭,有灭则生灭,生灭则老、死、忧愁、哀伤、痛苦、烦恼和不安灭。这样,这种唯一的大苦蕴灭。

什译:"爾時,大通智勝如來受十方諸梵天王及十六王子請,即時三轉十二行法輪,若沙門、婆羅門,若天、魔、梵及餘世間所不能轉,謂是苦,是苦集,是苦滅,是苦滅道,及廣說十二因緣法:無明緣行,行緣識,識緣名色,名色緣六入,六入緣觸,觸緣受,受緣愛,愛緣取,取緣有,有緣生,生緣老死、憂悲、苦惱。無明滅則行滅,行滅則識滅,識滅則名色滅,名色滅則六入滅,六入滅則觸滅,觸滅則受滅,受滅則愛滅,愛滅則取滅,取滅則有滅,有滅則生滅,生滅則老死、憂悲、苦惱滅。

सहप्रवर्तितं चेदं भिक्षवस्तेन भगवता महाभिज्ञाज्ञानाभिभुवा तथागतेनार्हता सम्यक्संबुद्धेन धर्मचक्रं सदेवकस्य लोकस्य समारकस्य सब्रह्मकस्य सश्रमण-ब्राह्मणिकायाः प्रजायाः सदेवमानुषासुरायाः पर्षदः पुरस्तात्, अथ तस्मिन्नेव क्षणलवमुहूर्ते षष्टेः प्राणिकोटीनयुतशतसहस्राणामनुपादाय आस्रवेभ्यश्चित्तानि

---

① "三转十二行"(triparivartam dvādaśākāram)指佛陀转动四圣谛法轮,每一圣谛各有示相转、劝相转和证相转,总共三转十二行。
② "无明缘行"意谓行缘于无明。以下句式相同。

विमुक्तानि । सर्वे च ते त्रैविद्याः षडभिज्ञा अष्टविमोक्षध्यायिनः संवृत्ताः । पुनरनुपूर्वेण भिक्षवः स भगवान्महाभिज्ञाज्ञानाभिभूस्तथागतो ऽर्हन्सम्यक्संबुद्धो द्वितीयां धर्मदेशनामकार्षीत्, तृतीयामपि धर्मदेशनामकार्षीत्, चतुर्थीमपि धर्मदेशनामकार्षीत्॥

今译："众比丘啊，随着世尊大通智胜如来、阿罗汉、正等觉在包括天界、魔界和梵界在内的这个世界以及包括沙门、婆罗门、天神、凡人和阿修罗在内的众生集会前面转动法轮，就在这个顷刻瞬间刹那，六十百千千万那由他众生不再执著，心摆脱种种烦恼。他们全都具备三明、六神通、八解脱和禅定。众比丘啊，世尊大通智胜如来、阿罗汉、正等觉随后进行第二、第三和第四次说法。

什译："佛於天人大眾之中說是法時，六百萬億那由他人，以不受一切法故，而於諸漏心得解脫，皆得深妙禪定、三明、六通，具八解脫。

अथ खलु भिक्षवस्तस्य भगवतो महाभिज्ञाज्ञानाभिभुवस्तथागतस्यार्हतः सम्यक्संबुद्धस्यैकैकस्यां धर्मदेशनायां गङ्गानदीवालुकासमानां प्राणिकोटीनयुतशतसहस्राणामनुपादाय आस्रवेभ्यश्चित्तानि विमुक्तानि । ततः पश्चाद्भिक्षवस्तस्य भगवतो गणनासमतिक्रान्तः श्रावकसंघो ऽभूत्॥

今译："众比丘啊，世尊大通智胜如来、阿罗汉、正等觉每次说法时，如同恒河沙的数百千千万那由他众生，不再执著，心摆脱种种烦恼。此后，众比丘啊，这位世尊的声闻僧众数不胜数。

什译："第二、第三、第四說法時，千萬億恒河沙那由他等眾生，亦以不受一切法故，而於諸漏心得解脫。從是已後，諸聲聞眾無量無邊，不可稱數。

तेन खलु पुनर्भिक्षवः समयेन ते षोडश राजकुमाराः कुमारभूता एव समानाः श्रद्धया अगारादनागारिकां प्रव्रजिताः । सर्वे च ते श्रामणेरा अभूवन्पण्डिता व्यक्ता

मेधाविनः कुशला बहुबुद्धशतसहस्रचरिताविनोऽर्थिनश्चानुत्तरायाः सम्यक्संबोधेः। अथ खलु भिक्षवस्ते षोडश श्रामणेरास्तं भगवन्तं महाभिज्ञाज्ञानाभिभुवं तथागतमर्हन्तं सम्यक्संबुद्धमेतदूचुः -- इमानि खलु पुनर्भगवंस्तथागतस्य बहूनि श्रावककोटीनयुतशतसहस्राणि महर्द्धिकानि महानुभावानि महेशाख्यानि भगवतो धर्मदेशनया परिनिष्पन्नानि । तत्साधु भगवांस्तथागतोऽर्हन्सम्यक्संबुद्धोऽस्माक-मनुकम्पामुपादाय अनुत्तरां सम्यक्संबोधिमारभ्य धर्मं देशयतु, यद्वयमपि तथागतस्यानुशिक्षेमहि । अर्थिनो वयं भगवंस्तथागतज्ञानदर्शनेन । भगवानेवा-स्माकमस्मिन्नेवार्थे साक्षी । त्वं च भगवन्सर्वसत्त्वाशयज्ञो जानीषे अस्माक-मध्याशयमिति ॥

今译："这时，众比丘啊，这十六个还是童子的王子全都怀着信仰，离家成为出家人。他们全都成为沙弥，个个聪明睿智，机敏能干，曾经侍奉数百千佛，求取无上正等菩提。众比丘啊，这十六个沙弥对世尊大通智胜如来、阿罗汉、正等觉说道：'世尊啊，如来的数百千千万那由他声闻，闻听如来说法而获得成就，具有大神通、大威力和大自在。请世尊如来、阿罗汉、正等觉怜悯我们，为我们宣说关于无上正等菩提的法。这样，我们也修习如来的法。世尊啊，我们追求如来知见。世尊能为我们证实此事。世尊啊，你知道一切众生的意愿，你也知道我们的意愿。'

什译："爾時，十六王子皆以童子出家而為沙彌，諸根通利，智慧明了，已曾供養百千萬億諸佛，淨修梵行，求阿耨多羅三藐三菩提，俱白佛言：'世尊！是諸無量千萬億大德聲聞皆已成就，世尊亦當為我等說阿耨多羅三藐三菩提法。我等聞已，皆共修學。世尊！我等志願如來知見，深心所念，佛自證知。'

तेन खलु पुनर्भिक्षवः समयेन तान्बालान्दारकान्राजकुमारान्प्रव्रजितान् श्रामणेरान्दृष्ट्वा यावांस्तस्य राज्ञश्चक्रवर्तिनः परिवारः, ततोऽर्धः प्रव्रजितोऽभूदशीतिप्राणिकोटीनयुतशतसहस्राणि ॥

今译："这时，众比丘啊，看到这十六个还是幼童的王子出家成为沙弥，转轮王的随从们以及八十百千千万那由他众生中的一半也都出家。

什译："爾時，轉輪聖王所將眾中八萬億人，見十六王子出家，亦求出家。王即聽許。

अथ खलु भिक्षवः स भगवान्महाभिज्ञाज्ञानाभिभूस्तथागतो ऽर्हन्सम्यक्संबुद्धस्तेषां श्रामणेराणामध्याशयं विदित्वा विंशतेः कल्पसहस्राणामत्ययेन सद्धर्मपुण्डरीकं नाम धर्मपर्यायं सूत्रान्तं महावैपुल्यं बोधिसत्त्वाववादं सर्वबुद्धपरिग्रहं विस्तरेण संप्रकाशयामास तासां सर्वासां चतसृणां पर्षदाम्॥

今译："此后，众比丘啊，世尊大通智胜如来、阿罗汉、正等觉知道这些沙弥的意愿，经过二万劫，为所有四众广说名为《妙法莲华》的法门。这是为菩萨宣说、受一切佛护持的大方广经。

什译："爾時，彼佛受沙彌請，過二萬劫已，乃於四眾之中說是大乘經，名《妙法蓮華》，教菩薩法，佛所護念。

तेन खलु पुनर्भिक्षवः समयेन तस्य भगवतो भाषितं ते षोदश राजकुमाराः श्रामणेरा उद्गृहीतवन्तो धारितवन्त आराधितवन्तः पर्याप्तवन्तः ॥

今译："众比丘啊，那时，这十六个王子沙弥接受、记取、崇敬和通晓这位世尊所说。

什译："說是經已，十六沙彌為阿耨多羅三藐三菩提故，皆共受持，諷誦通利。

अथ खलु भिक्षवः स भगवान्महाभिज्ञाज्ञानाभिभूस्तथागतो ऽर्हन्सम्यक्संबुद्धस्तान्षोडश श्रामणेरान्व्याकार्षीदनुत्तरायां सम्यक्संबोधौ । तस्य खलु पुनर्भिक्षवो महाभिज्ञाज्ञानाभिभुवस्तथागतस्यार्हतः सम्यक्संबुद्धस्येमं सद्धर्मपुण्डरीकं धर्मपर्यायं भाषमाणस्य श्रावकाश्चाधिमुक्तवन्तः । ते च षोडश श्रामणेरा

बहूनि च प्राणिकोटीनयुतशतसहस्राणि विचिकित्साप्राप्तान्यभूवन्॥

今译:"众比丘啊,世尊大通智胜如来、阿罗汉、正等觉为这十六个沙弥授记无上正等菩提。众比丘啊,众声闻和这十六个沙弥信受世尊大通智胜如来、阿罗汉、正等觉宣说的这个《妙法莲华》法门[①],而数百千千万那由他众生心生疑惑。

什译:"說是經時,十六菩薩沙彌皆悉信受,聲聞眾中亦有信解,其餘眾生千萬億種皆生疑惑。

अथ खलु भिक्षवः स भगवान्महाभिज्ञाज्ञानाभिभूस्तथागतो ऽर्हन्सम्यक्संबुद्ध इमं सद्धर्मपुण्डरीकं धर्मपर्यायमष्टौ कल्पसहस्राण्यविश्रान्तो भाषित्वा विहारं प्रविष्टः प्रतिसंलयनाय । तथा प्रतिसंलीनश्च भिक्षवः स तथागतश्चतुरशीतिकल्पसहस्राणि विहारस्थित एवासीत्॥

今译:"众比丘啊,世尊大通智胜如来、阿罗汉、正等觉不间歇地宣说这个《妙法莲华》法门八千劫后,进入静室入深禅定。众比丘啊,这位如来安住静室入深禅定八万四千劫。

什译:"佛說是經,於八千劫未曾休廢。說此經已,即入靜室,住於禪定八萬四千劫。

अथ खलु भिक्षवस्ते षोडश श्रामणेरास्तं भगवन्तं महाभिज्ञाज्ञानाभिभुवं तथागतं प्रतिसंलीनं विदित्वा पृथक्पृथग्धर्मासनानि सिंहासनानि प्रज्ञाप्य तेषु निषण्णास्तं भगवन्तं महाभिज्ञाज्ञानाभिभुवं तथागतं नमस्कृत्य तं सद्धर्मपुण्डरीकं धर्मपर्यायं विस्तरेण चतसृणां पर्षदां चतुरशीतिकल्पसहस्राणि संप्रकाशितवन्तः । तत्र भिक्षव एकैकः श्रामणेरो बोधिसत्त्वः षष्टिषष्टिगङ्गानदीवालुकासमानि प्राणि-कोटीनयुतशतसहस्राण्यनुत्तरायां सम्यक्संबोधौ परिपाचितवान्समादापितवान् संहर्षितवान्समुत्तेजितवान्संप्रहर्षितवानवतारितवान्॥

---

① 此处原文中,在 adhimuktavantaḥ 后面的一个句号,应在 śrāmerā 之后。

今译："众比丘啊，这十六个沙弥知道世尊大通智胜如来、阿罗汉、正等觉入深禅定，各自铺设狮子法座，坐在上面，思惟世尊大通智胜如来，为四众广说《妙法莲华》法门八万四千劫。众比丘啊，每个沙弥菩萨各自以无上正等菩提教化如同恒河沙的六十乘六十百千千万那由他众生，教导他们，令他们喜悦，令他们兴奋，令他们高兴，令他们悟入。

什译："是時，十六菩薩沙彌知佛入室寂然禪定，各昇法座，亦於八萬四千劫，為四部眾，廣說分別《妙法華經》。一一皆度六百萬億那由他恒河沙等眾生，示教利喜[①]，令發阿耨多羅三藐三菩提心。

अथ खलु भिक्षवः स भगवान्महाभिज्ञाज्ञानाभिभूस्तथागतो ऽर्हन्सम्यक्संबुद्धस्तेषां चतुरशीतेः कल्पसहस्राणामत्ययेन स्मृतिमान्संप्रजानस्तस्मात्समाधेर्व्युत्तिष्ठत्। व्युत्थाय च स भगवान्महाभिज्ञाज्ञानाभिभूस्तथागतो येन तद्धर्मासनं तेनोपसंक्रामत्। उपसंक्रम्य प्रज्ञप्त एवासने न्यषीदत्। समनन्तरनिषण्णश्च खलु पुनर्भिक्षवः स भगवान्महाभिज्ञाज्ञानाभिभूस्तथागतस्तस्मिन्धर्मासने, अथ तावदेव सर्वावन्तं पर्षन्मण्डलमवलोक्य भिक्षुसंघमामन्त्रयामास--आश्चर्यप्राप्ता भिक्षवो ऽद्भुतप्राप्ता इमे षोडश श्रामणेराः प्रज्ञावन्तो बहुबुद्धकोटीनयुतशतसहस्रपर्युपासिताश्चीर्णचरिता बुद्धज्ञानपर्युपासका बुद्धज्ञानप्रतिग्राहका बुद्धाज्ञानावतारका बुद्धज्ञानसंदर्शकाः । पर्युपासध्वं भिक्षव एतान्षोडश श्रामणेरान्पुनः पुनः । ये केचिद्भिक्षवः श्रावकयानिका वा प्रत्येकबुद्धयानिका वा बोधिसत्त्वयानिका वा एषां कुलपुत्राणां धर्मदेशनां न प्रतिक्षेप्स्यन्ति । न प्रतिबाधिष्यन्ते, सर्वे ते क्षिप्रमनुत्तरायाः सम्यक्संबोधेर्लाभिनो भविष्यन्ति, सर्वे च ते तथागतज्ञानमनुप्राप्स्यन्ति ॥

今译："然后，众比丘啊，世尊大通智胜如来、阿罗汉、正等觉度过这八万四千劫，具有正念和正智，出离禅定。出离后，世尊大通智胜如来走近法座。走近后，坐在铺设的法座上。众比丘啊，世尊大通智胜如来坐在法座上，随即凝视整个集会大众，对比丘僧众说道：

① 此处"示教利喜"，按照原文的表述是教化、教导、令喜悦、令兴奋、令高兴和令悟入。

‘众比丘啊，令人深感奇妙惊异，这十六个沙弥具有智慧，曾经侍奉数百千千万那由他佛，完成修行，崇敬佛智，接受佛智，悟入佛智，示现佛智。众比丘啊，你们经常侍奉这十六个沙弥吧！众比丘啊，任何声闻乘人、缘觉乘人或菩萨乘人，不毁谤和不攻击这些善男子所说法，全都会迅速获得无上正等菩提，全都会获得如来智。’

什译：“大通智勝佛過八萬四千劫已，從三昧起，往詣法座安詳而坐，普告大眾：‘是十六菩薩沙彌甚為希有，諸根通利，智慧明了，已曾供養無量千萬億數諸佛，於諸佛所，常修梵行，受持佛智，開示眾生，令入其中。汝等皆當數數親近而供養之。所以者何？若聲聞、辟支佛及諸菩薩，能信是十六菩薩所說經法，受持不毀者，是人皆當得阿耨多羅三藐三菩提、如來之慧。’”

तैः खलु पुनर्भिक्षवः षोडशभिः कुलपुत्रैस्तस्य भगवतः शासने ऽयं सद्धर्मपुण्डरीको धर्मपर्यायः पुनः पुनः संप्रकाशितो ऽभूत्। तैः खलु पुनर्भिक्षवः षोडशभिः श्रामणेरैर्बोधिसत्त्वैर्महासत्त्वैर्यानि तान्येकैकेन बोधिसत्त्वेन महासत्त्वेन षष्टिषष्टिगङ्गानदीवालुकासमानि सत्त्वकोटीनयुतशतसहस्राणि बोधाय समादापितान्यभूवन्, सर्वाणि च तानि तैरेव सार्धं तासु तासु जातिष्वनुप्रव्रजितानि । तान्येव समनुपश्यन्तस्तेषामेवान्तिकाद्धर्ममश्रौषुः । तैश्चत्वारिंशद्बुद्धकोटीसहस्राण्यारागितानि । केचिदद्याप्यारागयन्ति ॥

今译：“众比丘啊，这十六个善男子遵照世尊的教导，反复宣说《妙法莲华》法门。众比丘啊，这十六个沙弥菩萨大士，各自教导如同恒河沙的六十乘六十百千千万那由他众生求取菩提。所有这些众生后来生生世世随同他们出家。这些众生善于观想，在他们身边聆听正法。这些众生亲近侍奉四十千千万佛。其中有些众生至今仍亲近侍奉佛。

什译：佛告諸比丘：“是十六菩薩常樂說是《妙法蓮華經》，一一菩薩所化六百萬億那由他恒河沙等眾生，世世所生與菩薩[1]俱，從其聞法，悉皆信解，以此因緣，得值四[2]萬億諸佛世尊，于今不盡。

आरोचयामि वो भिक्षवः, प्रतिवेदयामि वः । ये ते षोडश राजकुमाराः कुमारभूता ये तस्य भगवतः शासने श्रामणेरा धर्मभाणका अभूवन्, सर्वे ते ऽनुत्तरां सम्यक्संबोधिमभिसंबुद्धाः । सर्वे च त एतर्हि तिष्ठन्ति ध्रियन्ते यापयन्ति । दशसु दिक्षु नानाबुद्धक्षेत्रेषु बहूनां श्रावकबोधिसत्त्वकोटीनयुतशतसहस्राणां धर्मं देशयन्ति । यदुत पूर्वस्यां दिशि भिक्षवो ऽभिरत्यां लोकधातावक्षोभ्यो नाम तथागतो ऽर्हन्सम्यक्संबुद्धो मेरुकूटश्च नाम तथागतो ऽर्हन्सम्यक्संबुद्धः । पूर्वदक्षिणस्यां दिशि भिक्षवः सिंहघोषश्च नाम तथागतो ऽर्हन्सम्यक्संबुद्धः सिंहध्वजश्च नाम तथागतो ऽर्हन्सम्यक्संबुद्धः । दक्षिणस्यां दिशि भिक्षवः आकाशप्रतिष्ठितश्च नाम तथागतो ऽर्हन्सम्यक्संबुद्धो नित्यपरिनिर्वृतश्च नाम तथागतो ऽर्हन्सम्यक्संबुद्धः । दक्षिणपश्चिमायां दिशि भिक्षव इन्द्रध्वजश्च नाम तथागतो ऽर्हन्सम्यक्संबुद्धो ब्रह्मध्वजश्च नाम तथागतो ऽर्हन्सम्यक्संबुद्धः ।

今译：“我告诉你们，众比丘啊，我告知你们，这十六个还是童子的王子沙弥遵照世尊的教导，成为说法者。他们全都觉知无上正等菩提。他们还在世，生活，度日。他们在十方各个佛土，为数百千千万那由他声闻说法。众比丘啊，在东方欢喜世界，一位名为阿閦的如来、阿罗汉、正等觉，另一位名为须弥顶的如来、阿罗汉、正等觉。众比丘啊，在东南方，一位名为狮子音的如来、阿罗汉、正等觉，另一位名为狮子旗的如来、阿罗汉、正等觉。众比丘啊，在南方，一位名为虚空住的如来、阿罗汉、正等觉，另一位名为常灭的如来、阿罗汉、正等觉。在西南方，一位名为帝释旗的如来、阿罗汉、正等觉，另一位名为梵旗的如来、阿罗汉、正等觉。

什译：“諸比丘！我今語汝：彼佛弟子十六沙彌今皆得阿耨多羅三藐三菩提，於十方國土現在說法，有無量百千萬億菩薩、聲聞以為

① 此处“菩萨”指这十六位菩萨。

② 此处“四”字，据《中华大藏经》校勘记，《丽》作“四百”。

眷屬。其二沙彌，東方作佛，一名阿閦，在歡喜國，二名須彌頂。東南方二佛，一名師子音，二名師子相。南方二佛，一名虛空住，二名常滅。西南方二佛，一名帝相，二名梵相。

पश्चिमायां दिशि भिक्षवो ऽमितायुश्च नाम तथागतो ऽर्हन्सम्यक्संबुद्धः सर्वलोकधातूपद्रवोद्वेगप्रत्युत्तीर्णश्च नाम तथागतो ऽर्हन्सम्यक्संबुद्धः । पश्चिमोत्तरस्यां दिशि भिक्षवस्तमालपत्रचन्दनगन्धाभिज्ञश्च नाम तथागतो ऽर्हन्सम्यक् संबुद्धो मेरुकल्पश्च नाम तथागतो ऽर्हन्सम्यक्संबुद्धः । उत्तरस्यां दिशि भिक्षवो मेघस्वरदीपश्च नाम तथागतो ऽर्हन्सम्यक्संबुद्धो मेघस्वरराजश्च नाम तथागतो ऽर्हन्सम्यक्संबुद्धः । उत्तरपूर्वस्यां दिशि भिक्षवः सर्वलोकभयच्छम्भितत्वविध्वंसनकरश्च नाम तथागतो ऽर्हन्सम्यक्संबुद्धः । अहं च भिक्षवः शाक्यमुनिर्नाम तथागतो ऽर्हन्सम्यक्संबुद्धः षोडशमो मध्ये खल्वस्यां सहायां लोकधातावनुत्तरां सम्यक्संबोधिमभिसंबुद्धः ॥

今译："众比丘啊，在西方，一位名为无量寿的如来、阿罗汉、正等觉，另一位名为度一切世间苦恼的如来、阿罗汉、正等觉。众比丘啊，在西北方，一位名为多摩罗跋旃檀香神通的如来、阿罗汉、正等觉，另一位名为须弥相的如来、阿罗汉、正等觉。众比丘啊，在北方，一位名为云声灯的如来、阿罗汉、正等觉，另一位名为云声王的如来、阿罗汉、正等觉。在东北方，一位名为坏一切世间怖畏的如来、阿罗汉、正等觉。众比丘啊，我是第十六位，名为释迦牟尼的如来、阿罗汉、正等觉，在娑婆世界觉知无上正等菩提。

什译："西方二佛，一名阿彌陀[①]，二名度一切世間苦惱。西北方二佛，一名多摩羅跋旃檀香神通，二名須彌相。北方二佛，一名雲自在，二名雲自在王。東北方佛，名壞一切世間怖畏，第十六，我釋迦牟尼佛，於娑婆國土成阿耨多羅三藐三菩提。

① "阿弥陀"是 amitāyus（"无量寿"）或 amitābha（"无量光"）中的 amita（"无量"）一词的音译。

ये पुनस्ते भिक्षवस्तदा अस्माकं श्रामणेरभूतानां सत्त्वां धर्मं श्रुतवन्तः तस्य भगवतः शासन एकैकस्य बोधिसत्त्वस्य महासत्त्वस्य बहूनि गङ्गानदीवालुकासमानि सत्त्वकोटीनयुतशतसहस्राणि यान्यस्माभिः समादापितान्यनुत्तरायां सम्यक्संबोधौ, तान्येतानि भिक्षवो ऽद्यापि श्रावकभूमावेवावस्थितानि। परिपाच्यन्त एवानुत्तरायां सम्यक्संबोधौ । एषैवैषामानुपूर्वी अनुत्तरायाः सम्यक्संबोधेरभिसंबोधनाय। तत्कस्य हेतोः? एवं दुरधिमोच्यं हि भिक्षवस्तथागतज्ञानम् । कतमे च ते भिक्षवः सत्त्वाः, ये मया बोधिसत्त्वेन तस्य भगवतः शासने अप्रमेयाण्यसंख्येयानि गङ्गानदीवालुकासमानि सत्त्वकोटीनयुतशतसहस्राणि सर्वज्ञताधर्ममनुश्रावितानि? यूयं ते भिक्षवस्तेन कालेन तेन समयेन सत्त्वा अभूवन्॥

今译："众比丘啊，那时，我们是沙弥，遵照世尊的教导，各自成为菩萨大士，众生聆听我们说法。我们以无上正等菩提教导如同恒河沙的数百千千万那由他众生。众比丘啊，他们至今还处在声闻地，处在接受无上正等菩提的教化中。这是他们循序渐进求取无上正等菩提。为什么？众比丘啊，因为如来智难以信解。众比丘啊，我这位菩萨，遵照那位世尊的教导向无量无数如同恒河沙的数百千千万那由他众生宣说知一切性智法，他们是哪些众生？众比丘啊，那时的那些众生就是你们。

什译："諸比丘！我等為沙彌時，各各教化無量百千萬億恒河沙等眾生，從我聞法，為阿耨多羅三藐三菩提。此諸眾生于今有住聲聞地者，我常教化阿耨多羅三藐三菩提。是諸人等應以是法漸入佛道。所以者何？如來智慧難信難解。爾時所化無量恒河沙等眾生者，汝等諸比丘，及我滅度後未來世中聲聞弟子是也。

ये च मम परिनिर्वृतस्य अनागते ऽध्वनि श्रावका भविष्यन्ति, बोधिसत्त्वचर्यां च श्रोष्यन्ति, न चावभोत्स्यन्ते बोधिसत्त्वा वयमिति, किंचापि ते भिक्षवः सर्वे परिनिर्वाणसंज्ञिनः परिनिर्वास्यन्ति, अपि तु खलु पुनर्भिक्षवो यदहमन्यासु लोकधातुष्वन्योन्यैर्नामधेयैर्विहरामि, तत्र ते पुनरुत्पत्स्यन्ते तथागतज्ञानं पर्येषमाणाः ।

तत्र च ते पुनरेवैतां क्रियां श्रोष्यन्ति । एकमेव तथागतानां परिनिर्वाणम्। नास्त्यन्यद्द्वितीयमितो बहिर्निर्वाणम् । तथागतानामेतद्भिक्षव उपायकौशल्यं वेदितव्यं धर्मदेशनाभिनिर्हारश्च । यस्मिन्भिक्षवः समये तथागतः परिनिर्वाणकाल-समयमात्मनः समनुपश्यति, परिशुद्धं च पर्षदं पश्यति अधिमुक्तिसारां शून्यधर्मगतिं गतां ध्यानवतीं महाध्यानवतीम्, अथ खलु भिक्षवस्तथागतो ऽयं काल इति विदित्वा सर्वान्बोधिसत्त्वान्सर्वश्रावकांश्च संनिपात्य पश्चादेतमर्थं संश्रावयति । न भिक्षवः किंचिदस्ति लोके द्वितीयं नाम यानं परिनिर्वाणं वा, कः पुनर्वादस्तृतीयस्य? उपायकौशल्यं खल्विदं भिक्षवस्तथागतानामर्हताम्-- दूरप्रनष्टं सत्त्वधातुं विदित्वा हीनाभिरतान्कामपङ्कमग्नान्, तत एषां भिक्षवस्तथागतस्त-न्निर्वाणं भाषते यदधिमुच्यन्ते ॥

今译："在我涅槃后，他们在未来世会成为声闻。他们会闻听菩萨行，但他们不觉知自己是菩萨。还有，众比丘啊，他们全都怀有涅槃的想法，将会涅槃。众比丘啊，我住在其他的世界时，有其他的名号。他们又会出生在那里，求取佛智。在那里，他们又闻听这种菩萨行。确实，只有一种如来的涅槃，没有另外的第二种涅槃。众比丘啊，应该知道如来的这种方便善巧，说法的引子。众比丘啊，如来觉知自己到达涅槃时刻时，看到清净的会众信解坚固，通晓空法，擅长禅定和大禅定，众比丘啊，这时，如来知道时机已到，便集合所有菩萨和声闻，宣说这件事。众比丘啊，在这世上，没有名为第二乘的涅槃，更何况第三种？众比丘啊，确实，这是如来、阿罗汉的方便善巧。如来知道众生界长期迷失，热衷小乘，陷入欲乐泥沼，因此，众比丘啊，如来宣说这种众生能信受的涅槃。

什译："我滅度後，復有弟子不聞是經，不知不覺菩薩所行，自於所得功德生滅度想，當入涅槃。我於餘國作佛，更有異名。是人雖生滅度之想入於涅槃，而於彼土求佛智慧，得聞是經，唯以佛乘而得滅度，更無餘乘，除諸如來方便說法。諸比丘！若如來自知涅槃時到，眾又清淨，信解堅固，了達空法，深入禪定，便集諸菩薩及聲聞眾，為說是經。世間無有二乘而得滅度，唯一佛乘得滅度耳。比丘當知！

如來方便，深入眾生之性，知其志樂小法，深著五欲，為是等故說於涅槃。是人若聞，則便信受。

तद्यथापि नाम भिक्षव इह स्यात्पञ्चयोजनशतिकमटवीकान्तारम्। महांश्चात्र जनकायः प्रतिपन्नो भवेद्रत्नद्वीपं गमनाय। देशिकश्चैषामेको भवेद्व्यक्तः पण्डितो निपुणो मेधावी कुशलः खल्वटवीदुर्गाणाम्। स च तं सार्थमटवीमवक्रामयेत्। अथ खलु स महाजनकायः श्रान्तः क्लान्तो भीतस्त्रस्तः एवं वदेत्-- यत्खल्वार्य देशिक परिणायक जानीयाः-- वयं हि श्रान्ताः क्लान्ता भीतास्त्रस्ता अनिर्वृताः। पुनरेव प्रतिनिवर्तयिष्यामः। अतिदूरमितो ऽटवीकान्तारमिति। अथ खलु भिक्षवः स देशिक उपायकुशलस्तान्पुरुषान्प्रतिनिवर्तितुकामान्विदित्वा एवं चिन्तयेत्-- मा खल्विमे तपस्विनस्तादृशं महारत्नद्वीपं न गच्छेयुरिति। स तेषामनुकम्पार्थमुपायकौशल्यं प्रयोजयेत्। तस्या अटव्या मध्ये योजनशतं वा द्वियोजनशतं वा त्रियोजनशतं वा अतिक्रम्य ऋद्धिमयं नगरमभिनिर्मिमीयात्। ततस्तान्पुरुषानेवं वदेत्-- मा भवन्तो भैष्ट, मा निवर्तध्वम्। अयमसौ महाजनपदः। अत्र विश्राम्यत। अत्र वो यानि कानिचित्करणीयानि तानि सर्वाणि कुरुध्वम्। अत्र निर्वाणप्राप्ता विहरध्वमत्र विश्रान्ताः। यस्य पुनः कार्यं भविष्यति, स तं महारत्नद्वीपं गमिष्यति॥

今译：“譬如，有五百由旬的险恶森林。有一大批人要经过这里，前往珍宝岛。他们有一位向导，聪明睿智，机敏能干，了解森林的险恶。他要带领众人越过森林。而那时众人劳累、疲乏、恐惧和害怕，说道：‘贤士、向导、导师啊，你知道我们劳累、疲乏、恐惧和害怕，不能再往前走了。我们想要回去。这个险恶的森林太辽阔了。’众比丘啊，这位向导擅长方便善巧，知道这些人想要返回，心想：‘不能让这些可怜的人到不了大珍宝岛。’他同情他们，便运用方便善巧。他在这森林中，每经过一百由旬、二百由旬或三百由旬，运用神通幻化出一座城。他对他们说：‘诸位别害怕，别返回！这里是一座大城。你们在这里休息吧！在这里做你们要做的任何事。你们住在这里休息，获得安宁。你们还有要做的事，要前往大珍宝岛。’

什译：“譬如，五百由旬險難惡道，曠絕無人怖畏之處。若有多眾，欲過此道至珍寶處。有一導師聰慧明達，善知險道通塞之相，將導眾人欲過此難。所將人眾中路懈退，白導師言：‘我等疲極，而復怖畏，不能復進。前路猶遠，今欲退還。’導師多諸方便而作是念：‘此等可愍，云何捨大珍寶而欲退還？’作是念已，以方便力，於險道中過三百由旬，化作一城，告眾人言：‘汝等勿怖，莫得退還。今此大城，可於中止，隨意所作。若入是城，快得安隱。若能前至寶所，亦可得去。’

अथ खलु भिक्षवस्ते कान्तारप्राप्ताः सत्त्वा आश्चर्यप्राप्ता अद्भुतप्राप्ता भवेयुः -- मुक्ता वयमटवीकान्तारात्। इह निर्वाणप्राप्ता विहरिष्याम इति । अथ खलु भिक्षवस्ते पुरुषास्तदृद्धिमयं नगरं प्रविशेयुः, आगतसंज्ञिनश्च भवेयुः, निस्तीर्णसंज्ञिनश्च भवेयुः। निर्वृताः शीतीभूता स्म इति मन्येरन्। ततस्तान्देशिको विश्रान्तान्विदित्वा तदृद्धिमयं नगरमन्तर्धापयेत्। अन्तर्धापयित्वा च तान्पुरुषानेवं वदेत्-- आगच्छन्तु भवन्तः सत्त्वाः। अभ्यासन्न एष महारत्नद्वीपः। इदं तु मया नगरं युष्माकं विश्रामणार्थमभिनिर्मितमिति ॥

今译：“众比丘啊，此时，这些身处险恶森林中的众生感到奇妙惊异，心想：‘我们已经脱离险恶森林。我们住在这里，会获得安宁。’于是，众比丘啊，这些人进入这座神通幻化的城。他们产生到达的想法，度过的想法。他们认为自己获得安宁和清凉。然后，这位向导知道这些人已经得到休息，便消除这座神通幻化的城。消除后，他对这些人说：‘诸位来吧！大珍宝岛就在这附近。我幻化这座城是为了让你们得到休息。’

什译：“是時，疲極之眾，心大歡喜，歎未曾有：‘我等今者免斯惡道，快得安隱。’於是眾人前入化城，生已度想，生安隱想。爾時，導師知此人眾既得止息，無復疲惓，即滅化城，語眾人言：‘汝等去來[1]，寶處在近。向者大城，我所化作，為止息耳。’

---

① 此处“去来”的原词是 āgacchantu（“来吧！”）。

एवमेव भिक्षवस्तथागतो ऽर्हन्सम्यक्संबुद्धो युष्माकं सर्वसत्त्वानां च देशिकः। अथ खलु भिक्षवस्तथागतो ऽर्हन्सम्यक्संबुद्ध एवं पश्यति-- महदिदं क्लेशकान्तारं निर्गन्तव्यं निष्क्रान्तव्यं प्रहातव्यम्। मा खल्विमे एकमेव बुद्धज्ञानं श्रुत्वा द्रवेणैव प्रतिनिवर्तयेयुः, नैवोपसंक्रमेयुः। बहुपरिक्लेशमिदं बुद्धज्ञानं समुदानयितव्यमिति। तत्र तथागतः सत्त्वान्दुर्बलाशयान्विदित्वा यथा स देशिकस्तदृद्धिमयं नगरमभिनिर्मितीते तेषां सत्त्वानां विश्रामणार्थम्, विश्रान्तानां चैषामेवं कथयति-- इदं खलु ऋद्धिमयं नगरमिति, एवमेव भिक्षवस्तथागतो ऽप्यर्हन्सम्यक्संबुद्धो महोपायकौशल्येन अन्तरा द्वे निर्वाणभूमी सत्त्वानां विश्रामणार्थं देशयति संप्रकाशयति यदिदं श्रावकभूमिं प्रत्येकबुद्धभूमिं च। यस्मिंश्च भिक्षवः समये ते सत्त्वास्तत्र स्थिता भवन्ति, अथ खलु भिक्षवस्तथागतो ऽप्येवं संश्रावयति-- न खलु पुनर्भिक्षवो यूयं कृतकृत्याः कृतकरणीयाः। अपि तु खलु पुनर्भिक्षवो युष्माकमभ्यासः। इतस्तथागतज्ञानं व्यवलोकयध्वं भिक्षवो व्यवचारयध्वम्। यद्युष्माकं निर्वाणं नैव निर्वाणम्, अपि तु खलु पुनरुपायकौशल्यमेतद्भिक्षवस्तथागतानामर्हतां सम्यक्संबुद्धानां यत्त्रीणि यानानि संप्रकाशयन्तीति॥

今译：“众比丘啊，正是这样，如来、阿罗汉、正等觉是你们和一切众生的向导。众比丘啊，如来、阿罗汉、正等觉这样观想：‘应该出离、离开、远离这种大烦恼险境。但不要让这些众生听到这唯一佛智，就轻易退却，不走近，心想获得这种佛智多么艰难。’如来知道众生的怯弱心。如同那位向导运用神通幻化出一座城，让那些人得到休息，而等他们休息过后，对他们说：‘这是一座神通幻化的城。’同样，众比丘啊，如来、阿罗汉、正等觉运用大方便善巧，宣说另外两种涅槃地，即声闻地和缘觉地，让众生得到休息。众比丘啊，一旦众生安住那里，众比丘啊，如来就对他们说：‘众比丘啊，你们还没有完成任务，还没有完成应该做的事。众比丘啊，如来智就在你们附近[1]，众比丘啊，你们要观察，要思量。你们所谓的涅槃并不是涅槃。众比丘啊，那是如来、阿罗汉、正等觉的运用方便善巧，而宣说三乘。’”

---

① 此处“附近”的原词是 abhyāsa（“修习”），正规的写法应为 abhyāśa（“附近”）。前面提到的“大珍宝岛就在这附近”，原文中“附近”一词的写法是 abhyāsanna。

什译："諸比丘！如來亦復如是，今為汝等作大導師，知諸生死煩惱惡導[①]險難長遠，應去應度。若眾生但聞一佛乘者，則不欲見佛，不欲親近，便作是念：'佛道長遠，久受懃苦乃可得成。'佛知是心怯弱下劣，以方便力，而於中道為止息故，說二涅槃[②]。若眾生住於二地，如來爾時即便為說：'汝等所作未辦，汝所住地近於佛慧，當觀察籌量所得涅槃非真實也。但是如來方便之力，於一佛乘分別說三。'如彼導師，為止息故，化作大城。既知息已，而告之言：'寶處在近，此城非實，我化作耳。'"

अथ खलु भगवानिममेवार्थं भूयस्या मात्रयोपदर्शयमानस्तस्यां वेलायामिमा गाथा अभाषत --

今译：这时，为了再次说明这种意义，世尊又用这些偈颂说道：

什译：爾時，世尊欲重宣此義，而說偈言：

अभिज्ञज्ञानाभिभु लोकनायको यद्बोधिमण्डस्मि निषण्ण आसीत्।
दशेह सो अन्तरकल्प पूर्णान्न लप्सि बोधिं परमार्थदर्शी ॥ ६० ॥

今译：大通智胜世界导师
曾经坐在菩提道场，
有整整十个中间劫，
未获得第一义菩提。（60）

什译：大通智勝佛，十劫坐道場，
佛法不現前，不得成佛道。

देवाथ नागा असुराथ गुह्यका उद्युक्त पूजार्थ जिनस्य तस्य ।
पुष्पाण वर्षं प्रमुमोचु तत्र बुद्धे च बोधिं नरनायके ऽस्मिन्॥ ६१ ॥

---

① 此处"导"字，据《中华大藏经》校勘记，《资》、《碛》、《普》、《南》、《径》、《清》、《丽》作"道"。

② 此处"二涅槃"，按照原文，具体说明是声闻地和缘觉地两种涅槃地。

今译：天神、蛇、阿修罗和
密迹天努力侍奉胜者，
向这一位求取菩提的
世界导师佛降下花雨。（61）

什译：諸天神龍王，阿修羅眾等，
常雨於天華，以供養彼佛。

उपरि च खे दुन्दुभयो विनेदुः सत्कारपूजार्थ जिनस्य तस्य ।
सुदुःखिता चापि जिनेन तत्र चिरबुध्यमानेन अनुत्तरं पदम्॥ ६२ ॥

今译：天空上方天鼓擂响，
恭敬侍奉这位胜者，
他们为胜者如此长久
觉知无上境界而苦恼。（62）

什译：諸天擊天鼓，并作眾伎樂，
香風吹萎華，更雨新好者。

दशान चो अन्तरकल्प अत्ययात्स्पृशे स बोधिं भगवाननाभिभूः ।
हृष्टा उदग्रास्तद आसु सर्वे देवा मनुष्या भुजगासुराश्च ॥ ६३ ॥

今译：这样度过十个中间劫，
不可战胜的世尊觉知
菩提，所有天神、人、
蛇和阿修罗兴奋激动。（63）

什译：過十小劫已，乃得成佛道，
諸天及世人，心皆懷踊躍。

वीराः कुमारा अथ तस्य षोडश पुत्रा गुणाढ्या नरनायकस्य ।
उपसंक्रमी प्राणीसहस्रकोटिभिः पुरस्कृतास्तं द्विपदेन्द्रमग्र्यम्॥ ६४ ॥

今译：人中导师的十六个儿子，
是品德高尚的英勇王子，
他们与千千万众生一起
走近前来敬拜两足至尊。（64）

什译：彼佛十六子，皆與其眷屬，
千萬億圍繞，俱行至佛所。

वन्दित्व पादौ च विनायकस्य अध्येषिषू धर्म प्रकाशयस्व ।
अस्मांश्च तर्पेहि इमं च लोकं सुभाषितेनेह नरेन्द्रसिंह ॥ ६५ ॥

今译：他们向导师行触足礼，
请求说法："王狮啊，
请你使用妙语说法吧，
满足我们和这个世界。（65）

什译：頭面禮佛足，而請轉法輪：
"聖師子法雨，充我及一切。

चिरस्य लोकस्य दशद्दिशे ऽस्मिन्विदितो ऽसि उत्पन्नु महाविनायक ।
निमित्तसंचोदनहेतु प्राणिनां ब्राह्मा विमानानि प्रकम्पयन्तः ॥ ६६ ॥

今译："十方世界时隔久远，
如今终于得知你出世，
大导师啊，梵宫震动，
成为激励众生的瑞相。"（66）

什译："世尊甚難值，久遠時一現，
為覺悟群生，震動於一切。"

दिशाय पूर्वाय सहस्रकोट्यः क्षेत्राण पञ्चाशदभूषि कम्पिताः ।
तत्रापि ये ब्राह्म विमान अग्रास्ते तेजवन्तो अधिमात्रमासि ॥ ६७ ॥

今译：东方的五十千千万
国土震动，那里的
梵宫殊胜天车全都
显得格外明亮耀眼。（67）

什译：東方諸世界，五百萬億國，
梵宮殿光曜，昔所未曾有。

विदित्व ते पूर्वनिमित्तमीदृशमुपसंक्रमी लोकविनायकेन्द्रम्।
पुष्पैरिहाभ्योकिरियाण नायकमर्पैन्ति ते सर्व विमान तस्य ॥ ६८ ॥

今译：他们知道这种预示的
瑞相，走近世界导师，
他们向导师撒下鲜花，
同时献上所有的天车。（68）

什译：諸梵見此相，尋來至佛所，
散花以供養，并奉上宮殿。

अध्येषिषू चक्रप्रवर्तनाय गाथाभिगीतेन अभिसंस्तविंसु ।
तूष्णीं च सो आसि नरेन्द्रराजा न ताव कालो मम धर्म भाषितुम्॥ ६९ ॥

今译：他们用偈颂赞美他，
请求他转动法轮，
而王中王保持沉默，
认为说法时间未到。（69）

什译：請佛轉法輪，以偈而讚歎，
佛知時未至，受請默然坐。

एवं दिशि दक्षिणियां पि तत्र अथ पश्चिमा हेष्टिम उत्तरस्याम्।
उपरिष्टिमायां विदिशासु चैव आगत्य ब्रह्माण सहस्त्रकोट्यः ॥ ७० ॥

今译：这样，南方、西方、
北方、下方、上方
以及四维各方世界，
千千万梵天全来到。（70）

什译：三方及四維，上下亦復爾，

पुष्पेभि अभ्योकिरियाण नायकं पादौ च वन्दित्व विनायकस्य ।
निर्यातयित्वा च विमान सर्वानभिष्टवित्वा पुनरभ्ययाचि ॥ ७१ ॥

今译：向导师撒下鲜花，
向导师行触足礼，
献上所有天车后，
赞美导师并请求：（71）

什译：散花奉宮殿，請佛轉法輪：

प्रवर्तया चक्रमनन्तचक्षुः सुदुर्लभस्त्वं बहुकल्पकोटिभिः ।
दर्शेहि मैत्रीबल पूर्वसेवितमपावृणोही अमृतस्य द्वारम्॥ ७२ ॥

今译：“无限眼啊，你数千万劫
难得一遇，请转动法轮吧！
请展现你惯常的慈悲力，
为我们敞开甘露之门吧！”（72）

什译：“世尊甚難值，願以大慈悲，
廣開甘露門，轉無上法輪。”

अध्येषणां ज्ञात्व अनन्तचक्षुः प्रकाशते धर्म बहुप्रकारम्।
चत्वारि सत्यानि च विस्तरेण प्रतीत्य सर्वे इमि भाव उत्थिताः ॥ ७३ ॥

今译：无限眼知道他们的请求，

于是宣说多种多样的法，
为他们详细说明四圣谛，
所有一切存在都有缘起。（73）

什译：無量慧世尊，受彼眾人請，
為宣種種法，四諦十二緣。

अविद्य आदीकरियाण चक्षुमान्प्रभाषते स मरणान्तदुःखम्।
जातिप्रसूता इमि सर्वदोषा मृत्युं च मानुष्यमिमेव जानथ ॥ ७४ ॥

今译：这位具有法眼者宣说
从无明至老死的痛苦，
所有一切弊病缘于生，
要知道人注定会死去。（74）

什译：無明至老死，皆從生緣有，
如是眾過患，汝等應當知。

समनन्तरं भाषितु धर्म तेन
बहुप्रकारा विविधा अनन्ताः ।
श्रुत्वानशीती नयुतान कोट्यः सत्त्वाः
स्थिताः श्रावक भूतले लघुम्॥ ७५ ॥

今译：随着他宣说多种多样、
无穷无尽的法，八十
千万那由他众生闻听后，
很快成为大地上的声闻。（75）

什译：宣暢是法時，六百萬億姟[1]，
得盡諸苦際，皆成阿羅漢。

① 此处“姟”是数字，相当于亿。

क्षणं द्वितीयं अपरं अभूषि जिनस्य तस्यो बहु धर्म भाषतः ।
विशुद्धसत्त्वा यथ गङ्गवालुकाः क्षणेन ते श्रावकभूत आसीत् ॥ ७६ ॥

今译：胜者第二次又宣说
众多的法，清净的
众生数量似恒河沙，
顷刻之间成为声闻。（76）

什译：第二說法時，千萬恒沙眾，
於諸法不受①，亦得阿羅漢。

ततोत्तरी अगणियु तस्य आसीत्संघस्तदा लोकविनायकस्य ।
कल्पान कोटीन्ययुता गणेन्त एकैक नो चान्तु लभेय तेषाम् ॥ ७७ ॥

今译：此后，世界导师的
僧众数量难以计算，
用上千万那由他劫，
也无法一一计算尽。（77）

什译：從是後得道，其數無有量，
萬億劫算數，不能得其邊。

ये चापि ते षोडश राजपुत्रा ये औरसा चैलकभूत सर्वे ।
ते श्रामणेरा अवचिंसु तं जिनं प्रकाशया नायक अग्रधर्मम् ॥ ७८ ॥

今译：他的十六个亲生王子，
全都成为出家的沙弥，
对胜者说："导师啊，
请你宣说至上法吧！（78）

什译：時十六王子，出家作沙彌，

---

① "于诸法不受"意谓不执著诸法。

皆共請彼佛，演說大乘法：

यथा वयं लोकविदू भवेम यथैव त्वं सर्वजिनानमुत्तम ।
इमे च सत्त्वा भवि सर्वि एव यथैव त्वं वीर विशुद्धचक्षुः ॥ ७९ ॥

今译：“我们也会成为世间解，
就像你是一切胜者之最，
所有这些众生也能这样，
就像你这位英雄清净眼。”（79）

什译：“我等及營從[1]，皆當成佛道，
願得如世尊，慧眼第一淨。”

सो चा जिनो आंशयु ज्ञात्व तेषां कुमारभूतान तथात्मजानाम्।
प्रकाशयी उत्तममग्रबोधिं दृष्टान्तकोटीनयुतैरनेकैः ॥ ८० ॥

今译：胜者知道原是王子的
这些亲生儿子的心愿，
以数千万那由他譬喻，
宣说至高无上的菩提。（80）

什译：佛知童子心，宿世之所行，
以無量因緣，種種諸譬喻，

हेतूसहस्रैरुपदर्शयन्तो अभिज्ञज्ञानं च प्रवर्तयन्तः ।
भूतां चरिं दर्शयि लोकनाथो यथा चरन्तो विदु बोधिसत्त्वाः ॥ ८१ ॥

今译：世界救主向他们宣示
数以千计因缘，展示
神通智，示现睿智的

① “营从”意谓随从，按原文中的用词是 sattva（“众生”）。

　　　　　菩萨们奉行的真实行。（81）

什译：　說六波羅蜜，及諸神通事，
　　　　分別真實法，菩薩所行道。

**इदमेव सद्धर्मपुण्डरीकं वैपुल्यसूत्रं भगवानुवाच ।
गाथासहस्रेहि अनल्पकेहि येषां प्रमाणं यथ गङ्गवालिकाः ॥ ८२ ॥**

今译：　世尊用数千偈颂，
　　　　数量如同恒河沙，
　　　　宣说《妙法莲华》
　　　　这一部大方广经。（82）

什译：　說是法華經，如恒河沙偈。

**सो चा जिनो भाषिय सूत्रमेतद्विहारु प्रविशित्व विलक्षयीत ।
पूर्णानशीतिं चतुरश्च कल्पान्समाहितैकासनि लोकनाथः ॥ ८३ ॥**

今译：　胜者说完这部经，
　　　　便进入静室隐居，
　　　　历时八万四千劫，
　　　　救主安坐入禅定。（83）

什译：　彼佛說經已，靜室入禪定，
　　　　一心一處坐，八萬四千劫。

**ते श्रामणेराश्च विदित्व नायकं विहारि आसन्नमनिष्क्रमन्तम्।
संश्रावयिंसु बहुप्राणिकोटिनां बौद्ध इमं ज्ञानमनास्रवं शिवम् ॥ ८४ ॥**

今译：　这些沙弥知道世尊
　　　　已安住静室不离座，
　　　　他们向数千万众生

宣说清凉无漏佛智。（84）

什译：是諸沙彌等，知佛禪未出，
为無量億眾，說佛無上慧。

पृथक्पृथगासन प्रज्ञपित्वा अभाषि तेषामिदमेव सूत्रम्।
सुगतस्य तस्य तद शासनस्मिनधिकार कुर्वन्ति ममेवरूपम्॥ ८५ ॥

今译：他们各自铺设座位，
遵循这位善逝教导，
向众生宣说这部经，
像我一样履行职责。（85）

什译：各各坐法座，說是大乘經，
於佛宴寂[①]後，宣揚助法化[②]。

गङ्गा यथा वालुक अप्रमेया सहस्र षष्टिं तद श्रावयिंसु ।
एकैकु तस्य सुगतस्य पुत्रो विनेति सत्त्वानि अनल्पकानि ॥ ८६ ॥

今译：善逝的这些儿子，
各自向恒河沙数
六万众生宣说法，
教化无数的众生。（86）

什译：一一沙彌等，所度諸眾生，
有六百萬億，恒河沙等眾。

तस्यो जिनस्य परिनिर्वृतस्य चरित्व ते पश्यिसु बुद्धकोट्यः ।
तेही तदा श्रावितकेहि सार्धं कुर्वन्ति पूजां द्विपदोत्तमानाम्॥ ८७ ॥

---

① 此处“宴寂”也就是前面提到的“入深禅定”，什译“寂然禅定”。
② “法化”意谓以佛法度化众生。

今译：在这位胜者涅槃后，
　　　他们遇见数千万佛，
　　　与那些听法者一起，
　　　侍奉这些两足至尊。（87）

什译：彼佛滅度後，是諸聞法者，
　　　在在諸佛土，常與師俱生。

चरित्व चर्यां विपुलां विशिष्टां बुद्धा च ते बोधि दशद्दिशासु ।
ते षोडशा तस्य जिनस्य पुत्रा दिशासु सर्वासु द्वयो द्वयो जिनाः ॥ ८८ ॥

今译：胜者的这十六个儿子，
　　　在十方奉行博大殊胜
　　　菩萨行，而觉知菩提，
　　　在十方成为成双的佛。①（88）

什译：是十六沙彌，具足行佛道，
　　　今現在十方，各得成正覺。

ये चापि संश्रावितका तदासी ते श्रावका तेष जिनान सर्वे ।
इममेव बोधिं उपनामयन्ति क्रमक्रमेण विविधैरुपायैः ॥ ८९ ॥

今译：那些听法者那时也都
　　　成为这些胜者的声闻，
　　　他们运用各种方便善巧，
　　　让声闻们逐步进入菩提。（89）

什译：爾時聞法者，各在諸佛所，
　　　其有住聲聞②，漸教以佛道。

---

　① 前面提到这十六个儿子成为东、南、西、北、东南、西南、西北和东北八方的佛，每一方有两位佛。
　② "其有住声闻"意谓其中有安住的声闻。

अहं पि अभ्यन्तरि तेष आसीन्मयापि संश्रावित सर्वि यूयम्।
तेनो मम श्रावक यूयमद्य बोधावुपायेनिह सर्वि नेमि ॥ ९० ॥

今译：那时我是十六儿子之一[1]，
也向你们宣说法，因此，
你们如今成为我的声闻，
我用方便教给你们菩提。（90）

什译：我在十六數，曾亦為汝說，
是故以方便，引汝趣佛慧。

अयं खु हेतुस्तद पूर्व आसीदयं प्रत्ययो येन हु धर्म भाषे ।
नया म्यहं येन ममाग्रबोधिं मा भिक्षवो उत्त्रसथेह स्थाने ॥ ९१ ॥

今译：正是这样的往世因缘，
因此我在这里宣说正法，
教给你们至上的菩提，
众比丘啊，你们别惧怕。（91）

什译：以是本因緣，今說法華經，
令汝入佛道，慎勿懷驚懼。

यथाटवी उग्र भवेय दारुणा शून्या निरालम्ब निराश्रया च ।
बहुश्वापदा चैव अपानिया च बालान सा भीषणिका भवेत ॥ ९२ ॥

今译：譬如有座险恶的森林，
空旷荒芜，无依无靠，
野兽出没，水源稀缺，
令那些弱者心生恐惧。（92）

① 前面提到释迦牟尼成为东北方的佛。

什译：譬如險惡道，迥絕[1]多毒獸，
又復無水草，人所怖畏處。

पुरूषाण चो तत्र सहस्र नेका ये प्रस्थितास्तामटवीं भवेयुः ।
अटवी च सा शून्य भवेत दीर्घा पूर्णानि पञ्चाशत योजनानि ॥ ९३ ॥

今译：那时有数千个人
结队来到这森林，
这森林空旷辽阔，
整整有五百由旬。（93）

什译：無數千萬眾，欲過此險道，
其路甚曠遠，經五百由旬。

पुरुषश्च आढ्यः स्मृतिमन्तु व्यक्तो धीरो विनीतश्च विशारदश्च ।
यो देशिकस्तेष भवेत तत्र अटवीय दुर्गाय सुभैरवाय ॥ ९४ ॥

今译：有个向导带领众人
越过这座险恶森林，
他博识强记，聪明
睿智，坚定，无畏。（94）

什译：時有一導師，強識有智慧，
明了心決定，在險濟眾難。

ते चापि खिन्ना बहुप्राणिकोट्य उवाच तं देशिक तस्मि काले ।
खिन्ना वयं आर्य न शक्नुयाम निवर्तनं अद्यिह रोचते नः ॥ ९५ ॥

今译：数千万众生劳累疲乏，
这时对这位向导说道：

① 此处“迥”通“迴”。“迥绝”意谓荒僻空旷。

“贤士啊，我们疲乏，
不能支撑，想要回去。”（95）

什译：眾人皆疲惓，而白導師言：
“我等今頓乏，於此欲退還。”

कुशलश्च सो पि तद् पण्डितश्च प्रणायकोपाय तदा विचिन्तयेत्।
धिक्कष्ट रत्नैरिमि सर्वि बाला भ्रश्यन्ति आत्मान निवर्तयन्तः ॥ ९६ ॥

今译：这位向导聪明能干，
这时想到运用方便：
“真不幸，这些愚者
自己退却，失去珍宝。（96）

什译：導師作是念：“此輩甚可愍，
如何欲退還，而失大珍寶？”

यन्नूनहं ऋद्धिबलेन वाद्य नगरं महन्तं अभिनिर्मिणेयम्।
प्रतिमण्डितं वेश्मसहस्रकोटिभिर्विहारौद्यानुपशोभितं च ॥ ९७ ॥

今译：“我要运用神通力，
幻化出一座大城，
里面有千千万住处，
配备有房舍和花园。（97）

什译：寻時思方便，當設神通力，
化作大城郭，莊嚴諸舍宅。

वापी नदीयो अभिनिर्मिणेयमारामपुष्पैः प्रतिमण्डितं च।
प्राकारद्वारैरुपशोभितं च नारीनरैश्चाप्रतिमैरुपेतम्॥ ९८ ॥

今译：“幻化出水池河流，

装饰有花园和鲜花，
还有墙壁和门扉，
以及无数的男女。”（98）

什译：周匝有園林，渠流及浴池，
重門高樓閣，男女皆充滿。

निर्माणु कृत्व इति तान्वदेय मा भायथा हर्ष करोथ चैव ।
प्राप्ता भवन्तो नगरं वरिष्ठं प्रविश्य कार्याणि कुरुष्व क्षिप्रम्॥ ९९ ॥

今译：他幻化出这些后，对众人
说道："别害怕，高兴吧！
你们到达这座殊胜的大城，
赶快进去做该做的事吧！（99）

什译：即作是化已，慰眾言勿懼：
"汝等入此城，各可隨所樂。"

उदग्रचित्ता भणथेह निर्वृता निस्तीर्ण सर्वा अटवी अशेषतः ।
आश्वासनार्थाय वदेति वाचं कथं न प्रत्यागत सर्वि अस्या ॥ १०० ॥

今译："你们应该①高兴，因为你们
已经走出这座广阔的森林。"
说这些话是为了让他们得到
休息，他们怎么②还会退却？（100）

什译：諸人既入城，心皆大歡喜，
皆生安隱想，自謂已得度。

विश्रान्तरूपांश्च विदित्व सर्वान्समानयित्वा च पुनर्ब्रवीति ।

① 此处"你们应该"的原词是 bhaṇatha，据 J 本，应为 bhavatha。
② 此处"怎么"的原文是 katham̩ na，其中的 na，据 J 本校注，应为 nu。

आगच्छथ मह्य शृणोथ भाषतो ऋद्धीमयं नगरमिदं विनिर्मितम्॥ १०१ ॥

今译：知道他们得到休息后，
他又召集他们，说道：
“来吧，你们听我说，
这是神通幻化的大城。(101)

什译：導師知息已，集眾而告言：
“汝等當前進，此是化城耳。

युष्माक खेदं च मया वि दित्वा निवर्तनं मा च भविष्यतीति ।
उपायकौशल्यमिदं ममेति जनेथ वीर्यं गमनाय द्वीपम्॥ १०२ ॥

今译：“我知道你们劳累疲乏，
不想让你们退却，于是
运用方便善巧，现在，
你们要努力前往珍宝岛。”(102)

什译：“我見汝疲極，中路欲退還，
故以方便力，權化作此城，
汝今[①]勤精進，當共至寶所。”

एमेव हं भिक्षव देशिको वा
प्रणायकः प्राणिसहस्रकोटिनाम्।
खिद्यन्त पश्यामि तथैव प्राणिनः
क्लेशाण्डकोशं न प्रभोन्ति भेत्तुम्॥ १०३ ॥

今译：众比丘啊，正像这位向导，
我是数千千万众生的导师，
看到这些众生劳累疲乏，

① 此处“今”字，据《中华大藏经》校勘记，《丽》作“等”。

不能突破那些烦恼蛋壳。（103）

什译：我亦復如是，為一切導師，
見諸求道者，中路而懈廢，
不能度生死，煩惱諸險道。

ततो मया चिन्तितु एष अर्थो विश्रामभूता इमि निर्वृतीकृताः ।
सर्वस्य दुःखस्य निरोध एष अर्हन्तभूमौ कृतकृत्य यूयम् ॥ १०४ ॥

今译：因此我思考这事，宣说：
"获得休息，达到涅槃，
这是一切痛苦寂灭，你们
到达阿罗汉地，完成任务。"（104）

什译：故以方便力，為息說涅槃，
言汝等苦滅，所作皆已辦。

समये यदा तु स्थित अत्र स्थाने पश्यामि यूयामर्हन्त तत्र सर्वान् ।
तदा च सर्वानिह संनिपात्य भूतार्थमाख्यामि यथैष धर्मः ॥ १०५ ॥

今译：一旦看到你们达到这种
境界，全都成为阿罗汉，
我又召集你们，依据
这种法，说明真实义。（105）

什译：既知到涅槃，皆得阿羅漢，
爾乃集大眾，為說真實法。

उपायकौशल्य विनायकानां यद्यान देशेन्ति त्रयो महर्षी ।
एकं हि यानं न द्वितीयमस्ति विश्रामणार्थं तु द्वियान देशिता ॥ १०६ ॥

今译：这是导师们的方便善巧，

　　　　大仙宣说三乘，而实际
　　　　只有一乘，没有第二乘，
　　　　让众生休息，而说二乘。（106）

什译：　諸佛方便力，分別說三乘，
　　　　唯有一佛乘，息處故說二。

ततो वदेमि अहमद्य भिक्षवो जनेथ वीर्यं परमं उदारम्।
सर्वज्ञज्ञानेन कृतेन यूयं नैतावता निर्वृति काचि भोति ॥ १०७ ॥

今译：　众比丘啊，因此直至今天
　　　　我告诉你们，要以最大的
　　　　精勤努力，求取知一切智，
　　　　你们现在还没有达到涅槃。（107）

什译：　今為汝說實，汝所得非滅，
　　　　為佛一切智，當發大精進。

सर्वज्ञज्ञानं तु यदा स्पृशिष्यथ दशो बला ये च जिनान धर्माः।
द्वात्रिंशतीलक्षणरूपधारी बुद्धा भवित्वान भवेथ निर्वृताः॥ १०८ ॥

今译：　一旦你们获得知一切智，
　　　　以及十力和种种胜者法，
　　　　具有三十二相，这时候，
　　　　你们成佛，才达到涅槃。（108）

什译：　汝證一切智，十力等佛法，
　　　　具三十二相，乃是真實滅。

एतादृशी देशन नायकानां विश्रामहेतोः प्रवदन्ति निर्वृतिम्।
विश्रान्त ज्ञात्वान च निर्वृतीये सर्वज्ञज्ञाने उपनेन्ति सर्वान्॥ १०९ ॥

今译：导师们正是这样宣说正法，
　　　为了让你们休息而说涅槃，
　　　知道你们在涅槃中得到休息，
　　　然后引导你们进入知一切智。（109）

什译：諸佛之導師，為息說涅槃，
　　　既知是息已，引入於佛慧。

इत्यार्यसद्धर्मपुण्डरीके धर्मपर्याये पूर्वयोगपरिवर्तो नाम सप्तमः ॥

今译：以上是神圣《妙法莲华》法门中名为《往世因缘品》的第七品。

८ पञ्चभिक्षुशतव्याकरणपरिवर्तः ।

今译：第八 五百弟子受记品[①]

什译：五百弟子受記品第八

अथ खल्वायुष्मान्पूर्णो मैत्रायणीपुत्रो भगवतो ऽन्तिकादिदमेवंरूपमुपायकौशल्यज्ञानदर्शनं संधाभाषितनिर्देशं श्रुत्वा एषां च महाश्रावकाणां व्याकरणं श्रुत्वा इमां च पूर्वयोगप्रतिसंयुक्तां कथां श्रुत्वा इमां च भगवतो वृषभतां श्रुत्वा आश्चर्यप्राप्तो ऽभूदद्भुतप्राप्तो ऽभून्निरामिषेण च चित्तेन प्रीतिप्रामोद्येन स्फुटो ऽभूत्। महता च प्रीतिप्रामोद्येन महता च धर्मगौरवेण उत्थायासनाद्भगवतश्चरणयोः प्रणिपत्य एवं चित्तमुत्पादितवान्-- आश्चर्यं भगवन्, आश्चर्यं सुगत । परमदुष्करं तथागता अर्हन्तः सम्यक्संबुद्धाः कुर्वन्ति, य इमं नानाधातुकं लोकमनुवर्तयन्ते, बहुभिश्चोपायकौशल्यज्ञाननिदर्शनैः सत्त्वानां धर्मं देशयन्ति, तस्मिंस्तस्मिंश्च सत्त्वान्विलग्नानुपायकौशल्येन प्रमोचयन्ति । किमत्र भगवनस्माभिः शक्यं कर्तुम्? तथागत एवास्माकं जानीते आशयं पूर्वयोगचर्यां च । स भगवतः पादौ शिरसाभिवन्द्य एकान्ते स्थितो ऽभूद्भगवन्तमेव नमस्कुर्वननिमिषाभ्यां च नेत्राभ्यां संप्रेक्षमाणः ॥

今译：这时，尊者富楼那弥多罗尼子在世尊身边，闻听这样的方便善巧知见和随宜说法，闻听那些大声闻受记，闻听这个往世因缘故事，闻听如来的雄牛性，深感奇妙和惊异，心无贪著，喜不自禁。他心中满怀喜悦，深深敬重正法，从座位起身，伏身敬拜世尊双足，心中思忖：“奇妙啊，世尊，奇妙啊，善逝。如来、阿罗汉、正等觉们做这最难做的事。他们随顺世间种种根性，运用众多方便善巧知见，

① 这个品名中的“弟子”的原词是 bhikṣu，故而这个品名也可以译为“五百比丘受记品”。

为众生说法。运用方便善巧救度陷入种种贪著的众生。世尊啊，我们能做什么？唯有世尊知道我们的心愿和宿世修行。”他俯首向世尊行触足礼后，侍立一旁，思惟世尊，目不转睛，凝视世尊。

什译：爾時，富樓那彌多羅尼子從佛聞是智慧方便隨宜說法，又聞授諸大弟子阿耨多羅三藐三菩提記，復聞宿世因緣之事，復聞諸佛有大自在神通之力，得未曾有，心淨踊躍。即從座起，到於佛前，頭面禮足，却住一面，瞻仰尊顏，目不暫捨，而作是念：“世尊甚奇特，所為希有！隨順世間若干種性，以方便知見而為說法，拔出眾生處處貪著。我等於佛功德，言不能宣，唯佛世尊能知我等深心本願。”

अथ खलु भगवानायुष्मन्तः पूर्णस्य मैत्रायणीपुत्रस्य चित्ताशयमवलोक्य सर्वावन्तं भिक्षुसंघमामन्त्रयते स्म -- पश्यथ भिक्षवो यूयमिमं श्रावकं पूर्णं मैत्रायणीपुत्रं यो मयास्य भिक्षुसंघस्य धर्मकथिकानामग्र्यो निर्दिष्टः, बहुभिश्च भूतैर्गुणैरभिष्टुतः, बहुभिश्च प्रकारैरस्मिन्मम शासने सद्धर्मपरिग्रहायाभियुक्तः । चतसृणां पर्षदां संहर्षकः समादापकः समुत्तेजकः संप्रहर्षको ऽक्लान्तो धर्मदेशनया, अलमस्य धर्मस्याख्याता, अलमनुग्रहीता सब्रह्मचारिणाम्। मुक्त्वा भिक्षवस्तथागतं नान्यः शक्तः पूर्णं मैत्रायणीपुत्रमर्थतो वा व्यञ्जनतो वा पर्यादातुम्। तत्किं मन्यध्वे भिक्षवो ममैवायं सद्धर्मपरिग्राहक इति? न खलु पुनर्भिक्षवो युष्माभिरेवं द्रष्टव्यम्। तत्कस्य हेतोः? अभिजानाम्यहं भिक्षवो ऽतीते ऽध्वनि नवनवतीनां बुद्धकोटीनाम्, यत्र अनेनैव तेषां बुद्धानां भगवतां शासने सद्धर्मः परिगृहीतः । तद्यथापि नाम मम एतर्हि सर्वत्र चाग्र्यो धर्मकथिकानामभूत्, सर्वत्र च शून्यतागतिं गतो ऽभूत्। सर्वत्र च प्रतिसंविदां लाभी अभूत्, सर्वत्र च बोधिसत्त्वाभिज्ञासु गतिं गतो ऽभूत्। सुविनिश्चितधर्मदेशको निर्विचिकित्सधर्मदेशकः परिशुद्धधर्मदेशकश्चाभूत्। तेषां च बुद्धानां भगवतां शासने यावदायुष्प्रमाणं ब्रह्मचर्यं चरितवान्। सर्वत्र च श्रावक इति संज्ञायते स्म । स खल्वनेनोपायेन अप्रमेयाणामसंख्येयानां सत्त्वकोटीनयुतशत-सहस्राणामर्थमकार्षीत्, अप्रमेयानसंख्येयांश्च सत्त्वान्परिपाचितवाननुत्तरायां सम्यक्संबोधौ । सर्वत्र च बुद्धकृत्येन सत्त्वानां प्रत्युपस्थितो ऽभूत्। सर्वत्र चात्मनो बुद्धक्षेत्रं परिशोधयति स्म । सत्त्वानां च परिपाकायाभियुक्तो ऽभूत्। एषामपि

भिक्षवो विपश्यिप्रमुखानां सप्तानां तथागतानां येषामहं सप्तमः, एष एवाग्र्यो धर्मकथिकानामभूत्॥

今译：这时，世尊洞悉尊者富楼那弥多罗尼子的心意，对全体比丘僧众说道："众比丘啊，你们看这位声闻富楼那弥多罗尼子。我称他为比丘僧众中说法第一，赞美他有许多功德，遵照我的教导，努力以各种方式护持正法。他教导和激励四众，令他们喜悦和高兴，说法不倦，能阐明正法，能护持同道梵行者。众比丘啊，除了如来，没有人能穷尽富楼那弥多罗尼子的音义。众比丘啊，你们认为怎样？他只是我的护持正法者？众比丘啊，你们不能这样看。为什么？众比丘啊，我知道过去世九十九千万佛，他遵照这些佛世尊的教导护持正法。无论何处，他都像现在在我这里，成为说法第一。无论何处，他都通晓空性。无论何处，他都获得无碍智①。无论何处，他都通晓菩萨神通，成为透彻明白的说法者，解除疑惑的说法者，清净无垢的说法者。尽其寿命遵照那些佛世尊的教导奉行梵行。无论何处，他都被称为声闻。他运用方便，为无量无数百千千万那由他众生谋求利益，以无上正等菩提教化无量无数众生。无论何处，他做佛事，服务众生。无论何处，他净化自己的佛土，努力教化众生。众比丘啊，以毗婆尸为首的七位如来②，我是第七位，他都是说法第一。

什译：爾時，佛告諸比丘："汝等見是富樓那彌多羅尼子不？我常稱其於說法人中最為第一，亦常歎其種種功德，精勤護持助宣我法，能於四眾示教利喜，具足解釋佛之正法，而大饒益同梵行者。自捨③如來，無能盡其論④之辯。汝等勿謂富樓那但能護持助宣我法，亦於過

---

① "无碍智"（pratisaṃvida）指自由无碍的理解能力和表达能力，分有四种：法无碍、义无碍、词无碍和辩无碍。

② "七位如来"指毗婆尸佛、尸弃佛、毗舍浮佛、拘留孙佛、拘那含牟尼佛、迦叶佛和释迦牟尼佛。这七位佛合称为"过去七佛"。

③ "自舍"的原词是 muktvā，词义为除了。

④ 此处"论"字，据《中华大藏经》校勘记，《资》、《碛》、《普》、《南》、《径》、《清》、《丽》作"言论"。

去九十億諸佛所，護持助宣佛之正法，於彼說法人中亦最第一。又於諸佛所說空法，明了通達，得四無礙智，常能審諦[①]清淨說法，無有疑惑，具足菩薩神通之力。隨其壽命，常修梵行，彼佛世人咸皆謂之實是聲聞。而富樓那以斯方便，饒益無量百千眾生，又化無量阿僧祇人，令立阿耨多羅三藐三菩提。為淨佛土故，常作佛事，教化眾生。諸比丘！富樓那亦於七佛說法人中而得第一，今於我所說法人中亦為第一。

यदपि तद्भिक्षवो भविष्यत्यनागते ऽध्वनि अस्मिन्भद्रकल्पे चतुर्भिर्बुद्धैरूनं बुद्धसहस्रम्, तेषामपि शासने एष एव पूर्णो मैत्रायणीपुत्रो ऽग्र्यो धर्मकथिकानां भविष्यति, सद्धर्मपरिग्राहकश्च भविष्यति । एवमनागते ऽध्वनि अप्रमेयाणामसंख्येयानां बुद्धानां भगवतां सद्धर्ममाधारयिष्यति, अप्रमेयाणामसंख्येयानां सत्त्वानामर्थं करिष्यति, अप्रमेयानसंख्येयांश्च सत्त्वान्परिपाचयिष्यत्यनुत्तरायां सम्यक्संबोधौ । सततसमितं चाभियुक्तो भविष्यत्यात्मनो बुद्धक्षेत्रपरिशुद्धये सत्त्वपरिपाचनाय । स इमामेवंरूपां बोधिसत्त्वचर्यां परिपूर्य अप्रमेयैरसंख्येयैः कल्पैरनुत्तरां सम्यक्संबोधिमभिसंभोत्स्यते । धर्मप्रभासो नाम तथागतो ऽर्हन्सम्यक्संबुद्धो लोके भविष्यति विद्याचरणसंपन्नः सुगतो लोकविदनुत्तरः पुरुषदम्यसारथिः शास्ता देवानां च मनुष्याणां च बुद्धो भगवान्। अस्मिन्नेव बुद्धक्षेत्र उत्पत्स्यते ॥

今译："众比丘啊，在贤劫[②]未来时，有九百九十六位佛。富楼那弥多罗尼子也会遵照这些佛的教导，成为说法第一，成为护持正法者。这样，他在未来世接受无量无数佛世尊的正法，为无量无数众生谋求利益，以无上正等菩提教化无量无数众生。他永远会努力净化自己的佛土，教化众生。他履行这样的菩萨行，历时无量无数劫，觉知无上正等菩提，成为世上名为法明的如来、阿罗汉、正等觉、明行足、善逝、世间解、无上士、调御丈夫、天人师、佛世尊。他会出生在这里的佛土。

---

① "审谛"意谓透彻明白。

② "贤劫"（bhadrakalpa）指现在世。贤劫中有一千位佛，前四位是拘留孙佛、拘那含牟尼佛、迦叶佛和释迦牟尼佛。故而，这里说"在贤劫未来时，有九百九十六位佛"

什译："賢劫中當來諸佛，說法人中亦復第一，而皆護持助宣佛法。亦於未來，護持助宣無量無邊諸佛之法，教化饒益無量眾生，令立阿耨多羅三藐三菩提。為淨佛土故，常勤精進教化眾生，漸漸具足菩薩之道。過無量阿僧祇劫，當於此土，得阿耨多羅三藐三菩提，號曰法明如來、應供、正遍知、明行足、善逝、世間解、無上士、調御丈夫、天人師、佛世尊。

तेन खलु पुनर्भिक्षवः समयेन गङ्गानदीवालुकोपमास्त्रिसाहस्रमहासाहस्रलोकधातव एकं बुद्धक्षेत्रं भविष्यति । समं पाणितलजातं सप्तरत्नमयमपगतपर्वतं सप्तरत्नमयैः कूटागारैः परिपूर्णं भविष्यति । देवविमानानि चाकाशस्थितानि भविष्यन्ति । देवा अपि मनुष्यान्द्रक्ष्यन्ति, मनुष्या अपि देवान्द्रक्ष्यन्ति । तेन खलु पुनर्भिक्षवः समयेन इदं बुद्धक्षेत्रमपगतपापं भविष्यति अपगतमातृग्रामं च । सर्वे च ते सत्त्वा औपपादुका भविष्यन्ति ब्रह्मचारिणो मनोमयैरात्मभावैः स्वयंप्रभा ऋद्धिमन्तो वैहायसंगमा वीर्यवन्तः स्मृतिमन्तः प्रज्ञावन्तः सुवर्णवर्णैः समुच्छ्रयैर्द्वात्रिंशद्भिर्महापुरुषलक्षणैः समलंकृतविग्रहाः । तेन खलु पुनर्भिक्षवः समयेन तस्मिन्बुद्धक्षेत्रे तेषां सत्त्वानां द्वावाहारौ भविष्यतः । कतमौ द्वौ? यदुत धर्मप्रीत्याहारो ध्यानप्रीत्याहारश्च । अप्रमेयाणि चासंख्येयानि बोधिसत्त्वकोटीनयुतशतसहस्राणि भविष्यन्ति सर्वेषां च महाभिज्ञाप्राप्तानां प्रतिसंविद्गतिंगतानां सत्त्वाववादकुशलानाम्। गणनासमतिक्रान्ताश्चास्य श्रावका भविष्यन्ति महर्द्धिका महानुभावा अष्टविमोक्षध्यायिनः । एवमपरिमितगुणसमन्वागतं तद्बुद्धक्षेत्रं भविष्यति । रत्नावभासश्च नाम स कल्पो भविष्यति । सुविशुद्धा च नाम सा लोकधातुर्भविष्यति । अप्रमेयानसंख्येयांश्चास्य कल्पानायुष्प्रमाणं भविष्यति । परिनिर्वृतस्य च तस्य भगवतो धर्मप्रभासस्य तथागतस्यार्हतः सम्यक्संबुद्धस्य सद्धर्मश्चिरस्थायी भविष्यति । रत्नमयैश्च स्तूपैः सा लोकधातुः स्फुटा भविष्यति । एवमचिन्त्यगुणसमन्वागतं भिक्षवस्तस्य भगवतस्तद्बुद्धक्षेत्रं भविष्यति ॥

今译："众比丘啊，那时，恒河沙数三千大千世界成为一个佛土。平坦似手掌，遍地七宝，没有山岭，到处是七宝楼阁。天神的天车停在空中。天神看见凡人，凡人也看见天神。众比丘啊，那时，这个佛土没有罪恶，也没有女性。所有众生都是化生。他们奉行梵行，具有意成身[①]，自身发光，具有神通，能飞行空中，精力充沛，记忆力强，富有智慧，全身金色，具有三十二大人相。众比丘啊，那时，这个佛土的众生有两种食物。哪两种？一种是法喜食[②]，一种是禅悦食[③]。有无量无数百千千万那由他菩萨，全都具有大神通，掌握无碍智，善于为众生说法。他的声闻无计其数，全都具有大神通、大威力、八解脱和禅定。正是这样，这个佛土具有无与伦比的功德。这个劫名为宝明。这个世界名为善净。他的寿命无量无数劫。在世尊法明如来、阿罗汉、正等觉涅槃后，他的正法长久住世。这个世界遍布七宝宝塔。众比丘啊，这位世尊的佛土具有这样不可思议的功德。”

什译：“佛以恒河沙等三千大千世界為一佛土，七寶為地，地平如掌，無有山陵、谿澗、溝壑，七寶臺觀充滿其中。諸天宮殿近處虛空，人天交接，兩得相見。無諸惡道，亦無女人。一切眾生皆以化生，無有婬欲，得大神通，身出光明，飛行自在，志念堅固，精進智慧，普皆金色，三十二相而自莊嚴。其國眾生常以二食：一者法喜食，二者禪悅食。有無量阿僧祇千萬億那由他諸菩薩眾，得大神通、四無礙智，善能教化眾生之類。其聲聞眾，算數校計所不能知，皆得具足六通、三明及八解脫。其佛國土有如是等無量功德莊嚴成就。劫名寶明，國名善淨。其佛壽命無量阿僧祇劫，法住甚久。佛滅度後，起七寶塔，遍滿其國。”

इदमवोचद्भगवान्। इदं वदित्वा सुगतो ह्यथापरमेतदुवाच शास्ता --

今译：世尊说完这些。说完后，这位善逝导师又另外说道：

什译：爾時，世尊欲重宣此義，而說偈言：

---

① “意成身”（manomaya-ātmabhāva）指由心意或意志成就的身体。
② “法喜食”（dharmaprītyāhāra）指以闻法喜悦为食物。
③ “禅悦食”（dhyānaprītyāhāra）指以禅定愉悦为食物。

श्रृणोथ मे भिक्षव एतमर्थं यथा चरी मह्य सुतेन चीर्णा ।
उपायकौशल्यसुशिक्षितेन यथा च चीर्णा इय बोधिचर्या ॥ १ ॥

今译：众比丘啊，请听此事，
我的儿子完成修行，
他善于学习方便善巧，
这样圆满完成菩萨行。（1）

什译：諸比丘諦聽！佛子所行道，
善學方便故，不可得思議。

हीनाधिमुक्ता इम सत्त्व ज्ञात्वा उदारयाने च समुत्त्रसन्ति ।
ततु श्रावका भोन्तिमि बोधिसत्त्वाः प्रत्येकबोधिं च निदर्शयन्ति ॥ २ ॥

今译：知道众生缺乏信解，
对于大乘怀有疑惧，
这些菩萨成为声闻，
他们宣说缘觉菩提。（2）

什译：知眾樂小法，而畏於大智，
是故諸菩薩，作聲聞緣覺。

उपायकौशल्यशतैरनेकैः परिपाचयन्ति बहुबोधिसत्त्वान्।
एवं च भाषन्ति वयं हि श्रावका दूरे वयं उत्तममग्रबोधिया ॥ ३ ॥

今译：运用数百方便善巧，
他们教化众多菩萨，
而称说自己是声闻，
离至上菩提还很远。（3）

什译：以無數方便，化諸眾生類，
自說是聲聞，去佛道甚遠。

एतां चरि तेष्वनुशिक्षमाणाः परिपाकु गच्छन्ति हि सत्त्वकोट्यः ।
हीनाधिमुक्ताश्च कुसीदरूपा अनुपूर्व ते सर्वि भवन्ति बुद्धाः ॥ ४ ॥

今译：千万众生效仿他们
修行，而受到教化，
虽然低劣缺乏信解，
也都循序渐进成佛。（4）

什译：度脱無量眾，皆悉得成就，
雖小欲[①]懈怠，漸當令作佛。

अज्ञानचर्यां च चरन्ति एते वयं खलु श्रावक अल्पकृत्याः ।
निर्विण्ण सर्वासु च्युतोपपत्तिषु स्वकं च क्षेत्रं परिशोधयन्ति ॥ ५ ॥

今译：他们实行无智行[②]，称为
自己是声闻，缺少成就，
他们厌弃所有一切生死，
而努力净化自己的国土。（5）

什译：內祕菩薩行，外現是聲聞，
少欲厭生死，實自淨佛土。

सरागतामात्मनि दर्शयन्ति सदोषतां चापि समोहतां च ।
दृष्टीविलग्नांश्च विदित्व सत्त्वांस्तेषां पि दृष्टिं समुपाश्रयन्ति ॥ ६ ॥

今译：示现自己有贪欲，
有瞋怒，有愚痴，
知道众生陷入邪见，
也依随他们的邪见。（6）

① 此处“小欲”的原词是 hīnādhimukta，词义为缺少信念或信解力。

② “无智行”（ajñānacaryā）参照此处什译“内秘菩萨行，外现是声闻”，可以理解为表面无知而内藏智慧的修行。

什译：示眾有三毒[1]，又現邪見相，
我弟子如是，方便度眾生。

एवं चरन्तो बहु मह्य श्रावकाः सत्त्वानुपायेन विमोचयन्ति ।
उन्मादु गच्छेयु नरा अविद्वसू स चैव सर्वं चरितं प्रकाशयेत्॥ ७ ॥

今译：我的众多声闻这样修行，
运用方便善巧解救众生，
如果展现所有一切修行，
无知的众生会惊慌失措。（7）

什译：若我具足說，種種現化事，
眾生聞是者，心則懷疑惑。

पूर्णो अयं श्रावक मह्य भिक्षवश्चरितो पुरा बुद्धसहस्रकोटिषु ।
तेषां च सद्धर्म परिग्रहीषीद्बौद्धं इदं ज्ञान गवेषमाणः ॥ ८ ॥

今译：我的这位声闻富楼那，
曾在千千万佛处修行，
他护持这些佛的正法，
努力求取这种佛智。（8）

什译：今此富樓那，於昔千億佛，
勤修所行道，宣護諸佛法。

सर्वत्र चैषो अभु अग्रश्रावको बहुश्रुतश्चित्रकथी विशारदः ।
संहर्षकश्चा अकिलासि नित्यं सद बुद्धकृत्येन च प्रत्युपस्थितः ॥ ९ ॥

今译：他无论何处说法第一，
博学多闻而善辩无畏，

① 此处“三毒”即原文中所说贪瞋痴。

永远不知疲倦做佛事，
服务众生，令人喜悦。（9）

什译：為求無上慧，而於諸佛所，
現居弟子上，多聞有智慧，
所說無所畏，能令眾歡喜，
未曾有疲惓，而以助佛事。

महाअभिज्ञासु सदा गतिंगतः प्रतिसंविदानां च अभूषि लाभी ।
सत्त्वान चो इन्द्रियगोचरज्ञो धर्मं च देशोति सदा विशुद्धम्॥ १० ॥

今译：永远掌握大神通，
获得四种无碍智，
了解众生根和境[①]，
始终宣说清净法。（10）

什译：已度[②]大神通，具四無礙智，
知諸根利鈍，常說清淨法。

सद्धर्म श्रेष्ठं च प्रकाशयन्तः परिपाचयी सत्त्वसहस्रकोट्यः ।
अनुत्तरस्मिन्निह अग्रयाने क्षेत्रं स्वकं श्रेष्ठु विशोधयन्तः ॥ ११ ॥

今译：他宣说殊胜正法，
依据至高无上乘，
教化千千万众生，
净化自己的国土。（11）

什译：演暢如是義，教諸千億眾，
令住大乘法，而自淨佛土。

---

① “根”（indriya）和“境”（gocara）指感官和感官对象。
② 此处“度”的原词是 gatiṃgata，词义为通晓或掌握。

अनागते चापि तथैव अध्वे पूजेष्यती बुद्धसहस्रकोट्यः ।
सद्धर्म श्रेष्ठं च परिग्रहीष्यति स्वकं च क्षेत्रं परिशोधयिष्यति ॥ १२ ॥

今译：同样他在未来世，
会侍奉千千万佛，
护持殊胜的正法，
净化自己的国土。（12）

什译：未來亦供養，無量無數佛，
護助宣正法，亦自淨佛土。

देशेष्यती धर्म सदा विशारदो उपायकौशल्यसहस्रकोटिभिः ।
बहूंश्च सत्त्वान्परिपाचयिष्यति सर्वज्ञज्ञानस्मि अनास्रवस्मिन्॥ १३ ॥

今译：他永远运用千千万
方便善巧无畏说法，
依据知一切无漏智，
教化许许多多众生。（13）

什译：常以諸方便，說法無所畏，
度[①]不可計眾，成就一切智。

सो पूज कृत्वा नरनायकानां सद्धर्म श्रेष्ठं सद धारयित्वा ।
भविष्यती बुद्ध स्वयंभु लोके धर्मप्रभासो दिशतासु विश्रुतः ॥ १४ ॥

今译：他侍奉人中导师，
接受殊胜的正法，
成为世上自在佛，
闻名十方的法明。（14）

什译：供養諸如來，護持法寶藏，

① 此处“度”的原词是 paripācayiṣyati，词义为成熟、度化或教化。

其後得成佛，號名曰法明。

क्षेत्रं च तस्य सुविशुद्ध भेष्यती रत्नान सप्तान सदा विशिष्टम्।
रत्नवभासश्च स कल्पु भेष्यती सुविशुद्ध सो भेष्यति लोकधातुः ॥ १५ ॥

今译：他的佛土名为善净，
永远布满殊胜七宝，
此时的劫名为宝明，
这个世界极其清净。（15）

什译：其國名善淨，七寶所合成，
劫名為寶明。

बहुबोधिसत्त्वान सहस्रकोट्यो महाअभिज्ञासु सुकोविदानाम्।
येहि स्फुटो भेष्यति लोकधातुः सुविशुद्ध शुद्धेहि महर्द्धिकेहि ॥ १६ ॥

今译：千千万菩萨布满
这个世界，清净，
纯洁，有大威力，
个个通晓大威力。（16）

什译：菩薩眾甚多，其數無量億，
皆度大神通，威德力具足，
充滿其國土。

अथ श्रावकाणां पि सहस्रकोट्यः संघस्तदा भेष्यति नायकस्य।
महर्द्धिकानष्टविमोक्षध्यायिनां प्रतिसंविदासू च गतिंगतानाम्॥ १७ ॥

今译：这导师的声闻僧众
也有千千万，具有
大神通、八解脱、
禅定以及无碍智。（17）

什译：聲聞亦無數，三明八解脱，
得四無礙智，以是等為僧。

सर्वे च सत्त्वास्तहि बुद्धक्षेत्रे शुद्धा भविष्यन्ति च ब्रह्मचारिणः ।
उपपादुकाः सर्वि सुवर्णवर्णा द्वात्रिंशतीलक्षणरूपधारिणः ॥ १८ ॥

今译：佛土上的所有众生
都是清净的梵行者，
都是化生，金肤色，
具有三十二大人相。（18）

什译：其國諸眾生，婬欲皆已斷，
純一變化生，具相莊嚴身。

आहारसंज्ञा च न तत्र भेष्यति अन्यत्र धर्मे रति ध्यानप्रीतिः ।
न मातृग्रामो ऽपि च तत्र भेष्यति न चाप्यपायान च दुर्गतीभयम्॥ १९ ॥

今译：那里没有所谓的食物，
除了法喜食和禅悦食，
那里也没有任何女性，
没有险恶恐怖的恶道。（19）

什译：法喜禪悦食，更無餘食想，
無有諸女人，亦無諸惡道。

एतादृशं क्षेत्रवरं भविष्यति पूर्णस्य संपूर्णगुणान्वितस्य ।
आकीर्ण सत्त्वेहि सुभद्रकेहि यत्किंचिमात्रं पि इदं प्रकाशितम्॥ २० ॥

今译：富楼那的功德圆满，
他的佛土如此殊胜，
到处布满贤德众生，
这里只是约略而说。（20）

什译：富樓那比丘，功德悉成滿，
當得斯淨土，賢聖眾甚多，
如是無量事，我今但略說。

अथ खलु तेषां द्वादशानां वशीभूतशतानामेतदभवत्-- आश्चर्यप्राप्त स्म, अद्भुतप्राप्ताः स्म । सचेदस्माकमपि भगवान्यथेमे ऽन्ये महाश्रावका व्याकृताः, एवमस्माकमपि तथागतः पृथक्पृथग्व्याकुर्यात्। अथ खलु भगवांस्तेषां महाश्रावकाणां चेतसैव चेतःपरिवितर्कमाज्ञाय आयुष्मन्तं महाकाश्यपमामन्त्रयते स्म -- इमानि काश्यप द्वादश वशीभूतशतानि, येषामहमेतर्हि संमुखीभूतः । सर्वाण्येतान्यहं काश्यप द्वादश वशीभूतशतान्यनन्तरं व्याकरोमि । तत्र काश्यप कौण्डिन्यो भिक्षुर्महाश्रावको द्वाषष्टीनां बुद्धकोटीनयुतशतसहस्राणां परेण परतरं समन्तप्रभासो नाम तथागतो ऽर्हन्सम्यक्संबुद्धो लोके भविष्यति, विद्याचरणसंपन्नः सुगतो लोकविदनुत्तरः पुरुषदम्यसारथिः शास्ता देवानां च मनुष्याणां च बुद्धो भगवान्। तत्र काश्यप अनेनैकेन नामधेयेन पञ्च तथागतशतानि भविष्यन्ति । अतः पञ्च महाश्रावकशतानि सर्वाण्यनन्तरमनुत्तरां सम्यक्संबोधिमभिसंभोत्स्यन्ते । सर्वाण्येव समन्तप्रभासनामधेयानि भविष्यन्ति । तद्यथा गयाकाश्यपो नदीकाश्यपः उरुबिल्वकाश्यपः कालः कालोदायी अनिरुद्धो रेवतः कप्फिणो बक्कुलश्चुन्दः स्वागतः इत्येवंप्रमुखानि पञ्च वशीभूतशतानि ॥

今译：然后，一千二百位自在者[1]这样想："我们深感奇妙和惊异。是否世尊像授记这些大声闻那样，也会一一为我们授记？"这时，世尊知道这些大声闻心中所想，对尊者摩诃迦叶说道："迦叶啊，现在这一千二百位自在者在我的面前。迦叶啊，我接着要为所有一千二百位自在者授记。迦叶啊，其中憍陈如比丘大声闻会在六十二百千千万那由他佛之后成为世上名为普明的如来、阿罗汉、正等觉、明行足、善逝、世间解、无上士、调御丈夫、天人师、佛世尊。迦叶啊，其中的五百位如来会有同一名号。此后，这五百位大声闻会觉知无上正等菩提，他们全都名为普明。诸如伽耶迦叶、那提迦叶、优楼频螺迦叶、

① 此处"自在者"（vaśībhūta）指阿罗汉。

迦罗、迦留陀夷、阿尼楼驮、离婆多、劫宾那、薄拘罗、周陀和莎伽陀，以这些为首的五百位自在者。"

什译：爾時，千二百阿羅漢，心自在者，作是念："我等歡喜，得未曾有。若世尊各見①授記，如餘大弟子者，不亦快乎！"佛知此等心之所念，告摩訶迦葉："是千二百阿羅漢，我今當現前次第與授阿耨多羅三藐三菩提記。於此眾中，我大弟子憍陳如比丘，當供養六萬二千億佛，然後得成為佛，號曰普明如來、應供、正遍知、明行足、善逝、世間解、無上士、調御丈夫、天人師、佛世尊。其五百阿羅漢，優樓頻螺迦葉、伽耶迦葉、那提迦葉、迦留陀夷、優陀夷、阿㝹樓馱、離婆多、劫賓那、薄拘羅、周陀、莎伽陀等，皆當得阿耨多羅三藐三菩提，盡同一號，名曰普明。"

अथ खलु भगवांस्तस्यां वेलायामिमा गाथा अभाषत --

今译：这时，世尊又用这些偈颂说道：

什译：爾時，世尊欲重宣此義，而說偈言：

कौण्डिन्यगोत्रो मम श्रावको ऽयं तथागतो भेष्यति लोकनाथः ।
अनागते ऽध्वानि अनन्तकल्पे विनेष्यते प्राणिसहस्रकोट्यः ॥ २१ ॥

今译：我的这位声闻憍陈如，
　　　会成为世界救主如来，
　　　在未来世无量无数劫，
　　　教化数千千万的众生。（21）

समन्तप्रभो नाम जिनो भविष्यति क्षेत्रं च तस्य परिशुद्ध भेष्यति ।
अनन्तकल्पस्मि अनागते ऽध्वनि दृष्ट्वान बुद्धान्बहवो ह्यनन्तान् ॥ २२ ॥

---

① 此处"见"意谓给予。

今译：未来世无量无数劫，
　　　遇见无量无数佛后，
　　　这位胜者名为普明，
　　　他的佛土处处清净。（22）

什译：憍陳如比丘，當見無量佛，
　　　過阿僧祇劫，乃成等正覺。

प्रभास्वरो बुद्धबलेनुपेतो विघुष्टशब्दो दशसु दिशासु ।
पुरस्कृतः प्राणिसहस्रकोटिभिर्देशेष्यती उत्तममग्रबोधिम् ॥ २३ ॥

今译：光辉灿烂，具有佛力，
　　　名声远扬，传遍十方，
　　　受到千千万众生敬拜，
　　　他宣说殊胜至上菩提。（23）

什译：常放大光明，具足諸神通，
　　　名聞遍十方，一切之所敬，
　　　常說無上道，故號為普明。

ततु बोधिसत्त्वा अभियुक्तरूपा विमानश्रेष्ठान्यभिरुह्य चापि ।
विहरन्त तत्र अनुचिन्तयन्ति विशुद्धशीला सद साधुवृत्तयः ॥ २४ ॥

今译：那些勤奋的菩萨，
　　　登上殊胜的天车，
　　　漫游和思惟，清净
　　　持戒，行为端正。（24）

什译：其國土清淨，菩薩皆勇猛，
　　　咸昇妙樓閣，遊諸十方國。

श्रुत्वान धर्मं द्विपदोत्तमस्य अन्यानि क्षेत्राण्यपि चो सदा ते ।

व्रजन्ति ते बुद्धसहस्रवन्दकाः पूजां च तेषां विपुलां करोन्ति ॥ २५ ॥

今译：经常前往其他佛土，
聆听两足至尊说法，
他们敬拜数千佛陀，
竭尽全力恭敬侍奉。（25）

什译：以無上供具，奉獻於諸佛。

क्षेणेन ते चापि तदास्य क्षेत्रं प्रत्यागमिष्यन्ति विनायकस्य ।
प्रभासनामस्य नरोत्तमस्य चर्याबलं तादृशकं भविष्यति ॥ २६ ॥

今译：然后又在刹那之间
他们返回导师佛土，
这位人中至尊普明，
具有这样的修行力。（26）

什译：作是供養已，心懷大歡喜，
須臾還本國，有如是神力。

षष्टिः सहस्रा परिपूर्णकल्पानायुष्प्रमाणं सुगतस्य तस्य ।
ततश्च भूयो द्विगुणेन तायिनः परिनिर्वृतस्येह स धर्म स्थास्यति ॥ २७ ॥

今译：这位如来的寿命
达到整整六万劫，
这位救主涅槃后，
正法住世两倍数。（27）

什译：佛壽六萬劫，正法住倍壽，

प्रतिरूपकश्चास्य भविष्यते पुनस्त्रिगुणं ततो एत्तकमेव कालम्।
सद्धर्मभ्रष्टे तद् तस्य तायिनो दुखिता भविष्यन्ति नरा मरू च ॥ २८ ॥

今译：此后，像法住世
三倍于这个时间，
救主正法毁坏后，
凡人和天神苦恼。（28）

什译：像法復倍是，法滅天人憂。

जिनान तेषां समनामकानां समन्तप्रभाणां पुरुषोत्तमानाम्।
परिपूर्ण पञ्चाशत नायकानां एते भविष्यन्ति परंपराय ॥ २९ ॥

今译：此后会接连不断
出现五百位导师，
这些人中至尊胜者，
具有共同名号普明。（29）

什译：其五百比丘，次第當作佛，
同號曰普明，轉次而授記。

सर्वैष एतादृशकाश्च व्यूहा ऋद्धिबलं च तथ बुद्धक्षेत्रम्।
गणश्च सद्धर्म तथैव ईदृशः सद्धर्मस्थानं च समं भविष्यति ॥ ३० ॥

今译：所有这些佛土同样，
种种庄严和神通力，
会众和正法，以及
正法住世的时间。（30）

सर्वैषमेतादृशकं भविष्यति नामं तदा लोकि सदेवकस्मिन्।
यथा मया पूर्वि प्रकीर्तितासीत्समन्तप्रभासस्य नरोत्तमस्य ॥ ३१ ॥

今译：正如我此前所说，
在这世界和天界，
所有的人中至尊

名号同样是普明。(31)

परंपरा एव तथान्यमन्यं ते व्याकरिष्यन्ति हितानुकम्पी ।
अनन्तरायं मम अद्य भेष्यति यथैव शासाम्यहु सर्वलोकम्॥ ३२ ॥

今译：他们关心世界利益，
　　　接连不断互相授记，
　　　在我之后，会像我
　　　那样统治一切世界。(32)

什译：我滅度之後，某甲[①]當作佛，
　　　其所化世間，亦如我今日，
　　　國土之嚴淨，及諸神通力，
　　　菩薩聲聞眾，正法及像法，
　　　壽命劫多少，皆如上所說。

एवं खु एते त्वमिहाद्य काश्यप
　　धारेहि पञ्चाशतनूनकानि ।
वशिभूत ये चापि ममान्यश्रावकाः
　　कथयाहि चान्येष्वपि श्रावकेषु ॥ ३३ ॥

今译：迦叶啊，你要记住
　　　这五百位声闻以及
　　　其他的自在者声闻，
　　　也要告诉其他声闻。(33)

什译：迦葉汝已知，五百自在者，
　　　餘諸聲聞眾，亦當復如是，
　　　其不在此會，汝當為宣說。

---

① "某甲"意谓某一位。

अथ खलु तानि पञ्चार्हच्छतानि भगवतः संमुखमात्मनो व्याकरणानि श्रुत्वा तुष्टा उदग्रा आत्तमनस प्रमुदिताः प्रीतिसौमनस्यजाता येन भगवांस्तेनोपसंक्रान्ताः । उपसंक्रम्य भगवतः पादयोः शिरोभिर्निपत्य एवमाहुः -- अत्ययं वयं भगवन्देशयामो यैरस्माभिर्भगवन्नेवं सततसमितं चित्तं परिभावितम्-- इदमस्माकं परिनिर्वाणम्। परिनिर्वृता वयमिति । यथापीदं भगवनव्यक्ता अकुशला अविधिज्ञाः । तत्कस्य हेतोः? यैर्नाम अस्माभिर्भगवंस्तथागतज्ञाने ऽभिसंबोद्धव्ये एवंरूपेण परीत्तेन ज्ञानेन परितोषं गताः स्म । तद्यथापि नाम भगवन्कस्यचिदेव पुरुषस्य कंचिदेव मित्रगृहं प्रविष्टस्य मत्तस्य वा सुप्तस्य वा स मित्रो ऽनर्घमणिरत्नं वस्त्रान्ते बध्नीयात्-- अस्येदं मणिरत्नं भवत्विति । अथ खलु भगवन्स पुरुष उत्थायासनात्प्रकामेत्। सो ऽन्यं जनपदप्रदेशं प्रपद्येत । स तत्र कृच्छ्रप्राप्तो भवेत्। आहारचीवरपर्यैष्टिहेतोः कृच्छ्रमापद्येत । महता च व्यायामेन कथंचित्कंचिदाहारं प्रतिलभेत । तेन च संतुष्टो भवेदात्तमनस्कः प्रमुदितः । अथ खलु भगवंस्तस्य पुरुषस्य स पुराणमित्रः पुरुषो येन तस्य तदनर्घेयं मणिरत्नं वस्त्रान्ते बद्धम्, स तं पुनरेव पश्येत्। तमेवं वदेत्-- किं त्वं भोः पुरुष कृच्छ्रमापद्यसे आहार-चीवरपर्यैष्टिहेतोः, यदा यावद्भोः पुरुष मया तव सुखविहारार्थं सर्वकाम-निवर्तकमनर्घेयं मणिरत्नं वस्त्रान्ते उपनिबद्धम्। निर्यातितं ते भोः पुरुष ममैतन्मणिरत्नम्। तदेवमुपनिबद्धमेव भोः पुरुष वस्त्रान्ते मणिरत्नम्। न च नाम त्वं भोः पुरुष प्रत्यवेक्षसे -- किं मम बद्धं येन वा बद्धं को हेतुः किंनिदानं वा बद्धमेतत्? बालजातीयस्त्वं भोः पुरुष यस्त्वं कृच्छ्रेण आहारचीवरं पर्यैषमाणस्तुष्टिमापद्यसे । गच्छ त्वं भोः पुरुष एतन्मणिरत्नं ग्रहाय महानगरं गत्वा परिवर्तयस्व । तेन च धनेन सर्वाणि धनकरणीयानि कुरुष्वेति ॥

今译：这时，这五百位阿罗汉听到世尊当面为自己授记后，满意，激动，喜悦，高兴，欢喜，愉快，走近世尊。走近后，俯首向世尊行触足礼，说道："世尊啊，我们向你悔过。世尊啊，我们心中始终这样想：'这是我们的涅槃。我们已经达到涅槃。'世尊啊，我们不明智，不机敏，不知法则。为什么？世尊啊，我们应该觉知如来智，却满足于这样的小智。譬如，世尊啊，有个人进入朋友家中，或酒醉，或入睡，那个朋友将一颗无价摩尼珠系在他的衣服里面，心想：'这颗摩尼珠就归他了。’然后，世尊啊，这个人从座位起身离去[1]，前往别国某地。他在那里陷入困境，艰难地求取衣食。千辛万苦获得一点衣食，他就满意高兴。后来，世尊啊，以前将无价摩尼珠系在他的衣服里面的那个朋友遇见他，对他说：‘你怎么穷困潦倒，乞求衣食？为了让你生活舒适，满足一切欲望，我已将一颗无价摩尼珠系在你的衣服里面。我给了你这颗摩尼珠。这颗摩尼珠就系在你的衣服里面。而你却不观察：为何我系上这颗摩尼珠？怎样系上？出于什么因缘系上？你确实愚钝，辛辛苦苦求取衣食，还自我满足。去吧，你带着这颗摩尼珠，到大城市里换钱吧！换了钱，用于一切消费。’

什译：爾時，五百阿羅漢於佛前得受記已，歡喜踊躍，即從座起，到於佛前，頭面禮足，悔過自責：“世尊！我等常作是念，自謂已得究竟滅度，今乃知之，如無智者。所以者何？我等應得如來智慧，而便自以小智為足。世尊！譬如，有人至親友家，醉酒而臥。是時，親友官事當行[2]，以無價寶珠繫其衣裏，與之而去。其人醉臥，都不覺知。起已遊行，到於他國。為衣食故，勤力求索，甚大艱難。若少有所得，便以為足。於後，親友會遇見之，而作是言：‘咄哉，丈夫！何為衣食乃至如是。我昔欲令汝得安樂，五欲自恣，於某年日月，以無價寶珠繫汝衣裏。今故現在，而汝不知。勤苦憂惱，以求自活，甚為癡也。汝今可以此寶貿易所須，常可如意，無所乏短。’

एवमेव भगवनस्माकमपि तथागतेन पूर्वमेव बोधिसत्त्वचर्यां चरता सर्वज्ञताचित्तान्युत्पादितान्यभूवन्। तानि च वयं भगवन्न जानीमो न बुध्यामहे । ते वयं भगवनर्हद्भूमौ निर्वृताः स्म इति संजानीमः । वयं कृच्छ्रं जीवामः, यद्वयं भगवनेवं परीत्तेन ज्ञानेन परितोषमापद्यामः । सर्वज्ञज्ञानप्रणिधानेन सदा अविनष्टेन । ते वयं भगवंस्तथागतेन संबोध्यमानाः -- मा यूयं भिक्षव एतन्निर्वाणं मन्यध्वम्। संविद्यन्ते भिक्षवो युष्माकं संताने कुशलमूलानि यानि मया पूर्वं परिपाचितानि ।

① 此处“离去”的原词是 prakāmet，应为 prakrāmet。据 J 本，此词写为 prakramya，也可取。

② “官事当行”意谓有官家之事需要处理。此处原文中没有这样的具体描写。

एतर्हि च ममैवेदमुपायकौशल्यं धर्मदेशनाभिलापेन यद्यूयमेतर्हि निर्वाणमिति मन्यध्वे । एवं च वयं भगवता संबोधयित्वा अद्यानुत्तरायां सम्यक्संबोधौ व्याकृताः ॥

今译："正是这样，世尊啊，如来过去奉行菩萨行，让我们发起求取知一切性的心愿。世尊啊，我们却不理解，不觉知。世尊啊，我们在阿罗汉地，认为自己已经达到涅槃。我们艰难地活着，世尊啊，我们满足于小智。而知一切智的誓愿永远不会消失。世尊啊，如来提醒我们：'众比丘啊，你们不要以为这是涅槃。众比丘啊，我在过去始终教化你们，让你们种植善根。你们现在所认为的涅槃，那是我说法的方便善巧。'这样，如来让我们觉醒后，今天为我们授记无上正等菩提。"

什译："佛亦如是，為菩薩時，教化我等，令發一切智心。而尋廢忘，不知不覺。既得阿羅漢道，自謂滅度，資生艱難，得少為足。一切智願，猶在不失。今者世尊覺悟我等，作如是言：'諸比丘！汝等所得，非究竟滅。我久令汝等種佛善根，以方便故，示涅槃相，而汝謂為實得滅度。'世尊！我今乃知實是菩薩，得受阿耨多羅三藐三菩提記。以是因緣，甚大歡喜，得未曾有。"

अथ खलु तानि पञ्च वशीभूतशतान्याज्ञातकौण्डिन्यप्रमुखानि तस्यां वेलायमिमा गाथा अभाषन्त --

今译：这时，以阿若憍陈如为首的五百位自在者又用这些偈颂说道：

什译：爾時，阿若憍陳如等欲重宣此義，而說偈言：

हृष्टा प्रहृष्टा स्म श्रुणित्व एतां आश्वासनामीदृशिकामनुत्तराम् ।
यं व्याकृताः स्म परमाग्रबोधये नमो ऽस्तु ते नायक नन्तचक्षुः ॥ ३४ ॥

今译：闻听无上的安慰话语，

为我们授记至上菩提，
我们感到欢欣鼓舞，
向无限眼导师致敬！（34）

什译：我等聞無上，安隱授記聲，
歡喜未曾有，禮無量智佛。

देशोमहे अत्ययु तुभ्यमन्तिके यथैव बाला अविदू अजानकाः ।
यं वै वयं निर्वृतिमात्रकेण परितुष्ट आसीत्सुगतस्य शासने ॥ ३५ ॥

今译：我们在你身边悔过，
我们如此愚钝无知，
曾经闻听如来教导，
却满足于些微涅槃。（35）

什译：今於世尊前，自悔諸過咎，
於無量佛寶，得少涅槃分，
如無智愚人，便自以為足。

यथापि पुरुषो भवि कश्चिदेव प्रविष्ट स स्यादिह मित्रशालम्।
मित्रं च तस्य धनवन्तमाढ्यं सो तस्य दद्याद्बहु खाद्यभोज्यम्॥ ३६ ॥

今译：正如有个人进入
自己的朋友家中，
朋友是位大财主，
招待他美味佳肴。（36）

什译：譬如貧窮人，往至親友家，
其家甚大富，具設諸餚饍。

संतर्पयित्वान च भोजनेन अनेकमूल्यं रतनं च दद्यात्।
बद्धान्तरीये वसनान्ति ग्रन्थिं दत्वा च तस्येह भवेत तुष्टः ॥ ३७ ॥

今译：让他享受美餐后，
送给他无价珠宝，
系在他的衣服里，
给他后心中满意。（37）

什译：以無價寶珠，繫著內衣裹，
默與而捨去，時臥不覺知。

सो चापि प्रक्रान्तु भवेत बालो उत्थाय सो ऽन्यं नगरं व्रजेत ।
सो कृच्छ्रप्राप्तः कृपणो गवेषी आहार पर्येषति खिद्यमानः ॥ ३८ ॥

今译：这愚者起身离去，
前往另一座城市，
在那里陷入困境，
艰难地乞求食物。（38）

什译：是人既已起，遊行詣他國，
求衣食自濟，資生甚艱難。

पर्येषितः भोजननिर्वृतः स्याद्भक्तं उदारं अविचिन्तयन्तः ।
तं चापि रत्नं हि भवेत विस्मृतं बद्धान्तरीये स्मृतिरस्य नास्ति ॥ ३९ ॥

今译：满足于乞求食物，
不企盼美味佳肴，
他忘记那颗珠宝，
不记得在上衣里。（39）

什译：得少便為足，更不願好者，
不覺內衣裹，有無價寶珠。

तमेव सो पश्यति पूर्वमित्रो येनास्य दत्तं रतनं गृहे स्वे ।
तमेव सुष्ठू परिभाषयित्वा दर्शेति रत्नं वसनान्तरस्मिन्॥ ४० ॥

今译：那位在自己的家中
送给他珠宝的朋友，
遇见他后，责备他，
展示衣服里的珠宝。（40）

什译：與珠之親友，後見此貧人，
苦切責之已，示以所繫珠。

दृष्ट्वा च सो परमसुखैः समर्पितो रत्नस्य तस्यो अनुभाव ईदृशः ।
महाधनी कोशबली च सो भवेत्समर्पितः कामगुणेहि पञ्चहि ॥ ४१ ॥

今译：见到珠宝，快乐至极，
这珠宝具有如此威力，
他成为富裕的大财主，
尽情享受五官的欲乐。（41）

什译：貧人見此珠，其心大歡喜，
富有諸財物，五欲而自恣。

एमेव भगवन्वयमेवरूपमजानमाना प्रणिधानपूर्वकम् ।
तथागतेनैव इदं हि दत्तं भवेषु पूर्वेष्विह दीर्घरात्रम् ॥ ४२ ॥

今译：我们正是这样不觉知
以前的誓愿，世尊啊，
那是如来在过去世的
漫漫长夜中赐予我们。（42）

什译：我等亦如是，世尊於長夜，
常愍見教化，令種無上願。

वयं च भगवन्निह बालबुद्धयो अजानकाः स्मो सुगतस्य शासने ।
निर्वाणमात्रेण वयं हि तुष्टा न उत्तरी प्रार्थयि नापि चिन्तयी ॥ ४३ ॥

今译：世尊啊，我们愚钝，
不理解善逝的教导，
满足于些微的涅槃，
不思考追求无上智。（43）

什译：我等無智故，不覺亦不知，
得少涅槃分，自足不求餘。

वयं च संबोधित लोकबन्धुना न एष एतादृश काचि निर्वृतिः ।
ज्ञानं प्रणीतं पुरुषोत्तमानां या निर्वृतीयं परमं च सौख्यम्॥ ४४ ॥

今译：世界至亲提醒我们，
没有任何这种涅槃，
人中至尊的殊胜智，
才是至高涅槃快乐。（44）

什译：今佛覺悟我，言非實滅度，
得佛無上慧，爾乃為真滅。

इदं चुदारं विपुलं बहुविधं अनुत्तरं व्याकरणं च श्रुत्वा ।
प्रीता उदग्रा विपुला स्म जाताः परस्परं व्याकरणाय नाथ ॥ ४५ ॥

今译：闻听这种崇高、博大、
丰富多彩的无上授记，
我们感到喜悦和兴奋，
救主啊，会互相授记。（45）

什译：我今從佛聞，授記莊嚴事，
及轉次受決[①]，身心遍歡喜。

---

① “受决”意谓获得授记。

इत्यार्यसद्धर्मपुण्डरीके धर्मपर्याये पञ्चभिक्षुशतव्याकरणपरिवर्तो नामाष्टमः ॥

今译：以上是神圣《妙法莲华》法门中名为《五百弟子受记品》的第八品。

९ आनन्दादिव्याकरणपरिवर्तः ।

今译：第九 阿难等受记品

什译：授學無學人記品第九

अथ खल्वायुष्मानानन्दस्तस्यां वेलायामेवं चिन्तयामास -- अप्येव नाम वयमेवंरूपं व्याकरणं प्रतिलभेमहि । एवं च चिन्तयित्वा अनुविचिन्त्य प्रार्थयित्वा उत्थायासनाद्भगवतः पादयोर्निपत्य, आयुष्मांश्च राहुलो ऽप्येवं चिन्तयित्वा अनुविचिन्त्य प्रार्थयित्वा भगवतः पादयोर्निपत्य एवं वाचमभाषत -- अस्माकमपि तावद्भगवनवसरो भवतु । अस्माकमपि तावत्सुगत अवसरो भवतु । अस्माकं हि भगवान्पिता जनको लयनं त्राणं च । वयं हि भगवन्सदेवमानुषासुरे लोके ऽतीव चित्रीकृताः -- भगवतश्चैते पुत्रः भगवतश्चोपस्थायकाः भगवतश्च धर्मकोशं धारयन्तीति । तन्नाम भगवन्क्षिप्रमेव प्रतिरूपं भवेद्यद्भगवानस्माकं व्याकुर्यादनुत्तरायां सम्यक्संबोधौ ॥

今译：这时，尊者阿难心中思忖："我们也会获得这样的授记。"这样思忖、思考和渴望，从座位起身，拜倒在世尊足下。尊者罗睺罗也这样思忖、思考和渴望，从座位起身，拜倒在世尊足下。他俩对世尊说道："世尊啊，也给予我们这个机会吧！世尊啊，也给予我们这个机会吧！世尊是我们的父亲、生育者、归宿和庇护。世尊啊，确实，我们在包括天神、凡人和阿修罗的世界上广受称赞：'世尊的这些儿子，世尊的这些侍者，他们护持世尊的法库。'世尊啊，请你赶快也像这样为我们授记无上正等菩提吧！"

什译：爾時，阿難、羅睺羅而作是念："我等每自思惟：'設得受記，不亦快乎。'"即從座起，到於佛前，頭面禮足，俱白佛言："世尊！我等於此亦應有分。唯有如來，我等所歸。又我等為一切世間天、人、阿修羅所見知識[1]，阿難常為侍者，護持法藏，羅睺羅是佛之子。佛見授阿耨多羅三藐三菩提記者，我願既滿，眾望亦足。”

अन्ये च द्वे भिक्षुसहस्रे सातिरेके शैक्षाशैक्षाणां श्रावकाणामुत्थायासनेभ्य एकांसमुत्तरासङ्गं कृत्वा अञ्जलिं प्रगृह्य भगवतो ऽभिमुखं भगवन्तमुल्लोकयमाने तस्थतुः एतामेव चिन्तामनुविचिन्तयमाने यदुत इदमेव बुद्धज्ञानम्-- अप्येव नाम वयमपि व्याकरणं प्रतिलभेमहि अनुत्तरायां सम्यक्संबोधाविति ॥

今译：其他的二千多位有学和无学声闻也从座位起身，偏袒右肩，合掌侍立，面对世尊，凝望世尊，心中思忖：“这确实是佛智。我们也会获得授记无上正等菩提。”

什译：爾時，學、無學聲聞弟子二千人皆從座起，偏袒右肩，到於佛前，一心合掌，瞻仰世尊，如阿難、羅睺羅所願，住立一面。

अथ खलु भगवानायुष्मन्तमानन्दमामन्त्रयते स्म -- भविष्यसि त्वमानन्द अनागते ऽध्वनि सागरवरधरबुद्धिविक्रीडिताभिज्ञो नाम तथागतो ऽर्हन्सम्यक्संबुद्धो विद्याचरणसंपन्नः सुगतो लोकविदनुत्तरः पुरुषदम्यसारथिः शास्ता देवानां च मनुष्याणां च बुद्धो भगवान्। द्वाषष्टीनां बुद्धकोटीनां सत्कारं कृत्वा, गुरुकारं माननां पूजनां च कृत्वा, तेषां बुद्धानां भगवतां सद्धर्मं धारयित्वा, शासनपरिग्रहं च कृत्वा अनुत्तरां सम्यक्संबोधिमभिसंभोत्स्यसि । स त्वमानन्द अनुत्तरां सम्यक्संबोधिं संबुद्धः समानो विंशतिगङ्गानदीवालुकासमानि बोधिसत्त्वकोटीनयुतशतसहस्राणि परिपाचयिष्यस्यनुत्तरायां सम्यक्संबोधौ । समृद्धं च ते बुद्धक्षेत्रं भविष्यति वैडूर्यमयं च । अनवनामितवैजयन्ती च नाम सा लोकधातुर्भविष्यति । मनोज्ञ-शब्दाभिगर्जितश्च नाम स कल्पो भविष्यति । अपरिमितांश्च कल्पांस्तस्य भगवतः सागरवरधरबुद्धिविक्रीडिताभिज्ञस्य तथागतस्यार्हतः सम्यक्संबुद्धस्य आयुष्प्रमाणं भविष्यति, येषां कल्पानां न शक्यं गणनया पर्यन्तो ऽधिगन्तुम्। तावदसंख्येयानि तानि कल्पकोटीनयुतशतसहस्राणि तस्य भगवत आयुष्प्रमाणं भविष्यति । यावच्च

---

① 此处“知识”意谓知道。

आनन्द तस्य भगवतः सागरवरधरबुद्धिविक्रीडिताभिज्ञस्य तथागतस्यार्हतः सम्यक्संबुद्धस्यायुष्प्रमाणं भविष्यति, तद्द्विगुणं परिनिर्वृतस्य सद्धर्मः स्थास्यति । यावांस्तस्य भगवतः सद्धर्मः स्थास्यति, तद्द्विगुणः सद्धर्मप्रतिरूपकं स्थास्यति । तस्य खलु पुनरानन्द सागरवरधरबुद्धिविक्रीडिताभिज्ञस्य तथागतस्य दशसु दिक्षु बहूनि गङ्गानदीवालुकासमानि बुद्धकोटीनयुतशतसहस्राणि वर्णं भाषिष्यन्ति ॥

今译：然后，世尊对尊者阿难说道："阿难啊，你在未来世会成为名为山海慧游戏神通的如来、阿罗汉、正等觉、明行足、善逝、世间解、无上士、调御丈夫、天人师、佛世尊。你会侍奉六十二千万佛，尊敬、崇敬和供养。你会记取这些佛的正法，接受他们的教导，觉知无上正等菩提。阿难啊，觉知无上正等菩提后，你同样会以无上正等菩提教化如同恒河沙的二十百千千万那由他菩萨。你的佛土富饶，遍地琉璃。这个世界名为常立胜幡。这个劫名为妙音遍满。这位世尊山海慧游戏神通如来、阿罗汉、正等觉的寿命劫数无量，无法算尽。这位如来的寿命无数百千千万那由他劫。阿难啊，这位山海慧游戏神通的寿命时间这样，在他涅槃后，正法住世两倍于这个时间。阿难啊，这位如来的正法住世时间这样，像法住世又两倍于这个时间。阿难啊，十方如同恒河沙数百千千万那由他佛会赞美这位山海慧游戏神通如来。"

什译：爾時，佛告阿難："汝於來世當得作佛，號山海慧自在通王如來、應供、正遍知、明行足、善逝、世間解、無上士、調御丈夫、天人師、佛世尊。當[①]供養六十二億諸佛，護持法藏，然後得阿耨多羅三藐三菩提，教化二十千萬億恒河沙諸菩薩等，令成阿耨多羅三藐三菩提。國名常立勝幡，其土清淨，琉璃為地。劫名妙音遍滿。其佛壽命無量千萬億阿僧祇劫，若人於千萬億無量阿僧祇劫中算數校計，不能得知。正法住世倍於壽命，像法住世復倍正法。阿難！是山海慧自在通王佛，為十方無量千萬億恒河沙等諸佛如來所共讚歎，稱其

① 此处"当"意谓将会。

功德。"

अथ खलु भगवांस्तस्यां वेलायामिमा गाथा अभाषत --

今译：这时，世尊又用这些偈颂说道：

什译：爾時，世尊欲重宣此義，而說偈言：

आरोचयामि अहु भिक्षुसंघे आनन्दभद्रो मम धर्मधारकः ।
अनागते ऽध्वानि जिनो भविष्यति पूजित्व षष्टिं सुगतान कोट्यः ॥ १ ॥

今译：我向众比丘宣告，我的
持法者，这位阿难贤者，
在未来世供养六十千万
善逝后，他会成为胜者。（1）

什译：我今僧中說，阿難持法者，
當供養諸佛，然後成正覺，

नामेन सो सागरबुद्धिधारी अभिज्ञप्राप्तो इति तत्र विश्रुतः ।
परिशुद्धक्षेत्रस्मि सुदर्शनीये अनोनतायां ध्वजवैजयन्त्याम् ॥ २ ॥

今译：以山海慧游戏神通
这个称号闻名天下，
他的清净佛土优美，
胜利旗帜高高飘扬。（2）

什译：號曰山海慧，自在通王佛，
其國土清淨，名常立勝幡。

तहि बोधिसत्त्वा यथा गङ्गवालिकास्ततश्च भूयो परिपाचयिष्यति ।
महर्द्धिकश्चो स जिनो भविष्यति दशद्दिशे लोकविघुष्टशब्दः ॥ ३ ॥

今译：然后他也会教化
恒河沙数的菩萨，
这位大神通胜者，
扬名于十方世界。（3）

什译：教化諸菩薩，其數如恒沙，
佛有大威德，名聞滿十方。

अमितं च तस्यायु तदा भविष्यति यः स्थास्यते लोकहितानुकम्पकः ।
परिनिर्वृतस्यापि जिनस्य तायिनो द्विगुणं च सद्धर्मु स तस्य स्थास्यति ॥ ४ ॥

今译：他关心世界利益，
其寿命无量无数，
救主胜者涅槃后，
正法住世两倍数。（4）

什译：壽命無有量，以愍眾生故，
正法倍壽命，像法復倍是。

प्रतिरूपकं तद्विगुणेन भूयः संस्थास्यते तस्य जिनस्य शासने ।
तदापि सत्त्वा यथा गङ्गवालिका हेतुं जनेष्यन्तिह बुद्धबोधौ ॥ ५ ॥

今译：像法住世又两倍，
恒河沙数的众生，
遵循胜者的教导，
成为佛菩提原因。（5）

什译：如恒河沙等，無數諸眾生，
於此佛法中，種佛道因緣。

अथ खलु तस्यां पर्षदि नवयानसंप्रस्थितानामष्टानां बोधिसत्त्वसहस्राणामेतदभवत्-- न बोधिसत्त्वानामपि तावदस्माभिरेवमुदारं व्याकरणं श्रुतपूर्वम्, कः

第九 阿难等受记品 429

पुनर्वादः श्रावकाणाम्? कः खल्वत्र हेतुर्भविष्यति, कः प्रत्यय इति? अथ खलु भगवांस्तेषां बोधिसत्त्वानां चेतसैव चेतः परिवितर्कमाज्ञाय तान्बोधिसत्त्वाना-मन्त्रयामास -- सममस्माभिः कुलपुत्रा एकक्षणे एकमुहूर्ते मया च आनन्देन च अनुत्तरायां सम्यक्संबोधौ चित्तमुत्पादितं धर्मगगनाभ्युद्गतराजस्य तथागतस्यार्हतः सम्यक्संबुद्धस्य संमुखम्। तत्रैष कुलपुत्रा बाहुश्रुत्ये च सततसमितमभियुक्तो ऽभूत्, अहं च वीर्यारम्भे ऽभियुक्तः । तेन मया क्षिप्रतरमनुत्तरा सम्यक्संबोधिरभिसंबुद्धा । अयं पुनरानन्दभद्रो बुद्धानां भगवतां सद्धर्मकोशधर एव भवति स्म -- यदुत बोधिसत्त्वानां परिनिष्पत्तिहेतोः प्रणिधानमेतत्कुलपुत्रा अस्य कुलपुत्रस्येति ॥

今译：然后，在这集会中，新入道的八千位菩萨心中思忖："即使对诸菩萨这样崇高的授记，我们也前所未闻，更何况那些对诸声闻的授记？这是什么原因？有什么因缘？"这时，世尊知道这些菩萨心中所想，对这些菩萨说道："诸位善男子啊，我和阿难同时在超法空王[①]如来、阿罗汉、正等觉面前发起无上正等菩提心。诸位善男子啊，在那里，他始终坚持博学多闻，而我坚持精勤努力。因此，我更快觉知无上正等菩提，而这位阿难贤者成为佛世尊的法库护持者。诸位善男子啊，为了造就众菩萨，这是这位善男子的誓愿。"

什译：爾時，會中新發意菩薩八千人，咸作是念："我等尚不聞諸大菩薩得如是記，有何因緣而諸聲聞得如是決[②]？"爾時，世尊知諸菩薩心之所念，而告之曰："諸善男子！我與阿難等，於空王佛所，同時發阿耨多羅三藐三菩提心。阿難常樂多聞，我常勤精進，是故我已得成阿耨多羅三藐三菩提，而阿難護持我法，亦護將來諸佛法藏，教化成就諸菩薩眾。其本願如是，故獲斯記。"

अथ खल्वायुष्मानानन्दो भगवतो ऽन्तिकादात्मनो व्याकरणं श्रुत्वा अनुत्तरायां सम्यक्संबोधौ, आत्मनश्च बुद्धक्षेत्रगुणव्यूहान् श्रुत्वा, पूर्वप्रणिधानचर्यां च श्रुत्वा, तुष्ट उदग्र आत्तमनस्कः प्रमुदितः प्रीतिसौमनस्यजातो ऽभूत्। तस्मिंश्च

① "超法空王"的原词是 dharmagaganābhyudgatarāja，此词什译"空王"。
② "如是决"意谓这样的授记。

समये बहूनां बुद्धकोटीनयुतशतसहस्राणां सद्धर्ममनुस्मरति स्म, आत्मनश्च पुर्वप्रणिधानम्॥

今译：这样，尊者阿难在世尊身边，闻听自己获得授记无上正等菩提，闻听自己的佛土功德庄严，闻听自己以前的誓愿和修行，满意，激动，喜悦，高兴，欢喜，愉快。这时，他回忆数百千千万那由他佛的正法，以及自己以前的誓愿。

什译：阿難面於佛前，自聞授記及國土莊嚴，所願具足，心大歡喜，得未曾有。即時憶念過去無量千萬億諸佛法藏，通達無礙，如今所聞[1]，亦識本願。

अथ खल्वायुष्मानानन्दस्तस्यां वेलायामिमा गाथा अभाषत --

今译：这时，尊者阿难用这些偈颂说道：

什译：爾時，阿難而說偈言：

आश्चर्यभूता जिन अप्रमेया ये स्मारयन्ति मम धर्मदेशनाम्।
परिनिर्वृतानां हि जिनान तायिनां समनुस्मरामी यथ अद्य श्वो वा ॥ ६ ॥

今译：真奇妙，无量胜者
让我回忆起涅槃的
救主胜者对我说法，
仿佛就在昨天今天。（6）

什译：世尊甚希有，令我念過去，
無量諸佛法，如今日所聞。

निष्काङ्क्षप्राप्तो ऽस्मि स्थितो ऽस्मि बोधये उपायकौशल्य ममेदमीदृशम्।
परिचारको ऽहं सुगतस्य भोमि सद्धर्म धारेमि च बोधिकारणात्॥ ७ ॥

① “如今所闻”意谓如同今日所闻。

今译：无疑我安住菩提，
运用这方便善巧，
我成为善逝侍者，
为了菩提而护法。（7）

什译：我今無復疑，安住於佛道，
方便為侍者，護持諸佛法。

अथ खलु भगवानायुष्मन्तं राहुलभद्रमामन्त्रयते स्म -- भविष्यसि त्वं राहुलभद्र अनागते ऽध्वनि सप्तरत्नपद्मविक्रान्तगामी नाम तथागतो ऽर्हन्सम्यक्संबुद्धो विद्याचरणसंपन्नः सुगतो लोकविदनुत्तरः पुरुषदम्यसारथिः शास्ता देवानां च मनुष्याणां च बुद्धो भगवान्दशलोकधातुपरमाणुरजःसमांस्तथागतानर्हतः सम्यक्संबुद्धान्सत्कृत्य गुरुकृत्य मानयित्वा पूजयित्वा अर्चयित्वा । सदा तेषां बुद्धानां भगवतां ज्येष्ठपुत्रो भविष्यसि तद्यथापि नाम ममैतर्हि । तस्य खलु पुना राहुलभद्र भगवतः सप्तरत्नपद्मविक्रान्तगामिनस्तथागतस्यार्हतः सम्यक्संबुद्धस्य एवंरूपमेवायुष्प्रमाणं भविष्यति, एवं रूपैव सर्वाकारगुणसंपद्भविष्यति तद्यथापि नाम तस्य भगवतः सागरवरधरबुद्धिविक्रीडिताभिज्ञस्य तथागतस्यार्हतः सम्यक्संबुद्धस्य सर्वाकारगुणोपेता बुद्धक्षेत्रगुणव्यूहा भविष्यन्ति । तस्यापि राहुल सागरवरधरबुद्धिविक्रीडिताभिज्ञस्य तथागतस्यार्हतः सम्यक्संबुद्धस्य त्वमेव ज्येष्ठपुत्रो भविष्यसि । ततः पश्चात्परेणानुत्तरां सम्यक्संबोधिमभिसंभोत्स्यसीति ॥

今译：然后，世尊对尊者罗睺罗说道："罗睺罗贤者啊，你会在未来世成为名为蹈七宝华的如来、阿罗汉、正等觉、明行足、善逝、世间解、无上士、调御丈夫、天人师、佛世尊。你会侍奉如同十个世界微尘数的如来、阿罗汉、正等觉，尊敬，崇敬，敬拜，供养。你永远会成为那些佛世尊的长子，如同你现在是我的长子。罗睺罗贤者啊，这位世尊蹈七宝华如来、阿罗汉、正等觉的寿命、形貌、一切功德以及佛土功德庄严与世尊山海慧游戏神通如来、阿罗汉、正等觉一样。罗睺罗啊，你也会成为这位山海慧游戏神通如来、阿罗汉、正等觉的长子。然后，你会觉知无上正等菩提。"

什译：爾時，佛告羅睺羅："汝於來世當得作佛，號蹈七寶華如來、應供、正遍知、明行足、善逝、世間解、無上士、調御丈夫、天人師、佛世尊。當供養十世界微塵等數諸佛如來，常為諸佛而作長子，猶如今也。是蹈七寶華佛，國土莊嚴，壽命劫數，所化弟子，正法，像法，亦如山海慧自在通王如來無異，亦為此佛而作長子。過是已後，當得阿耨多羅三藐三菩提。"

अथ खलु भगवांस्तस्यां वेलायामिमा गाथा अभाषत --

今译：这时，世尊又用这些偈颂说道：

什译：爾時，世尊欲重宣此義，而說偈言：

अयं ममा राहुल ज्येष्ठपुत्रो यो औरसो आसि कुमारभावे ।
बोधिं पि प्राप्तस्य ममैष पुत्रो धर्मस्य दायाद्यधरो महर्षिः ॥ ८ ॥

今译：在我以前作为王子时，
他是我的亲生的长子，
而他在我获得菩提后，
成为继承正法的大仙。（8）

什译：我為太子時，羅睺為長子，
我今成佛道，受法為法子[①]。

अनागते ऽध्वे बहुबुद्धकोट्यो यान्द्रक्ष्यसे येष प्रमाणु नास्ति ।
सर्वैष तेषां हि जिनान पुत्रो भविष्यती बोधि गवेषमाणः ॥ ९ ॥

今译：在未来世会遇见
无量无数千万佛，
他会成为他们的

① 此处"受法为法子"指罗睺罗。

儿子，求取菩提。（9）

什译：於未來世中，見無量億佛，
皆為其長子，一心求佛道。

अज्ञातचर्या इय राहुलस्य प्रणिधानमेतस्य अहं प्रजानमि ।
करोति संवर्णन लोकबन्धुषु अहं किला पुत्र तथागतस्य ॥ १० ॥

今译：罗睺罗实行无智行，
而我知道他的誓愿，
他赞美世界至亲们，
认为自己是如来子。（10）

什译：羅睺羅密行，唯我能知之，
現為我長子，以示諸眾生。

गुणान कोटीनयुताप्रमेयाः प्रमाणु येषां न कदाचिदस्ति ।
ये राहुलस्येह ममौरसत्य तथा हि एषो स्थितु बोधिकारणात्॥ ११ ॥

今译：我的亲生子罗睺罗，
他的功德无量无数
千万那由他，正是
这样坚持求取菩提。（11）

什译：無量億千萬，功德不可數，
安住於佛法，以求無上道。

अद्राक्षीत्खलु पुनर्भगवांस्ते द्वे श्रावकसहस्रे शैक्षाशैक्षाणां श्रावकाणां भगवन्तमवलोकयमाने अभिमुखं प्रसन्नचित्ते मृदुचित्ते मार्दवचित्ते । अथ खलु भगवांस्तस्यां वेलायामायुष्मन्तमानन्दमामन्त्रयते स्म -- पश्यसि त्वमानन्द एते द्वे श्रावकसहस्रे शैक्षाशैक्षाणां श्रावकाणाम्? आह -- पश्यामि भगवन्, पश्यामि सुगत। भगवानाह -- सर्व एवैते आनन्द द्वे भिक्षु सहस्रे समं बोधिसत्त्वचर्यां

समुदानयिष्यन्ति, पञ्चाशल्लोकधातुपरमाणुरजःसमांश्च बुद्धान्भगवतः सत्कृत्य गुरुकृत्य मानयित्वा पूजयित्वा अर्चयित्वा अपचायित्वा सद्धर्मं च धारयित्वा पश्चिमे समुच्छ्रये एकक्षणेनैकमुहूर्तेनैकलवेनैकसंनिपातेन दशसु दिक्ष्वन्योन्यासु लोक-धातुषु स्वेषु स्वेषु बुद्धक्षेत्रेष्वनुत्तरां सम्यक्संबोधिमभिसंभोत्स्यन्ते । रत्नकेतुराजा नाम तथागता अर्हन्तः सम्यक्संबुद्धा भविष्यन्ति । परिपूर्णं चैषां कल्पमायुष्प्रमाणं भविष्यति । समाश्चैषां बुद्धक्षेत्रगुणव्यूहा भविष्यन्ति । समः श्रावकगणो बोधिसत्त्व-गणश्च भविष्यति । समं चैषां परिनिर्वाणं भविष्यति । समश्चैषां सद्धर्मः स्थास्यति॥

今译：世尊看见二千位有学和无学声闻在前面凝望世尊，心地平静、柔软和柔顺。此时，世尊对尊者阿难说道："阿难啊，你看见这二千位有学和无学声闻吗？"阿难回答说："世尊啊，我看见。世尊啊，我看见。"世尊说："阿难啊，这所有二千位比丘会同样修习菩萨行，侍奉如同五十个世界微尘数的佛世尊，尊敬，崇敬，敬拜，供养，接受正法，在最后一身，同一顷刻刹那瞬间，一起在十方各个世界各自的佛土觉知无上正等菩提，成为名为宝幢王的如来、阿罗汉、正等觉。他们的寿命整整一劫。他们的佛土功德庄严同样，声闻僧众和菩萨僧众同样，涅槃同样，正法住世时间同样。"

什译：爾時，世尊見學、無學二千人，其意柔軟，寂然清淨，一心觀佛。佛告阿難："汝見是學、無學二千人不？""唯然①，已見。""阿難！是諸人等，當供養五十世界微塵數諸佛如來，恭敬尊重，護持法藏。末後同時於十方國各得成佛，皆同一號，名曰寶相如來、應供、正遍知、明行足、善逝、世間解、無上士、調御丈夫、天人師、佛世尊。壽命一劫，國土莊嚴，聲聞、菩薩，正法、像法皆悉同等。"

अथ खलु भगवांस्तस्यां वेलायामिमा गाथा अभाषत --

今译：这时，世尊又用偈颂说道：

什译：爾時，世尊欲重宣此義，而說偈言：

---

① "唯然"是应答词，在这里表示是这样。此处原文中没有使用应答词。

द्वे वै सहस्त्रे इमे श्रावकाणां आनन्द ये ते मम अग्रतः स्थिताः ।
तान्व्याकरोमी अहमद्य पण्डिताननागते ऽध्वानि तथागतत्वे ॥ १२ ॥

今译：阿难啊，这二千位
声闻站在我的前面，
我今天为这些智者
授记未来成为如来。（12）

什译：是二千聲聞，今於我前住，
悉皆與授記，未來當成佛。

अनन्त औपम्यनिदर्शनेहि
बुद्धान अग्र्यां करियाण पूजाम्।
आरागयिष्यन्ति ममाग्रबोधिं
स्थिहित्व चरिमस्मि समुच्छ्रयस्मिन्॥ १३ ॥

今译：他们竭尽全力供奉
诸佛，在最后一身，
依靠无数譬喻例证，
获得我的至上菩提。（13）

什译：所供養諸佛，如上說塵數，
護持其法藏，後當成正覺。

एकेन नामेन दशद्दिशासु क्षणस्मि एकस्मि तथा मुहूर्ते ।
निषद्य च द्रुमप्रवराण मूले बुद्धा भविष्यन्ति स्पृशित्व ज्ञानम्॥ १४ ॥

今译：在十方同一名号，
在同一刹那瞬间，
坐在殊胜的树下，
获得佛智而成佛。（14）

什译：各於十方國，悉同一名號，
俱時坐道場，以證無上慧。

एकं च तेषामिति नाम भेष्यति रत्नस्य केतूतिह लोकि विश्रुताः ।
समानि क्षेत्राणि वराणि तेषां समो गणः श्रावकबोधिसत्त्वाः ॥ १५ ॥

今译：他们以同一名号
宝幢王驰名世界，
殊胜的佛土同样，
声闻菩萨数同样。（15）

什译：皆名為寶相，國土及弟子，
正法與像法，悉等無有異。

ऋद्धिप्रभूता इह सर्वि लोके समन्ततस्ते दशसु दिशासु ।
धर्मं प्रकाशेत्व यदापि निर्वृताः सद्धर्मु तेषां सममेव स्थास्यति ॥ १६ ॥

今译：他们在十方世界，
全都具有神通力，
说法，然后涅槃，
正法住世也同样。（16）

什译：咸以諸神通，度十方眾生，
名聞普周遍，漸入於涅槃。

अथ खलु ते शैक्षाशैक्षाः श्रावका भगवतो ऽन्तिकात्संमुखं स्वानि स्वानि व्याकरणानि श्रुत्वा तुष्टा उदग्रा आत्तमनस्काः प्रमुदिताः प्रीतिसौमनस्यजाता भगवन्तं गाथाभ्यामध्यभाषन्त --

今译：这时，这些有学和无学声闻在世尊身边当面闻听各自受记后，满意，激动，喜悦，高兴，欢喜，愉快，用偈颂对世尊说道：

什译：爾時，學、無學二千人，聞佛授記，歡喜踊躍，而說偈言：

तृप्ताः स्म लोकप्रद्योत श्रुत्वा व्याकरणं इदम्।
अमृतेन यथा सिक्ताः सुखिताः सम तथागत ॥ १७ ॥

今译：世界明灯啊，我们
　　　闻听这样的授记，
　　　如来啊，仿佛接受
　　　甘露灌顶而欣喜。（17）

什译：世尊慧燈明，我聞授記音，
　　　心歡喜充滿，如甘露見灌。

नास्माकं काङ्क्षा विमतिर्न भेष्याम नरोत्तमाः।
अद्यास्माभिः सुखं प्राप्तं श्रुत्वा व्याकरणं इदम्॥ १८ ॥

今译：没有怀疑，没有疑惑，
　　　我们将成为人中至尊，
　　　今天闻听这样的授记，
　　　我们感到已获得幸福。（18）

इत्यार्यसद्धर्मपुण्डरीके धर्मपर्याये आनन्दराहुलाभ्यामन्याभ्यां च द्वाभ्यां भिक्षुसहस्राभ्यां व्याकरणपरिवर्तो नाम नवमः॥

今译：以上是神圣《妙法莲华》法门中名为《阿难、罗睺罗和其他二千比丘受记品》的第九品。

१० धर्मभाणकपरिवर्तः ।

今译：第十 法师品

什译：法師品第十

अथ खलु भगवन्भैषज्यराजं बोधिसत्त्वं महासत्त्वमारभ्य तान्यशीतिं बोधिसत्त्वसहस्राण्यामन्त्रयते स्म -- पश्यसि त्वं भैषज्यराज अस्यां पर्षदि बहुदेवनागयक्षगन्धर्वासुरगरुडकिन्नरमहोरगमनुष्यामनुष्यान्भिक्षुभिक्षुण्युपासकोपासिकाः श्रावकयानीयान्प्रत्येकबुद्धयानियान्बोधिसत्त्वयानीयांश्च, यैरयं धर्मपर्यायस्तथागतस्य संमुखं श्रुतः? आह -- पश्यामि भगवन्, पश्यामि सुगत । भगवानाह -- सर्वे स्वल्वेते भैषज्यराज बोधिसत्त्वा महासत्त्वाः, यैरस्यां पर्षदि अन्तशः एकापि गाथा श्रुता, एकपदमपि श्रुतम्, यैर्वा पुनरन्तश एकचित्तोत्पादेनाप्यनुमोदितमिदं सूत्रम्। सर्वा एता अहं भैषज्यराज चतस्रः पर्षदो व्याकरोम्यनुत्तरायां सम्यक्संबोधौ।

今译：然后，世尊对以药王为首的八万菩萨说道：“药王啊，你看见吗？在这集会中，许多天神、蛇、药叉、健达缚、阿修罗、迦楼罗、紧那罗、大蛇、人和非人，比丘、比丘尼、优婆塞和优婆夷，声闻乘人、缘觉乘人和菩萨乘人，当面闻听如来的这个法门。”药王回答说：“世尊啊，我看见。善逝啊，我看见。”世尊说：“药王啊，所有这些菩萨大士[①]在这集会中，甚至闻听一偈，乃至一句，或者，甚至对这部经生起一念随喜，药王啊，我就为所有四众授记无上正等菩提。

---

① 此处的“所有这些菩萨大士”与下面的“所有四众”语意不一致。按护译是说“所有四众”，按什译是指所有会众。

爾時，世尊因藥王菩薩，告八萬大士："藥王！汝見是大眾中，無量諸天、龍王、夜叉、乾闥婆、阿修羅、迦樓羅、緊那羅、摩睺羅伽、人與非人，及比丘、比丘尼、優婆塞、優婆夷，求聲聞者、求辟支佛者、求佛道者，如是等類，咸於佛前，聞《妙法華經》一偈一句，乃至一念隨喜者，我皆與授記，當得阿耨多羅三藐三菩提。"

ये ऽपि केचिद्भैषज्यराज तथागतस्य परिनिर्वृतस्य इमं धर्मपर्यायं श्रोष्यन्ति, अन्तश एकगाथामपि श्रुत्वा, अन्तश एकेनापि चित्तोत्पादेन अभ्यमुमोदयिष्यन्ति, तानप्यहं भैषज्यराज कुलपुत्रान् वा कुलदुहितॄर्वा व्याकरोम्यनुत्तरायां सम्यक् संबोधौ । परिपूर्णबुद्धकोटीनयुतशतसहस्रपर्युपासिताविनस्ते भैषज्यराज कुलपुत्रा वा कुलदुहितरो वा भैष्यन्ति । बुद्धकोटीनयुतशतसहस्रकृतप्रणिधानास्ते भैषज्यराज कुलपुत्रा वा कुलदुहितरो वा भविष्यन्ति । सत्त्वानामनुकम्पार्थमस्मिन् जम्बुद्वीपे मनुष्येषु प्रत्याजाता वेदितव्याः, य इतो धर्मपर्यायादन्तश एकगाथामपि धारयिष्यन्ति वाचयिष्यन्ति प्रकाशयिष्यन्ति संग्राहयिष्यन्ति लिखिष्यन्ति, लिखित्वा चानुस्मरिष्यन्ति, कालेन च कालं व्यवलोकयिष्यन्ति । तस्मिंश्च पुस्तके तथागतगौरवमुत्पादयिष्यन्ति, शास्तृगौरवेण सत्करिष्यन्ति गुरुकरिष्यन्ति मानयिष्यन्ति पूजयिष्यन्ति । तं च पुस्तकं पुष्पधूपगन्धमाल्यविलेपनचूर्णचीवरच्छत्रध्वजपताकावाद्यादिभिर्नमस्काराञ्जलिकर्मभिश्च पूजयिष्यन्ति । ये केचिद्भैषज्यराज कुलपुत्रा वा कुलदुहितरो वा इतो धर्मपर्यायादन्तश एकगाथामपि धारयिष्यन्ति अनुमोदयिष्यन्ति वा, सर्वांस्तानहं भैषज्यराज व्याकरोम्यनुत्तरायां सम्यक्संबोधौ ॥

今译："药王啊，在如来涅槃后，若有人闻听这个法门，甚至闻听一偈，甚至对这部经生起一念随喜，药王啊，我就为这些善男子或善女人授记无上正等菩提。药王啊，这些善男子或善女人会侍奉整整百千千万那由他佛。药王啊，这些善男子或善女人会在百千千万那由他佛前发誓愿。应该知道他们怜悯众生，会出生在瞻部洲人间。他们从这个法门中，甚至记取一偈，宣说，说明，护持，书写，书写后，记诵，随时观看。他们对这部经书产生尊敬如来心，怀着尊敬导师心，尊敬、尊重、崇敬和供拜。他们用鲜花、香料、花环、香膏、香粉、衣服、华盖、旗帜、幢幡和音乐等，用行礼和合掌，供拜这部经书。药王啊，那些善男子或善女人从这个法门中，甚至记取一偈，或者随喜，药王啊，我就为他们授记无上正等菩提。

什译：佛告藥王："又如來滅度之後，若有人聞《妙法華經》，乃至一偈一句，一念隨喜者，我亦與授阿耨多羅三藐三菩提記。若復有人，受持、讀誦、解說、書寫《妙法華經》，乃至一偈，於此經卷敬視如佛，種種供養，華香、瓔珞、末香、塗香、燒香、繒蓋、幢幡、衣服、伎樂，乃至合掌恭敬。藥王！當知是諸人等已曾供養十萬億佛，於諸佛所成就大願，愍眾生故，生此人間。

तत्र भैषज्यराज यः कश्चिदन्यतरः पुरुषो वा स्त्री वा एवं वदेत्-- कीदृशाः खल्वपि ते सत्त्वा भविष्यन्त्यनागतेऽध्वनि तथागता अर्हन्तः सम्यक्संबुद्धा इति? तस्य भैषज्यराज पुरुषस्य वा स्त्रिया वा स कुलपुत्रो वा कुलदुहिता वा दर्शयितव्यः, य इतो धर्मपर्यायादन्तशश्चतुष्पादिकामपि गाथां धारयिता श्रावयिता वा देशयिता वा सगौरवो वेह धर्मपर्याये । अयं स कुलपुत्रो वा कुलदुहिता वा, यो ह्यनागतेऽध्वनि तथागतोऽर्हन्सम्यक्संबुद्धो भविष्यति । एवं पश्य । तत्कस्य हेतोः? स हि भैषज्यराज कुलपुत्रो वा कुलदुहिता वा तथागतो वेदितव्यः सदेवकेन लोकेन । तस्य च तथागतस्यैवं सत्कारः कर्तव्यः, यः खल्वस्माद्धर्मपर्यायादन्तश एकगाथामपि धारयेत्, कः पुनर्वादो य इमं धर्मपर्यायं सकलसमाप्त-मुद्गृह्णीयाद्धारयेद्वा वाचयेद्वा पर्यवाप्नुयाद्वा प्रकाशयेद्वा लिखेद्वा लिखापयेद्वा, लिखित्वा चानुस्मरेत्। तत्र च पुस्तके सत्कारं कुर्यात् गुरुकारं कुर्यात् माननां पूजनामर्चनामपचायनां पुष्पधूपगन्धमाल्यविलेपनचूर्णचीवरच्छत्रध्वजपताका-वाद्याञ्जलिनमस्कारैः प्रणामैः ।

今译："药王啊，若有某个男子或女子这样说：'哪些众生会在未来世成为如来、阿罗汉、正等觉？'药王啊，应该向这个男子或女子指出那样的善男子或善女人。他们从这个法门中，甚至记取一首四句的偈颂，宣说，演示，崇敬这个法门。这样的善男子或善女人会在未来世成为如来、阿罗汉、正等觉。你要这样看。为什么？药王啊，世界和天界都应该知道这位善男子或善女人是如来，应该尊敬这位如来。他从这个法门中，甚至记取一偈，更何况接受整个法门，记取，宣说，通晓，说明，书写，让人书写，书写后，记诵。他用鲜花、香料、花环、香膏、香粉、衣服、华盖、旗帜、幢幡、音乐、合掌和行礼，尊敬、尊重、崇敬、供养和敬拜这部经书。

什译："藥王！若有人問：'何等眾生於未來世當得作佛？'應示：'是諸人等於未來世必得作佛。'何以故？若善男子、善女人於《法華經》，乃至一句，受持、讀誦、解說、書寫，種種供養經卷，華香、瓔珞、末香、塗香、燒香、繒蓋、幢幡、衣服、伎樂，合掌恭敬，是人一切世間所應瞻奉，應以如來供養而供養之。當知此人是大菩薩[①]，成就阿耨多羅三藐三菩提，哀愍眾生，願生此間，廣演分別《妙法華經》，何況盡能受持[②]、種種供養者？

परिनिष्पन्नः स भैषज्यराज कुलपुत्रो वा कुलदुहिता वा अनुत्तरायां सम्यक् संबोधौ वेदितव्यः । तथागतदर्शी च वेदितव्यः । लोकस्य हितानुकम्पकः प्रणिधानवशेनोपपन्नो ऽस्मिन् जम्बुद्वीपे मनुष्येषु अस्य धर्मपर्यायस्य संप्रकाशनतायैः । यः स्वयमुदारं धर्माभिसंस्कारमुदारां च बुद्धक्षेत्रोपपत्तिं स्थापयित्वा अस्य धर्मपर्यायस्य संप्रकाशनहेतोर्मयि परिनिर्वृते सत्त्वानां हितार्थमनुकम्पार्थं च इहोपपन्नो वेदितव्यः । तथागतदूतः स भैषज्यराज कुलपुत्रो वा कुलदुहिता वा वेदितव्यः । तथागतकृत्यकरस्तथागतसंप्रेषितः स भैषज्यराज कुलपुत्रो वा कुलदुहिता वा संज्ञातव्यः, य इमं धर्मपर्यायं तथागतस्य परिनिर्वृतस्य संप्रकाशयेत्, अन्तशो रहसि चौर्येणापि कस्यचिदेकसत्त्वस्यापि संप्रकाशयेदाचक्षीत वा ॥

今译："药王啊，应该知道这位善男子或善女人已经获得无上正等菩提。应该视为如来。他关心世界利益，依据誓愿，出生在这个瞻部洲人间，为了宣说这个法门。他自愿舍弃殊胜的法行和出生殊胜的

① 此处"大菩萨"，按原文的用词是如来（tathāgata）。
② 此处"尽能受持"意谓受持整个法门或整部经。

佛土，而在我涅槃后，为了宣说这个法门，关心众生利益，出生在这里。药王啊，应该知道这位善男子或善女人是如来的使者。药王啊，应该知道这位善男子或善女人受如来派遣，从事如来的事业。他在如来涅槃后，宣说这个法门，甚至暗中偷偷向某个众生宣说。

什译：“藥王！當知是人自捨清淨業報，於我滅度後，愍眾生故，生於惡世[①]，廣演此經。若是善男子、善女人，我滅度後，能竊為一人說《法華經》，乃至一句，當知是人則如來使，如來所遣，行如來事，何況於大眾中廣為人說？

यः खलु पुनर्भैषज्यराज कश्चिदेव सत्त्वो दुष्टचित्तः पापचित्तो रौद्रचित्तस्तथागतस्य संमुखं कल्पमवर्णं भाषेत्, यश्च तेषां तथारूपाणां धर्मभाणकानामस्य सूत्रान्तस्य धारकाणां गृहस्थानां वा प्रव्रजितानां वा एकामपि वाचमप्रियां संश्रावयेद्भूतां वा अभूतां वा, इदमागाढतरं पापकं कर्मेति वदामि । तत्कस्य हेतोः? तथागताभारणप्रतिमण्डितः स भैषज्यराज कुलपुत्रो वा कुलदुहिता वा वेदितव्यः । तथागतं स भैषज्यराज अंसेन परिहरति, य इमं धर्मपर्यायं लिखित्वा पुस्तकगतं कृत्वा अंसेन परिहरति । स येन येनैव प्रक्रामेत्, तेन तेनैव सत्त्वैरञ्जलीकरणीयः सत्कर्तव्यो गुरुकर्तव्यो मानयितव्यः पूजयितव्यो ऽर्चयितव्यो ऽपचायितव्यो दिव्यमानुष्यकैः पुष्पधूपगन्धमाल्यविलेपनचूर्णचीवरच्छत्रध्वजपताकावाद्यखाद्यभोज्यान्नपानयानैरग्रप्राप्तैश्च दिव्यै रत्नराशिभिः । स धर्मभाणकः सत्कर्तव्यो गुरुकर्तव्यो मानयितव्यः पूजयितव्यः, दिव्याश्च रत्नराशयस्तस्य धर्मभाणकस्योपनामयितव्याः । तत्कस्य हेतोः? अप्येव नाम एकवारमपि इमं धर्मपर्यायं संश्रावयेत्, यं श्रुत्वा अप्रमेया असंख्येयाः सत्त्वाः क्षिप्रमनुत्तरायां सम्यक्संबोधौ परिनिष्पद्येयुः ॥

今译：“还有，药王啊，若有心地邪恶暴戾的众生在这个劫当面污蔑如来，或者对这样的说法者、受持这部经的在家人或出家人，甚至说一句难听的话，无论真假，我说后者这种罪业更深重。为什么？

① 此处“生于恶世”按原文是指瞻部洲人间。

药王啊，应该知道这位善男子或善女人以如来的装饰为装饰。药王啊，他书写这个法门，制成经书，用肩膀担负，也就是用肩膀担负如来。他无论走到哪里，天神和凡人都应该合掌礼敬、尊敬、尊重、崇敬、供养和敬拜，献上鲜花、香料、花环、香膏、香粉、衣服、华盖、旗帜、幢幡、音乐、食物、饮料和车乘以及最精美的天国珍宝。应该尊敬、尊重、崇敬和供养说法者。应该向说法者献上天国珍宝。为什么？即使宣说一次这个法门，无量无数众生闻听后，迅速获得无上正等菩提。"

什译："藥王！若有惡人，以不善心，於一劫中現於佛前，常毀罵佛，其罪尚輕。若人以一惡言，毀呰在家、出家讀誦《法華經》者，其罪甚重。藥王！其有讀誦《法華經》者，當知是人以佛莊嚴而自莊嚴，則為如來肩所荷擔①。其所至方，應隨向禮②，一心合掌，恭敬，供養，尊重，讚歎，華香、瓔珞、末香、塗香、燒香、繒蓋、幢幡、衣服、餚饌，作諸伎樂，人中上供，而供養之。應持天寶而以散之，天上寶聚應以奉獻。所以者何？是人歡喜說法，須臾聞之，即得究竟阿耨多羅三藐三菩提故。"

अथ खलु भगवांस्तस्यां वेलायामिमा गाथा अभाषत --

今译：这时，世尊又用这些偈颂说道：

什译：爾時，世尊欲重宣此義，而說偈言：

बुद्धत्वे स्थातुकामेन स्वयंभूज्ञानमिच्छता ।
सत्कर्तव्याश्च ते सत्त्वा ये धारेन्ति इमं नयम्॥ १ ॥

今译：想要立足于佛性，
　　　想要获得自在智，

---

① 此处"为如来肩所荷担"，按原文是"用肩膀担负如来"。
② "应随向礼"意谓应该随即向他致敬。

众生就应该尊敬
受持这个法门者。（1）

什译：若欲住佛道，成就自然智，
　　　常當勤供養，受持法華者。

सर्वज्ञत्वं च यो इच्छेत्कथं शीघ्रं भवेदिति।
स इमं धारयेत्सूत्रं सत्कुर्याद्वापि धारकम्॥ २॥

今译：想要获得知一切性，
　　　怎样才能迅速获得？
　　　应该受持这一部经，
　　　也应该尊敬受持者。（2）

什译：其有欲疾得，一切種智慧，
　　　當受持是經，并供養持者。

प्रेषितो लोकनाथेन सत्त्ववैनेयकारणात्।
सत्त्वानामनुकम्पार्थं सूत्रं यो वाचयेदिदम्॥ ३॥

今译：是为了教化众生，
　　　受世界救主派遣，
　　　关心众生的利益，
　　　他才宣说这部经。（3）

什译：若有能受持，妙法華經者，
　　　當知佛所使，愍念諸眾生。

उपपत्तिं शुभां त्यक्त्वा स धीर इह आगतः।
सत्त्वानामनुकम्पार्थं सूत्रं यो धारयेदिदम्॥ ४॥

今译：这位智者舍弃出生

清净的佛土，来到
这里，关心众生的
利益，受持这部经。（4）

什译：諸有能受持，妙法華經者，
捨於清淨土，愍眾故生此。

उपपत्ति वशा तस्य येन सो दृश्यते तहि ।
पश्चिमे कालि भाषन्तो इदं सूत्रं निरुत्तरम्॥ ५ ॥

今译：他掌握自己出生，
而看见他在最后
末世，来到这里，
宣说这部无上经。（5）

什译：當知如是人，自在所欲生[①]，
能於此惡世，廣說無上法。

दिव्येहि पुष्पेहि च सत्करेत मानुष्यकैश्चापि हि सर्वगन्धैः ।
दिव्येहि वस्त्रेहि च छादयेया रत्नेहि अभ्योकिरि धर्मभाणकम्॥ ६ ॥

今译：应该向这说法者，
供奉天国的鲜花、
衣服和各种珍宝，
人间的一切香料。（6）

什译：應以天華香，及天寶衣服，
天上妙寶聚，供養說法者。

कृताञ्जली तस्य भवेत नित्यं यथा जिनेन्द्रस्य स्वयंभुवस्तथा ।

① “自在所欲生”意谓掌握自己的出生处。

यः पश्चिमे कालि सुभैरवे ऽस्मिन्परिनिर्वृतस्य इद सुत्र धारयेत्॥ ७ ॥

今译：应该永远向他合掌致敬，
如同对待自在者胜者王，
他是在如来涅槃之后的
恶浊末世，受持这部经。（7）

什译：吾滅後惡世，能持是經者，
當合掌禮敬，如供養世尊。

खाद्यं च भोज्यं च तथान्नपानं विहारशय्यासनवस्त्रकोट्यः ।
ददेय पूजार्थ जिनात्मजस्य अप्येकवारं पि वदेत सूत्रम्॥ ८ ॥

今译：即使他宣说一次这部经，
也要用软硬食物和饮料，
数以千万房舍、床座和
衣服，供养这位胜者子。（8）

什译：上饌衆甘美，及種種衣服，
供養是佛子，冀得須臾聞。

तथागतानां करणीय कुर्वते मया च सो प्रेषित मानुषं भवम्।
यः सूत्रमेतच्चरिमस्मि काले लिखेय धारेय श्रुणेय वापि ॥ ९ ॥

今译：受我派遣来到人间，
他履行如来的事业，
在最后末世，书写、
受持和宣说这部经。（9）

什译：若能於後世，受持是經者，
我遣在人中，行於如來事。

यश्चैव स्थित्वेह जिनस्य संमुखं श्रावेदवर्णं परिपूर्णकल्पम्।
प्रदुष्टचित्तो भृकुटिं करित्वा बहुं नरो ऽसौ प्रसवेत पापम्॥ १० ॥

今译：若有心地邪恶的人，
在整整一劫中站在
胜者前，竖眉毁谤，
他会犯下深重罪孽。（10）

什译：若於一劫中，常懷不善心，
作色而罵佛，獲無量重罪。

यश्चापि सूत्रान्तधराण तेषां प्रकाशयन्तानिह सूत्रमेतत्।
अवर्णमाक्रोश वदेय तेषां बहूतरं तस्य वदामि पापम्॥ ११ ॥

今译：而如果有人毁谤和
谩骂受持这部经和
宣说这部经的人们，
则犯下更深重罪孽。（11）

什译：其有讀誦持，是法華經者，
須臾加惡言，其罪復過彼。

नरश्च यो संमुख संस्तवेया कृताञ्जली मां परिपूर्णकल्पम्।
गाथान कोटीनयुतैरनेकैः पर्येषमाणो इममग्रबोधिम्॥ १२ ॥

今译：若有人在这一劫中，
当面合掌用数千万
那由他偈颂赞颂我，
求取这种至上菩提。（12）

什译：有人求佛道，而於一劫中，
合掌在我前，以無數偈讚。

बहुं खु सो तत्र लभेत पुण्यं मां संस्तवित्वान प्रहर्षजातः ।
अतश्च सो बहुतरकं लभेत यो वर्ण तेषां प्रवदेन्मनुष्यः ॥ १३ ॥

今译：若满怀喜悦赞颂我，
必定获得许多功德，
而如果赞颂这些人，
则会获得更多功德。（13）

什译：由是讚佛故，得無量功德，
歎美持經者，其福復過彼。

अष्टादश कल्पसहस्रकोट्यो यस्तेषु पुस्तेषु करोति पूजाम्।
शब्देहि रूपेहि रसेहि चापि दिव्यैश्च गन्धैश्च स्पर्शैश्च दिव्यैः ॥ १४ ॥

今译：若历时十八千千万
那由他劫，用那些
神奇的色、声、香、
味和触，供养经书。（14）

什译：於八十億劫，以最妙色聲，
及與香味觸，供養持經者。

करित्व पुस्तान तथैव पूजां अष्टादश कल्पसहस्रकोट्यः ।
यदि श्रुणो एकश एत सूत्रं आश्चर्यलाभो ऽस्य भवेन्महानिति ॥ १५ ॥

今译：十八千千万那由他劫，
始终这样供养种种经，
而若闻听一次这部经，
他会获得莫大的奇迹。（15）

什译：如是供養已，若得須臾聞，
則應自欣慶，我今獲大利，

藥王今告汝，我所說諸經，
而於此經中，法華最第一。

आरोचयामि ते भैषज्यराज, प्रतिवेदयामि ते । बहवो हि मया भैषज्यराज धर्मपर्याया भाषिताः, भाषामि भाषिष्ये च । सर्वेषां च तेषां भैषज्यराज धर्मपर्यायाणामयमेव धर्मपर्यायः सर्वलोकविप्रत्यनीकः सर्वलोकाश्रद्दधनीयः । तथागतस्याप्येतद्भैषज्यराज आध्यात्मिकधर्मरहस्यं तथागतबलसंरक्षितमप्रतिभिन्नपूर्वमनाचक्षितपूर्वमनाख्यातमिदं स्थानम् । बहुजनप्रतिक्षिप्तो ऽयं भैषज्यराज धर्मपर्यायस्तिष्ठतो ऽपि तथागतस्य, कः पुनर्वादः परिनिर्वृतस्य ॥

今译："我告诉你，药王啊，我告知你。药王啊，我过去、现在和未来宣说许多法门。药王啊，所有这些法门中，唯有这个法门，一切世界难以相信，一切世界难以信仰。药王啊，这是如来自觉内证的正法秘要，由如来力守护，不可摧破，以前没有宣说演示。药王啊，这个法门甚至现在遭到许多人诋毁，更何况在如来涅槃后？

什译：爾時，佛復告藥王菩薩摩訶薩："我所說經典無量千萬億，已說、今說、當說，而於其中，此《法華經》最為難信難解。藥王！此經是諸佛祕要之藏，不可分布妄授與人[①]。諸佛世尊之所守護，從昔已來，未曾顯說。而此經者，如來現在猶多怨嫉，況滅度後？

अपि तु खलु पुनर्भैषज्यराज तथागतचीवरच्छन्नास्ते कुलपुत्रा वा कुलदुहितरो वा वेदितव्याः । अन्यलोकधातुस्थितैश्च तथागतैरवलोकिताश्च अधिष्ठिताश्च । प्रत्यात्मिकं च तेषां श्रद्धाबलं भविष्यति, कुशलमूलबलं च प्रणिधानबलं च । तथागतविहारैकस्थाननिवासिनश्च ते भैषज्यराज कुलपुत्रा वा कुलदुहितरो वा भविष्यन्ति, तथागतपाणिपरिमार्जितमूर्धानश्च ते भविष्यन्ति, य इमं धर्मपर्यायं तथागतस्य परिनिर्वृतस्य श्रद्दधिष्यन्ति वाचयिष्यन्ति लिखिष्यन्ति सत्करिष्यन्ति गुरुकरिष्यन्ति परेषां च संश्रावयिष्यन्ति ॥

① 此处"不可分布妄授与人"的原词是 apratibhinna，词义为不可破坏。此词护译"无能破坏"。

今译:"然而,药王啊,应该知道那些善男子或善女人覆盖有如来衣。他们也受到住在其他世界的如来关注和护持。他们具有内在的信仰力、善根力和誓愿力。药王啊,这些善男子或善女人会与如来同住一处。如来的手掌会抚摩他们的头顶。在如来涅槃后,他们会信仰这个法门,宣说,书写,尊敬,崇敬,为其他人宣讲。

什译:"藥王!當知如來滅後,其能書持,讀誦,供養,為他人說者,如來則為以衣覆之,又為他方現在諸佛之所護念。是人有大信力,及志願力、諸善根力。當知是人與如來共宿,則為如來手摩其頭。

यस्मिन्खलु पुनर्भैषज्यराज पृथिवीप्रदेशे ऽयं धर्मपर्यायो भाष्येत वा देश्येत वा लिख्येत वा स्वाध्यायेत वा संगायेत वा, तस्मिन्भैषज्यराज पृथिवीप्रदेशे तथागतचैत्यं कारयितव्यं महन्तं रत्नमयमुच्चं प्रगृहीतम्। न च तस्मिन्नवश्यं तथागतशरीराणि प्रतिष्ठापयितव्यानि। तत्कस्य हेतोः? एकघनमेव तस्मिं-स्तथागतशरीरमुपनिक्षिप्तं भवति, यस्मिन्पृथिवीप्रदेशे ऽयं धर्मपर्यायो भाष्येत वा देश्येत वा पठ्येत वा संगायेत वा लिख्येत वा लिखितो वा पुस्तकगतस्तिष्ठेत्। तस्मिंश्च स्तूपे सत्कारो गुरुकारो मानना पूजना अर्चना करणीया सर्वपुष्पधूप-गन्धमाल्यविलेपनचूर्णचीवरच्छत्रध्वजपताकावैजयन्तीभिः। सर्वगीतवाद्यनृत्य-तूर्यतालावचरसंगीतिसंप्रवादितैः पूजा करणीया। ये च खलु पुनर्भैषज्यराज सत्त्वास्तं तथागतचैत्यं लभेरन्वन्दनाय पूजनाय दर्शनाय वा, सर्वे ते भैषज्यराज अभ्यासन्नीभूता वेदितव्या अनुत्तरायाः सम्यक्संबोधेः। तत्कस्य हेतोः? बहवो भैषज्यराज गृहस्थाः प्रव्रजिताश्च बोधिसत्त्वचर्यां चरन्ति, न च पुनरिमं धर्मपर्यायं लभन्ते दर्शनाय वा श्रवणाय वा लिखनाय वा पूजनाय वा। न तावत्ते भैषज्यराज बोधिसत्त्वचर्यायां कुशला भवन्ति, यावन्नेमं धर्मपर्यायं शृण्वन्ति। ये त्विमं धर्म-पर्यायं शृण्वन्ति, श्रुत्वा चाधिमुच्यन्ति अवतरन्ति विजानन्ति परिगृह्णन्ति, तस्मिन् समये ते आसन्नस्थायिनो भविष्यन्त्यनुत्तरायां सम्यक्संबोधौ, अभ्याशीभूताः॥

今译:"药王啊,在大地上任何地方,这个法门会得到宣说,演示,书写,诵习,合诵。药王啊,应该在这些地方建造高广的如来宝塔。塔中不必安放如来舍利,为什么?这里已安放有如来的全身。在这个地方，法门得到宣说，演示，诵读，合诵，书写，制成经书。应该尊敬、尊重、崇敬、供养和敬拜这座塔，献上一切鲜花、香料、花环、香膏、香粉、衣服、华盖、旗帜、幢幡和胜利旗，献上一切歌曲、音乐、舞蹈、种种伎乐和合唱。药王啊，那些众生见到如来塔，礼敬，供拜，观看，药王啊，应该知道他们全都接近无上正等菩提。为什么？药王啊，许多在家人和出家人修习菩萨行，而没有见到、听到、书写或供奉这个法门。药王啊，只要没有闻听这个法门，他们就不会通晓菩萨行。一旦闻听这个法门，闻听后，信受、悟入、理解和护持，这时他们才接近无上正等菩提，成为临近者。

什译："藥王！在在處處，若說，若讀，若誦，若書，若經卷所住處，皆應起七寶塔，極令高廣嚴飾，不須復安舍利。所以者何？此中已有如來全身。此塔應以一切華香、瓔珞、繒蓋、幢幡、伎樂、歌頌，供養，恭敬，尊重，讚歎。若有人得見此塔，禮拜供養，當知是等皆近阿耨多羅三藐三菩提。藥王！多有人在家、出家行菩薩道，若不能得見聞、讀誦、書持、供養是《法華經》者，當知是人未善行菩薩道。若有得聞是經典者，乃能善行菩薩之道。其有眾生求佛道者，若見若聞是《法華經》，聞已信解受持者，當知是人得近阿耨多羅三藐三菩提。

तद्यथापि नाम भैषज्यराज कश्चिदेव पुरुषो भवेदुदकार्थी उदकगवेषी। स उदकार्थमुज्जङ्गले पृथिवीप्रदेशे उदपानं खानयेत्। स यावत्पश्येच्छुष्कं पाण्डरं पांसु निर्वाह्यमानम्, तावज्जानीयात्, दूर इतस्तावदूदकमिति। अथ परेण समयेन स पुरुष आर्द्रपंसुमुदकसंनिश्रं कर्दमपङ्कभुतमुदकबिन्दुभिः स्रवद्भिर्निर्वाह्यमानं पश्येत्, तांश्च पुरुषानुदपानखानकान्कर्दमपङ्कदिग्धाङ्गान्, अथ खलु पुनर्भैषज्यराज स पुरुषस्तत्पूर्वनिमित्तं दृष्ट्वा निष्काङ्क्षो भवेन्निर्विचिकित्सः -- आसन्नमिदं खलूदकमिति। एवमेव भैषज्यराज दूरे ते बोधिसत्त्वा महासत्त्वा भवन्त्यनुत्तरायां सम्यक्संबोधौ, यावन्नेमं धर्मपर्यायं शृण्वन्ति, नोद्गृह्णन्ति नावतरन्ति नावगाहन्ते न चिन्तयन्ति। यदा खलु पुनर्भैषज्यराज बोधिसत्त्वा महासत्त्वा इमं धर्मपर्यायं शृण्वन्ति उद्गृह्णन्ति

धारयन्ति वाचयन्ति अवतरन्ति स्वाध्यायन्ति चिन्तयन्ति भवयन्ति, तदा ते ऽभ्याशीभूता भविष्यन्त्यनुत्तरायां सम्यक्संबोधौ । सत्त्वानामितो भैषज्यराज धर्मपर्यायादनुत्तरा सम्यक्संबोधिराजायते । तत्कस्य हेतोः? परमसंधाभाषित-विवरणो ह्ययं धर्मपर्यायस्तथागतैरर्हद्भिः सम्यक्संबुद्धैः । धर्मनिगूढस्थानमाख्यातं बोधिसत्त्वानां महासत्त्वानां परिनिष्पत्तिहेतोः । यः कश्चिद्भैषज्यराज बोधिसत्त्वो ऽस्य धर्मपर्यायस्योत्रसेत्संत्रसेत्संत्रासमापद्येत, नवयानसंप्रस्थितः स भैषज्यराज बोधिसत्त्वो महासत्त्वो वेदितव्यः । सचेत्पुनः श्रावकयानीयो ऽस्य धर्मपर्याय-स्योत्रसेत्संत्रसेत्संत्रासमापद्येत, अधिमानिकः स भैषज्यराज श्रावकयानिकः पुद्गलो वेदितव्यः ॥

今译："譬如，药王啊，有个人寻找水源。为寻找水源，他在沙地某处挖掘水池。他看见挖出干燥发白的泥土，知道水源还离地很远。然后，他看见挖出含水的湿土，渗水的泥土，那些挖掘水池的人身上沾有泥土。于是，药王啊，他看到这种先兆，毫不怀疑已经接近水源。正是这样，药王啊，只要那些菩萨大士没有闻听这个法门，没有接受、悟入、理解和思考，他们离无上正等菩提还很远。药王啊，一旦这些菩萨大士闻听这个法门，接受、记取、宣说、悟入、诵习、思考和修习，这时他们才接近无上正等菩提。药王啊，众生的无上正等菩提产生于这个法门。为什么？如来、阿罗汉、正等觉们以至上的随宜所说打开这个法门。它展示正法深藏的秘要，为了让菩萨大士们获得成就。药王啊，如果某个菩萨对这个法门产生惊恐疑惧，应该知道他是新入道的菩萨大士。药王啊，如果某个声闻乘人对这个法门产生惊恐疑惧，应该知道他是骄慢的声闻乘人。

什译："藥王！譬如有人渴乏須水，於彼高原穿鑿求之，猶見乾土，知水尚遠。施功不已，轉見濕土，遂漸至泥，其心決定知水必近。菩薩亦復如是，若未聞、未解、未能修習是《法華經》者，當知是人去阿耨多羅三藐三菩提尚遠。若得聞解、思惟、修習，必知得近阿耨多羅三藐三菩提。所以者何？一切菩薩阿耨多羅三藐三菩提皆屬此經。此經開方便門，示真實相。是《法華經》藏，深固幽遠，無人能到，今佛教化成就菩薩而為開示。藥王！若有菩薩聞是《法華經》，驚疑怖畏，當知是為新發意菩薩。若聲聞人聞是經，驚疑怖畏，當知是為增上慢者。

यः कश्चिद्भैषज्यराज बोधिसत्त्वो महासत्त्वस्तथागतस्य परिनिर्वृतस्य पश्चिमे काले पश्चिमे समये इमं धर्मपर्यायं चतसृणां पर्षदां संप्रकाशयेत्, तेन भैषज्यराज बोधिसत्त्वेन महासत्त्वेन तथागतलयनं प्रविश्य तथागतचीवरं प्रावृत्य तथागतस्यासने निषद्य अयं धर्मपर्यायश्चतसृणां पर्षदां संप्रकाशयितव्यः । कतमश्च भैषज्यराज तथागतलयनम्? सर्वसत्त्वमैत्रीविहारः स्वलु पुनर्भैषज्यराज तथागत-लयनम्। तत्र तेन कुलपुत्रेण प्रवेष्टव्यम्। कतमच्च भैषज्यराज तथागतचीवरम्? महाक्षान्तिसौरत्यं खलु पुनर्भैषज्यराज तथागतचीवरम्। तत्तेन कुलपुत्रेण वा कुलदुहित्रा वा प्रावरितव्यम्। कतमच्च भैषज्यराज तथागतस्य धर्मासनम्? सर्वधर्मशून्यताप्रवेशः खलु पुनर्भैषज्यराज तथागतस्य धर्मासनम्। तत्र तेन कुलपुत्रेण निषत्तव्यम्, निषद्य चायं धर्मपर्यायश्चतसृणां पर्षदां संप्रकाशयितव्यः । अनवलीनचित्तेन बोधिसत्त्वेन पुरस्ताद्बोधिसत्त्वगणस्य बोधिसत्त्वयानसंप्रस्थितानां चतसृणां पर्षदां संप्रकाशयितव्यः । अन्यलोकधातुस्थितश्चाहं भैषज्यराज तस्य कुलपुत्रस्य निर्मितैः पर्षदः समावर्तयिष्यामि । निर्मितांश्च भिक्षुभिक्षुण्युपासको-पासिकाः संप्रेषयिष्यामि धर्मश्रवणाय । ते तस्य धर्मभाणकस्य भाषितं न प्रतिबाधिष्यन्ति, न प्रतिक्षेप्स्यन्ति । सचेत्खलु पुनररण्यगतो भविष्यति, तत्राप्यहमस्य बहुदेवनागयक्षगन्धर्वासुरगरुडकिन्नरमहोरगान्संप्रेषयिष्यामि धर्म-श्रवणाय । अन्यलोकधातुस्थितश्चाहं भैषज्यराज तस्य कुलपुत्रस्य मुख-मुपदर्शयिष्यामि । यानि च अस्य अस्माद्धर्मपर्यायात्पदव्यञ्जनानि परिभ्रष्टानि भविष्यन्ति, तानि तस्य स्वाध्यायतः प्रत्युच्चारयिष्यामि ॥

今译：“药王啊，若有菩萨大士在如来涅槃后的末世末时向四众宣说这个法门，药王啊，这位菩萨大士应该入如来室，穿如来衣，坐如来座，向四众宣说这个法门。药王啊，何谓如来室？药王啊，如来室是安住对一切众生慈悲，善男子或善女人应该住在这里。药王啊，何谓如来衣？药王啊，如来衣是乐于大忍辱，善男子或善女人应该穿上它。药王啊，何谓如来座？药王啊，如来座是安坐一切法空性，善男子应该坐在上面，坐下后，应该向四众宣说这个法门。这位菩萨应该毫无懈怠心，向众菩萨和发心求取菩萨乘的四众宣说。药王啊，我在其他世界会为这样的善男子幻化结集会众。我会派遣幻化的比丘、比丘尼、优婆塞和优婆夷听法。他们不会违逆和毁谤这位说法者所说。如果他在森林旷野，我会派遣众多天神、蛇、药叉、健达缚、阿修罗、迦楼罗、紧那罗和大蛇听法。我在其他世界会向这样的善男子显身。如果他遗漏这个法门中的音义，我会提示这位诵经者。”

什译：“藥王！若有善男子、善女人，如來滅後，欲為四眾說是《法華經》者，云何應說[①]？是善男子、善女人，入如來室，著如來衣，坐如來座，爾乃應為四眾廣說斯經。如來室者，一切眾生中大慈悲心是。如來衣者，柔和忍辱心是。如來座者，一切法空是。安住是中，然後以不懈怠心，為諸菩薩及四眾廣說是《法華經》。藥王！我於餘國遣化人為其集聽法眾，亦遣化比丘、比丘尼、優婆塞、優婆夷聽其說法。是諸化人聞法信受，隨順不逆。若說法者在空閑處，我時廣遣天、龍、鬼神、乾闥婆、阿修羅等聽其說法。我雖在異國，時時令說法者得見我身。若於此經忘失句逗[②]，我還為說，令得具足。”

अथ खलु भगवांस्तस्यां वेलायामिमा गाथा अभाषत --

今译：这时，世尊又用这些偈颂说道：

什译：爾時，世尊欲重宣此義，而說偈言：

लीयनां सर्व वर्जित्वा श्रृणुयात्सूत्रमीदृशम्।
दुर्लभो वै श्रवो ह्यस्य अधिमुक्ती पि दुर्लभा ॥ १६ ॥

① “云何应说”意谓应该如何说。

② “句逗”意谓按照句子停顿处读通文章。此处原文中的用词是 padavyañjana，词义为词和词音。

第十　法师品　455

今译：摒弃任何懈怠心，
　　　应该闻听这部经，
　　　这样的闻听难得，
　　　受持信奉也难得。（16）

什译：欲捨諸懈怠，應當聽此經，
　　　是經難得聞，信受者亦難。

उदकार्थी यथा कश्चित्खानयेत्कूप जङ्गले ।
शुष्कं च पांसु पश्येत खान्यमाने पुनः पुनः ॥ १७ ॥

今译：如同有人寻水源，
　　　在沙地挖掘水池，
　　　他看到一次一次
　　　挖出干燥的泥土。（17）

什译：如人渴須水，穿鑿於高原，

सो दृष्ट्वा चिन्तयेत्तत्र दूरे वारि इतो भवेत् ।
इदं निमित्तं दूरे स्यात्शुष्कपांसुरितोत्सृतः ॥ १८ ॥

今译：看到后，他心想
　　　水源离地还很远，
　　　因为挖出的干土
　　　表明水源还很远。（18）

什译：猶見乾燥土，知去水尚遠。

यदा तु आर्द्रं पश्येत पांसुं स्निग्धं पुनः पुनः ।
निष्ठा तस्य भवेत्तत्र नास्ति दूरे जलं इह ॥ १९ ॥

今译：而看到一次一次

挖出的泥土湿润
柔软，他便断定
水源离地已不远。（19）

什译：漸見濕土泥，決定知近水。

एवमेव तु ते दूरे बुद्धज्ञानस्य तादृशाः ।
अशृण्वन्त इदं सूत्रमभावित्वा पुनः पुनः ॥ २० ॥

今译：同样，没有闻听
这部经，也没有
反复修习这部经，
他们离佛智很远。（20）

什译：藥王汝當知！如是諸人等，
不聞法華經，去佛智甚遠。

यदा तु गम्भीरमिदं श्रावकाणां विनिश्चयम्।
सूत्रराजं श्रुणिष्यन्ति चिन्तयिष्यन्ति वा सकृत्॥ २१ ॥

今译：一旦闻听和思考
这一部经中之王，
为所有声闻作出
决定的深邃的经。（21）

什译：若聞是深經，決了聲聞法，
是諸經之王，聞已諦思惟[①]。

ते भोन्ति संनिकृष्टा वै बुद्धज्ञानस्य पण्डिताः ।
यथैव चार्द्रे पांसुस्मिनासन्नं जलमुच्यते ॥ २२ ॥

① “谛思惟”意谓认真思惟。

第十 法师品 457

今译：这些智者也就会
　　　处在佛智的附近，
　　　这正如前面所说，
　　　湿润泥土临近水。（22）

什译：當知此人等，近於佛智慧。

**जिनस्य लेनं प्रविशित्वा प्रावरित्वा मि चीवरम्।
ममासने निषीदित्वा अभीतो भाषि पण्डितः॥ २३॥**

今译：智者进入如来室，
　　　同时穿上如来衣，
　　　坐在如来座位上，
　　　无所畏惧宣说法。（23）

什译：若人說此經，應入如來室，
　　　著於如來衣，而坐如來座，
　　　處眾無所畏，廣為分別說。

**मैत्रीबलं च लयनं क्षान्तिसौरत्य चीवरम्।
शून्यता चासनं मह्यमत्र स्थित्वा हि देशयेत्॥ २४॥**

今译：如来室是慈悲力，
　　　如来衣是能安忍，
　　　如来座是知空性，
　　　坐在上面宣说法。（24）

什译：大慈悲為室，柔和忍辱衣，
　　　諸法空為座，處此為說法。

**लोष्टं दण्डं वाथ शक्ती आक्रोश तर्जनाथ वा।
भाषन्तस्य भवेत्तत्र स्मरन्तो मम ता सहेत्॥ २५॥**

今译：说法者面对土块
石头、棍棒刀枪、
谩骂恐吓，他会
忆念我而能忍受。（25）

什译：若說此經時，有人惡口罵，
加刀杖瓦石，念佛故應忍。

क्षेत्रकोटीसहस्रेसु आत्मभावो दृढो मम ।
देशेमि धर्मं सत्त्वानां कल्पकोटीरचिन्तिया: ॥ २६ ॥

今译：我有坚固的身体，
在千千万的佛土，
不可思议千万劫，
为众生宣说正法。（26）

什译：我千萬億土，現[①]淨堅固身，
於無量億劫，為眾生說法。

अहं पि तस्य वीरस्य यो मह्य परिनिर्वृते ।
इदं सूत्रं प्रकाशेया प्रेषेष्ये बहु निर्मितान्॥ २७ ॥

今译：在我进入涅槃后，
这位英雄依然会
宣说这经，我会
派遣许多幻化人。（27）

什译：若我滅度後，能說此經者，

भिक्षवो भिक्षुणीया च उपासका उपासिका: ।

① “现”意谓展现。

第十　法师品

तस्य पूजां करिष्यन्ति पर्षदश्च समा अपि ॥ २८ ॥

今译：众比丘、比丘尼、
　　　优婆塞和优婆夷，
　　　他们都会供拜他，
　　　所有会众也同样。（28）

什译：我遣化四眾，比丘比丘尼，
　　　及清信士女，供養於法師，
　　　引導諸眾生，集之令聽法。

लोष्टं दण्डांस्तथाक्रोशांस्तर्जनां परिभाषणाम्।
ये चापि तस्य दास्यन्ति वारेष्यन्ति स्म निर्मिताः ॥ २९ ॥

今译：那些毁谤者对他
　　　施以土块、棍棒、
　　　谩骂和恐吓，这些
　　　幻化的人会保护他。（29）

什译：若人欲加惡，刀杖及瓦石，
　　　則遣變化人，為之作衛護。

यदापि चैको विहरन्स्वाध्यायन्तो भविष्यति।
नरैर्विरहिते देशे अटव्यां पर्वतेषु वा ॥ ३० ॥

今译：如果他独自一人，
　　　在僻静之处诵读，
　　　在森林或山谷中，
　　　荒无人烟的地方。（30）

什译：若說法之人，獨在空閑處，
　　　寂寞無人聲，讀誦此經典，

ततो ऽस्य अहं दर्शिष्ये आत्मभाव प्रभास्वरम्।
स्खलितं चास्य स्वाध्यायमुच्चारिष्ये पुनः पुनः ॥ ३१ ॥

今译：我便会向他显现
我的光辉的身体，
我会一次次提示
他诵读中的遗漏。（31）

什译：我爾時為現，清淨光明身，
若忘失章句，為說令通利。

तहिं च स्य विहरतो एकस्य वनचारिणः ।
देवान्यक्षांश्च प्रेषिष्ये सहायांस्तस्य नैकशः ॥ ३२ ॥

今译：他独自住在那里，
成为林中修行者，
我会派遣众多的
天神药叉陪伴他。（32）

什译：若人具是德，或為四眾說，
空處讀誦經，皆得見我身。①

若人在空閑，我遣天龍王，
夜叉鬼神等，為作聽法眾。

एतादृशास्तस्य गुणा भवन्ति चतुर्ण पर्षाण प्रकाशकस्य ।
एको विहारे वनकन्दरेषु स्वाध्याय कुर्वन्तु ममाहि पश्येत्॥ ३३ ॥

今译：作为四众的法师，
具有这样的功德，
在林中山谷诵读，

① 什译这颂属于原文的第 33 颂。

他会看见我显身。（33）

प्रतिभान तस्य भवती असङ्गं निरुक्ति धर्माण बहू प्रजानाति ।
तोषेति सो प्राणिसहस्रकोट्यः यथापि बुद्धेन अधिष्ठितत्वात्॥ ३४ ॥

今译：他具有无碍辩才，
通晓诸法的释义，
他受到佛的护持，
满足千千万众生。（34）

什译：是人樂說法，分別無罣礙，
諸佛護念故，能令大眾喜。

ये चापि तस्याश्रित भोन्ति सत्त्वास्ते बोधिसत्त्वा लघु भोन्ति सर्वे ।
तत्संगतिं चापि निषेवमाणाः पश्यन्ति बुद्धान यथ गङ्गवालिकाः ॥ ३५ ॥

今译：众生若是依靠他，
很快会成为菩萨，
经常与他同相处，
遇见恒河沙数佛。（35）

什译：若親近法師，速得菩薩道，
隨順是師學，得見恒沙佛。

इत्यार्यसद्धर्मपुण्डरीके धर्मपर्याये धर्मभाणकपरिवर्तो नाम दशमः ॥

今译：以上是神圣《妙法莲华》法门中名为《法师品》的第十品。

११ स्तूपसंदर्शनपरिवर्तः ।

今译：第十一 见宝塔品①

什译：見寶塔品第十一

अथ खलु भगवतः पुरस्तात्ततः पृथिवीप्रदेशात्पर्षन्मध्यात्सप्तरत्नमयः स्तूपो ऽभ्युद्गतः पञ्चयोजनशतान्युच्चैस्त्वेन तदनुरूपेण च परिणाहेन । अभ्युद्गम्य वैहायसमन्तरीक्षे समवातिष्ठच्चित्रो दर्शनीयः पञ्चभिः पुष्पग्रहणीयवेदिकासहस्रैः स्वभ्यलंकृतो बहुतोरणसहस्रैः प्रतिमण्डितः पताकावैजयन्तीसहस्राभिः प्रलम्बितो रत्नदामसहस्राभिः प्रलम्बितः पट्टघण्टासहस्रैः प्रलम्बितः तमालपत्रचन्दनगन्धं प्रमुञ्चमानः । तेन च गन्धेन सर्वावतीयं लोकधातुः संमूर्च्छिताभूत्। छत्रावली चास्य यावच्चातुर्महाराजकायिकदेवभवनानि समुच्छ्रिताभूत्सप्तरत्नमयी, तद्यथा -- सुवर्णस्य रूप्यस्य वैडूर्यस्य मुसारगल्वस्याश्मगर्भस्य लोहितमुक्तेः कर्केतनस्य । तस्मिंश्च स्तूपे त्रायस्त्रिंशत्कायिका देवपुत्रा दिव्यैर्मान्दारवमहामान्दारवैः पुष्पैस्तं रत्नस्तूपमवकिरन्ति अध्यवकिरन्ति अभिप्रकिरन्ति । तस्माच्च रत्नस्तूपादेवंरूपः शब्दो निश्चरति स्म -- साधु साधु भगवन् शाक्यमुने । सुभाषितस्ते ऽयं सद्धर्म-पुण्डरीको धर्मपर्यायः । एवमेतत्भगवन्, एवमेतत्सुगत ॥

今译：这时，在世尊的前面，从会众中间的地方，涌出一座七宝宝塔，高度五百由旬，宽度与它相应。这座宝塔涌出后，耸立在空中，美妙可爱，装饰有五千缀花围栏和数千拱门，悬挂有数千幢幡和胜利旗、数千珠宝花环和铃铛，散发多摩罗跋旃檀香气。这种香气弥漫所有世界。成排的华盖高至四大天王宫殿，由七宝制成，即金、银、琉璃、玛瑙、翡翠、赤珠和水晶。忉利天众天子为这宝塔撒下天国曼陀

① “见宝塔品”中的“见”，原词是 saṃdarśana，可读为“看见”，也可读为“示现”。

罗花和大曼陀罗花。从这宝塔中，传出这样的声音："好啊，好啊，世尊释迦牟尼！这是你宣说的《妙法莲华》法门。世尊啊，正是这样。善逝啊，正是这样。"

什译：爾時，佛前有七寶塔，高五百由旬，縱廣二百五十由旬，從地踊出，住在空中。種種寶物而莊校之，五千欄楯，龕室[①]千萬，無數幢幡以為嚴飾，垂寶瓔珞寶鈴萬億而懸其上。四面皆出多摩羅跋旃檀之香，充遍世界。其諸幡蓋，以金、銀、琉璃、車𤦲、瑪瑙、真珠、玫瑰七寶合成，高至四天王宮。三十三天[②]雨天曼陀羅華，供養寶塔。餘諸天、龍、夜叉、乾闥婆、阿修羅、迦樓羅、緊那羅、摩睺羅伽、人非人等，千萬億眾，以一切華香、瓔珞、幡蓋、伎樂，供養寶塔，恭敬，尊重，讚歎。爾時，寶塔中出大音聲歎言："善哉，善哉！釋迦牟尼世尊！能以平等大慧，教菩薩法，佛所護念《妙法華經》，為大眾說。如是，如是！釋迦牟尼世尊！如所說者，皆是真實。"

अथ खलु ताश्चतस्रः पर्षदस्तं महान्तं रत्नस्तूपं दृष्ट्वा वैहायसमन्तरीक्षे स्थितं संजातहर्षाः प्रीतिप्रामोद्यप्रसादप्राप्ताः तस्यां वेलायामुत्थाय आसनेभ्यो ऽञ्जलिं प्रगृह्यावस्थिताः ॥

今译：这时，四众看见这座大宝塔耸立空中，欢喜踊跃，从座位起身，合掌侍立。

什译：爾時，四眾見大寶塔住在空中，又聞塔中所出音聲，皆得法喜，怪未曾有，從座而起，恭敬合掌，却住一面。

अथ खलु तस्यां वेलायां महाप्रतिभानो नाम बोधिसत्त्वो महासत्त्वः सदेवमानुषासुरं लोकं कौतूहलप्राप्तं विदित्वा भगवन्तमेतदवोचत्-- को भगवन्हेतुः, कः प्रत्ययः, अस्यैवंरूपस्य महारत्नस्तूपस्य लोके प्रादुर्भावाय? को वा

---

① "龛室"的原词是 toraṇa，词义为拱门，汉译佛经中也译"门楼"或"楼阁"。
② "三十三天"（trāyastriṃśat）也译"忉利天"。

भगवनस्मान्महारत्नस्तूपादेवंरूपं शब्दं निश्चारयति?

今译：这时，一位名为大辩才的菩萨大士知道包括天神、凡人和阿修罗的整个世界产生好奇心，对世尊说道："世尊啊，什么原因，什么缘由，世界上出现这样的大宝塔？世尊啊，又是谁从这座大宝塔中发出这样的声音？"

什译：爾時，有菩薩摩訶薩，名大樂說[1]，知一切世間天、人、阿修羅等心之所疑，而白佛言："世尊！以何因緣，有此寶塔從地踊出，又於其中發是音聲？"

एवमुक्ते भगवान्महाप्रतिभानं बोधिसत्त्वं महासत्त्वमेतदवोचत्-- अस्मिन् महाप्रतिभान महारत्नस्तूपे तथागतस्यात्मभावस्तिष्ठति एकघनः । तस्यैष स्तूपः । स एष शब्दं निश्चारयति । अस्ति महाप्रतिभान अधस्तायां दिशि असंख्येयानि लोकधातुकोटीनयुतशतसहस्राण्यतिक्रम्य रत्नविशुद्धा नाम लोकधातुः । तस्यां प्रभूतरत्नो नाम तथागतो ऽर्हन्सम्यक्संबुद्धो ऽभूत्। तस्यैतद्भगवतः पुर्व-प्रणिधानमभूत्-- अहं खलु पूर्वं बोधिसत्त्वचर्यां चरमाणो न तावन्निर्यातो ऽनुत्तरायां सम्यक्संबोधौ, यावन्मयायं सद्धर्मपुण्डरीको धर्मपर्यायो बोधिसत्त्वाववादो न श्रुतो ऽभूत्। यदा तु मया अयं सद्धर्मपुण्डरीको धर्मपर्यायः श्रुतः, तदा पश्चादहं परिनिष्पन्नो ऽभूवमनुत्तरायां सम्यक्संबोधौ । तेन खलु पुनर्महाप्रतिभान भगवता प्रभूतरत्नेन तथागतेनार्हता सम्यक्संबुद्धेन परिनिर्वाणकालसमये सदेवकस्य लोकस्य समारकस्य सब्रह्मकस्य सश्रमणब्राह्मणिकायाः प्रजायाः पुरस्तादेवमारोचितम्-- मम खलु भिक्षवः परिनिर्वृतस्य अस्य तथागतात्मभावविग्रहस्य एको महारत्नस्तूपः कर्तव्यः । शेषाः पुनः स्तूपा ममोद्दिश्य कर्तव्याः ।

今译：这样说罢，世尊对大辩才菩萨大士说道："大辩才啊，在这座宝塔中，有如来的全身。这是他的宝塔。这是他发出声音。大辩才啊，在下方，越过无数百千千万那由他世界，有个名为宝净的世界。那里有位名为多宝的如来、阿罗汉、正等觉。这是这位世尊以前的誓

① "大乐说"的原词是 mahāpratibhāna，词义为大辩才。此词护译"大辩"。

愿：'我过去奉行菩萨行，在没有闻听这个为菩萨宣说的《妙法莲华》法门时，我没有觉知无上正等菩提。直至我闻听这个《妙法莲华》法门，我才觉知无上正等菩提。'因此，大辩才啊，这位世尊多宝如来、阿罗汉、正等觉在涅槃的时候，在包括天界、魔界和梵界的世界，包括沙门和婆罗门的众生前面宣布：'众比丘啊，在我涅槃后，用如来的全身建造一座大宝塔，也要为我建造其他的宝塔。'

什译：爾時，佛告大樂說菩薩："此寶塔中有如來全身，乃往過去[①]東方[②]無量千萬億阿僧祇世界，國名寶淨。彼中有佛，號曰多寶。其佛行菩薩道時，作大誓願：'若我成佛，滅度之後，於十方國土有說《法華經》處，我之塔廟，為聽是經故，踊現其前，為作證明，讚言善哉。'彼佛成道已，臨滅度時，於天人大眾中告諸比丘：'我滅度後，欲供養我全身者，應起一大塔。'

तस्य खलु पुनर्महाप्रतिभान भगवतः प्रभूतरत्नस्य तथागतस्यार्हतः सम्यक्संबुद्धस्यैतदधिष्ठानमभूत्-- अयं मम स्तूपो दशसु दिक्षु सर्वलोकधातुषु येषु बुद्धक्षेत्रेष्वयं सद्धर्मपुण्डरीको धर्मपर्यायः संप्रकाश्येत, तेषु तेष्वयं ममात्मभाव-विग्रहस्तूपः समभ्युद्गच्छेत्। तैस्तैर्बुद्धैर्भगवद्भिरस्मिन्सद्धर्मपुण्डरीके धर्मपर्याये भाष्यमाणे पर्षन्मण्डलस्योपरि वैहायसं तिष्ठेत्। तेषां च बुद्धानां भगवतामिमं सद्धर्मपुण्डरीकं धर्मपर्यायं भाषमाणानामयं ममात्मभावविग्रहस्तूपः साधुकारं दद्यात्। तदयं महाप्रतिभान तस्य भगवतः प्रभूतरत्नस्य तथागतस्यार्हतः सम्यक्संबुद्धस्य शरीरस्तूपः । अस्यां सहायां लोकधातौ अस्मिन्सद्धर्मपुण्डरीके धर्मपर्याये मया भाष्यमाणे ऽस्मात्पर्षन्मण्डलमध्यादभ्युद्गम्य उपर्यन्तरीक्षे वैहायसं स्थित्वा साधुकारं ददाति स्म ॥

今译："大辩才啊，这是这位世尊多宝如来、阿罗汉、正等觉的誓愿：'在十方一切世界中，凡有佛土宣说这个《妙法莲华》法门，我的这座全身宝塔会涌出。那些佛世尊在宣说这个《妙法莲华》法门

① "往过去"的原词是 atikramya，词义为越过。

② 此处"东方"，按原文是下方（adhastāyām diśi）。而护译也是"东方"。

时，这座宝塔会耸立在四众的上空。我的这座全身宝塔会赞叹宣说这个《妙法莲华》法门的佛世尊。’大辩才啊，这是这位世尊多宝如来、阿罗汉、正等觉的全身宝塔。我在这个娑婆世界宣说这个《妙法莲华》法门，这座宝塔从会众中间涌出，耸立在空中，发出赞叹。”

什译：“其佛以神通願力，十方世界，在在處處，若有說《法華經》者，彼之寶塔皆踊出其前，全身在於塔中，讚言：‘善哉，善哉！’大樂說！今多寶如來塔，聞說《法華經》故，從地踊出，讚言：‘善哉，善哉！’”

अथ खलु महाप्रतिभानो बोधिसत्त्वो महासत्त्वो भगवन्तमेतदवोचत्-- पश्याम वयं भगवनेतं तथागतविग्रहं भगवतो ऽनुभावेन । एवमुक्ते भगवान् महाप्रतिभानं बोधिसत्त्वं महासत्त्वमेतदवोचत्-- तस्य खलु पुनर्महाप्रतिभान भगवतः प्रभूतरत्नस्य तथागतस्यार्हतः सम्यक्संबुद्धस्य प्रणिधानं गुरुकमभूत्। एतदस्य प्रणिधानम्-- यदा खल्वन्येषु बुद्धक्षेत्रेषु बुद्धा भगवन्त इमं सद्धर्मपुण्डरीकं धर्मपर्यायं भाषेयुः, तदायं ममात्मभावविग्रहस्तूपो ऽस्य सद्धर्मपुण्डरीकस्य धर्मपर्यायस्य श्रवणाय गच्छेत्तथागतानामन्तिकम्। यदा पुनस्ते बुद्धा भगवन्तो ममात्मभावविग्रहमुद्धाट्य दर्शयितुकामा भवेयुश्चतसृणां पर्षदाम्, अथ तैस्तथागतैर्दशसु दिक्ष्वन्योन्येषु बुद्धक्षेत्रेषु य आत्मभावनिर्मितास्तथागतविग्रहा अन्यान्यनामधेयाः, तेषु तेषु बुद्धक्षेत्रेषु सत्त्वानां धर्मं देशयन्ति, तान्सर्वान्संनिपात्य तैरात्मभावनिर्मितैस्तथागतविग्रहैः सार्धं पश्चादयं ममात्मभावविग्रहस्तूपः समुद्धाट्य उपदर्शयितव्यश्चतसृणां पर्षदाम्। तन्मयापि महाप्रतिभान बहवस्तथागतविग्रहा निर्मिताः, ये दशसु दिक्ष्वन्योन्येषु बुद्धक्षेत्रेषु लोकधातुसहस्रेषु सत्त्वानां धर्मं देशयन्ति । ते सर्वे खल्विहानयितव्या भविष्यन्ति ॥

今译：然后，大辩才菩萨大士对世尊说道：“世尊啊，依靠世尊的威力，我们看到这个如来身。”这样说罢，世尊对大辩才菩萨大士说道：“大辩才啊，这位世尊多宝如来、阿罗汉、正等觉曾发出庄重的誓愿。这是他的誓愿：‘一旦任何佛土有佛世尊宣说这个《妙法莲华》法门，我的身体宝塔就会前往如来身边听取这个《妙法莲华》法门。十方世界那些佛土的佛世尊想要打开宝塔，向四众展现我的身体，那么，十方世界佛土的如来自身幻化的各种名号的如来身，在各个佛土向众生说法。这些如来应该召集所有那些自身幻化出的如来身，与那些如来身一起，打开我的身体宝塔，向四众展现。’因此，大辩才啊，我也幻化有许多如来身，他们在十方各个佛土，数千世界，向众生说法。我应该将他们全都召集来这里。”

什译：是時，大樂說菩薩以如來神力故，白佛言：“世尊！我等願欲見此佛身。”佛告大樂說菩薩摩訶薩：“是多寶佛有深重願：‘若我寶塔，為聽《法華經》故，出於諸佛前時，其有欲以我身示四眾者，彼佛分身諸佛在於十方世界說法，盡還集一處，然後我身乃出現耳。’大樂說！我分身諸佛在於十方世界說法者，今應當集。”

अथ खलु महाप्रतिभानो बोधिसत्त्वो महासत्त्वो भगवन्तमेतदवोचत्--तानपि तावद्भगवंस्तथागतात्मभावांस्तथागतनिर्मितान्सर्वान्वन्दामहै ॥

今译：于是，大辩才菩萨大士对世尊说道：“世尊啊，我们也向如来幻化的所有这些如来身致敬。”

什译：大樂說白佛言：“世尊！我等亦願欲見世尊分身諸佛，禮拜供養。”

अथ खलु भगवांस्तस्यां वेलायामूर्णाकोशाद्रश्मिं प्रामुञ्चत्, यया रश्म्या समनन्तरप्रमुक्तया पूर्वस्यां दिशि पञ्चाशत्सु गङ्गानदीवालुकासमेषु लोकधातुकोटीनयुतशतसहस्रेषु ये बुद्धा भगवन्तो विहरन्ति स्म, ते सर्वे संदृश्यन्ते स्म । तानि च बुद्धक्षेत्राणि स्फटिकमयानि संदृश्यन्ते स्म, रत्नवृक्षैश्च चित्राणि संदृश्यन्ते स्म, दूष्यपट्टदामसमलंकृतानि बहुबोधिसत्त्वशतसहस्रपरिपूर्णानि वितानविततानि सप्तरत्नहेमजालप्रतिच्छन्नानि । तेषु तेषु बुद्धा भगवन्तो मधुरेण वल्गुना स्वरेण सत्त्वानां धर्मं देशयमानाः संदृश्यन्ते स्म । बोधिसत्त्वशतसहस्रैश्च परिपूर्णानि तानि बुद्धक्षेत्राणि संदृश्यन्ते स्म । एवं पूर्वदक्षिणस्यां दिशि । एवं दक्षिणस्यां दिशि।

एवं दक्षिणपश्चिमायां दिशि । एवं पश्चिमायां दिशि । एवं पश्चिमोत्तरायां दिशि । एवमुत्तरायां दिशि । एवमुत्तरपूर्वस्यां दिशि । एवमधस्तायां दिशि । एवमूर्ध्वायां दिशि । एवं समन्ताद्दशसु दिक्षु एकैकस्यां दिशि बहूनि गङ्गानदीवालुकोपमानि बुद्धक्षेत्रकोटीनयुतशतसहस्राणि बहुषु गङ्गानदीवालुकोपमेषु लोकधातुकोटीनयुतशतसहस्रेषु ये बुद्धा भगवन्तस्तिष्ठन्ति, ते सर्वे संदृश्यन्ते स्म ॥

今译：这时，世尊从白毫中放出光芒。随同放出的光芒，立即看见住在东方如同恒河沙的五十百千千万那由他世界的所有佛世尊。可以看见那些佛土遍地水晶，看见各种宝树，装饰有绢布彩带，布满数百千菩萨，帐篷张开，覆盖七宝金网。看见那些佛土的佛世尊用甜美柔和的话音，向众生说法。看见那些佛土布满数百千菩萨。同样在东南方。同样在南方。同样在西南方。同样在西方。同样在西北方。同样在北方。同样在东北方。同样在下方。同样在上方。这样，看见住在所有各方，如同恒河沙的数百千千千万那由他佛土，如同恒河沙的数百千千万那由他世界上的所有佛世尊。看见所有一切。

什译：爾時，佛放白毫一光，即見東方五百萬億那由他恒河沙等國土諸佛。彼諸國土皆以頗梨為地，寶樹、寶衣以為莊嚴，無數千萬億菩薩充滿其中，遍張寶幔，寶網羅上。彼國諸佛以大妙音而說諸法，及見無量千萬億菩薩遍滿諸國，為眾說法。南西北方，四維上下，白毫相光所照之處，亦復如是。

अथ खलु ते दशसु दिक्षु तथागता अर्हन्तः सम्यक्संबुद्धाः स्वान्स्वान्बोधिसत्त्वगणानामन्त्रयन्ति स्म -- गन्तव्यं खलु पुनः कुलपुत्रा भविष्यति अस्माभिः सहां लोकधातुम्, भगवतः शाक्यमुनेस्तथागतस्यार्हतः सम्यक्संबुद्धस्यान्तिकम्, प्रभूतरत्नस्य तथागतस्यार्हतः सम्यक्संबुद्धस्य शरीरस्तूपवन्दनाय । अथ खलु ते बुद्धा भगवन्तः स्वैः स्वैरुपस्थायकैः सार्धमात्मद्वितीया आत्मतृतीया इमां सहां लोकधातुमागच्छन्ति स्म । इति हि तस्मिन्समये इयं सर्वावती लोकधातू रत्नवृक्षप्रतिमण्डिताभूद्वैडूर्यमयी सप्तरत्नहेमजालसंछन्ना महारत्नगन्धधूपनधूपिता मान्दारवमहामान्दारवपुष्पसंस्तीर्णा किङ्किणीजालालंकृता

सुवर्णसूत्राष्टापदनिबद्धा अपगतग्रामनगरनिगमजनपदराष्ट्रराजधानी अपगतकालपर्वता अपगतमुचिलिन्दमहामुचिलिन्दपर्वता अपगतचक्रवालमहाचक्रवालपर्वता अपगतसुमेरुपर्वता अपगततदन्यमहापर्वता अपगतमहासमुद्रा अपगतनदीमहानदीपरिसंस्थिताभूत्, अपगतेदवमनुष्यासुरकाया अपगतनिरयतिर्यग्योनियमलोका।

今译：这时，十方的如来、阿罗汉、正等觉对各自的菩萨们说道："诸位善男子啊，我们应该前往娑婆世界世尊释迦牟尼如来、阿罗汉、正等觉身边，敬拜多宝如来、阿罗汉、正等觉的身体。"于是，这些佛世尊偕同一两个侍者，来到这个娑婆世界。就在这时，整个世界装饰有宝树，遍地琉璃，覆盖七宝金网，散发大宝香料香气，普降曼陀罗花和大曼陀罗花雨，装饰有铃铛网，八交道以金绳为界，没有村庄、城市、乡镇、聚落、王国和都城，没有黑山，没有目真邻陀山和大目真邻陀山，没有铁围山和大铁围山，没有须弥山，没有其他的高山，没有大海，没有河流和大河，没有天神、凡人和阿修罗，没有地狱、畜生和阎摩世界。

什译：爾時，十方諸佛各告眾菩薩言："善男子！我今應往娑婆世界釋迦牟尼佛所，并供養多寶如來寶塔。"時娑婆世界即變清淨，琉璃為地，寶樹莊嚴，黃金為繩，以界八道。無諸聚落、村營、城邑、大海、江河、山川、林藪。燒大寶香，曼陀羅華遍布其地，以寶網幔羅覆其上，懸諸寶鈴。

इति हि तस्मिन्समये ये ऽस्यां सहायां लोकधातौ षड्गत्युपपन्नाः सत्त्वाः, ते सर्वे ऽन्येषु लोकधातुषूपनिक्षिप्ता अभूवन्, स्थापयित्वा ये तस्यां पर्षदि संनिपतिता अभूवन्। अथ खलु ते बुद्धा भगवन्त उपस्थायकद्वितीया उपस्थायकतृतीया इमां सहां लोकधातुमागच्छन्ति स्म । आगतागताश्च ते तथागता रत्नवृक्षमूले सिंहासनमुपनिश्रित्य विहरन्ति स्म । एकैकश्च रत्नवृक्षः पञ्चयोजनशतान्युच्चैस्त्वेनाभूतनुपूर्वशाखापत्रपलाशपरिणाहः पुष्पफलप्रतिमण्डितः । एकैकस्मिंश्च रत्नवृक्षमूले सिंहासनं प्रज्ञप्तमभूत्पञ्चयोजनशतान्युच्चैस्त्वेन महारत्नप्रतिमण्डितम्।

तस्मिन्नेकैकस्तथागतः पर्यङ्कं बद्ध्वा निषण्णो ऽभूत्। अनेन पर्यायेण सर्वस्यां त्रिसाहस्रमहासाहस्रायां लोकधातौ सर्वरत्नवृक्षमूलेषु तथागताः पर्यङ्कं बद्ध्वा निषण्णा अभूवन्॥

今译：这时，出生在这个娑婆世界的六道众生，除了这个集会上的会众，全都被转移到其他的世界。这些佛世尊偕同一两个侍者，来到这个娑婆世界。来到后，这些佛世尊坐在那些宝树下的狮子座上。每棵宝树高五百由旬，四周枝叶依次伸展，装饰有花果。每棵宝树下铺设狮子座，五百由旬高，装饰有大宝。各位如来在狮子座上结跏趺坐。依照这种方式，在所有三千大千世界的所有宝树下，如来们结跏趺坐。

什译：唯留此會眾，移諸天人置於他土。是時，諸佛各將一大菩薩以為侍者，至娑婆世界，各到寶樹下。一一寶樹高五百由旬，枝葉華菓次第莊嚴，諸寶樹下皆有師子之座，高五由旬，亦以大寶而校飾之。爾時，諸佛各於此座結跏趺坐。

तेन खलु पुनः समयेन इयं त्रिसाहस्रमहासाहस्री लोकधातुस्तथागतपरिपूर्णाभूत्। न तावद्भगवतः शाक्यमुनेस्तथागतस्यात्मभावनिर्मिता एकस्मादपि दिग्भागात्सर्वे आगता अभूवन्। अथ खलु पुनर्भगवाञ्शाक्यमुनिस्तथागतो ऽर्हन्सम्यक्संबुद्धस्तेषां तथागतविग्रहाणामागतागतानामवकाशं निर्मिमीते स्म । समन्तादष्टभ्यो दिग्भ्यो विंशतिबुद्धक्षेत्रकोटीनयुतशतसहस्राणि सर्वाणि वैडूर्यमयानि सप्तरत्नहेमजालसंछन्नानि किङ्किणीजालालंकृतानि मान्दारवमहामान्दारवपुष्पसंस्तीर्णानि दिव्यवितानविततानि दिव्यपुष्पदामाभिप्रलम्बितानि दिव्यगन्धधूपनधूपितानि । सर्वाणि च तानि विंशतिबुद्धक्षेत्रकोटीनयुतशतसहस्राण्यपगतग्रामनगरनिगमजनपदराष्ट्रराजधानीनि अपगतकालपर्वतानि अपगतमुचिलिन्दमहामुचिलिन्दपर्वतानि अपगतचक्रवालमहाचक्रवालपर्वतानि अपगतसुमेरुपर्वतानि अपगततदन्यमहापर्वतानि अपगतमहासमुद्राणि अपगतनदीमहानदीनि परिसंस्थापयति अपगतदेवमनुष्यासुरकायानि अपगतनिरयतिर्यग्योनियमलोकानि । तानि च सर्वाणि बहुबुद्धक्षेत्राणि एकमेव बुद्धक्षेत्रमेकमेव पृथिवीप्रदेशं

परिसंस्थापयामास समं रमणीयं सप्तरत्नमयैश्च वृक्षैश्चित्रितम्। तेषां च रत्नवृक्षाणां पञ्चयोजनशतान्यारोहपरिणाहो ऽनुपूर्वशाखापत्रपुष्पफलोपेतः । सर्वस्मिंश्च रत्नवृक्षमूले पञ्चयोजनशतान्यारोहपरिणाहं दिव्यरत्नमयं विचित्रं दर्शनीयं सिंहासनं प्रज्ञप्तमभूत्। तेषु रत्नवृक्षमूलेष्वागतागतास्तथागताः सिंहासनेषु पर्यङ्कं बद्धा निषीदन्ते स्म ।

今译：这时，这个三千大千世界布满如来。然而，甚至世尊释迦牟尼自身幻化的一个方位的如来身，也没有全部来到。于是，世尊释迦牟尼如来、阿罗汉、正等觉又为来到的如来身幻化空间。所有八方二十百千千万那由他佛土全都遍地琉璃，覆盖七宝金网，装饰有铃铛网，普降曼陀罗花和大曼陀罗花，天国帐篷张开，悬挂天国花环，散发天国香料香气。所有二十百千千万那由他佛土没有村庄、城市、乡镇、聚落、王国和都城，没有黑山，没有目真邻陀山和大目真邻陀山，没有铁围山和大铁围山，没有须弥山，没有其他的高山，没有大海，没有河流和大河，没有天神、凡人和阿修罗，没有地狱、畜生和阎摩世界。所有这些佛土成为一个佛土，一个地方。平坦，美观，装饰有各种七宝树。这些宝树纵广五百由旬，枝叶花果依次伸展，结有花果。每棵宝树下铺设天国珠宝制成的狮子座纵广五百由旬，优美可爱。来到的如来们在这些宝树下结跏趺坐。

什译：如是展轉遍滿三千大千世界，而於釋迦牟尼佛一方所分之身猶故未盡。時釋迦牟尼佛欲容受所分身諸佛故，八方各更變二百萬億那由他國，皆令清淨，無有地獄、餓鬼、畜生及阿修羅，又移諸天、人置於他土。所化之國，亦以琉璃為地，寶樹莊嚴，樹高五百由旬，枝葉華菓次第嚴飾，樹下皆有寶師子座，高五由旬，種種諸寶以為莊校。亦無大海、江河，及目真隣陀山、摩訶目真隣陀山、鐵圍山、大鐵圍山、須彌山等諸山王，通為一佛國土。寶地平正，寶交露幔遍覆其上，懸諸幡蓋，燒大寶香，諸天寶華遍布其地。

अनेन पर्यायेण पुनरपराणि विंशतिलोकधातुकोटीनयुतशतसहस्राण्ये-

कैकस्यां दिशि शाक्यमुनिस्तथागतः परिशोधयति स्म तेषां तथागतानामागतानामवकाशार्थम्। तान्यपि विंशतिलोकधातुकोटीनयुतशतसहस्राण्यैकैकस्यां दिशि अपगतग्रामनगरनिगमजनपदराष्ट्रराजधानीनि अपगतकालपर्वतानि अपगतमुचिलिन्दमहामुचिलिन्दपर्वतानि अपगतचक्रवालमहाचक्रवालपर्वतानि अपगतसुमेरुपर्वतानि अपगततदन्यमहापर्वतानि अपगतमहासमुद्राणि अपगतनदीमहानदीनि परिसंस्थापयति अपगतदेवमनुष्यासुरकायानि अपगतनिरयतिर्यग्योनियमलोकानि । ते च सर्वसत्त्वा अन्येषु लोकधातुषूपनिक्षिप्ताः । तान्यपि बुद्धक्षेत्राणि वैडूर्यमयानि सप्तरत्नहेमजालप्रतिच्छन्नानि किङ्किणीजालालंकृतानि मान्दारवमहामान्दारवपुष्पसंस्तीर्णानि दिव्यवितानविततानि दिव्यपुष्पदामाभिप्रलम्बितानि दिव्यगन्धधूपनधूपितानि रत्नवृक्षोपशोभितानि । सर्वे च ते रत्नवृक्षाः पञ्चयोजन-शतप्रमाणाः । पञ्चयोजनप्रमाणानि च सिंहासनान्यभिनिर्मितानि । ततस्ते तथागता निषीदन्ते स्म पृथक्पृथक्सिंहासनेषु रत्नवृक्षमूलेषु पर्यङ्कं बद्ध्वा ॥

今译：依照这种方式，释迦牟尼如来净化每个方位其他二十百千千万那由他世界，为这些来到的如来们提供空间。每个方位的二十百千千万那由他世界也都没有村庄、城市、乡镇、聚落、王国和都城，没有黑山，没有目真邻陀山和大目真邻陀山，没有铁围山和大铁围山，没有须弥山，没有其他的高山，没有大海，没有河流和大河，没有天神、凡人和阿修罗，没有地狱、畜生和阎摩世界。所有众生被转移到其他的世界。所有这些佛土也都遍地琉璃，覆盖七宝金网，装饰有铃铛网，普降曼陀罗花和大曼陀罗花，天国帐篷张开，悬挂天国花环，散发天国香料香气，装饰有宝树。所有这些宝树纵广五百由旬，幻化的狮子座纵广五百由旬。那些如来分别在宝树下的狮子座上结跏趺坐。

什译：釋迦牟尼佛為諸佛當來坐故，復於八方各更變二百萬億那由他國，皆令清淨，無有地獄、餓鬼、畜生及阿修羅，又移諸天、人置於他土。所化之國，亦以琉璃為地，寶樹莊嚴，樹高五百由旬，枝葉華菓次第莊嚴，樹下皆有寶師子座，高五由旬，亦以大寶而校飾之。亦無大海、江河，及目真隣陀山、摩訶目真隣陀山、鐵圍山、大鐵圍山、須彌山等諸山王，通為一佛國土。寶地平正，寶交露幔遍覆其上，懸諸幡蓋，燒大寶香，諸天寶華遍布其地。

तेन खलु पुनः समयेन भगवता शाक्यमुनिना ये निर्मितास्तथागताः पूर्वस्यां दिशि सत्त्वानां धर्मं देशयन्ति स्म गङ्गानदीवालुकोपमेषु बुद्धक्षेत्रकोटीनयुत-शतसहस्रेषु, ते सर्वे समागता दशभ्यो दिग्भ्यः । ते चागता अष्टासु दिक्षु निषण्णा अभूवन्। तेन खलु पुनः समयेनैकैकस्यां दिशि त्रिंशल्लोकधातुकोटीशत-सहस्राण्यष्टभ्यो दिग्भ्यः समन्तात्तैस्तथागतैराक्रान्ता अभूवन्। अथ खलु ते तथागताः स्वेषु स्वेषु सिंहासनेषूपविष्टाः स्वान्स्वानुपस्थायकान्संप्रेषयन्ति स्म भगवतः शाक्यमुनेरन्तिकम्। रत्नपुष्पपुटान्दत्वा एवं वदन्ति स्म -- गच्छत यूयं गृध्रकूटं पर्वतम्। गत्वा च पुनस्तस्मिंस्तं भगवन्तं शाक्यमुनिं तथागतमर्हन्तं सम्यक्संबुद्धं वन्दित्वा अस्मद्वचनादल्पाबाधतां मन्दग्लानतां च बलं च स्पर्श-विहारतां च परिपृच्छध्वं सार्धं बोधिसत्त्वगणेन श्रावकगणेन । अनेन च रत्नराशिना अभ्यवकिरध्वम्, एवं च वदध्वम्-- ददाति खलु पुनर्भगवांस्तथागतश्छन्दमस्य महारत्नस्तूपस्य समुद्घाटने । एवं ते तथागताः सर्वे स्वान्स्वानुपस्थायकान् संप्रेषयामासुः ॥

今译：这时，世尊幻化的在东方如同恒河沙的数百千千万那由他佛土向众生说法的如来们从十方①全部来到。他们来到后，坐在八方。这时，每一方位三十百千千万那由他世界的如来们也从八方全部来到。然后，这些如来坐在各自的狮子座上，派遣自己的侍者前往如来释迦牟尼身边，交给他们成堆的宝石花，吩咐道："你们前往灵鹫山。到了那里，敬拜世尊释迦牟尼如来、阿罗汉、正等觉，以我们的名义，向他以及诸位菩萨和声闻问候身体健康，安然无恙，精力充沛，愉快安适。向他们撒下这些宝石花，这样说：'世尊如来想要打开这座大宝塔。'"所有这些如来这样派遣自己的侍者。

什译：爾時，東方釋迦牟尼佛所分之身，百千萬億那由他恒河沙

---

① 这里的"十方"应该是指东方世界的十方。

等國土中諸佛，各各說法，來集於此。如是次第，十方諸佛皆悉來集，坐於八方。爾時，一一方四百萬億那由他國土諸佛如來遍滿其中。是時，諸佛各在寶樹下，坐師子座，皆遣侍者問訊釋迦牟尼佛，各齎寶華滿掬，而告之言："善男子！汝往詣耆闍崛山釋迦牟尼佛所，如我詞曰：'少病少惱，氣力安樂，及菩薩、聲聞眾悉安隱不？'以此寶華散佛供養，而作是言：'彼某甲佛，與欲開此寶塔。'"諸佛遣使，亦復如是。

अथ खलु भगवान्शाक्यमुनिस्तथागतस्तस्यां वेलायां स्वान्निर्मितानशेषतः समागतान्विदित्वा, पृथक्पृथक्सिंहासनेषु निषण्णांश्च विदित्वा, तांश्चोपस्थायकांस्तेषां तथागतानामर्हतां सम्यक्संबुद्धानामागतान्विदित्वा, छन्दं च तैस्तथागतैरर्हद्भिः सम्यक्संबुद्धैरारोचितं विदित्वा, तस्यां वेलायां स्वकाद्धर्मासनादुत्थाय वैहायसमन्तरीक्षे ऽतिष्ठत्। ताश्च सर्वाश्चतस्रः परिषदः उत्थायासनेभ्यो ऽञ्जलीः परिगृह्य भगवतो मुखमुल्लोकयन्त्यस्तस्थुः । अथ खलु भगवांस्तं महान्तं रत्नस्तूपं वैहायसं स्थितं दक्षिणया हस्ताङ्गुल्या मध्ये समुद्धाटयति स्म । समुद्धाट्य च द्वे भित्ती प्रविसारयति स्म । तद्यथापि नाम महानगरद्वारेषु महाकपाटसंपुटावर्गलविमुक्तौ प्रविसार्येते, एवमेव भगवांस्तं महान्तं रत्नस्तूपं वैहायसं स्थितं दक्षिणया हस्ताङ्गुल्या मध्ये समुद्धाट्य अपावृणोति स्म । समनन्तरविवृतस्य खलु पुनस्तस्य महारत्नस्तूपस्य, अथ खलु भगवान्प्रभूतरत्नस्तथागतो ऽर्हन्सम्यक्संबुद्धः सिंहासनोपविष्टः पर्यङ्कं बद्ध्वा परिशुष्कगात्रः संघटितकायो यथा समाधिसमापन्नस्तथा संदृश्यते स्म । एवं च वाचमभाषत -- साधु साधु भगवन् शाक्यमुने। सुभाषितस्ते ऽयं सद्धर्मपुण्डरीको धर्मपर्यायः । साधु खलु पुनस्त्वं भगवन् शाक्यमुने यस्त्वमिमं सद्धर्मपुण्डरीकं धर्मपर्यायं पर्षन्मध्ये भाषसे । अस्यैवाहं भगवन्सद्धर्मपुण्डरीकस्य धर्मपर्यायस्य श्रवणायेहागतः ॥

今译：这时，世尊知道自己幻化的如来们已经全部来到，知道他们坐在各自的狮子座上，知道这些如来、阿罗汉、正等觉的侍者来到，知道这些如来、阿罗汉、正等觉表达的愿望。这时，他从自己的法座起身，站立空中。所有四众从座位起身，合掌站立，凝望着世尊的脸。

然后，世尊站立空中，用右手指在中间打开这座耸立空中的大宝塔。打开后，分成两半，就像大城门开锁后分开。正是这样，世尊用右手指在中间打开这座大宝塔。打开这座大宝塔后，便看见世尊多宝如来、阿罗汉、正等觉在狮子座上结跏趺坐，肢体干枯，身体紧缩，看似在入定中。这位如来这样说道："好啊，好啊，世尊释迦牟尼！这是你宣说的《妙法莲华》法门。好啊，好啊，世尊释迦牟尼！你在会众中宣说《妙法莲华》这个法门。世尊啊，我来到这里听取这个《妙法莲华》法门。"

什译：爾時，釋迦牟尼佛見所分身佛悉已來集，各各坐於師子之座，皆聞諸佛與欲同開寶塔。即從座起，住虛空中。一切四眾起立合掌，一心觀佛。於是，釋迦牟尼佛以右指開七寶塔戶，出大音聲，如却關鑰開大城門。即時，一切眾會皆見多寶如來於寶塔中坐師子座，全身不散，如入禪定。又聞其言："善哉，善哉！釋迦牟尼佛！快說是《法華經》，我為聽是經故而來至此。"

अथ खलु ताश्चतस्रः पर्षदस्तं भगवन्तं प्रभूतरत्नं तथागतमर्हन्तं सम्यक्संबुद्धं बहुकल्पकोटीनयुतशतसहस्रपरिनिर्वृतं तथा भाषमाणं दृष्ट्वा आश्चर्यप्राप्ता अद्भुतप्राप्ता अभूवन्। तस्यां वेलायां तं भगवन्तं प्रभूतरत्नं तथागतमर्हन्तं सम्यक्संबुद्ध तं च भगवन्तं शाक्यमुनिं तथागतमर्हन्तं सम्यक्संबुद्धं दिव्यमानुष्यकै रत्नराशिभिरभ्यवकिरन्ति स्म । अथ खलु भगवान्प्रभूतरत्नस्तथागतो ऽर्हन्सम्यक्संबुद्धो भगवतः शाक्यमुनेस्तथागतस्यार्हतः सम्यक्संबुद्धस्य तस्मिन्नेव सिंहासने ऽर्धासनमदासीत्, तस्यैव महारत्नस्तूपाभ्यन्तरे, एवं च वदति -- इहैव भगवान् शाक्यमुनिस्तथागतो निषीदतु । अथ खलु भगवान् शाक्यमुनिस्तथागतस्तस्मिन्नर्धासने निषसाद तेनैव तथागतेन सार्धम्। उभौ च तौ तथागतौ तस्य महारत्नस्तूपस्य मध्ये सिंहासनोपविष्टौ वैहायसमन्तरीक्षस्थौ संदृश्येते ॥

今译：这时，四众看到这位已经涅槃数百千千万那由他劫的世尊多宝如来、阿罗汉、正等觉这样说话，深感奇妙和惊异。这时，他们用天国和人间的宝石花撒向世尊多宝如来、阿罗汉、正等觉和世尊释迦牟尼如来、阿罗汉、正等觉。然后，世尊多宝如来、阿罗汉、正等觉让世尊释迦牟尼如来、阿罗汉、正等觉分坐那个狮子座，在这个大宝塔中说道："请世尊释迦牟尼如来坐这里。"于是，世尊释迦牟尼和这位如来分坐那个狮子座。四众看见这两位如来坐在空中这座大宝塔中间的狮子座上。

什译：爾時，四眾等見過去無量千萬億劫滅度佛說如是言，歎未曾有，以天寶華聚，散多寶佛及釋迦牟尼佛上。爾時，多寶佛於寶塔中分半座與釋迦牟尼佛，而作是言："釋迦牟尼佛！可就此座。"即時，釋迦牟尼佛入其塔中，坐其半座，結跏趺坐。爾時，大眾見二如來在七寶塔中師子座上結跏趺坐，

अथ खलु तासां चतसृणां पर्षदामेतदभवत्-- दूरस्था वयमाभ्यां तथागताभ्याम्। यन्नूनं वयमपि तथागतानुभावेन वैहायसमभ्युद्गच्छेम इति । अथ खलु भगवाञ्शाक्यमुनिस्तथागतस्तासां चतसृणां पर्षदां चेतसैव चेतःपरिवितर्कमाज्ञाय तस्यां वेलायामृद्धिबलेन ताश्चतस्रः पर्षदो वैहायसमुपर्यन्तरीक्षे प्रतिष्ठापयति स्म । अथ खलु भगवाञ्शाक्यमुनिस्तथागतस्तस्यां वेलायां ताश्चतस्रः पर्षद आमन्त्रयते स्म -- को भिक्षवो युष्माकमुत्सहते तस्यां सहायां लोकधातौ इमं सद्धर्मपुण्डरीकं धर्मपर्यायं संप्रकाशयितुम्? अयं स कालः, अयं स समयः । संमुखीभूतस्तथागतः । परिनिर्वायितुकामो भिक्षवस्तथागत इमं सद्धर्मपुण्डरीकं धर्मपर्यायमुपनिक्षिप्य ॥

今译：这时，四众心想："我们离两位如来很远。确实，我们依靠如来的威力，也可以升上天空。"这时，世尊释迦牟尼如来知道四众心中所想，运用神通力，让四众站立空中。这时，世尊释迦牟尼如来对四众说道："众比丘啊，你们之中谁能在这个娑婆世界宣说这个《妙法莲华》法门？这正是时候，正是时机。如来就在面前。众比丘啊，如来想要涅槃，要托付这个《妙法莲华》法门。"

什译：各作是念："佛座高遠，唯願如來以神通力，令我等輩俱

處虛空。”即時，釋迦牟尼佛以神通力，接諸大眾皆在虛空，以大音聲普告四眾：“誰能於此娑婆國土廣說《妙法華經》，今正是時。如來不久當入涅槃，佛欲以此《妙法華經》付囑有在[①]。”

अथ खलु भगवांस्तस्यां वेलायामिमा गाथा अभाषत --

今译：这时，世尊又用这些偈颂说道：

什译：爾時，世尊欲重宣此義，而說偈言：

अयमागतो निर्वृतको महर्षी रतनामयं स्तूप प्रविश्य नायकः ।
श्रवणार्थ धर्मस्य इमस्य भिक्षवः को धर्महेतोर्न जनेत वीर्यम्॥ १ ॥

今译：这位涅槃的如来、大仙、
导师住进宝塔，是为了
听取这种法，众比丘啊，
还有谁会不精勤求法？（1）

什译：聖主世尊，雖久滅度，
在寶塔中，尚為法來，
諸人云何，不勤為法？

बहुकल्पकोटीपरिनिर्वृतो ऽपि सो नाम अद्यापि शृणोति धर्मम्।
तहिं तहिं गच्छति धर्महेतोः सुदुर्लभो धर्म यमेवरूपः ॥ २ ॥

今译：他已经涅槃数千万劫，
今天还来听取这种法
为了听法而前往各处，
因为这种法难遇难得。（2）

什译：此佛滅度，無央數劫，

① 此处“付嘱有在”意谓有所托付。

處處聽法，以難遇故。

प्रणिधानमेतस्य विनायकस्य निषेवितं पूर्वभवे यदासीत्।
परिनिर्वृतो ऽपी इमु सर्वलोकं पर्येषती सर्वदशद्दिशासु ॥ ३ ॥

今译：这是这位导师前生
立下的誓愿，即使
已涅槃，仍然前往
所有十方世界听法。（3）

什译：彼佛本願，我滅度後，
在在所往，常為聽法。

इमे च सर्वे मम आत्मभावाः सहस्रकोट्यो यथ गङ्गवालिकाः।
ते धर्मकृत्यस्य कृतेन आगताः परिनिर्वृतं च इमु द्रष्टु नाथम्॥ ४ ॥

今译：我的所有这些分身，
千千万如同恒河沙，
为了法事来到这里，
看见这涅槃的救主。（4）

什译：又我分身，無量諸佛，
如恒沙等，來欲聽法，
及見滅度，多寶如來。

छोरित्व क्षेत्राणि स्वकस्वकानि तथ श्रावकान्तर मरुतश्च सर्वान्।
सद्धर्मसंरक्षणहेतु सर्वे कथं चिरं तिष्ठिय धर्मनेत्री ॥ ५ ॥

今译：他们舍弃各自佛土以及
所有声闻、凡人①和天神，

---

① 此处"凡人"的原词是 tara，据 J 本应为 nara。

全部来到这里守护正法，
让正法永久流传世上[1]。（5）

什译：各捨妙土，及弟子眾，
天人龍神，諸供養事，
令法久住，故來至此。

एतेषु बुद्धान निषीदनार्थं बहुलोकधातून सहस्रकोट्यः ।
संक्रामिता मे तथ सर्वसत्त्वा ऋद्धीबलेन परिशोधिताश्च ॥ ६ ॥

今译：我运用神通力，净化
数千千万世界，转移
所有众生，腾出空间，
让所有这些佛都坐下。（6）

什译：為坐諸佛，以神通力，
移無量眾，令國清淨。

एतादृशी उत्सुकता इयं मे कथं प्रकाशेदिय धर्मनेत्री ।
इमे च बुद्धा स्थित अप्रमेया द्रुमाण मूले यथ पद्मराशिः ॥ ७ ॥

今译：我是这样热切关心
如何宣说这种正法，
这些无量无数的佛，
坐在树下似莲花丛。（7）

什译：諸佛各各，詣寶樹下，
如清淨池，蓮華莊嚴。

द्रुममूलकोटीय अनल्पकायो सिंहासनस्थेहि विनायकेहि ।

① 这句原文中的 katham 一词，据编订本校注，K 本为 yathā。

शोभन्ति तिष्ठन्ति च नित्यकालं हुताशनेनेव यथान्धकारम्॥ ८ ॥

今译：狮子座上的导师们，
　　　永远照亮数千万棵
　　　宝树树下周围空间，
　　　犹如火焰照亮黑暗。（8）

什译：其寶樹下，諸師子座，
　　　佛坐其上，光明嚴飾，
　　　如夜暗中，燃大炬火。

गन्धो मनोज्ञो दशसू दिशासु प्रवायते लोकविनायकानाम्।
येना इमे मूर्च्छित सर्वसत्त्वा वाते प्रवाते इह नित्यकालम्॥ ९ ॥

今译：所有十方散发这些
　　　世界导师芬芳香气，
　　　永远随风四处飘拂，
　　　一切众生心中迷醉。（9）

什译：身出妙香，遍十方國，
　　　眾生蒙薰，喜不自勝，
　　　譬如大風，吹小樹枝。

मयि निर्वृते यो एतं धर्मपर्यायु धारयेत्।
क्षिप्रं व्याहरतां वाचं लोकनाथान संमुखम्॥ १० ॥

今译：若有人在我涅槃后，
　　　愿意受持这个法门，
　　　赶快在世界导师们
　　　面前表达自己心愿！（10）

什译：以是方便，令法久住，

告諸大眾：我滅度後，
誰能護持，讀誦斯經？
今於佛前，自說誓言。

परिनिर्वृतो हि संबुद्धः प्रभूतरतनो मुनिः ।
सिंहनादं श्रुणे तस्य व्यवसायं करोति यः ॥ ११ ॥

今译：若有人已作出决定，
这位已涅槃的多宝
如来、正觉、牟尼，
会听取他的狮子吼。（11）

什译：其多寶佛，雖久滅度，
以大誓願，而師子吼①，

अहं द्वितीयो बहवो इमे च ये कोटियो आगत नायकानाम्।
व्यवसाय श्रोष्यामि जिनस्य पुत्रात्यो उत्सहेद्धर्ममिमं प्रकाशितुम्॥ १२ ॥

今译：其次是我和所有来到
这里的这数千万导师，
都会听取这位能宣说
这法门的佛子的决心。（12）

什译：多寶如來，及與我身，
所集化佛，當知此意：
諸佛子等，誰能護法，
當發大願，令得久住。

अहं च तेन भवि पूजितः सदा प्रभूतरत्नश्च जिनः स्वयंभूः ।
यो गच्छते दिशविदिशासु नित्यं श्रवणाय धर्मं इममेवरूपम्॥ १३ ॥

---

① 此处“师子吼”指护持此经者发大誓愿，而发出狮子吼。

今译：我和这位多宝自在胜者，
　　　由此都会永远受到供奉，
　　　而他会经常前往所有的
　　　十方世界听取这样的法。（13）

什译：其有能護，此經法者，
　　　則為供養，我及多寶，
　　　此多寶佛，處於寶塔，
　　　常遊十方，為是經故。

इमे च ये आगत लोकनाथा विचित्रिता यैरिय शोभिता भूः ।
तेषां पि पूजा विपुल अनल्पका कृता भवेत्सूत्रप्रकाशनेन ॥ १४ ॥

今译：这些世界导师来到，
　　　大地变得清净美妙，
　　　而由于宣说这部经，
　　　他们受到高度供奉。（14）

什译：亦復供養，諸來化佛，
　　　莊嚴光飾，諸世界者。

अहं च दृष्टो इह आसनस्मिन्भगवांश्च यो ऽयं स्थितु स्तूपमध्ये ।
इमे च अन्ये बहुलोकनाथा ये आगताः क्षेत्रशतैरनेकैः ॥ १५ ॥

今译：你们看到我和这位
　　　宝塔中的世尊坐在
　　　这里，也看到来自
　　　千万佛土的如来们。（15）

什译：若說此經，則為見我，
　　　多寶如來，及諸化佛。

चिन्तेथ कुलपुत्राहो सर्वसत्वानुकम्पया ।
सुदुष्करमिदं स्थानमुत्सहन्ति विनायकाः ॥ १६ ॥

今译：你们应该认真思考，
出于怜悯一切众生，
善男子啊，导师们
能做这极难做的事。（16）

什译：諸善男子！各諦思惟，
此為難事，宜發大願。

बहुसूत्रसहस्राणि यथा गङ्गाय वालिकाः ।
तानि कश्चित्प्रकाशेत न तद्भवति दुष्करम् ॥ १७ ॥

今译：数以千计众多经，
数量如同恒河沙，
若有人宣说它们，
并非是难做的事。（17）

什译：諸餘經典，數如恒沙，
雖說此等，未足為難。

सुमेरुं यश्च हस्तेन अध्यालम्बित्व मुष्टिना ।
क्षिपेत क्षेत्रकोटीयो न तद्भवति दुष्करम् ॥ १८ ॥

今译：若是用手抓住或
用拳握住须弥山，
扔向千千万国土，
这亦非难做的事。（18）

什译：若接須彌，擲置他方，
無數佛土，亦未為難。

यश्च इमां त्रिसाहस्त्रीं पादाङ्गुष्ठेन कम्पयेत्।
क्षिपेत क्षेत्रकोटीयो न तद्भवति दुष्करम्॥ १९ ॥

今译：若是用脚趾摇动
　　　这三千大千世界，
　　　扔向千千万国土，
　　　这亦非难做的事。（19）

什译：若以足指，動大千界，
　　　遠擲他國，亦未為難。

भवाग्रे यश्च तिष्ठित्वा धर्मं भाषेन्नरो इह ।
अन्यसूत्रसहस्त्राणि न तद्भवति दुष्करम्॥ २० ॥

今译：若有人站在世界
　　　顶端说法，宣说
　　　其他的数千种经，
　　　这亦非难做的事。（20）

什译：若立有頂，為眾演說，
　　　無量餘經，亦未為難。

निर्वृतस्मिंस्तु लोकेन्द्रे पश्चात्काले सुदारुणे ।
य इदं धारयेत्सूत्रं भाषेद्वा तत्सुदुष्करम्॥ २१ ॥

今译：若世界王涅槃后，
　　　在这个恶浊世中，
　　　受持宣说这部经，
　　　这是极难做的事。（21）

什译：若佛滅後，於惡世中，
　　　能說此經，是則為難。

आकाशधातुं यः सर्वामेकमुष्टिं तु निक्षिपेत्।
प्रक्षिपित्वा च गच्छेत न तद्भवति दुष्करम्॥ २२ ॥

今译：若是用一手握拳，
　　　抓住和放下虚空，
　　　在这虚空中行走，
　　　这亦非难做的事。（22）

什译：假使有人，手把虚空，
　　　而以遊行，亦未為難。

यस्तु ईदृशकं सूत्रं निर्वृतस्मिंस्तदा मयि।
पश्चात्काले लिखेच्चापि इदं भवति दुष्करम्॥ २३ ॥

今译：而在我涅槃之后，
　　　若在那时候仍然
　　　有人书写这部经，
　　　这才是难做的事。（23）

什译：於我滅後，若自書持，
　　　若使人書，是則為難。

पृथिवीधातुं च यः सर्वं नखाग्रे संप्रवेशयेत्।
प्रक्षिपित्वा च गच्छेत ब्रह्मलोकं पि आरुहेत्॥ २४ ॥

今译：若是有人用指甲
　　　插进这整个大地，
　　　举起它随意行走，
　　　以至登上梵天界。（24）

什译：若以大地，置足甲上，

न दुष्करं हि सो कुर्यान्न च वीर्यस्य तत्तकम्।
तं दुष्करं करित्वान सर्वलोकस्यिहाग्रतः ॥ २५ ॥

今译：这亦非难做的事，
在一切世界面前，
做这种难做的事，
并不会这样费力。（25）

什译：昇於梵天，亦未為難。

अतो ऽपि दुष्करतरं निर्वृतस्य तदा मम ।
पश्चात्काले इदं सूत्रं वदेया यो मुहूर्तकम्॥ २६ ॥

今译：而在我涅槃之后，
依然宣说这部经，
即使用片刻时间，
才是更难做的事。（26）

什译：佛滅度後，於惡世中，
暫讀此經，是則為難。

न दुष्करमिदं लोके कल्पदाहस्मि यो नरः ।
मध्ये गच्छेददह्यन्तस्तृणभारं वहेत च ॥ २७ ॥

今译：若是在世界末日，
担负着干草进入
劫火而不被焚烧，
这亦非难做的事。（27）

什译：假使劫燒，擔負乾草，
入中不燒，亦未為難。

अतो ऽपि दुष्करतरं निर्वृतस्य तदा मम ।
धारयित्वा इदं सूत्रमेकसत्त्वं पि श्रावयेत् ॥ २८ ॥

今译：而在我涅槃之后，
　　　依然受持这部经，
　　　即使向一人宣说，
　　　才是更难做的事。（28）

什译：我滅度後，若持此經，
　　　為一人說，是則為難。

धर्मस्कन्धसहस्राणि चतुरशीति धारयेत् ।
सोपदेशान्यथाप्रोक्तान्देशयेत्प्राणिकोटिनाम् ॥ २९ ॥

今译：若受持八万四千
　　　法藏及种种论义，
　　　向千万众生宣说，
　　　这亦非难做的事。（29）

什译：若持八萬，四千法藏，
　　　十二部經，為人演說，

न ह्येतं दुष्करं भोति तस्मिन्कालस्मि भिक्षुणाम् ।
विनयेच्छ्रावकान्मह्यं पञ्चाभिज्ञासु स्थापयेत् ॥ ३० ॥

今译：在这个现在世教化
　　　众比丘，并让我的
　　　众声闻获得五神通，
　　　这亦非难做的事。（30）

什译：令諸聽者，得六神通，
　　　雖能如是，亦未為難。

तस्येदं दुष्करतरं इदं सूत्रं च धारयेत्।
श्रद्दधेदधिमुच्येद्वा भाषेद्वापि पुनः पुनः ॥ ३१ ॥

今译：而在我涅槃之后[1]，
受持信奉这部经，
反复向众生宣说，
才是更难做的事。（31）

什译：於我滅後，聽受此經，
問其義趣，是則為難。

कोटीसहस्रान्बहवः अर्हत्त्वे यो ऽपि स्थापयेत्।
षडभिज्ञान्महाभागान्यथा गङ्गाय वालिकाः ॥ ३२ ॥

今译：即使让如同恒河沙
数千千万众生获得
阿罗汉性，并具有
六种神通和大福德。（32）

什译：若人說法，令千萬億，
無量無數，恒沙眾生，
得阿羅漢，具六神通，
雖有是益，亦未為難。

अतो बहुतरं कर्म करोति स नरोत्तमः ।
निर्वृतस्य हि यो मह्यं सूत्रं धारयते वरम्॥ ३३ ॥

今译：而在我涅槃之后
人中至尊仍然能
受持这部殊胜经，

① 这句原文无，这里参照什译补上，使句义更完善。

才是更难做的事。（33）

什译：於我滅後，若能奉持，
如斯經典，是則為難。

लोकधातुसहस्रेषु बहु मे धर्म भाषिताः ।
अद्यापि चाहं भाषामि बुद्धज्ञानस्य कारणात्॥ ३४ ॥

今译：我在数以千计的
世界说法，为了
让众生获得佛智，
至今仍然在说法。（34）

什译：我為佛道，於無量土，
從始至今，廣說諸經。

इदं तु सर्वसूत्रेषु सूत्रमग्रं प्रवुच्यते ।
धारेति यो इदं सूत्रं स धारे जिनविग्रहम्॥ ३५ ॥

今译：在所有一切经中，
这被称为至上经，
谁能受持这部经，
他也就受持佛身。（35）

什译：而於其中，此經第一，
若有能持，則持佛身。

भाषध्वं कुलपुत्राहो संमुखं वस्तथागतः ।
य उत्सहति वः कश्चित्पश्चात्कालस्मि धारणम्॥ ३६ ॥

今译：你们在最后末世，
谁能受持这部经，

善男子啊，就在
如来面前表达吧！（36）

什译：諸善男子！於我滅後，
　　　誰能受持，讀誦此經，
　　　今於佛前，自說誓言。

महत्प्रियं कृतं भोति लोकनाथान सर्वशः ।
दुराधारमिदं सुत्रं धारयेद्यो मुहूर्तकम् ॥ ३७ ॥

今译：谁能在此刻受持
　　　这部难受持的经，
　　　我和世界导师们
　　　都会喜爱这个人。（37）

什译：此經難持，若暫持者，
　　　我則歡喜，諸佛亦然。

संवर्णितश्च सो भोति लोकनाथेहि सर्वदा ।
शूरः शौटीर्यवांश्चापि क्षिप्राभिज्ञश्च बोधये ॥ ३८ ॥

今译：世界导师们永远
　　　会赞美他，这位
　　　勇猛精进的英雄，
　　　很快会觉知菩提。（38）

什译：如是之人，諸佛所歎，
　　　是則勇猛，是則精進，
　　　是名持戒，行頭陀者，
　　　則為疾得，無上佛道。

धुरावाहश्च सो भोति लोकनाथान औरसः ।

दान्तभूमिमनुप्राप्तः सूत्रं धारेति यो इदम्॥ ३९ ॥

今译：若是受持这部经，
担负重任，成为
世界导师亲生子，
达到柔顺的境界。（39）

什译：能於來世，讀持此經，
是真佛子，住純[1]善地。

चक्षुभूतश्च सो भोति लोके सामरमानुषे ।
इदं सुत्रं प्रकाशित्वा निर्वृते नरनायके ॥ ४० ॥

今译：若在导师涅槃后，
依然宣说这部经，
他在天神和凡人
世界成为有眼者。（40）

什译：佛滅度後，能解其義，
是諸天人，世間之眼。

वन्दनीयश्च सो भोति सर्वसत्त्वान पण्डितः ।
पश्चिमे कालि यो भाषेत्सूत्रमेकं मुहूर्तकम्॥ ४१ ॥

今译：在最后末世即使
片刻宣说这部经，
这位智者会受到
一切众生的敬拜。（41）

什译：於恐畏世，能須臾說，

① 此处“纯”字，据《中华大藏经》校勘记，《资》、《碛》、《普》、《南》、《径》、《清》、《丽》作“淳”。

一切天人，皆應供養。

अथ खलु भगवान्कृत्स्नं बोधिसत्त्वगणं ससुरासुरं च लोकमामन्त्रय एतदवोचत्-- भूतपूर्वं भिक्षवो ऽतीते ऽध्वनि अहमप्रमेयासंख्येयान्कल्पान्सद्धर्मपुण्डरीकं सूत्रं पर्यैषितवानखिन्नो ऽविश्रान्तः । पूर्वं च अहमनेकान्कल्पाननेकानि कल्पशतसहस्राणि राजाभूवमनुत्तरायां सम्यक्संबोधौ कृतप्रणिधानः । न च मे चित्तव्यावृत्तिरभूत्। षण्णां च पारमितानां परिपूर्यां उद्युक्तो ऽभूवमप्रमेयदानप्रदः सुवर्णमणिमुक्तावैदूर्यशङ्खशिलाप्रवालजातरूपरजताश्मगर्भमुसारगल्वलोहितमुक्ता ग्रामनगरनिगमजनपदराष्ट्रराजधानीभार्यापुत्रदुहितृदासीदासकर्मकरपौरुषेयहस्त्यश्व रथं यावदात्मशरीरपरित्यागी करचरणशिरोत्तमाङ्गप्रत्यङ्गजीवितदाता । न च मे कदाचिदाग्रहचित्तमुत्पन्नम्। तेन च समयेन अयं लोको दीर्घायुरभत्। अनेकवर्षशतसहस्रजीवितेन च अहं कालेन धर्मार्थं राज्यं कारितवान्, न विषयार्थम्। सो ऽहं ज्येष्ठं कुमारं राज्ये ऽभिषिच्य चतुर्दिशं ज्येष्ठधर्मगवेषणाय उद्युक्तो ऽभूवम्। एवं घण्टया घोषापयितवान्-- यो मे ज्येष्ठं धर्ममनुप्रदास्यति, अर्थं चाख्यास्यति, तस्याहं दासो भूयासम्।

今译：然后，世尊对所有菩萨以及包括天神和阿修罗的世界说道："众比丘啊，在过去世无量无数劫前，我孜孜不倦求取《妙法莲华经》。在许多劫前，数百千劫前，我是国王，发愿求取无上正等菩提。我的心不退转。我努力修行所有六波罗蜜。我实行无量布施。我施舍金子、摩尼珠、琉璃、贝壳、宝石、珊瑚、金银、玛瑙、翡翠、赤珠，村庄、城市、乡镇、聚落、王国、都城，妻子儿女、男女奴仆、工匠、侍从、象、马和车，乃至舍弃自己的身体，献出手、足、头、上身、各种器官和生命。我心中毫无贪著。那时，世人寿命很长。数百千年寿命时间中，我治理王国，追求正法，而不追求欲乐。我让长子灌顶登基后，向四方求取至上法。我鸣钟宣告：'谁能授予我至上法，说明意义，我愿意做他的奴仆。'

什译：提婆達多品第十二①

什译：爾時，佛告諸菩薩及天人四眾："吾於過去無量劫中，求《法華經》，無有懈惓。於多劫中常作國王，發願求於無上菩提，心不退轉。為欲滿足六波羅蜜，勤行布施，心無恪惜，象馬七珍、國城妻子、奴婢僕從、頭目髓腦、身肉手足，不惜軀命。時世人民壽命無量。為於法故，捐捨國位，委正②太子，擊鼓宣令四方求法：'誰能為我說大乘者，吾當終身供給走使。'

तेन च कालेन ऋषिरभूत्। स मामेतदवोचत्-- अस्ति महाराज सद्धर्मपुण्डरीकं नाम सुत्रं ज्येष्ठधर्मनिर्देशकम्। तद्यदि दास्यमभ्युपगच्छसि, ततस्ते ऽहं तं धर्मं श्रावयिष्यामि । सो ऽहं श्रुत्वा तस्यर्षेर्वचनं हृष्टस्तुष्ट उदग्र आत्तमनाः प्रीतिसौमनस्यजातो येन स ऋषिस्तेनोपेयिवान्। उपेत्यावोचत्-- यत्ते दासेन कर्म करणीयं तत्करोमि । सो ऽहं तस्यर्षेर्दासभावमभ्युपेत्य तृणकाष्ठपानीयकन्दमूलफलादीनि प्रेष्यकर्माणि कृतवान्, यावद्द्वाराध्यक्षो ऽप्यहमासम्। दिवसं चैवंविधं कर्म कृत्वा रात्रौ शयानस्य मञ्चके पादान्धारयामि । न च मे कायक्लमो न चेतसि क्लमो ऽभूत्। एवं च मे कुर्वतः परिपूर्णं वर्षासहस्रं गतम्॥

今译："那时，有一位仙人。他对我说：'大王啊，有一部名为《妙法莲华》的经宣示至上法。如果你做我的奴仆，我就向你宣说这种法。'我听到这位仙人的话，高兴，满意，激动，喜悦，欢喜，愉快。我走近这位仙人，走近后，说道：'我为你做奴仆应做的事。'我成为这位仙人的奴仆，做采集柴草、打水、采集根茎和果子等这些差事，乃至做门卫。做完白天的这些事，晚上我守候在仙人卧床床脚下。我身心不倦。这样，我做奴仆整整一千年。"

---

① 以下《提婆达多品》，据古代经录，什译本缺。后人将萧齐武帝时达摩菩提和法献合译的《提婆达多品》补入，标为第十二品。这样，这部分的译文只是名义上标为"什译"。同时，以下各品序数，什译与梵本出现差异。

② 此处"正"，据《中华大藏经》校勘记，《丽》作"政"。

什译：“時有仙人來白王言：‘我有大乘，名《妙法華經》。若不違我，當為宣說。’王聞仙言，歡喜踊躍，即隨仙人，供給所須，採菓，汲水，拾薪，設食，乃至以身而為床座，身心無惓。于時奉事，經於千歲，為於法故，精勤給侍，令無所乏。”

अथ खलु भगवांस्तस्यां वेलायामेतमेवार्थं परिद्योतयन्निमा गाथा अभाषत --

今译：这时，世尊为了说明这件事，又用这些偈颂说道：

什译：爾時世尊欲重宣此義，而說偈言：

कल्पानतीतान्समनुस्मरामि यदाहमासं धार्मिको धर्मराजा ।
राज्यं चमे धर्महेतोः कृतं तन्न च कामहेतोर्ज्यैष्ठधर्महेतोः ॥ ४२ ॥

今译：记得在许多劫前，
我是守法的法王，
治国为求至上法，
不追求种种欲乐。（42）

什译：我念過去劫，為求大法故，
雖作世國王，不貪五欲樂。

चतुर्दिशं मे कृत घोषणो ऽयं धर्मं वदेद्यस्तस्य दास्यं व्रजेयम्।
आसीदृषिस्तेन कालेन धीमान्सूत्रस्य सद्धर्मनाम्नः प्रवक्ताः ॥ ४३ ॥

今译：我鸣钟宣告四方：谁能
说法，我愿做他的奴仆；
那时有一位睿智的仙人，
宣说名为妙法的这部经。（43）

什译：搥鍾告四方：“誰有大法者，

若為我解說，身當為奴僕。”
時有阿私仙[①]，來白於大王：

स मामवोचद्यदि ते धर्मकाङ्क्षा उपेहि दास्यं धर्ममतः प्रवक्ष्ये ।
तुष्टश्चाहं वचनं तं निशाम्य कर्माकरोद्दासयोग्यं तदा यम्॥ ४४ ॥

今译：他对我说：“你渴求正法，
若你做奴仆，我向你说法。”
听到他的话，我高兴满意，
于是为他做奴仆应做的事。（44）

什译：“我有微妙法，世間所希有
若能修行者，吾當為汝說。”
時王聞仙言，心生大喜悅，
即便隨仙人，供給於所須，
採薪及菓蓏，隨時恭敬與。

न कायचित्तक्लमथो स्पृशेन्मां सद्धर्महेतोर्दासमागतस्य ।
प्रणिधिस्तदा मे भवि सत्त्वहेतोर्नात्मानमुद्दिश्य न कामहेतोः ॥ ४५ ॥

今译：为求正法，我成为奴仆，
而我从不感到身心疲倦，
我发起誓愿为众生谋福，
不为自身，也不为欲乐。（45）

什译：情好[②]妙法故，身心無懈惓，
普為諸眾生，勤求於大法，
亦不為己身，及以五欲樂。

स राज आसीत्तदा अब्ध्वीर्यो अनन्यकर्माणि दशद्दिशासु ।

① “阿私仙”指阿私陀（asita）仙人。按原文中，没有具体指明“阿私陀”。
② 此处“好”字，据《中华大藏经》校勘记，诸本作“存”。

परिपूर्ण कल्पान सहस्रखिन्नो यावत्सूत्रं लब्धवान्धर्मनामम्॥ ४६ ॥

今译：那时这位国王精勤努力，
在十方不做任何其他事，
就这样经过整整一千劫，
获得名为妙法的这部经。（46）

什译：故為大國王，勤求獲此法，
遂致得成佛，今故為汝說。

तत्किं मन्यध्वे भिक्षवः अन्यः स तेन कालेन तेन समयेन राजाभूत्? न खलु पुनरेवं द्रष्टव्यम्। तत्कस्य हेतोः? अहं स तेन कालेन तेन समयेन राजाभूवम्। स्यात्खलु पुनर्भिक्षवो ऽन्यः स तेन कालेन तेन समयेनर्षिरभूत्? न खलु पुनरेवं द्रष्टव्यम्। अयमेव स तेन कालेन तेन समयेन देवदत्तो भिक्षुर्ऋषिरभूत्। देवदत्तो हि भिक्षवो मम कल्याणमित्रम्। देवदत्तमेव चागम्य मया षट् पारमिताः परिपूरिताः, महामैत्री महाकरुणा महामुदिता महोपेक्षा । द्वात्रिंशन्महापुरुषलक्षणानि अशीत्यनुव्यञ्जनानि सुवर्णवर्णच्छविता दश बलानि चत्वारि वैशारद्यानि चत्वारि संग्रहवस्तूनि अष्टादशावेणिकबुद्धधर्मा महर्द्धिबलता दशदिक्सत्त्वनिस्तारणता, सर्वमेतद्देवदत्तमागस्य ।

今译："众比丘啊，你们是否认为那时这位国王是另一人？你们不要这样看。为什么？那时这位国王就是我。众比丘啊，你们是否认为那时这位仙人是另一人？你们不要这样看。那时这位仙人就是提婆达多[①]比丘。众比丘啊，提婆达多是我的善友。依靠他，我完成六波罗蜜，具有大慈、大悲、大喜和大舍，三十二大人相，八十种随好，金色皮肤，十力，四无畏，四摄事，十八不共佛法，大神通力，度化十方众生。所有这一切都依靠提婆达多获得。

① "提婆达多"（devadatta，也译"调达"）是佛陀的堂弟，贪图名闻利养，曾提出佛陀年事已高，应该休息，让他领导僧团。佛陀没有答应。于是，提婆达多怀恨在心，一再设法谋害佛陀，并破坏僧团团结。而这里是讲述提婆达多过去世作为仙人的事迹。

什译：佛告諸比丘：“爾時，王者則我身是。時仙人者，今提婆達多是。由提婆達多善知識故，令我具足六波羅蜜，慈悲喜捨，三十二相，八十種好，紫磨金色，十力，四無所畏，四攝法，十八不共，神通道力，成等正覺，廣度眾生，皆因提婆達多善知識故。

आरोचयामि वो भिक्षवः, प्रतिवेदयामि -- एष देवदत्तो भिक्षुरनागते ऽध्वनि अप्रमेयैः कल्पैरसंख्येयैर्देवराजो नाम तथागतो ऽर्हन्सम्यक्संबुद्धो भविष्यति विद्याचरणसंपन्नः सुगतो लोकविदनुत्तरः पुरुषदम्यसारथिः शास्ता देवानां च मनुष्याणां च भगवान्देवसोपानायां लोकधातौ । देवराजस्य खलु पुनर्भिक्षवस्तथागतस्य विंशत्यन्तरकल्पानायुष्प्रमाणं भविष्यति । विस्तरेण च धर्मं देशयिष्यति । गङ्गानदीवालुकासमाश्च सत्त्वाः सर्वक्लेशप्रहाणादर्हत्त्वं साक्षात् करिष्यन्ति । अनेके च सत्त्वाः प्रत्येकबोधौ चित्तमुत्पादयिष्यन्ति । गङ्गानदीवालुकासमाश्च सत्त्वा अनुत्तरायां सम्यक्संबोधौ चित्तमुत्पादयिष्यन्ति, अवैवर्तिकक्षान्तिप्रतिलब्धाश्च भविष्यन्ति । देवराजस्य खलु पुनर्भिक्षवस्तथागतस्य परिनिर्वृतस्य विंशत्यन्तरकल्पान्सद्धर्मः स्थास्यति । न च शरीरं धातुभेदेन भेत्स्यते। एकघनं चास्य शरीरं भविष्यति सप्तरत्नस्तूपं प्रविष्टम्। स च स्तूपः षष्टियोजनशतान्युच्चैस्त्वेन भविष्यति, चत्वारिंशद्योजनान्यायामेन । सर्वे च तत्र देवमनुष्याः पूजां करिष्यन्ति पुष्पधूपगन्धमाल्यविलेपनचूर्णचीवरच्छत्रध्वजपताकाभिर्गाथाभिः । तेन चाभिष्टोष्यन्ति । ये च तं स्तूपं प्रदक्षिणं करिष्यन्ति प्रणामं वा, तेषां केचिदग्रफलमर्हत्त्वं साक्षात्करिष्यन्ति केचित्प्रत्येकबोधिमनुप्राप्स्यन्ते अचिन्त्याश्चाप्रमेया देवमनुष्या अनुत्तरायां सम्यक्संबोधौ चित्तान्युत्पाद्य अविनिवर्तनीया भविष्यन्ति ॥

今译：“我告诉你们，众比丘啊，我告知你们：这位提婆达多比丘在未来世无量无数劫，会在天阶世界，成为名为天王的如来、阿罗汉、正等觉、明行足、善逝、世间解、无上士、调御丈夫、天人师、佛世尊。众比丘啊，天王如来、阿罗汉、正等觉的寿命二十中间劫。他广为说法，让如同恒河沙的众生断除一切烦恼，亲证阿罗汉性，让许多众生发起缘觉菩提心，让如同恒河沙的众生发起无上正等菩提心，获得不退转法忍。众比丘啊，天王如来涅槃后，正法住世二十中间劫。他的身体不会破裂。他的全身会进入七宝宝塔。这座宝塔六千由旬高，四十由旬宽。所有天神和凡人会敬拜这座宝塔，献上鲜花、香料、花环、香膏、香粉、衣服、华盖、旗帜、幢幡，用偈颂赞美。他们会向这座宝塔右绕行礼。其中一些会亲证最高阿罗汉果位，另一些会获得缘觉智。不可思议无量天神和凡人会发起无上正等菩提心，达到不退转。”

什译：“告諸四眾：提婆達多却後過無量劫，當得成佛，號曰天王如來、應供、正遍知、明行足、善逝、世間解、無上士、調御丈夫、天人師、佛世尊。世界名天道①。時天王佛住世二十中劫②，廣為眾生說於妙法，恒河沙眾生得阿羅漢果，無量眾生發緣覺心，恒河沙眾生發無上道心，得無生忍，至不退轉。時天王佛般涅槃後，正法住世二十中劫。全身舍利起七寶塔，高六十由旬，縱廣四十由旬，諸天人民悉以雜華、末香、燒香、塗香，衣服、瓔珞、幢幡、寶蓋、伎樂、歌頌，禮拜供養七寶妙塔。無量眾生得阿羅漢果，無量眾生悟辟支佛，不可思議眾生發菩提心，至不退轉。”

अथ खलु भगवान्पुनरेव भिक्षुसंघमामन्त्रयते स्म -- यः कश्चित्भिक्षवोऽनागतेऽध्वनि कुलपुत्रो वा कुलदुहिता वा इमं सद्धर्मपुण्डरीकं सूत्रपरिवर्तं श्रोष्यति, श्रुत्वा च न काङ्क्षिष्यति न विचिकित्सिष्यति, विशुद्धचित्तश्चाधिमोक्ष्यते, तेन तिसृणां दुर्गतीनां द्वारं पिथितं भविष्यति । नरकतिर्यग्योनियमलोकोपपत्तिषु न पतिष्यति । दशदिग्बुद्धक्षेत्रोपपन्नश्चेदमेव सूत्रं जन्मनि जन्मनि श्रोष्यति । देवमनुष्यलोकोपपन्नस्य चास्य विशिष्टस्थानप्राप्तिर्भविष्यति । यस्मिंश्च बुद्धक्षेत्र उपपत्स्यते, तस्मिन्नौपपादुके सप्तरत्नमये पद्मे उपपत्स्यते तथागतस्य संमुखम्॥

今译：然后，世尊又对比丘僧众说道：“众比丘啊，若有善男子

① “天道”的原词是 devasopāna，词义为天国阶梯。

② 此处“中劫”（antarakalpa，也译“中间劫”），什译均为“小劫”。这说明补入的《提婆达多品》译文，在一些译语上，与什译有差异。

或善女人在未来世闻听这部《妙法莲华经》这一品。闻听后，深信不疑，心地清净，由此，三恶道之门就会向他关闭。他不会堕入地狱、畜生和阎摩世界。出生在十方佛土，会在每一生闻听这部经。出生在天国和人间，会获得优越地位。出生在佛土，会在佛前的七宝莲花中化生。”

什译：佛告諸比丘：“未來世中，若有善男子、善女人聞《妙法華經》提婆達多品，淨心信敬不生疑惑者，不墮地獄、餓鬼、畜生，生十方佛前。所生之處，常聞此經。若生人天中，受勝妙樂。若在佛前，蓮華化生。”

अथ खलु तस्यां वेलायामधस्ताद्दिशः प्रभूतरत्नस्य तथागतस्य बुद्धक्षेत्रादागतः प्रज्ञाकूटो नाम बोधिसत्त्वः । स तं प्रभूतरत्नं तथागतमेतदवोचत्-- गच्छामो भगवन्स्वकं बुद्धक्षेत्रम्। अथ खलु भगवान् शाक्यमुनिस्तथागतः प्रज्ञाकूटं बोधिसत्त्वमेतदवोचत्-- मुहूर्तं तावत्कुलपुत्र आगमयस्व यावन्मदीयेन बोधिसत्त्वेन मञ्जुश्रिया कुमारभूतेन सार्धं कंचिदेव धर्मविनिश्चयं कृत्वा पश्चात्स्वकं बुद्धक्षेत्रं गमिष्यसि । अथ खलु तस्यां वेलायां मञ्जुश्रीः कुमारभूतः सहस्रपत्रे पद्मे शकटचक्रप्रमाणमात्रे निषण्णो ऽनेकबोधिसत्त्वपरिवृतः पुरस्कृतः समुद्रमध्यात्सागरनागराजभवनादभ्युद्गम्य उपरि वैहायसं खगपथेन गृध्रकूटे पर्वते भगवतो ऽन्तिकमुपसंक्रान्तः । अथ मञ्जुश्रीः कुमारभूतः पद्मादवतीर्य भगवतः शाक्यमुनेः प्रभूतरत्नस्य च तथागतस्य पादौ शिरसाभिवन्दित्वा येन प्रज्ञाकूटो बोधिसत्त्वस्तेनोपसंक्रान्तः । उपसंक्रम्य प्रज्ञाकूटेन बोधिसत्त्वेन सार्धं संमुखं संमोदनीं संरञ्जनीं विविधां कथामुपसंगृह्य एकान्ते न्यषीदत्। अथ खलु प्रज्ञाकूटो बोधिसत्त्वो मञ्जुश्रियं कुमारभूतमेतदवोचत्-- समुद्रमध्यगतेन त्वया मञ्जुश्रीः कियान्सत्त्वधातुर्विनीतः? मञ्जुश्रीराह -- अनेकान्यप्रमेयाण्यसंख्येयानि सत्त्वानि विनीतानि । तावदप्रमेयाण्यसंख्येयानि यावद्वाचा न शक्यं विज्ञापयितुं चित्तेन वा चिन्तयितुम्। मुहूर्तं तावत्कुलपुत्र आगमयस्व यावत्पूर्वनिमित्तं द्रक्ष्यसि ।

今译：这时，来自下方多宝如来佛土的一位菩萨，名为智积。他对多宝如来说道：“世尊啊，我们返回自己的佛土。”这时，世尊释迦牟尼如来对智积菩萨说道："且等片刻，善男子啊，你与我的菩萨文殊师利法王子一起讨论一回正法，然后，你返回自己的佛土。"这时，文殊师利法王子坐在大似车轮的千叶莲花中，许多菩萨恭敬围绕，从大海中间海蛇王宫中涌出，腾空升至灵鹫山上空，来到世尊身边。然后，文殊师利法王子走出莲花，向世尊释迦牟尼和多宝如来俯首行触足礼。随即，走近智积菩萨。走近后，与智积菩萨互相愉快问候交谈，然后在一边坐下。智积菩萨对文殊师利法王子说道："文殊师利啊，你在海中教化多少众生？"文殊师利回答说："教化无量无数众生。无量无数，不可言说，不可思议。且等片刻，善男子啊，你会看到瑞相。"

什译：於時下方①多寶世尊所從菩薩，名曰智積，白多寶佛："當還本土。"釋迦牟尼佛告智積曰："善男子！且待須臾。此有菩薩，名文殊師利，可與相見，論說妙義②，可還本土。"爾時，文殊師利坐千葉蓮華，大如車輪，俱來菩薩亦坐寶蓮華，從於大海娑竭羅③龍宮自然涌出，住虛空中，詣靈鷲山，從蓮華下，至於佛所，頭面敬禮二世尊足。修敬已畢，往智積所，共相慰問，却坐一面。智積菩薩問文殊師利："仁往龍宮，所化眾生，其數幾何？"文殊師利言："其數無量，不可稱計，非口所宣，非心所測，且待須臾，自當有證。"

समनन्तरभाषिता चेयं मञ्जुश्रिया कुमारभूतेन वाक्, तस्यां वेलायामनेकानि पद्मसहस्राणि समुद्रमध्यादभ्युद्गतानि उपरि वैहायसम्। तेषु च पद्मेष्वनेकानि बोधिसत्त्वसहस्राणि संनिषण्णानि। अथ ते बोधिसत्त्वास्तेनैव खगपथेन येन गृध्र-कूटः पर्वतस्तेनोपसंक्रान्ताः। उपसंक्रम्य ततश्चोपरि वैहायसं स्थिताः संदृश्यन्ते स्म। सर्वे च ते मञ्जुश्रिया कुमारभूतेन विनीता अनुत्तरायां सम्यक्संबोधौ। तत्र ये

---

① 此处"下方"与本品《见宝塔品》开头部分原文中提到多宝佛住于下方世界一致。这也说明后人在补入《提婆达多品》译文时，没有将此处"下方"与什译"东方"求得一致。

② 此处"义"字，据《中华大藏经》校勘记，《资》、《碛》、《普》、《南》、《径》、《清》、《丽》作"法"。

③ "娑竭罗"是 sāgara（"海"）一词的音译。

बोधिसत्त्वा महायानसंप्रस्थिताः पूर्वमभूवन्, ते महायानगुणान्षद्पारमिताः संवर्णयन्ति । ये श्रावकपूर्वा बोधिसत्त्वास्ते श्रावकयानमेव संवर्णयन्ति । सर्वे च ते सर्वधर्मान्शून्यानिति संजानन्ति स्म, महायानगुणांश्च । अथ खलु मञ्जुश्रीः कुमारभूतः प्रज्ञाकूटं बोधिसत्त्वमेतदवोचत्-- सर्वो ऽयं कुलपुत्र मया समुद्र-मध्यगतेन सत्त्वविनयः कृतः । स चायं संदृश्यते । अथ खलु प्रज्ञाकूटो बोधिसत्त्वो मञ्जुश्रियं कुमारभूतं गाथाभिगीतेन परिपृच्छति --

今译：文殊师利法王子的话音刚落，这时，数千莲花从大海中间涌出，升至空中。在这些莲花中，坐着数千菩萨。然后，这些菩萨腾空走近灵鹫山。走近后，站在空中。他们全都受到文殊师利法王子教化无上正等菩提。其中，以前安住大乘的菩萨赞颂大乘功德和六波罗蜜。以前是声闻的菩萨赞颂声闻乘。他们全都知晓一切法空和大乘功德。这时，文殊师利法王子对智积菩萨说道：“善男子啊，所有这些是我在大海中教化的众生。这样，你已经看到。” 然后，智积菩萨用这些偈颂询问文殊师利法王子：

什译：所言未竟，無數菩薩坐寶蓮華，從海涌出，詣靈鷲山，住在虛空。此諸菩薩皆是文殊師利之所化度，具菩薩行，皆共論說六波羅蜜。本聲聞人在虛空中說聲聞行。今皆修行大乘空義。文殊師利謂智積曰：“於海所[1]化，其事如是。” 爾時，智積菩薩以偈讚曰：

महाभद्र प्रज्ञया सूरनामनसंख्येया ये विनीतास्त्वयाद्य ।
सत्त्वा अमी कस्य चायं प्रभावस्तद्ब्रूहि पृष्टो नरदेव त्वमेतत् ॥ ४७ ॥

今译：大德勇士啊，你凭智慧
教化无数众生，我问你，
人中之神啊，这是依靠
谁的威力？请你告诉我。（47）

① 此处“所”字，据《中华大藏经》校勘记，《资》、《碛》、《普》、《南》、《径》、《清》、《丽》作“教”。

什译：大智德勇健，化度無量眾，
今此諸大會，及我皆已見。

कं वा धर्मं देशितवानसि त्वं किं वा सूत्रं बोधिमार्गोपदेशम्।
यच्छ्रुत्वामी बोधये जातचित्ताः सर्वज्ञत्वे निश्चितं लब्धगाधाः ॥ ४८ ॥

今译：你宣说什么法？宣说
哪部阐释菩提道的经？
众生听后发起菩提心，
获得坚固的知一切性。（48）

什译：演暢實相義，開闡一乘法，
廣度諸群生，令速成菩提。

मञ्जुश्रीराह -- समुद्रमध्ये सद्धर्मपुण्डरीकं सूत्रं भाषितवान्, न चान्यत्। प्रज्ञाकूट आह -- इदं सूत्रं गम्भीरं सूक्ष्मं दुर्दृशम्, न चानेन सुत्रेण किंचिदन्यत्सूत्रं सममस्ति । अस्ति कश्चित्सत्त्वो य इदं सूत्ररत्नं सत्कुर्यादवबोद्धुमनुत्तरां सम्यक्संबोधिमभिसंबोद्धुम्? मञ्जुश्रीराह -- अस्ति कुलपुत्र सागरस्य नागराज्ञो दुहिता अष्टवर्षा जात्या महाप्रज्ञा तीक्ष्णेन्द्रिया ज्ञानपूर्वंगमेन कायवाङ्मनस्कर्मणा समन्वागता सर्वतथागतभाषितव्यञ्जनार्थोद्ग्रहणे धारणीप्रतिलब्धा सर्वधर्मसत्त्वसमाधानसमाधिसहस्रैकक्षणप्रतिलाभिनी । बोधिचित्ताविनिवर्तिनी विस्तीर्णप्रणिधाना सर्वसत्त्वेष्वात्मप्रेमानुगता गुणोत्पादने च समर्था । न च तेभ्यः परिहीयते । स्मितमुखी परमया शुभवर्णपुष्कलतया समन्वागता मैत्रचित्ता करुणां च वाचं भाषते । सा सम्यक्संबोधिमभिसंबोद्धुं समर्था । प्रज्ञाकूटो बोधिसत्त्व आह -- दृष्टो मया भगवान् शाक्यमुनिस्तथागतो बोधाय घटमानो बोधिसत्त्वभूतोऽनेकानि पुण्यानि कृतवान्। अनेकानि च कल्पसहस्राणि न कदाचिद्वीर्यं स्रंसितवान्। त्रिसाहस्रमहासाहस्रायां लोकधातौ नास्ति कश्चिदन्तशः सर्षपमात्रोऽपि पृथिवीप्रदेशः यत्रानेन शरीरं न निक्षिप्तं सत्त्वहितहेतोः । पश्चाद्बोधिमभिसंबुद्ध। क एवं श्रद्दध्यात्, यदनया शक्यं मुहूर्तेन अनुत्तरां सम्यक्संबोधिमभिसंबोद्धुम्?

今译：文殊师利说道："在大海中，我宣说《妙法莲华经》，而不宣说其他经。"智积说道："这部经如此深邃微妙，没有哪部经与它相同。有任何众生恭敬和理解这部经宝，觉知无上正等菩提吗？"文殊师利说道："善男子啊，海蛇王有个女儿，只有八岁，而天生具有大智慧，诸根锐利，在身、口和意的行动中智慧先行，牢记一切如来所说音义，获得陀罗尼，一刹那间获知一切法、众生和千种等至三昧，菩提心不退转，誓愿广大，热爱一切众生如同自身，功德增长而不减损，面带微笑，美妙绝伦，心意和言语慈悲。她能觉知正等菩提。"智积菩萨说道："我曾见世尊释迦牟尼如来求取菩提，成为菩萨，积累许多功德。在数千劫中始终精勤努力，毫不松懈。在三千大千世界，甚至没有一芥末的地方，不是他为众生而舍弃身体处。然后，他才觉知菩提。有谁会相信，她能在顷刻间觉知无上正等菩提？"

什译：文殊師利言："我於海中，唯常宣說《妙法華經》。"智積問文殊師利言："此經甚深微妙，諸經中寶，世所希有。頗有眾生勤加精進，修行此經，速得佛不？"文殊師利言："有娑竭羅龍王女，年始八歲，智慧利根，善知眾生諸根行業，得陀羅尼，諸佛所說甚深祕藏，悉能受持。深入禪定，了達諸法，於刹那頃發菩提心，得不退轉。辯才無礙，慈念眾生猶如赤子。功德具足，心念口演微妙廣大。慈悲仁讓，志意和雅，能至菩提。"智積菩薩言："我見釋迦如來於無量劫難行苦行，積功累德，求菩提道，未曾止息。觀三千大千世界，乃至無有如芥子許非是菩薩捨身命處，為眾生故，然後乃得成菩提道。不信此女於須臾頃便成正覺。"

अथ खलु तस्यां वेलायां सागरनागराजदुहिता अग्रतः स्थिता संदृश्यते स्म। सा भगवतः पादौ शिरसाभिवन्द्य एकान्ते ऽस्थात्। तस्यां वेलायामिमा गाथा अभाषत --

今译：这时，看见海蛇王女儿站在前面。她俯首向世尊行触足礼后，侍立一旁，用这些偈颂说道：

什译：言論未訖，時龍王女忽現於前，頭面禮敬，却住一面，以偈讚曰：

पुण्यं पुण्यं गभीरं च दिशः स्फुरति सर्वशः ।
सूक्ष्मं शरीरं द्वात्रिंशल्लक्षणैः समलंकृतम् ॥ ४९ ॥

今译：他向所有的十方，
　　　展现深远的功德，
　　　身体微妙，具有
　　　三十二种大人相。（49）

什译：深達罪福相，遍照於十方，
　　　微妙淨法身，具相三十二，

अनुव्यजनयुक्तं च सर्वसत्त्वनमस्कृतम् ।
सर्वसत्त्वाभिगम्यं च अन्तरापणवद्यथा ॥ ५० ॥

今译：还有八十种随好，
　　　受一切众生敬拜；
　　　一切众生亲近他，
　　　如同热闹的市场。（50）

什译：以八十種好，用莊嚴法身，
　　　天人所戴仰，龍神咸恭敬，
　　　一切眾生類，無不宗奉者。

यथेच्छया मे संबोधिः साक्षी मे ऽत्र तथागतः ।
विस्तीर्णं देशयिष्यामि धर्मं दुःखप्रमोचनम् ॥ ५१ ॥

今译：如来能亲自证实
　　　我如愿觉知菩提，
　　　我将会广为宣说

这解救苦难的法。（51）

什译：又聞成菩提，唯佛當證知，

我闡大乘教，度脱苦眾生。

अथ खलु तस्यां वेलायामायुष्मान् शारिपुत्रस्तां सागरनागराजदुहितरमेतदवोचत्-- केवलं कुलपुत्रि बोधाय चित्तमुत्पन्नम्। अविवर्त्याप्रमेयप्रज्ञा चासि । सम्यक्संबुद्धत्वं तु दुर्लभम्। अस्ति कुलपुत्रि स्त्री न च वीर्यं स्त्रंसयति, अनेकानि च कल्पशतान्यनेकानि च कल्पसहस्राणि पुण्यानि करोति, षड्पारमिताः परिपूरयति, न चाद्यापि बुद्धत्वं प्राप्नोति । किं कारणम्? पञ्च स्थानानि स्त्री अद्यापि न प्राप्नोति । कतमानि पञ्चउ प्रथमं ब्रह्मस्थानं द्वितीयं शक्रस्थानं तृतीयं महाराजस्थानं चतुर्थं चक्रवर्तिस्थानं पञ्चममवैवर्तिकबोधिसत्त्वस्थानम्॥

今译：这时，尊者舍利弗对海蛇王女儿说道："善女人啊，你仅仅发起菩提心，就获得不退转无量智。但是，正等觉难得。善女人啊，若有女人始终精勤努力，毫不松懈，在数百劫和数千劫中积累功德，完成六波罗蜜，至今也不可能获得佛性。为什么？女人至今不能获得五种地位。哪五种？第一梵天地位，第二帝释天地位，第三大王地位，第四转轮王地位，第五不退转菩萨地位。"

什译：爾時，舍利弗語龍女言："謂汝[①]不久得無上道，是事難信。所以者何？女身垢穢，非是法器[②]，云何能得無上菩提？佛道懸曠，經無量劫勤苦積行，具修諸度[③]，然後乃成。又女人身猶有五障：一者不得作梵天王，二者不得作帝釋，三者不得作魔王[④]，四者不得作轉輪聖王，五者不得作佛身。云何女身速得成佛？"

अथ खलु तस्यां वेलायां सागरनागराजदुहितुरेको मणिरस्ति, यः कृत्स्नां

---

① 此处"谓汝"，据《中华大藏经》校勘记，诸本作"汝谓"。

② "法器"（bhājana）指适合接受佛法者。此处原文中没有使用此词。

③ "诸度"指六波罗蜜。

④ 此处"魔王"，按原文是"大王"（mahārāja）。

महासाहस्रां लोकधातुं मूल्यं क्षमते । स च मणिस्तया सागरनागराजदुहित्रा भगवते दत्तः । स भगवता च अनुकम्पामुपादाय प्रतिगृहीतः । अथ सागर-नागराजदुहिता प्रज्ञाकूटं बोधिसत्त्वं स्थविरं च शारिपुत्रमेतदवोचत्-- यो ऽयं मणिर्मया भगवतो दत्तः, स च भगवता शीघ्रं प्रतिगृहीतो वेति? स्थविर आह -- त्वया च शीघ्रं दत्तो भगवता च शीघ्रं प्रतिगृहीतः । सागरनागराजदुहिता आह -- यद्यहं भदन्त शारिपुत्र महर्द्धिकी स्याम्, शीघ्रतरं सम्यक्संबोधिमभिसंबुध्येयम्। न चास्य मणेः प्रतिग्राहकः स्यात्॥

今译：这时，海蛇王女儿有一颗摩尼珠，价值整个三千大千世界。海蛇王女儿将这颗摩尼珠献给世尊。世尊出于同情而接受。然后，海蛇王女儿对智积菩萨和舍利弗长老说道："我将这颗摩尼珠献给世尊，世尊是否迅速接受？"舍利弗长老回答说："你迅速献上，世尊迅速接受。"海蛇王女儿说道："贤士舍利弗啊，如果我有大神通，我就会更迅速觉知正等觉，不会像接受这颗摩尼珠那样。"

什译：爾時，龍女有一寶珠，價直三千大千世界，持以上佛。佛即受之。龍女謂智積菩薩、尊者舍利弗言："我獻寶珠，世尊納受，是事疾不？"答言："甚疾。"女言："以汝神力，觀我成佛，復速於此。"

अथ तस्यां वेलायां सागरनागराजदुहिता सर्वलोकप्रत्यक्षं स्थविरस्य च शारिपुत्रस्य प्रत्यक्षं तत्स्त्रीन्द्रियमन्तर्हितं पुरुषेन्द्रियं च प्रादुर्भूतं बोधिसत्त्वभूतं चात्मानं संदर्शयति । तस्यां वेलायां दक्षिणां दिशं प्रक्रान्तः । अथ दक्षिणस्यां दिशि विमला नाम लोकधातुः । तत्र सप्तरत्नमये बोधिवृक्षमूले निषण्णमभि-संबुद्धमात्मानं संदर्शयति स्म, द्वात्रिंशल्लक्षणधरं सर्वानुव्यजनरूपं प्रभया च दशदिशं स्फुरित्वा धर्मदेशनां कुर्वाणम्। ये च सहायां लोकधातौ सत्त्वाः, ते सर्वे तं तथागतं पश्यन्ति स्म, सर्वैश्च देवनागयक्षगन्धर्वासुरगरुडकिन्नरमनुष्यामनुष्यै-र्नमस्यमानं धर्मदेशनां च कुर्वन्तम्। ये च सत्त्वास्तस्य तथागतस्य धर्मदेशनां शृण्वन्ति, सर्वे ते ऽविनिवर्तनीया भवन्त्यनुत्तरायां सम्यक्संबोधौ । सा च विमला लोकधातुः, इयं च सहा लोकधातुः षड्विकारं प्राकम्पत्। भगवतश्च शाक्यमुनेः

पर्षन्मण्डलानां त्रयाणां प्राणिसहस्राणामनुत्पत्तिकधर्मक्षान्तिप्रतिलाभो ऽभूत्। त्रयाणां च प्राणिशतसहस्राणामनुत्तरायां सम्यक्संबोधौ व्याकरणप्रतिलाभो ऽभूत्। अथ प्रज्ञाकूटो बोधिसत्त्वो महासत्त्वः स्थविरश्च शारिपुत्रस्तूष्णीमभूताम्॥

今译：这时，海蛇王女儿就在一切世界眼前，在舍利弗长老眼前，隐没女人诸根，显现男人诸根，展现自己成为菩萨。这时，她前往南方。南方有个名为无垢的世界。在那里，她示现自己坐在七宝菩提树下，成正等觉，具有三十二相和所有随好，光芒照耀十方，宣说正法。娑婆世界所有众生看见这位如来宣说正法，受到所有天神、蛇、药叉、健达缚、阿修罗、迦楼罗、紧那罗、人和非人敬拜。那些众生闻听这位如来说法，全都安住无上正等菩提不退转。这个无垢世界，这个娑婆世界，出现六种震动。世尊释迦牟尼的会众中，三千众生获得无生法忍。三千众生获得授记无上正等菩提。于是，智积菩萨大士和舍利弗长老沉默不语。

什译：當時，眾會皆見龍女忽然之間變成男子，具菩薩行，即往南方無垢世界，坐寶蓮華，成等正覺，三十二相，八十種好，普為十方一切眾生演說妙法。爾時，娑婆世界菩薩、聲聞、天龍八部、人與非人，皆遙見彼龍女成佛，普為時會人天說法，心大歡喜，悉遙敬禮。無量眾生聞法解悟，得不退轉。無量眾生得受道記。無垢世界六反震動。娑婆世界三千眾生住不退地，三千眾生發菩提心而得授記。智積菩薩及舍利弗，一切眾會，默然信受。

इत्यार्यसद्धर्मपुण्डरीके धर्मपर्याये स्तूपसंदर्शनपरिवर्तो नामैकादशमः॥

今译：以上是神圣《妙法莲华》法门中名为《见宝塔品》的第十一品。

१२: उत्साहपरिवर्तः ।

今译：第十二 努力品[①]

什译：勸持品第十三

अथ खलु भैषज्यराजो बोधिसत्त्वो महासत्त्वो महाप्रतिभानश्च बोधिसत्त्वो महासत्त्वो विंशतिबोधिसत्त्वशतसहस्रपरिवारो भगवतः संमुखमिमां वाचमभाषेताम्-- अल्पोत्सुको भगवान्भवत्वस्मिन्नर्थे । वयमिमं भगवन्धर्मपर्यायं तथागतस्य परिनिर्वृतस्य सत्त्वानां देशयिष्यामः संप्रकाशयिष्यामः । किंचापि भगवन् शठकाः सत्त्वास्तस्मिन्काले भविष्यन्ति, परीत्तकुशलमूला अधिमानिका लाभसत्कारसंनिश्रिता अकुशलमूलप्रतिपन्ना दुर्दमा अधिमुक्तिविरहिता अनधिमुक्तिबहुलाः, अपि तु खलु पुनर्वयं भगवन् क्षान्तिबलमुपदर्शयित्वा तस्मिन्काले इदं सूत्रमुद्देक्ष्यामो धारयिष्यामो देशयिष्यामो लिखिष्यामः सत्करिष्यामो गुरुकरिष्यामो मानयिष्यामः पूजयिष्यामः । कायजीवितं च वयं भगवनुत्सृज्य इदं सूत्रं प्रकाशयिष्यामः । अल्पोत्सुको भगवान्भवत्विति ॥

今译：这时，药王菩萨大士和大辩才菩萨大士，与二十百千陪随的菩萨，在世尊面前说道："请世尊不要为这件事担忧。世尊啊，在如来涅槃后，我们会向众生宣说这个法门。世尊啊，在那时，众生狡诈，缺少善根，骄慢，贪图利养恭敬，种植不善根，难以调伏，缺乏信仰，毫无信仰。然而，世尊啊，我们会展现忍辱力，宣示、受持、宣说和书写这部经，尊敬、尊重、崇敬和供奉这部经。世尊啊，我们会不惜身体和性命，宣说这部经。世尊啊，请你不要担忧。"

---

① 这个品名"努力"的原词是 utsāha，词义是努力或鼓励。从本品内容看，主要是获得授记的菩萨、声闻和所有会众向世尊表示他们会在未来世努力宣说《妙法莲华经》。

什译：爾時，藥王菩薩摩訶薩及大樂說菩薩摩訶薩，與二萬菩薩眷屬俱，皆於佛前作是誓言："唯願世尊不以為慮。我等於佛滅後，當奉持讀誦，說此經典。後惡世眾生，善根轉少，多增上慢，貪利供養，增不善根，遠離解脫。雖難可教化，我等當起大忍力，讀誦此經，持說書寫，種種供養，不惜身命。"

अथ खलु तस्यां पर्षदि शैक्षाशैक्षाणां भिक्षूणां पञ्चमात्राणि भिक्षुशतानि भगवन्त मेतदूचुः -- वयमपि भगवनुत्सहामहे इमं धर्मपर्यायं संप्रकाशयितुम्, अपि तु खलु पुनर्भगवनन्यासु लोकधातुष्विति । अथ खलु यावन्तस्ते भगवतः श्रावकाः शैक्षाशैक्षा भगवता व्याकृता अनुत्तरायां सम्यक्संबोधौ, अष्टौ भिक्षुसहस्राणि, सर्वाणि तानि येन भगवांस्तेनाञ्जलिं प्रणमय्य भगवन्तमेतदूचुः -- अल्पोत्सुको भगवान्भवतु । वयमपीमं धर्मपर्यायं संप्रकाशयिष्यामस्तथागतस्य परिनिर्वृतस्य पश्चिमे काले पश्चिमे समये अपि त्वन्यासु लोकधातुषु । तत्कस्य हेतोः? अस्यां भगवन्सहायां लोकधातौ अधिमानिकाः सत्त्वा अल्पकुशलमूला नित्यं व्यापन्नचित्ताः शठा वङ्कजातीयाः ॥

今译：这时，集会中的五百有学和无学比丘对世尊说道："世尊啊，我们会努力宣说这个法门。世尊啊，我们也会在其他世界宣说这个法门。"然后，已获得世尊授记无上正等菩提的五百有学和无学声闻，所有八千比丘，向世尊合掌行礼，对世尊说道："请世尊不要担忧。在如来涅槃后的末世末时，我们也会在其他世界宣说这个法门。为什么？世尊啊，在这个娑婆世界，众生骄慢，缺少善根，始终心中充满恼怒，狡诈刁钻。"

什译：爾時，眾中五百阿羅漢得受記者白佛言："世尊！我等亦自誓願，於異國土廣說此經。"復有學、無學八千人得受記者，從座而起，合掌向佛，作是誓言："世尊！我等亦當於他方國土廣說此經。所以者何？是娑婆國中，人多弊惡，懷增上慢，功德淺薄，瞋濁諂曲，心不實故。"

अथ खलु महाप्रजापती गौतमी भगवतो मातृभगिनी षड्भिर्भिक्षुणीसहस्रैः सार्धं शैक्षाशैक्षाभिर्भिक्षुणीभिः उत्थायासनाद्येन भगवांस्तेनाञ्जलिं प्रणमय्य भगवन्तमुल्लोकयन्ती स्थिताभूत्। अथ खलु भगवांस्तस्यां वेलायां महाप्रजापतीं गौतमीमामन्त्रयामास -- किं त्वं गौतमि दुर्मनस्विनी स्थिता तथागतं व्यवलोकयसि? नाहं परिकीर्तिता व्याकृता च अनुत्तरायां सम्यक्संबोधौ । अपि तु खलु पुनर्गौतमि सर्वपर्षद्व्याकरणेन व्याकृतासि । अपि तु खलु पुनस्त्वं गौतमि इत उपादाय अष्टात्रिंशतां बुद्धकोटीनियुतशतसहस्राणामन्तिके सत्कारं गुरुकारं माननां पूजनामर्चनामपचायनां कृत्वा बोधिसत्त्वा महासत्त्वो धर्मभाणको भविष्यसि । इमान्यपि षड्भिक्षुणीसहस्राणि शैक्षाशैक्षाणां भिक्षुणीनां त्वयैव सार्धं तेषां तथागतानामर्हतां सम्यक्संबुद्धानामन्तिके बोधिसत्त्वा धर्मभाणका भविष्यन्ति । ततः परेण परतरेण बोधिसत्त्वचर्यां परिपूर्य सर्वसत्त्वप्रियदर्शनो नाम तथागतो ऽर्हन्सम्यक्संबुद्धो लोके भविष्यसि विद्याचरणसंपन्नः सुगतो लोकविदनुत्तरः पुरुषदम्यसारथिः शास्ता देवानां च मनुष्याणां च बुद्धो भगवान्। स च गौतमि सर्वसत्त्वप्रियदर्शनस्तथागतो ऽर्हन्सम्यक्संबुद्धस्तानि षड्बोधिसत्त्वसहस्राणि परंपरा-व्याकरणेन व्याकरिष्यत्यनुत्तरायां सम्यक्संबोधौ ॥

今译：然后，世尊的姨母摩诃波阇波提•憍答弥与六千有学和无学的比丘尼从座位起身，向世尊合掌行礼，站着凝望世尊。这时，世尊对摩诃波阇波提•憍答弥说道：“憍答弥啊，你为何神情忧郁，站着凝视如来？是否心中在想：‘没有提到我和为我授记无上正等菩提。’憍答弥啊，我已为所有会众授记，这样你也已经得到授记。憍答弥啊，你以后会尊敬、尊重、崇敬、供养和敬拜三十八百千千万那由他佛，成为菩萨大士说法者。这六千有学和无学比丘尼会与你一起在那些如来、阿罗汉、正等觉身边，成为菩萨说法者。然后，你会逐渐完成菩萨行，成为世界上名为一切众生喜见的如来、阿罗汉、正等觉、明行足、善逝、世间解、无上士、调御丈夫、天人师、佛世尊。憍答弥啊，这位一切众生喜见如来、阿罗汉、正等觉，会接连为六千菩萨授记无上正等菩提。”

什译：爾時，佛姨母摩訶波闍波提比丘尼，與學、無學比丘尼六千人俱，從座而起，一心合掌，瞻仰尊顏，目不暫捨。於時，世尊告憍曇彌：“何故憂色而視如來，汝心將無[1]謂我不說汝名，授阿耨多羅三藐三菩提記耶？憍曇彌！我先總說一切聲聞皆已授記，今汝欲知記者，將來之世，當於六萬八千億諸佛法中為大法師，及六千學、無學比丘尼俱為法師。汝如是漸漸具菩薩道，當得作佛，號一切眾生喜見如來、應供、正遍知、明行足、善逝、世間解、無上士、調御丈夫、天人師、佛世尊。憍曇彌！是一切眾生喜見佛及六千菩薩，轉次授記得阿耨多羅三藐三菩提。”

अथ खलु राहुलमातुर्यशोधराया भिक्षुण्या एतदभवत्-- न मे भगवता नामधेयं परिकीर्तितम्। अथ खलु भगवान्यशोधराया भिक्षुण्याश्चेतसैव चेतःपरिवितर्कमाज्ञाय यशोधरां भिक्षुणीमेतदवोचत्-- आरोचयामि ते यशोधरे, प्रतिवेदयामि ते । त्वमपि दशानां बुद्धकोटीसहस्राणामन्तिके सत्कारं गुरुकारं माननां पूजनामर्चनामपचायनां कृत्वा बोधिसत्त्वो धर्मभाणको भविष्यसि । बोधिसत्त्वचर्यां च अनुपूर्वेण परिपूर्य रश्मिशतसहस्रपरिपूर्णध्वजो नाम तथागतोऽर्हन्सम्यक्संबुद्धो लोके भविष्यसि विधाचरणसंपन्नः सुगतोलोकविदनुत्तरः पुरुषदम्यसारथिः शास्ता देवानां च मनुष्याणां च बुद्धो भगवान्भद्रायां लोकधातौ । अपरिमितं च तस्य भगवतो रश्मिशतसहस्रपरिपूर्णध्वजस्य तथागतस्यार्हतः सम्यक्संबुद्धस्यायुष्प्रमाणं भविष्यति ॥

今译：然后，罗睺罗的母亲耶输陀罗比丘尼心想：“世尊没有提到我的名字。”这时，世尊知道耶输陀罗比丘尼心中所想，对耶输陀罗比丘尼说道：“我告诉你，耶输陀罗啊，我告知你。你以后会尊敬、尊重、崇敬、供养和敬拜十千千万佛，成为菩萨大士说法者。然后，你会依次完成菩萨行，成为世界上名为具足千万光旗的如来、阿罗汉、正等觉、明行足、善逝、世间解、无上士、调御丈夫、天人师、佛世尊。这位具足千万光旗如来、阿罗汉、正等觉的寿命无量。”

---

① “将无”意谓是否。

什译：爾時，羅睺羅母耶輸陀羅比丘尼作是念："世尊於授記中，獨不說我名。"佛告耶輸陀羅："汝於來世百千萬億諸佛法中修菩薩行，為大法師，漸具佛道。於善國①中當得作佛，號具足千萬光相如來、應供、正遍知、明行足、善逝、世間解、無上士、調御丈夫、天人師、佛世尊。佛壽無量阿僧祇劫。"

अथ खलु महाप्रजापती गौतमी भिक्षुणी षड्भिक्षुणीसहस्रपरिवारा यशोधरा च भिक्षुणी चतुर्भिक्षुणीसहस्रपरिवारा भगवतो ऽन्तिकात्स्वकं व्याकरणं श्रुत्वा अनुत्तरायां सम्यक्संबोधौ आश्चर्यप्राप्ता अद्भुतप्राप्ताश्च तस्यां वेलायामिमां गाथामभाषन्त --

今译：摩诃波阇波提·憍答弥比丘尼及其六千比丘尼随从和耶输陀罗比丘尼及其四千比丘尼随从听到世尊为各自授记无上正等菩提，深感奇妙和惊异，这时，用这首偈颂说道：

什译：爾時，摩訶波闍波提比丘尼及耶輸陀羅比丘尼，并其眷屬，皆大歡喜，得未曾有，即於佛前而說偈言：

भगवन्विनेतासि विनायको ऽसि शास्तासि लोकस्य सदेवकस्य ।
आश्वासदाता नरदेवपूजितो वयं पि संतोषित अद्य नाथ ॥ १ ॥

今译：世尊啊，你是教师和导师，
你是世界和天界的统治者，
安慰者，受天神凡人和敬拜，
救主啊，我们今天心满意足。（1）

什译：世尊導師，安隱天人，
我等聞記，心安具足。

अथ खलु ता भिक्षुण्यः इमां गाथां भाषित्वा भगवन्तमेतदूचुः -- वयमपि

---

① 此处"善国"一词不见于原文。

भगवन्समुत्सहामहे इमं धर्मपर्यायं संप्रकाशयितुं पश्चिमे काले पश्चिमे समये, अपि त्वन्यासु लोकधातुष्विति ॥

今译：这些比丘尼诵出这首偈颂后，对世尊说道："世尊啊，我们也会在末世末时，在其他世界努力宣说这个法门。"

什译：諸比丘尼說是偈已，白佛言："世尊！我等亦能於他方國土廣說此經。"

अथ खलु भगवान्येन तान्यशीतिबोधिसत्त्वकोटीनयुतशतसहस्राणि धारणीप्रतिलब्धानां बोधिसत्त्वानामवैवर्तिकधर्मचक्रप्रवर्तकानां तेनावलोकयामास । अथ खलु ते बोधिसत्त्वा महासत्त्वाः समनन्तरावलोकिता भगवता उत्थायासनेभ्यो येन भगवांस्तेनाञ्जलिं प्रणाम्यैवं चिन्तयामासुः -- अस्माकं भगवानध्येषति अस्य धर्मपर्यायस्य संप्रकाशनतायै । ते खल्वेवमनुविचिन्त्य संप्रकम्पिताः परस्परमूचुः -- कथं वयं कुलपुत्राः करिष्यामो यद्भगवानध्येषति अस्य धर्मपर्यायस्यानागते ऽध्वनि संप्रकाशनतायै? अथ खलु ते कुलपुत्रा भगवतो गौरवेण आत्मनश्च पुर्वचर्याप्रणिधानेन भगवतो ऽभिमुखं सिंहनादं नदन्ते स्म -- वयं भगवननागते ऽध्वनि इमं धर्मपर्यायं तथागते परिनिर्वृते दशसु दिक्षु गत्वा सर्वसत्त्वांल्लेखयिष्यामः पाठयिष्यामश्चिन्तापयिष्यामः प्रकाशयिष्यामो भगवत एवानुभावेन । भगवांश्च अस्माकमन्यलोकधातुस्थितो रक्षावरणगुप्तिं करिष्यति ॥

今译：这时，世尊凝视八十百千千万那由他获得陀罗尼、转动不退转法轮的菩萨。这些菩萨大士受到世尊凝视，从座位起身，向世尊合掌行礼，心想："世尊希望我们宣说这个法门。"这样思索后，互相激动地说道："世尊希望在未来世宣说这个法门，诸位善男子啊，我们应该怎么做？"随即，这些善男子怀着对世尊的崇敬，依据自己前世的修行和誓愿，在世尊面前发出狮子吼："世尊啊，我们在未来世，在世尊涅槃后，会前往十方，依靠世尊的威力，为一切众生书写、诵读、思惟和阐明这个法门。世尊在另一世界会护佑我们。"

什译：爾時，世尊視八十萬億那由他諸菩薩摩訶薩。是諸菩薩皆是阿鞞跋致[1]，轉不退法輪，得諸陀羅尼，即從座起，至於佛前，一心合掌，而作是念："若世尊告勑我等持說此經者，當如佛教，廣宣斯法。"復作是念："佛今默然，不見告勑，我當云何？"時諸菩薩敬順佛意，并欲自滿本願，便於佛前，作師子吼，而發誓言："世尊！我等於如來滅後，周旋往返十方世界，能令眾生書寫此經，受持讀誦，解說其義，如法修行，正憶念，皆是佛之威力。唯願世尊在於他方遙見守護。"

अथ खलु ते बोधिसत्त्वा महासत्त्वाः समसंगीत्या भगवन्तमाभिर्गाथाभिरध्यभाषन्त --

今译：这些菩萨大士又异口同声用这些偈颂对世尊说道：

什译：即時，諸菩薩俱同發聲，而說偈言：

अल्पोत्सुकस्त्वं भगवन्भवस्व वयं तदा ते परिनिर्वृतस्य ।
स्वं पश्चिमे कालि सुभैरवस्मिन्प्रकाशयिष्यामिद सूत्रमुत्तमम् ॥ २ ॥

今译：世尊啊，你别担忧，
我们在你涅槃之后，
会在恶浊恐怖末世，
宣说这部至上的经。（2）

什译：唯願不為慮，於佛滅度後，
恐怖惡世中，我等當廣說。

आक्रोशांस्तर्जनांश्चैव दण्ड उद्गूरणानि च ।
बालानां संसहिष्यामो ऽधिवासिष्याम नायक ॥ ३ ॥

今译：那些愚夫的谩骂、

① 此处"阿鞞跋致"，据《中华大藏经》校勘记，诸本作"阿惟越致"，两者都是 avaivartika（"不退转"）一词的音译。这里指成为不退转者。

威胁和棍棒加害，
导师啊，我们会
全部忍受和顶住。（3）

什译：有諸無智人，惡口罵詈等，
及加刀杖者，我等皆當忍。

दुर्बुद्धिनश्च वङ्काश्च शठा बालाधिमानिनः ।
अप्राप्ते प्राप्तसंज्ञी च घोरे कालस्मि पश्चिमे ॥ ४ ॥

今译：在恶浊恐怖的末世，
那些众生狡诈刁钻，
邪恶，愚昧，骄慢，
未得而自以为已得。（4）

什译：惡世中比丘，邪智心諂曲，
未得謂為得，我慢[①]心充滿。

अरण्यवृत्तकाश्चैव कन्थां प्रावरियाण च ।
संलेखवृत्तिचारि स्म एवं वक्ष्यन्ति दुर्मती ॥ ५ ॥

今译：这些心智邪恶者，
他们会生活林中，
身穿褴褛的衣裳，
说自己生活简朴。（5）

什译：或有阿練若[②]，納衣[③]在空閑，
自謂行真道，輕賤人間者。

① “我慢”意谓骄慢。此处原词是 abhimānin，汉译佛经中常译为“增上慢人”。
② “阿练若”是 araṇya（“森林”或“旷野”）一词的音译。
③ “纳衣”（kanthā，或译“褴褛衣”）指用破布拼缀制成的衣服，也称“百衲衣”。

रसेषु गृद्ध सक्ताश्च गृहीणां धर्म देशयी ।
सत्कृताश्च भविष्यन्ति षडभिज्ञा यथा तथा ॥ ६ ॥

今译：而他们贪图美味，
为那些家主说法，
他们会受到恭敬，
仿佛具有六神通。（6）

什译：貪著利養故，與白衣[①]說法，
為世所恭敬，如六通羅漢。

रौद्रचित्ताश्च दुष्टाश्च गृहवित्तविचिन्तकाः ।
अरण्यगुप्तिं प्रविशित्वा अस्माकं परिवादकाः ॥ ७ ॥

今译：心地暴戾和邪恶，
思念家居和钱财，
他们伪装林居者，
而诋毁诽谤我们。（7）

什译：是人懷惡心，常念世俗事，
假名阿練若，好出我等過。

अस्माकं चैव वक्ष्यन्ति लाभसत्कारनिश्रिताः ।
तीर्थिका बतिमे भिक्षू स्वानि काव्यानि देशयुः ॥ ८ ॥

今译：他们贪图利养恭敬，
却诋毁诽谤我们说：
“呸，这些外道比丘！
他们宣说自己的经文。”（8）

什译：而作如是言：“此諸比丘等，

① 此处“白衣”的原词是 gṛhin，词义为在家人或家主。

為貪利養故，說外道論議。

स्वयं सूत्राणि ग्रन्थित्वा लाभसत्कारहेतवः ।
पर्षाय मध्ये भाषन्ते अस्माकमनुकुट्टकाः ॥ ९ ॥

今译：他们毁谤我们说：
“为贪图利养恭敬，
他们自己编撰经，
在会众中间宣说。”（9）

什译：“自作此經典，誑惑世間人，
為求名聞故，分別於是經。”

राजेषु राजपुत्रेषु राजामात्येषु वा तथा ।
विप्राणां गृहपतीनां च अन्येषां चापि भिक्षुणाम्॥ १० ॥

今译：在国王、王子和
国王的大臣中间，
在婆罗门、家主
及其他比丘中间。（10）

什译：常在大眾中，欲毀我等故，
向國王大臣，婆羅門居士[①]，
及餘比丘眾，誹謗說我惡，

वक्ष्यन्त्यवर्णमस्माकं तीर्थ्यवादं च कारयी ।
सर्वं वयं क्षमिष्यामो गौरवेण महर्षिणाम्॥ ११ ॥

今译：他们宣说外道论，
而诋毁诽谤我们，

① “居士”的原词是 gṛhapati，词义为家主。

　　　　　怀着对大仙敬仰，
　　　　　我们会忍受一切。（11）

什译：謂是邪見人，說外道論議，
　　　我等敬佛故，悉忍是諸惡。

ये चास्मान्कुत्सयिष्यन्ति तस्मिन्कालस्मि दुर्मती ।
इमे बुद्धा भविष्यन्ति क्षमिष्यामथ सर्वशः ॥ १२ ॥

今译：那时的这些恶人
　　　会诋毁诽谤我们，
　　　而他们将会成佛①，
　　　我们会忍受一切。（12）

什译：為斯所輕言，汝等皆是佛，
　　　如此輕慢言，皆當忍受之。

कल्पसंक्षोभमीष्मस्मिन्दारुणस्मि महाभये ।
यक्षरूपा बहु भिक्षू अस्माकं परिभाषकाः ॥ १३ ॥

今译：在可怕的劫浊中，
　　　充满险恶大恐怖，
　　　许多比丘似药叉，
　　　会诋毁诽谤我们。（13）

什译：濁劫惡世中，多有諸恐怖，
　　　惡鬼入其身，罵詈毀辱我。

गौरवेणेह लोकेन्द्रे उत्सहाम सुदुष्करम् ।

---

① "他们将会成佛"这一句从语法上说，"他们"是指"这些恶人"。这句话可以理解为体现一切众生皆能成佛的大乘思想。而此处什译"为斯所轻言，汝等皆是佛"，则是将"他们将会成佛"理解为恶人对大乘信众的"轻慢言"。

第十二　努力品　519

क्षान्तीय कक्ष्यां बन्धित्वा सूत्रमेतं प्रकाशये ॥ १४ ॥

今译：怀着对世主的敬仰，
我们会努力做这种
极难事，束上忍辱
腰带，宣说这部经。（14）

什译：我等敬信佛，當著忍辱鎧[1]，
為說是經故，忍此諸難事。

अनर्थिकाः स्म कायेन जीवितेन च नायक ।
अर्थिकाश्च स्म बोधीय तव निक्षेपधारकाः ॥ १५ ॥

今译：导师啊，我们不
贪恋身体和性命，
而一心护持你的
嘱托，追求菩提。（15）

什译：我不愛身命，但惜無上道，
我等於來世，護持佛所囑。

भगवानेव जानीते यादृशाः पापभिक्षवः ।
पश्चिमे कालि भेष्यन्ति संधाभाष्यमजानकाः ॥ १६ ॥

今译：世尊他完全知道，
在末世末时会有
那样的邪恶比丘，
不懂得随宜所说。（16）

什译：世尊自當知，濁世惡比丘，

① 此处“铠”的原词是 kakṣyā（“腰带”）。这里是什译改换用词。在佛经中，常用大铠甲（mahāsannāha）比喻怀有宏大的誓愿。

不知佛方便，隨宜所說法。

भृकुटी सर्व सोढव्या अप्रज्ञप्तिः पुनः पुनः ।
निष्कासनं विहारेभ्यो बन्धकुट्टी बहूविधा ॥ १७ ॥

今译：我们会一再忍受
皱眉蹙额和冷遇，
被强行逐出寺院，
各种捆绑和侮辱。（17）

什译：惡口而顰蹙，數數見擯出，
遠離於塔寺，如是等眾惡。

आज्ञप्तिं लोकनाथस्य स्मरन्ता कालि पश्चिमे ।
भाषिष्याम इदं सूत्रं पर्षन्मध्ये विशारदाः ॥ १८ ॥

今译：我们在末世末时，
牢记世主的嘱托，
会在集会中无所
畏惧宣说这部经。（18）

什译：念佛告勅故，皆當忍是事。

नगरेष्वथ ग्रामेषु ये भेष्यन्ति इहार्थिकाः ।
गत्वा गत्वास्य दास्यामो निक्षेपं तव नायक ॥ १९ ॥

今译：导师啊，我们会
前往城市和乡村，
将你的嘱托传达
给那里的求法者。（19）

什译：諸聚落城邑，其有求法者，

我皆到其所，說佛所囑法。

**प्रेषणं तव लोकेन्द्र करिष्यामो महामुने ।
अल्पोत्सुको भव त्वं हि शान्तिप्राप्तो सुनिर्वृतः ॥ २० ॥**

今译：大仙人啊，我们
会成为你的使者，
请世尊不必担忧，
安于涅槃而寂静。（20）

什译：我是世尊使，處眾無所畏，
我當善說法，願佛安隱住。

**सर्वे च लोकप्रद्योता आगता ये दिशो दश ।
सत्यां वाचं प्रभाषामो अधिमुक्तिं विजानसि ॥ २१ ॥**

今译：我们向所有十方
世界明灯、如来，
宣布这真实誓言，
你知道我们心愿。（21）

什译：我於世尊前，諸來十方佛，
發如是誓言，佛自知我心。

इत्यार्यसद्धर्मपुण्डरीके धर्मपर्याये उत्साहपरिवर्तो नाम द्वादशमः ॥

今译：以上是神圣《妙法莲华》法门中名为《努力品》的第十二品。

१३ सुखविहारपरिवर्तः ।

今译：第十三 安乐行品

什译：安樂行品第十四

अथ खलु मञ्जुश्रीः कुमारभूतो भगवन्तमेतदवोचत -- दुष्करं भगवन् परमदुष्करमेभिर्बोधिसत्त्वैर्महासत्त्वैरुत्सोढं भगवतो गौरवेण । कथं भगवनेभिर्बोधिसत्त्वैर्महासत्त्वैरयं धर्मपर्यायः पश्चिमे काले पश्चिमे समये संप्रकाशयितव्यः? एवमुक्ते भगवान्मञ्जुश्रियं कुमारभूतमेतदवोचत्-- चतुर्षु मञ्जुश्रीर्धर्मेषु प्रतिष्ठितेन बोधिसत्त्वेन महासत्त्वेन अयं धर्मपर्यायः पश्चिमे काले पश्चिमे समये संप्रकाशयितव्यः । कतमेषु चतुर्षु? इह मञ्जुश्रीर्बोधिसत्त्वेन महासत्त्वेन आचारगोचरप्रतिष्ठितेन अयं धर्मपर्यायं पश्चिमे काले पश्चिमे समये संप्रकाशयितव्यः । कथं च मञ्जुश्रीर्बोधिसत्त्वो महासत्त्व आचारगोचरप्रतिष्ठितो भवति? यदा च मञ्जुश्रीर्बोधिसत्त्वो महासत्त्वः क्षान्तो भवति, दान्तो दान्तभूमिमनुप्राप्तो ऽनुत्रस्तासंत्रस्तमना अनभ्यसूयकः, यदा च मञ्जुश्रीर्बोधिसत्त्वो महासत्त्वो न कस्मिंश्चिद्धर्मे चरति, यथाभूतं च धर्माणां स्वलक्षणं व्यवलोकयति ।

今译：这时，文殊师利法王子对世尊说道：“世尊啊，这些菩萨大士怀着对世尊的敬仰，努力做难做的事，做极难做的事。世尊啊，这些菩萨大士应该怎样在末世末时宣说这个法门？”这样说罢，世尊对文殊师利法王子说道：“文殊师利啊，菩萨大士在末世末时应该安住四法宣说这个法门。哪四法？其中，文殊师利啊，菩萨大士在末世末时应该安住所行和所行处宣说这个法门。文殊师利啊，菩萨大士怎样安住所行和所行处？文殊师利啊，那时，菩萨大士忍辱，柔顺，达到柔顺地，不惊，不恐，不嫉妒。文殊师利啊，那时，菩萨大士于法无所行，如实观察诸法自相。

什译：爾時，文殊師利法王子菩薩摩訶薩白佛言："世尊！是諸菩薩甚為難有，敬順佛故，發大誓願，於後惡世護持讀誦[①]說是《法華經》。世尊！菩薩摩訶薩於後惡世，云何能說是經？"佛告文殊師利："若菩薩摩訶薩於後惡世欲說是經，當安住四法。一者，安住菩薩行處及親近處[②]，能為眾生演說是經。文殊師利！云何名菩薩摩訶薩行處？若菩薩摩訶薩住忍辱地，柔和善順而不卒暴，心亦不驚。又復於法無所行，而觀諸法如實相。

या खल्वेषु धर्मेष्वविचारणा अविकल्पना, अयमुच्यते मञ्जुश्रीर्बोधिसत्त्वस्य महासत्त्वस्याचारः । कतमश्च मञ्जुश्रीर्बोधिसत्त्वस्य महासत्त्वस्य गोचरः? यदा च मञ्जुश्रीर्बोधिसत्त्वो महासत्त्वो न राजानं संसेवते, न राजपुत्रान्न राजमहामात्रान्न राजपुरुषान्संसेवते न भजते न पर्युपास्ते नोपसंक्रामति, नान्यतीर्थ्याश्चरक-परिव्राजकाजीवकनिर्ग्रन्थान्न काव्यशास्त्रप्रसृतान्सत्त्वान्संसेवते, न भजते न पर्युपास्ते, न च लोकायतमन्त्रधारकान्न लोकायतिकान्सेवते न भजते न पर्युपास्ते, न च तैः सार्धं संस्तवं करोति । न चाण्डलान्न मौष्टिकान्न सौकरिकान्न कौक्कुटिकान्न मृगलुब्धकान्न मांसिकान्न नटनृत्तकान्न झल्लान्न मल्लान्। अन्यानि परेषां रतिक्रीडास्थानानि तानि नोपसंक्रामति । न च तैः सार्धं संस्तवं करोति । अन्यत्रोपसंक्रान्तानां कालेन कालं धर्मं भाषते, तं चानिश्रितो भाषते । श्रावकयानीयांश्च भिक्षुभिक्षुण्युपासकोपासिका न सेवते न भजते न पर्युपास्ते, न च तैः सार्धं संस्तवं करोति । न च तैः सह समवधानगोचरो भवति चंक्रमे वा विहारे वा । अन्यत्रोपसंक्रान्तानां चैषां कालेन कालं धर्मं भाषते, तं चानिश्रितो भाषते । अयं मञ्जुश्रीर्बोधिसत्त्वस्य महासत्त्वस्य गोचरः ॥

今译："对于诸法，不思量，不分别[③]。文殊师利啊，这被称为菩

① 此处"诵"字，据《中华大藏经》校勘记，《资》、《碛》、《普》、《南》、《径》、《清》、《丽》无。

② "行处及亲近处"的原词是 ācāragocara。其中，ācāra 的词义为所行。gocara 的词义为领域或所行处。

③ 此处"不分别"（avikalpana）指不妄想分别。

萨大士所行。文殊师利啊，什么是菩萨大士所行处？文殊师利啊，那时，菩萨大士不亲近国王，不亲近、接近、侍奉或走近王子、宰相①和王臣。不亲近、接近或侍奉其他外道、游方僧、出家人、邪命外道和裸形外道。不亲近、接近或侍奉热衷诗文经论的众生。不亲近、接近或侍奉执持顺世论的顺世论者，不与他们交往。同样还有旃陀罗②、拳击手、养猪人、养鸡人、猎人、屠夫、演员、舞女、格斗者和角斗士。不走近任何其他游戏场所。不与那些人交往。若有人从别处来到，随时为他说法，但不抱希望。不亲近、接近或侍奉声闻乘比丘、比丘尼、优婆塞和优婆夷，不与他们交往。不在散步处或房舍中与他们共处。若有人从别处来到，随时为他说法，但不抱希望。文殊师利啊，这是菩萨所行处。

什译："亦不行③，不分别，是名菩薩摩訶薩行處。云何名菩薩摩訶薩親近處？菩薩摩訶薩不親近國王、王子、大臣、官長。不親近諸外道梵志、尼揵子④等，及造世俗文筆讚詠外書及路伽耶陀、逆路伽耶陀⑤者。亦不親近諸有兇戲、相扠、相撲及那羅⑥等種種變現之戲。又不親近旃陀羅及畜猪羊鷄狗、畋獵漁捕諸惡律儀。如是人等或時來者，則為說法，無所希望。又不親近求聲聞比丘、比丘尼、優婆塞、優婆夷，亦不問訊。若於房中，若經行處，若在講堂中，不共住止。或時來者，隨宜說法，無所希求。

पुनरपरं मञ्जुश्रीर्बोधिसत्त्वो महासत्त्वो न मातृग्रामस्य अन्यतरान्यतरमनुनयनिमित्तमुद्गृह्य अभीक्ष्णं धर्मं देशयति, न च मातृग्रामस्य अभीक्ष्णं दर्शनकामो

① 此处“宰相”的原词是 rājamahāmātra，相当于前面《信解品》中使用的 rājamātra 一词。这两个词相当于巴利语中的 rājamahāmātta 和 rājamātta。

② “旃陀罗”（cāṇḍala）是四种姓之外的贱民。

③ 此处“不行”的原词是 avicāraṇa，词义为不思惟或不观察。

④ “尼揵子”（nirgrantha）是裸形外道，即耆那教徒。

⑤ “路伽耶陀”（lokāyata）是印度古代唯物论派。“逆路伽耶陀”（vāmalokāyata）即“左道路伽耶陀”是路伽耶陀中的一派。此处原文中未提及“逆路伽耶陀”。

⑥ “凶戏”的原词是 mauṣṭika（“拳击手”）。“相叉”的原词是 jhalla（“格斗者”）。“相扑”的原词是 malla（“角斗士”）。“那罗”是 naṭa（“演员”）一词的音译。

भवति । न च कुलान्युपसंक्रमति, न च दारिकां वा कन्यां वा वधुकां वा अभीक्ष्णमाभाषितव्यां मन्यते, न प्रतिसंमोदयति । न च पण्डकस्य धर्मं देशयति, न च तेन सार्धं संस्तवं करोति, न च प्रतिसंमोदयति । न चैकाकी भिक्षार्थमन्तर्गृहं प्रविशति अन्यत्र तथागतानुस्मृतिं भावयमानः । सचेत्पुनर्मातृग्रामस्य धर्मं देशयति, स नान्तशो धर्मसंरागेणापि धर्मं देशयति, कः पुनर्वादः स्त्रीसंरागेण । नान्तशो दन्तावलीमप्युपदर्शयति, कः पुनर्वाद औदारिकमुखविकारम् । न च श्रामणेरं न च श्रामणेरीं न भिक्षुं न भिक्षुणीं न कुमारकं न कुमारिकां सातीयति, न च तैः सार्धं संस्तवं करोति, न च संलापं करोति । स च प्रतिसंलयनगुरुको भवति, अभीक्ष्णं च प्रतिसंलयनं सेवते । अयमुच्यते मञ्जुश्रीर्बोधिसत्त्वस्य महासत्त्वस्य प्रथमो गोचरः ॥

今译："还有,文殊师利啊,菩萨大士不经常出于各种爱念而为女人说法,不经常想要观看女人。不进入他人家中。不经常想要与幼女、少女或寡妇交谈,取悦她们。不为阉人说法,不与他们交往,不取悦他们。不独自进入他人家中乞食,除非心中忆念如来。如果为女人说法,他甚至不贪著法,何况会贪著女人?他甚至不露出牙齿,何况会展露身体和面部变化?他不偏爱①沙弥、沙弥尼、比丘、比丘尼、少男和少女,不与他们交往和交谈。他重视隐居,经常隐居。文殊师利啊,这被称为菩萨的第一所行处。

什译："文殊師利!又菩薩摩訶薩不應於女人身取能生欲想相而為說法,亦不樂見。若入他家,不與小女、處女、寡女等共語。亦復不近五種不男之人②,以為親厚。不獨入他家,若有因緣須獨入時,但一心念佛。若為女人說法,不露齒笑,不現胸臆③,乃至為法猶不親厚,況復餘事?不樂畜年少弟子、沙彌、小兒,亦不樂與同師。常好坐禪,在於閑處,修攝其心。文殊師利!是名初親近處。

---

① 此处"偏爱"的原词是 sātīyati(或写为 sādīyati),词义为兴趣、喜欢或执著。此词属于混合梵语,词源不明。

② "五种不男之人"指五种阴阳人。此处原文中未使用"五种"一词。

③ "胸臆"意谓"心怀"。"不现胸臆"意谓不表露感情。此处按原文的表述是"不展露身体和面部变化"。两者意义相通。

पुनरपरं मञ्जुश्रीर्बोधिसत्त्वो महासत्त्वः सर्वधर्मान् शून्यान्व्यवलोकयति, यथावत्प्रतिष्ठितान्धर्मानविपरीतस्थायिनो यथाभूतस्थितानचलानकम्प्यानविवर्त्यानपरिवर्तान्सदा यथाभूतस्थितानाकाशस्वभावान्निरुक्तिव्यवहारविवर्जितानजातानभूताननसंभूतानसंस्कृतानसंतानानसत्ताभिलापप्रव्याहृतानसङ्गस्थानस्थितान्संज्ञाविपर्यासप्रादुर्भूतान्। एवं हि मञ्जुश्रीर्बोधिसत्त्वो महासत्त्वो ऽभीक्ष्णं सर्वधर्मान् व्यन्व्यवलोकयन्विहरति अनेन विहारेण विहरन्बोधिसत्त्वो महासत्त्वो गोचरे स्थितो भवति । अयं मञ्जुश्रीर्बोधिसत्त्वस्य द्वितीयो गोचरः ॥

今译："还有，文殊师利啊，菩萨大士观察一切法空。如实确立诸法，不颠倒。如实确立，不动，不摇，不退，不转。如实确立，自性似虚空，不可言说，不生，不生成非不生成，无为，无常，不可言谈，无阻无碍，颠倒妄想而显现①。文殊师利啊，菩萨大士经常这样观察一切法。菩萨大士按照这种所行而行，安住所行处。文殊师利啊，这是菩萨的第二所行处。"

什译："復次，菩薩摩訶薩觀一切法空。如實相，不顛倒，不動，不退，不轉。如虛空，無所有性。一切語言道斷，不生，不出，不起，無名無相，實無所有，無量無邊，無礙無障，但以因緣有，從顛倒生故說。常樂觀如是法相，是名菩薩摩訶薩第二親近處。"

अथ खलु भगवानेतमेवार्थं भूयस्या मात्रया संदर्शयमानस्तस्यां वेलायामिमा गाथा अभाषत --

今译：这时，世尊为了再次宣示这件事，又用这些偈颂说道：

什译：爾時，世尊欲重宣此義，而說偈言：

यो बोधिसत्त्व इच्छेया पश्चात्काले सुदारुणे ।
इदं सूत्रं प्रकाशेतुं अनोलीनो विशारदः ॥ १ ॥

① 这句"颠倒妄想而显现"的意思可参阅下面第 20 首偈颂。什译"但以因缘有，从颠倒生故说"。

今译：若菩萨在恐怖的
末世末时，毫不
怯弱，无所畏惧，
想要宣说这部经。（1）

什译：若有菩薩，於後惡世，
無怖畏心，欲說是經。

आचारगोचरं रक्षेदसंसृष्टः शुचिर्भवेत्।
वर्जयेत्संस्तवं नित्यं राजपुत्रेहि राजभिः ॥ २ ॥

今译：他应该保持纯洁，
守护自己所行处，
永远不要交结和
亲近王子和国王。（2）

什译：應入行處，及親近處，
常離國王，及國王子。

ये चापिं राजपुरुषाः कुर्यात्तेहि न संस्तवम्।
चण्डालमुष्टिकैः शौण्डैस्तीर्थिकैश्चापि सर्वशः ॥ ३ ॥

今译：也不要亲近王臣，
不要亲近旃陀罗、
拳击手和酒贩子，
以及所有的外道。（3）

什译：大臣官長，兇險戲者，
及旃陀羅，外道梵志。

अधिमानीन्न सेवेत विनये चागमे स्थितान्।
अर्हन्तसंमतान्भिक्षून्दुःशीलांश्चैव वर्जयेत्॥ ४ ॥

今译：不要亲近那些固守
经典戒律的骄慢者[①]，
要远离破坏戒律的
称为阿罗汉的比丘。（4）

什译：亦不親近，增上慢人，
貪著小乘，三藏學者，
破戒比丘，名字羅漢[②]。

भिक्षुणीं वर्जयेन्नित्यं हास्यसंलापगोचराम्।
उपासिकाश्च वर्जेत प्राकटा या अवस्थिताः ॥ ५ ॥

今译：应该永远远离热衷
嬉笑交谈的比丘尼，
也要永远远离那些
行为低俗的优婆夷。（5）

什译：及比丘尼，好戲笑者，
深著五欲，

या निर्वृतिं गवेषन्ति दृष्टे धर्मे उपासिकाः ।
वर्जयेत्संस्तवं ताभिः आचारो अयमुच्यते ॥ ६ ॥

今译：一些优婆夷追求
在现世达到涅槃，
不要与她们交往，
这称为菩萨所行。（6）

什译：求現滅度，諸優婆夷，
皆勿親近。

① 此处按照什译是指“贪著小乘三藏学者”。
② “名字罗汉”意谓徒有其名的阿罗汉。原词是 arhantasaṃmata，词义为称为阿罗汉的。

यश्चैनमुपसंक्रम्य धर्मं पृच्छे ऽग्रबोधये ।
तस्य भाषेत्सदा धीरो अनोलीनो अनिश्रितः ॥ ७ ॥

今译：若是有人走近前来，
询问至上的菩提法，
永远可以向他宣说，
不回避也不抱希望。（7）

什译：若是人等，以好心來，
到菩薩所，為聞佛道，
菩薩則以，無所畏心，
不懷悕望，而為說法。

स्त्रीपण्डकाश्च ये सत्त्वाः संस्तवं तैर्विवर्जयेत्।
कुलेषु चापि वधुकां कुमार्यश्च विवर्जयेत्॥ ८ ॥

今译：若是女人和阉人，
不要与他们交往，
也应该远离他人
家中寡妇和少女。（8）

什译：寱[①]女處女，及諸不男，
皆勿親近，以為親厚。

न ता संमोदयेज्जातु कौशल्यं हास पृच्छितुम्।
संस्तवं तेहि वर्जेत सौकरौरभ्रिकैः सह ॥ ९ ॥

今译：不应该取悦她们，
也不要微笑问候；
不应该亲近那些

① 此处“寱”字，据《中华大藏经》校勘记，《资》、《碛》、《普》、《南》、《径》、《清》、《丽》作“寡”。

宰猪人和宰羊人。（9）

什译：亦莫親近，屠兒魁儈[①]，

ये चापि विविधान्प्राणीन्हिंसेयुर्भोगकारणात्।
मांसं सूनाय विक्रेन्ति संस्तवं तैर्विवर्जयेत्॥ १० ॥

今译：那些屠夫在屠场，
宰杀各种各样的
牲口，卖肉赢利，
不要与他们交往。（10）

什译：畋獵漁補[②]，為利殺害，
販肉自活。

स्त्रीपोषकाश्च ये सत्त्वा वर्जयेत्तेहि संस्तवम्।
नटेभिर्झल्लमल्लेभिर्ये चान्ये तादृशा जनाः ॥ ११ ॥

今译：诸如豢养淫女者、
演员、格斗者和
角斗士这类众生，
不要与他们交往。（11）

什译：衒賣女色，如是之人，
皆勿親近。兇險相撲，
種種嬉戲，

वारमुख्या न सेवेत ये चान्ये भोगवृत्तिनः ।
प्रतिसंमोदनं तेभिः सर्वशः परिवर्जयेत्॥ १२ ॥

---

① “魁侩”（vadhaka）指杀人者、刽子手或屠夫。

② 此处“补”字，据《中华大藏经》校勘记，《资》、《碛》、《普》、《南》、《径》、《清》、《丽》作“捕”。

今译：不要与妓女交往，
不要与那些贪图
享乐者互相问候，
要永远远离他们。（12）

什译：諸婬女等，盡勿親近。

यदा च धर्मं देशेया मातृग्रामस्य पण्डितः ।
न चैकः प्रविशेत्तत्र नापि हास्यस्थितो भवेत्॥ १३ ॥

今译：若是向女人说法，
智者不应该独自
一人进入她居处，
也不要互相嬉笑。（13）

什译：莫獨屏處，為女說法，
若說法時，無得戲笑。

यदापि प्रविशेद्ग्रामं भोजनार्थी पुनः पुनः ।
द्वितीयं भिक्षु मार्गेत बुद्धं वा समनुस्मरेत्॥ १४ ॥

今译：如果一次次进入
村庄乞食，应该
与另一比丘结伴，
或者心中忆念佛。（14）

什译：入里乞食，將一比丘，
若無比丘，一心念佛。

आचारगोचरो ह्येष प्रथमो मे निदर्शितः ।
विहरन्ति येन सप्रज्ञा धारेन्ता सूत्रमीदृशम्॥ १५ ॥

今译：这便是我所宣示的
第一所行和所行处，
他们受持这部经，
具有智慧而安住。（15）

什译：是則名為，行處近處，
以此二處[1]，能安樂說。

यदा न चरते धर्मं हीनौत्कृष्टमध्यमे ।
संस्कृतासंस्कृते चापि भूताभूते च सर्वशः ॥ १६ ॥

今译：他不思考下等法、
上等法或中等法，
也不思考有为或
无为，实或不实。（16）

什译：又復不行，上中下法，
有為無為，實不實法。

स्त्रीति नाचरते धीरो पुरुषेति न कल्पयेत्।
सर्वधर्म अजातत्वाद्गवेषन्तो न पश्यति ॥ १७ ॥

今译：智者不妄想分别，
这是女人或男人，
因为一切法不生，
他观察而无所见。（17）

什译：亦不分別，是男是女，
不得諸法，不知不見。

① “以此二处”按原文是指第一所行和所行处。下面开始讲述第二所行处。

आचारो हि अयं उक्तो बोधिसत्त्वान सर्वशः ।
गोचरो यादृशस्तेषां तं श्रृणोथ प्रकाशतः ॥ १८ ॥

今译：这里所说是一切
菩萨所行，现在，
你们请听我宣说
一切菩萨所行处。（18）

什译：是則名為，菩薩行處。

असन्तका धर्म इमे प्रकाशिता
अप्रादुभूताश्च अजात सर्वे ।
शून्या निरीहा स्थित नित्यकालं
अयं गोचरो उच्यति पण्डितानाम्॥ १९ ॥

今译：所说一切法非有，
不出现，不产生，
永远空虚无作用，
这是智者所行处。（19）

什译：一切諸法，空無所有，
無有常住，亦無起滅，
是名智者，所親近處。

विपरीतसंज्ञीहि इमे विकल्पिता असन्तसन्ता हि अभूतभूततः ।
अनुत्थिताश्चापि अजातधर्मा जाताथ भूता विपरीतकल्पिताः ॥ २० ॥

今译：颠倒妄想而分别，
有非有或实不实，
一切法不生不起，
颠倒妄想生或有。（20）

什译：顛倒分別，諸法有無，
是實非實，是生非生。

एकाग्रचित्तो हि समाहितः सदा सुमेरुकूटो यथ सुस्थितश्च ।
एवं स्थितश्चापि हि तान्निरीक्षेदाकाशभूतानिम सर्वधर्मान्॥ २१ ॥

今译：凝思静虑而入定，
安稳似须弥山顶，
这样安住而观察，
一切法如同虚空。（21）

什译：在於閑處，修攝其心，
安住不動，如須彌山，
觀一切法，皆無所有。

सदापि आकाशसमानसारकान्
अनिञ्जितान्मन्यनवर्जितांश्च ।
स्थिता हि धर्मा इति नित्यकालं
अयु गोचरो उच्यति पण्डितानाम्॥ २२ ॥

今译：永远认为一切法
如同虚空不坚固，
不动不摇无妄想，
这是智者所行处。（22）

什译：猶如虛空，無有堅固，
不生不出，不動不退，
常住一相，是名近處。

ईर्यापथं यो मम रक्षमाणो भवेत भिक्षू मम निर्वृतस्य ।
प्रकाशयेत्सूत्रमिदं हि लोके न चापि संलीयन तस्य काचित्॥ २३ ॥

今译：比丘在我涅槃后，
应该守护威仪道，
毫不怯弱在世上
宣说这部至上经。（23）

什译：若有比丘，於我滅後，
入是行處，及親近處，
說斯經時，無有怯弱。

कालेन वा चिन्तयमानु पण्डितः प्रविश्य लेनं तथ घट्टयित्वा ।
विपश्य धर्मं इमु सर्व योनिशो उत्थाय देशेत अलीनचित्तः ॥ २४ ॥

今译：智者有时候也会进入
静室思惟，如理观想
探究一切法，然后，
起身说法，心无怯弱。（24）

什译：菩薩有時，入於靜室，
以正憶念，隨義觀法。

राजान तस्येह करोन्ति रक्षां
ये राजपुत्राश्च शृणोन्ति धर्मम्।
अन्ये ऽपि चो गृहपति ब्राह्मणाश्च
परिवार्य सर्वे ऽस्य स्थिता भवन्ति ॥ २५ ॥

今译：国王和王子保护他，
聆听他说法，还有
其他家主和婆罗门，
全都围绕侍立身边。（25）

什译：從禪定起，為諸國王，

王子臣民，婆羅門等，
開化演暢，說斯經典，
其心安隱，無有怯弱。
文殊師利！是名菩薩，
安住初法，能於後世，
說法華經。①

पुनरपरं मञ्जुश्रिर्बोधिसत्त्वो महासत्त्वस्तथागतस्य परिनिर्वृतस्य पश्चिमे काले पश्चिमे समये सद्धर्मविप्रलोपे वर्तमाने इमं धर्मपर्यायं संप्रकाशयितुकामः सुखस्थितो भवति । स सुखस्थितश्च धर्मं भाषते कायगतं वा पुस्तकगतं वा । परेषां च देशयमानो नाधिमात्रमुपालम्भजातीयो भवति, न चान्यान्धर्मभाणकान्भिक्षून् परिवदति, न चावर्णं भाषते, न चावर्णं निश्चारयति, न चान्येषां श्रावकयानीयानां भिक्षूणां नाम गृहीत्वा अवर्णं भाषते, न चावर्णं चारयति, न च तेषामन्तिके प्रत्यर्थिकसंज्ञी भवति । तत्कस्य हेतोः? यथापीदं सुखस्थानवस्थितत्वात्। स आगतागतानां धार्मश्रावणिकानामनुपरिग्राहिकया अनभ्यसूयया धर्मं देशयति । अविवदमानो न च प्रश्नं पृष्टः श्रावकयानेन विसर्जयति । अपि तु खलु पुनस्तथा विसर्जयति, यथा बुद्धज्ञानमभिसंबुध्यते ॥

今译：“还有，文殊师利啊，在如来涅槃后的末世末时，正法毁坏，菩萨大士想要宣说这个法门，应该住于安乐行。他住于安乐行，宣说自己身心中的或经书中的法。为他人宣说时，对他人不要骄慢，不要非难。不要指责其他的说法比丘，不要说贬斥的话。不要点名贬斥其他的声闻比丘，不对他们怀有敌意。为什么？因为住于安乐行。他接受纷纷前来的听法者，不怀忌恨，为他们说法。他不进行争论，受到询问时，不按照声闻乘回答，而按照觉知佛智的方式回答。”

什译：“又，文殊師利！如來滅後，於末法中欲說是經，應住安樂行。若口宣說，若讀經時，不樂說人及經典過。亦不輕慢諸餘法師，

① 这颂不见于原文。

不說他人好惡長短。於聲聞人，亦不稱名說其過惡，亦不稱名讚歎其美，又亦不生怨嫌之心。善修如是安樂心故，諸有聽者不逆其意。有所難問，不以小乘法答，但以大乘而為解說，令得一切種智。”

अथ खलु भगवांस्तस्यां वेलायामिमा गाथा अभाषत --

今译：这时，世尊又用这些偈颂说道：

什译：爾時，世尊欲重宣此義，而說偈言：

सुखस्थितो भोति सदा विचक्षणः सुखं निषण्णस्तथ धर्मु भाषते ।
उदार प्रज्ञप्त करित्व आसनं चौक्षे मनोज्ञे पृथिवीप्रदेशे ॥ २६ ॥

今译：智者永远安乐行，
安乐地坐着说法，
在清洁可爱地方，
铺设高大的座位。（26）

什译：菩薩常樂，安隱說法，
於清淨地，而施床座。

चौक्षं चासौ चीवर प्रावरित्वा सुरक्तरङ्गं सुप्रशस्तरङ्गैः ।
आसेवकां कृष्ण तथाददित्वा महाप्रमाणं च निवासयित्वा ॥ २७ ॥

今译：穿上干净的上衣，
染有可爱的红色，
穿上黑色毛毡衣，
披上宽大的外衣①。（27）

什译：以油塗身，澡浴塵穢，

① 这首偈颂中，“毛毡衣”的原词是 āsevakā，据埃杰顿《佛教混合梵语词典》，指某种衣服，但具体品种不确定，“毛毡衣”是一种理解。“宽大的外衣”的原词是 mahāpramāṇa，词义为大型的或宽大的，在这里也是所指不明。护译和什译均未涉及这些词义。

著新淨衣，

सपादपीठस्मि निषद्य आसने विचित्रदूष्येहि सुसंस्तृतस्मिन्।
सुधौतपादश्च उपारुहित्वा स्निग्धेन शीर्षेण मुखेन चापि ॥ २८ ॥

今译：座位配备有脚凳，
铺有绚丽的绢布，
洗净双脚而登上，
头和脸光滑滋润。（28）

什译：內外俱淨。

धर्मासने चात्र निषीदियान एकाग्रसत्त्वेषु समागतेषु ।
उपसंहरेच्चित्रकथा बहूश्च भिक्षूण चो भिक्षूणिकान चैव ॥ २९ ॥

今译：坐在这个法座上，
会众们全神贯注，
向比丘和比丘尼，
宣说种种美妙法。（29）

什译：安處法座，隨問為說，
若有比丘，及比丘尼，

उपासकानां च उपासिकानां राज्ञां तथा राजसुतान चैव ।
विचित्रितार्थां मधुरां कथेया अनभ्यसूयन्तु सदा स पण्डितः ॥ ३० ॥

今译：向优婆塞和优婆夷，
以及国王和王子们，
宣说美妙甜蜜的法，
智者心中永不嫌弃。（30）

什译：諸優婆塞，及優婆夷，

國王王子，群臣士民，
以微妙義，和顏為說。

पृष्टो ऽपि चासौ तद् प्रश्न तेहि अनुलोममर्थं पुनर्निर्दिशेत।
तथा च देशेय तमर्थजातं यथ श्रुत्व बोधीय भवेयु लाभिनः॥ ३१॥

今译：若有人询问问题，
柔顺地予以解答，
让人们闻听他的
回答后觉知菩提。（31）

什译：若有難問，隨義而答，
因緣譬喻，敷演分別，
以是方便，皆使發心，
漸漸增益，入於佛道。

किलासितां चापि विवर्जयित्वा न चापि उत्पादयि खेदसंज्ञाम्।
अरतिं च सर्वां विजहेत पण्डितो मैत्रीबलं चा परिषाय भावयेत्॥ ३२॥

今译：智者摒弃任何懈怠，
从不产生疲倦感觉，
他也远离忧愁烦恼，
向会众展现慈悲力。（32）

什译：除嬾惰意，及懈怠想，
離諸憂惱，慈心說法。

भाषेच्च रात्रिंदिवमग्रधर्मं दृष्टान्तकोटीनयुतैः स पण्डितः।
संहर्षयेत्पर्ष तथैव तोषयेन्न चापि किंचित्ततु जातु प्रार्थयेत्॥ ३३॥

今译：用千万那由他譬喻，
智者日日夜夜宣说

至上法，无所企求，
而让会众高兴满意。（33）

什译：晝夜常說，無上道教，
以諸因緣，無量譬喻，
開示衆生，咸令歡喜。

खाद्यं च भोज्यं च तथान्नपानं वस्त्राणि शय्यासन चीवरं वा ।
गिलानभैषज्य न चिन्तयेत न विज्ञपेया परिषाय किंचित्॥ ३४ ॥

今译：不考虑食物饮料，
各种衣服和床座，
以及治病的药物，
不向会众们索要。（34 ）

什译：衣服臥具，飲食醫藥，
而於其中，無所悕望。

अन्यत्र चिन्तेय सदा विचक्षणो भवेय बुद्धो ऽहमिमे च सत्त्वाः ।
एतन्ममो सर्वसुखोपधानं यं धर्म श्रावेमि हिताय लोके ॥ ३५ ॥

今译：然而，智者却经常考虑：
“我和这些众生会成佛，
我为世界的利益，宣说
带来一切幸福的这种法。”（35）

什译：但一心念，說法因緣，
願成佛道，令衆亦爾，
是則大利，安樂供養。

यश्चापि भिक्षू मम निर्वृतस्य अनीर्षुको एत प्रकाशयेया ।
न तस्य दुःखं न च अन्तरायो शोकोपयासा न भवेत्कदाचित्॥ ३६ ॥

今译：比丘在我涅槃之后，
　　　不怀忌恨宣说正法，
　　　不会有痛苦和障碍，
　　　不会有忧愁和不安。（36）

什译：我滅度後，若有比丘，
　　　能演說斯，妙法華經，
　　　心無嫉恚，諸惱障礙。

न तस्य संत्रासन कश्चि कुर्यान्न ताडनां नापि अवर्ण भाषेत्।
न चापि निष्कासन जातु तस्य तथा हि सो क्षान्तिबले प्रतिष्ठितः ॥ ३७ ॥

今译：没有人会恐吓他，
　　　打击他，谩骂他，
　　　或驱逐他，因为
　　　他能依靠忍辱力。（37）

什译：亦無憂惱，及罵詈者，
　　　又無怖畏，加刀杖等，
　　　亦無擯出，安住忍故。

सुखस्थितस्यो तद् पण्डितस्य एवं स्थितस्यो यथ भाषितं मया ।
गुणान कोटीशत भोन्त्यनेके न शक्यते कल्पशते हि वक्तुम् ॥ ३८ ॥

今译：我已经宣说智者
　　　这样住于安乐行，
　　　即使用百千万劫，
　　　其功德也说不尽。（38）

什译：智者如是，善修其心，
　　　能住安樂，如我上說，
　　　其人功德，千萬億劫，

算數譬喻，說不能盡。

पुनरपरं मञ्जुश्रीर्बोधिसत्त्वो महासत्त्वस्तथागतस्य परिनिर्वृतस्य सद्धर्मक्षयान्तकाले वर्तमाने इदं सूत्रं धारयमाणो बोधिसत्त्वो महासत्त्वो ऽनीर्षुको भवत्यशठो ऽमायावी, न चान्येषां बोधिसत्त्वयानीयानां पुद्गलानामवर्णं भाषते, नापवदति नावसादयति । न चान्येषां भिक्षुभिक्षुण्युपासकोपासिकानां श्रावकयानीयानां वा प्रत्येकबुद्धयानीयानां वा बोधिसत्त्वयानीयानां वा कौकृत्यमुपसंहरति -- दूरे यूयं कुलपुत्रा अनुत्तरायाः सम्यक्संबोधेः, न तस्यां यूयं सदृश्यध्वे । अत्यन्तप्रमादविहारिणो यूयम्। न यूयं प्रतिबलास्तं ज्ञानमभिसंबोद्धुम्। इत्येवं न कस्यचिद्बोधिसत्त्वयानीयस्य कौकृत्यमुपसंहरति । न च धर्मविवादाभिरतो भवति, न च धर्मविवादं करोति, सर्वसत्त्वानां चान्तिके मैत्रीबलं न विजहाति । सर्वतथागतानां चान्तिके पितृसंज्ञामुत्पादयति, सर्वबोधिसत्त्वानां चान्तिके शास्तृसंज्ञामुत्पादयति । ये च दशसु दिक्षु लोके बोधिसत्त्वा महासत्त्वाः, तानभीक्ष्णमध्याशयेन गौरवेण च नमस्कुरुते । धर्मं च देशयमानो ऽनूनमनधिकं धर्मं देशयति समेन धर्मप्रेम्णा, न च कस्यचिदन्तशो धर्मप्रेम्णाप्यधिकतरमनुग्रहं करोति इमं धर्मपर्यायं संप्रकाशयमानः ॥

今译：“还有，文殊师利啊，在如来涅槃后，正法毁坏时，菩萨大士受持这部经，不忌恨，不诡诈，不欺诳，不贬斥、指责和呵责其他的菩萨乘人，不讥刺其他的比丘、比丘尼、优婆塞、优婆夷、声闻乘人、缘觉乘人或菩萨乘人：‘诸位善男子啊，你们离无上正等菩提很远。你们看不见它。你们行为太放逸。你们不能觉知这种智慧。’不这样讥刺任何菩萨乘人。不喜爱争论法。不参与争论法。对于一切众生，不放弃慈悲力。对于一切如来，怀有父亲的想法。对于一切菩萨，怀有导师的想法。对于十方世界的菩萨，经常深心敬重。说法时，所说法不减不增。怀着平等爱法心说法。宣说这个法门时，即使爱法，也不格外增益。

什译：“又，文殊師利！菩薩摩訶薩於後末世法欲滅時，受持讀誦斯經典者，無懷嫉妬諂誑之心，亦勿輕罵學佛道者，求其長短。若比丘、比丘尼、優婆塞、優婆夷、求聲聞者、求辟支佛者、求菩薩道者，無得惱之，令其疑悔，語其人言：‘汝等去道甚遠，終不能得一切種智。所以者何？汝是放逸之人，於道懈怠故。’又亦不應戲論諸法，有所諍競。當於一切眾生起大悲想，於諸如來起慈父想，於諸菩薩起大師想，於十方諸大菩薩，常應深心恭敬禮拜。於一切眾生平等說法，以順法故，不多不少，乃至深愛法者，亦不為多說。

अनेन मञ्जुश्रीस्तृतीयेन धर्मेण समन्वागतो बोधिसत्त्वो महासत्त्वस्तथागतस्य परिनिर्वृतस्य सद्धर्मपरिक्षयान्तकाले वर्तमाने इमं धर्मपर्यायं संप्रकाशयमानः सुखस्पर्शं विहरति, अविहेठितश्चेमं धर्मपर्यायं संप्रकाशयति । भवन्ति चास्य धर्मसंगीत्यां सहायकाः । उत्पत्स्यन्ते चास्य धार्मश्रावणिकाः, ये ऽस्येमं धर्मपर्यायं श्रोष्यन्ति श्रद्धास्यन्ति, पत्तीयिष्यन्ति धारयिष्यन्ति पर्यवाप्स्यन्ति लिखिष्यन्ति लिखापयिष्यन्ति, पुस्तकगतं च कृत्वा सत्करिष्यन्ति गुरुकरिष्यन्ति मानयिष्यन्ति पूजयिष्यन्ति ॥

今译：“文殊师利啊，在如来涅槃后，正法毁坏时，菩萨大士具有这第三法，宣说这个法门，住于安乐，不受扰乱。同伴们与他一起诵读这个法门，也会有众多听法者。他们闻听这个法门，相信，信任，受持，掌握，书写，让人书写，制成经书，尊敬，尊重，崇敬，供奉。”

什译：“文殊師利！是菩薩摩訶薩於後末世，法欲滅時，有成就是第三安樂行者，說是法時，無能惱亂。得好同學共讀誦是經，亦得大眾而來聽受，聽已能持，持已能誦，誦已能說，說已能書，若[1]使人書，供養經卷，恭敬，尊重，讚歎。”

इदमवोचद्भगवान्। इदं वदित्वा सुगतो ह्यथापरमेतदुवाच शास्ता --

今译：世尊说完这些话。善逝导师说完后，又另外说道：

什译：爾時，世尊欲重宣此義，而說偈言：

① 此处“若”意谓或者。

शाठ्यं च मानं तथ कूटनां च अशेषतो उज्झिय धर्मभाणकः ।
ईर्ष्यां न कुर्यात्तथ जातु पण्डितो य इच्छते सूत्रमिदं प्रकाशितुम्॥ ३९ ॥

今译：聪明睿智的说法者
如果想宣说这部经，
应该完全摒弃诡诈、
骄慢、虚伪和嫉妒。（39）

什译：若欲說是經，當捨嫉恚慢，
諂誑邪偽心，常修質直行。

अवर्ण जातू न वदेय कस्यचिद्दृष्टीविवादं च न जातु कुर्यात्।
कौकृत्यस्थानं च न जातु कुर्यान्न लप्स्यसे ज्ञानमनुत्तर त्वम्॥ ४० ॥

今译：他不贬斥任何人，
不进行观点争论，
也不讥刺其他人
不会获得无上智。（40）

什译：不輕蔑於人，亦不戲論法，
不令他疑悔，云汝不得佛。

सदा च सो आर्जवु मर्दावश्च क्षान्तश्च भोती सुगतस्य पुत्रः ।
धर्मं प्रकाशेतुः पुनः पुनश्चिमं न तस्य खेदो भवती कदाचित्॥ ४१ ॥

今译：善逝的儿子始终
正直柔顺能忍辱，
一再宣说这种法，
他从不感到疲倦。（41）

什译：是佛子說法，常柔和能忍，
慈悲於一切，不生懈怠心。

第十三　安乐行品　545

ये बोधिसत्त्वा दशसू दिशासु सत्त्वानुकम्पाय चरन्ति लोके ।
ते सर्वि शास्तार भवन्ति मह्यं गुरुगौरवं तेषु जनेत पण्डितः ॥ ४२ ॥

今译：所有十方的菩萨，
怜悯众生而修行，
智者应敬重他们，
认为是自己导师。（42）

什译：十方大菩薩，愍眾故行道，
應生恭敬心，是則我大師。

स्मरित्व बुद्धान द्विपदानमुत्तमान् जिनेषु नित्यं पितृसंज्ञ कुर्यात्।
अधिमानसंज्ञां च विहाय सर्वां न तस्य भोती तद् अन्तरायः ॥ ४३ ॥

今译：永远忆念两足至尊
诸佛，怀有父亲想，
摒弃一切骄慢念头，
他也就不会有障碍。（43）

什译：於諸佛世尊，生無上父想，
破於憍慢心，說法無障礙。

श्रुणित्व धर्मं इममेवरूपं स रक्षितव्यस्तद् पण्डितेन ।
सुखं विहाराय समाहितश्च सुरक्षितो भोति च प्राणिकोटिभिः ॥ ४४ ॥

今译：智者闻听这种法，
而后守护这种法，
一心住于安乐行，
受千万众生保护。（44）

什译：第三法如是，智者應守護，
一心安樂行，無量眾所敬。

पुनरपरं मञ्जुश्रीर्बोधिसत्त्वो महासत्त्वस्तथागतस्य परिनिर्वृतस्य सद्धर्मप्रतिक्षयान्तकाले वर्तमाने इमं धर्मपर्यायं धारयितुकामस्तेन भिक्षुणा गृहस्थप्रव्रजितानामन्तिकाद्दूरेण दूरं विहर्तव्यम्, मैत्रीविहारेण च विहर्तव्यम्। ये च सत्त्वा बोधाय संप्रस्थिता भवन्ति, तेषां सर्वेषामन्तिके स्पृहोत्पादयितव्या । एवं चानेन चित्तमुत्पादयितव्यम्। महादुष्प्रज्ञजातीया बतेमे सत्त्वाः, ये तथागतस्योपायकौशल्यं संधाभाषितं न श्रृण्वन्ति न जानन्ति न बुध्यन्ते न पृच्छन्ति न श्रद्दधन्ति नाधिमुच्यन्ते । किंचाप्येते सत्त्वा इमं धर्मपर्यायं नावतरन्ति, न बुध्यन्ते, अपि तु खलु पुनरहमेतामनुत्तरां सम्यक्संबोधिमभिसंबुध्य यो यस्मिन्स्थितो भविष्यति, तं तस्मिन्नेव ऋद्धिबलेनावर्जयिष्यामि पत्तीयापयिष्यामि अवतारयिष्यामि परिपाचयिष्यामि ॥

今译："还有，文殊师利啊，在如来涅槃后，正法毁坏时，菩萨大士想要宣说这个法门，这位比丘应该远离在家人和出家人[①]，应该住于慈悲。对于所有求取菩提的众生产生热望，心中产生这样的想法：'哎呀，这些众生的智慧有大缺陷。他们没有听到如来运用方便善巧的随宜所说，不知道，不理解，不询问，不相信，不信奉。还有，这些众生不悟入、不觉知这个法门。然而，我已经觉知无上正等菩提。若有人住于其中，我会运用神通力，引导他，让他相信，让他悟入，让他成熟。'

什译："又，文殊師利！菩薩摩訶薩於後末世，法欲滅時，有持是《法華經》者，於在家、出家人中生大慈心，於非菩薩人中生大悲心，應作是念：'如是之人則為大失。如來方便隨宜說法，不聞不知不覺，不問不信不解。其人雖不問不信不解是經，我得阿耨多羅三藐三菩提時，隨在何地，以神通力、智慧力引之，令得住是法中。'

अनेनापि मञ्जुश्रीश्चतुर्थेन धर्मेण समन्वागतो बोधिसत्त्वो महासत्त्वस्तथागतस्य परिनिर्वृतस्य इमं धर्मपर्यायं संप्रकाशयमानोऽव्याबाधो भवति,

① 这句原文如此，与什译有差异。什译中不涉及"远离"一词，语意更为通达合理。

सत्कृतो गुरुकृतो मानितः पूजितो भिक्षुभिक्षुण्युपासकोपासिकानां राज्ञां रजपुत्राणां राजामात्यानां राजमहामात्राणां नैगमजानपदानां ब्राह्मणगृहपतीनाम्। अन्तरीक्षावचराश्चास्य देवताः श्राद्धाः पृष्ठतो ऽनुबद्धा भविष्यन्ति धर्मश्रवणाय । देवपुत्राश्चास्य सदानुबद्धा भविष्यन्त्यारक्षायै ग्रामगतस्य वा विहारगतस्य वा । उपसंक्रमिष्यन्ति रात्रिंदिवं धर्मं परिपृच्छकाः । तस्य च व्याकरणेनं तुष्टा उदग्रा आत्तमनस्का भविष्यन्ति । तत्कस्य हेतोः? सर्वबुद्धाधिष्ठितो ऽयं मञ्जुश्रीर्धर्मपर्यायः। अतीतानागतप्रत्युत्पन्नैर्मञ्जुश्रीस्तथागतैरर्हद्भिः सम्यक्संबुद्धैरयं धर्मपर्यायो नित्याधिष्ठितः । दुर्लभो ऽस्य मञ्जुश्रीर्धर्मपर्यायस्य बहुषु लोकधातुषु शब्दो वा घोषो वा नामश्रवो वा ॥

今译：“文殊师利啊，菩萨大士具有这第四法，在如来涅槃后，他宣说这个法门时，无所阻碍，受到比丘、比丘尼、优婆塞、优婆夷、国王、王子、王臣、宰相[①]、城乡婆罗门和家主的尊敬、尊重、崇敬和供奉。行走空中的众天神会虔诚地紧随其后，前来听法。众天子也会紧随其后，前来保护他，无论他在乡村或寺院。他们来到后，会日夜问法。他们得到他的解释后，会满意、激动和高兴。为什么？文殊师利啊，这个法门受到一切佛护持。文殊师利啊，过去、未来和现在的如来、阿罗汉、正等觉永远护持这个法门。文殊师利啊，在许多世界，这个法门的言词、声音或闻听经名都难得。

什译：“文殊師利！是菩薩摩訶薩於如來滅後，有成就此第四法者，說是法時無有過失，常為比丘、比丘尼、優婆塞、優婆夷、國王、王子、大臣、人民、婆羅門、居士等供養，恭敬，尊重，讚歎。虛空諸天為聽法故亦常隨侍。若在聚落、城邑、空閑林中，有人來欲難問者，諸天晝夜常為法故而衛護之，能令聽者皆得歡喜。所以者何？此經是一切過去、未來、現在諸佛神力所護故。文殊師利！是《法華經》於無量國中，乃至名字不可得聞，何況得見受持讀誦？

---

① 此处“宰相”的用词也是 rājamahāmātra。

तद्यथापि नाम मञ्जुश्री राजा भवति बलचक्रवर्ती, बलेन तं स्वकं राज्यं निर्जिनाति। ततो ऽस्य प्रत्यर्थिकाः प्रत्यमित्राः प्रतिराजानस्तेन सार्धं विग्रहमापन्ना भवन्ति। अथ तस्य राज्ञो बलचक्रवर्तिनो विविधा योधा भवन्ति। ते तैः शत्रुभिः सार्धं युध्यन्ते। अथ स राजा तान्योधान्युध्यमानान्दृष्ट्वा तेषां योधानां प्रीतो भवत्यात्तमनस्कः। स प्रीत आत्तमनाः समानस्तेषां योधानां विविधानि दानानि ददाति। तद्यथा ग्रामं वा ग्रामक्षेत्राणि वा ददाति, नगरं नगरक्षेत्राणि वा ददाति, वस्त्राणि ददाति, वेष्टनानि हस्ताभरणानि पादाभरणानि कण्ठाभरणानि कर्णाभरणानि सौवर्णसूत्राणि हारार्धहाराणि हिरण्यसुवर्णमणिमुक्तावैडूर्यशङ्खशिला-प्रवालान्यपि ददाति, हस्त्यश्वरथपत्तिदासीदासानपि ददाति, यानानि शिबिकाश्च ददाति। न पुनः कस्यचिच्चूडामणिं ददाति। तत्कस्य हेतोः? एक एव हि स चूडामणी राज्ञो मूर्धस्थायी। यदा पुनर्मञ्जुश्री राजा तमपि चूडामणिं ददाति, तदा स सर्वो राज्ञश्चतुरङ्गबलकाय आश्चर्यप्राप्तो भवत्यद्भुतप्राप्तः।

今译："譬如，文殊师利啊，有一位强力转轮王。他凭强力统治王国。然后，与他敌对的国王们向他发动战争。这位强力转轮王有各种兵种战士。他们与敌人交战。这位国王看到这些交战的战士，心中高兴和喜悦。这样，他给予这些战士各种赏赐。例如，他赏赐村庄或村中土地，赏赐城市或城中土地，赏赐衣服、头冠、手饰、足饰、颈饰、耳饰、金线、各种项链、金子、摩尼珠、琉璃、贝壳、宝石和珊瑚，赏赐象、马、车、兵和男女奴仆，赏赐车乘和轿子。然而，他不赏赐任何人顶珠。为什么？这是国王头顶上的唯一顶珠。文殊师利啊，一旦国王也赏赐这颗顶珠，国王的所有四兵种都会深感奇妙和惊异。

什译："文殊師利！譬如，強力轉輪聖王欲以威勢降伏諸國，而諸小王不順其命。時轉輪王起種種兵而往討罰。王見兵眾戰有功者，即大歡喜，隨功賞賜，或與田宅、聚落、城邑；或與衣服、嚴身之具；或與種種珍寶：金、銀、琉璃、車渠、瑪瑙、珊瑚、琥珀，象馬車乘，奴婢人民。唯髻中明珠，不以與之。所以者何？獨王頂上有此一珠，若以與之，王諸眷屬必大驚怪。

एवमेव मञ्जुश्रीस्तथागतो ऽप्यर्हन्सम्यक्संबुद्धो धर्मस्वामी धर्मराजा स्वेन बाहुबलनिर्जितेन पुण्यबलनिर्जितेन त्रैधातुके धर्मेण धर्मराज्यं कारयति । तस्य मारः पापीयांस्त्रैधातुकमाक्रामति । अथ खलु तथागतस्यापि आर्या योधा मारेण सार्धं युध्यन्ते । अथ खलु मञ्जुश्रीस्तथागतो ऽप्यर्हन्सम्यक्संबुद्धो धर्मस्वामी धर्मराजा तेषामार्याणां योधानां युध्यतां दृष्ट्वा विविधानि सूत्रशतसहस्राणि भाषते स्म चतसृणां पर्षदां संहर्षणार्थम् । निर्वाणनगरं चैषां महाधर्मनगरं ददाति । निर्वृत्या चैनान्प्रलोभयति स्म । न पुनरिममेवंरूपं धर्मपर्यायं भाषते स्म ।

今译："同样，文殊师利啊，如来、阿罗汉、正等觉是法主、法王，凭自己的臂力、功德力，在三界依法统治正法王国。邪恶的摩罗进入三界。如来的圣者战士与摩罗交战。文殊师利啊，如来、阿罗汉、正等觉法主、法王看到这些交战的圣者战士，他宣说百千种经，让四众高兴。他赏赐他们涅槃城，大法城。他以涅槃诱导他们。然而，他不宣说这个法门。

什译："文殊師利！如來亦復如是，以禪定智慧力得法國土，王於三界①，而諸魔王不肯順伏。如來賢聖諸將與之共戰，其有功者，心亦歡喜，於四眾中為說諸經，令其心悅，賜以禪定、解脫、無漏根力諸法之財，又復賜與涅槃之城，言得滅度，引導其心，令皆歡喜，而不為說是《法華經》。

तत्र मञ्जुश्रीर्यथा स राजा बलचक्रवर्ती तेषां योधानां युध्यतां महता पुरुषकारेण विस्मापितः समानः पश्चात्तं सर्वस्वभूतं पश्चिमं चूडामणिं ददाति सर्वलोकाश्रद्धेयं विस्मयभूतम् । यथा मञ्जुश्रीस्तस्य राज्ञः स चूडामणिश्चिररक्षितो मूर्धस्थायी, एवमेव मञ्जुश्रीस्तथागतो ऽर्हन्सम्यक्संबुद्धस्त्रैधातुके धर्मराजो धर्मेण राज्यं कारयमाणो यस्मिन्समये पश्यति श्रावकांश्च बोधिसत्त्वांश्च स्कन्धमारेण वा क्लेशमारेण वा सार्धं युध्यमानान्, तैश्च सार्धं युध्यमानैर्यदा रागद्वेषमोहक्षयः सर्वत्रैधातुकान्निःसरणं सर्वमारनिर्घातनं महापुरुषकारः कृतो भवति, तदा तथागतो

---

① "王于三界"意谓称王于三界。

ऽर्हन्सम्यक्संबुद्धो ऽप्यारागितः समानस्तेषामार्याणां योधानामिममेवंरूपं सर्वलोक-
विप्रत्यनीकं सर्वलोकाश्रद्धेयमभाषितपूर्वमनिर्दिष्टपूर्वं धर्मपर्यायं भाषते स्म । सर्वेषां
सर्वज्ञताहारकं महाचूडामणिप्रख्यं तथागतः श्रावकेभ्यो ऽनुप्रयच्छति स्म । एषा हि
मञ्जुश्रीस्तथागतानां परमा धर्मदेशना, अयं पश्चिमस्तथागतानां धर्मपर्यायः ।
सर्वेषां धर्मपर्यायाणामयं धर्मपर्यायः सर्वगम्भीरः सर्वलोकविप्रत्यनीकः, यो ऽयं
मञ्जुश्रीस्तथागतेन अद्य तेनैव राज्ञा बलचक्रवर्तिना चिरपरिरक्षितश्चूडामणिरवमुच्य
योधेभ्यो दत्तः । एवमेव मञ्जुश्रीस्तथागतो ऽपीमं धर्मगुह्यं चिरानुरक्षितं सर्वधर्म-
पर्यायाणां मूर्धस्थायि तथागतविज्ञेयम्। तदिदं तथागतेनाद्य संप्रकाशितमिति ॥

今译："文殊师利啊，那位强力转轮王对那些奋勇交战的战士感到惊喜，然后，赏赐所有的财物，最后赏赐这颗顶珠，一切世界难以置信而深感惊讶。文殊师利啊，正像这位国王长久保护头顶上的顶珠，文殊师利啊，如来、阿罗汉、正等觉法王在三界依法统治王国，这时看到声闻和菩萨们与蕴魔和烦恼魔①交战，展现大勇力，灭除贪瞋痴，出离三界，摧伏一切魔，如来、阿罗汉、正等觉同样感到高兴，向这些圣者战士宣说一切世界难以相信、难以信奉、从未宣说和从未演示的这个法门。如来授予所有声闻这个名为大顶珠的知一切性项链。文殊师利啊，这是如来们的最高说法，如来们的最后法门。这是一切法门中的法门，最为深邃，一切世界难以相信。文殊师利啊，如来今天就像那位强力转轮王取下长久保护的顶珠，赏赐那些战士。文殊师利啊，正是这样，如来赏赐这个长久保护的正法秘要。它位于一切法门之首，为如来所知。如来今天宣说它。"

什译："文殊師利！如轉輪王見諸兵眾有大功者，心甚歡喜，以此難信之珠，久在髻中不妄與人，而今與之。如來亦復如是，於三界中為大法王，以法教化一切眾生。見賢聖軍與五陰魔、煩惱魔、死魔共戰，有大功勳，滅三毒，出三界，破魔網，爾時如來亦大歡喜。此

---

① "魔"（māra，音译"摩罗"）泛指修行需要破除的障碍。通常分为四魔：蕴魔（什译"五阴魔"，即五蕴魔）、烦恼魔、死魔和天子魔。其中，"天子魔"指住于欲界第六天的魔王，憎恨圣贤法，扰乱修行者。

《法華經》能令眾生至一切智，一切世間多怨難信，先所未說，而今說之。文殊師利！此《法華經》是諸如來第一之說，於諸說中最為甚深，末後賜與，如彼強力之王久護明珠，今乃與之。文殊師利！此《法華經》，諸佛如來祕密之藏，於諸經中最在其上，長夜守護不妄宣說，始於今日乃與汝等而敷演之。"

अथ खलु भगवानेतमेवार्थं भूयस्या मात्रया संदर्शयमानस्तस्यां वेलायामिमा गाथा अभाषत --

今译：这时，世尊再次说明这件事，又用这些偈颂说道：

什译：爾時，世尊欲重宣此義，而說偈言：

मैत्रीबलं चो सद दर्शयन्तः कृपायमाणः सद सर्वसत्त्वान्।
प्रकाशयेद्धर्ममिमेवरूपं सूत्रं विशिष्टं सुगतेहि वर्णितम्॥ ४५ ॥

今译：他永远展现慈悲力，
　　　永远怜悯一切众生，
　　　宣说这种法，如来
　　　称赞的这部殊胜经。（45）

什译：常行忍辱，哀愍一切，
　　　乃能演說，佛所讚經。

गृहस्थ ये प्रव्रजिताश्च ये स्युरथ बोधिसत्त्वास्तद कालि पश्चिमे।
सर्वेषु मैत्रीबल सो हि दर्शयी मा हैव क्षेप्स्यन्ति श्रुणित्व धर्मम्॥ ४६ ॥

今译：他在末世向在家人、
　　　出家人和菩萨展现
　　　慈悲力，为让他们
　　　闻听正法后不放弃。（46）

什译：後末世時，持此經者，
於家出家，及非菩薩，
應生慈悲，斯等不聞，
不信是經，則為大失。

अहं तु बोधिमनुप्रापुणित्वा यदा स्थितो भेष्यि तथागतत्वे ।
ततो उपानेष्यि उपायि स्थित्वा संश्रावयिष्ये इममग्रबोधिम्॥ ४७ ॥

今译：在获得菩提之后，
我会安住如来性，
用方便教化众生，
宣说这至上菩提。（47）

什译：我得佛道，以諸方便，
為說此經[①]，令住其中。

यथापि राजा बलचक्रवर्ती योधान दद्याद्विविधं हिरण्यम्।
हस्तींश्च अश्वांश्च रथान्पदातीन्नगराणि ग्रामांश्च ददाति तुष्टः ॥ ४८ ॥

今译：正如强力转轮王
满意，赏赐战士
金器和象马车兵，
以及城市和村庄。（48）

什译：譬如強力，轉輪之王，
兵戰有功，賞賜諸物，
象馬車乘，嚴身之具，
及諸田宅，聚落城邑。

---

① 此处“经”字，据《中华大藏经》校勘记，《资》、《碛》、《普》、《南》、《径》、《清》、《丽》作“法”。

केषांचि हस्ताभरणानि प्रीतो ददाति रूप्यं च सुवर्णसूत्रम्।
मुक्तामणिं शङ्खशिलाप्रवालं विविधांश्च दासान्स ददाति प्रीतः ॥ ४९ ॥

今译：他高兴地赏赐他们
手饰、银器和金线，
还有摩尼珠、贝壳、
珊瑚、宝石和奴仆。（49）

什译：或與衣服，種種珍寶，
奴婢財物，歡喜賜與。

यदा तु सो उत्तमसांहसेन विस्मापितो केनचि तत्र भोति।
विज्ञाय आश्चर्यमिदं कृतं ति मुकुटं स मुञ्चित्व मणिं ददाति ॥ ५० ॥

今译：一旦知道某个战士
英勇非凡立下奇功
他深感惊讶，脱下
顶冠，赏赐他顶珠。（50）

什译：如有勇健，能為難事，
王解髻中，明珠賜之。

तथैव बुद्धो अहु धर्मराजा क्षान्तीबलः प्रज्ञप्रभूतकोशः।
धर्मेण शासामिमु सर्वलोकं हितानुकम्पी करूणायमानः ॥ ५१ ॥

今译：我是法王佛，具有
忍辱力和智慧库藏，
怜悯同情众生利益，
依法统治一切世界。（51）

什译：如來亦爾，為諸法王①，

---

① "为诸法王"意谓作为诸法之王。

忍辱大力，智慧寶藏，
以大慈悲，如法化世。

सत्त्वांश्च दृष्ट्वाथ विहन्यमानान्भाषामि सूत्रान्तसहस्रकोट्यः ।
पराक्रमं जानिय तेष प्राणिनां ये शुद्धसत्त्वा इह क्लेशघातिनः ॥ ५२ ॥

今译：看到众生遭受伤害，
我宣说千千万种经，
知道那些清净众生
勇敢地摧伏烦恼魔。（52）

什译：見一切人，受諸苦惱，
欲求解脱，與諸魔戰。

अथ धर्मराजापि महाभिषक्कः पर्यायकोटीशत भाषमाणः ।
ज्ञात्वा च सत्त्वान्बलवन्तु ज्ञानी चूडामणिं वा इम सूत्र देशयी ॥ ५३ ॥

今译：然后法王、大药师
宣说百千万种法门，
知道众生有力有智，
便宣说这部顶珠经。（53）

什译：為是眾生，說種種法，
以大方便，說此諸經，
既知眾生，得其力已，
末後乃為，說是法華。

इमु पश्चिमु लोकि वदामि सूत्रं सूत्राण सर्वेष ममाग्रभूतम्।
संरक्षितं मे न च जातु प्रोक्तं तं श्रावयाम्यद्य श्रृणोथ सर्वे ॥ ५४ ॥

今译：我在末世宣说这部经，
这是一切经中至上经，

我长期守护而不宣说，
今天请你们听我宣说。（54）

什译：如王解髻，明珠與之，
此經為尊，眾經中上，
我常守護，不妄開示，
今正是時，為汝等說。

चत्वारि धर्मा इमि एवरूपाः मयि निर्वृते ये च निषेवितव्याः ।
ये चार्थिका उत्तममग्रबोधौ व्यापारणं ये च करोन्ति मह्यम्॥ ५५ ॥

今译：若在我涅槃之后，
追求至上的菩提，
而从事我的事业，
应该实行这四法。（55）

什译：我滅度後，求佛道者，
欲得安隱，演說斯經，
應當親近，如是四法。

न तस्य शोको न पि चान्तरायो दौर्वर्णिकं नापि गिलानकत्वम्।
न च च्छवी कृष्णिक तस्य भोति न चापि हीने नगरस्मि वासः ॥ ५६ ॥

今译：无忧愁，无障碍，
不丑陋，无病痛，
身上皮肤不发黑，
不居住贫困城中。（56）

什译：讀是經者，常無憂惱，
又無病痛，顏色鮮白，
不生貧窮，卑賤醜陋。

प्रियदर्शनो ऽसौ सततं महर्षी तथागतो वा यथ पूज्य भोति ।
उपस्थायकास्तस्य भवन्ति नित्यं ये देवपुत्रा दहरा भवन्ति ॥ ५७ ॥

今译：人见人爱，如同
大仙如来受敬拜，
青年天子们永远
会成为他的侍者。（57）

什译：眾生樂見，如慕賢聖，
天諸童子，以為給使。

न तस्य शस्त्रं न विषं कदाचित्काये क्रमे नापि च दण्डलोष्टम् ।
संमीलितं तस्य मुखं भवेय यो तस्य आक्रोशमपी वदेया ॥ ५८ ॥

今译：刀枪、毒药、棍棒、
土块不会伤害他的
身体，谩骂他的人，
这时也会闭上嘴巴。（58）

什译：刀杖不加，毒不能害，
若人惡罵，口則閉塞。

सो बन्धुभूतो भवतीह प्राणिनामालोकजातो विचरन्तु मेदिनीम् ।
तिमिरं हरन्तो बहुप्राणकोटिनां यो सूत्रधारे इमु निर्वृते मयि ॥ ५९ ॥

今译：他在我涅槃之后受持
此经，成为众生至亲，
行走大地时闪耀光辉，
驱除数千万众生愚暗。（59）

什译：遊行無畏，如師子王，
智慧光明，如日之照。

第十三　安乐行品　557

सुपिनस्मि सो पश्यति भद्ररूपं भिक्षूंश्च सो पश्यति भिक्षुणीश्च ।
सिहासनस्थं च तथात्मभावं धर्मं प्रकाशेन्तु बहुप्रकारम्॥ ६० ॥

今译：他在梦中看到吉相，
如来[1]坐在狮子座上，
那些比丘和比丘尼，
宣说多种多样的法。（60）

什译：若於夢中，但見妙事：
見諸如來，坐師子座，
諸比丘眾，圍繞說法。

देवांश्च यक्षान्यथ गङ्गावालिका असुरांश्च नागांश्च बहुप्रकारान्।
तेषां च सो भाषति अग्रधर्मं सुपिनस्मि सर्वेष कृताञ्जलीनाम्॥ ६१ ॥

今译：他也梦见恒河沙数
合掌侍立的众天神、
药叉、阿修罗和蛇，
为他们宣说至上法。（61）

什译：又見龍神，阿修羅等，
數如恒沙，恭敬合掌，
自見其身[2]，而為說法。

तथागतं सो सुपिनस्मि पश्यति देशेन्त धर्मं बहुप्राणिकोटिनाम्।
रश्मीसहस्राणि प्रमुञ्चमानं वल्गुस्वरं काञ्चनवर्णनाथम्॥ ६२ ॥

今译：他在梦中也看见如来
向数千万众生宣说法，

---

① 此处“如来”的原词是 tathātmabhāva，词义为如实身。此词什译“诸如来”。据 J 本，此处写为 tathāgatānāṃ bhāvam，可读为“众如来身”。

② “自见其身”意谓看见自身。

这位金色的救主闪耀
千道光芒，话音柔美。（62）

什译：又見諸佛，身相金色，
放無量光，照於一切，
以梵音聲，演說諸法。

सो चा तही भोति कृताञ्जलिस्थितो अभिष्टुवन्तो द्विपदुत्तमं मुनिम्।
सो चा जिनो भाषति अग्रधर्मं चतुर्ण पर्षाण महाभिषट्कः ॥ ६३ ॥

今译：这位胜者、大药师，
向四众宣说至上法，
他在一旁合掌侍立，
赞颂两足至尊牟尼。（63）

什译：佛為四眾，說無上法，
見身處中，合掌讚佛。

सो च प्रहृष्टो भवती श्रुणित्वा प्रामोद्यजातश्च करोति पूजाम्।
सुपिने च सो धारणि प्रापुणोति अविवर्तियं ज्ञान स्पृशित्व क्षिप्रम्॥ ६४ ॥

今译：他闻听说法而高兴，
满怀喜悦敬拜供奉，
在梦中获得陀罗尼，
迅速觉知不退转智。（64）

什译：聞法歡喜，而為供養，
得陀羅尼，證不退智。

ज्ञात्वा च सो आशयु लोकनाथस्तं व्याकरोती पुरुषर्षभत्वे ।
कुलपुत्र त्वं पीह अनुत्तरं शिवं स्पृशिष्यसि ज्ञानमनागते ऽध्वनि ॥ ६५ ॥

今译：世界救主知道他心愿，
　　　此刻为他授记雄牛性，
　　　"善男子啊，未来世，
　　　你会获得无上清凉智。（65）

什译：佛知其心，深入佛道，
　　　即為授記，成最正覺：
　　　"汝善男子！當於來世，
　　　得無量智，佛之大道。

**तवापि क्षेत्रं विपुलं भविष्यति पर्षाश्च चत्वारि यथैव मह्यम्।
श्रोष्यन्ति धर्मं विपुलं अनास्रवं सगौरवा भूत्व कृताञ्जली च ॥ ६६ ॥**

今译："你会有广大佛土，
　　　像我一样，四众
　　　合掌，满怀敬意，
　　　聆听博大无漏经。"（66）

什译："國土嚴淨，廣大無比，
　　　亦有四眾，合掌聽法。"

**पुनश्च सो पश्यति आत्मभावं
　　　भावेन्त धर्मं गिरिकन्दरेषु।
भावित्व धर्मं च स्पृशित्व धर्मतां
　　　समाधि सो लब्धु जिनं च पश्यति ॥ ६७ ॥**

今译：他在梦中看见自己
　　　在山谷中修习正法，
　　　修习后，觉知法性，
　　　在入定中看见胜者。（67）

什译：又見自身，在山林中，
修習善法，證諸實相①，
深入禪定，見十方佛。

सुवर्णवर्णं शतपुण्यलक्षणं सुपिनस्मि दृष्ट्वा च श्रृणोति धर्मम्।
श्रुत्वा च तं पर्षदि संप्रकाशयी सुपिनो खु तस्यो अयमेवरूपः ॥ ६८ ॥

今译：他在梦中看见如来
具有百福相，聆听
如来说法，聆听后，
向四众宣说这种法。（68）

什译：諸佛身金色，百福相莊嚴，
聞法為人說，常有是好夢。

स्वप्ने ऽपि सर्वं प्रजहित्व राज्यमन्तःपुरं ज्ञातिगणं तथैव ।
अभिनिष्क्रमी सर्व जहित्व कामानुपसंक्रमी येन च बोधिमण्डम्॥ ६९ ॥

今译：他也梦见自己舍弃
王国、后宫和亲友，
摒弃一切欲乐出家，
独自走向菩提道场。（69）

什译：又夢作國王，捨宮殿眷屬，
及上妙五欲，行詣於道場。

सिंहासने तत्र निषीदियानो द्रुमस्य मूले तहि बोधिअर्थिकः ।
दिवसान सप्तान तथात्ययेन अनुप्राप्स्यते ज्ञानु तथागतानाम्॥ ७० ॥

今译：他坐在狮子座上，

① 此处“实相”的原词是 dharmatā（“法性”）。

在树下求取菩提，
就这样度过七天，
终于获得如来智。（70）

什译：在菩提樹下，而處師子座，
求道過七日，得諸佛之智。

बोधिं च प्राप्तस्ततु व्युत्थहित्वा प्रवर्तयी चक्रमनास्रवं हि ।
चतुर्ण पर्षाण स धर्म देशयी अचिन्तिया कल्पसहस्रकोट्यः ॥ ७१ ॥

今译：获得菩提后起身，
转动无漏的法轮，
不可思议千万劫，
向四众宣说正法。（71）

什译：成無上道已，起而轉法輪，
為四眾說法，經千萬億劫。

प्रकाशयित्वा तहि धर्म नास्रवं निर्वापयित्वा बहु प्राणिकोट्यः ।
निर्वायती हेतुक्षये व दीपः सुपिनो अयं सो भवतेवरूपः ॥ ७२ ॥

今译：他宣说无漏法，引导
千万众生达到涅槃后，
他涅槃，似油尽灯灭，
这些是他在梦中所见。（72）

什译：說無漏妙法，度無量眾生，
後當入涅槃，如烟盡燈滅。

बहु आनुशंसाश्च अनन्तकाश्च ये मञ्जुघोषा सद तस्य भोन्ति ।
यो पश्चिमे कालि इममग्रधर्मं सूत्रं प्रकाशेय मया सुदेशितम्॥ ७३ ॥

今译：在末世宣说至上法，
　　　我所宣说的这部经，
　　　文殊师利啊，他的
　　　种种功德无穷无尽。（73）

什译：若後惡世中，說是第一法，
　　　是人得大利，如上諸功德。

इत्यार्यसद्धर्मपुण्डरीके धर्मपर्याये सुखविहारपरिवर्तो नाम त्रयोदशमः ॥

今译：以上是神圣《妙法莲华》法门中名为《安乐行品》的第十三品。

१४ बोधिसत्त्वपृथिवीविरसमुद्गमपरिवर्तः ।

今译：第十四 菩萨从地涌出品

什译：從地踊出品第十五

अथ खलु अन्यलोकधात्वागतानां बोधिसत्त्वानां महासत्त्वानामष्टौ गङ्गानदीवालुकासमा बोधिसत्त्वा महासत्त्वास्तस्मिन्समये ततः पर्षन्मण्डलादभ्युत्थिता अभूवन्। ते ऽञ्जलिं प्रगृह्य भगवतो ऽभिमुखा भगवन्तं नमस्यमाना भगवन्तमेतदूचुः -- सचेद्भगवानस्माकमनुजानीयात्, वयमपि भगवन्निमं धर्मपर्यायं तथागतस्य परिनिर्वृतस्य तस्यां सहायां लोकधातौ संप्रकाशयेम वाचयेम लेखयेम पूजयेम, अस्मिंश्च धर्मपर्याये योगमापद्येमहि । तत्साधु भगवानस्माकमपीमं धर्मपर्यायमनुजानातु । अथ खलु भगवांस्तान्बोधिसत्त्वानेतदवोचत्-- अलं कुलपुत्राः । किं युष्माकमनेन कृत्येन? सन्ति कुलपुत्रा इह ममैवास्यां सहायां लोकधातौ षष्टिगङ्गानदीवालुकासमानि बोधिसत्त्वसहस्राणि एकस्य बोधिसत्त्वस्य परिवारः । एवंरूपाणां च बोधिसत्त्वानां षष्टेव गङ्गानदीवालुकासमानि बोधिसत्त्वसहस्राणि, येषामेकैकस्य बोधिसत्त्वस्य इयानेव परिवारः ये मम परिनिर्वृतस्य पश्चिमे काले पश्चिमे समये इमं धर्मपर्यायं धारयिष्यन्ति वाचयिष्यन्ति संप्रकाशयिष्यन्ति ॥

今译：然后，来自其他世界的菩萨大士中，有如同八恒河沙的菩萨大士这时从会众中起身。他们合掌，面向世尊，向世尊行礼，对世尊说道："如果世尊允许我们，世尊啊，我们在如来涅槃后，也在这个娑婆世界宣说、诵读、书写和供奉这个法门，修习这个法门。请世尊授予我们这个法门吧！"然后，世尊对这些菩萨说道："诸位善男子啊，不必了！何必需要你们做这事？诸位善男子啊，在我的这个娑婆世界，每位菩萨有数以千计如同六十恒河沙的随从。而这样的数以千计如同六十恒河沙的菩萨每位都有这样多的随从。在我涅槃后的末世末时，他们会受持、诵读和宣说这个法门。”

什译：爾時，他方國土諸來菩薩摩訶薩過八恒河沙數，於大眾中起立，合掌作禮，而白佛言：“世尊！若聽我等於佛滅後，在此娑婆世界，懃加精進，護持、讀誦、書寫、供養是經典者，當於此土而廣說之。”爾時，佛告諸菩薩摩訶薩眾：“止，善男子！不須汝等護持此經。所以者何？我娑婆世界自有六萬恒河沙等菩薩摩訶薩，一一菩薩各有六萬恒河沙眷屬。是諸人等能於我滅後，護持、讀誦、廣說此經。”

समनन्तरभाषिता चेयं भगवता वाक्, अथेयं सहा लोकधातुः समन्तात्स्फुटिता विस्फुटिता अभूत्। तेभ्यश्च स्फोटान्तरेभ्यो बहूनि बोधिसत्त्वकोटीनयुतशतसहस्राण्युत्तिष्ठन्ते स्म सुवर्णवर्णैः कायैर्द्वात्रिंशद्भिर्महापुरुषलक्षणैः समन्वागताः, ये ऽस्यां महापृथिव्यामध आकाशधातौ विहरन्ति स्म । इमामेव सहां लोकधातुं निश्रित्य ते खल्विममेवंरूपं भगवतः शब्दं श्रुत्वा पृथिव्या अधं समुत्थिताः,

今译：世尊的话音刚落，这娑婆世界周围裂开。从这些裂开处涌出数百千千万那由他菩萨，站在那里，全身金色，具有三十二大人相。他们住在大地下方的虚空世界，毗邻娑婆世界。他们听到世尊所说的话，便从大地下方涌出。

什译：佛說是時，娑婆世界三千大千國土地皆震裂，而於其中，有無量千萬億菩薩摩訶薩同時踊出。是諸菩薩身皆金色，三十二相，無量光明，先盡在此娑婆世界之下、此界虛空中住。是諸菩薩聞釋迦牟尼佛所說音聲，從下發來。

येषामेकैको बोधिसत्त्वः षष्टिगङ्गानदीवालुकोपमबोधिसत्त्वपरिवारो गणी महागणी गणाचार्यः । तादृशानां बोधिसत्त्वानां महासत्त्वानां गणीनां महागणीनां

गणाचार्याणां षष्टिगङ्गानदीवालुकोपमानि बोधिसत्त्वकोटीनयुतशतसहस्राणि, ये इतः सहाया लोकधातोर्धरणीविवरेभ्यः समुन्मज्जन्ते स्म । कः पुनर्वादः पञ्चाशद्गङ्गानदीवालुकोपमबोधिसत्त्वपरिवाराणां बोधिसत्त्वानां महासत्त्वानाम् ? कः पुनर्वादश्चत्वारिंशद्गङ्गानदीवालुकोपमबोधिसत्त्वपरिवाराणां बोधिसत्त्वानां महासत्त्वानाम् ? कः पुनर्वादस्त्रिंशद्गङ्गानदीवालुकोपमबोधिसत्त्वपरिवाराणां बोधिसत्त्वानां महासत्त्वानाम् ? कः पुनर्वादो विंशतिबोधिसत्त्वपरिवाराणां बोधिसत्त्वानां महासत्त्वानाम् ? कः पुनर्वादो दशगङ्गानदीवालुकोपमबोधिसत्त्वपरिवाराणां बोधिसत्त्वानां महासत्त्वानाम् ? कः पुनर्वादः पञ्चचतुस्त्रिद्विगङ्गानदीवालुकोपमबोधिसत्त्वपरिवाराणां बोधिसत्त्वानां महासत्त्वानाम् ? कः पुनर्वाद एकगङ्गानदीवालुकोपमबोधिसत्त्वपरिवाराणां बोधिसत्त्वानां महासत्त्वानाम् ? कः पुनर्वादोऽर्धगङ्गानदीवालुकोपमबोधिसत्त्वपरिवाराणां बोधिसत्त्वानां महासत्त्वानाम् ? कः पुनर्वादश्चतुर्भाग-- षड्भागाष्टभाग-- दशभाग-- विंशतिभाग-- त्रिंशद्भाग-- चत्वारिंशद्भाग-- पञ्चाशद्भागशतभागसहस्रभागशतसहस्रभागकोटीभागकोटीशतभागकोटीसहस्रभागकोटीशतसहस्रभागकोटीनयुतशतसहस्रभागगङ्गानदीवालुकोपमबोधिसत्त्वपरिवाराणां बोधिसत्त्वानां महासत्त्वानाम् ? कः पुनर्वादो बहुबोधिसत्त्वकोटीनयुतशतसहस्रपरिवाराणां बोधिसत्त्वानां महासत्त्वानाम् ? कः पुनर्वादः कोटीपरिवाराणां बोधिसत्त्वानां महासत्त्वानाम् ? कः पुनर्वादः शतसहस्रपरिवाराणां बोधिसत्त्वानां महासत्त्वानाम् ? कः पुनर्वादः सहस्रपरिवाराणां बोधिसत्त्वानां महासत्त्वानाम् ? कः पुनर्वादः पञ्चशतपरिवाराणां बोधिसत्त्वानां महासत्त्वानाम् ? कः पुनर्वादश्चतुःशतत्रिशतद्विशतपरिवाराणां बोधिसत्त्वानां महासत्त्वानाम् ? कः पुनर्वादः एकशतपरिवाराणां बोधिसत्त्वानां महासत्त्वानाम् ? कः पुनर्वादः पञ्चाशद्बोधिसत्त्वपरिवाराणां बोधिसत्त्वानां महासत्त्वानाम् ? पेयालम्। कः पुनर्वादश्चत्वारिंशत्त्रिंशद्विंशतिदशपञ्चचतुस्त्रिद्विबोधिसत्त्वपरिवाराणां बोधिसत्त्वानां महासत्त्वानाम् ? कः पुनर्वाद आत्मद्वितीयानां बोधिसत्त्वानां महासत्त्वानाम् ? कः पुनर्वादोऽपरिवाराणामेकविहारिणां बोधिसत्त्वानां महासत्त्वानाम् ?

今译：他们是大众导师，每位菩萨有如同六十恒河沙的菩萨随从。这些有如同六十恒河沙的数百千千万那由他菩萨随从的大众导师菩萨大士，他们从这个娑婆世界的那些裂开处涌出，何况有如同五十恒河沙的菩萨随从的菩萨大士？何况有如同四十恒河沙的菩萨随从的菩萨大士？何况有如同三十恒河沙的菩萨随从的菩萨大士？何况有如同二十恒河沙的菩萨随从的菩萨大士？何况有如同十恒河沙的菩萨随从的菩萨大士？何况有如同五、四、三和二恒河沙的菩萨随从的菩萨大士？何况有如同一恒河沙的菩萨随从的菩萨大士？何况有如同半恒河沙的菩萨随从的菩萨大士？何况有如同四分之一、六分之一、十分之一、二十分之一、三十分之一、四十分之一、五十分之一、百分之一、千分之一、十万分之一、千万分之一、百千万分之一、千千万分之一、百千千万分之一和百千千万那由他分之一恒河沙的菩萨随从的菩萨大士？何况有如同数百千千万那由他恒河沙的菩萨随从的菩萨大士？何况有千万随从的菩萨大士？何况有十万随从的菩萨大士？何况有一千随从的菩萨大士？何况有五百随从的菩萨大士？何况有四百、三百和二百随从的菩萨大士？何况有一百随从的菩萨大士？何况有五十随从的菩萨大士？依此类推，何况有四十、三十、二十、十、五、四、三和二随从的菩萨大士？何况有一随从的菩萨大士？何况有无随从而独自行的菩萨大士？

什译：一一菩薩皆是大眾唱導[①]之首，各將六萬恒河沙眷屬，況將五萬、四萬、三萬、二萬、一萬恒河沙等眷屬者？況復乃至一恒河沙、半恒河沙、四分之一，乃至千萬億那由他分之一？況復千萬億那由他眷屬？況復億萬眷屬？況復千萬、百萬，乃至一萬？況復一千、一百，乃至一十？況復將五、四、三、二、一弟子者？況復單己，樂遠離行？

न तेषां संख्या वा गणना वा उपमा वा उपनिषद्वा उपलभ्यते, य इह सहायां लोकधातौ धरणीविवरेभ्यो बोधिसत्त्वा महासत्त्वाः समुन्मज्जन्ते स्म । ते च उन्मज्ज्योन्मज्ज्य येन स महारत्नस्तूपो वैहायसमन्तरीक्षे स्थितः, यस्मिन्स

① “唱导”意谓讲经说法。

भगवान्प्रभूतरत्नस्तथागतो ऽर्हन्सम्यक्संबुद्धः परिनिर्वृतः, भगवता शाक्यमुनिना तथागतेनार्हता सम्यक्संबुद्धेन सार्धं सिंहासने निषण्णः, तेनोपसंक्रामन्ति स्म । उपसंक्रम्य च उभययोस्तथागतयोरर्हतोः सम्यक्संबुद्धयोः पादौ शिरोभिर्वन्दित्वा सर्वांश्च तान्भगवतः शाक्यमुनेस्तथागतस्यात्मीयान्निर्मितांस्तथागतविग्रहान्ये ते समन्ततो दशसु दिक्ष्वन्योन्यासु लोकधातुषु संनिपतिताः, नानारत्नवृक्षमूलेषु सिंहासनोपविष्टाः, तान्सर्वानभिवन्द्य नमस्कृत्य च अनेकशतसहस्रकृत्वस्तां-स्तथागतानर्हतः सम्यक्संबुद्धान्प्रदक्षिणीकृत्य नानाप्रकारैर्बोधिसत्त्वस्तवैरभिष्टुत्य एकान्ते तस्थुः । अञ्जलिं प्रगृह्य भगवन्तं शाक्यमुनिं तथागतमर्हन्तं सम्यक्संबुद्धं भगवन्तं च प्रभूतरत्नं तथागतमर्हन्तं सम्यक्संबुद्धमभिसंमुखं नमस्कुर्वन्ति स्म ॥

今译：这些菩萨大士从这个娑婆世界大地的那些裂开处涌出，不可计数、计算、比喻和比拟。他们涌出后，走近耸立空中的大宝塔，已涅槃的世尊多宝如来、阿罗汉、正等觉和世尊释迦牟尼如来、阿罗汉、正等觉一起坐在宝塔中的狮子座上。走近后，向两位如来、阿罗汉、正等觉俯首行触足礼，向聚集在周边所有十方、坐在各自宝树下狮子座上的那些世尊释迦牟尼如来自身幻化的如来身行礼致敬，向这些如来、阿罗汉、正等觉右绕数百千匝，用各种菩萨赞词赞颂后，侍立一旁。然后，他们合掌，面向世尊释迦牟尼如来、阿罗汉、正等觉和世尊多宝如来、阿罗汉、正等觉，俯首行礼。

什译：如是等比①，無量無邊，算數譬喻所不能知。是諸菩薩從地出已，各詣虛空七寶妙塔多寶如來、釋迦牟尼佛所。到已，向二世尊頭面禮足，及至諸寶樹下師子座上佛所，亦皆作禮，右繞三匝，合掌恭敬，以諸菩薩種種讚法而以讚歎，住在一面，欣樂瞻仰於二世尊。

तेन खलु पुनः समयेन तेषां बोधिसत्त्वानां महासत्त्वानां पृथिवीविवरेभ्य उन्मज्जतां तथागतांश्च वन्दमानानां नानाप्रकारैर्बोधिसत्त्वस्तवैरभिष्टुवतां परिपूर्णाः पञ्चाशदन्तरकल्पा गच्छन्ति स्म । तांश्च पञ्चाशदन्तरकल्पान्स भगवान्

① “等比”意谓等辈。

शाक्यमुनिस्तथागतो ऽर्हन्सम्यक्संबुद्धस्तूष्णीमभूत्। ताश्चतस्रः पर्षदस्तानेव पञ्चाशदन्तकल्पांस्तूष्णींभावेनावस्थिता अभूवन्। अथ खलु भगवांस्तथारूपमृद्ध्यभिसंस्कारमकरोत्, यथारूपेण ऋद्ध्यभिसंस्कारेणाभिसंस्कृतेन ताश्चतस्रः पर्षदस्तमेवैकं पश्चाद्भक्तं संजानन्ते स्म । इमां च सहां लोकधातुं शतसहस्राकाशपरिगृहीतां बोधिसत्त्वपरिपूर्णामद्राक्षुः ।

今译：这时，这些从大地的那些裂开处涌出的菩萨大士敬拜众如来，用各种菩萨赞词赞颂，历时整整五十中间劫。世尊释迦牟尼如来、阿罗汉、正等觉也保持沉默五十中间劫。四众同样也保持沉默五十中间劫。而由于世尊施展神通，以致四众感觉只是过了午后半日。四众也看见娑婆世界百千虚空中布满这些菩萨。

什译：是諸菩薩摩訶薩從初踊出，以諸菩薩種種讚法而讚於佛，如是時間經五十小劫。是時，釋迦牟尼佛默然而坐，及諸四眾亦皆默然五十小劫。佛神力故，令諸大眾謂如半日。爾時，四眾亦以佛神力故，見諸菩薩遍滿無量百千萬億國土虛空。

तस्य खलु पुनर्महतो बोधिसत्त्वगणस्य महतो बोधिसत्त्वराशेश्चत्वारो बोधिसत्त्वा महासत्त्वाः, ये प्रमुखा अभूवन्, तद्यथा विशिष्टचारित्रश्च नाम बोधिसत्त्वो महासत्त्वः, अनन्तचारित्रश्च नाम बोधिसत्त्वो महासत्त्वः, विशुद्धचारित्रश्च नाम बोधिसत्त्वो महासत्त्वः, सुप्रतिष्ठितचारित्रश्च नाम बोधिसत्त्वो महासत्त्वः । इमे चत्वारो बोधिसत्त्वा महासत्त्वास्तस्य महतो बोधिसत्त्वगणस्य महतो बोधिसत्त्वराशेः प्रमुखा अभूवन्। अथ खलु चत्वारो बोधिसत्त्वा महासत्त्वास्तस्य महतो बोधिसत्त्वगणस्य महतो बोधिसत्त्वराशेरग्रतः स्थित्वा भगवतो ऽभिमुखमञ्जलिं प्रगृह्य भगवन्तमेतदूचुः -- कच्चिद्भगवतो ऽल्पाबाधता मन्दग्लानता सुखसंस्पर्शविहारता च? कच्चिद्भगवन् सत्त्वाः स्वाकाराः सुविज्ञापकाः सुविनेयाः सुविशोधकाः? मा हैव भगवतः खेदमुत्पादयन्ति ॥

今译：而在这菩萨大众中，有为首的四位菩萨，分别名为上行菩萨大士，无边行菩萨大士，净行菩萨大士，安立行菩萨大士。他们是这菩萨大众中为首的四位。这四位菩萨大士站在这菩萨大众前面，面向世尊，合掌对世尊说道："世尊是否身体安康，生活舒适？世尊啊，那些众生是否品行良好，易于教导，易于教化，易于净化？没有让世尊劳累吧？"

什译：是菩薩眾中有四導師：一名上行，二名無邊行，三名淨行，四名安立行。是四菩薩於其眾中最為上首唱導之師，在大眾前，各共合掌，觀釋迦牟尼佛而問訊言："世尊！少病少惱，安樂行不？所應度者受教易不？不令世尊生疲勞耶？"

अथ खलु ते चत्वारो बोधिसत्त्वा महासत्त्वा भगवन्तामाभ्यां गाथाभ्या-मध्यभाषन्त --

今译：然后，这四位菩萨大士又用这两首偈颂对世尊说道：

什译：爾時，四大菩薩而說偈言：

कच्चित्सुखं विहरसि लोकनाथ प्रभंकर ।
आबाधविप्रमुक्तो ऽसि स्पर्शः काये तवानघ ॥ १ ॥

今译：光辉的世界救主，
　　　你的生活舒适吗？
　　　完美者啊，你的
　　　身体安然无恙吗？（1）

什译：世尊安樂，少病少惱，
　　　教化眾生，得無疲惓？

स्वाकाराश्चैव ते सत्त्वाः सुविनेयाः सुशोधकाः ।
मा हैव खेदं जनयन्ति लोकनाथस्य भाषतः ॥ २ ॥

今译：众生的品行良好吗？

易于教化和净化吗？
我希望别让说法的
世界救主太劳累。（2）

什译：又諸眾生，受化易不？
不令世尊，生勞苦耶？

अथ खलु भगवांस्तस्य महतो बोधिसत्त्वगणस्य महतो बोधिसत्त्वराशेः प्रमुखांश्चतुरो बोधिसत्त्वान्महासत्त्वानेतदवोचत्-- एवमेतत्कुलपुत्राः, एवमेतत्। सुखसंस्पर्शविहारो ऽस्मि अल्पाबाधो मन्दग्लानः। स्वाकाराश्च ममैव ते सत्त्वाः सुविज्ञापकाः सुविनेयाः सुविशोधकाः। न च मे खेदं जनयन्ति विशोध्यमानाः। तत्कस्य हेतोः? ममैव ह्येते कुलपुत्राः सत्त्वाः पौर्वकेषु सम्यक्संबुद्धेषु कृतपरिकर्माणः। दर्शनादेव हि कुलपुत्राः श्रवणाच्च ममाधिमुच्यन्ते, बुद्धज्ञान-मवतरन्ति अवगाहन्ते। यत्र ये ऽपि श्रावकभूमौ वा प्रतेकबुद्धभूमौ वा कृतपरिचर्या अभुवन्, ते ऽपि मयैव एतर्हि बुद्धधर्मज्ञानमवतारिताः संश्राविताश्च परमार्थम्॥

今译：然后，世尊对这菩萨大众中为首的四位菩萨大士说道："正是这样，诸位善男子啊，正是这样。我生活舒适，身体健康，安然无恙。我的这些众生品行良好，易于教导，易于教化，易于净化。我净化他们并不劳累。为什么？诸位善男子啊，我的这些众生曾在过去的正等觉们那里完成修行。诸位善男子啊，他们见到我，闻听我说法，信奉我，悟入佛智。即使那些在声闻地或缘觉地修行者，我也引导他们悟入佛法智，向他们宣说第一义。"

什译：爾時，世尊於菩薩大眾中而作是言："如是，如是！諸善男子！如來安樂，少病少惱。諸眾生等易可化度，無有疲勞。所以者何？是諸眾生世世已來常受我化，亦於過去諸佛供養尊重，種諸善根。此諸眾生始見我身，聞我所說，即皆信受入如來慧，除先修習學小乘者。如是之人，我今亦令得聞是經，入於佛慧。"

第十四　菩萨从地涌出品

अथ खलु ते बोधिसत्त्वा महासत्त्वास्तस्यां वेलायामिमे गाथे अभाषन्त --

今译：这时，这些菩萨又用这两首偈颂说道：

什译：爾時，諸大菩薩而說偈言：

साधु साधु महावीर अनुमोदामहे वयम्।
स्वाकारा येन ते सत्त्वाः सुविनेयाः सुशोधकाः ॥ ३ ॥

今译：很好，很好，我们
　　　感到高兴，大英雄！
　　　你的众生品行良好，
　　　易于教化和净化。（3）

什译：善哉善哉！大雄世尊！
　　　諸眾生等，易可化度。

ये चेदं ज्ञान गम्भीरं शृण्वन्ति तव नायक ।
श्रुत्वा च अधिमुच्यन्ते उत्तरन्ति च नायक ॥ ४ ॥

今译：导师啊，他们闻听
　　　你的这种深邃智慧，
　　　导师啊，闻听之后，
　　　他们信奉和悟入①。（4）

什译：能問諸佛，甚深智慧，
　　　聞已信行，我等隨喜②。

एवमुक्ते भगवांस्तस्य महतो बोधिसत्त्वगणस्य महतो बोधिसत्त्वराशेः प्रमुखेभ्यश्चतुर्भ्यो बोधिसत्त्वेभ्यो महासत्त्वेभ्यः साधुकारमदात्-- साधु साधु

---

① 此处"悟入"的原词是 uttaranti，词义为越过。据 J 本，此词写为 ovataranti（即 avataranti），与前面散文部分中的用词一致，词义为进入或悟入。

② "我等随喜"这句不见于原文。

कुलपुत्राः, ये यूयं तथागतमभिनन्दथ इति ॥

今译：这样说罢，世尊称赞这菩萨大众中为首的四位菩萨大士："很好，很好，诸位善男子啊，你们能贺喜如来。"

什译：於是，世尊讚歎上首諸大菩薩："善哉，善哉！善男子！汝等能於如來發隨喜心。"

तेन खलु पुनः समयेन मैत्रेयस्य बोधिसत्त्वस्य महासत्त्वस्य अन्येषां चाष्टानां गङ्गानदीवालुकोपमानां बोधिसत्त्वकोटीनयुतशतसहस्राणामेतदभवत्-- अदृष्टपूर्वो ऽयमस्माभिर्महाबोधिसत्त्वगणो महाबोधिसत्त्वराशिः । अश्रुतपूर्वश्च यो ऽयं पृथिवीविवरेभ्यः समुन्मज्य भगवतः पुरतः स्थित्वा भगवन्तं सत्कुर्वन्ति गुरुकुर्वन्ति मानयन्ति पूजयन्ति भगवन्तं च प्रतिसंमोदन्ते । कुतः खल्विमे बोधिसत्त्वा महासत्त्वा आगता इति?

今译：这时，弥勒菩萨大士和其他如同八恒河沙的百千千万那由他菩萨心想："这些菩萨大众，我们前所未见，闻所未闻。他们从大地的那些裂开处涌出，站在世尊前面，尊敬、尊重、崇敬、敬拜和贺喜如来，我们前所未闻。这些菩萨大士来自哪里？"

什译：爾時，彌勒菩薩及八千恒河沙諸菩薩眾，皆作是念："我等從昔已來，不見不聞如是大菩薩摩訶薩眾從地踊出，住世尊前，合掌供養，問訊如來。"

अथ खलु मैत्रेयो बोधिसत्त्वो महासत्त्व आत्मना विचिकित्सां कथंकथां विदित्वा तेषां गङ्गानदीवालुकोपमानां बोधिसत्त्वकोटीनयुतशतसहस्राणां चेतसैव चेतः परिवितर्कमाज्ञाय तस्यां वेलायामञ्जलिं प्रगृह्य भगवन्तं गाथाभिगीतेनैतमेवार्थं परिपृच्छन्ति स्म --

今译：弥勒菩萨大士自己心中产生疑惑，也知道那些如同恒河沙的百千千万那由他菩萨心中所想。这时，他合掌，用这些偈颂询问世尊这件事：

什译：時彌勒菩薩摩訶薩知八千恒河沙諸菩薩等心之所念，并欲自決所疑，合掌向佛，以偈問曰：

बहुसहस्रा नयुताः कोटीयो च अनन्तकाः ।
अपूर्वा बोधिसत्त्वानामख्याहि द्विपदोत्तम ॥ ५ ॥

今译：数千千万那由他
无边无限的菩萨，
前所未见，两足
至尊，请你说明。（5）

什译：無量千萬億，大眾諸菩薩，
昔所未曾見，願兩足尊說。

कुतो इमे कथं वापि आगच्छन्ति महर्द्धिकाः ।
महात्मभावा रूपेण कुत एतेष आगमः ॥ ६ ॥

今译：这些具有大神通、
身躯魁梧的菩萨，
他们从哪里而来？
又如何来到这里？（6）

什译：是從何所來，以何因緣集？

धृतिमन्ताश्चिमे सर्वे स्मृतिमन्तो महर्षयः ।
प्रियदर्शनाश्च रूपेण कुत एतेष आगमः ॥ ७ ॥

今译：所有这些大仙人，
意志坚定，博识
强记，容貌可爱，
他们从哪里而来？（7）

什译：巨身大神通，智慧叵思議，
　　　其志念堅固，有大忍辱力，
　　　眾生所樂見，為從何所來？

एकैकस्य च लोकेन्द्र बोधिसत्त्वस्य विज्ञिनः।
अप्रमेयः परिवारो यथा गङ्गाय वालिकाः ॥ ८ ॥

今译：世界王啊，其中
　　　每位睿智的菩萨
　　　有无量无数随从，
　　　数目如同恒河沙。(8)

什译：一一諸菩薩，所將諸眷屬，
　　　其數無有量，如恒河沙等。

गङ्गावालिकसमा षष्टि परिपूर्णा यशस्विनः।
परिवारो बोधिसत्त्वस्य सर्वे बोधाय प्रस्थिताः ॥ ९ ॥

今译：每位光辉的菩萨，
　　　身边的随从如同
　　　整整六十恒河沙，
　　　都一心追求菩提。(9)

什译：或有大菩薩，將六萬恒沙，
　　　如是諸大眾，一心求佛道。

एवंरूपाण वीराणां पर्षवन्तान तायिनाम्।
षष्टिरेव प्रमाणेन गङ्गावालिकया इमे ॥ १० ॥

今译：这些救世的英雄，
　　　个个身边有随从，
　　　这样的菩萨数量，

如同六十恒河沙。（10）

什译：是諸大師等，六萬恒河沙，
俱來供養佛，及護持是經。

अतो बहुतराश्चान्ये परिवारैरनन्तकैः ।
पञ्चाशतीय गङ्गाय चत्वारिंशच्च त्रिंशति ॥ ११ ॥

今译：还有其他更多身边
有无数随从的菩萨，
随从数量如同五十、
四十和三十恒河沙。（11）

什译：將五萬恒沙，其數過於是，
四萬及三萬，

समो विंशति गङ्गाया परिवारः समन्ततः ।
अतो बहुतराश्चान्ये येषां दश च पञ्च च ॥ १२ ॥

今译：还有周围的随从
如同二十恒河沙，
还有更多有随从
十或者五恒河沙。（12）

什译：二萬至一萬，一千一百等，

एकैकस्य परीवारो बुद्धपुत्रस्य तायिनः ।
कुतो ऽयमीदृशी पर्षदागताद्य विनायक ॥ १३ ॥

今译：这些救世的佛子，
每一位都有随从，
导师啊，这样的

随从从哪里而来？（13）

चत्वारि त्रीणि द्वे चापि गङ्गावालिकया समाः ।
एकैकस्य परीवारा ये ऽनुशिक्षा सहायकाः ॥ १४ ॥

今译：每位菩萨的随从，
这些弟子和同伴，
数量如同四、三
或者二个恒河沙。（14）

अतो बहुतराश्चान्ये गणना येष्वनन्तिका ।
कल्पकोटीसहस्रेषु उपमेतुं न शक्नुयात्॥ १५ ॥

今译：还有更多的菩萨，
无量无数，历时
千千万劫也不能
数清他们的数目。（15）

अर्धगङ्गा त्रिभागश्च दशविंशतिभागिकः ।
परिवारो ऽथ वीराणां बोधिसत्त्वान तायिनाम्॥ १६ ॥

今译：还有救世的英雄
菩萨有随从如同
半恒河沙，或三、
十、二十分之一。（16）

什译：乃至一恒沙，半及三四分，
億萬分之一，

अतो बहुतराश्चान्ये प्रमाणैषां न विद्यते ।
एकैकं गणयन्तेन कल्पकोटीशतैरपि ॥ १७ ॥

今译：还有更多的菩萨，
无量无数，身边
有随从，其数量
百千万劫数不清。（17）

अतो बहुतराश्चान्ये परिवारैरनन्तकैः ।
कोटी कोटी च कोटी च अर्धकोटी तथैव च ॥ १८ ॥

今译：还有更多的菩萨，
身边有无数随从，
数目有千万千万、
千万以及半千万。（18）

什译：千萬那由他，萬億諸弟子，
乃至於半億，其數復過上，
百萬至一萬，

गणनाव्यतिवृत्ताश्च अन्ये भूयो महर्षिणाम्।
बोधिसत्त्वा महाप्रज्ञाः स्थिताः सर्वे सगौरवाः ॥ १९ ॥

今译：还有其他的大仙，
无计其数，这些
有大智慧的菩萨，
全都恭敬地站着。（19）

परिवारसहस्त्रं च शतपञ्चाशदेव च ।
गणना नास्ति एतेषां कल्पकोटीशतैरपि ॥ २० ॥

今译：他们的随从一千，
或者一百和五十，
这些菩萨的数量，

百千万劫数不清。（20）

什译：一千及一百，五十與一十，

विंशतिद्दश पञ्चाथ चत्वारि त्रीणि द्वे तथा ।
परिवारो ऽथ वीराणां गणनैषां न विद्यते ॥ २१ ॥

今译：或者身边的随从有
二十、十、五、四、
三和二，也数不清
所有这些英雄数目。（21）

什译：乃至三二一，

चरन्त्येकात्मका ये च शान्तिं विन्दन्ति चैककाः ।
गणना तेष नैवास्ति ये इहाद्य समागताः ॥ २२ ॥

今译：还有获得寂静的
独行者，其数量
也数不清，今天
全都聚集在这里。（22）

什译：單己無眷屬，樂於獨處者，
俱來至佛所，其數轉過上。

गङ्गावालिकासमान्कल्पान्गणयेत यदी नरः ।
शलाकां गृह्य हस्तेन पर्यन्तं नैव सो लभेत्॥ २३ ॥

今译：若有人用手握笔，
经过的劫数如同
恒河沙，也不能
算清他们的数目。（23）

什译：如是諸大眾，若人行籌數，
过於恒沙劫，猶不能盡知。

महात्मनां च सर्वेषां वीर्यन्तान तायिनाम्।
बोधिसत्त्वान वीराणां कुत एतेष संभवः ॥ २४ ॥

今译：所有这些崇高的
菩萨，救世英雄，
勇猛精进，他们
都是从哪里出生？（24）

什译：是諸大威德，精進菩薩眾，

केनैषां देशितो धर्मः केन बोधीय स्थापिताः ।
रोचन्ति शासनं कस्य कस्य शासनधारकाः ॥ २५ ॥

今译：是谁为他们宣说法？
让他们发起菩提心？
他们喜爱谁的教法？
他们受持谁的教法？（25）

什译：誰為其說法，教化而成就？
從誰初發心？稱揚何佛法？
受持行誰經？修習何佛道？

भित्त्वा हि पृथिवीं सर्वां समन्तेन चतुर्दिशम्।
उन्मज्जन्ति महाप्रज्ञा ऋद्धिमन्ता विचक्षणाः ॥ २६ ॥

今译：这些智者全都有
大智慧和大神通，
他们冲破这大地，
从周边四方涌出。（26）

什译：如是諸菩薩，神通大智力，
四方地震裂，皆從中踊出。

जर्जरा लोकधात्वेयं समन्तेन कृता मुने ।
उन्मज्जमानैरेतैर्हि बोधिसत्त्वैर्विशारदैः ॥ २७ ॥

今译：牟尼啊，众菩萨
无所畏惧，冲破
这个世界，他们
从周边四方涌出。（27）

न ह्येते जातु अस्माभिर्दृष्टपूर्वाः कदाचन ।
आख्याहि नो तस्य नाम लोकधातोर्विनायक ॥ २८ ॥

今译：我们在以前从未
见到过这些菩萨，
世界导师，请你
为我们说明此事。（28）

什译：世尊我昔來，未曾見是事，
願說其所從，國土之名號。

दशादिशा हि अस्माभिरञ्चितायो पुनः पुनः ।
न च दृष्टा इमे ऽस्माभिर्बोधिसत्त्वाः कदाचन ॥ २९ ॥

今译：我们曾经一次次
游遍所有的十方，
任何时候都没有
见到过这些菩萨。（29）

什译：我常遊諸國，未曾見是眾。

दृष्टो न जातुरस्माभिरेको ऽपि तनयस्तव ।
इमे ऽद्य सहसा दृष्टा आख्याहि चरितं मुने ॥ ३० ॥

今译：我们甚至未见过
其中一个你儿子，
今天却突然看见，
请牟尼说明此事。（30）

什译：我於此眾中，乃不識一人，
忽然從地出，願說其因緣。

बोधिसत्त्वसहस्राणि शतानि नयुतानि च ।
सर्वे कौतूहलप्राप्ताः पश्यन्ति द्विपदोत्तमम् ॥ ३१ ॥

今译：数以百千那由他
菩萨，他们全都
怀抱这种好奇心，
凝望着两足至尊。（31）

什译：今此之大會，無量千万①億，
是諸菩薩等，皆欲知此事。

व्याकुरुष्व महावीर अप्रमेय निरोपधे ।
कुत एन्ति इमे शूरा बोधिसत्त्वा विशारदः ॥ ३२ ॥

今译：无所执著②的无比
大英雄，请说明
这些无畏的菩萨
勇士们来自哪里？（32）

---

① 此处"千万"，据《中华大藏经》校勘记，《资》、《碛》、《普》、《南》、《径》、《清》、《丽》作"百千"。

② 此处"无所执著"的原词是 niropadhi，相当于 nirupadhi。

什译：是諸菩薩眾，本末之因緣，
　　　無量德世尊，唯願決眾疑。

तेन खलु पुनः समयेन ये ते तथागता अर्हन्तः सम्यक्संबुद्धा अन्येभ्यो लोकधातुकोटीनयुतशतसहस्रेभ्यो ऽभ्यागता भगवतः शाक्यमुनेस्तथागतस्य निर्मिताः, ये ऽन्येषु लोकधातुषु सत्त्वानां धर्मं देशयन्ति स्म, ये भगवतः शाक्यमुनेस्तथागतस्यार्हतः सम्यक्संबुद्धस्य समन्तादष्टभ्यो दिग्भ्यो रत्नवृक्षमूलेषु महारत्नसिंहासनेषूपविष्टाः पर्यङ्कबद्धाः, तेषां तथागतानामर्हतां सम्यक्संबुद्धानां ये स्वकस्वका उपस्थायकाः, ते ऽपि तं महान्तं बोधिसत्त्वगणं बोधिसत्त्वराशिं दृष्ट्वा समन्तात्पृथिवीविवरेभ्य उन्मज्जन्तमाकाशधातुप्रतिष्ठितम्, ते ऽप्याश्चर्यप्राप्तास्तान् स्वांस्तथागतानेतदूचुः -- कुतो भगवन्नियन्तो बोधिसत्त्वा महासत्त्वा आगच्छन्त्यप्रमेया असंख्येयाः? एवमुक्तास्ते तथागता अर्हन्तः सम्यक्संबुद्धास्तान् स्वानुपस्थायकानेतदूचुः -- आगमयध्वं यूयं कुलपुत्रा मुहूर्तम्। एष मैत्रेयो नाम बोधिसत्त्वो महासत्त्वो भगवतः शाक्यमुनेरनन्तरं व्याकृतो ऽनुत्तरायां सम्यक्संबोधौ, स एतं भगवन्तं शाक्यमुनिं तथागतमर्हन्तं सम्यक्संबुद्धमेतमर्थं परिपृच्छति । एष च भगवान् शाक्यमुनिस्तथागतो ऽर्हन्सम्यक्संबुद्धो व्याकरिष्यति । ततो यूयं श्रोष्यथेति ॥

今译：这时，来自其他世界的如来、阿罗汉、正等觉，他们是世尊释迦牟尼如来幻化的如来身，在其他世界为众生说法。他们在世尊释迦牟尼如来、阿罗汉、正等觉的周边八方宝树下的大宝狮子座上结跏趺坐。这些如来、阿罗汉、正等觉都有各自的侍者。这些侍者也看到那些菩萨大众从大地周边那些裂开处涌出，站在空中。他们也询问各自的惊讶中的如来：“世尊啊，这些无量无数的菩萨大士来自哪里？”这样说罢，那些如来、阿罗汉、正等觉对各自的侍者说道：“诸位善男子啊，你们稍等片刻。那位名为弥勒的菩萨大士，已获得世尊释迦牟尼授记无上正等菩提。他已经询问世尊释迦牟尼如来、阿罗汉、正等觉这件事。世尊释迦牟尼如来、阿罗汉、正等觉就会说明。你们就听着吧！”

什译：爾時，釋迦牟尼分身諸佛，從無量千萬億他方國土來者，在於八方諸寶樹下師子座上，結跏趺坐。其佛侍者各各見是菩薩大眾，於三千大千世界四方，從地踊出，住於虛空。各白其佛言："世尊！此諸無量無邊阿僧祇菩薩大眾，從何所來？"爾時，諸佛各告侍者："諸善男子！且待須臾，有菩薩摩訶薩，名曰彌勒，釋迦牟尼佛之所授記，次後作佛，已問斯事，佛今答之，汝等自當因是得聞。"

अथ खलु भगवान्मैत्रेयं बोधिसत्त्वं महासत्त्वमामन्त्रयते स्म -- साधु साधु अजित । उदारमेतदजित स्थानं यत्त्वं मां परिपृच्छसि । अथ खलु भगवान् सर्वावन्तं बोधिसत्त्वगणमामन्त्रयते स्म -- तेन हि कुलपुत्राः सर्व एव प्रयता भवध्वम्। सुसंनद्धा दृढस्थामाश्च भवध्वम्, सर्वश्चायं बोधिसत्त्वगणः । तथागतज्ञानदर्शनं कुलपुत्रास्तथागतो ऽर्हन्सम्यक्संबुद्धः सांप्रतं संप्रकाशयति, तथागतवृषभितं तथागतकर्म तथागतविक्रीडितं तथागतविजृम्भितं तथागतपराक्रममिति॥

今译：这时，世尊对弥勒菩萨大士说道："很好，很好，阿逸多啊，你询问我这件大事。"随即，世尊对全体菩萨说道："诸位善男子啊，安下心来。你们和所有这些菩萨披上坚固铠甲。诸位善男子啊，如来、阿罗汉、正等觉现在要宣说如来知见，如来雄牛性，如来事业，如来游戏神通，如来威风，如来勇力。"

什译：爾時，釋迦牟尼佛告彌勒菩薩："善哉，善哉！阿逸多！乃能問佛如是大事。汝等當共一心，被精進鎧，發堅固意，如來今欲顯發宣示諸佛智慧、諸佛自在神通之力、諸佛師子奮迅之力[①]、諸佛威猛大勢之力。"

अथ खलु भगवांस्तस्यां वेलायामिमा गाथा अभाषत --

今译：这时，世尊又用这些偈颂说道：

① "奋迅"意谓奋勇、勇猛或威武。此处"师子奋迅之力"对应的原词是 vijṛmbhita（"哈欠"），意谓狮子打哈欠时，张开大口，威风凛凛。

什译：爾時，世尊欲重[1]此義，而說偈言：

प्रयता भवध्वं कुलपुत्र सर्व इमां प्रमुञ्चामि गिरामनन्यथाम्।
मा खू विषादं कुरुथेह पण्डिता अचिन्तियं ज्ञानु तथागतानाम्॥ ३३ ॥

今译：善男子啊，安下心来，
我要如实说明这件事，
闻听如来不可思议智，
智者们不要畏难退缩。（33）

什译：當精進一心，我欲說此事，
勿得有疑悔，佛智叵思議。

धृतिमन्त भूत्वा स्मृतिमन्त सर्वे समाहिताः सर्विः स्थिता भवध्वम्।
अपूर्वधर्मो श्रुणितव्यु अद्य आश्चर्यभूतो हि तथागतानाम्॥ ३४ ॥

今译：你们意志坚定，博识
强记，现在凝思静虑，
听取这前所未有的法，
这是如来创造的奇迹。（34）

什译：汝今出信力，住於忍善中，
昔所未聞法，今皆當得聞。

विचिकित्स मा जातु कुरुध्व सर्वे अहं हि युष्मान्परिसंस्थपेमि ।
अनन्यथावादिरहं विनायको ज्ञानं च मे यस्य न काचि संख्या ॥ ३५ ॥

今译：你们不要心生怀疑，
我会引导你们进入，
导师所说真实不虚，

① 此处“重”字，据《中华大藏经》校勘记，《资》、《碛》、《普》、《南》、《径》、《清》、《丽》作“重宣”。

我的智慧无可限量。（35）

什译：我今安慰汝，勿得懷疑懼，
佛無不實語，智慧不可量。

गम्भीर धर्माः सुगतेन बुद्धा अतर्किया येष प्रेमाणु नास्ति ।
तानद्य हं धर्म प्रकाशयिष्ये श्रृणोथ मे यादृशका यथा च ते ॥ ३६ ॥

今译：善逝觉知深邃的法，
不可思议无量无数，
今天我宣说这些法，
请你们听取这些法。（36）

什译：所得第一法，甚深叵分別，
如是今當說，汝等一心聽。

अथ खलु भगवानिमा गाथा भाषित्वा तस्यां वेलायां मैत्रयं बोधिसत्त्वं महासत्त्वमामन्त्रयते स्म -- आरोचयामि ते अजित, प्रतिवेदयामि । य इमे अजित बोधिसत्त्वा अप्रमेया असंख्येया अचिन्त्या अतुल्या अगणनीयाः, ये युष्माभिरदृष्टपूर्वाः, य एतर्हि पृथिवीविरेभ्यो निष्क्रान्ताः, मयैते अजित सर्वे बोधिसत्त्वा महासत्त्वा अस्यां सहायां लोकधातावनुत्तरां सम्यक्संबोधिमभिसंबुध्य समादापिताः समुत्तेजिताः संप्रहर्षिताः, अनुत्तरायां सम्यक्संबोधौ परिणामिताः । मया चैते कुलपुत्रा अस्मिन्बोधिसत्त्वधर्मे परिपाचिताः प्रतिष्ठापिता निवेशिताः परिसंस्थापिता अवतारिताः परिबोधिताः परिशोधिताः । एते च अजित बोधिसत्त्वा महासत्त्वा अस्यां सहायां लोकधातौ अधस्तादाकाशधातुपरिग्रहे प्रतिवसन्ति । स्वाध्यायोद्देशचिन्तायोनिशोमनसिकारप्रवृत्ता एते कुलपुत्रा असंगणिकारामा असंसर्गाभिरता अनिक्षिप्तधुरा आरब्धवीर्याः । एते अजित कुलपुत्रा विवेकारामा विवेकाभिरताः । नैते कुलपुत्रा देवमनुष्यानुपनिश्राय विहरन्ति असंसर्गचर्याभिरताः । एते कुलपुत्रा धर्मारामाभिरता बुद्धज्ञाने ऽभियुक्ताः ॥

今译：世尊说完这些偈颂后，对弥勒菩萨大士说道："我告诉你，阿逸多啊，我告知你。阿逸多啊，这些菩萨无量无数，不可思议，不可等同，不可计数，你们前所未见。现在，他们从大地的那些裂开处涌出。阿逸多啊，我在这个娑婆世界觉知无上正等菩提后，教导、激励和鼓励他们求取无上正等菩提。诸位善男子啊，我让他们熟悉、安住、进入、确立、悟入和觉知菩萨法，得到净化。阿逸多啊，这些菩萨大士居住在这个娑婆世界下方虚空中。这些善男子诵习、论议、思考和如理思惟，不爱群居，不爱热闹。他们不卸下重担，精勤努力。阿逸多啊，这些善男子喜爱僻静处，喜爱隐居。这些善男子不住在临近天神和凡人的地方，喜爱离群索居。这些善男子热爱正法，努力修习佛智。”

什译：爾時，世尊說此偈已，告彌勒菩薩：“我今於此大眾，宣告汝等。阿逸多！是諸大菩薩摩訶薩無量無數阿僧祇，從地踊出，汝等昔所未見者。我於是娑婆世界得阿耨多羅三藐三菩提已，教化示導是諸菩薩，調伏其心，令發道意。此諸菩薩皆於是娑婆世界之下，此界虛空中住。於諸經典讀誦通利，思惟分別，正憶念。阿逸多！是諸善男子等不樂在眾多有所說，常樂靜處，懃行精進，未曾休息。亦不依止人天而住，常樂深智，無有障礙。亦常樂於諸佛之法，一心精進，求無上慧。”

अथ खलु भगवांस्तस्यां वेलायामिमा गाथा अभाषत --

今译：这时，世尊又用这些偈颂说道：

什译：爾時，世尊欲重宣此義，而說偈言：

ये बोधिसत्त्वा इमे अप्रमेया अचिन्तिया येष प्रमाणु नास्ति ।
ऋद्धीय प्रज्ञाय श्रुतेनुपेता बहुकल्पकोटीचरिताश्च ज्ञाने ॥ ३७ ॥

今译：这些菩萨不可计量，
　　　不可思议，他们有

神通、智慧和所闻，
数千万劫修习佛智。（37）

什译：阿逸汝當知！是諸大菩薩，
從無數劫來，修習佛智慧。

परिपाचिताः सर्वि मयैति बोधये ममैव क्षेत्रस्मि वसन्ति चैते ।
परिपाचिताः सर्वि मयैव एते ममैव पुत्राश्चिमि बोधिसत्त्वाः ॥ ३८ ॥

今译：他们住在我的佛土，
这些菩萨都是我的
儿子，我教化他们，
引导他们求取菩提。（38）

什译：悉是我所化，令發大道心，
此等是我子，依止是世界。

सर्वे ति आरण्यधुताभियुक्ताः संसर्गभूमिं सद वर्जयन्ति ।
असङ्गचारी च ममैति पुत्रा ममोत्तमां चर्यनुशिक्षमाणाः ॥ ३९ ॥

今译：我的这些儿子经常
远离人群独自修习，
在林中实行头陀行，
修习我的至上道行。（39）

什译：常行頭陀事，志樂於靜處，
捨大眾憒鬧，不樂多所說。

वसन्ति आकाशपरिग्रहे ऽस्मिन्क्षेत्रस्य हेष्ठा परिचारि वीराः ।
समुदानयन्ता इममग्रबोधिं उद्युक्त रात्रिंदिवमप्रमत्ताः ॥ ४० ॥

今译：这些英雄居住在

大地下方虚空中，
修习至上的菩提，
日日夜夜不放逸。（40）

什译：如是諸子等，學習我道法，
晝夜常精進，為求佛道故，
在娑婆世界，下方空中住。

आरब्धवीर्याः स्मृतिमन्त सर्वे प्रज्ञाबलस्मिन्स्थित अप्रमेये ।
विशारदा धर्मु कथेन्ति चैते प्रभास्वरा पुत्र ममैति सर्वे ॥ ४१ ॥

今译：我所有这些儿子全都
精勤努力，博识强记，
安住于无量智慧力中，
闪耀光辉，无畏说法。（41）

什译：志念力堅固，常懃求智慧，
說種種妙法，其心無所畏。

मया च प्राप्य इममग्रबोधिं नगरे गयायां द्रुममूलि तत्र ।
अनुत्तरं वर्तिय धर्मचक्रं परिपाचिताः सर्वि इहाग्रबोधौ ॥ ४२ ॥

今译：我在伽耶城的树下，
获得这种至上菩提，
然后转动无上法轮，
教导他们至上菩提。（42）

什译：我於伽耶城，菩提樹下坐，
得成最正覺，轉無上法輪，
爾乃教化之，令初發道心，
今皆住不退，悉當得成佛。

अनास्त्रवा भूत इयं मि वाचा श्रुणित्व सर्वे मम श्रद्दधध्वम्।
एवं चिरं प्राप्त मयाग्रबोधि परिपाचिताश्चैति मयैव सर्वे ॥ ४३ ॥

今译：我获得至上菩提后，
长期教导这些儿子，
你们闻听我的无漏
真实语后，请相信。（43）

什译：我今說實語，汝等一心信，
我從久遠來，教化是等眾。

अथ खलु मैत्रेयो बोधिसत्त्वो महासत्त्वस्तानि च संबहुलानि बोधिसत्त्वकोटीनयुतशतसहस्राण्याश्चर्यप्राप्तान्यभूवन्, अद्भुतप्राप्तानि विस्मयप्राप्तानि -- कथं नाम भगवता अनेन क्षणविहारेण अल्पेन कालान्तरेण अमी एतावन्तो बोधिसत्त्वा महासत्त्वा असंख्येयाः समादापिताः, परिपाचिताश्च अनुत्तरायां सम्यक्संबोधौ । अथ खलु मैत्रेयो बोधिसत्त्वो महासत्त्वो भगवन्तमेतदवोचत्-- कथमिदानीं भगवंस्तथागतेन कुमारभूतेन कपिलवस्तुनः शाक्यनगरान्निष्क्रम्य गयानगरान्नातिदूरे बोधिमण्डवराग्रगतेन अनुत्तरा सम्यक्संबोधिरभिसंबुद्धा? तस्याद्य भगवन् कालस्य सातिरिकाणि चत्वारिंशद्वर्षाणि । तत्कथं भगवंस्तथागतेन इयता कालान्तरेणेदमपरिमितं तथागतकृत्यं कृतम्, तथागतेन तथागतवृषभिता तथागतपराक्रमः कृतः, यो ऽयं बोधिसत्त्वगणो बोधिसत्त्वराशिरियता भगवन्कालान्तरेण अनुत्तरायां सम्यक्संबोधौ समादापितः परिपाचितश्च? अस्य भगवन्बोधिसत्त्वगणस्य बोधिसत्त्वराशेर्गण्यमानस्य कल्पकोटीनयुतशतसहस्रैरप्यन्तो नोपलभ्यते। एवमप्रमेया भगवनिमे बोधिसत्त्वा महासत्त्वाः, एवमसंख्येयाश्चिरचरितब्रह्मचर्या बहुबुद्धशतसहस्रावरोपितकुशलमूला बहुकल्पशतसहस्रपरिनिष्पन्नाः ॥

今译：然后，弥勒菩萨大士和数百千千万那由他菩萨深感奇妙，惊讶不已，心想："世尊怎么能在这样的短时间内教导和教化这样无数的菩萨大士进入无上正等菩提？"于是，弥勒菩萨大士对世尊说道："怎么会这样？世尊啊，如来曾是王子，从迦比罗卫释迦城出家，在伽耶城附近，坐在殊胜菩提道场，觉知无上正等菩提。世尊啊，至今度过时间四十余年。世尊啊，如来怎么在这样短的时间内，完成这样无限的如来事业，展现如来雄牛性和如来勇力？怎么在这样的短时间内教导和教化这些菩萨大众进入无上正等菩提？世尊啊，历时百千千万那由他劫也数不清这些菩萨大众。世尊啊，如此无量无数的菩萨大士长期修习梵行，在数百千佛处种植善根，经过数百千劫成就圆满。

什译：爾時，彌勒菩薩摩訶薩及無數諸菩薩等心生疑惑，怪未曾有，而作是念："云何世尊於少時間教化如是無量無邊阿僧祇諸大菩薩，令住阿耨多羅三藐三菩提？"即白佛言："世尊！如來為太子時，出於釋宮，去伽耶城不遠，坐於道場，得成阿耨多羅三藐三菩提。從是已來，始過四十餘年。世尊！云何於此少時，大作佛事，以佛勢力，以佛功德，教化如是無量大菩薩眾，當成阿耨多羅三藐三菩提？世尊！此大菩薩眾，假使有人於千萬億劫數不能盡，不得其邊。斯等久遠已來，於無量無邊諸佛所，殖諸善根，成就菩薩道，常修梵行。世尊！如此之事，世所難信。

तद्यथापि नाम भगवन्कश्चिदेव पुरुषो नवो दहरः शिशुः कृष्णकेशः प्रथमेन वयसा समन्वागतः पञ्चविंशतिवर्षो जात्या भवेत्। स वर्षशतिकान्पुत्रानादर्शयेत्, एवं च वदेत्-- एते कुलपुत्रा मम पुत्रा इति । ते च वर्षशतिकाः पुरुषा एवं च वदेयुः-- एषो ऽस्माकं पिता जनक इति । तस्य च पुरुषस्य भगवंस्तद्वचनमश्रद्धेयं भवेल्लोकस्य दुःश्रद्धेयम्। एवमेव भगवानचिराभिसंबुद्धो ऽनुत्तरां सम्यक्संबोधिम्, इमे च बोधिसत्त्वा महासत्त्वा बह्वप्रमेया बहुकल्पकोटीनयुतशतसहस्रचीर्णचरित-ब्रह्मचर्याः, दीर्घरात्रं हि कृतनिश्चयाः, बुद्धज्ञाने समाधिमुखशतसहस्रसमापद्यन व्युत्थानकुशलाः महाभिज्ञापरिकर्मनिर्याताः महाभिज्ञाकृतपरिकर्माणः पण्डिता बुद्धभूमौ, संगीतकुशलास्तथागतधर्माणाम्, आश्चर्याद्भुता लोकस्य महावीर्यबल-स्थामप्राप्ताः । तांश्च भगवानेवं वदति -- मयैते आदित एव समादापिताः समुत्ते-जिताः परिपाचिताः, परिणामिताश्च अस्यां बोधिसत्त्वभूमाविति । अनुत्तरां सम्यक्संबोधिमभिसंबुद्धेन मयैष सर्ववीर्यपराक्रमः कृत इति । किंचापि वयं

भगवंस्तथागतस्य वचनं श्रद्धयागमिष्यामः -- अनन्यथावादी तथागत इति । तथागत एवैतमर्थं जानीयात्। नवयानसंप्रस्थिताः खलु पुनर्भगवन्बोधिसत्त्वा महासत्त्वा विचिकित्सामापद्यन्ते । अत्र स्थाने परिनिर्वृते तथागते इमं धर्मपर्यायं श्रुत्वा न पत्तीयिष्यन्ति न श्रद्धास्यन्ति नाधिमोक्ष्यन्ति । ततस्ते भगवन्धर्मव्यसनसंवर्तनीयेन कर्माभिसंस्कारेण समन्वागता भविष्यन्ति । तत्साधु भगवनेतमेवार्थं देशय, यद्वयं निःसंशया अस्मिन्धर्मे भवेम, अनागते ऽध्वनि बोधिसत्त्वयानीयाः कुलपुत्रा वा कुलदुहितरो वा श्रुत्वा न विचिकित्सामापद्येरन्निति ॥

今译：“譬如，世尊啊，有个年轻的弟子，满头黑发，正值青春年华，二十五岁。他指着一些一百岁的儿子说：‘这些善男子是我的儿子。’而那些一百岁的人也说：‘这是我们的生父。’世尊啊，世人难以相信这个人所说的话。同样，世尊觉知无上正等菩提不久，而这些无量无数的菩萨大士已经修习梵行数百千千万那由他劫，在长夜中确立信心，善于依据佛智进出百千三昧门，修习大神通，修成大神通，通晓佛地，善于合诵如来法，具有大精进勇猛威力，令世人惊讶不已。世尊这样说：‘我最初教导、激励和教化他们，引导他们进入无上正等菩提。我觉知无上正等菩提后，展现一切勇猛精进。’还有，世尊啊，我们会相信如来的话：‘如来所说真实不虚。’如来应该知道这件事。然而，世尊啊，新入道的菩萨大士会心生怀疑。在如来涅槃后，他们闻听这个法门后，不相信，不信任，不信奉。世尊啊，他们会做毁坏法的恶事。因此，世尊啊，请你宣说这件事。让我们消除对此事的疑惑。而在未来世，菩萨乘人，善男子或善女人，闻听后，也不会产生怀疑。”

什译：“譬如，有人色美髮黑，年二十五，指百歲人，言‘是我子’。其百歲人亦指年少，言‘是我父，生育我等’。是事難信。佛亦如是，得道已來，其實未久，而此大眾諸菩薩等已於無量千萬億劫，為佛道故，懃行精進，善入出住無量百千萬億三昧，得大神通，久修梵行，善能次第習諸善法，巧於問答，人中之寶，一切世間甚為希有。今日世尊方云：‘得佛道時，初令發心，教化示導，令向阿耨多羅三藐三菩提。'世尊得佛未久，乃能作此大功德事。我等雖復信佛隨宜所說，佛所出言未曾虛妄，佛所知者皆悉通達。然諸新發意菩薩於佛滅後，若聞是語，或不信受，而起破法罪業因緣。唯然，世尊！願為解說，除我等疑，及未來世諸善男子聞此事已，亦不生疑。"

अथ खलु मैत्रेयो बोधिसत्त्वो महासत्त्वस्तस्यां वेलायां भगवन्तमाभि-
र्गाथाभिरध्यभाषत --

今译：这时，弥勒菩萨大士又用这些偈颂说道：

什译：爾時，彌勒菩薩欲重宣此義，而說偈言：

यदासि जातो कपिलाह्वयस्मिन्
　　शाक्याधिवासे अभिनिष्क्रमित्वा ।
प्राप्तो ऽसि बोधिं नगरे गयाह्वये
　　कालो ऽयमल्पो ऽत्र तु लोकनाथ ॥ ४४ ॥

今译：你出生迦比罗卫城
　　　释迦族，离宫出家，
　　　在伽耶城获得菩提，
　　　救主啊，时间不久。（44）

什译：佛昔從釋種，出家近伽耶，
　　　坐於菩提樹，爾來尚未久。

इमे च ते आर्य विशारदा बहू ये कल्पकोटीचरिता महागणी ।
ऋद्धीबले च स्थित अप्रकम्पिताः सुशिक्षिताः प्रज्ञबले गतिंगताः ॥४५॥

今译：这些无畏圣者大众，
　　　已经修行数千万劫，
　　　安住神通力不动摇，
　　　修习而通晓智慧力。（45）

什译：此諸佛子等，其數不可量，
久已行佛道，住於神通力。

अनूपलिप्ताः पदुमं व वारिणा
भित्त्वा महीं ये इह अद्य आगताः ।
कृताञ्जली सर्वि स्थिताः सगौरवाः
स्मृतिमन्त लोकाधिपतिस्य पुत्राः ॥ ४६ ॥

今译：这些世主之子博识强记，
犹如莲花不沾水，他们
今天冲破大地来到这里，
双手合掌，恭敬地站立。（46）

什译：善學菩薩道，不染世間法，
如蓮華在水，從池[1]而踊出，
皆起恭敬心，住於世尊前。

कथं इमं अद्भुतमीदृशं ते तं श्रद्दधिष्यन्तिमि बोधिसत्त्वाः ।
विचिकित्सनिर्घातनहेतु भाष तं त्वं चैव देशेहि यथैव अर्थः ॥ ४७ ॥

今译：众菩萨如何相信
如此这般的奇迹？
为消除这种怀疑，
请你说明这件事。（47）

什译：是事難思議，云何而可信？
佛得道甚近，所成就甚多，
願為除眾疑，如實分別說。

① 此处“池”字，据《中华大藏经》校勘记，《资》、《碛》、《普》、《南》、《径》、《清》、《丽》作“地”。

यथा हि पुरुषो इह कश्चिदेव दहरो भवेया शिशु कृष्णकेशः ।
जात्या च सो विंशतिरुत्तरे वा दर्शेति पुत्रान् शतवर्षजातान्॥ ४८ ॥

今译：譬如有一个青年，
满头黑发的弟子，
二十多岁，指认
那些一百岁儿子。（48）

什译：譬如少壯人，年始二十五，
示人百歲子，髮白而面皺，

वलीहि पलितेहि च ते उपेता एषो च नो देहकरो ति ब्रूयुः ।
दुःश्रद्दधं तद्भवि लोकनाथ दहरस्य पुत्रा इमि एवरूपाः ॥ ४९ ॥

今译：而那些皱面白发的老人，
也指认这是他们的生父，
世界救主啊，世人难以
相信他们是青年的儿子。（49）

什译：是等我所生，子亦說是父，
父少而子老，舉世所不信。

एमेव भगवांश्च नवो वयस्थः इमे च विज्ञा बहुबोधिसत्त्वाः ।
स्मृतिमन्त प्रज्ञाय विशारदाश्च सुशिक्षिताः कल्पसहस्रकोटिषु ॥ ५० ॥

今译：同样，世尊正值青春，
而这些菩萨聪明睿智，
博识强记，无所畏惧，
已经修习数千千万劫。（50）

什译：世尊亦如是，得道來甚近，
是諸菩薩等，志固無怯弱，

從無量劫來，而行菩薩道。

धृतिमन्त प्रज्ञाय विचक्षणाश्च प्रासादिका दर्शनियाश्च सर्वे ।
विशारदा धर्मविनिश्चयेषु परिसंस्तुता लोकविनायकेहि ॥ ५१ ॥

今译：聪明睿智，意志坚定，
肢体端正，容貌可爱，
无所畏惧，明了正法，
受到世界导师们称赞。（51）

什译：巧於難問答，其心無所畏，
忍辱心決定，端正有威德，
十方佛所讚。

असङ्गचारी पवनेव सन्ति आकाशधातौ सततं अनिश्रिताः ।
जानेन्ति वीर्यं सुगतस्य पुत्राः पर्येषमाणा इम बुद्धभूमिम्॥ ५२ ॥

今译：在树林中独自修行，
居住虚空无所依傍，
这些佛子精勤努力，
一心追求进入佛地。（52）

什译：善能分別說，不樂在人眾，
常好在禪定，為求佛道故，
於下空中住。

कथं नु श्रद्धेयमिदं भवेया परिनिर्वृते लोकविनायकस्मिन्।
विचिकित्स अस्माक न काचिदस्ति शृणोमथा संमुख लोकनाथा ॥५३ ॥

今译：我们当面闻听说法，
已经没有任何怀疑，
而世界导师涅槃后，

此事怎能让人相信？（53）

什译：我等從佛聞，於此事無疑，
願佛為未來，演說令開解。

विचिकित्स कृत्वान इमस्मि स्थाने गच्छेयु मा दुर्गति बोधिसत्त्वाः ।
त्वं व्याकुरुष्वा भगवन्यथावत्कथ बोधिसत्त्वाः परिपाचिता इमे ॥ ५४ ॥

今译：不要让菩萨们对此
产生怀疑而入恶道，
世尊啊，请说明你
如何教化这些菩萨？（54）

什译：若有於此經，生疑不信者，
即當墮惡道，願今為解說，
是無量菩薩，云何於少時，
教化令發心，而住不退地？

इत्यार्यसद्धर्मपुण्डरीके धर्मपर्याये बोधिसत्त्वपृथिवीविवरसमुद्गमपरिवर्तो नाम चतुर्दशमः ॥

今译：以上是神圣《妙法莲华》法门中名为《菩萨从地涌出品》的第十四品。

१५ तथागतायुष्प्रमाणपरिवर्तः ।

今译：第十五 如来寿量品

什译：如來壽量品第十六

अथ खलु भगवान्सर्वावन्तं बोधिसत्त्वगणमामन्त्रयते स्म -- अवकल्पयध्वं मे कुलपुत्राः, अभिश्रद्दधध्वं तथागतस्य भूतां वाचं व्याहरतः । द्वितीयकमपि भगवांस्तान्बोधिसत्त्वानामन्त्रयते स्म -- अवकल्पयध्वं मे कुलपुत्राः, अभिश्रद्दधध्वं तथागतस्य भुतां वाचं व्याहरतः । तृतीयकमपि भगवांस्तन्बोधिसत्त्वानामन्त्रयते स्म -- अवकल्पयध्वं मे कुलपुत्राः, अभिश्रद्दधध्वं तथागतस्य भूतां वाचं व्याहरतः। अथ खलु स सर्वावान्बोधिसत्त्वगणो मैत्रेयं बोधिसत्त्वं महासत्त्वमग्रतः स्थापयित्वा अञ्जलिं प्रगृह्य भगवन्तमेतदवोचत्-- भाषतु भगवानेतमेवार्थम्, भाषतु सुगतः । वयं तथागतस्य भाषितमभिश्रद्धास्यामः । द्वितीयकमपि स सर्वावान् बोधिसत्त्वगणो भगवन्तमेतदवोचत्-- भाषतु भगवानेतमेवार्थम्, भाषतु सुगतः । वयं तथागतस्य भाषितमभिश्रद्धास्यामः । तृतीयकमपि स सर्वावान्बोधिसत्त्वगणो भगवन्तमेतदवोचत्-- भाषतु भगवानेतमेवार्थम्, भाषतु सुगतः । वयं तथागतस्य भाषितमभिश्रद्धास्याम इति ॥

今译：然后，世尊对全体菩萨说道："你们要信任我，诸位善男子啊，你们要相信如来说真实语。"世尊又第二次对这些菩萨说道："你们要信任我，诸位善男子啊，你们要相信如来说真实语。"世尊又第三次对这些菩萨说道："你们要信任我，诸位善男子啊，你们要相信如来说真实语。"然后，全体菩萨让弥勒菩萨大士站在前面，双手合掌，对世尊说道："请世尊说这件事吧！请善逝说吧！我们会相信如来所说。"全体菩萨又第二次对世尊说道："请世尊说这件事吧！请善逝说吧！我们会相信如来所说。”全体菩萨又第三次对世尊说道：“请世尊说这件事吧！请善逝说吧！我们会相信如来所说。”

什译：爾時，佛告諸菩薩及一切大眾：“諸善男子！汝等當信解如來誠諦①之語。”復告大眾：“汝等當信解如來誠諦之語。”又復告諸大眾：“汝等當信解如來誠諦之語。”是時，菩薩大眾，彌勒為首，合掌白佛言：“世尊！唯願說之，我等當信受佛語。”如是三白已，復言：“唯願說之，我等當信受佛語。”

अथ खलु भगवांस्तेषां बोधिसत्त्वानां यावत्तृतीयकमप्यध्येषणां विदित्वा तान्बोधिसत्त्वानामन्त्रयते स्म -- तेन हि कुलपुत्राः शृणुध्वमिदमेवंरूपं ममाधिष्ठान-बलाधानम्, यदयं कुलपुत्राः सदेवमानुषासुरो लोक एवं संजानीते -- सांप्रतं भगवता शाक्यमुनिना तथागतेन शाक्यकुलादभिनिष्क्रम्य गयाह्वये महानगरे बोधिमण्डवराग्रगतेन अनुत्तरा सम्यक्संबोधिरभिसंबुद्धेति । नैवं द्रष्टव्यम्। अपि तु खलु पुनः कुलपुत्राः बहूनि मम कल्पकोटीनयुतशतसहस्राण्यनुत्तरां सम्यक् संबोधिमभिसंबुद्धस्य । तद्यथापि नाम कुलपुत्राः पञ्चाशत्सु लोकधातुकोटी-नयुतशतसहस्रेषु ये पृथिवीधातुपरमाणवः, अथ खलु कश्चिदेव पुरुष उत्पद्यते । स एकं परमाणुरजं गृहीत्वा पूर्वस्यां दिशि पञ्चाशल्लोकधात्वसंख्येयशतसहस्राण्य-तिक्रम्य तदेकं परमाणुरजः समुपनिक्षिपेत्। अनेन पर्यायेण कल्पकोटी-नयुतशतसहस्राणि स पुरुषः सर्वांस्तांल्लोकधातून व्यपगतपृथिवीधातून्कुर्यात्, सर्वाणि च तानि पृथिवीधातुपरमाणुरजांसि अनेन पर्यायेण अनेन च लक्षनिक्षेपेण पूर्वस्यां दिश्युपनिक्षिपेत्। तत्किं मन्यध्वे कुलपुत्राः शक्यं ते लोकधातवः केनचिच्चिन्तयितुं वा गणयितुं वा तुलयितुं वा उपलक्षयितुं वा?

今译：这时，世尊看到这些菩萨再三请求，便对这些菩萨说道：“那么，诸位善男子啊，你们请听我具有这样的神通力②！诸位善男子啊，包括天神、凡人和阿修罗的世界这样认为：‘世尊释迦牟尼如

① “诚谛”对应的原词是 bhūta，词义为真实。
② 此处“神通力”的原词是 adhiṣṭhāna，词义为基础或根基，引申义为威力。在佛经中，此词常引申为护持或神通。此词什译“秘密神通”。

来从释迦族出家，在伽耶大城坐在殊胜菩提道场，觉知无上正等菩提。’不应该这样看。诸位善男子啊，我觉知无上正等菩提已有数百千千万那由他劫。譬如，诸位善男子啊，五十百千千万那由他世界的大地微尘，若有某个人，取出一粒微尘，越过东方无数五十百千世界，放下这一粒微尘。按照这种方式，这个人历时百千千万那由他劫，取出所有这些世界的大地微尘。也按照这种方式，用一粒微尘作标记，在东方放下所有那些大地微尘。你们认为怎样？诸位善男子啊，有谁能思量、计算、衡量或标明这些世界吗？”

什译：爾時，世尊知諸菩薩三請不止，而告之言：“汝等諦聽，如來祕密神通之力。一切世間天、人及阿修羅皆謂：‘今釋迦牟尼佛，出釋氏宮，去伽耶城不遠，坐於道場，得阿耨多羅三藐三菩提。’然，善男子！我實成佛已來無量無邊百千萬億那由他劫。譬如，五百千萬億那由他阿僧祇三千大千世界，假使有人粖[①]為微塵，過於東方五百千萬億那由他阿僧祇國乃下一塵，如是東行，盡是微塵。諸善男子！於意云何？是諸世界可得思惟校計，知其數不？”

एवमुक्ते मैत्रेयो बोधिसत्त्वो महासत्त्वः स च सर्वावान्बोधिसत्त्वगणो बोधिसत्त्वराशिर्भगवन्तमेतदवोचत्-- असंख्येयास्ते भगवंल्लोकधातवः, अगणनीयाश्चित्तभूमिसमतिक्रान्ताः । सर्वश्रावकप्रत्येकबुद्धैरपि भगवनार्येण ज्ञानेन न शक्यं चिन्तयितुं वा गणयितुं वा तुलयितुं वा उपलक्षयितुं वा । अस्माकमपि तावद्भगवनवैवर्त्यभूमिस्थितानां बोधिसत्त्वानां महासत्त्वानामस्मिन्स्थाने चित्तगोचरो न प्रवर्तते। तावदप्रमेया भगवंस्ते लोकधातवो भवेयुरिति ॥

今译：这样说罢，弥勒菩萨大士和所有菩萨大众对世尊说道：“世尊啊，这些世界无量无数，不可计算，超越思惟。世尊啊，即使所有的声闻和缘觉运用圣智也不可思量、计算、衡量和标明。世尊啊，即使我们这些处在不退转地的菩萨大士，这事也超越我们的思惟。世尊

① 此处“粖”字，据《中华大藏经》校勘记，《资》、《碛》、《普》、《南》、《径》、《清》作“抹”。

啊，这些世界无量无数。"

什译：彌勒菩薩等俱白佛言："世尊！是諸世界無量無邊，非算數所知，亦非心力所及。一切聲聞、辟支佛以無漏智，不能思惟知其限數。我等住阿惟越致地，於是事中亦所不達。世尊！如是諸世界無量無邊。"

एवमुक्ते भगवांस्तान्बोधिसत्त्वान्महासत्त्वानेतदवोचत्-- आरोचयामि वः कुलपुत्राः, प्रतिवेदयामि वः । यावन्तः कुलपुत्रास्ते लोकधातवो येषु तेन पुरुषेण तानि परमाणुरजांस्युपनिक्षिप्तानि, येषु च नोपनिक्षिप्तानि, सर्वेषु तेषु कुलपुत्र लोकधातुकोटीनयुतशतसहस्रेषु न तावन्ति परमाणुरजांसि संविद्यन्ते, यावन्ति मम कल्पकोटीनयुतशतसहस्राण्यनुत्तरां सम्यक्संबोधिमभिसंबुद्धस्य । यतःप्रभृत्यहं कुलपुत्रा अस्यां सहायां लोकधातौ सत्त्वानां धर्मं देशयामि, अन्येषु च लोकधातु-कोटीनयुतशतसहस्रेषु, ये च मया कुलपुत्रा अत्रान्तरा तथागता अर्हन्तः सम्यक्संबुद्धाः परिकीर्तिता दीपंकरतथागतप्रभृतयः, तेषां च तथागतानामर्हतां सम्यक्संबुद्धानां परिनिर्वाणानि, मयैव तानि कुलपुत्रा उपायकौशल्यधर्मदेशनाभि-निर्हारनिर्मितानि ।

今译：这样说罢，世尊又对这些菩萨大士说道："我告诉你们，诸位善男子啊，我告知你们。诸位善男子啊，这个人放下微尘的那些世界以及没有放下微尘的那些世界，所有这些百千千万那由他世界的微尘，也比不上我觉知无上正等菩提的百千千万那由他劫。诸位善男子啊，从那时开始，我在这个娑婆世界，也在其他百千千万那由他世界，为众生说法。诸位善男子啊，其间，我说到燃灯如来、阿罗汉、正等觉等，也说到这些如来、阿罗汉、正等觉的涅槃。诸位善男子啊，这些是我创造和运用方便善巧说法。

什译：爾時，佛告大菩薩眾："諸善男子！今當分明宣語汝等。是諸世界若著微塵及不著者盡以為塵，一塵一劫，我成佛已來，復過於此百千萬億那由他阿僧祇劫。自從是來，我常在此娑婆世界說法教化，亦於餘處百千萬億那由他阿僧祇國導利眾生。諸善男子！於是中間，我說燃燈佛等，又復言其入於涅槃，如是皆以方便分別。

अपि तु खलु पुनः कुलपुत्राः, तथागत आगतागतानां सत्त्वानामिन्द्रियवीर्यवैमात्रतां व्यवलोक्य तस्मिंस्तस्मिन्नात्मनो नाम व्याहरति । तस्मिंस्तस्मिंश्चात्मनः परिनिर्वाणं व्याहरति, तथा तथा च सत्त्वान्परितोषयति नानाविधैर्धर्मपर्यायैः । तत्र कुलपुत्रास्तथागतो नानाधिमुक्तानां सत्त्वानामल्पकुशलमूलानां बहूपक्लेशानामेवं वदति -- दहरो ऽहमस्मि भिक्षवो जात्याभिनिष्क्रान्तः । अचिराभिसंबुद्धो ऽस्मि भिक्षवो ऽनुत्तरां सम्यक्संबोधिम्। यत्खलु पुनः कुलपुत्राः, तथागत एवं चिराभिसंबुद्ध एवं व्याहरति -- अचिराभिसंबुद्धो ऽहमस्मीति, नान्यत्र सत्त्वानां परिपाचनार्थम्। अवतारणार्थमेते धर्मपर्याया भाषिताः । सर्वे च ते कुलपुत्रा धर्मपर्यायास्तथागतेन सत्त्वानां विनयार्थाय भाषिताः ।

今译：“诸位善男子啊，如来洞察纷纷来到的众生有不同的根器和勇力，在各地说自己的名字，在各地说自己的涅槃，以各种法门满足众生。诸位善男子啊，众生具有各种信念，缺少善根，充满烦恼，如来对他们说：‘众比丘啊，我年轻时出家。众比丘啊，我不久觉知无上正等菩提。’诸位善男子啊，如来久已觉知，而说‘我不久觉知’，无非是为了教化众生。正是为了救度众生，而说这些法门。诸位善男子啊，如来所说一切法门，都是为了教化众生。

什译：“諸善男子！若有眾生來至我所，我以佛眼觀其信等諸根利鈍，隨所應度，處處自說名字不同，年紀大小，亦復現言當入涅槃，又以種種方便說微妙法，能令眾生發歡喜心。諸善男子！如來見諸眾生樂於小法、德薄垢重者，為是人說：‘我少出家，得阿耨多羅三藐三菩提。’然我實成佛已來久遠若斯，但以方便教化眾生，令入佛道，作如是說。

यां च कुलपुत्रास्तथागतः सत्त्वानां विनयार्थवाचं भाषते आत्मोपदर्शनेन वा

परोपदर्शनेन वा, आत्मारम्बणेन वा परारम्बणेन वा यत्किंचित्तथागतो व्याहरति, सर्वे ते धर्मपर्यायाः सत्यास्तथागतेन भाषिताः । नास्त्यत्र तथागतस्य मृषावादः । तत्कस्य हेतोः? दृष्टं हि तथागतेन त्रैधातुकं यथाभूतम्। न जायते न म्रियते न च्यवते नोपपद्यते न संसरति न परिनिर्वाति, न भूतं नाभूतं न सन्तं नासन्तं न तथा नान्यथा न वितथा नावितथा । न तथा त्रैधातुकं तथागतेन दृष्टं यथा बालपृथग्जनाः पश्यन्ति । प्रत्यक्षधर्मा तथागतः खल्वस्मिन्स्थाने ऽसंप्रमोषधर्मा । तत्र तथागतो यां कांचिद्वाचं व्याहरति, सर्वं तत्सत्यं न मृषा नान्यथा । अपि तु खलु पुनः सत्त्वानां नानाचरितानां नानाभिप्रायाणां संज्ञाविकल्पचरितानां कुशलमूल-संजननार्थं विविधान्धर्मपर्यायान्विविधैरारम्बणैर्व्याहरति । यद्धि कुलपुत्रास्तथागतेन कर्तव्यं तत्तथागतः करोति । तावच्चिराभिसंबुद्धो ऽपरिमितायुष्प्रमाणस्तथागतः सदा स्थितः । अपरिनिर्वृतस्तथागतः परिनिर्वाणमादर्शयति वैनेयवशेन । न च तावन्मे कुलपुत्रा अद्यापि पौर्विकी बोधिसत्त्वचर्या परिनिष्पादिता । आयुष्प्रमाणम-प्यपरिपूर्णम्।

今译："如来为教化众生所说，或示现自己，或示现他人，或缘于自己，或缘于他人。如来所说所有这些法门全都真实。如来言无虚妄。为什么？如来如实观察三界。无生无死，无没无现，无轮回无涅槃，无实无不实，无有无非有，非同非异[1]，非假非不假。如来不像凡夫那样观察世界。在这方面，如来亲证法，而不迷失于法。如来所说一切真实，不虚不异。众生行为不同，意愿不同，按照各自意念和妄想行动。为了让他们产生善根，如来依据各种因缘，宣说各种法门。诸位善男子啊，如来做如来应做的事。如来久已觉知，寿命无量，永远这样。为了教化众生，如来没有涅槃，而示现涅槃。诸位善男子啊，我以前的菩萨行至今还没有圆满，我的寿量还没有结束。

什译："諸善男子！如來所演經典皆為度脫衆生，或說己身，或說他身，或示己身，或示他身，或示己事，或示他事，諸所言說，皆實不虛。所以者何？如來如實知見三界之相，無有生死若退若出，亦

① "非同非异"的原文是 na tathā na ananyathā，直译为"非这样，非别样"。此处什译"非如非异"。

無在世及滅度者，非實非虛，非如非異，不如三界見於三界[1]，如斯之事，如來明見，無有錯謬。以諸眾生有種種性、種種欲、種種行、種種憶想分別故，欲令生諸善根，以若干因緣、譬喻、言辭種種說法，所作佛事未曾暫廢。如是，我成佛已來甚大久遠，壽命無量阿僧祇劫，常住不滅。

अपि तु खलु पुनः कुलपुत्रा अद्यापि तद्द्विगुणेन मे कल्पकोटीनयुतशतसहस्राणि भविष्यन्ति आयुष्प्रमाणस्यापरिपूर्णत्वात्। इदानीं खलु पुनरहं कुलपुत्रा अपरिनिर्वायमाण एव परिनिर्वाणमारोचयामि । तत्कस्य हेतोः? सत्त्वानहं कुलपुत्रा अनेन पर्यायेण परिपाचयामि -- मा हैव मे ऽतिचिरं तिष्ठतो ऽभीक्ष्णदर्शनेन अकृतकुशलमूलाः सत्त्वाः पुण्यविरहिता दरिद्रभूताः कामलोलुपा अन्धा दृष्टिजालसंछन्नाः तिष्ठति तथागत इति विदित्वा किलीकृतसंज्ञा भवेयुः, न च तथागते दुर्लभसंज्ञामुत्पादयेयुः -- आसन्ना वयं तथागतस्येति । वीर्यं नारभेयुस्त्रैधातुकान्निःसरणार्थम्, न च तथागते दुर्लभसंज्ञामुत्पादयेयुः । ततः कुलपुत्राः तथागतः उपायकौशल्येन तेषां सत्त्वानां दुर्लभप्रादुर्भावो भिक्षवस्तथागत इति वाचं व्याहरति स्म । तत्कस्य हेतोः? तथा हि तेषां सत्त्वानां बहुभिः कल्पकोटीनयुतशतसहस्रैरपि तथागतदर्शनं भवति वा न वा । ततः खल्वहं कुलपुत्रास्तदारम्बणं कृत्वैवं वदामि -- दुर्लभप्रादुर्भावा हि भिक्षवस्तथागता इति । ते भूयस्या मात्रया दुर्लभप्रादुर्भावांस्तथागतान्विदित्वा आश्चर्यसंज्ञामुत्पादयिष्यन्ति, शोकसंज्ञामुत्पादयिष्यन्ति । अपश्यन्तश्च तथागतानर्हतः सम्यक्संबुद्धान्तृषिता भविष्यन्ति तथागतदर्शनाय । तेषां तानि तथागतारम्बणमनस्कारकुशलमूलानि दीर्घरात्रमर्थाय हिताय सुखाय च भविष्यन्ति । एतमर्थं विदित्वा तथागतो ऽपरिनिर्वायन्नेव परिनिर्वाणमारोचयति सत्त्वानां वैनेयवशमुपादाय । तथागतस्यैष कुलपुत्रा धर्मपर्यायो यदेवं व्याहरति । नास्त्यत्र तथागतस्य मृषावादः ॥

今译：“诸位善男子啊，我的寿量还没有结束，至今还有两倍于百千千万那由他劫。诸位善男子啊，我现在还没有涅槃，而我宣说涅槃。为什么？诸位善男子啊，我用这个法门教化众生。众生没有种植

① “不如三界见于三界”按原文的表述是“如来不像凡夫那样观察世界”。

善根，缺少功德，贫穷困苦，贪著欲乐，盲目而陷入邪见网。不要让他们常看到我长久在世，认为如来在世，产生喜悦感，而不产生如来难遇的念想。他们觉得自己在如来身边，而不努力追求出离三界，不产生如来难遇的念想。因此，诸位善男子啊，如来运用方便善巧，对这些众生说：'众比丘啊，如来难得出世。'为什么？这些众生经历数百千千万那由他劫，或见如来，或不见如来。因此，诸位善男子啊，依据这个缘由，我这样说：'众比丘啊，如来难得出世。'这样，他们知道如来难得出世，就会产生奇妙感，产生忧虑感。没有看到如来、阿罗汉、正等觉，而渴望看到如来。他们就会在长夜中，为了这个目的，为了利益和幸福，思惟如来而种植善根。正是出于这种考虑，如来没有涅槃，而为了教化众生，宣说涅槃。诸位善男子啊，如来这样宣说这个法门。因此，如来言无虚妄。

什译："諸善男子！我本行菩薩道所成壽命，今猶未盡，復倍上數。然今非實滅度，而便唱言：'當取滅度。'如來以是方便，教化眾生。所以者何？若佛久住於世，薄德之人不種善根，貧窮下賤，貪著五欲，入於憶想妄見網中。若見如來常在不滅，便起憍恣而懷厭怠，不能生難遭①想、恭敬之心。是故，如來以方便說：'比丘當知！諸佛出世，難可值遇。'所以者何？諸薄德人過無量百千萬億劫，或有見佛，或不見者，以此事故，我作是言：'諸比丘！如來難可得見。'斯眾生等聞如是語，必當生於難遭之想，心懷戀慕，渴仰於佛，便種善根。是故，如來雖不實滅，而言滅度。又，善男子！諸佛如來法皆如是，為度眾生，皆實不虛。

तद्यथापि नाम कुलपुत्राः कश्चिदेव वैद्यपुरुषो भवेत्पण्डितो व्यक्तो मेधावी सुकुशलः सर्वव्याधिप्रशमनाय । तस्य च पुरुषस्य बहवः पुत्रा भवेयुर्दश वा विंशतिर्वा त्रिंशद्वा चत्वारिंशद्वा पञ्चाशद्वा शतं वा । स च वैद्यः प्रवासगतो भवेत्, ते चास्य सर्वे पुत्रा गरपीडा वा विषपीडा वा भवेयुः । तेन गरेण वा विषेण वा

---

① 此处"遭"字，据《中华大藏经》校勘记，诸本作"遭之"。

दुःखाभिर्वेदनाभिरभितूर्णा भवेयुः । ते तेन गरेण वा विषेण वा दह्यमानाः पृथिव्यां प्रपतेयुः । अथ स तेषां वैद्यः पिता प्रवासादागच्छेत्। ते चास्य पुत्रास्तेन गरेण वा विषेण वा दुःखाभिर्वेदनाभिरार्ताः । केचिद्विपरीतसंज्ञिनो भवेयुः, केचिदविपरीत-संज्ञिनो भवेयुः । सर्वे च ते तेनैव दुःखेनार्तास्तं पितरं दृष्ट्वाभिनन्देयुः, एवं चैनं वदेयुः -- दिष्ट्यासि तात क्षेमस्वस्तिभ्यामागतः । तदस्माकमस्मादात्मोपरोधाद्गराद्वा विषाद्वा परिमोचयस्व । ददस्व नस्तात जीवितमिति ।

今译："譬如，诸位善男子啊，有一位医生，聪明睿智，善于治疗一切疾病。这个人有许多儿子，十个、二十个、三十个、四十个、五十个或一百个。这位医生出外行医。而他的所有这些儿子受毒汁或毒药折磨。毒汁或毒药急性发作而痛苦不堪。受毒汁或毒药烧灼而倒地。然后，他们的医生父亲从外地回来。他的这些儿子受毒汁或毒药折磨而痛苦不堪。有些神志不清，有些尚未神志不清。他们处在痛苦折磨中，见到父亲，喜悦地说道：'真幸运，父亲啊，你平安归来。你为我们排除伤害我们的毒汁或毒药吧！父亲啊，挽救我们的生命吧！'

什译："譬如，良醫智慧聰達，明練方藥，善治眾病。其人多諸子息，若十、二十乃至百數。以有事緣，遠至餘國。諸子於後，飲他毒藥，藥發悶亂，宛轉于地。是時，其父還來歸家，諸子飲毒，或失本心，或不失者，遙見其父，皆大歡喜，拜跪問訊：'善安隱歸。我等愚癡，誤服毒藥，願見救療，更賜壽命。'

अथ खलु स वैद्यस्तान्पुत्रान्दुःखार्तान्दृष्ट्वा वेदनाभिभूतान्दह्यतः पृथिव्यां परिवेष्टमानान्, ततो महाभैषज्यं समुदानयित्वा वर्णसंपन्नं गन्धसंपन्नं रससंपन्नं च, शिलायां पिष्ट्वा तेषां पुत्राणां पानाय दद्यात्, एवं चैनान्वदेत्-- पिबथ पुत्रा इदं महाभैषज्यं वर्णसंपन्नं गन्धसंपन्नं रससंपन्नम्। इदं यूयं पुत्रा महाभैषज्यं पीत्वा क्षिप्रमेवास्माद्गराद्वा विषाद्वा परिमोक्ष्यध्वे, स्वस्था भविष्यथ अरोगाश्च । तत्र ये तस्य वैद्यस्य पुत्रा अविपरीतसंज्ञिनः ते भैषज्यस्य वर्णं च दृष्ट्वा गन्धं चाघ्राय रसं चास्वाद्य क्षिप्रमेवाभ्यवहरेयुः । ते चाभ्यवहरन्तस्तस्मादाबाधात्सर्वेण सर्वं विमुक्ता

भवेयुः । ये पुनस्तस्य पुत्रा विपरीतसंज्ञिनः ते तं पितरमभिनन्देयुः, एनं चैवं वदेयुः-- दिष्ट्यासि तात क्षेमस्वस्तिभ्यामागतो यस्त्वमस्माकं चिकित्सक इति । ते चैवं वाचं भाषेरन्, तच्च भैषज्यमुपनामितं न पिबेयुः । तत्कस्य हेतोः? तथा हि तेषां तया विपरीतसंज्ञया तद्भैषज्यमुपनामितं वर्णेनापि न रोचते, गन्धेनापि रसेनापि न रोचते । अथ खलु स वैद्यपुरुष एवं चिन्तयेत्-- इमे मम पुत्रा अनेन गरेण वा विषेण वा विपरीतसंज्ञिनः । ते खल्विदं महाभैषज्यं न पिबन्ति, मां चाभिनन्दन्ति । यन्नवहमिमान्पुत्रानुपायकौशल्येन इदं भैषज्यं पाययेयमिति । अथ खलु स वैद्यस्तान्पुत्रानुपायकौशल्येन तद्भैषज्यं पाययितुकाम एवं वदेत्-- जीर्णो ऽहमस्मि कुलपुत्राः, वृद्धो महल्लकः । कालक्रिया च मे प्रत्युपस्थिता । मा च यूयं पुत्राः शोचिष्ठ, मा च क्लममापध्वम्। इदं वो मया महाभैषज्यमुपनीतम्। सचेदाकाङ्क्षध्वे, तदेव भैषज्यं पिबध्वम्।

今译："这时，这位医生看到这些儿子受痛苦折磨，浑身发烧，疼痛难忍，翻滚在地。于是，他采集有色、有香、有味的大药草，在石板上捣碎后，让儿子们服用，对他们说：'儿子啊，你们喝下这有色、有香、有味的药吧！你们喝下这药后，很快就会排除毒汁或毒药，恢复健康。'这位医生的儿子中，那些尚未神志不清的儿子看到药的颜色，闻到药的香气，尝到药的滋味，立刻喝下。喝下后，身体痊愈，摆脱病痛。而那些神志不清的儿子，也曾喜悦地对父亲说：'真幸运，父亲啊，你平安归来。你为我们治疗。'然而，他们不喝给他们的药。为什么？他们神志不清，不喜欢这药的色、香和味。于是，这位医生心中思忖：'我的这些儿子因毒汁或毒药而神志不清。他们不喝这药。但他们喜欢我。那么，我就运用方便善巧，让这些儿子喝药。'这样，他想要让这些儿子喝药，运用方便善巧，说道：'儿子啊，我已经年老体衰，死期临近。但你们不必忧虑，不必担心。我已经备好这药。你们想喝，就喝下这药吧！'

什译："父見子等苦惱如是，依諸經方，求好藥草，色香美味皆悉具足，擣篩和合與子令服，而作是言：'此大良藥，色香美味皆悉具足，汝等可服，速除苦惱，無復眾患。'其諸子中不失心者，見此良藥色香俱好，即便服之，病盡除愈。餘失心者，見其父來，雖亦歡喜問訊，求索治病，然與其藥而不肯服。所以者何？毒氣深入，失本心故，於此好色香藥而謂不美。父作是念：‘此子可愍，為毒所中，心皆顛倒。雖見我喜，求索救療，如是好藥而不肯服。我今當設方便，令服此藥。’即作是言：‘汝等當知！我今衰老，死時已至，是好良藥，今留在此，汝可取服，勿憂不差①。’

स एवं तान्पुत्रानुपायकौशल्येन अनुशिष्य अन्यतरं जनपदप्रदेशं प्रक्रान्तः । तत्र गत्वा कालगतमात्मानं येषां ग्लानानां पुत्राणामारोचयेत्, ते तस्मिन्समये ऽतीव शोचयेयुः, अतीव परिदेवेयुः -- यो ह्यस्माकं पिता नाथो जनको ऽनुकम्पकः सो ऽपि नामैकः कालगतः, ते ऽद्य वयमनाथाः संवृत्ताः । ते खल्वनाथभूतमात्मानं समनुपश्यन्तो ऽशरणमात्मानं समनुपश्यन्तो ऽभीक्ष्णं शोकार्ता भवेयुः । तेषां च तयाभीक्ष्णं शोकार्ततया सा विपरीतसंज्ञा अविपरीतसंज्ञा भवेत्। यच्च तद्भैषज्यं वर्णगन्धरसोपेतं तद्वर्णगन्धरसोपेतमेव संजानीयुः । ततस्तस्मिन्समये तद्भैषज्यमभ्यवहरेयुः । ते चाभ्यवहरन्तस्तस्मादाबाधात्परिमुक्ता भवेयुः । अथ खलु स वैद्यस्तान्पुत्रानाबाधविमुक्तान्विदित्वा पुनरेवात्मानमुपदर्शयेत्।

今译：“他运用方便善巧这样嘱咐这些儿子后，便前往外地。到了外地，他托人传话，对那些得病的儿子说自己已经去世。这时，这些儿子极其忧伤，极其悲痛，心想：‘我们的生父保护我们，关怀我们，现在他独自去世，我们变得无依无靠。’这样，他们感到自己孤苦无助，感到自己失去护佑，经常陷入悲伤中。由于经常这样悲伤，混乱的神志渐渐变得清醒，真正感知这药原本的色、香和味。这时，他们喝下这药。喝下后，他们摆脱病痛。这位医生得知这些儿子已经摆脱病痛后，回家与他们相见。

什译：“作是教已，復至他國，遣使還告：‘汝父已死。’是時，諸子聞父背喪②，心大憂惱，而作是念：‘若父在者，慈愍我等，能見

① 此处“差”（相当于“瘥”）意谓痊愈。

② “背丧”意谓去世，即背离而去。对应的原词是 kālagata，词义为死去。

救護，今者捨我遠喪他國。’自惟孤露，無復恃怙，常懷悲感，心遂醒悟，乃知此藥色味香美，即取服之，毒病皆愈。其父聞子悉已得差，尋便來歸，咸使見之。

तत्किं मन्यध्वे कुलपुत्रा मा हैव तस्य वैद्यस्य तदुपायकौशल्यं कुर्वतः कश्चिन्मृषावादेन संचोदयेत्? आहुः -- नो हीदं भगवन्, नो हीदं सुगत । आह -- एवमेव कुलपुत्राः अहमप्यप्रमेयासंख्येयकल्पकोटीनयुतशतसहस्राभिसंबुद्ध इमामनुत्तरां सम्यक्संबोधिम्। अपि तु खलु पुनः कुलपुत्राः अहमन्तरान्तरमेवंरूपाण्युपायकौशल्यानि सत्त्वानामुपदर्शयामि विनयार्थम्। न च मे कश्चिदत्र स्थाने मृषावादो भवति ॥

今译："诸位善男子啊，你们认为怎样？这位医生运用方便善巧，有人会指责他说谎吗？”他们回答说："确实不会，世尊啊，确实不会。”世尊说道："诸位善男子啊，同样，我觉知无上正等菩提已有无数百千千万那由他劫。诸位善男子啊，其间，为了教化众生，我展现这样的方便善巧。在这方面，绝非谎言。”

什译："諸善男子！於意云何？頗有人能說此良醫虛妄罪不？”"不也，世尊！”佛言："我亦如是，成佛已來無量無邊百千萬億那由他阿僧祇劫，為眾生故，以方便力，言當滅度，亦無有能如法說我虛妄過者。”

अथ खलु भगवानिमामेव अर्थगतिं भूयस्या मात्रया संदर्शयमानस्तस्यां वेलायामिमां गाथा अभाषत --

今译：这时，世尊再次说明这件事，又用这些偈颂说道：

什译：爾時，世尊欲重宣此義，而說偈言：

अचिन्तिया कल्पसहस्रकोट्यो यासां प्रमाणं न कदाचि विद्यते ।
प्राप्ता मया एष तदाग्रबोधिर्धर्मं च देशेम्यहु नित्यकालम्॥ १ ॥

今译：不可思议千千万劫，
无论如何不可计量，
我已觉知至上菩提，
已长期宣说这种法。（1）

什译：自我得佛來，所經諸劫數，
無量百千萬，億載阿僧祇，

समादपेमी बहुबोधिसत्त्वान्बौद्धस्मि ज्ञानस्मि स्थपेमि चैव ।
सत्त्वान कोटीनयुताननेकान्परिपाचयामी बहुकल्पकोट्यः ॥ २ ॥

今译：我已教导许多菩萨，
让他们安住于佛智，
我也数千万劫教化
数千万那由他众生。（2）

什译：常說法教化，無數億眾生，
令入於佛道，爾來無量劫。

निर्वाणभूमिं चुपदर्शयामि विनयार्थ सत्त्वान वदाम्युपायम्।
न चापि निर्वाम्यहु तस्मि काले इहैव चो धर्मु प्रकाशयामि ॥ ३ ॥

今译：为教化众生，运用
方便，我示现涅槃，
而我在这世上没有
涅槃，一直在说法。（3）

什译：為度眾生故，方便現涅槃，
而實不滅度，常住此說法。

तत्रापि चात्मानमधिष्ठहामि सर्वांश्च सत्त्वान तथैव चाहम्।
विपरीतबुद्धी च नरा विमूढाः तत्रैव तिष्ठन्तु न पश्यिषू माम्॥ ४ ॥

今译：我运用神通力摄持
自己和众生，即使
我在世，众生智慧
颠倒迷乱而看不见。（4）

什译：我常住於此，以諸神通力，
令顛倒眾生，雖近而不見。

परिनिर्वृतं दृष्ट्व ममात्मभावं धातूषु पूजां विविधां करोन्ति ।
मां चा अपश्यन्ति जनेन्ति तृष्णां ततोर्जुकं चित्त प्रभोति तेषाम्॥ ५ ॥

今译：看到我的身体已涅槃，
以种种方式供奉舍利，
看不到我而心生渴望，
他们的心由此而正直。（5）

什译：眾見我滅度，廣供養舍利，
咸皆懷戀慕，而生渴仰心。

ऋजू यदा ते मृदुमार्दवाश्च उत्सृष्टकामाश्च भवन्ति सत्त्वाः ।
ततो अहं श्रावकसंघ कृत्वाः आत्मान दर्शेम्यहु गृध्रकूटे ॥ ६ ॥

今译：正直、柔顺和温和，
众生便会舍弃欲乐，
然后我集合众声闻，
在这灵鹫山上显身。（6）

什译：眾生既信伏，質直意柔軟，
一心欲見佛，不自惜身命，
時我及眾僧，俱出靈鷲山。

एवं च हं तेष वदामि पश्चातिहैव नाहं तद आसि निर्वृतः ।

उपायकौशल्य ममेति भिक्षवः पुनः पुनो भोम्यहु जीवलोके ॥ ७ ॥

今译：然后我告诉他们说，
我在世上没有涅槃，
我一次次出现世间，
这是我的方便善巧。（7）

什译：我時語眾生：常在此不滅，
以方便力故，現有滅不滅。

अन्येहि सत्त्वेहि पुरस्कृतो ऽहं तेषां प्रकाशेमि ममाग्रबोधिम्।
यूयं च शब्दं न श्रृणोथ मह्यं अन्यत्र सो निर्वृतु लोकनाथः ॥ ८ ॥

今译：我受到别处众生崇敬，
为他们宣说至上菩提，
你们听不到我的声音，
以为救主在别处涅槃。（8）

什译：餘國有眾生，恭敬信樂者，
我復於彼中，為說無上法，
汝等不聞此，但謂我滅度。

पश्याम्यहं सत्त्व विहन्यमानान्न चाहु दर्शेमि तदात्मभावम्।
स्पृहेन्तु तावन्मम दर्शनस्य तृषितान सद्धर्मु प्रकाशयिष्ये ॥ ९ ॥

今译：我看到众生受伤害，
而我那时没有显身，
直至他们渴望见我，
我才为渴望者说法。（9）

什译：我見諸眾生，沒在於苦惱，
故不為現身，令其生渴仰，

因其心戀慕，乃出為說法。

सदाधिष्ठानं मम एतदीदृशं अचिन्तिया कल्पसहस्रकोट्यः ।
न च च्यवामी इतु गृध्रकूटातन्यासु शय्यासनकोटिभिश्च ॥ १० ॥

今译：不可思议千千万劫，
我具有这种神通力，
我没有从灵鹫山或
其他千万床座离世。（10）

什译：神通力如是，於阿僧祇劫，
常在靈鷲山，及餘諸住處。

यदापि सत्त्वा इम लोकधातुं पश्यन्ति कल्पेन्ति च दह्यमानम्।
तदापि चेदं मम बुद्धक्षेत्रं परिपूर्ण भोती मरुमानुषाणाम्॥ ११ ॥

今译：如果众生看到这世界
在劫末[①]遭到大火焚烧，
而那时我的这个佛土，
仍然充满天神和凡人。（11）

什译：眾生見劫盡，大火所燒時，
我此土安隱，天人常充滿。

क्रीडा रती तेष विचित्र भोति उद्यानप्रासादविमानकोट्यः ।
प्रतिमण्डितं रत्नमयैश्च पर्वतैर्द्रुमैस्तथा पुष्पफलैरुपेतैः ॥ १२ ॥

今译：他们在这里游戏娱乐，
有千万花园宫殿楼阁，
装饰有各种宝石山和

① 此处“劫末”的原词是 kalpenti，词义为设想或妄想。而此处什译“劫尽”，护译“劫（烧）”，因此原词似应为 kalpānte（“劫末”或“劫尽”）。

宝石树，结满花和果。（12）

什译：園林諸堂閣，種種寶莊嚴，
寶樹多花菓，眾生所遊樂。

उपरिं च देवाभिहनन्ति तूर्यान्मन्दारवर्षं च विसर्जयन्ति ।
ममं च अभ्योकिरि श्रावकांश्च ये चान्य बोधाविह प्रस्थिता विदू ॥ १३ ॥

今译：空中众天神奏响乐器，
降下阵阵曼陀罗花雨，
撒向我和众声闻以及
其他追求菩提的智者。（13）

什译：諸天擊天鼓，常作眾伎樂，
雨曼陀羅花，散佛及大眾。

एवं च मे क्षेत्रमिदं सदा स्थितं अन्ये च कल्पेन्तिमु दह्यमानम् ।
सुभैरवं पश्यिषु लोकधातुं उपद्रुतं शोकशताभिकीर्णम् ॥ १४ ॥

今译：我的佛土永远这样，
而其他众生会妄想
遭到火烧，看到它
充满着恐怖和苦恼。（14）

什译：我淨土不毀，而眾見燒盡，
憂怖諸苦惱，如是悉充滿。

न चापि मे नाम शृणोन्ति जातु तथागतानां बहुकल्पकोटिभिः ।
धर्मस्य वा मह्य गणस्य चापि पापस्य कर्मस्य फलेवरूपम् ॥ १५ ॥

今译：他们数千万劫没有
听说我和其他如来

以及法和僧的名称，
这是恶业结成的果。（15）

什译：是諸罪眾生，以惡業因緣，
過阿僧祇劫，不聞三寶名。

ल्यदा तु सत्त्वा मृदु मार्दवाश्च उत्पन्न भोन्तीह मनुष्यलोके ।
उत्पन्नमात्राश्च शुभेन कर्मणा पश्यन्ति मां धर्मु प्रकाशयन्तम्॥ १६ ॥

今译：若众生柔顺温和，
出生在这里人间，
凭借他们的善业，
便能看见我说法。（16）

什译：諸有修功德，柔和質直者，
則皆見我身，在此而說法。

न चाहु भाषामि कदाचि तेषां इमां क्रियामीदृशिकीमनुत्तराम्।
तेनो अहं दृष्ट चिरस्य भोमि ततो ऽस्य भाषामि सुदुर्लभा जिनाः ॥ १७ ॥

今译：而我从不向他们说
我的这种无上行为，
而是说很久见到我，
众胜者也难得一遇。（17）

什译：或時為此眾，說佛壽無量，
久乃見佛者，為說佛難值。①

एतादृशं ज्ञानबलं मयेदं प्रभास्वरं यस्य न कश्चिदन्तः ।
आयुश्च मे दीर्घमनन्तकल्पं समुपार्जितं पूर्व चरित्व चर्याम्॥ १८ ॥

① 什译这颂表述与原文有差异。

今译：我具有这种智慧力，
闪耀的光辉无穷尽，
寿命也长达无数劫，
全凭以前修行获得。（18）

什译：我智力如是，慧光照無量，
壽命無數劫，久修業所得。

मा संशयं अत्र कुरुध्व पण्डिता विचिकित्सितं चो जहथा अशेषम्।
भूतां प्रभाषाम्यहमेत वाचं मृषा ममा नैव कदाचि वाग्भवेत्॥ १९ ॥

今译：智者们不要对此怀疑，
你们要摒弃一切犹豫，
我所说的全是真实语，
我从来都不说虚妄语。（19）

什译：汝等有智者，勿於此生疑，
當斷令永盡，佛語實不虛。

यथा हि सो वैद्य उपायशिक्षितो विपरीतसंज्ञीन सुतान हेतोः।
जीवन्तमात्मान मृतेति ब्रूयात्तं वैद्यु विज्ञो न मृषेण चोदयेत्॥ २० ॥

今译：如同那位医生擅长方便，
为救护神志不清的儿子，
活着而说自己已经死去，
不能说聪明医生说谎言。（20）

什译：如醫善方便，為治狂子故，
實在而言死，無能說虛妄。

यमेव हं लोकपिता स्वयंभूः चिकित्सकः सर्वप्रजान नाथः।
विपरीत मूढांश्च विदित्व बालाननिर्वृतो निर्वृत दर्शयामि ॥ २१ ॥

今译：我是自在者和世界之父，
　　　一切众生的医生和救主，
　　　知道愚夫们颠倒和愚痴，
　　　我没有涅槃而示现涅槃。（21）

什译：我亦為世父，救諸苦患者，
　　　為凡夫顛倒，實在而言滅。

किं कारणं मह्यमभीक्ष्णदर्शनाद्विश्रद्ध भोन्ती अबुधा अजानकाः ।
विश्वस्त कामेषु प्रमत्त भोन्ती प्रमादहेतोः प्रपतन्ति दुर्गतिम् ॥ २२ ॥

今译：为什么？经常见到我，
　　　无知者便会不信奉我，
　　　他们贪著和沉醉欲乐，
　　　行为放逸而堕入恶道。（22）

什译：以常見我故，而生憍恣心，
　　　放逸著五欲，墮於惡道中。

चरि चरि जानिय नित्यकालं वदामि सत्त्वान तथा तथाहम् ।
कथं नु बोधावुपनामयेयं कथ बुद्धधर्माण भवेयु लाभिनः ॥ २३ ॥

今译：永远知道众生种种行为，
　　　我如此这般为众生说法，
　　　考虑怎样让他们入菩提，
　　　又怎样让他们获得佛法。（23）

什译：我常知眾生，行道不行道，
　　　隨所應可度，為說種種法，
　　　每自作是意，以何令眾生，

得入無上道[1]，速成就佛身。

इत्यार्यसद्धर्मपुण्डरीके धर्मपर्याये तथागतायुष्प्रमाणपरिवर्तो नाम पञ्चदशमः ॥

今译：以上是神圣《妙法莲华》法门中名为《如来寿量品》的第十五品。

① 此处“道”字，据《中华大藏经》校勘记，《资》、《碛》、《普》、《南》、《径》、《清》、《丽》作“慧”。

१६ पुण्यपर्यायपरिवर्तः ।

今译：第十六 分别功德品①

什译：分别功德品第十七

अस्मिन्खलु पुनस्तथागतायुष्प्रमाणनिर्देशे निर्दिश्यमाने अप्रमेयाणामसंख्येयानां सत्त्वानामर्थः कृतो ऽभूत्। अथ खलु भगवान्मैत्रेयं बोधिसत्त्वं महासत्त्वमामन्त्रयते स्म -- अस्मिन्खलु पुनरजित तथागतायुष्प्रमाणनिर्देशधर्मपर्याये निर्दिश्यमाने अष्टषष्टिगङ्गानदीवालुकासमानां बोधिसत्त्वकोटीनयुतशतसहस्राणामनुत्पत्तिकधर्मक्षान्तिरुत्पन्ना । एभ्यः सहस्रगुणेन येषां बोधिसत्त्वानां महासत्त्वानां धारणीप्रतिलम्भो ऽभूत्। अन्येषां च साहस्रिकलोकधातुपरमाणुरजःसमानां बोधिसत्त्वानां महासत्त्वानामिमं धर्मपर्यायं श्रुत्वा असङ्गप्रतिभानताप्रतिलम्भो ऽभूत्। अन्येषां च द्विसाहस्रिकलोकधातुपरमाणुरजःसमानां बोधिसत्त्वानां महासत्त्वानां कोटीनयुतशतसहस्रपरिवर्ताया धारण्याः प्रतिलम्भो ऽभूत्। अन्ये च त्रिसाहस्रिकलोकधातुपरमाणुरजःसमा बोधिसत्त्वा महासत्त्वा इमं धर्मपर्यायं श्रुत्वा अवैवर्त्यधर्मचक्रं प्रवर्तयामासुः ।

今译：在宣说如来寿量时，无量无数众生获得利益。这时，世尊对弥勒菩萨大士说道："阿逸多啊，如来宣说如来寿量这个法门时，如同六十八恒河沙的百千千万那由他菩萨获得无生法忍。千倍于此数的菩萨大士获得陀罗尼。其他如同一千世界微尘的菩萨大士闻听这个法门后，获得无碍辩才。其他如同二千世界微尘的菩萨大士闻听这个

① 这个品名"分别功德"中的"分别"，原词是paryāya，词义为方式、方法、种类或类别。因此，"分别功德"也可以译为"各种功德"。这个品名护译"御福事"，意谓获得功德。

法门后[①]，获得百千千万那由他旋[②]陀罗尼。其他如同三千世界微尘的菩萨大士闻听这个法门后，转动不退转法轮。

什译：爾時，大會[③]聞佛說壽命劫數長遠如是，無量無邊阿僧祇眾生得大饒益。於時，世尊告彌勒菩薩摩訶薩："阿逸多！我說是如來壽命長遠時，六百八十萬億那由他恒河沙眾生得無生法忍。復有千倍菩薩摩訶薩得聞持陀羅尼門。復有一世界微塵數菩薩摩訶薩得樂說無礙辯才。復有一世界微塵數菩薩摩訶薩得百千萬億無量旋陀羅尼。復有三千大千世界微塵數菩薩摩訶薩能轉不退法輪。

अन्ये च मध्यमकलोकधातुपरमाणुरजःसमा बोधिसत्त्वा महासत्त्वा इमं धर्मपर्यायं श्रुत्वा विमलनिर्भासचक्रं प्रवर्तयामासुः । अन्ये च क्षुद्रकलोकधातुपरमाणुरजःसमा बोधिसत्त्वा महासत्त्वा इमं धर्मपर्यायं श्रुत्वा अष्टजाति[प्रति]बद्धा अभूवननुत्तरायां सम्यक्संबोधौ । अन्ये च चतुश्चातुर्द्वीपिका लोकधातुपरमाणुरजःसमा बोधिसत्त्वा महासत्त्वा इमं धर्मपर्यायं श्रुत्वा चतुर्जातिप्रतिबद्धा अभूवननुत्तरायां सम्यक्संबोधौ । अन्ये च त्रिचातुर्द्वीपिका लोकधातुपरमाणुरजःसमा बोधिसत्त्वा महासत्त्वा इमं धर्मपर्यायं श्रुत्वा त्रिजातिप्रतिबद्धा अभूवननुत्तरायां सम्यक्संबोधौ । अन्ये च द्विचातुर्द्वीपिका लोकधातुपरमाणुरजःसमा बोधिसत्त्वः महासत्त्वः इमं धर्मपर्यायं श्रुत्वा द्विजातिप्रतिबद्धा अभूवन्ननुत्तरायां सम्यक्संबोधौ । अन्ये चैकचातुर्द्वीपिका लोकधातुपरमाणुरजःसमः बोधिसत्त्वः महासत्त्वः इमं धर्मपर्यायं श्रुत्वा एकजातिप्रतिबद्धा अभूवन्ननुत्तरायां सम्यक्संबोधौ । अष्टत्रिसाहस्रमहासाहस्रलोकधातुपरमाणुरजःसमैश्च बोधिसत्त्वैर्महासत्त्वैरिमं धर्मपर्यायं श्रुत्वा अनुत्तरायां सम्यक्संबोधौ चित्तान्युत्पादितानि ॥

今译："其他如同中千世界[④]微尘的菩萨大士闻听这个法门后，转

① 此处"闻听这个法门后"这个短语，原文缺漏，据J本补上。

② 此处"旋"的原词是parivarta，词义为转动或旋转，也指称一品或一章，相当于一个量词。这里沿用什译"旋"。

③ 此处"大会"意谓集会大众。

④ 按照佛教的宇宙概念，一千个世界构成一个小千世界，一千个小千世界构成一个中千世界，一千个中千世界构成一个大千世界。

动无垢光法轮。其他如同小千世界微尘的菩萨大士闻听这个法门后，八生后[①]获得无上正等菩提。其他如同四个四大洲世界微尘的菩萨大士闻听这个法门后，四生后获得无上正等菩提。其他如同三个四大洲世界微尘的菩萨大士闻听这个法门后，三生后获得无上正等菩提。其他如同二个四大洲世界微尘的菩萨大士闻听这个法门后，二生后获得无上正等菩提。其他如同一个四大洲世界微尘的菩萨大士闻听这个法门后，一生后获得无上正等菩提。其他如同八个三千大千世界微尘的菩萨大士闻听这个法门后，发起无上正等菩提心。”

什译：“復有二千中國土[②]微塵數菩薩摩訶薩能轉清淨法輪。復有小千國土[③]微塵數菩薩摩訶薩，八生當得阿耨多羅三藐三菩提。復有四四天下[④]微塵數菩薩摩訶薩，四生當得阿耨多羅三藐三菩提。復有三四天下微塵數菩薩摩訶薩，三生當得阿耨多羅三藐三菩提。復有二四天下微塵數菩薩摩訶薩，二生當得阿耨多羅三藐三菩提。復有一四天下微塵數菩薩摩訶薩，一生當得阿耨多羅三藐三菩提。復有八世界微塵數眾生，皆發阿耨多羅三藐三菩提心。”

अथ समनन्तरनिर्दिष्टे भगवतैषां बोधिसत्त्वानां महासत्त्वानां धर्माभिसमये प्रतिष्ठाने, अथ तावदेवोपरिवैहायसादन्तरीक्षान्मान्दारवमहामान्दारवाणां पुष्पाणां पुष्पवर्षमभिप्रवृष्टम्। तेषु च लोकधातुकोटीनयुतशतसहस्रेषु यानि तानि बुद्धकोटीनयुतशतसहस्राण्यागत्य रत्नवृक्षमूलेषु सिंहासनोपविष्टानि, तानि सर्वाणि चावकिरन्ति स्म, अभ्यवकिरन्ति स्म, अभिप्रकिरन्ति स्म । भगवन्तं च शाक्यमुनिं तथागतमर्हन्तं सम्यक्संबुद्धं तं च भगवन्तं प्रभूतरत्नं तथागतमर्हन्तं सम्यक्संबुद्धं परिनिर्वृतं सिंहासनोपविष्टमवकिरन्ति स्म, अभ्यवकिरन्ति स्म, अभिप्रकिरन्ति स्म। तं च सर्वावन्तं बोधिसत्त्वगणं ताश्चतस्रः पर्षदोऽवकिरन्ति स्म, अभ्यवकिरन्ति स्म,

① “八生后”的原词是 aṣṭajātipratibaddha，词义为八生所系，即八生后。

② 此处“二千中国土”对应的原词是 madhyamakalokadhātu，词义为中世界（即中千世界）。此处护译“中千佛世界”。什译偈颂中相应的用词是“中千界”。

③ “小千国土”即小千世界。什译偈颂中相应的用词是“小千界”。

④ “四天下”（cāturdvīpika）指四大洲。

अभिप्रकिरन्ति स्म । दिव्यानि च चन्दनागरुचूर्णान्यन्तरीक्षात्प्रवर्षन्ति स्म । उपरिष्टाच्चान्तरीक्षे वैहायसं महादुन्दुभयो ऽघट्टिताः प्रणेदुर्मनोज्ञमधुरगम्भीर-निर्घोषाः दिव्यानि च दूष्ययुग्मशतसहस्राण्युपरिष्टादन्तरीक्षात्प्रपतन्ति स्म। हारार्धहारमुक्ताहारमणिरत्नमहारत्नानि चोपरिष्टाद्वैहायसमन्तरीक्षे समन्तात्सवासु दिक्षु प्रलम्बन्ति स्म । समन्ताच्च अनर्घप्राप्तस्य धूपस्य घटिकासहस्राणि रत्नमयानि स्वयमेव प्रविचरन्ति स्म । एकैकस्य च तथागतस्य रत्नमयीं छत्रावलीं यावद्ब्रह्म-लोकादुपरि वैहायसमन्तरीक्षे बोधिसत्त्वा महासत्त्वा धारयामासुः । अनेन पर्यायेण सर्वेषां तेषामप्रमेयाणामसंख्येयानां बुद्धकोटीनयुतशतसहस्राणां ते बोधिसत्त्वा महासत्त्वा रत्नमयीं छत्रावलीं यावद्ब्रह्मलोकादुपरि वैहायसमन्तरीक्षे धारयामासुः । पृथक्पृथग् गाथाभिनिर्हारैर्भूतैर्बुद्धस्तवैस्तांस्तथागतानाभिष्टुवन्ति स्म॥

今译：随着世尊宣说这些菩萨大士所得法利[①]，这时空中降下曼陀罗和大曼陀罗花雨，撒向来到这里坐在宝树下狮子座上的百千千万那由他世界的百千千万那由他佛，撒向坐在狮子座上的世尊释迦牟尼如来、阿罗汉、正等觉和已涅槃的世尊多宝如来、阿罗汉、正等觉，撒向所有的菩萨和四众。空中降下天国旃檀和沉香香粉雨。空中擂响大鼓，鼓声深沉悠长，甜美悦耳。空中飘下数百千绢衣。空中所有各方悬挂各种珍珠项链、摩尼珠项链和大宝石项链。四周布满无价的香料和自动鸣响的数以千计宝石铃铛。众菩萨大士在空中为直至梵界的每一位如来执持宝石华盖。按照这种方式，众菩萨大士在空中为直至梵界的无量无数百千千万那由他佛执持宝石华盖。他们各自用赞佛偈颂赞美这些如来。

什译：佛說是諸菩薩摩訶薩得大法利時，於虛空中，雨曼陀羅華、摩訶曼陀羅華，以散無量百千萬億眾寶樹下師子座上諸佛，并散七寶塔中師子座上釋迦牟尼佛及久滅度多寶如來，亦散一切諸大菩薩及四部眾。又雨細末旃檀、沈水香等。於虛空中，天鼓自鳴，妙聲深遠。又雨千種天衣，垂諸瓔珞、真珠瓔珞、摩尼珠瓔珞、如意珠瓔珞，遍

---

① 此处“法利”的原词是 dharmābhisamaya，词义为现证诸法。这里沿用什译“法利”。

於九方。眾寶香爐燒無價香，自然周至，供養大會。一一佛上，有諸菩薩執持幡蓋，次第而上，至于梵天。是諸菩薩以妙音聲，歌無量頌，讚歎諸佛。

अथ खलु मैत्रेयो बोधिसत्त्वो महासत्त्वस्तस्यां वेलायामिमा गाथा अभाषत--

今译：这时，弥勒菩萨大士用这些偈颂说道：

什译：爾時，彌勒菩薩從座而起，偏袒右肩，合掌向佛，而說偈言：

आश्चर्य धर्मः सुगतेन श्रावितो न जातु अस्माभिः श्रुतैष पूर्वम्।
महात्मता यादृशि नायकानां आयुष्प्रमाणं च यथा अनन्तम्॥ १ ॥

今译：善逝宣说的奇妙法，
我们确实前所未闻，
导师们的本性伟大，
寿命如此无限无量。（1）

什译：佛說希有法，昔所未曾聞，
世尊有大力，壽命不可量。

एवं च धर्मं श्रुणियान अद्य विभज्यमानं सुगतेन संमुखम्।
प्रीतिस्फुटाः प्राणसहस्रकोट्यो य औरसा लोकविनायकस्य ॥ २ ॥

今译：今天当面闻听善逝
分别宣说这样的法，
千千万众生，导师
亲生子们满怀喜悦。（2）

什译：無數諸佛子，聞世尊分別，

說得法利[1]者，歡喜充遍身。

अविवर्तिया केचि स्थिताग्रबोधौ केचि स्थिता धारणिये वरायाम्।
असङ्गप्रतिभाणि स्थिताश्च केचित्कोटीसहस्राय च धारणीये ॥ ३ ॥

今译：有些获得不退转至上
菩提，或殊胜陀罗尼，
有些获得无碍的辩才，
或获得千千万陀罗尼。（3）

什译：或住不退地，或得陀羅尼，
或無礙樂說，萬億旋總持，
或有大千界，微塵數菩薩，
各各皆能轉，不退之法輪，
復有中千界，微塵數菩薩，
各各皆能轉，清淨之法輪。

परमाणुक्षेत्रस्य तथैव चान्ये ये प्रस्थिता उत्तमबुद्धज्ञाने ।
केचिच्च जातीभि तथैव चाष्टभि जिना भविष्यन्ति अनन्तदर्शिनः ॥ ४ ॥

今译：其他如同世界微尘
菩萨获得至上佛智，
有些在八生后成为
具有无限眼的胜者。（4）

什译：復有小千界，微塵數菩薩，
餘各八生在，當得成佛道。

केचित्तु चत्वारि अतिक्रमित्वा केचित्त्रिभिश्चैव द्विभिश्च अन्ये ।
लप्स्यन्ति बोधिं परमार्थदर्शिनः श्रुणित्व धर्मं इमु नायकस्य ॥ ५ ॥

---

① 此处“法利”的原词是 dharma（“法”）。

今译：闻听洞悉第一义的
导师宣说的这种法，
有些在四生、三生
或二生后获得菩提。（5）

什译：復有四三二，如此四天下，
微塵諸菩薩，隨數生成佛。

के चापि एकाय स्थिहित्व जात्या सर्वज्ञ भोष्यन्ति भवान्तरेण ।
श्रुणित्व आयु इमु नायकस्य एतादृशं लब्धु फलं अनास्रवम्॥ ६ ॥

今译：闻听导师这种寿量，
有些在这一生之后，
就能成为知一切者，
获得这样的无漏果。（6）

什译：或一四天下，微塵數菩薩，
餘有一生在，當成一切智，
如是等眾生，聞佛壽長遠，
得無量無漏，清淨之果報。

अष्टान क्षेत्राण यथा रजो भवेतेवाप्रमाणा गणनाय तत्तकाः ।
याः सत्त्वकोट्यो हि श्रुणित्व धर्मं उत्पादयिंसू वरबोधिचित्तम्॥ ७ ॥

今译：千万众生无量无数，
如同八个世界微尘，
他们闻听这种法后，
都发起殊胜菩提心。（7）

什译：復有八世界，微塵數眾生，
聞佛說壽命，皆發無上心。

एतादृशं कर्म कृतं महर्षिणा प्रकाशयन्तेनिम बुद्धबोधिम्।
अनन्तकं यस्य प्रमाणु नास्ति आकाशधातू च यथाप्रमेयः ॥ ८ ॥

今译：大仙宣说佛菩提，
　　　造就这样的伟业，
　　　无量无数无边际，
　　　如同无限的虚空。（8）

什译：世尊說無量，不可思議法，
　　　多有所饒益，如虛空無邊。

मान्दारवाणां च प्रवर्षि वर्षं बहुदेवपुत्राण सहस्रकोट्यः।
शक्राश्च ब्रह्मा यथा गङ्गवालिका ये आगता क्षेत्रसहस्रकोटिभिः ॥ ९ ॥

今译：数千千万如同恒河沙的
　　　众天子、帝释天和梵天，
　　　从千千万世界来到这里，
　　　在空中降下曼陀罗花雨。（9）

什译：雨天曼陀羅，摩訶曼陀羅，
　　　釋梵如恒沙，無數佛土來。

सुगन्धचूर्णानि च चन्दनस्य अगरुस्य चूर्णानि च मुञ्चमानाः।
चरन्ति आकाशि यथैव पक्षी अभ्योकिरन्ता विधिवज्जिनेन्द्रान् ॥ १० ॥

今译：他们也撒下美妙
　　　旃檀和沉香香粉，
　　　似鸟儿飞翔空中，
　　　飘落众胜者身上。（10）

什译：雨旃檀沈水，繽紛而亂墜，
　　　如鳥飛空下，供散於諸佛。

**उपरि च वैहायसु दुन्दुभीयो निनादयन्तो मधुरा अघट्टिताः ।
दिव्यान दूष्याण सहस्रकोट्यः क्षिपन्ति भ्रामेन्ति च नायकानाम्॥ ११ ॥**

今译：天空中天鼓自动
发出甜美的鼓声，
千千万天国绢衣
飘落导师们身上。（11）

什译：天鼓虛空中，自然出妙聲，
天衣千萬種，旋轉而來下。

**अनर्घमूल्यस्य च धूपनस्य रत्नामयी घटिकसहस्रकोट्यः ।
स्वयं समन्तेन विचेरु तत्र पूजार्थ लोकाधिपतिस्य तायिनः ॥ १२ ॥**

今译：无价的香料以及
千千万宝石铃铛，
自动布满，供奉
世界之父救世主。（12）

什译：眾寶妙香爐，燒無價之香，
自然悉周遍，供養諸世尊。

**उच्चान्महन्तान्रतनामयांश्च छत्राण कोटीनयुताननन्तान्।
धारन्तिमे पण्डित बोधिसत्त्वाः अवतंसकान्यावत् ब्रह्मलोकात्॥ १३ ॥**

今译：众菩萨智者执持
无穷千万那由他
高大华丽的宝石
华盖，直至梵界。（13）

什译：其大菩薩眾，執七寶幡蓋，
高妙萬億種，次第至梵天。

सवैजयन्तांश्च सुदर्शनीयान्ध्वजांश्च ओरोपयि नायकानाम्।
गाथासहस्रैश्च अभिष्टुवन्ति प्रहृष्टचित्ताः सुगतस्य पुत्राः ॥ १४ ॥

今译：优美的胜利旗帜和
幢幡耸立，佛子们
满怀喜悦，用数千
偈颂赞美所有导师。（14）

什译：一一諸佛前，寶幢懸勝幡，
亦以千萬偈，歌詠諸如來。

एतादृशाश्चर्यविशिष्ट अद्भुता विचित्र दृश्यन्तिमि अद्य नायकाः।
आयुष्प्रमाणस्य निदर्शनेन प्रामोद्यलब्धा इमि सर्वसत्त्वाः ॥ १५ ॥

今译：世尊宣说如来寿量，
今天看到这些导师，
如此奇妙奇异奇特，
一切众生满怀喜悦。（15）

什译：如是種種事，昔所未曾有，
聞佛壽無量，一切皆歡喜。

विपुलो ऽद्य अर्थो दशसू दिशासु घोषश्च अभ्युद्गतु नायकानाम्।
संतर्पिताः प्राणसहस्रकोट्यः कुशलेन बोधाय समन्विताश्च ॥ १६ ॥

今译：今天所有十方展现
导师的利益和名声，
千万众生心满意足，
获得入菩提的善根。（16）

什译：佛名聞十方，廣饒益眾生，
一切具善根，以助無上心。

अथ खलु भगवान्मैत्रेयं बोधिसत्त्वं महासत्त्वमामन्त्रयते स्म -- यैरजित अस्मिंस्तथागतायुष्प्रमाणनिर्देशधर्मपर्याये निर्दिश्यमाने सत्त्वैरेकचित्तोत्पादिकाप्यधिमुक्तिरुत्पादिता, अभिश्रद्दधानता वा कृता, कियत्ते कुलपुत्रा वा कुलदुहितरो वा पुण्यं प्रसवन्तीति तच्छृणु, साधु च सुष्ठु च मनसि कुरु । भाषिष्ये ऽहं यावत्पुण्यं प्रसवन्तीति । तद्यथापि नाम अजित कश्चिदेव कुलपुत्रो वा कुलदुहिता वा अनुत्तरां सम्यक्संबोधिमभिकाङ्क्षमाणः पञ्चसु पारमितास्वष्टौ कल्पकोटीनयुतशतसहस्राणि चरेत्। तद्यथा दानपारमितायां शीलपारमितायां क्षान्तिपारमितायां वीर्यपारमितायां ध्यानपारमितायां विरहितः प्रज्ञापारमितया, येन च अजित कुलपुत्रेण वा कुलदुहित्रा वा इमं तथागतायुष्प्रमाणनिर्देशं धर्मपर्यायं श्रुत्वा एकचित्तोत्पादिकाप्यधिमुक्तिरुत्पादिता अभिश्रद्दधानता वा कृता, अस्य पुण्याभिसंस्कारस्य कुशलाभिसंस्कारस्य असौ पौर्वकः पुण्याभिसंस्कारः कुशलाभिसंस्कारः पञ्चपारमिताप्रतिसंयुक्तो ऽष्टकल्पकोटीनयुतशतसहस्रपरिनिष्पन्नः शततमीमपि कलां नोपयाति, सहस्रतमीमपि शतसहस्रतमीमपि कोटीशतसहस्रतमीमपि कोटीनयुतसहस्रतमीमपि कोटीनयुतशतसहस्रतमीमपि कलां नोपयाति, संख्यामपि कलामपि गणनामपि उपमामपि उपनिसामपि न क्षमते । एवंरूपेण अजित पुण्याभिसंस्कारेण समन्वागतः कुलपुत्रो वा कुलदुहिता वा विवर्तते ऽनुत्तरायाः सम्यक्संबोधेरिति नैतत्स्थानं विद्यते ॥

今译：然后，世尊对弥勒菩萨大士说道：“阿逸多啊，在宣说如来寿量这个法门时，众生一念之间就理解，就信奉，那么，这些善男子或善女人产生的功德有多少？请安下心来听我说。我会宣说他们产生那样的功德。譬如，阿逸多啊，某个善男子或善女人渴望无上正等菩提，实行五波罗蜜八百千千万那由他劫，即布施波罗蜜、持戒波罗蜜、忍辱波罗蜜、精进波罗蜜和禅定波罗蜜，除了智慧波罗蜜。阿逸多啊，这个善男子或善女人闻听宣说如来寿量这个法门后，一念之间就理解，就信奉，那么，以前八百千千万那由他劫实行五波罗蜜的福行和善行①，比不上这次福行和善行的百分之一、千分之一、百千分

① 此处“福行”和“善行”的原词是 puṇyābhisaṃskāra 和 kuśalābhisaṃskāra，意谓所积累的福德和所积累的善业。

之一、百千千万分之一、千千万那由他分之一和百千千万那由他分之一，也不能计数，不能计量，不能计算，不能比喻，不能比拟。阿逸多啊，这个善男子或善女人具有这样的福行，从无上正等菩提退转，绝不会有这样的事。"

什译：爾時，佛告彌勒菩薩摩訶薩："阿逸多！其有眾生聞佛壽命長遠如是，乃至能生一念信解，所得功德無有限量。若有善男子、善女人為阿耨多羅三藐三菩提故，於八十萬億那由他劫行五波羅蜜，檀波羅蜜、尸羅波羅蜜、羼提波羅蜜、毗梨耶波羅蜜、禪波羅蜜，除般若波羅蜜①，以是功德比前功德，百分、千分、百千萬億分不及其一，乃至算數譬喻所不能知。若善男子、善女人有如是功德，於阿耨多羅三藐三菩提退者，無有是處。"

अथ खलु भगवांस्तस्यां वेलायामिमा गाथा अभाषत --

今译：这时，世尊又用这些偈颂说道：

什译：爾時，世尊欲重宣此義，而說偈言：

यश्च पारमिताः पञ्च समादायेहि वर्तते ।
इदं ज्ञानं गवेषन्तो बुद्धज्ञानमनुत्तरम्॥ १७ ॥

今译：若是有人接受和
实行五种波罗蜜，
一心追求这种智，
至高无上的佛智。（17）

什译：若人求佛慧，於八十萬億，
那由他劫數，行五波羅蜜。

---

① 这里的"檀"、"尸罗"、"羼提"、"毗梨耶"、"禅"和"般若"分别是dāna（"布施"）、śīla（"持戒"）、kṣānti（"忍辱"）、vīrya（"精进"）、dhyāna（"禅定"）和prajñā（"智慧"）的音译。"除"意谓除了。

कल्पकोटीसहस्राणि अष्टौ पूर्णानि युज्यते ।
दानं ददन्तो बुद्धेभ्यः श्रावकेभ्यः पुनः पुनः ॥ १८ ॥

今译：他这样努力修行，
整整八千千万劫，
坚持不懈向诸佛、
众声闻进行布施。（18）

什译：於是諸劫中，布施供養佛，
及緣覺弟子，并諸菩薩眾。

प्रत्येकबुद्धांस्तर्पेन्तो बोधिसत्त्वान कोटियः ।
खाद्यभोज्यान्नपानेहि वस्त्रशय्यासनेहि च ॥ १९ ॥

今译：他布施各种各样的
硬食、软食、饮料、
衣服和床座，满足
众缘觉和千万菩萨。（19）

什译：珍異之飲食，上服與臥具，

प्रतिश्रयान्विहारांश्च चन्दनस्येह कारयेत्।
आरामान्रमणीयांश्च चंक्रमस्थानशोभितान्॥ २० ॥

今译：他用旃檀木建造
庇护栖息的房舍，
配备美观可爱的
花园和散步场所。（20）

什译：旃檀立精舍，以園林莊嚴。

एतादृशं ददित्वान दानं चित्र बहूविधम्।

第十六　分别功德品　631

कल्पकोटीसहस्राणि दत्वा बोधाय नामयेत्॥ २१ ॥

今译：他进行多种多样
殊胜美妙的布施，
千千万劫不间断，
一心为求取菩提。（21）

什译：如是等布施，種種皆微妙，
盡此諸劫數，以迴向佛道。

पुनश्च शीलं रक्षेत शुद्धं संबुद्धवर्णितम्।
अखण्डं संस्तुतं विज्ञैर्बुद्धज्ञानस्य कारणात्॥ २२ ॥

今译：也为了求取佛智，
他护持诸佛称赞、
智者称颂的清净
戒律，圆满无缺。（22）

什译：若復持禁戒，清淨無缺漏，
求於無上道，諸佛之所歎。

पुनश्च क्षान्ति भावेत दान्तभूमौ प्रतिष्ठितः।
धृतिमान्स्मृतिमांश्चैव परिभाषाः क्षमे बहूः॥ २३ ॥

今译：他实行忍辱，安住
柔顺地，意志坚定，
富有记忆力，能够
忍受众多恶意诽谤。（23）

什译：若復行忍辱，住於調柔地，
設眾惡來加，其心不傾動。

ये चोपलम्भिकाः सत्त्वा अधिमाने प्रतिष्ठिताः ।
कुत्सनं च सहेत्तेषां बुद्धज्ञानस्य कारणात्॥ २४ ॥

今译：那些骄傲自大的
众生自以为得道，
他忍受他们毁谤，
一心为求取佛智。（24）

什译：諸有得法者，懷於增上慢，
為此所輕惱，如是亦能忍。

नित्योद्युक्तश्च वीर्यस्मिनभियुक्तो दृढस्मृतिः ।
अनन्यमनसंकल्पो भवेया कल्पकोटियः ॥ २५ ॥

今译：他坚持不懈修行，
精进努力，忆念
坚固，心无旁骛，
这样修行千万劫。（25）

什译：若復懃精進，志念常堅固，
於無量億劫，一心不懈息。

अरण्यवासि तिष्ठन्तो चंक्रमं अभिरुह्य च ।
स्त्यानमिद्धं च वर्जित्वा कल्पकोट्यो हि यश्चरेत्॥ २६ ॥

今译：住在空旷树林中，
或在散步的地方，
他摆脱昏沉瞌睡，
这样修行千万劫。（26）

什译：又於無數劫，住於空閑處，
若坐若經行，除睡常攝心。

यश्च ध्यायी महाध्यायी ध्यानारामः समाहितः ।
कल्पकोट्यः स्थितो ध्यायेत्सहस्राण्यष्टनूनकाः ॥ २७ ॥

今译：热爱修禅，凝思
静虑修习大禅定，
他坚持这样修禅，
整整八千千万劫。（27）

什译：以是因缘故，能生諸禪定，
八十億萬劫，安住心不亂。

तेन ध्यानेन सो वीरः प्रार्थयेद्बोधिमुत्तमाम्।
अहं स्यामिति सर्वज्ञो ध्यानपारमितां गतः ॥ २८ ॥

今译：这位英雄凭借这样的
修禅，求取至上菩提，
认为修习禅定至圆满，
自己能成为知一切者。（28）

什译：持此一心福[①]，願求無上道，
我得一切智，盡諸禪定際[②]。

यच्च पुण्यं भवेत्तेषां निषेवित्वा इमां क्रियाम्।
कल्पकोटीसहस्राणि ये पूर्वं परिकीर्तिताः ॥ २९ ॥

今译：他们如前面所说，
从事这样的修行，
长达数千千万劫，
由此会获得功德。（29）

① “持此一心福”意谓一心求福。
② “尽诸禅定际”意谓通达种种禅定。原文是 dhyānapāramitām gataḥ，直译为“达到禅定波罗蜜”。

什译：是人於百千，萬億劫數中，
行此諸功德，如上之所說。

आयुं च मम यो श्रुत्वा स्त्री वापि पुरुषो ऽपि वा ।
एकक्षणं पि श्रद्धाति इदं पुण्यमनन्तकम्॥ ३० ॥

今译：善男子或善女人
闻听我的寿量后，
一刹那间就信奉，
其功德则无穷尽。（30）

什译：有善男女等，聞我說壽命，
乃至一念信，其福過於彼。

विचिकित्सां च वर्जित्वा इञ्जिता मन्यितानि च ।
अधिमुच्येन्मुहूर्तं पि फलं तस्येदमीदृशम्॥ ३१ ॥

今译：能摒弃一切怀疑、
摇摆和犹豫不决，
顷刻瞬间就理解，
也获得同样果报。（31）

什译：若人悉無有，一切諸疑悔，
深心須臾信，其福為如此。

बोधिसत्त्वाश्च ये भोन्ति चरिताः कल्पकोटियः ।
न ते त्रसन्ति श्रुत्वेदं मम आयुरचिन्तियम्॥ ३२ ॥

今译：那些菩萨已经修行
千万劫，闻听我的
不可思议的寿量后，
他们就会无所畏惧。（32）

什译：其有諸菩薩，無量劫行道，
聞我說壽命，是則能信受。

मूर्धेन च नमस्यन्ति अहमप्येदृशो भवेत्।
अनागतस्मिन्नध्वानि तारेयं प्राणिकोटियः ॥ ३३ ॥

今译：他们会向我俯首
致敬，像我一样，
他们会在未来世，
救度数千万众生。（33）

什译：如是諸人等，頂受此經典：
“願我於未來，長壽度眾生。

यथा शाक्यमुनिर्नाथः शाक्यसिंहो महामुनिः ।
बोधिमण्डे निषीदित्वा सिंहनादमिदं नदेत्॥ ३४ ॥

今译：“像救主释迦牟尼，
释迦狮子大牟尼，
安坐在菩提道场，
发出这种狮子吼。（34）

什译：“如今日世尊，諸釋中之王，
道場師子吼，說法無所畏。

अहमप्यनागते ऽध्वानि सत्कृतः सर्वदेहिनाम्।
बोधिमण्डे निषीदित्वा आयुं देशेष्यमीदृशम्॥ ३५ ॥

今译：“我也会在未来世，
受一切众生尊敬，
安坐在菩提道场，
宣说这样的寿量。”（35）

什译：“我等未來世，一切所尊敬，
坐於道場時，說壽亦如是。”

अध्याशयेन संपन्नाः श्रुताधाराश्च ये नराः ।
संधाभाष्यं विजानन्ति काङ्क्षा तेषां न विद्यते ॥ ३६ ॥

今译：众生具有诚挚的
意愿，记取所闻，
能理解随宜所说，
也就不会有疑惑。（36）

什译：若有深心者，清淨而質直，
多聞能總持，隨義解佛語，
如是諸[①]人等，於此無有疑。

पुनरपरमजित य इमं तथागतायुष्प्रमाणनिर्देशं धर्मपर्यायं श्रुत्वा अवतरेदधिमुच्येत अवगाहेत अवबुध्येत, सो ऽस्मादप्रमेयतरं पुण्याभिसंस्कारं प्रसवेद्बुद्धज्ञानसंवर्तनीयम्। कः पुनर्वादो य इममेवंरूपं धर्मपर्यायं शृणुयाच्छ्रावयेत वाचयेद धारयेद्वा लिखेद्वा लिखापयेद्वा पुस्तकगतं वा सत्कुर्यात्, गुरुकुर्यान्मानयेत्पूजयेत्सत्कारयेद्वा पुष्पधूपगन्धमाल्यविलेपनचूर्णचीवरच्छत्रध्वजपातकाभिस्तैलप्रदीपैर्वा घृतप्रदीपैर्वा गन्धतैलप्रदीपैर्वा, बहुतरं पुण्याभिसंस्कारं प्रसवेद्बुद्धज्ञानसंवर्तनीयम्॥

今译：“还有，阿逸多啊，若有人闻听宣说如来寿量这个法门后，悟入、理解、深入和觉知，他产生的福行会更加无量，导向佛智。更何况若有人闻听这个法门后，宣说、诵读、记取、书写、让人书写或制成经书，尊敬、尊重、崇敬、供奉或劝人尊敬，献上鲜花、香料、花环、香膏、香粉、衣服、华盖、幢幡、旗帜、油灯、酥油灯或香油灯，他产生的福行会更多，导向佛智。

① 此处“诸”字，据《中华大藏经》校勘记，《资》、《碛》、《普》、《南》、《径》、《清》、《丽》作“之”。

什译："又，阿逸多！若有聞佛壽命長遠，解其義[1]趣，是人所得功德無有限量，能起如來無上之慧。何況廣聞是經，若教人聞，若自持，若教人持，若自書，若教人書，若以華香、瓔珞、幢幡、繒蓋、香油、酥燈，供養經卷，是人功德無量無邊，能生一切種智。

यदा च अजित स कुलपुत्रो वा कुलदुहिता वा इमं तथागतायुष्प्रमाणनिर्देशं धर्मपर्याय श्रुत्वा अध्याशयेनाधिमुच्यते, तदा तस्येदमध्याशयलक्षणं वेदितव्यम्--यदुत गृध्रकूटपर्वतगतं मां धर्मं निर्देशयन्तं द्रक्ष्यति बोधिसत्त्वगणपरिवृतं बोधिसत्त्वगणपुरस्कृतं श्रावकसंघमध्यगतम्। इदं च मे बुद्धक्षेत्रं सहां लोकधातुं वैडूर्यमयीं समप्रस्तरां द्रक्ष्यति सुवर्णसूत्राष्टापदविनद्धां रत्नवृक्षैर्विचित्रिताम्। कूटागारपरिभोगेषु च अत्र बोधिसत्त्वान्निवसतो द्रक्ष्यति । इदमजित अध्याशयेनाधिमुक्तस्य कुलपुत्रस्य वा कुलदुहितुर्वा अध्याशयलक्षणं वेदितव्यम्॥

今译："阿逸多啊，若有善男子或善女人闻听宣说如来寿量这个法门后，怀有心愿而深信，应该知道他的这种心愿形相：他会见到我在灵鹫山说法，在众声闻中间，众菩萨恭敬围绕。他会看到我的娑婆世界佛土，遍地琉璃，平坦整齐，八交道金绳为界，各种宝树优美可爱。他会看到众菩萨住在这里的各种楼阁中。阿逸多啊，这善男子或善女人怀有心愿而深信，应该知道这种心愿形相。

什译："阿逸多！若善男子、善女人聞我說壽命長遠，深心信解，則為見佛常在耆闍崛山，共大菩薩、諸聲聞眾圍繞說法。又見此娑婆世界，其地琉璃，坦然平正，閻浮檀金[2]以界八道，寶樹行列，諸臺樓觀皆悉寶成，其菩薩眾咸處其中。若有能如是觀者，當知是為深信解相。

अपि तु खलु पुनरजित तानप्यहमध्याशयाधिमुक्तान्कुलपुत्रान्वदामि, ये

---

① 此处"义"字，据《中华大藏经》校勘记，《资》、《碛》、《普》、《南》、《径》、《清》、《丽》作"言"。

② "阎浮檀金"（jambūnadasuvarṇa）指出产于阎浮河的一种优质的金子。此处原文中没有使用此词。

तथागतस्य परिनिर्वृतस्य इमं धर्मपर्यायं श्रुत्वा न प्रतिक्षेप्स्यन्ति उत्तरि चाभ्यनुमोदयिष्यन्ति । कः पुनर्वादो ये धारयिष्यन्ति वाचयिष्यन्ति । ततस्तथागतं सो ऽसेन परिहरति य इमं धर्मपर्यायं पुस्तकगतं कृत्वा अंसेन परिहरति । न मे तेनाजित कुलपुत्रेण वा कुलदुहित्रा वा स्तूपाः कर्तव्याः, न विहारा कर्तव्याः, न भिक्षुसंघाय ग्लानप्रत्ययभैषज्यपरिष्कारास्तेनानुप्रदेया भवन्ति । तत्कस्य हेतोः? कृता मे तेन अजित कुलपुत्रेण वा कुलदुहित्रा वा शरीरेषु शरीरपूजा, सप्तरत्नमयाश्च स्तूपाः कारिताः, यावद्ब्रह्मलोकमुच्चैस्त्वेन अनुपूर्वपरिणाहेन सच्छत्रपरिग्रहाः सवैजयन्तीका घण्टासमुद्गानुरताः, तेषां च शरीरस्तूपानां विविधाः सत्काराः कृता नानाविधैर्दिव्यैर्मानुष्यकैः पुष्पधूपगन्धमाल्यविलेपनचूर्णचीवरच्छत्रध्वजपताका-वैजयन्तीभिर्विविधमधुरमनोज्ञपटुपटहदुन्दुभिमहादुन्दुभिभिर्वाद्यतालनिनादनिर्घोष-शब्दैर्नानाविधैश्च गीतनृत्यलास्यप्रकारैर्बहुभिरपरिमितैर्बह्वप्रमेयाणि कल्पकोटी-नयुतशतसहस्राणि सत्कारः कृतो भवति ।

今译："还有，阿逸多啊，我说这些怀有心愿而深信的善男子，他们在如来涅槃后，闻听这个法门，不会毁谤，而心生欢喜。更何况那些记取和诵读者。他将这个法门制成经书，担在肩上，这样，他肩负如来。阿逸多啊，这样的善男子或善女人无须建塔，无须造房，无须向比丘僧众布施治病药物和日用品。为什么？因为这样的善男子或善女人已经供奉我的舍利，建造七宝宝塔，高度直至梵界，宽度与之相应，竖立幢幡和胜利旗，铃铛鸣响①，以种种方式供奉舍利塔，献上各种天国和人间的鲜花、香料、花环、香膏、香粉、衣服、华盖、幢幡和胜利旗，各种美妙悦耳的小鼓、中鼓和大鼓，各种带有节奏的乐器音声，各种歌舞，无量无数，这样供奉无量无数百千千万那由他劫。

什译："又復如來滅後，若聞是經而不毀呰，起隨喜心，當知已為深信解相。何況讀誦受持之者，斯人則為頂戴如來。阿逸多！是善男子、善女人不須為我復起塔寺及作僧坊，以四事供養眾僧。所以者

---

① 此处"鸣响"的原词是 samudgānuratāḥ，据 J 本，此词写为 samudgānuraṇitā，可取。

何？是善男子、善女人受持讀誦是經典者，為已起塔，造立僧坊，供養眾僧，則為以佛舍利起七寶塔，高廣漸小至于梵天，懸諸幡蓋及眾寶鈴，華香、瓔珞、末香、塗香、燒香、眾鼓、伎樂、簫笛、箜篌，種種舞戲，以妙音聲歌唄讚頌，則為於無量千萬億劫作是供養已。

इमं धर्मपर्यायं मम परिनिर्वृतस्य धारयित्वा वाचयित्वा लिखित्वा प्रकाशयित्वा विहारा अपि तेन अजित कृता भवन्ति विपुला विस्तीर्णाः। प्रगृहीताश्च लोहितचन्दनमया द्वात्रिंशत्प्रासादा अष्टतला भिक्षुसहस्रावासाः। आरामपुष्पोपशोभिताश्चंक्रमवनोपेताः शयनासनोपस्तब्धाः खाद्यभोज्यान्नपान-ग्लानप्रत्ययभैषज्यपरिष्कारपरिपूर्णाः सर्वसुखोपधानप्रतिमण्डिताः । ते च बहु-प्रमेया यदुत शतं वा सहस्रं वा शतसहस्रं वा कोटी वा कोटीशतं वा कोटीसहस्रं वा कोटिशतसहस्रं वा कोटीनयुतशतसहस्रं वा । ते च मम संमुखं श्रावकसंघस्य निर्यातिताः, ते च मया परिभुक्ता वेदितव्याः ।

今译：“在我涅槃后，闻听这个法门，记取、诵读、书写和宣说，阿逸多啊，他已经建造宽阔的寺院，使用紫旃檀木，有三十二座殿堂，八多罗树高，居住一千比丘。里面有花园和鲜花，有散步的林地，安置床座，食物、饮料、治病药物和日用品充足，一切令人舒适愉快。所有这些无量无数，一百、一千、十万、千万、百千万、百千千万和百千千万那由他。所有这些当面献给我和声闻僧众，应该知道我已经享用这些。

什译：“阿逸多！若我滅後，聞是經典，有能受持，若自書，若教人書，則為起立僧坊，以赤旃檀作諸殿堂三十有二，高八多羅樹，高廣嚴好，百千比丘於其中止，園林、浴池、經行、禪窟、衣服、飲食、床褥、湯藥，一切樂具[①]充滿其中。如是僧坊堂閣，若干百千萬億，其數無量，以此現前供養於我及比丘僧。

य इमं धर्मपर्यायं तथागतस्य परिनिर्वृतस्य धारयेद्वा वाचयेद्वा देशयेद्वा

① “乐具”对应的原词是 sukhopadhāna，词义为令人舒适愉快的安排。

लिखेद्वा लेखयेद्वा, तदनेनाहमजितपर्यायेण एवं वदामि -- न मे तेन परिनिर्वृतस्य धातुस्तूपाः कारयितव्याः, न संघपूजा । कः पुनर्वादो ऽजित य इमं धर्मपर्यायं धारयन्दानेन वा संपादयेच्छीलेन वा क्षान्त्या वा वीर्येण वा ध्यानेन वा प्रज्ञया वा संपादयेत्, बहुतरं पुण्याभिसंस्कारं स कुलपुत्रो वा कुलदुहिता वा प्रसवेद्बुद्ध-ज्ञानसंवर्तनीयमप्रमेयमसंख्येयमपर्यन्तम्। तद्यथापि नाम अजित आकाश धातुरपर्यन्तः पूर्वदक्षिणपश्चिमोत्तराधरोर्ध्वासु दिक्षु विदिक्षु, एवमप्रमेयासंख्येयान् स कुलपुत्रो वा कुलदुहिता वा पुण्याभिसंस्कारान्प्रसवेद्बुद्धज्ञानसंवर्तनीयान्

今译："若有人在如来涅槃后，记取、诵读、宣说、书写或让人书写这个法门，我便按照这种方式这样说：'在我涅槃后，他们无须建造舍利塔，无须供养僧众。'阿逸多啊，更何况记取这个法门，奉行布施、持戒、忍辱、精进、禅定或智慧，这样的善男子或善女人会产生更多的福行，无量无数，无边无际，导向佛智。譬如，阿逸多啊，虚空东南西北上下和四维无边无际，同样，这样的善男子或善女人产生的福行无量无数，导向佛智。

什译："是故我說：'如來滅後，若有受持讀誦，為他人說，若自書，若教人書，供養經卷，不須復起塔寺，及造僧坊，供養眾僧。'況復有人能持是經，兼行布施、持戒、忍辱、精進、一心①、智慧，其德最勝，無量無邊。譬如虛空，東西南北、四維、上下無量無邊。是人功德亦復如是無量無邊，疾至一切種智。

य इमं धर्मपर्यायं धारयेद्वा वाचयेद्वा देशयेद्वा लिखेद्वा लिखापयेद्वा । तथागत चैत्यसत्कारार्थं च अभियुक्तो भवेत्, तथागतश्रावकाणां च वर्णं भाषेत्, बोधिसत्त्वानां च महासत्त्वानां गुणकोटीनयुतशतसहस्राणि परिकीर्तयेत्, परेषां च संप्रकाशयेत्, क्षान्त्या च संपादयेत्, शीलवांश्च भवेत्, कल्याणधर्मः सुखसंवासः क्षान्तश्च भवेत्, दान्तश्च भवेदनभ्यसूयकश्च, अपगतक्रोधमनस्कारो ऽव्यापन्न-मनस्कारः स्मृतिमांश्च स्थामवांश्च भवेत्, वीर्यवांश्च नित्याभियुक्तश्च भवेत्,

---

① 此处"一心"的原词是 dhyāna（"禅定"）。

बुद्धधर्मपर्येष्ट्या ध्यायी च भवेत्, प्रतिसंलयनगुरुकः प्रतिसंलयनबहुलश्च प्रश्नप्रभेदकुशलश्च भवेत्, प्रश्नकोटीनयुतशतसहस्राणां विसर्जयिता । यस्य कस्यचिदजित बोधिसत्त्वस्य महासत्त्वस्य इमं धर्मपर्यायं तथागतस्य परिनिर्वृतस्य धारयतः इमे एवंरूपा गुणा भवेयुर्ये मया परिकीर्तिताः, सो ऽजित कुलपुत्रो वा कुलदुहिता वा एवं वेदितव्यः -- बोधिमण्डसंप्रस्थितो ऽयं कुलपुत्रो वा कुलदुहिता वा बोधिमभिसंबोद्धुं बोधिवृक्षमूलं गच्छति । यत्र च अजित स कुलपुत्रो वा कुलदुहिता वा तिष्ठेद्वा निषीदेद्वा चंक्रमेद्वा, तत्र अजित तथागतमुद्दिश्य चैत्यं कर्तव्यम्, तथागतस्तूपो ऽयमिति च स वक्तव्यः सदेवकेन लोकेनेति ॥

今译：“若有人记取、诵读、宣说、书写或让人书写这个法门，热诚供奉如来舍利塔，称赞如来的声闻，称赞菩萨大士的百千千万那由他功德，向他人宣说，实行忍辱，持戒，与善法愉快相处，安忍，柔顺，不嫉妒，不瞋怒，无恶意，博识强记，勇猛精进，持久修行，求取佛法，修习禅定，重视独处坐禅，经常独处坐禅，善于解答问题，解答百千千万那由他问题。阿逸多啊，任何菩萨大士在如来涅槃后，记取这个法门，便会产生我所说的这些功德。阿逸多啊，应该知道这样的善男子或善女人是前往菩提道场，在菩提树下觉知菩提。阿逸多啊，这样的善男子或善女人站立、坐下或散步的地方，应该建塔供奉如来，世界和天界应该称说这是如来塔。”

什译：“若人讀誦受持是經，為他人說，若自書，若教人書，復能起塔及造僧坊，供養讚歎聲聞眾僧，亦以百千萬億讚歎之法讚歎菩薩功德，又為他人，種種因緣隨義解說此《法華經》。復能清淨持戒，與柔和者而共同止，忍辱無瞋，志念堅固，常貴坐禪得諸深定，精進勇猛，攝諸善法，利根智慧，善答問難。阿逸多！若我滅後，諸善男子、善女人受持讀誦是經典者，復有如是諸善功德，當知是人已趣道場，近阿耨多羅三藐三菩提，坐道樹下。阿逸多！是善男子、善女人若坐，若立，若經[1]行處，此中便應起塔，一切天人皆應供養如佛之

① 此处“经”字，据《中华大藏经》校勘记，《资》、《碛》、《普》、《南》、《径》、《清》、《丽》无。而此处的原词是 caṃkramet（“散步”），汉译佛经中通常译为“经行”。

塔。"

अथ खलु भगवांस्तस्यां वेलायामिमा गाथा अभाषत --

今译：这时，世尊又用这些偈颂说道：

什译：爾時，世尊欲重宣此義，而說偈言：

पुण्यस्कन्धो अपर्यन्तो वर्णितो मे पुनः पुनः ।
य इदं धारयेत्सूत्रं निर्वृते नरनायके ॥ ३७ ॥

今译：人中至尊涅槃后，
有人记取这部经，
我再三反复称赞
他的功德无限量。（37）

什译：若我滅度後，能奉持此經，
斯人福無量，如上之所說，
是則為具足，一切諸供養。

पूजाश्च मे कृतास्तेन धातुस्तूपाश्च कारिताः ।
रत्नामया विचित्राश्च दर्शनीयः सुशोभनाः ॥ ३८ ॥

今译：有人为了供奉我，
用七宝为我建造
舍利宝塔，种种
装饰，美观可爱。（38）

什译： 以舍利起塔，七寶而莊嚴，

ब्रह्मलोकसमा उच्चा छत्रावलिभिरन्विताः ।
परिणाहवन्तः श्रीमन्तो वैजयन्तीसमन्विताः ॥ ३९ ॥

今译：宝塔高耸至梵界，
　　　宽度也与之相应，
　　　装饰有成排幢幡，
　　　以及吉祥胜利旗。（39）

什译：表刹①甚高廣，漸小至梵天。

पटुघण्टा रणन्तश्च पट्टदामोपशोभिताः ।
वातेरितास्तथा घण्टा शोभन्ति जिनधातुषु ॥ ४० ॥

今译：声音清脆的铃铛，
　　　装饰有绚丽飘带，
　　　随风摇摆的铃铛，
　　　为佛舍利塔增色。（40）

什译：寶鈴千萬億，風動出妙音。

पूजा च विपुला तेषां पुष्पगन्धविलेपनैः ।
कृता वाद्यैश्च वस्त्रैश्च दुन्दुभीभिः पुनः पुन ॥ ४१ ॥

今译：用大量鲜花、香料、
　　　香膏和衣服，奏响
　　　各种乐器和大小鼓，
　　　持续不断敬拜供奉。（41）

什译：又於無量劫，而供養此塔，
　　　華香諸瓔珞，天衣眾伎樂。

मधुरा वाद्यभाण्डा च वादिता तेषु धातुषु ।
गन्धतैलप्रदीपाश्च दत्तास्ते ऽपि समन्ततः ॥ ४२ ॥

---

① 此处"表刹"对应的原词是 chatra（"伞盖"或"华盖"）。

今译：在那些舍利塔中，
回响甜美器乐声，
在宝塔周边各处，
还供奉有香油灯。（42）

什译：燃香油酥燈，周匝常照明。

य इदं धारयेत्सूत्रं क्षयकालि च देशयेत्।
ईदृशी मे कृता तेन विविधा पूजनन्तिका ॥ ४३ ॥

今译：而在末时恶浊世，
受持宣说这部经，
他就已对我进行
这样无穷的供奉。（43）

什译：惡世法末時，能持是經者，
則為已如上，具足諸供養。

अग्रा विहारकोट्यो ऽपि बहुश्चन्दनकारिताः ।
द्वात्रिंशती च प्रासादा उच्चैस्त्वेनाष्टवत्तलाः ॥ ४४ ॥

今译：他已经用旃檀木
建造千万座寺院，
有三十二座殿堂，
高度有八多罗树。（44）

什译：若能持此經，則如佛現在，
以牛頭旃檀，起僧坊供養，
堂有三十二，高八多羅樹。

शय्यासनैरुपस्तब्धाः खाद्यभोज्यैः समन्विताः ।
प्रवेणी प्रणीत प्रज्ञप्ता आवासाश्च सहस्रशः ॥ ४५ ॥

今译：安置卧床和座位，
提供各种软硬食，
铺设精致的毛毯，
住宿处数以千计。（45）

什译：上饌妙衣服，床臥皆具足，
百千眾住處。

आरामाश्चंक्रमा दत्ताः पुष्पारामोपशोभिताः ।
बहु उच्छदकाश्चैव बहुरूपविचित्रिताः ॥ ४६ ॥

今译：提供花园和鲜花，
园林和散步场所，
一切都精心装饰，
优美奇妙而可爱。①（46）

什译：園林諸浴池，經行及禪窟，
種種皆嚴好。

संघस्य विविधा पूजा कृता मे तेन संमुखम्।
य इदं धारयेत्सूत्रं निर्वृतस्मिन्विनायके ॥ ४७ ॥

今译：在导师涅槃之后，
他受持这一部经，
就是当面对我和
僧众的各种供奉。（47）

अधिमुक्तिसारो यो स्यादतो बहुतरं हि सः ।
पुण्यं लभेत यो एतत्सूत्रं वाचेल्लिखेत वा ॥ ४८ ॥

① 在这颂原文中，还有 ucchadakāḥ 这个词，词义不明，未译出。

今译：若有人信念坚固，
诵读书写这部经，
那么，他获得的
功德肯定还要多。（48）

什译：若有信解心，受持讀誦書，

लिखापयेन्नरः कश्चित्सुनिरुक्तं च पुस्तके ।
पुस्तकं पूजयेत्तच्च गन्धमाल्यविलेपनैः ॥ ४९ ॥

今译：若有人让人书写，
认真注释这部经，
用香料、香膏和
花环供奉这部书。（49）

什译：若復教人書，及供養經卷，
散華香末香，

दीपं च दद्याद्यो नित्यं गन्धतैलस्य पूरितम् ।
जात्युत्पलातिमुक्तैश्च प्रकरैश्चम्पकस्य च ॥ ५० ॥

今译：他经常供奉灌满
香油的灯，还有
许多豆蔻、青莲、
阿提目多和瞻波[①]。（50）

什译：以須曼[②]瞻蔔，阿提目多伽，
薰油常燃之。

---

① “豆蔻”（jāti）、“阿提目多”（atimukta，或译“阿提目多伽”）和“瞻波”（campaka，或译“瞻蔔”）均为花名。

② “须曼”（sumanas）也是花名。此处原文中没有使用此词。

कुर्यादेतादृशीं पूजां पुस्तकेषु च यो नरः ।
बहु प्रसवते पुण्यं प्रमाणं यस्य नो भवेत्॥ ५१ ॥

今译：他这样尽心尽力
供奉经书，由此
产生的众多功德
无限无量无穷尽。（51）

什译：如是供養者，得無量功德，

यथैवाकाशधातौ हि प्रमाणं नोपलभ्यते ।
दिशासु दशसू नित्यं पुण्यस्कन्धो ऽयमीदृशः ॥ ५२ ॥

今译：如同虚空无限量，
所有十方无止境，
这种功德也同样，
不能获得它尽头。（52）

什译：如虛空無邊，其福亦如是。

कः पुनर्वादो यश्च स्यात्क्षान्तो दान्तः समाहितः ।
शीलवांश्चैव ध्यायी च प्रतिसंलानगोचरः ॥ ५३ ॥

今译：更何况有人忍辱，
柔顺，凝思静虑，
坚持持戒和修禅，
僻静处独自坐禅。（53）

什译：況復持此經，兼布施持戒，
忍辱樂禪定。

अक्रोधनो अपिशुनश्चैत्यस्मिन् गौरवे स्थितः ।

भिक्षूणां प्रणतो नित्यं नाधिमानी न चालसः ॥ ५४ ॥

今译：不瞋怒，不毁谤，
对塔庙怀恭敬心，
永远尊敬众比丘，
不骄慢，不懒散。（54）

什译：不瞋不惡口，恭敬於塔廟，
謙下諸比丘，遠離自高心。

प्रज्ञवांश्चैव धीरश्च प्रश्नं पृष्टो न कुप्यति ।
अनुलोमं च देशेति कृपाबुद्धी च प्राणिषु ॥ ५५ ॥

今译：意志坚定有智慧，
善于问答不发怒，
随顺他人而宣说，
对众生怀慈悲心。（55）

什译：常思惟智慧，有問難不瞋，
隨順為解說。

य ईदृशो भवेत्कश्चिद्यः सूत्रं धारयेदिदम् ।
न तस्य पुण्यस्कन्धस्य प्रमाणमुपलभ्यते ॥ ५६ ॥

今译：任何人若是能够
这样受持这部经，
他所获得的功德
无限无量无穷尽。（56）

什译：若能行是行，功德不可量。

यदि कश्चिन्नरः पश्येदीदृशं धर्मभाणकम् ।

धारयन्तमिदं सूत्रं कुर्याद्धै तस्य सत्क्रियाम्॥ ५७ ॥

今译：若是有人能看到
这样受持和宣说
这部经的说法者，
那就应该供奉他。（57）

什译：若見此法師，成就如是德，

दिव्यैश्च पुष्पैस्तथ ओकिरेत दिव्यैश्च वस्त्रैरभिच्छादयेत ।
मूर्धेन वन्दित्व च तस्य पादौ तथागतो ऽयं जनयेत संज्ञाम्॥ ५८ ॥

今译：撒下天国的鲜花，
献上天国的衣服，
俯首致以触足礼，
对他产生如来想。（58）

什译：應以天華散，天衣覆其身，
頭面接足禮，生心如佛想。

दृष्ट्वा च तं चिन्तयि तस्मि काले गमिष्यते एष द्रुमस्य मूलम्।
बुध्यिष्यते बोधिमनुत्तरां शिवां हिताय लोकस्य सदेवकस्य ॥ ५९ ॥

今译：看到后，认为他在
此世就会走向树下，
为世界和天界利益，
觉知无上清凉菩提。（59）

什译：又應作是念："不久詣道樹，
得無漏無為，廣利諸人天。"

यस्मिंश्च सो चंक्रमि तादृशो विदुः तिष्ठेत वा यत्र निषीदयेद्वा ।

शय्यां च कल्पेय कहिंचि धीरो भाषन्तु गाथां पि तु एकसूत्रात्॥ ६० ॥

今译：这位智者散步、站立、
坐下或者躺卧的地方，
还有他甚至只是宣说
经中一首偈颂的地方。（60）

什译：其所住止處，經行若坐臥，
乃至說一偈，

यस्मिंश्च स्तूपं पुरुषोत्तमस्य कारापयेच्चित्रसुदर्शनीयम्।
उद्दिश्य बुद्धं भगवन्त नायकं पूजां च चित्रां तहि कारयेत्तथा ॥ ६१ ॥

今译：应该在这里建造
佛塔，美观可爱，
应该用各种方式，
供奉佛世尊导师。（61）

什译：是中應起塔，莊嚴令妙好，
種種以供養。

मया स भुक्तः पृथिवीप्रदेशो मया स्वयं चंक्रमितं च तत्रं ।
तत्रोपविष्टो अहमेव च स्यां यत्र स्थितः सो भवि बुद्धपुत्रः ॥ ६२ ॥

今译：我已经享用这位
佛子所在的地方，
我已经在这地方
或坐或卧或散步。（62）

什译：佛子住此地，則是佛受用，
常在於其中，經行及坐臥。

इति श्रीसद्धर्मपुण्डरीके धर्मपर्याये पुण्यपर्यायपरिवर्तो नाम षोडशमः ॥

今译：以上是神圣《妙法莲华》法门中名为《分别功德品》的第十六品。

१७ अनुमोदनापुण्यनिर्देशपरिवर्तः ।

今译：第十七 随喜功德品[①]

什译：随喜功德品第十八

अथ खलु मैत्रेयो बोधिसत्त्वो महासत्त्वो भगवन्तमेतदवोचत्-- यो भगवनिमं धर्मपर्यायं देश्यमानं श्रुत्वा अनुमोदेत्कुलपुत्रो वा कुलदुहिता वा, कियन्तं स भगवन्कुलपुत्रो वा कुलदुहिता वा पुण्यं प्रसवेदिति?

今译：这时，弥勒菩萨大士对世尊说道："世尊啊，若有善男子或善女人闻听宣说这个法门，随即心生欢喜，世尊啊，这善男子或善女人会产生怎样的功德？"

什译：爾時，彌勒菩薩摩訶薩白佛言："世尊！若有善男子、善女人，聞是《法華經》隨喜者，得幾所福？"

अथ खलु मैत्रेयो बोधिसत्त्वो महासत्त्वस्तस्यां वेलायामिमां गाथामभाषत --

今译：这时，弥勒菩萨大士又用这首偈颂说道：

什译：而說偈言：

यो निर्वृते महावीरे श्रृणुयात्सूत्रमीदृशम्।
श्रुत्वा चाभ्यनुमोदेया कियन्तं कुशलं भवेत्॥ १ ॥

---

① 这个品名"随喜功德"中的"随喜"，原词是 anumodanā，词义为随即或随同欢喜。这个品名护译"劝助"，并非直接对应 anumodanā（"随喜"）一词，而是依据本品内容，强调听法后随喜，劝助他人听法。

今译：在大英雄涅槃后，
有人闻听这部经，
随即生起欢喜心，
会产生多少善根？（1）

什译：世尊滅度後，其有聞是經，
若能隨喜者，為得幾所福？

अथ खलु भगवान्मैत्रेयं बोधिसत्त्वं महासत्त्वमेतदवोचत्-- यः कश्चिदजित कुलपुत्रो वा कुलदुहिता वा तथागतस्य परिनिर्वृतस्य इमं धर्मपर्यायं देश्यमानं संप्रकाश्यमानं शृणुयाद्भिक्षुर्वा भिक्षुणी वा उपासको वा उपासिका वा विज्ञपुरुषो वा कुमारको वा, कुमारिका वा, श्रुत्वा च अभ्यनुमोदेत, सचेत्ततो धर्मश्रवणादुत्थाय प्रक्रामेत्, स च विहारगतो वा गृहगतो वा अरण्यगतो वा वीथीगतो वा ग्रामगतो वा जनपदगतो वा तान्हेतूंस्तानि कारणानि तं धर्मं यथाश्रुतं यथोद्गृहीतं यथाबलमपरस्य सत्त्वस्याचक्षीत मातुर्वा पितुर्वा ज्ञातेर्वा, संमोदितस्य वा अन्यस्य वा संस्तुतस्य कस्यचित्, सो ऽपि यदि श्रुत्वा अनुमोदेत, अनुमोद्य च पुनरन्यस्मै आचक्षीत । सो ऽपि यदि श्रुत्वानुमोदेत, अनुमोद्य च सो ऽप्यपरस्मै आचक्षीत, सो ऽपि तं श्रुत्वानुमोदेत । इत्यनेन पर्यायेण यावत्पञ्चाशत्परंपरया । अथ खल्वजित यो ऽसौ पञ्चाशत्तमः पुरुषो भवेत्परंपराश्रवानुमोदकः, तस्यापि तावदहमजित कुलपुत्रस्य वा कुलदुहितुर्वा अनुमोदनासहगतं पुण्याभिसंस्कारमभिनिर्देक्ष्यामि । तं शृणु, साधु च सुष्ठु च मनसिकुरु । भाषिष्ये ऽहं ते ॥

今译：然后世尊对弥勒菩萨大士说道："阿逸多啊，若有善男子或善女人在如来涅槃后，闻听宣说的这个法门，或者比丘、比丘尼、优婆塞、优婆夷、智者以及少男少女，闻听宣说的这个法门，随即心生欢喜，从听法处起身离去，在寺院，在家中，在空旷林中，在街道，在村庄，在聚落，以种种因缘[1]，尽力依照所听取和所掌握的那样向

① 此处"以种种因缘"的原文是 hetūṃstāni kāraṇāni。这里的"种种因缘"应该指种种机会或机缘。什译中没有涉及这个短语。

其他众生，或父母，或亲戚，或善友[①]，或熟人，宣说这种法。若这个人闻听后，也随即心生欢喜，向另一个人宣说。若这个人闻听后，也随即心生欢喜，又向另一个人宣说。若这个人闻听后，也随即心生喜悦，按照这种方式，辗转五十个人。然后，阿逸多啊，这第五十个人辗转闻听后，也随即心生欢喜。那么，阿逸多啊，我现在宣说这时的这个善男子或善女人伴随这种随喜的福行。请安下心来听我说，我要告诉你。

什译：爾時，佛告彌勒菩薩摩訶薩："阿逸多！如來滅後，若比丘、比丘尼、優婆塞、優婆夷，及餘智者，若長若幼，聞是經隨喜已，從法會出，至於餘處，若在僧坊，若空閑地，若城邑、巷陌、聚落、田里，如其所聞，為父母、宗親、善友、知識[②]，隨力演說。是諸人等聞已隨喜，復行轉教。餘人聞已，亦隨喜轉教。如是展轉，至第五十。阿逸多！其第五十善男子、善女人隨喜功德，我今說之，汝當善聽。

तद्यथापि नाम अजित चतुर्षु लोकधातुष्वसंख्येयशतसहस्रेषु ये सत्त्वाः सन्तः संविद्यमानाः षड्सु गतिषूपपन्नाः, अण्डजा वा जरायुजा वा संस्वेदजा वा औपपादुका वा रूपिणो वा अरूपिणो वा संज्ञिनो वा असंज्ञिनो वा नैवसंज्ञिनो वा नासंज्ञिनो वा अपदा वा द्विपदा वा चतुष्पदा वा बहुपदा वा यावदेव सत्त्वाः सत्त्वधातौ संग्रहसमवसरणं गच्छन्ति । अथ कश्चिदेव पुरुषः समुत्पद्येत पुण्यकामो हितकामस्तस्य सत्त्वकायस्य सर्वकामक्रीडारतिपरिभोगानिष्टान्कान्तान्प्रियान्मनापान्दद्यात्। एकैकस्य सत्त्वस्य जम्बुद्वीपं परिपूर्णं दद्यात्कामक्रीडारतिपरिभोगाय, हिरण्यसुवर्णरूप्यमणिमुक्तावैडूर्यशङ्खशिलाप्रवालानश्वरथगोरथहस्तिरथान्दद्यात्प्रासादान्कूटागारान्।

今译："譬如，阿逸多啊，在无数四百千世界中，众生生活在六道中，有卵生、胎生、湿生、化生、有色、无色、有想、无想、非有

① 此处"善友"的原词是 sammodita（J 本写为 sammoditika），词义为亲密的朋友。
② 此处"知识"对应的原词是 saṃstuta，词义为熟人。

想非无想①、无足、双足、四足或多足，乃至所有众生界众生合在一起。这时，有个人渴望功德，渴望利益，施舍这些众生愿望的游戏、欲乐和享受，样样可爱和愉快。他向整个瞻部洲每个众生施舍他们愿望的游戏、欲乐和享受。他施舍金钱、金银、摩尼珠、琉璃、贝壳、宝石和珊瑚，马车、牛车和象车，宫殿和楼阁。

什译：“若四百萬億阿僧祇世界，六趣四生眾生，卵生、胎生、濕生、化生，若有形、無形，有想、無想、非有想非無想，無足、二足、四足、多足，如是等在眾生數者，有人求福，隨其所欲娛樂之具，皆給與之。一一眾生，與滿閻浮提金、銀、琉璃、車渠、瑪瑙、珊瑚、琥珀，諸妙珍寶，及象馬車乘，七寶所成宮殿樓閣等。

अनेन पर्यायेण अजित स पुरुषो दानपतिर्महादानपतिः परिपूर्णान्यशीतिं वर्षाणि दानं दद्यात्। अथ खल्वजित स पुरुषो दानपतिर्महादानपतिरेवं चिन्तयेत्-- इमे खलु सत्त्वाः सर्वे मया क्रीडापिता रमापिताः सुखं जिवापिताः । इमे च ते भवन्तः सत्त्वा बलिनः पलितशिरसो जीर्णवृद्धा महल्लका अशीतिवर्षिका जात्या । अभ्याशीभूताश्चैते कालक्रियायाः । यन्न्वहमेतांस्तथागतप्रवेदिते धर्मविनये ऽवतारयेयमनुशासयेयम्। अथ खल्वजित स पुरुषस्तान्सर्वसत्त्वान्समादापयेत्। समादापयित्वा च तथागतप्रवेदिते धर्मविनये ऽवतारयेद्ग्राहयेत्। तस्य ते सत्त्वास्तं च धर्मं शृणुयुः । श्रुत्वा च एकक्षणेन एकमुहूर्तेन एकलवेन सर्वे स्रोतआपन्नाः स्युः, सकृदागामिनो ऽनागामिनो ऽनागामिफलं प्राप्नुयुर्यावदर्हन्तो भवेयुः, क्षीणास्रवा ध्यायिनो महाध्यायिनो ऽष्टविमोक्षध्यायिनः । तत्किं मन्यसे अजित अपि नु स पुरुषो दानपतिर्महादानपतिस्ततोनिदानं बहु पुण्यं प्रसवेदप्रमेयमसंख्येयम्? एवमुक्ते मैत्रेयो बोधिसत्त्वो महासत्त्वो भगवन्तमेतदवोचत्-- एवमेतत् भगवन्, एवमेतत्सुगत । अनेनैव तावद्भगवन्कारणेन स पुरुषो दानपतिर्महादानपतिर्बहु

① 这里是讲述三界（欲界、色界和无色界）的众生。其中，“卵生”（aṇḍaja）指破卵而生。“胎生”（jarāyuja）指破胎膜而生。“湿生”（saṃsvedaja）指生于腐物、沼泽或湿地。“化生”（aupapāduka）指无所依托而生。这四类众生属于欲界。“有想”（saṃjñin）指已经摆脱欲和色，但仍有想。“无想”（asaṃjñin）指摆脱想。“非有想非无想”（naivasaṃjñin nāsaṃjñin）指摆脱想和无想。这三类众生属于无色界。

पुण्यं प्रसवेत्, यस्तावतां सत्त्वानां सर्वसुखोपधानं दद्यात्। कः पुनर्वादो यदुत्तरि अर्हत्त्वे प्रतिष्ठापयेत्॥

今译："按照这种方式，阿逸多啊，这位施主、大施主施舍整整八十年。然后，阿逸多啊，这位施主、大施主心想：'我已经让这些众生游戏娱乐，快乐生活。现在，这些众生面皱①发白，年过八十，已经衰老，临近死期。确实，我应该教导他们悟入如来所说的法律。'于是，阿逸多啊，这个人劝说所有这些众生。劝说后，他教导他们悟入和掌握如来所说的法律。这些众生闻听这种法。闻听后，顷刻刹那瞬间全都成为预流、一来和不还，获得不还果，乃至成为阿罗汉②，烦恼灭尽，修习禅定，修习大禅定，修习八解脱禅定。阿逸多啊，你认为怎样？这位施主、大施主由此因缘会产生无数众多功德吗？"这样说罢，弥勒菩萨大士回答世尊说："世尊啊，正是这样，善逝啊，正是这样。世尊啊，由此因缘，这位施主、大施主产生很多功德。他施予这些众生一切快乐，更何况还让他们成为阿罗汉？"

什译："是大施主如是布施滿八十年已，而作是念：'我已施諸③眾生娛樂之具，隨意所欲。然此眾生皆已衰老年過八十，髮白面皺，將死不久，我當以佛法而訓導之。'即集此眾生，宣布法化，示教利喜，一時皆得須陀洹道、斯陀含道、阿那含道、阿羅漢道，盡諸有漏，於深禪定皆得自在，具八解脫。於汝意云何，是大施主所得功德寧為多不？"彌勒白佛言："世尊！是人功德甚多，無量無邊。若是施主，但施眾生一切樂具，功德無量，何況令得阿羅漢果？"

एवमुक्ते भगवानजितं बोधिसत्त्वं महासत्त्वमेतदवोचत्— आरोचयामि ते अजित, प्रतिवेदयामि। यश्च स दानपतिर्महादानपतिः पुरुषश्चतुर्षु लोकधातुष्व-

---

① 此处"面皱"的原词是 balinaḥ，与 valinaḥ 相通。据 J 本，此词与"发白"一词组成复合词，写为 valīpalitaśiraso（"面皱发白"）。
② "预流"（srotāpanna，音译"须陀洹"）、"一来"（sakṛdāgāmin，音译"斯陀含"）、"不还"（anāgāmin，音译"阿那含"）和"阿罗汉"（arhat）是修行达到的四个果位。
③ 此处"诸"字，据《中华大藏经》校勘记，诸本无。

संख्येयशतसहस्रेषु सर्वसत्त्वानां सर्वसुखोपधानैः परिपूर्य अर्हत्त्वे प्रतिष्ठाप्य पुण्यं प्रसवेत्, यश्च पञ्चाशत्तमः पुरुषः परंपराश्रवानुगतः श्रवणेन इतो धर्मपर्याया-देकामपि गाथामेकपदमपि श्रुत्वा अनुमोदेत । यच्चैतस्य पुरुषस्यानुमोदनासहगतं पुण्यक्रियावस्तु, यच्च तस्य पुरुषस्य दानपतेर्महादानपतेर्दानसहगतमर्हत्त्वं प्रतिष्ठापनासहगतपुण्यक्रियावस्तु, इदमेव ततो बहुतरम्। यो ऽयं पुरुषः पञ्चाशत्तमः, ततः पुरुषपरंपरात इतो धर्मपर्यायादेकामपि गाथामेकपदमपि श्रुत्वा अनुमोदेत्। अस्य अनुमोदनासहगतस्य अजित पुण्याभिसंस्कारस्य कुशल-मूलाभिसंस्कारस्य अनुमोदनासहगतस्य अग्रतःअसौ पौर्विको दानसहगतश्च अर्हत्त्वप्रतिष्ठापनासहगतश्च पुण्याभिसंस्कारः शततमीमपि कलां नोपयाति, सहस्रतमीमपि शतसहस्रतमीमपि कोटीतमीमपि कोटीशततमीमपि कोटी-सहस्रतमीमपि कोटीशतसहस्रतमीमपि कोटीनियुतशतसहस्रतमीमपि कलां नोपयाति । संख्यामपि कलामपि गणनामपि उपमामपि उपनिषदमपि न क्षमते । एवमप्रमेयमसंख्येयमजित सो ऽपि तावत्पञ्चाशत्तमः परंपराश्रवणे पुरुष इतो धर्मपर्यायादन्तश एकगाथामपि एकपदमपि अनुमोद्य च पुण्यं प्रसवति । कः पुनर्वादो ऽजित यो ऽयं मम संमुखमिमं धर्मपर्यायं शृणुयात, श्रुत्वा चाभ्यनुमोदेत, अप्रमेयतरमसंख्ययेतरं तस्याहमजित तं पुण्याभिसंस्कारं वदामि ॥

今译：这样说罢，世尊对弥勒菩萨大士说道："我告诉你，阿逸多啊，我告知你。这位施主、大施主施予无数四百千世界所有众生一切快乐，让他们成为阿罗汉，由此产生功德。而第五十个辗转听法的人，即使闻听这个法门中的一首偈颂，甚至一句，随即心生欢喜。这个人伴随随喜的功德，这个施主、大施主伴随施舍的功德，伴随让众生成为阿罗汉的功德。那么，这第五十个人，辗转听法，即使闻听这个法门中的一首偈颂，甚至一句，随即心生欢喜，由此产生功德更多。阿逸多啊，在这个人伴随随喜的福行和善行前面，那个人伴随以前施舍和让人成为阿罗汉的福行和善行比不上前者的百分之一、千分之一、百千分之一、千万分之一、百千万分之一、千千万分之一、百千千万分之一和百千千万那由他分之一，也不能计数，不能计量，不能计算，不能比喻，不能比拟。阿逸多啊，这第五十个人辗转听法，即使闻听这个法门中的一首偈颂，甚至一句，随即心生欢喜，产生的功德如此无量无数。更何况在我面前闻听这个法门，闻听后随即心生欢喜？阿逸多啊，我说这个人[①]的功德更加无量无数。

什译：佛告彌勒："我今分明語汝，是人以一切樂具，施於四百萬億阿僧祇世界六趣眾生，又令得阿羅漢果，所得功德，不如是第五十人聞《法華經》一偈隨喜功德，百分、千分、百千萬億分不及其一，乃至算數、譬喻所不能知。阿逸多！如是第五十人展轉聞《法華經》隨喜功德尚無量無邊阿僧祇，何況最初於會中聞而隨喜者，其福復勝，無量無邊阿僧祇不可得比。

यः खलु पुनरजित अस्य धर्मपर्यायस्य श्रवाणार्थं कुलपुत्रो वा कुलदुहिता वा स्वगृहान्निष्क्रम्य विहारं गच्छेत्। स च गत्वा तस्मिन्निमं धर्मपर्यायं मुहूर्तकमपि शृणुयात्स्थितो वा निषण्णो वा । स सत्त्वस्तन्मात्रेण पुण्याभिसंस्कारेण कृतेनोपचितेन जातिविनिवृत्तो द्वितीये समुच्छ्रये द्वितीये आत्मभावप्रतिलम्भे गोरथानां लाभी भविष्यति, अश्वरथानां हस्तिरथानां शिबिकानां गोयनानामृषभयानानां दिव्यानां च विमानानां लाभी भविष्यति । सचेत्पुनस्तत्र धर्मश्रवणे मुहूर्तमात्रमपि निषद्य इदं धर्मपर्यायं शृणुयात्, परं वा निषादयेत्, आसनसंविभागं वा कुर्यादपरस्य सत्त्वस्य, तेन स पुण्याभिसंस्कारेण लाभी भविष्यति शक्रासनानां ब्रह्मासनानां चक्रवर्तिसंहासनानाम्।

今译："阿逸多啊，若有善男子或善女人为听取这个法门，离家前往寺院。到了那里，他站着或坐着，即使闻听这个法门片刻时间，仅仅凭此积累的福行，他过完这一生，在下一生获得第二个身体时，会获得牛车、马车、象车、轿子以及天国的牛车和飞车。如果他在这个听法处，即使坐着闻听这个法门片刻时间，或劝说他人坐下，或与他人分享一个座位，那么，由此福行，他会获得帝释天座位、梵天座位和转轮王座位。

① "这个人"指最初当面闻听世尊说法的人。

第十七　随喜功德品　659

什译：“又，阿逸多！若人為是經故，往詣僧坊，若坐若立，須臾聽受，緣是功德，轉身所生，得好上妙象馬車乘、珍寶輦輿，及乘天宮[1]。若復有人於講法處坐，更有人來，勸令坐聽，若分座令坐，是人功德，轉身得帝釋坐處，若梵王坐處，若轉輪聖王所坐之處。

सचेत्पुनरजित कश्चिदेव कुलपुत्रो वा कुलदुहिता वा अपरं पुरुषमेवं वदेत्-- आगच्छ त्वं भोः पुरुष । सद्धर्मपुण्डरीकं नाम धर्मपर्यायं शृणुष्व । स च पुरुषस्तस्य तां प्रोत्साहनामागम्य यदि मुहूर्तमात्रमपि शृणुयात्, स सत्त्वस्तेन प्रोत्साहेन कुशलमूलेनाभिसंस्कृतेन धारणीप्रतिलब्धैर्बोधिसत्त्वैः सार्धं समवधानं प्रतिलभते । अजडश्च भवति, तीक्ष्णेन्द्रियः प्रज्ञावान्। न तस्य जातिशतसहस्रैरपि पूति मुखं भवति न दुर्गन्धि । नाप्यस्य जिह्वारोगो भवति, न मुखरोगो भवति । न च श्यामदन्तो भवति, न विषमदन्तो भवति, न पीतदन्तो भवति, न दुःसंस्थितदन्तो न खण्डदन्तो न पतितदन्तो न वक्रदन्तो न लम्बोष्ठो भवति, नाभ्यन्तरोष्ठो न प्रसारितोष्ठो न खण्डोष्ठो न वङ्कोष्ठो न कृष्णोष्ठो न बीभत्सोष्ठो भवति । न चिपीटनासो भवति, न वक्रनासो भवति । न दीर्घमुखो भवति, न वङ्कमुखो भवति, न कृष्णमुखो भवति, नाप्रियदर्शनमुखः । अपि तु खल्वजित सूक्ष्मसुजातजिह्वा-दन्तोष्ठो भवति आयतनासः । प्रणीतमुखमण्डलः सुभ्रूः सुपरिनिक्षिप्तललाटो भवति । सुपरिपूर्णपुरुषव्यञ्जनप्रतिलाभी च भवति । तथागतं च अववादानुशासकं प्रतिलभते । क्षिप्रं च बुद्धैर्भगवद्भिः सह समवधानं प्रतिलभते । पश्य अजित एकसत्त्वमपि नाम उत्साहयित्वा इयत्पुण्यं प्रसवति । कः पुनर्वादो यः सत्कृत्य शृणुयात्, सत्कृत्य वाचयेत्, सत्कृत्य देशयेत्, सत्कृत्य प्रकाशयेदिति ॥

今译：“阿逸多啊，若有善男子或善女人劝说另一个人：‘来吧，听取这个名为《妙法莲华》的法门吧！’而那个人听从他的劝说，即使听法片刻时间，那么，凭此劝说积累的善根，他会获得与那些获得陀罗尼的菩萨共处。他会不愚钝，诸根敏锐，具有智慧。即使转生百千次，他的口中无恶臭，舌无病，嘴无病。牙齿齐整，不黑，不黄，不疏稀，不破碎，不掉落，不歪斜。嘴唇不耷拉，不缩进，不突出，

① “乘天宫”意谓乘坐飞行的天宫（vimāna），即乘坐天国飞车。

不破碎，不歪斜，不发黑，不令人讨厌。鼻子不扁瘪，不歪斜。脸不长，不歪斜，不发黑，不丑陋。确实，阿逸多啊，他的舌头、牙齿和嘴唇端庄美妙，鼻子修长，面庞和眉毛优美，额头平正。他获得所有人的妙相。他获得聆听如来说法教诲。他很快与佛世尊们共处。阿逸多啊，你看，即使劝说一个人，就产生这样的功德，更何况恭敬听法，恭敬诵读，恭敬宣示，恭敬宣说？”

什译：“阿逸多！若復有人，語餘人言：‘有經，名《法華》，可共往聽。’即受其教，乃至須臾間聞。是人功德，轉身得與陀羅尼菩薩共生一處，利根智慧，百千萬世終不瘖瘂，口氣不臭，舌常無病，口亦無病。齒不垢黑，不黃不踈，亦不缺落，不差不曲。脣不下垂，亦不褰縮，不麁澁，不瘡胗，亦不缺壞，亦不喎斜，不厚不大，亦不黧黑，無諸可惡。鼻不匾㔸，亦不曲戾。面色不黑，亦不狹長，亦不窊曲，無有一切不可喜相。脣舌牙齒悉皆嚴好，鼻修高直，面貌圓滿，眉高而長，額廣平正，人相具足。世世所生，見佛聞法，信受教誨。阿逸多！汝且觀是勸於一人令往聽法，功德如此，何況一心聽說讀誦，而於大眾為人分別，如說修行？”

अथ खलु भगवांस्तस्यां वेलायामिमा गाथा अभाषत --

今译：这时，世尊又用这些偈颂说道：

什译：爾時，世尊欲重宣此義，而說偈言：

पञ्चाशिमो यश्च परंपरायां सूत्रस्यिमस्यो श्रृणुतेकगाथाम्।
अनुमोदयित्वा च प्रसन्नचित्तः श्रृणुष्व पुण्यं भवि यत्तकं तत्॥ २ ॥

今译：第五十个人辗转闻听
这部经中的一首偈颂，
随即欢喜，内心清净，
请听由此产生的功德。（2）

什译：若人於法會，得聞是經典，
乃至於一偈，隨喜為他說，
如是展轉教，至于第五十，
最後人獲福，今當分別之。

स चैव पु रुषो भवि दानदाता सत्त्वान्कोटीनयुतेषु नित्यम्।
ये पूर्वमौपम्यकृता मया वै तान्सर्वि तर्पेय अशीति वर्षान्॥ ३ ॥

今译：若有人长期施舍
千万那由他众生，
满足他们八十年，
我以此事作譬喻。(3)

什译：如有大施主，供給無量眾，
具滿八十歲，隨意之所欲。

सो दृष्ट्व तेषां च जरामुपस्थितां वली च खण्डं च शिरश्च पाण्डरम्।
हाहाधिमुच्यन्ति हि सर्वसत्त्वा यन्नून धर्मेण हु ओवदेयम्॥ ४ ॥

今译：他看到他们衰老，
面皱发白，感叹
一切众生命将尽[①]，
我应向他们说法。(4)

什译：見彼衰老相，髮白而面皺，
齒踈形枯竭，念其死不久，
我今應當教，令得於道果。

सो तेष धर्मं वदतीह पश्चान्निर्वाणभूमिं च प्रकाशयेत ।

① 此处“命将尽”的原词是 adhimucyanti，词义为信解或度脱。据 J 本，此处写为 dhi muṣyanti，其中的 dhi 相当于 dhik，是感叹词，muṣyanti 的词义为偷走或失去，在这里适用，可理解为生命失去。

सर्वे भवाः फेनमरीचिकल्पा निर्विद्यथा सर्वभवेषु क्षिप्रम्॥ ५ ॥

今译：然后他向他们说法，
向他们宣说涅槃地，
一切生似泡沫阳焰，
要迅速厌弃一切生。（5）

什译：即為方便說，涅槃真實法，
世皆不牢固，如水沫泡焰，
汝等咸應當，疾生厭離心。

ते सर्वसत्त्वाश्च श्रुणित्व धर्मं तस्यैव दातुः पुरुषस्य अन्तिकात्।
अर्हन्तभूता भवि एककाले क्षीणास्रवा अन्तिमदेहधारिणः ॥ ६ ॥

今译：从这位大施主的身边，
一切众生闻听这种法，
顷刻之间成为阿罗汉，
烦恼灭尽得最后一身。（6）

什译：諸人聞是法，皆得阿羅漢，
具足六神通，三明八解脫。

पुण्यं ततो बहुतरु तस्य हि स्यत्परंपरातः श्रुणि एकगाथाम्।
अनुमोदि वा यत्तकु तस्य पुण्यं कल पुण्यस्कन्धः पुरिमो न भोति ॥ ७ ॥

今译：而辗转闻听一首偈颂，
心中随喜，功德更多，
前者所得功德比不上
这人所得功德的一分。（7）

什译：最後第五十，聞一偈隨喜，
是人福勝彼，不可為譬喻。

एवं बहु तस्य भवेत पुण्यं अनन्तकं यस्य प्रमाणु नास्ति ।
गाथां पि श्रुत्वैक परंपराय किं वा पुनः संमुख यो श्रुणेया ॥ ८ ॥

今译：辗转闻听一偈颂，
他的功德如此多，
无量无数无穷尽，
更何况当面闻听？（8）

什译：如是展轉聞，其福尚無量，
何況於法會，初聞隨喜者？

यश्चैकसत्त्वं पि वदेय तत्र प्रोत्साहये गच्छ शृणुष्व धर्मम्।
सुदुर्लभं सुत्रमिदं हि भोति कल्पान कोटीनयुतैरनेकैः ॥ ९ ॥

今译：即使只劝说一人：
“你去听这种法吧！
数千万那由他劫，
难得闻听这部经。”（9）

什译：若肯[1]勸一人，將引聽法華，
言此經深妙，千萬劫難遇。

स चापि प्रोत्साहितु तेन सत्त्वः श्रुणेय सूत्रेम मुहूर्तकं पि ।
तस्यापि धर्मस्य फलं शृणोहि मुखरोग तस्य न कदाचि भोति ॥ १० ॥

今译：那人听从他劝说，
即使片刻听此经，
请听此人的功果：
他的嘴永远无病。（10）

① 此处“肯”字，据《中华大藏经》校勘记，《资》、《碛》、《普》、《南》、《径》、《清》、《丽》作“有”。

什译：即受教往聽，乃至須臾聞，
斯人之福報，今當分別說。

जिह्वापि तस्य न कदाचि दुःखति न तस्य दन्ता पतिता भवन्ति ।
श्यामाथ पीता विषमा च जातु बीभत्सितोष्ठो न च जातु भोति ॥ ११ ॥

今译：舌头也永远无病，
牙齿齐整不掉落，
不黑不黄不畸形，
嘴唇不令人讨厌。（11）

什译：世世無口患，齒不踈黃黑，
脣不厚褰缺，無有可惡相。

कुटिलं च शुष्कं च न जातु दीर्घं मुखं न चिपिटं स्य कदाचि भोति ।
सुसंस्थिता नास तथा ललाटं दन्ता च ओष्ठो मुखमण्डलं च ॥ १२ ॥

今译：他的面庞永不干枯，
不歪，不长，不扁，
鼻子、额头、牙齿、
嘴唇和面庞都端正。（12）

什译：舌不乾黑短，鼻高修且直，
額廣而平正，面目悉端嚴。

प्रियदर्शनो भोति सदा नराणां पूर्तिं च वक्त्रं न कदाचि भोति ।
यथोत्पलस्येह सदा सुगन्धिः प्रवायते तस्य मुखस्य गन्धः ॥ १३ ॥

今译：他的口中无恶臭，
呼出的气息犹如
飘逸的莲花香气，
他永远人见人爱。（13）

什译：為人所喜見，口氣無臭穢，
優鉢華[①]之香、常從其口出。

गृहाद्विहारं हि व्रजित्व धीरो गच्छेत सूत्रं श्रवणाय एतत्।
गत्वा च सो तत्र शृणे मुहूर्तं प्रसन्नचित्तस्य फलं शृणोथ ॥ १४ ॥

今译：聪慧者离家前往
寺院聆听这部经，
聆听片刻心清净，
请听此人的功果。（14）

什译：若故詣僧坊，欲聽法華經，
須臾聞歡喜，今當說其福。

सुगौरु तस्यो भवतेत्मभावः परियाति चो अश्वरथेहि धीरः ।
हस्तीरथांश्चो अभिरुह्य उच्चान्रतनेहि चित्राननुचंक्रमेया ॥ १५ ॥

今译：这智者身体白净，
他乘坐马车出行，
登上镶嵌宝石的、
高大的象车出行。（15）

什译：後生天人中，得妙象馬車，
珍寶之輦輿，及乘天宮殿。

विभूषितां सो शिबिकां लभेत नरैरनेकैरिह वाह्यमानाम्।
गत्वापि धर्मं श्रवणाय तस्य फलं शुभं भोति च एवरूपम्॥ १६ ॥

今译：他获得漂亮轿子，
许多人抬着前行，

① “优钵华”是 utpala（“莲花”）一词的音译。

由于前去聆听法，
他获得这种善果。（16）

निषद्य चासौ परिषाय तत्र शुक्लेन कर्मेण कृतेन तेन ।
शक्रासनानां भवते स लाभी ब्रह्मासनानां च नृपासनानाम्॥ १७ ॥

今译：由于这种清净业，
　　　他在集会中就坐，
　　　获得帝释天座位，
　　　梵天和国王座位。（17）

什译：若於講法處，勸人坐聽經，
　　　是福因緣得，釋梵轉輪座，
　　　何況一心聽，解說其義趣，
　　　如說而修行，其福不可限①。

इति श्रीसद्धर्मपुण्डरीके धर्मपर्याये अनुमोदनापुण्यनिर्देशपरिवर्तो नाम सप्तदशमः ॥

今译：以上是神圣《妙法莲华》法门中名为《随喜功德品》的第十七品。

---

① 此处"限"字，据《中华大藏经》校勘记，《丽》作"量"。

१८ धर्मभाणकानुशंसापरिवर्तः ।

今译：第十八 法师功德品

什译：法師功德品第十九

अथ खलु भगवान्सततसमिताभियुक्तं बोधिसत्त्वं महासत्त्वमामन्त्रयामास -- यः कश्चित्कुलपुत्र इमं धर्मपर्यायं धारयिष्यति वाचयिष्यति वा देशयिष्यति वा लिखिष्यति व, स कुलपुत्रो वा कुलदुहिता व अष्टौ चक्षुर्गुणशतानि प्रतिलप्स्यते, द्वादश श्रोत्रगुणशतानि प्रतिलप्स्यते, अष्टौ घ्राणगुणशतानि प्रतिलप्स्यते, द्वादश जिह्वागुणशतानि प्रतिलप्स्यते, अष्टौ कायगुणशतानि प्रतिलप्स्यते, द्वादश मनोगुणशतानि प्रतिलप्स्यते । तस्यैभिर्बहुभिर्गुणशतैः षडिन्द्रियग्रामः परिशुद्धः सुपरिशुद्धो भविष्यति । स एवं परिशुद्धेन चक्षुरिन्द्रियेण प्राकृतेन मांसचक्षुषा मातापितृसंभवेन त्रिसाहस्रमहासाहस्रां लोकधातुं सान्तर्बहिः सशैलवनषण्डामधो यावदवीचिमहानिरयमुपादाय उपरि च यावत् भवाग्रं तत्सर्वं द्रक्ष्यति प्राकृतेन मांसचक्षुषा । ये च तस्मिन्सत्त्वा उपपन्नाः, तान्सर्वान्द्रक्ष्यति, कर्मविपाकं च तेषां ज्ञास्यतीति ॥

今译：然后，世尊对常精进菩萨大士说道："善男子啊，若有人受持、诵读、宣说和书写这个法门，这善男子或善女人会获得八百眼功德，一千二百耳功德，八百鼻功德，一千二百舌功德，八百身功德，一千二百意功德。凭借数以百计的功德，他的六根纯洁清净。他凭父母所生的天然清净的肉眼，看见三千大千世界里外所有山岳、森林和丛林，下至阿鼻大地狱，上至世界顶端。他凭天然的肉眼，看见所有这一切。他看见出生在那里的众生，知道他们的业果。"

什译：爾時，佛告常精進菩薩摩訶薩："若善男子、善女人受持是《法華經》，若讀，若誦，若解說，若書寫，是人當得八百眼功德、千二百耳功德、八百鼻功德、千二百舌功德、八百身功德、千二百意功德。以是功德莊嚴六根，皆令清淨。是善男子、善女人，父母所生清淨肉眼，見於三千大千世界內外所有山林河海，下至阿鼻地獄，上至有頂，亦見其中一切眾生，及業因緣果報生處，悉見悉知。"

अथ खलु भगवांस्तस्यां वेलायामिमा गाथा अभाषत --

今译：这时，世尊又用这些偈颂说道：

什译：爾時，世尊欲重宣此義，而說偈言：

य इमं सूत्र भाषेत पर्षासु च विशारदः ।
अनोलीनः प्रकाशेया गुणांस्तस्य शृणुष्व मे ॥ १ ॥

今译：若有人在集会上
　　　宣说此经，无所
　　　畏惧，毫不怯弱
　　　请听此人的功德。（1）

什译：若於大眾中，以無所畏心，
　　　說是法華經，汝聽其功德。

अष्टौ गुणशतास्तस्य चक्षुषो भोन्ति सर्वशः ।
येनास्य विमलं भोति शुद्धं चक्षुरनाविलम् ॥ २ ॥

今译：这个人将会获得
　　　眼睛的八百功德，
　　　由此，他的眼睛
　　　纯洁清净不浑浊。（2）

什译：是人得八百，功德殊勝眼，

以是莊嚴故，其目甚清淨。

स मांसचक्षुषा तेन मातापितृकसंभुना ।
पश्यते लोकधात्वेमां सशैलवनकाननाम्॥ ३ ॥

今译：他凭父母所生的
肉眼，就能看见
世界上所有一切，
无论山林或树林。（3）

什译：父母所生眼，悉見三千界。

मेरुं सुमेरु सर्वा च चक्रवाला स पश्यति ।
ये चान्ये पर्वताः खण्डाः समुद्रांश्चापि पश्यति ॥ ४ ॥

今译：他看见所有弥卢山、
须弥卢山[①]和铁围山，
还有其他众多的山，
也看见喧嚣的[②]大海。（4）

什译：內外彌樓山，須彌及鐵圍，
并諸餘山林，大海江河水。

यावानवीचि हेष्ठेन भवाग्रं चोपरिष्टतः ।
सर्वं स पश्यते धीरो मांसचक्षुस्य ईदृशम्॥ ५ ॥

今译：下至阿鼻大地狱，
上至世界的顶端，

① 这里所说“弥卢山”（meru）和“须弥卢山”（sumeru），实际是同一种山，汉译佛经中通常译为“须弥山”。由于这里是说看见三千大千世界，而每个世界都有一座须弥山，所以这里重复使用这两个山名也可以。

② 此处“喧嚣的”原词是 khaṇḍā，词义为破碎的，在这里不适用。据 J 本校注，此词也有写为 ghuṣṭā，词义为发声的，在这里形容大海，可取。

这位智者凭肉眼，
看见所有这一切。（5）

什译：下至阿鼻獄，上至有頂處，
其中諸眾生，一切皆悉見。

न ताव दिव्यचक्षु स्य भोति नो चापि जायते ।
विषयो मांसचक्षुस्य भवेत्तस्यायमीदृशः ॥ ६ ॥

今译：这时他没有天眼，
天眼还没有产生，
而凭借这双肉眼，
视域就达到这样。（6）

什译：雖未得天眼，肉眼力如是。

पुनरपरं सततसमिताभियुक्त स कुलपुत्रो वा कुलदुहिता वा इमं धर्मपर्यायं संप्रकाशयमानः परेषां च संश्रावयमानस्तैर्द्वादशभिः श्रोत्रगुणशतैः समन्वागतः ये त्रिसाहस्रमहासाहस्रायां लोकधातौ विविधाः शब्दा निश्चरन्ति यावदवीचिर्महानिरयो यावच्च भवाग्रं सान्तर्बहिः, तद्यथा -- हस्तिशब्दा वा अश्वशब्दा वा उष्ट्रशब्दा वा गोशब्दा वा अजशब्दा वा जनपदशब्दा वा रथशब्दा वा रुदितशब्दा वा शोकशब्दा वा भैरवशब्दा वा शङ्खशब्दा वा घण्टाशब्दा वा पटहशब्दा वा भेरीशब्दा वा क्रीडाशब्दा वा गीतशब्दा वा नृत्यशब्दा वा तूर्यशब्दा वा वाद्यशब्दा वा स्त्रीशब्दा वा पुरुषशब्दा वा दारकशब्दा वा दारिकाशब्दा वा धर्मशब्दा वा अधर्मशब्दा वा सुखशब्दा वा दुःखशब्दा वा बालशब्दा वा आर्यशब्दा वा मनोज्ञशब्दा वा अमनोज्ञशब्दा वा देवशब्दा वा नागशब्दा वा यक्षशब्दा वा राक्षसशब्दा वा गन्धर्वशब्दा वा असुरशब्दा वा गरुडशब्दा वा किन्नरशब्दा वा महोरगशब्दा वा मनुष्यशब्दा वा अमनुष्यशब्दा वा अग्निशब्दा वा वायुशब्दा वा उदकशब्दा वा ग्रामशब्दा वा नगरशब्दा वा भिक्षुशब्दा वा श्रावकशब्दा वा प्रत्येकबुद्धशब्दा वा बोधिसत्त्वशब्दा वा तथागतशब्दा वा, यावन्तः केचित्त्रि-

साहस्रमहासाहस्रायां लोकधातौ सान्तर्बहिः शब्दा निश्चरन्ति, तान्शब्दांस्तेन प्राकृतेन परिशुद्धेन श्रोत्रेन्द्रियेण शृणोति । न च तावद्दिव्यं श्रोत्रमभिनिर्हरति । तेषां तेषां च सत्त्वानां रुतान्यवबुध्यते, विभावयति विभजति तेन च प्राकृतेन श्रोत्रेन्द्रियेण । तेषां तेषां च सत्त्वानां रुतानि शृण्वतस्तस्य तैः सर्वशब्दैः श्रोत्रेन्द्रियं नाभिभूयते । एवंरूपः सततसमिताभियुक्त तस्य बोधिसत्त्वस्य महासत्त्वस्य श्रोत्रेन्द्रियप्रतिलम्भो भवति, न च तावद्दिव्यं श्रोत्रमभिनिर्हरति ॥

今译："还有，常精进啊，这善男子或善女人向他人宣说这个法门，会获得一千二百耳功德。三千大千世界里外发出的各种声音，下至阿鼻大地狱，上至世界顶端，诸如象声、马声、骆驼声、牛声、羊声、聚落声、车声、啼哭声、哀叹声、恐惧声、螺号声、铃铛声、小鼓声、大鼓声、游戏声、唱歌声、跳舞声、器乐声、演奏声、女人声、男人声、男孩声、女孩声、法声、非法声、快乐声、痛苦声、愚夫声、圣贤声、悦耳声、刺耳声、天神声、蛇声、药叉声、罗刹声、健达缚声、阿修罗声、迦楼罗声、紧那罗声、大蛇声、人声、非人声、火声、风声、水声、村庄声、城市声、比丘声、声闻声、缘觉声、菩萨声或如来声，乃至三千大千世界里外发出的一切声音。他凭天然的清净耳根听到这些声音。那时他没有产生天耳。他凭天然的耳根觉知和分辨那些众生的声音。他听到那些众生的声音，而所有一切声音都不会损伤他的耳根。常精进啊，这位菩萨大士获得这样的耳根，那时他还没有产生天耳。"

什译："復次，常精進！若善男子、善女人受持此經，若讀，若誦，若解說，若書寫，得千二百耳功德。以是清淨耳，聞三千大千世界，下至阿鼻地獄，上至有頂，其中內外種種語言音聲，象聲、馬聲、牛聲、車聲、啼哭聲、愁歎聲、螺聲、鼓聲、鍾聲、鈴聲，笑聲、語聲、男聲、女聲、童子聲、童女聲，法聲、非法聲、苦聲、樂聲、凡夫聲、聖人聲、喜聲、不喜聲、天聲、龍聲、夜叉聲、乾闥婆聲、阿修羅聲、迦樓羅聲、緊那羅聲、摩睺羅伽聲、火聲、水聲、風聲、地獄聲、畜生聲、餓鬼聲、比丘聲、比丘尼聲、聲聞聲、辟支佛聲、菩薩聲、佛聲。以要言之，三千大千世界中一切內外所有諸聲，雖未得天耳，以父母所生清淨常耳，皆悉聞知。如是分別種種音聲而不壞耳根。”

इदमवोचद्भगवान्। इदं वदित्वा सुगतो ह्यथापरमेतदुवाच शास्ता --

今译：世尊说完这些。然后，善逝导师又这样说道：

什译：爾時，世尊欲重宣此義，而說偈言：

श्रोत्रेन्द्रियं तस्य विशुद्ध भोति अनाविलं प्राकृतकं च तावत्।
विविधान्हि येनेह श्रृणोति शब्दानिह लोकधातौ हि अशेषतो ऽयम्॥ ७ ॥

今译：他的天然的耳根
这样清净无污垢，
能听到所有世界
各种各样的声音。（7）

什译：父母所生耳，清淨無濁穢，
以此常耳聞，三千世界聲。

हस्तीन अश्वान श्रृणोति शब्दान्रथान गोणान अजैडकानाम्।
भेरीमृदङ्गान सुघोषकानां वीणान वेणूनथ वल्लकीनाम्॥ ८ ॥

今译：他听到象声、马声、
车声、牛声和羊声，
大鼓和小鼓美妙声，
琵琶、笛子和琴声。（8）

什译：象馬車牛聲，鍾鈴螺鼓聲，
琴瑟箜篌聲，簫笛之音聲。

गीतं मनोज्ञं मधुरं श्रृणोति न चापि सो सज्जति तत्र धीरः ।
मनुष्यकोटीन श्रृणोति शब्दान्भाषन्ति यं यं च यहिं यहिं ते ॥ ९ ॥

今译：听到甜美悦耳歌声，
而这位智者不贪著，
听到千千万万众生
这里那里的说话声。（9）

什译：清淨好歌聲，聽之而不著，
無數種人聲，聞悉能解了。

देवान चो नित्य श्रृणोति शब्दान्गीतस्वरं च मधुरं मनोज्ञम्।
पुरुषाण इस्त्रीण रुतानि चापि तथ दारकाणामथ दारिकाणाम्॥ १० ॥

今译：他经常听到天神声，
听到甜美悦耳歌声，
男人和女人的声音，
男孩和女孩的声音。（10）

什译：又聞諸天聲，微妙之歌音，
及聞男女聲，童子童女聲。

ये पर्वतेष्वेव गुहानिवासी कलविङ्कका कोकिल बर्हिणश्च ।
पक्षीण ये जीवकजीवका हि तेषां च वल्गू श्रृणुते हि शब्दान्॥ ११ ॥

今译：他听到山谷洞穴中，
迦陵频伽鸟、杜鹃、
孔雀，还有命命鸟，
发出的柔美鸣叫声。（11）

什译：山川嶮谷中，迦陵頻伽聲，
命命等諸鳥，悉聞其音聲。

नरकेषु ये वेदन वेदयन्ति सुदारुणांश्चापि करोन्ति शब्दान्।
आहारदुःखैरवपीडितानां यान्प्रेत कुर्वन्ति तथैव शब्दान्॥ १२ ॥

今译：地狱众生遭受痛苦，
发出凄厉悲惨呼叫，
饿鬼遭受饥饿折磨，
同样发出痛苦呼叫。（12）

什译：地獄眾苦痛，種種楚毒聲，
餓鬼飢渴逼，求索飲食聲。

असुराश्च ये सागरमध्यवासिनो
मुञ्चन्ति घोषांस्तथ चान्यमन्यान्।
सर्वानिहस्थो स हि धर्मभाणकः
शृणोति शब्दान्न च ओस्तरीयति ॥ १३ ॥

今译：居住大海的阿修罗，
互相之间发出声音，
这说法者听到一切
声音，而不受损伤①。（13）

什译：諸阿修羅等，居在大海邊，
自共語言時，出于大音聲，
如是說法者，安住於此間，
遙聞是眾聲，而不壞耳根。

तिर्याण योनीषु रुतानि यानि अन्योन्यसंभाषणतां करोन्ति ।
इह स्थितस्तानपि सो शृणोति विविधानि शब्दानि बहूविधानि ॥ १४ ॥

① 此处“损伤”的原词是 ostarīyati，相当于 avatīryate（“进入”）。据编订本校注，此词 K 本写为 otarīyati。据埃杰顿《佛教混合梵语词典》，otarati 既相当于 avatarati（“进入”），也相当于 uttarati（“越过”、“征服”或“克服”）。这样，依据 uttarati，otarīyati 的词义与前面散文中的 abhibhūyate（“征服”）一致。这里使用引申义“损害”，什译“坏”。

今译：他听到那些畜生
互相交谈的声音，
他就在这里听到
各种各样的声音。（14）

什译：十方世界中，禽獸鳴相呼，
其說法之人，於此悉聞之。

ये ब्रह्मलोके निवसन्ति देवा अकनिष्ठ आभास्वर ये च देवाः ।
ये चान्यमन्यस्य करोन्ति घोषान् शृणोति तत्सर्वमशेषतो ऽसौ ॥ १५ ॥

今译：居住梵界的众天神，
阿迦尼吒和光音天，
互相之间的交谈声，
他也能够全部听到。（15）

什译：其諸梵天上，光音及遍淨①，
乃至有頂天，言語之音聲，
法師住於此，悉皆得聞之。

स्वाध्याय कुर्वन्तिह ये च भिक्षवः सुगतानिह शासनि प्रव्रजित्वा ।
पर्षासु ये देशयते च धर्मं तेषां पि शब्दं शृणुते स नित्यम्॥ १६ ॥

今译：众比丘出家，遵循
善逝教导诵读经典，
他经常能听到这些
比丘在集会上说法。（16）

什译：一切比丘眾，及諸比丘尼，
若讀誦經典，若為他人說，

① “遍净”（śubhakṛtna）也是一类天神名。此词不见于此处原文。

法師住於此，悉皆得聞之。

ये बोधिसत्त्वाश्चिह लोकधातौ स्वाध्याय कुर्वन्ति परस्परेण ।
संगीति धर्मेषु च ये करोन्ति श्रृणोति शब्दान्विविधांश्च तेषाम्॥ १७ ॥

今译：世界上这些菩萨，
共同读经和说法，
他也能听到这些
菩萨的各种声音。（17）

什译：復有諸菩薩，讀誦於經法，
若為他人說，撰集解其義，
如是諸音聲，悉皆得聞之。

भगवान् पि बुद्धो नरदम्यसारथिः पर्षासु धर्मं ब्रुवते यमग्रम्।
तं चापि सो श्रृण्वति एककाले यो बोधिसत्त्वो इमु सूत्र धारयेत्॥ १८ ॥

今译：人中调御师佛世尊，
集会上宣说至上法，
菩萨受持这部经，
他也立即能听到。（18）

什译：諸佛大聖尊，教化眾生者，
於諸大眾[①]中，演說微妙法，
持此法華者，悉皆得聞之。

सर्वे त्रिसाहस्त्रि इमस्मि क्षेत्रे ये सत्त्व कुर्वन्ति बहूं पि शब्दान्।
अभ्यन्तरेणापि च बाहिरेण अवीचिपर्यन्त भवाग्रमूर्ध्वम्॥ १९ ॥

今译：这三千世界里外，

---

① 此处“众”字，据《中华大藏经》校勘记，《资》、《碛》、《普》、《南》、《径》、《清》、《丽》作“会”。

所有众生的声音，
下至阿鼻大地狱，
上至世界的顶端。（19）

什译：三千大千界，内外諸音聲，
下至阿鼻獄，上至有頂天。

सर्वेष सत्त्वान श्रृणोति शब्दान्नं चापि क्षेत्रं उपरुध्यते ऽस्य ।
पड्विन्द्रियो जानति स्थानस्थानं श्रोत्रेन्द्रियं प्राकृतकं हि तावत्॥ २० ॥

今译：他全部都能够听到，
没有地方会受阻碍，
天然耳根如此敏锐，
感知一切地方声音。（20）

什译：皆聞其音聲，而不壞耳根，
其耳聰利故，悉能分別知。

न च ताव दिव्यस्मि करोति यत्नं प्रकृत्य संतिष्ठति श्रोत्रमेतत्।
सूत्रं हि यो धारयते विशारदो गुणा स्य एतादृशका भवन्ति ॥ २१ ॥

今译：此时尚未得天耳，
仅凭这天然耳根，
无畏受持这部经，
他的功德便如此。（21）

什译：持是法華者，雖未得天耳，
但用所生耳，功德已如是。

पुनरपरं सततसमिताभियुक्त अस्य बोधिसत्त्वस्य महासत्त्वस्य इमं धर्मपर्यायं धारयतः प्रकाशयतः स्वाध्यायतो लिखतो ऽष्टाभिर्गुणशतैः समन्वागतं घ्राणेन्द्रियं परिशुद्धं भवति । स तेन परिशुद्धेन घ्राणेन्द्रियेण ये त्रिसाहस्रमहासाहस्रायां

लोकधातौ सान्तर्बहिर्विविधगन्धाः संविद्यन्ते, तद्यथा -- पूतिगन्धा वा मनोज्ञगन्धा वा नानाप्रकाराणां सुमनसां गन्धाः, तद्यथा -- जातिमल्लिकाचम्पकपाटलगन्धाः, तान् गन्धान्घ्रायति । जलजानामपि पुष्पाणां विविधान् गन्धान्घ्रायति, तद्यथा -- उत्पलपद्मकुमुदपुण्डरीकाणां गन्धान्घ्रायति । विविधानां पुष्पफलवृक्षाणां पुष्पफल-गन्धान्घ्रायति, तद्यथा -- चन्दनतमालपत्रतगरागरुसुरभिगन्धान्घ्रायति । नाना-विकाराणि गन्धविकृतिशतसहस्राणि यान्येकस्थानस्थितः सर्वाणि घ्रायति । सत्त्वानामपि विविधान् गन्धान्घ्रायति, तद्यथा -- हस्त्यश्वगवेडकपशुगन्धान्घ्रायति। विविधानां च तिर्यग्योनिगतानां प्राणिनामात्मभावगन्धान्घ्रायति । स्त्रीपुरुषा-त्मभावगन्धान्घ्रायति । दारकदारिकात्मभावगन्धान्घ्रायति । दूरस्थानामपि तृण-गुल्मौषधिवनस्पतीनां गन्धान्घ्रायति । भूतान् गन्धान् विन्दति, न च तैर्गन्धैः संह्रियते, न संमुह्यति ।

今译："还有，常精进啊，这位菩萨受持、宣说、诵读和书写这个法门，他获得八百清净鼻根功德。凭这清净鼻根，他闻到三千大千世界里外各种香，诸如清净香和适意香，各种须曼那花香，豆蔻、茉莉、瞻波和波吒罗花香。他闻到各种莲花香，诸如青莲、红莲、睡莲和白莲。他闻到各种花果树的花果香，诸如旃檀、多摩罗跋、多伽罗和沉水香树香。他闻到百千种香聚合一处的香。他也闻到众生香，诸如马、象、牛和羊动物香。他闻到各种畜生身体香。他闻到男女身体香。他闻到男孩女孩身体香。他闻到远处青草、灌木、药草和树木香。无论闻到世上什么香，他都不会受损，不会昏晕。

什译："復次，常精進！若善男子、善女人受持是經，若讀，若誦，若解說，若書寫，成就八百鼻功德。以是清淨鼻根，聞於三千大千世界上下內外種種諸香：須曼那華香、闍提[①]華香、末利華香、瞻蔔華香、波羅羅華香，赤蓮華香、青蓮華香、白蓮華香、華樹香、菓樹香、旃檀香、沈水香、多摩羅跋香、多伽羅香，及千萬種和香[②]，

① "阇提"是 jāti（"豆蔻"）一词的音译。
② "和香"意谓和合在一起的香。

若末，若丸，若塗香[1]。持是經者，於此間住，悉能分別。又復別知眾生之香：象香、馬香、牛羊等香，男香、女香、童子香、童女香，及草木叢林香，若近若遠，所有諸香，悉皆得聞，分別不錯。

स इहस्थित एव देवानामपि गन्धान्घ्रायति, तद्यथा -- पारिजातकस्य कोविदारस्य मान्दारवमहामान्दारवमञ्जूषकमहामञ्जूषकानां दिव्यानां पुष्पाणां गन्धान्घ्रायति । दिव्यानामगरुचूर्णचन्दनचूर्णानां गन्धान्घ्रायति । दिव्यानां च नाना विधानां पुष्पविकृतिशतसहस्राणां गन्धान्घ्रायति, नामानि चैषां संजानीते । देवपुत्रात्मभावगन्धान्घ्रायति, तद्यथा -- शक्रस्य देवानामिन्द्रस्य आत्मभावगन्धं घ्रायति । तं च जानीते यदि वा वैजयन्ते प्रासादे क्रीडन्तं रमन्तं परिचारयन्तं यदि वा सुधर्मायां देवसभायां देवानां त्रायस्त्रिंशानां धर्मं देशयन्तं यदि वा उद्यानभूमौ निर्यान्तं क्रीडनाय । अन्येषां च देवपुत्राणां पृथक्पृथगात्मभावगन्धान्घ्रायति । देवकन्यानामपि देववधूनामपि आत्मभावगन्धान्घ्रायति । देवकुमाराणामपि आत्म भावगन्धान्घ्रायति । देवकुमारिकाणामपि आत्मभावगन्धान्घ्रायति । न च तैर्गन्धैः संह्रियते ।

今译："他在这里也闻到天国香，诸如天国波利质多树、俱毗陀罗树、曼陀罗花、大曼陀罗花、曼殊沙花和大曼殊沙花香。他闻到天国沉水和旃檀粉末香。他闻到天国百千种花香，知道它们的名称。他闻到天子身体香，诸如天王帝释天身体香，知道他或在胜利宫游戏、娱乐和散步，或在妙法堂向忉利天天神说法，或出外游园。他也闻到其他各位天子身体香。他闻到天女和天后身体香。他闻到天童子身体香。他闻到天童女身体香。他不受一切香损害。

什译："持是經者雖住於此，亦聞天上諸天之香：波利質多羅、拘鞞陀羅樹香，及曼陀羅華香、摩訶曼陀羅華香、曼殊沙華香、摩訶曼殊沙華香、旃檀、沈水，種種末香，諸雜華香。如是等天香和合所出之香，無不聞知。又聞諸天身香：釋提桓因在勝殿上五欲娛樂嬉戲

① "若末，若丸，若涂香"意谓或末香（即香粉香），或丸香（即香丸香），或涂香（即香膏或香脂香）。

時香，若在妙法堂上為忉利諸天說法時香，若於諸園遊戲時香，及餘天等男女身香，皆悉遙聞。

अनेन पर्यायेण यावद्भवाग्रोपपन्नानामपि सत्त्वानामात्मभावगन्धान्घ्रायति । ब्रह्मकायिकानामपि देवपुत्राणां महाब्रह्मणामपि चात्मभावगन्धान्घ्रायति । अनेन पर्यायेण सर्वदेवनिकायानामपि आत्मभावगन्धान्घ्रायति । श्रावकप्रत्येकबुद्ध-बोधिसत्त्वतथागतात्मभावगन्धान्घ्रायति । तथागतासनानामपि गन्धान्घ्रायति । यस्मिंश्च स्थाने ते तथागता अर्हन्तः सम्यक्संबुद्धा विहरन्ति, तच्च प्रजानाति । न चास्य तद्घ्राणेन्द्रियं तैस्तैर्विविधैर्गन्धैः प्रतिहन्यते, नोपहन्यते, न संपीड्यते । आकाङ्क्षमाणश्च तांस्तान्गन्धान्परेषामपि व्याकरोति । न चास्य स्मृतिरुपहन्यते ॥

今译："按照这种方式，他也闻到出生在世界顶端的众生身体香。他闻到梵众天天子和大梵天身体香。按照这种方式，他闻到所有天神身体香。他闻到声闻、缘觉、菩萨和如来身体香。他也闻到如来座位香。他知道众如来、阿罗汉、正等觉居住的地方。他的清净鼻根不会受各种香的伤害和折磨。即使想要向别人说明这些香，他的记忆也不会缺损。"

什译："如是展轉乃至梵世，上至有頂諸天身香，亦皆聞之，并聞諸天所燒之香。及聲聞香、辟支佛香、菩薩香、諸佛身香，亦皆遙聞，知其所在。雖聞此香，然於鼻根不壞不錯。若欲分別為他人說，憶念不謬。"

अथ खलु भगवांस्तस्यां वेलायामिमा गाथा अभाषत --

今译：这时，世尊又用这些偈颂说道：

什译：爾時，世尊欲重宣此義，而說偈言：

घ्राणेन्द्रियं तस्य विशुद्ध भोति विविधांश्च गन्धान्बहु घ्रायते ऽसौ ।
ये लोकधातौ हि इमस्मि सर्वे सुगन्ध दुर्गन्ध भवन्ति केचित्॥ २२ ॥

今译：他有清净的鼻根，
　　　闻到一切世界上
　　　各种各样的气味，
　　　无论好闻或难闻。（22）

什译：是人鼻清淨，於此世界中，
　　　若香若臭物，種種悉聞知。

जातीय गन्धो अथ मल्लिकाया तमालपत्रस्य च चन्दनस्य ।
तगरस्य गन्धो अगरुस्य चापि विविधान पुष्पाण फलान चापि ॥ २३ ॥

今译：豆蔻香和茉莉香，
　　　多摩罗跋、旃檀、
　　　多伽罗和沉水香，
　　　各种各样花果香。（23）

什译：須曼那闍提，多摩羅旃檀，
　　　沈水及桂①香，種種花菓香。

सत्त्वान गन्धान्पि तथैव जानति नराण नारीण च दूरतः स्थितः ।
कुमारकाणां च कुमारिकाणां गन्धेन सो जानति तेष स्थानम् ॥ २४ ॥

今译：他也感知众生香，
　　　或男或女或远近，
　　　男孩香和女孩香，
　　　闻香知道所在地。（24）

什译：及知眾生香，男子女人香，
　　　說法者遠住，聞香知所在。

---

① "桂"的原词是 tagara，词义是桂花，什译在前面散文中，音译"多伽罗"。

राज्ञां पि सो जानति चक्रवर्तिनां बलचक्रवर्तीनथ मण्डलीनाम्।
कुमारकामात्य तथैव तेषां गन्धेन चान्तःपुर सर्व जानति ॥ २५ ॥

今译：他感知所有转轮王、
强力转轮王、诸侯、
王子、大臣和后宫，
闻香知道他们所在。（25）

什译：大勢轉輪王，小轉輪及子，
群臣諸宮人，聞香知所在。

परिभोगरत्नानि बहूविधानि कुप्यानि भूमौ निहितानि यानि ।
स्त्रीरत्नभूतानि भवन्ति यापि गन्धेन सो जानति बोधिसत्त्वः ॥ २६ ॥

今译：各种享用的珠宝，
埋在地下的宝藏，
转轮王的众女宝，
这菩萨闻香知道。（26）

什译：身所著珍寶，及地中寶藏，
轉輪王寶女，聞香知所在。

तेषां च या आभरणा भवन्ति कायस्मि आमुक्त विचित्ररूपा ।
वस्त्रं च माल्यं च विलेपनं च गन्धेन सो जानति बोधिसत्त्वः ॥ २७ ॥

今译：他们身上佩戴的各种
首饰和花环，所穿的
衣服以及涂抹的香膏，
这位菩萨闻香便知道。（27）

什译：諸人嚴身具，衣服及瓔珞，

種種所塗香，聞則[①]知其身。

स्थितां निषण्णां शयितां तथैव क्रीडारतिं ऋद्धिबलं च सर्वम्।
सो जानती घ्राणबलेन धीरो यो धारयेत्सूत्रमिदं वरिष्ठम्॥ २८ ॥

今译：他们站着、坐着或躺着，
游戏娱乐，一切神通力，
这智者受持这部殊胜经，
他凭借嗅觉力全部知道。（28）

什译：諸天若行坐，遊戲及神變，
持是法華者，聞香悉能知。

सुगन्धतैलान तथैव गन्धान्
नानाविधान्पुष्पफलान गन्धान्।
सकृतस्थितो जानति घ्रायते च
अमुकस्मि देशस्मि इमस्मि गन्धान्॥ २९ ॥

今译：还有美妙的香油香，
各种各样的花果香，
他站着只要闻一次，
便指出它们所在地。（29）

什译：諸樹花菓實，及酥油香氣，
持經者住此，悉知其所在。

ये पर्वतानां विवरान्तरेषु बहु चन्दना पुष्पित तत्र सन्ति ।
ये चापि तस्मिन्निवसन्ति सत्त्वाः सर्वेष गन्धेन विदुर्विजानति ॥ ३० ॥

今译：在群山的山谷中间，

① 此处“则”字，据《中华大藏经》校勘记，《资》、《碛》、《普》、《南》、《径》、《清》、《丽》作“香”。

　　　　有许多开花旃檀树，
　　　　那里也居住有众生，
　　　　他闻香能一一分辨。（30）

什译：諸山深嶮處，旃檀樹花敷，
　　　眾生在中者，聞香皆能知。

ये चक्रवालस्य भवन्ति पार्श्वे ये सागरस्यो निवसन्ति मध्ये ।
पृथिवीय ये मध्यि वसन्ति सत्त्वाः सर्वान्स गन्धेन विदुर्विजानति ॥ ३१ ॥

今译：在铁围山的山坡，
　　　大海中和大地上，
　　　居住着众多众生，
　　　他闻香便能分辨。（31）

什译：鐵圍山大海，地中諸眾生，
　　　持經者聞香，悉知其所在。

सुरांश्च जानाति तथासुरांश्च असुराण कन्याश्च विजानते ऽसौ ।
असुराण क्रीडाश्च रतिं च जानति घ्राणस्य तस्येदृशकं बलं हि ॥ ३२ ॥

今译：他感知众天神，感知
　　　阿修罗和阿修罗少女，
　　　以及他们的游戏娱乐，
　　　他的嗅觉力就是这样。（32）

什译：阿修羅男女，及其諸眷屬，
　　　鬪諍遊戲時，聞香皆能知。

अटवीषु ये केचि चतुष्पदास्ति सिंहाश्च व्याघ्रास्तथ हस्तिनागाः ।
महिषा गवा ये गवयश्च तत्र घ्राणेन सो जानति तेष वासम् ॥ ३३ ॥

今译：森林中那些四足兽，
　　　狮子、老虎和大象，
　　　水牛、公牛和野牛，
　　　他闻香知道所在地。（33）

什译：曠野險隘處，師子象虎狼，
　　　野牛水牛等，聞香知所在。

स्त्रियश्च या गुर्विणिका भवन्ति कुमारकां वापि कुमारिकां वा ।
धारेन्ति कुक्षौ हि किलान्तकाया गन्धेन सो जानति यं तहिं स्यात् ॥ ३४ ॥

今译：还有怀孕的妇女，
　　　她们腹中藏胎儿，
　　　是男婴或者女婴，
　　　他闻香便能分辨。（34）

什译：若有懷妊者，未辯其男女，
　　　無根及非人①，聞香悉能知。

आपन्नसत्त्वां पि विजानते ऽसौ विनाशधर्मां पि विजानते ऽसौ ।
इयं पि नारी व्यपनीतदुःखा प्रसविष्यते पुण्यमयं कुमारम् ॥ ३५ ॥

今译：他知道怀孕妇女，
　　　也知道毁灭之法②，
　　　这孕妇排除痛苦，
　　　会生下有福儿子。（35）

什译：以聞香力故，知其初懷妊，
　　　成就不成就，安樂產福子。

---

① 此处"无根及非人"指有生理缺陷的胎儿，或怪胎。这两个词不见于原文。
② 此处"毁灭之法"（vināśadharma）指危及生命的难产。

पुरुषाण अभिप्रायु बहुं विजानते अभिप्रायगन्धं च तथैव घ्रायते ।
रक्तान दुष्टान तथैव म्रक्षिणां उपशान्तचित्तान च गन्ध घ्रायते ॥ ३६ ॥

今译：他感知众人的心愿，
闻到这些心愿气味，
贪著、邪恶或虚伪，
也有内心平静气味。（36）

什译：以聞香力故，知男女所念，
染欲癡恚心，亦知修善者。

पृथिवीय ये चापि निधान सन्ति घनं हिरण्यं च सुवर्णरूप्यम्।
मञ्जूष लोही च तथा सुपूर्णा गन्धेन सो घ्रायति बोधिसत्त्वः ॥ ३७ ॥

今译：掩埋在地下的宝藏，
有许多财物、金钱、
金银、箱子和铜器，
这菩萨闻香便知道。（37）

什译：地中眾伏藏，金銀諸珍寶，
銅器之所盛，聞香悉能知。

हारार्धहारान्मणिमुक्तिकाश्च अनर्घप्राप्ता विविधा च रत्ना ।
गन्धेन सो जानति तानि सर्वा अनर्घनामं द्युतिसंस्थितं च ॥ ३८ ॥

今译：各种珍珠和摩尼珠，
以及其他无价珍宝，
他闻香知道它们的
名称和闪烁光辉处。（38）

什译：種種諸瓔珞，無能識其價，
聞香知貴賤，出處及所在。

उपरि च देवेषु तथैव पुष्पा मन्दारवांश्चैव मञ्जूषकांश्च ।
या पारिजातस्य च सन्ति पुष्पा इह स्थितो घ्रायति ता स धीरः ॥ ३९ ॥

今译：在天空上方天界中，
曼陀罗、曼殊沙和
波利质多花，这位
智者在这里都闻到。（39）

什译：天上諸華等，曼陀曼殊沙，
波利質多樹，聞香悉能知。

विमान ये यादृशकाश्च यस्य उदार हीनास्तथ मध्यमाश्च ।
विचित्ररूपाश्च भवन्ति यत्र इह स्थितो घ्राणबलेन घ्रायति ॥ ४० ॥

今译：天国中那些宫殿，
大中小各种规模，
各种美妙的形状，
他凭嗅觉力知道。（40）

什译：天上諸宫殿，上中下差别，
眾寶花莊嚴，聞香悉能知。

उद्यानभूमिं च तथा प्रजानते सुधर्म देवासनि वैजयन्ते ।
प्रासादश्रेष्ठे च तथा विजानते ये चो रमन्ते तहि देवपुत्राः ॥ ४१ ॥

今译：他感知天国花园，
妙法堂[①]和胜利宫，
也感知那些天子
在那里游戏娱乐。（41）

① 此处“妙法堂”中的“堂”，原词是 devāsani，即 devāsana（“天神座位”）的混合梵语依格，因此可直译为“妙法座”。而在前面散文中，与 devāsani 对应的是 devasabhāyām 一词，即诸神的会堂。故而，这里也译为“妙法堂”。

什译：天園林勝殿，諸觀妙法堂，
在中而娛樂，聞香悉能知。

इह स्थितो घ्रायति गन्धु तेषां गन्धेन सो जानति देवपुत्रान्।
यो यत्र कर्मा कुरुते स्थितो वा शेते वा गच्छति यत्र वापि ॥ ४२ ॥

今译：他站在这里闻香，
便知道那些天子
或做事，或站着，
或躺下，或行走。（42）

什译：諸天若聽法，或受五欲時，
來往行坐臥，聞香悉能知。

या देवकन्या बहुपुष्पमण्डिता आमुक्तमाल्याभरणा अलंकृताः ।
रमन्ति गच्छन्ति च यत्र यत्र गन्धेन सो जानति बोधिसत्त्वः ॥ ४३ ॥

今译：那些天女佩戴花朵、
花环和许多装饰品，
在那里娱乐和行走，
这菩萨闻香便知道。（43）

什译：天女所著衣，好花香莊嚴，
周旋遊戲時，聞香悉能知。

यावद्भवाग्रादुपरि च देवा ब्रह्मा महाब्रह्म विमानचारिणः ।
तांश्चापि गन्धेन तहिं प्रजानते स्थितांश्च ध्याने अथ व्युत्थितान्वा ॥४४ ॥

今译：世界顶端乘坐飞车的
天神、梵天和大梵天，
他也闻香便知道他们
正在入定或起身出定。（44）

什译：如是展轉上，乃至於梵世，
　　　入禪出禪者，聞香悉能知。

आभास्वरान् जानति देवपुत्रान्
　　च्युतोपपन्नांश्च अपूर्वकांश्च ।
घ्राणेन्द्रियं ईदृश तस्य भोति यो
　　बोधिसत्त्वो इमु सूत्र धारयेत् ॥ ४५ ॥

今译：他也感知光音天子，
　　　前所未见的死和生，
　　　这菩萨受持这部经，
　　　他的鼻根就是这样。（45）

什译：光音遍淨天，乃至于有頂，
　　　初生及退沒，聞香悉能知。

य केचि भिक्षू सुगतस्य शासने अभियुक्तरूपा स्थित चक्रमेषु ।
उद्देशस्वाध्यायरताश्च भिक्षवो सर्वान्हि सो जानति बोधिसत्त्वः ॥ ४६ ॥

今译：有一些比丘恪守善逝
　　　教导，散步时也修行，
　　　他们热爱论议和诵读，
　　　这菩萨感知所有这些。（46）

什译：諸比丘眾等，於法常精進，
　　　若坐若經行，及讀誦經法。

ये श्रावका भोन्ति जिनस्य पुत्रा विहरन्ति केचित्सद वृक्षमूले ।
गन्धेन सर्वान्विदु जानते तानमुत्र भिक्षू अमुको स्थितो ति ॥ ४७ ॥

今译：胜者之子众声闻，
　　　经常居住在树下，

这智者闻香知道
每个比丘所在地。（47）

什译：或在林樹下，專精而坐禪，
持經者聞香，悉知其所在。

ये बोधिसत्त्वाः स्मृतिमन्त ध्यायिनो उद्देशस्वाध्यायरताश्च ये सदा।
पर्षासु धर्मं च प्रकाशयन्ति गन्धेन तान्जानति बोधिसत्त्वः॥ ४८॥

今译：那些菩萨博识强记，
修禅、论议和诵读，
经常在集会上说法，
这菩萨闻香便知道。（48）

什译：菩薩志堅固，坐禪若讀誦，
或為人說法，聞香悉能知。

यस्यां दिशायां सुगतो महामुनिर्धर्मं प्रकाशेति हितानुकम्पकः।
पुरस्कृतः श्रावकसंघमध्ये गन्धेन सो जानति लोकनाथम्॥ ४९॥

今译：善逝大牟尼在某方，
关心众生利益说法，
声闻僧众恭敬围绕，
他闻香知道这救主。（49）

什译：在在方世尊，一切所恭敬，
愍眾而說法，聞香悉能知。

ये चापि सत्त्वा स्य श्रृणोति धर्मं श्रुत्वा च ये प्रीतमना भवन्ति।
इह स्थितो जानति बोधिसत्त्वो जिनस्य पर्षामपि तत्र सर्वाम्॥ ५०॥

今译：众生闻听胜者说法，

闻听之后心中喜悦，
这位菩萨站在这里，
感知胜者所有会众。（50）

什译：眾生在佛前，聞經皆歡喜，
如法而修行，聞香悉能知。

एतादृशं घ्राणबलं स्य भोति न च ताव दिव्यं भवते स्य घ्राणम्।
पूर्वंगमं तस्य तु एत भोति दिव्यस्य घ्राणस्य अनास्रवस्य ॥ ५१ ॥

今译：此时他没有天鼻，
鼻根力已经这样，
在获得无漏天鼻
之前获得这鼻根。（51）

什译：雖未得菩薩，無漏法生鼻，
而是持經者，先得此鼻相。

पुनरपरं सततसमिताभियुक्त स कुलपुत्रो वा कुलदुहिता वा इमं धर्मपर्यायं धारयमाणो देशयमानः प्रकाशयमानो लिखमानस्तैर्द्वादशभिर्जिह्वागुणशतैः समन्वागतं जिह्वेन्द्रियं प्रतिलप्स्यते । स तथारूपेण जिह्वेन्द्रियेण यान्यान्रसाना-स्वादयति, यान्यान्रसान् जिह्वेन्द्रिये उपनिक्षेप्सति, सर्वे ते दिव्यं महारसं मोक्ष्यन्ते । तथा च आस्वादयिष्यति यथा न कंचिद्रसममनआपमास्वादयिष्यति । ये ऽपि अमनआपा रसास्ते ऽपि तस्य जिह्वेन्द्रिये समुपनिक्षिप्ताः दिव्यं रसं मोक्ष्यन्ते ।

今译：“还有，常精进啊，这善男子或善女人受持、宣示、宣说和书写这个法门，他的舌根会获得一千二百舌功德。他用这样的舌根品尝这样那样的味。无论他品尝什么味，全都变成天上的美味。他这样品尝味，而不会尝到任何苦涩味。即使那些苦涩味，碰到他的舌根，也会变成天上的美味。

什译：“復次，常精進！若善男子、善女人受持是經，若讀，若誦，若解說，若書寫，得千二百舌功德。若好若醜，若美不美，及諸苦澁物，在其舌根，皆變成上味，如天甘露，無不美者。

यं च धर्मं व्याहरिष्यति पर्षन्मध्यगतः, तेन तस्य ते सत्त्वाः प्रीणितेन्द्रिया भविष्यन्ति तुष्टाः परमतुष्टाः प्रामोद्यजाताः। मधुरश्चास्य वल्गुमनोज्ञस्वरो गम्भीरो निश्चरिष्यति हृदयंगमः प्रेमणीयः। तेनास्य ते सत्त्वास्तुष्टा उदग्रचित्ता भविष्यन्ति। येषां च धर्मं देशयिष्यति, ते चास्य मधुरनिर्घोषं श्रुत्वा वल्गुमनोज्ञं देवा अप्युपसंक्रमितव्यं मंस्यन्ते दर्शनाय वन्दनाय पर्युपासनाय धर्मश्रवनाय च। देवपुत्रा अपि देवकन्या अपि उपसंक्रमितव्यं मंस्यन्ते दर्शनाय वन्दनाय पर्युपासनाय धर्मश्रवणाय च। शक्रा अपि ब्रह्माणो ऽपि ब्रह्मकायिका अपि देवपुत्रा उपसंक्रमितव्यं मंस्यन्ते दर्शनाय वन्दनाय पर्युपासनाय धर्मश्रवणाय च। नागा नागकन्या अपि उपसंक्रमितव्यं मंस्यन्ते दर्शनाय वन्दनाय पर्युपासनाय धर्मश्रवणाय च। असुरा असुरकन्या अपि उपसंक्रमितव्यं मंस्यन्ते दर्शनाय वन्दनाय पर्युपासनाय धर्मश्रवणाय च। गरूडा गरूडकन्या अपि उपसंक्रमितव्यं मंस्यन्ते दर्शनाय वन्दनाय पर्युपासनाय धर्मश्रवणाय च। किन्नराः किन्नरकन्या अपि, महोरगा महोरगकन्या अपि, यक्षा यक्षकन्या अपि, पिशाचाः पिशाचकन्या अपि उपसंक्रमितव्यं मंस्यन्ते दर्शनाय वन्दनाय पर्युपासनाय धर्मश्रवणाय च। ते चास्य सत्कारं करिष्यन्ति, गुरुकारं माननां पूजनामर्चनामपचायनां करिष्यन्ति।

今译："他在集会中说法，众生诸根愉悦，高兴满意至极。他发出的话音深沉甜美，柔和悦耳，动人心扉。因此，众生心中满意和激动。他向众生说法，听到他的甜美悦耳的话音，那些天神也认为应该前去看望、礼敬、侍奉和听法。众天子和众天女也认为应该前去看望、礼敬、侍奉和听法。帝释天、梵天和梵众天天子也认为应该前去看望、礼敬、侍奉和听法。蛇和蛇女也认为应该前去看望、礼敬、侍奉和听法。阿修罗和阿修罗女也认为应该前去看望、礼敬、侍奉和听法。迦楼罗和迦楼罗女也认为应该前去看望、礼敬、侍奉和听法。紧那罗和紧那罗女，大蛇和大蛇女，药叉和药叉女，毕舍遮和毕舍遮女，也认为应该前去看望、礼敬、侍奉和听法。他们都会尊敬、尊重、崇敬、敬拜和供奉他。

什译："若以舌根於大眾中有所演說，出深妙聲，能入其心，皆令歡喜快樂。又諸天子天女，釋梵諸天，聞是深妙音聲，有所演說言論次第，皆悉來聽。及諸龍、龍女、夜叉、夜叉女、乾闥婆、乾闥婆女、阿修羅、阿修羅女、迦樓羅、迦樓羅女、緊那羅、緊那羅女、摩睺羅伽、摩睺羅伽女，為聽法故，皆來親近恭敬供養。

भिक्षुभिक्षुण्युपासकोपासिका अपि दर्शनकामा भविष्यन्ति । राजानो ऽपि राजपुत्रा अपि राजामात्या अपि राजमहामात्रा अपि दर्शनकामा भविष्यन्ति । बलचक्रवर्तिनो ऽपि राजानः, चक्रवर्तिनो ऽपि सप्तरत्नसमन्वागताः सकुमाराः सामात्याः सान्तःपुरपरिवारा दर्शनकामा भविष्यन्ति सत्कारार्थिनः । तावन्मधुरं स धर्मभाणको धर्मं भाषिष्यते यथाभूतं यथोक्तं तथागतेन । अन्ये ऽपि ब्राह्मण-गृहपतयो नैगमजानपदास्तस्य धर्मभाणकस्य सततसमितं समनुबद्धा भविष्यन्ति यावदायुष्पर्यवसानम्। तथागतश्रावका अपि अस्य दर्शनकामा भविष्यन्ति । प्रत्येकबुद्धा अप्यस्य दर्शनकामा भविष्यन्ति । बुद्धा अप्यस्य भगवन्तो दर्शनकामा भविष्यन्ति । यस्यां च दिशि स कुलपुत्रो वा कुलदुहिता वा विहरिष्यति, तस्यां दिशि तथागताभिमुखं धर्मं देशयिष्यति, बुद्धधर्माणां च भाजनभूतो भविष्यति । एवं मनोज्ञस्तस्य गम्भीरो धर्मशब्दो निश्चरिष्यति ॥

今译："比丘、比丘尼、优婆塞和优婆夷也想要看望他。国王、王子、王臣和宰相也想要看望他。强力转轮王、具有七宝①的转轮王及其王子、大臣和后宫眷属也想要看望他，侍奉他。这位说法者会如实依照如来所说宣说甜美的法。其他婆罗门、家主、村镇和聚落居民也始终追随这位说法者，直至命终。如来的众声闻也想要看望他。众缘觉也想要看望他。众佛世尊也想要看望他。这善男子或善女人居住在某方，就在那里面向如来说法，成为佛法受持者。他发出这样深沉悦耳的法音。"

---

① "七宝"（saptaratna）指转轮王具有的轮宝、象宝、马宝、女宝、摩尼宝、家主宝和将帅宝。

什译："及比丘、比丘尼、優婆塞、優婆夷、國王、王子、群臣、眷屬、小轉輪王、大轉輪王、七寶千子、內外眷屬，乘其宮殿，俱來聽法，以是菩薩善說法故。婆羅門、居士、國內人民，盡其形壽，隨侍供養。又諸聲聞、辟支佛、菩薩、諸佛，常樂見之。是人所在方面，諸佛皆向其處說法①，悉能受持一切佛法，又能出於深妙法音。"

अथ खलु भगवांस्तस्यां वेलायामिमा गाथा अभाषत --

今译：这时，世尊又用这些偈颂说道：

什译：爾時，世尊欲重宣此義，而說偈言：

जिह्वेन्द्रियं तस्य विशिष्टु भोति न जातु हीनं रस स्वादयेत ।
निक्षिप्तमात्राश्च भवन्ति दिव्या रसेन दिव्येन समन्विताश्च ॥ ५२ ॥

今译：他具有殊胜舌根，
从不品尝低劣味，
只要接触这舌根，
都变成天上美味。（52）

什译：是人舌根淨，終不受惡味，
其有所食噉，悉皆成甘露。

वल्गुस्वरां मधुर प्रभाषते गिरां श्रवणीयमिष्टां च मनोरमां च ।
पर्षाय मध्यस्मि ह प्रेमणीयं गम्भीरघोषं च सदा प्रभाषते ॥ ५३ ॥

今译：他说话话音柔美，
动听而令人愉悦，
常在集会中发出

① "诸佛皆向其处说法"，按此处原文是 tathāgābhimukham dharmam deśayiṣyati（"他面向如来说法"）。据 J 本，此处原文中的 tathāgābhimukham，写为 tathāgato'bhimukham，则读法与什译一致。应该说，什译的读法更合适。

深沉可爱的话音。（53）

什译：以深淨妙聲，於大眾說法。

यश्चापि धर्मं श्रृणुते ऽस्य भाषतो दृष्टान्तकोटीनयुतैरनेकैः ।
प्रामोद्य तत्रापि जनेति सो ऽग्रं पूजां च तस्य कुरुते ऽप्रमेयाम्॥ ५४ ॥

今译：他用千万那由他
譬喻说法，人们
闻听后无比喜悦，
给予他无量供养。（54）

什译：以諸因緣喻，引導眾生心，
聞者皆歡喜，設諸上供養。

देवा पि नागासुरगुह्यकाश्च द्रष्टुं तमिच्छन्ति च नित्यकालम्।
श्रृण्वन्ति धर्मं च सगौरवाश्च इमे गुणास्तस्य भवन्ति सर्वे ॥ ५५ ॥

今译：天神、蛇、阿修罗和
密迹天，经常希望能
看到他，聆听他说法，
这一切是他舌根功德。（55）

什译：諸天龍夜叉，及阿修羅等，
皆以恭敬心，而共來聽法。

आकाङ्क्षमाणश्च इम लोकधातुं स्वरेण सर्वामभिविज्ञपेया ।
स्निग्धः स्वरो ऽस्य मधुरश्च भोति गम्भीर वल्गुश्च सुप्रेमणीयः ॥ ५६ ॥

今译：他希望他的话音
传遍所有的世界，
声音润泽、甜蜜、

深沉和美妙可爱。(56)

什译：是說法之人，若欲以妙音，
遍滿三千界，隨意即能至。

राजान ये क्षितिपति चक्रवर्तिनः पूजार्थिकास्तस्युपसंक्रमन्ति ।
सपुत्रदारा करियाण अञ्जलिं शृण्वन्ति धर्मस्य च नित्यकालम् ॥ ५७ ॥

今译：大地之主转轮王，
为了供奉走近他，
与妻儿一起合掌，
经常聆听他说法。(57)

什译：大小轉輪王，及千子眷屬，
合掌恭敬心，常來聽受法。

यक्षाण चो भोति सदा पुरस्कृतो नागान गन्धर्वगणान चैव ।
पिशाचकानां च पिशाचिकानां सुसत्कृतो मानितु पूजितश्च ॥ ५८ ॥

今译：药叉、蛇和健达缚
经常恭敬围绕他，
毕舍遮和毕舍遮女，
满怀崇敬供奉他。(58)

什译：諸天龍夜叉，羅刹毗舍闍，
亦以歡喜心，常樂來供養。

ब्रह्मापि तस्य वशवर्ति भोति महेश्वरो ईश्वर देवपुत्रः ।
शक्रस्तथान्ये ऽपि च देवपुत्रा बहुदेवकन्याश्चुपसंक्रमन्ति ॥ ५९ ॥

今译：梵天成为他的侍从，
大自在天、自在天、

帝释天和其他天子，
还有天女也走近他。（59）

什译：梵天王魔王，自在大自在，
如是諸天眾，常來至其所。

बुद्धाश्च ये लोकहितानुकम्पकाः सश्रावकास्तस्य निशाम्य घोषम्।
करोन्ति रक्षां मुखदर्शनाय तुष्टाश्च भोन्ति ब्रुवतो ऽस्य धर्मम्॥ ६० ॥

今译：关心世界的诸佛及其
众声闻听到他的声音，
为保护他而向他显身，
对他的说法表示满意。（60）

什译：諸佛及弟子，聞其說法音，
常念而守護，或時為現身。

पुनरपरं सततसमिताभियुक्त स बोधिसत्त्वो महासत्त्व इमं धर्मपर्यायं धारयमाणो वा वाचयमानो वा प्रकाशयमानो वा देशयमानो वा लिखमानो वा अष्टौ कायगुणशतानि प्रतिलप्स्यति । तस्य कायः शुद्धः परिशुद्धो वैडूर्यपरिशुद्धच्छविवर्णो भविष्यति, प्रियदर्शनः सत्त्वानाम्। स तस्मिन्नात्मभावे परिशुद्धे सर्वं त्रिसाहस्रमहासाहस्रलोकधातुं द्रक्ष्यति । ये च त्रिसाहस्रमहासाहस्रे लोकधातौ सत्त्वाश्च्यवन्ति उपपद्यन्ते च, हीनाः प्रणीताश्च, सुवर्णा दुर्वर्णाः, सुगतौ दुर्गतौ, ये च चक्रवालमहाचक्रवालेषु मेरुसुमेरुषु च पर्वतराजेषु सत्त्वाः प्रतिवसन्ति, ये च अधस्तादवीच्यामूर्ध्वं च यावद्भवाग्रं सत्त्वाः प्रतिवसन्ति, तान्सर्वान्स्व आत्मभावे द्रक्ष्यति । ये चापि केचिदस्मिंस्त्रिसाहस्रमहासाहस्रे लोकधात्रौ श्रावका वा प्रत्येकबुद्धा वा बोधिसत्त्वा वा तथागता वा प्रतिवसन्ति, यं च ते तथागता धर्मं देशयन्ति, ये च सत्त्वास्तांस्तथागतान्पर्युपासन्ते, सर्वेषां तेषां सत्त्वानामात्मभावप्रतिलम्भान्स्व आत्मभावे द्रक्ष्यति । तत्कस्य हेतोः? यथापीदं परिशुद्धत्वादात्मभावस्येति ॥

今译:"还有,常精进啊, 菩萨大士受持、诵读、宣说、宣示和书写这个法门,他会获得八百身功德。他的身体纯洁清净,肤色光洁似琉璃,人见人爱。他在这个清净的身体中,看见所有三千大千世界。在三千大千世界中,众生死去和出生,低劣或优秀,丑陋或优美,处于善道或恶道,住在铁围山、大铁围山、山王弥卢山和须弥卢山的众生,住在下至阿鼻地狱和上至世界顶端的众生,他全都在自己的身体中看见。住在三千大千世界的那些声闻、缘觉、菩萨和如来,如来宣说的法,侍奉如来的那些众生,他在自己的身体中看见所有这些众生的身体。"

什译:"復次,常精進!若善男子、善女人受持是經,若讀,若誦,若解說,若書寫,得八百身功德。得清淨身如淨琉璃,眾生喜見。其身淨故,三千大千世界眾生,生時死時,上下好醜,生善處惡處,悉於中現。及鐵圍山、大鐵圍山、彌樓山、摩訶彌樓山等諸山,及其中眾生,悉於中現。下至阿鼻地獄,上至有頂,所有及眾生悉於中現。若聲聞、辟支佛、菩薩、諸佛說法,皆於身中現其色像。"

अथ खलु भगवांस्तस्यां वेलायामिमा गाथा अभाषत --

今译:这时,世尊又用这些偈颂说道:

什译:爾時,世尊欲重宣此義,而說偈言:

परिशुद्ध तस्यो भवतेत्मभावो यथापि वैडूर्यमयो विशुद्धः ।
सत्त्वान नित्यं प्रियदर्शनश्च यः सूत्र धारेति इदं उदारम्॥ ६१ ॥

今译:受持这部崇高经,
   他的身体变清净,
   肤色光洁似琉璃,
   在世间人见人爱。(61)

什译:若持法華者,其身甚清淨,

如彼淨琉璃，眾生皆喜見。

आदर्शपृष्ठे यथ विम्बु पश्येत् लोको
ऽस्य काये अयु दृश्यते तथा ।
स्वयंभु सो पश्यति नान्यि सत्त्वाः
परिशुद्धि कायस्मि इम एवरूपा ॥ ६२ ॥

今译：如同镜面中看见影像，
他在身体中看见世界，
他自己[1]而非其他众生，
在清净的身体中看见。（62）

什译：又如淨明鏡，悉見諸色像，
菩薩於淨身，皆見世所有，
唯獨自明了，餘人所不見。

ये लोकधातौ हि इहास्ति सत्त्वा मनुष्य देवासुर गुह्यका वा ।
नरकेषु प्रेतेषु तिरश्चयोनिषु प्रतिबिम्बु संदृश्यति तत्र काये ॥ ६३ ॥

今译：这个世界的所有众生，
凡人、天神和密迹天，
地狱、饿鬼和畜生道，
他在身体中看见影像。（63）

什译：三千世界中，一切諸群萌，
天人阿修羅，地獄鬼畜生，
如是諸色像，皆於身中現。

विमान देवान भवाग्र यावच्छैलं पि चो पर्वतचक्रवालम्।

① 此处“自己”的原词是 svayaṃbhu（“自在”）。据 J 本，此处写为 svayam tu，可取。

हिमवान्सुमेरुश्च महांश्च मेरुः कायस्मि दृश्यन्तिमि सर्वथैव ॥ ६४ ॥

今译：世界顶端天神宫殿，
铁围山、须弥卢山、
大弥卢山以及雪山，
他在身体中全看见。（64）

什译：諸天等宮殿，乃至於有頂，
鐵圍及彌樓，摩訶彌樓山，
諸大海水等，皆於身中現。

बुद्धान् पि सो पश्यति आत्मभावे सश्रावकान् बुद्धसुतांस्तथान्यान्।
ये बोधिसत्त्वा विहरन्ति चैकका गणे च ये धर्म प्रकाशयन्ति ॥ ६५ ॥

今译：他在身体中看见诸佛，
还有声闻和其他佛子，
这些菩萨各自生活着，
在集会中为众生说法。（65）

什译：諸佛及聲聞，佛子菩薩等，
若獨若在眾，說法悉皆現。

एतादृशी कायविशुद्धि तस्य
यहि दृश्यते सर्विय लोकधातुः ।
न च ताव सो दिव्य न प्रापुणोति
प्रकृतीय कायस्यियमीदृशी भवेत्॥ ६६ ॥

今译：他的身体如此清净，
让他看见一切世界，
此时他未获得天身，
天然肉身就已这样。（66）

什译：雖未得無漏，法性之妙身，
以清淨常體，一切於中現。

पुनरपरं सततसमिताभियुक्त अस्य बोधिसत्त्वस्य महासत्त्वस्य तथागते परिनिर्वृते इमं धर्मपर्यायं धारयतो देशयतः संप्रकाशयतो लिखतो वाचयतस्तैर्द्वादशभिर्मनस्कारगुणशतैः समन्वागतं मनैन्द्रियं परिशुद्धं भविष्यति । स तेन परिशुद्धेन मनैन्द्रियेण यद्येकगाथामप्यन्तशः श्रोष्यति, तस्य बह्वर्थमाज्ञास्यति । स तावमबुध्य तन्निदानं मासमपि धर्मं देशयिष्यति, चतुर्मासमपि संवत्सरमपि धर्मं देशयिष्यति । यं च धर्मं भाषिष्यति, सो ऽस्य स्मृतो न स संप्रमोषं यास्यति । ये केचिल्लौकिका लोकव्यवहारा भाष्याणि वा मन्त्रा वा, सर्वांस्तान्धर्मनयेन संस्यन्दयिष्यति । यावन्तश्च केचित्त्रिसाहस्रमहासाहस्रायां लोकधातौ षड्सु गतिषूपपन्नाः सत्त्वाः संसरन्ति, सर्वेषां तेषां सत्त्वानां चित्तचरितविस्पन्दितानि ज्ञास्यति। इञ्जितमन्यितप्रपञ्चितानि ज्ञास्यति प्रविचिनिष्यति । अप्रतिलब्धे च तावदार्यज्ञाने एवंरूपं चास्य मनैन्द्रियं परिशुद्धं भविष्यति ॥ यां यां च धर्मनिरुक्तिमनुविचिन्त्य धर्मं देशयिष्यति, सर्वं तद्भूतं देशयिष्यति । सर्वं तत्तथागतभाषितं सर्वं पूर्वजिनसूत्रपर्यायनिर्दिष्टं भाषति ॥

今译：“还有，常精进啊，在如来涅槃后，菩萨大士受持、宣示、宣说、书写和诵读这个法门，他会获得一千二百意功德，意根清净。凭这清净意根，他即使闻听一首偈颂，就知道许多意义。觉知后，由此因缘，他能说法一月，乃至说法四月和一年。他能牢记所说法，不会忘失。他用这个法门渗透世间一切习惯言说和议论。在三千大千世界六道中轮回的众生，这些众生的思想和行为，他全都知道。他知道和明辨他们的动作、意图和戏论。此时，他尚未获得圣智，而他的清净意根已经如此。他思考探究法门言词含义后说法。他如实宣说一切。他宣说一切如来所说，宣说一切过去胜者经中所说法门。”

什译：“復次，常精進！若善男子、善女人，如來滅後，受持是經，若讀，若誦，若解說，若書寫，得千二百意功德。以是清淨意根，乃至聞一偈一句，通達無量無邊之義。解是義已，能演說一句一偈至於一月、四月乃至一歲。諸所說法，隨其義趣，皆與實相不相違背。若說俗間經書、治世語言、資生業等，皆順正法。三千大千世界六趣眾生，心之所行，心所動作，心所戲論，皆悉知之。雖未得無漏智慧，而其意根清淨如此。是人有所思惟、籌量、言說，皆是佛法，無不真實，亦是先佛經中所說。"

अथ खलु भगवांस्तस्यां वेलायामिमा गाथा अभाषत --

今译：这时，世尊又用这些偈颂说道：

什译：爾時，世尊欲重宣比①義，而說偈言：

मनैन्द्रियं तस्य विशुद्ध भोति प्रभास्वरं शुद्धमनाविलं च ।
सो तेन धर्मान्विविधान्प्रजानति हीनानथोत्कृष्ट तथैव मध्यमान्॥ ६७ ॥

今译：他具有清净意根，
　　　光明纯洁无污垢，
　　　凭它知道各种法，
　　　或上或下或中等。（67）

什译：是人意清淨，明利無穢濁，
　　　以此妙意根，知上中下法。

एकामपि गाथ श्रुणित्व धीरो अर्थं बहुं जानति तस्य तत्र ।
समितं च भूतं च सदा प्रभाषते मासान्पि चत्वारि तथापि वर्षम्॥ ६८ ॥

今译：这位智者闻听一偈，
　　　便能知道许多意义，
　　　他经常如实宣说法，
　　　一月、四月或一年。（68）

---

① 此处"比"字，据《中华大藏经》校勘记，《资》、《碛》、《普》、《南》、《径》、《清》、《丽》作"此"。

什译：乃至聞一偈，通達無量義，
次第如法說，月四月至歲。

ये चापि सत्त्वा इह लोकधातौ अभ्यन्तरे बाहिरि ये वसन्ति ।
देवा मनुष्यासुरगुह्यकाश्च नागाश्च ये चापि तिरश्चयोनिषु ॥ ६९ ॥

今译：这世界里里外外，
住着天神、凡人、
阿修罗、密迹天、
蛇和畜生道众生。（69）

什译：是世界內外，一切諸眾生，
若天龍及人，夜叉鬼神等。

षड्सु गतीषु निवसन्ति सत्त्वा विचिन्तितं तेष भवेत यं च ।
एकक्षणे सर्वि विदुर्विजानते धारेत्व सूत्रं इम आनुशंसाः ॥ ७० ॥

今译：住在六道中的众生，
他们心中所思所想，
他顷刻之间全知道，
这是受持此经功德。（70）

什译：其在六趣中，所念若干種，
持法華之報，一時皆悉知。

यं चापि बुद्धः शतपुण्यलक्षणो धर्मं प्रकाशेदिद् सर्वलोके ।
तस्यापि शब्दं श्रृणुते विशुद्धं यं चापि सो भाषति गृह्यते तत्॥ ७१ ॥

今译：具有百种福相的佛，
在一切世界宣说法，
他也听到这清净声，
并照样宣说和牢记。（71）

什译：十方無數佛，百福莊嚴相，
为眾生說法，悉聞能受持。

बहून्विचिन्तेति च अग्रधर्मान्बहूंश्च सो भाषति नित्यकालम्।
न चास्य संमोह कदाचि भोति धारेत्व सूत्रं इमि आनुशंसाः ॥ ७२ ॥

今译：他思惟众多至上法，
也长期宣说这些法，
从来不会出现错乱，
这是受持此经功德。（72）

什译：思惟無量義，說法亦無量，
終始不忘錯，以持法華故。

संधिं विसंधिं च विजानते ऽसौ सर्वेषु धर्मेषु विलक्षणानि ।
प्रजानते अर्थ निरुक्तयश्च यथा च तं जानति भाषते तथा ॥ ७३ ॥

今译：他知道各种关节联系，
知道一切法的不同相，
知道经中的言词含义，
他按照所知如实宣说。（73）

什译：悉知諸法相，隨義識次第，
達名字語言，如所知演說。

यं भाषितं भोतिह दीर्घरात्रं पूर्वेहि लोकाचरियेहि सूत्रम्।
तं धर्म सो भाषति नित्यकालं असंत्रसन्तो परिषाय मध्ये ॥ ७४ ॥

今译：他在长夜中宣说
过去导师所说经，
永远宣说这种法，
在集会中无所惧。（74）

什译：此人有所說，皆是先佛法，
以演此法故，於眾無所畏。

मनैन्द्रियं ईदृशमस्य भोति धारेत्व सूत्रं इमु वाचयित्वा ।
न च ताव असङ्गं लभते ह ज्ञानं पूर्वंगमं तस्य इमं तु भोति ॥ ७५ ॥

今译：受持和诵读此经，
他的意根已这样，
尚未获得无碍智，
先天意根已这样。（75）

什译：持法華經者，意根淨若斯，
雖未得無漏，先有如是相。

आचार्यभूमौ हि स्थितश्च भोति सर्वेष सत्त्वान कथेय धर्मम्।
निरुक्तिकोटीकुशलश्च भोति इमु धारयन्तो सुगतस्य सुत्रम्॥ ७६ ॥

今译：受持这部善逝经，
他安住法师地位，
擅长用千万言词，
为一切众生说法。（76）

什译：是人持此經，安住希有地，
為一切眾生，歡喜而愛敬，
能以千萬種，善巧之語言，
分別而說法，持法華經故。

इति श्रीसद्धर्मपुण्डरीके धर्मपर्याये धर्मभाणकानुशंसापरिवर्तो नामाष्टादशमः ॥

今译：以上是神圣《妙法莲华》法门名为《法师功德品》的第十八品。

१९ सदापरिभूतपरिवर्तः ।

今译：第十九 常不轻菩萨品[①]

什译：常不輕菩薩品第二十

अथ खलु भगवान्महास्थामप्राप्तं बोधिसत्त्वं महासत्त्वमामन्त्रयते स्म -- अनेनापि तावन्महास्थामप्राप्त पर्यायेण एवं वेदितव्यम्-- यथा य इममेवंरूपं धर्मपर्यायं प्रतिक्षेप्स्यन्ति, एवंरूपांश्च सूत्रान्तधारकांश्च भिक्षुभिक्षुण्युपासकोपासिका आक्रोशिष्यन्ति, परिभाषिष्यन्ति, असत्यया परुषया वाचा समुदाचरिष्यन्ति, तेषामेवमनिष्टो विपाको भविष्यति, यो न शक्यं वाचा परिकीर्तयितुम्। ये च इममएवंरूपं सूत्रान्तं धारयिष्यन्ति वाचयिष्यन्ति देशयिष्यन्ति पर्यवाप्स्यन्ति, परेभ्यश्च विस्तरेण संप्रकाशयिष्यन्ति, तेषामेवमिष्टो विपाको भविष्यति यादृशो मया पूर्वं परिकीर्तितः । एवंरूपां च चक्षुःश्रोत्रघ्राणजिह्वाकायमनः – परिशुद्धि-मधिगमिष्यन्ति ॥

今译：然后，世尊对得大势菩萨大士说道："得大势啊，应该按照这种方式知道这样的情况，若是诋毁这个法门，谩骂和毁谤受持这部经的比丘、比丘尼、优婆塞和优婆夷，使用虚妄和刻薄的言语，那么，他们会获得用言语难以称说的不如意果报。而受持、诵读、宣示和通晓这部经，并广为他人宣说，那么，他们会获得我前面所说的那些如意果报。他们会获得这样清净的眼、耳、鼻、舌、身和意。

---

① 这个品名中的"常不轻"，原词是 sadāparibhūta，什译"常不轻"，护译"常被轻慢"。这是对 sadāparibhūta 这个复合词作出不同的拆解。前者拆解为 sadā（"常"）-aparibhūta（"不轻视"），后者拆解为 sadā（"常"）-paribhūta（"常被轻慢"）。从语法角度，护译的译法正确。而按什译的拆解，按照语法，实际应该读为"常不被轻视"。而按照实际情况，这位菩萨不轻慢他人，而被他人轻慢，故而这两种译法均能成立。

什译：爾時，佛告得大勢菩薩摩訶薩："汝今當知！若比丘、比丘尼、優婆塞、優婆夷持法華經者，若有惡口，罵詈誹謗，獲大罪報，如前所說。其所得功德，如向所說，眼、耳、鼻、舌、身、意清淨。

भूतपूर्वं महास्थामप्राप्त अतीते ऽध्वन्यसंख्येयैः कल्पैरसंख्येयतरैर्विपुलैरप्रमेयैरचिन्त्यैस्तेभ्यः परेण परतरेण यदासीत्-- तेन कालेन समयेन भीष्मगर्जितस्वरराजो नाम तथागतो ऽर्हन्सम्यक्संबुद्धो लोक उदपादि विद्याचरणसंपन्नः सुगतो लोकविदनुत्तरः पुरुषदम्यसारथिः शास्ता देवानां च मनुष्याणां च बुद्धो भगवान्विनिर्भोगे कल्पे महासंभवायां लोकधातौ । स खलु पुनर्महास्थामप्राप्त भगवान्भीष्मगर्जितस्वरराजस्तथागतो ऽर्हन्सम्यक्संबुद्धस्तस्यां महासंभवायां लोकधातौ सदेवमानुषासुरस्य लोकस्य पुरतो धर्मं देशयति स्म । यदिदं श्रावकाणां चतुरार्यसत्यसंप्रयुक्तं धर्मं देशयति स्म जातिजराव्याधिमरणशोकपरिदेवदुःखदौर्मनस्योपायाससमतिक्रमाय निर्वाणपर्यवसानं प्रतीत्यसमुत्पादप्रवृत्तिम्। बोधिसत्त्वानां महासत्त्वानां षट्पारमिताप्रतिसंयुक्तानामनुत्तरां सम्यक्संबोधिमारभ्य तथागतज्ञानदर्शनपर्यवसानं धर्मं देशयति स्म । तस्य खलु पुनर्महास्थामप्राप्त भगवतो भीष्मगर्जितस्वरराजस्य तथागतस्यार्हतः सम्यक्संबुद्धस्य चत्वारिंशद्गङ्गानदीवालिकासमानि कल्पकोटीनयुतशतसहस्राण्यायुष्प्रमाणमभूत्। परिनिर्वृतस्य जम्बुद्वीपपरमाणुरजःसमानि कल्पकोटीनयुतशतसहस्राणि सद्धर्मः स्थितो ऽभूत्। चतुर्द्वीपपरमाणुरजःसमानि कल्पकोटीनयुतसहस्राणि सद्धर्मप्रतिरूपकः स्थितो ऽभूत्।

今译："以前，得大势啊，在过去世，比无数更无数的不可思议无量劫前，那时，有一位名为威音王的如来、阿罗汉、正等觉、明行足、善逝、世间解、无上士、调御丈夫、天人师、佛世尊出世。那时劫名离享受[①]，世界名大成。得大势啊，这位世尊威音王如来、阿罗汉、正等觉在这个大成世界，在包括天神、凡人和阿修罗的世界面前说法。他向声闻宣说与四圣谛相应的缘起法，超越生、老、病、死、忧愁、哀伤、痛苦、烦恼和不安，以涅槃为终极。他向菩萨大士宣说

① 此处"离享受"的原词是 vinirbhoga。此词什译"离衰"，护译"离大财"。

修习与六波罗蜜相应的无上正等菩提，以如来知见为终极。还有，得大势啊，这位世尊威音王的寿量如同恒河沙的四十四百千千万那由他劫。在他涅槃后，正法住世如同瞻部洲微尘的百千千万那由他劫。像法住世如同四大洲微尘的百千千万那由他劫。

什译：“得大势！乃往古昔，過無量無邊不可思議阿僧祇劫，有佛名威音王如來、應供、正遍知、明行足、善逝、世間解、無上士、調御丈夫、天人師、佛世尊。劫名離衰，國名大成。其威音王佛於彼世中，為天、人、阿修羅說法。為求聲聞者說應四諦法，度生老病死，究竟涅槃。為求辟支佛者說應十二因緣法。為諸菩薩因阿耨多羅三藐三菩提說應六波羅蜜法，究竟佛慧。得大勢！是威音王佛，壽四十萬億那由他恒河沙劫。正法住世劫數，如一閻浮提[①]微塵。像法住世劫數，如四天下微塵。

तस्यां खलु पुनर्महास्थामप्राप्त महासंभवायां लोकधातौ भगवतो भीष्मगर्जितस्वरराजस्य तथागतस्यार्हतः सम्यक्संबुद्धस्य परिनिर्वृतस्य सद्धर्म-प्रतिरूपके च अन्तर्हिते अपरो ऽपि भीष्मगर्जितस्वरराज एव तथागतो ऽर्हन्सम्यक्संबुद्धो लोक उदपादि विद्याचरणसंपन्नः सुगतो लोकविदनुत्तरः पुरुषदम्यसारथिः शास्ता देवानां च मनुष्याणां च बुद्धो भगवान्। अनया महास्थामप्राप्त परंपरया तस्यां महासंभवायां लोकधातौ भीष्मगर्जितस्वरराजनाम्नां तथागतानामर्हतां सम्यक्संबुद्धानां विंशतिकोटीनयुतशतसहस्राण्यभूवन्।

今译：“得大势啊，在这个大成世界，世尊威音王如来、阿罗汉、正等觉涅槃后，像法消失时，另一位名为威音王的如来、阿罗汉、正等觉、明行足、善逝、世间解、无上士、调御丈夫、天人师、佛世尊出世。得大势啊，此后在这个大成世界依次有二十百千千万那由他名为威音王的如来、阿罗汉、正等觉。

什译：“其佛饒益眾生已，然後滅度。正法、像法滅盡之後，於

① “阎浮提”是 jambudvīpa（“瞻部洲”）的另一种音译。

此國土復有佛出，亦號威音王如來、應供、正遍知、明行足、善逝、世間解、無上士、調御丈夫、天人師、佛世尊。如是次第有二萬億佛，皆同一號。

तत्र महास्थामप्राप्त यो ऽसौ तथागतः सर्वपूर्वको ऽभूद्भीष्मगर्जितस्वरराजो नाम तथागतो ऽर्हन्सम्यक्संबुद्धो विद्याचरणसंपन्नः सुगतो लोकविदनुत्तरः पुरुषदम्यसारथिः शास्ता देवानां च मनुष्याणां च बुद्धो भगवान्, तस्य भगवतः परिनिर्वृतस्य सद्धर्मे ऽन्तर्हिते सद्धर्मप्रतिरूपके च अन्तर्धीयमाने तस्मिन् शासने ऽधिमानिकभिक्षुध्याक्रान्ते सदापरिभूतो नाम बोधिसत्त्वो भिक्षुरभूत्। केन कारणेन महास्थामप्राप्त स बोधिसत्त्वो महासत्त्वः सदापरिभूत इत्युच्यते? स खलु पुनर्महास्थामप्राप्त बोधिसत्त्वो महासत्त्वो यं यमेव पश्यति भिक्षुं वा भिक्षुणीं वा उपासकं वा उपासिकां वा, तं तमुपसंक्रम्य एव वदति -- नाहमायुष्मन्तो युष्माकं परिभवामि । अपरिभूता यूयम्। तत्कस्य हेतोः? सर्वे हि भवन्तो बोधिसत्त्वचर्यां चरन्तु । भविष्यथ यूयं तथागता अर्हन्तः सम्यक्संबुद्धा इति । अनेन महास्थामप्राप्त पर्यायेण स बोधिसत्त्वो महासत्त्वो भिक्षुभूतो नोद्देशं करोति, न स्वाध्याय करोति, अन्यत्र यं यमेव पश्यति दूरगतमपि, सर्वं तमुपंसक्रम्य एवं संश्रावयति भिक्षुं वा भिक्षुणीं वा उपासकं वा उपासिकां वा, तं तमुपसंक्रम्यैवं वदति -- नाहं भगिन्यो युष्माकं परिभवामि । अपरिभूता यूयम्। तत्कस्य हेतोः? सर्वा यूयं बोधिसत्त्वचर्यां चरध्वम्। भविष्यथ यूयं तथागता अर्हन्तः सम्यक्संबुद्धाः ।

今译：“得大势啊，其中，最初的这位如来，即名为威音王的如来、阿罗汉、正等觉、明行足、善逝、世间解、无上士、调御丈夫、天人师、佛世尊。在他涅槃后，正法已消失，像法正在消失中，骄慢的比丘当道。那时，有一位名为常不轻的比丘。得大势啊，为何这位菩萨大士被称为常不轻？得大势啊，这位菩萨大士见到比丘、比丘尼、优婆塞或优婆夷，都会走近后，说道：‘诸位尊者啊，我不轻视你们。你们不会受轻视。为什么？你们奉行菩萨行吧！你们会成为如来、阿罗汉、正等觉。’按照这种方式，得大势啊，这位菩萨大士还是比丘时，他不论议，不诵读，只是见到远处的比丘、比丘尼、优婆塞或优婆夷，走近后，这样说：‘诸位姐妹[1]啊，我不轻视你们。你们不会受轻视。为什么？你们奉行菩萨行吧!你们会成为如来、阿罗汉、正等觉。’

什译：“最初威音王如來既已滅度，正法滅後，於像法中，增上慢比丘有大勢力。爾時，有一菩薩比丘名常不輕。得大勢！以何因緣名常不輕？是比丘凡有所見，若比丘、比丘尼、優婆塞、優婆夷，皆悉禮拜讚歎，而作是言：‘我深敬汝等，不敢輕慢。所以者何？汝等皆行菩薩道，當得作佛。’而是比丘不專讀誦經典，但行禮拜，乃至遠見四眾，亦復故往禮拜讚歎，而作是言：‘我不敢輕於汝等，汝等皆當作佛。’

यं यमेव महास्थामप्राप्त स बोधिसत्त्वो महासत्त्वस्तस्मिन्समये भिक्षुं वा भिक्षुणीं वा उपासकं वा उपासिकां वा एवं संश्रावयति, सर्वे ऽस्य यद्भूयस्त्वेन क्रुध्यन्ति, व्यापादन्ति अप्रसादमुत्पादयन्ति आक्रोशन्ति परिभाषन्ते -- कुतो ऽयमपृष्टो भिक्षुरपरिभवचित्तमित्यस्माकमुपदर्शयति? परिभूतमात्मानं करोति यदस्माकं व्याकरोत्यनुत्तरायां सम्यक्संबोधौ असन्तमनाकाङ्क्षितं च । अथ खलु महास्थामप्राप्त तस्य बोधिसत्त्वस्य महासत्त्वस्य बहूनि वर्षाणि तथा आक्रुश्यतः परिभाष्यमाणस्य गच्छन्ति । न च कस्यचित्क्रुध्यति, न व्यापादचित्तमुत्पादयति । ये चास्य एवं संश्रावयतो लोष्टं वा दण्डं वा क्षिपन्ति, स तेषां दूरत एव उच्चैःस्वरं कृत्वा संश्रावयति स्म -- नाहं युष्माकं परिभवामीति । तस्य ताभिरभिमानिक-भिक्षुभिक्षुण्युपासकोपासिकाभिः सततसमितं संश्राव्यमाणाभिः सदापरिभूत इति नाम कृतमभूत्॥

今译：“得大势啊，由于这位菩萨大士那时一再对比丘、比丘尼、优婆塞或优婆夷这样说，他们对他产生怒气、憎恨和不满，责骂道：‘哪里来的这个比丘，也没有询问他，他就向我们表白不轻视的心意？他自己受人轻视，却向我们授记无上正等菩提，这种不可期望的虚妄法。’得大势啊，这位菩萨大士这样受责骂许多年。但他不对任

[1] 这里所说“诸位姐妹”是针对比丘尼和优婆夷。前面所说“诸位尊者”是针对比丘和优婆塞。

何人发怒，不产生憎恨心。他这样说时，他们甚至用土块和棍棒击打他，他仍然站在远处高声对他们说：'我不轻视你们。'他始终对比丘、比丘尼、优婆塞或优婆夷这样说，因此被他们称为常不轻。

什译："四眾之中，有生瞋恚、心不淨者，惡口罵詈言：'是無智比丘從何所來？自言我不輕汝，而與我等授記當得作佛。我等不用如是虛妄授記。'如此經歷多年，常被罵詈，不生瞋恚，常作是言：'汝當作佛。'說是語時，眾人或以杖木瓦石而打擲之，避走遠住，猶高聲唱言：'我不敢輕於汝等，汝等皆當作佛。'以其常作是語故，增上慢比丘、比丘尼、優婆塞、優婆夷號之為常不輕。

तेन खलु पुनर्महास्थामप्राप्त सदापरिभूतेन बोधिसत्त्वेन महासत्त्वेन कालक्रियायां प्रत्युपस्थितायां मरणकालसमये प्रत्युपस्थिते अयं सद्धर्मपुण्डरीको धर्मपर्यायः श्रुतो ऽभूत्। तेन च भगवता भीष्मगर्जितस्वरराजेन तथागतेनार्हता सम्यक्संबुद्धेन अयं धर्मपर्यायो विंशतिभिर्गाथाविंशतिकोटीनयुतशतसहस्रैर्भाषितो ऽभूत्। स च सदापरिभूतो बोधिसत्त्वो महासत्त्वो मरणकालसमये प्रत्युपस्थिते अन्तरीक्षनिर्घोषादिमं धर्मपर्यायमश्रौषीत्। येन केनचिद्भाषितमन्तरीक्षान्निर्घोषं श्रुत्वा इमं धर्मपर्यायमुद्गृहीतवान्, इमां चैवंरूपां चक्षुर्विशुद्धिं श्रोत्रविशुद्धिं घ्राणविशुद्धिं जिह्वाविशुद्धिं कायविशुद्धिं मनोविशुद्धिं च प्रतिलब्धवान्। सह-प्रतिलब्धाभिर्विशुद्धिभिः पुनरन्यानि विंशतिवर्षकोटीनयुतशतसहस्राणि आत्मनो जीवितसंस्कारमधिष्ठाय इमं सद्धर्मपुण्डरीकं धर्मपर्यायं संप्रकाशितवान्। ये च ते ऽभिमानिकाः सत्त्वा भिक्षुभिक्षुण्युपासकोपासिकाः, ये पूर्वं नाहं युष्माकं परिभवामीति संश्राविताः, यैरस्येदं सदापरिभूत इति नाम कृतमभूत्, तस्योदारर्द्धि-बलस्थामं प्रतिज्ञाप्रतिभानबलस्थामं प्रज्ञाबलस्थामं च दृष्ट्वा सर्वे ऽनुसहायीभूता अभूवन्धर्मश्रवणाय। सर्वे तेन अन्यानि च बहूनि प्राणिकोटीनयुतशतसहस्राणि अनुत्तरायां सम्यक्संबोधौ समादापितान्यभूवन्॥

今译："得大势啊，这位常不轻菩萨大士死期临近时，听到这个《妙法莲华》法门。那位世尊威音王如来、阿罗汉、正等觉用二十乘二十百千千万那由他偈颂宣说这个法门。这位常不轻菩萨大士在死期临近时，从空中话音听到这个法门。从空中话音听到宣说后，他受持这个法门，获得这样的清净眼、清净耳、清净鼻、清净舌、清净身和清净意。随同获得清净六根，他的生命又延长二十百千千万那由他年，宣说这个《妙法莲华》法门。那些骄慢的众生，比丘、比丘尼、优婆塞和优婆尼，过去听他说‘我不轻视你们’，而称他为常不轻，现在看到他具有大神通威力、誓愿和辩才威力以及智慧威力，他们全都追随他，听他说法。他教导他们以及其他数百千千万那由他众生无上正等菩提。

什译：“是比丘臨欲終時，於虛空中，具聞威音王佛先所說《法華經》二十千萬億偈，悉能受持，即得如上眼根清淨、耳鼻舌身意根清淨。得是六根清淨已，更增壽命二百萬億那由他歲，廣為人說是《法華經》。於時，增上慢四眾比丘、比丘尼、優婆塞、優婆夷輕賤是人，為作不輕名者，見其得大神通力、樂說辯力、大善寂力，聞其所說，皆信伏隨從。是菩薩復化千萬億眾，令住阿耨多羅三藐三菩提。

स खलु पुनर्महास्थामप्राप्त बोधिसत्त्वो महासत्त्वस्ततश्च्यवित्वा चन्द्रस्वरराजसहनाम्नां तथागतानामर्हतां सम्यक्संबुद्धानां विंशतिकोटीशतान्यारागितवान्, सर्वेषु च इमं धर्मपर्यायं संप्रकाशयामास । सो ऽनुपूर्वेण तेनैव पूर्वकेण कुशलमूलेन पुनरप्यनुपूर्वेण दुन्दुभिस्वरराजसहनाम्नां तथागतानामर्हतां सम्यक्संबुद्धानां विंशतिमेव तथागतकोटीनयुतशतसहस्राण्यारागितवान्। सर्वेषु च इममेव सद्धर्मपुण्डरीकं धर्मपर्यायमारागितवान्, संप्रकाशितवांश्चतसृणां पर्षदाम्। सो ऽनेनैव पूर्वकेण कुशलमूलेन पुनरप्यपूर्वेण मेघस्वरराजसहनाम्नां तथागतानामर्हतां सम्यक्संबुद्धानां विंशतिमेव तथागतकोटीशतसहस्राण्यारागितवान्, सर्वेषु च इममेव सद्धर्मपुण्डरीकं धर्मपर्यायमारगितवान्, संप्रकाशितवांश्चतसृणां पर्षदाम्। सर्वेषु च एवंरूपया चक्षुःपरिशुद्धया समन्वागतो ऽभूत्, श्रोत्रपरिशुद्ध्या घ्राणपरिशुद्धया जिह्वापरिशुद्धया कायपरिशुद्धया मनःपरिशुद्धया समन्वागतो ऽभूत्॥

今译：“得大势啊，这位菩萨大士命终后，又获得亲近二十百千万名为月音王的如来、阿罗汉、正等觉，在此期间，他宣说这个法门。

此后，凭借此前的善根，他又获得亲近二十百千千万那由他名为鼓音王[1]的如来、阿罗汉、正等觉，在此期间，他获得这个《妙法莲华》法门，向四众宣说。此后，凭借此前的善根，他又获得亲近二十百千千万那由他名为云音王[2]的如来、阿罗汉、正等觉，在此期间，获得这个《妙法莲华》法门，向四众宣说。在所有这些时期，他都具有这样的清净眼、清净耳、清净鼻、清净舌、清净身和清净意。

什译："命終之後，得值二千億佛，皆號日月燈明，於其法中，說是《法華經》。以是因緣，復值二千億佛，同號雲自在燈王，於此諸佛法中，受持讀誦，為諸四眾說此經典故，得是常眼清淨，耳鼻舌身意諸根清淨，於四眾中說法，心無所畏。

स खलु पुनर्महास्थामप्राप्त सदापरिभूतो बोधिसत्त्वो महासत्त्व इयतां तथागतकोटीनयुतशतसहस्राणां सत्कारं गुरुकारं माननां पूजनामर्चनामपचायनां कृत्वा अन्येषां च बहूनां बुद्धकोटीनयुतशतसहस्राणां सत्कारं गुरुकारं माननां पूजनामर्चनामपचायनां कृत्वा, सर्वेषु च तेषु इममेव सद्धर्मपुण्डरीकं धर्मपर्यायमारागितवान्, आरागयित्वा स तेनैव पूर्वकेण कुशलमूलेन परिपक्वेन अनुत्तरां सम्यक्संबोधिमभिसंबुद्धः । स्यात्खलु पुनस्ते महास्थामप्राप्त एवं काङ्क्षा वा विमतिर्वा विचिकित्सा वा -- अन्यः स तेन कालेन तेन समयेन सदापरिभूतो नाम बोधिसत्त्वो महासत्त्वो ऽभूत्, यस्तस्य भगवतो भीष्मगर्जितस्वरराजस्य तथागतस्यार्हतः सम्यक्संबुद्धस्य शासने चतसृणां पर्षदां सदापरिभूतः संमतो ऽभूत्, येन ते तावन्तस्तथागता अर्हन्तः सम्यक्संबुद्धा आरागिता अभूवन्? न खलु पुनस्ते महास्थामप्राप्त एवं द्रष्टव्यम्। तत्कस्य हेतोः? अहमेव स महास्थामप्राप्त तेन कालेन तेन समयेन सदापरिभूतो नाम बोधिसत्त्वो महासत्त्वो ऽभूवम्। यदा मया महास्थामप्राप्त पूर्वमयं धर्मपर्यायो नोद्गृहीतो ऽभविष्यत्, न धारितः, नाहमेवं क्षिप्रमनुत्तरां सम्यक्संबोधिमभिसंबुद्धो ऽभविष्यम्। यतश्चाहं महास्थामप्राप्त पौर्विकाणां तथागतानामर्हतां सम्यक्संबुद्धानामन्तिकादिमं धर्मपर्यायं धारित-

① 此处"鼓音王"（dundubhisvararāja）不见于什译。此词护译"雷鸣音王"。
② 此处"云音王"（meghasvararāja），什译"云自在灯王"，护译"雷音王"。

वान्वाचितवान्देशितवान्, ततो ऽहमेवं क्षिप्रमनुत्तरां सम्यक्संबोधिमभिसंबुद्धः ।

今译："还有，得大势啊，这位常不轻菩萨大士尊敬、尊重、崇敬、侍奉和供养如此百千千万那由他如来后，又尊敬、尊重、崇敬、侍奉和供养数百千千万那由他佛，在他们那里，获得这个《妙法莲华》法门，获得后，凭借以前成熟的善根，觉知无上正等菩提。得大势啊，你是否有怀疑或疑惑，那时这个名为常不轻的菩萨大士是否是另一人？在那位世尊威音王如来、阿罗汉、正等觉统治时，四众称他为常不轻，而他亲近这样多的如来、阿罗汉、正等觉。得大势啊，你不要这样看。为什么？得大势啊，那时，我就是这位名为常不轻的菩萨大士。得大势啊，那时，我原先没有掌握这个法门。我没有受持，而没有迅速觉知无上正等菩提。得大势啊，一旦我在过去那些如来、阿罗汉、正等觉身边，受持、诵读和宣说这个法门，我就迅速觉知无上正等菩提。

什译："得大勢！是常不輕菩薩摩訶薩供養如是若干諸佛，恭敬，尊重，讚歎，種諸善根。於後復值千萬億佛，亦於諸佛法中說是經典，功德成就，當得作佛。得大勢！於意云何？爾時常不輕菩薩豈異人乎？則我身是。若我於宿世不受持讀誦此經、為他人說者，不能疾得阿耨多羅三藐三菩提。我於先佛所受持讀誦此經、為人說故，疾得阿耨多羅三藐三菩提。

यान्यपि तानि महास्थामप्राप्त तेन सदापरिभूतेन बोधिसत्त्वेन महासत्त्वेन भिक्षुशतानि भिक्षुणीशतानि च उपासकशतानि उपासिकाशतानि च तस्य भगवतः शासने इमं धर्मपर्यायं संश्रावितान्यभूवन्-- नाहं युष्माकं परिभवामीति । सर्वे भवन्तो बोधिसत्त्वचर्यां चरन्तु । भविष्यथ यूयं तथागता अर्हन्तः सम्यक्संबुद्धाः । यैस्तस्य बोधिसत्त्वस्यान्तिके व्यापादचित्तमुत्पादितमभूत्, तैर्विंशतिकल्पकोटीनयुतशतसहस्राणि न जातु तथागतो दृष्टो ऽभूत्, नापि धर्मशब्दो न संघशब्दः श्रुतो ऽभूत्। दश च कल्पसहस्राण्यवीचौ महानरके दारुणां वेदनां वेदयामासुः । ते च सर्वे तस्मात्कर्मावरणात्परिमुक्ताः । तेनैव बोधिसत्त्वेन महासत्त्वेन परिपाचिता

अनुत्तरायां सम्यक्संबोधौ ।

今译："得大势啊，在那位世尊统治时，这位常不轻菩萨大士向数百比丘、比丘尼、优婆塞和优婆夷宣说这个法门：'我不轻视你们。你们奉行菩萨行吧！你们会成为如来、阿罗汉、正等觉。'他们在这位菩萨身边产生憎恨心。由此，他们在二十百千千万那由他劫，不遇见如来，没有听说法和僧。他们在一万劫中感受阿鼻大地狱的惨烈痛苦。他们摆脱这个业障后，这位菩萨大士教导他们无上正等菩提。

什译："得大勢！彼時四眾比丘、比丘尼、優婆塞、優婆夷，以瞋恚意輕賤我故，二百億劫常不值佛，不聞法，不見僧，千劫於阿鼻地獄受大苦惱。畢是罪已，復遇常不輕菩薩，教化阿耨多羅三藐三菩提。

स्यात्खलु पुनस्ते महास्थामप्राप्त काङ्क्षा वा विमतिर्वा विचिकित्सा वा -- कतमे तेन कालेन तेन समयेन ते सत्त्वा अभूवन्ये ते तं बोधिसत्त्वं महासत्त्वमुल्लापितवन्त उच्चग्घितवन्तः? अस्यामेव महास्थामप्राप्त पर्षदि भद्रपाल-प्रमुखाणि पञ्च बोधिसत्त्वशतानि सिंहचन्द्राप्रमुखानि पञ्चभिक्षुणीशतानि सुगत-चेतनाप्रमुखानि पञ्चोपासिकाशतानि सर्वाण्यवैवर्तिकानि कृतानि अनुत्तरायां सम्यक्संबोधौ । एवमियं महास्थामप्राप्त महार्थस्य धर्मपर्यायस्य धारणा वाचना देशना बोधिसत्त्वानां महासत्त्वानामनुत्तरायाः सम्यक्संबोधेराहारिका संवर्तते । तस्मात्तर्हि महास्थामप्राप्त अयं धर्मपर्यायो बोधिसत्त्वैर्महासत्त्वैस्तथागते परिनिर्वृते अभीक्ष्णं धारयितव्यो वाचयितव्यो देशयितव्यः संप्रकाशयितव्य इति ॥

今译："得大势啊，你是否有怀疑或疑惑，那时那些责骂这位菩萨大士的众生是否是其他某些人？得大势啊，他们就在这个集会中，以跋陀婆罗为首的五百菩萨，以狮子月光为首的五百比丘尼，以思佛为首的五百优婆夷，他们全都安住无上正等菩提不退转。得大势啊，菩萨大士受持、诵读和宣说这个具有大利益的法门，就能获得无上正等菩提。因此，得大势啊，菩萨大士在如来涅槃后，应该始终受持、诵读、宣示和宣说这个法门。"

什译:"得大勢,於汝意云何?爾時四眾常輕是菩薩者,豈異人乎?今此會中跋陀婆羅等五百菩薩、師子月等五百比丘尼、思佛等五百優婆塞,皆於阿耨多羅三藐三菩提不退轉者是。得大勢!當知是《法華經》大饒益諸菩薩摩訶薩,能令至於阿耨多羅三藐三菩提。是故,諸菩薩摩訶薩於如來滅後,常應受持、讀誦、解說、書寫是經。"

अथ खलु भगवांस्तस्यां वेलायामिमा गाथा अभाषत --

今译:这时,世尊又用这些偈颂说道:

什译:爾時,世尊欲重宣此義,而說偈言:

अतीतमध्वानमनुस्मरामि भीष्मस्वरो राज जिनो यदासि ।
महानुभावो नरदेवपूजितः प्रणायको नरमरुयक्षरक्षसाम् ॥ १ ॥

今译:我记得在过去世,有一位
    具有大威力的威音王胜者,
    受人和神侍奉,是所有的
    人、神、药叉和罗刹导师。(1)

什译:過去有佛,號威音王,
    神智無量,將導一切,
    天人龍神,所共供養。

तस्य जिनस्य परिनिर्वृतस्य सद्धर्म संक्षोभ व्रजन्ति पश्चिमे ।
भिक्षू अभूषी तद बोधिसत्त्वो नामेन सो सदपरिभूत उच्यते ॥ २ ॥

今译:这位胜者涅槃后,
    正法在末世衰微,
    有一位比丘菩萨,

他得名为常不轻。（2）

什译：是佛滅後，法欲盡時，
有一菩薩，名常不輕。

उपसंक्रमित्वा तद् भिक्षु अन्यानुपलम्भदृष्टीन तथैव भिक्षुणी ।
परिभाव मह्यं न कदाचिदस्ति यूयं हि चर्यां चरथाग्रबोधये ॥ ३ ॥

今译：他走近怀有邪见的
那些比丘和比丘尼，
说“我不轻视你们，
你们修行求菩提吧！”（3）

什译：時諸四眾，計著於法，
不輕菩薩，往到其所，
而語之言：“我不輕汝，
汝等行道，皆當作佛。”

एवं च संश्रावयि नित्यकालं आक्रोश परिभाष सहन्तु तेषाम्।
कालक्रियायां समुपस्थितायां श्रुतं इदं सूत्रमभूषि तेन ॥ ४ ॥

今译：他经常这样说话，
忍受他们的责骂，
他在死期临近时，
终于听到这部经。（4）

什译：諸人聞已，輕毀罵詈，
不輕菩薩，能忍受之，
其罪畢已，臨命終時，
得聞此經，六根清淨。

अकृत्व कालं तद पण्डितेन अधिष्ठिहित्वा च सुदीर्घमायुः ।

प्रकाशितं सूत्रमिदं तदासीत्तहि शासने तस्य विनायकस्य ॥ ५ ॥

今译：于是这位智者没死，
　　　他延续很长的寿命，
　　　在那位导师统治时，
　　　他一直宣说这部经。（5）

什译：神通力故，增益壽命，
　　　復為諸人，廣說是經。

ते चापि सर्वे बहु ओपलम्भिका बोधीय तेन परिपाचितासीत्।
ततश्च्यवित्वान स बोधिसत्त्वो आरागयी बुद्धसहस्रकोट्यः ॥ ६ ॥

今译：他教导许多怀有
　　　邪见①众生求菩提，
　　　这位菩萨命终后，
　　　又亲近千千万佛。（6）

什译：諸著法眾，皆蒙菩薩，
　　　教化成就，令住佛道，
　　　不輕命終，值無數佛。

अनुपूर्व पुण्येन कृतेन तेन प्रकाशयित्वा इमु सूत्र नित्यम्।
बोधिं स संप्राप्त जिनस्य पुत्रो अहमेव सो शाक्यमुनिस्तदासीत्॥ ७ ॥

今译：由于依次积累功德，
　　　经常宣说这一部经，
　　　这位佛子获得菩提，
　　　他就是我释迦牟尼。（7）

---

① 此处"怀有邪见"的原词是 opalambhika，词义为获得或执著。这里的用法相当于前面第 3 颂中的 upalambhadṛṣṭi（"怀有邪见"或"执著邪见"）。此词什译"著法"。

什译：說是經故，得無量福，
漸具功德，疾成佛道，
彼時不輕，則我身是。

ये चापि भिक्षू तद ओपलम्भिका या भिक्षुणी ये च उपासका वा ।
उपासिकास्तत्र च या तदासीद्ये बोधि संश्रावित पण्डितेन ॥ ८ ॥

今译：怀有邪见的比丘、
比丘尼、优婆塞、
优婆夷那时聆听
这智者宣说菩提。（8）

什译：時四部眾，著法之者，
聞不輕言："汝當作佛。"
以是因緣，值無數佛。

ते चापि दृष्ट्वा बहुबुद्धकोट्य इमे च ते पञ्चशता अनूनकाः ।
तथैव भिक्षूण च भिक्षुणी च उपासिकाश्चापि मि मह्य संमुखम्॥ ९ ॥

今译：这些比丘、比丘尼、
优婆夷，他们已经
见过五百数千万佛，
现在就在我的面前。（9）

什译：此會菩薩，五百之眾，
并及四部，清信士女，
今於我前，聽法者是。

सर्वे मया श्रावित अग्रधर्मा ते चैव सर्वे परिपाचिता मे ।
मयि निर्वृते चापिमि सर्वि धीरा इमु धारयिष्यन्ति ह सूत्रमग्रम्॥ १० ॥

今译：我教化他们所有人，

向他们宣说至上法，
在我涅槃后，这些
智者会受持这部经。（10）

什译：我於前世，勸是諸人，
聽受斯經，第一之法，
開示教人，令住涅槃，
世世受持，如是經典。

कल्पान कोट्यो बहुभीरचिन्त्यैर्न कदाचिदेतादृश धर्म श्रूयते ।
बुद्धान कोटीशत चैव भोन्ति न च ते पिमं सूत्र प्रकाशयन्ति ॥ ११ ॥

今译：不可思议千万劫，
没有听到这种法，
数百千万佛世尊，
没有宣说这部经。（11）

什译：億億萬劫，至不可議，
時乃得聞，是法華經，
億億萬劫，至不可議，
諸佛世尊，時說是經。

तस्माच्छ्रूणित्वा इदमेवरूपं परिकीर्तितं धर्मु स्वयं स्वयंभूवा ।
आरागयित्वा च पुनः पुनश्चिमं प्रकाशयेत्सूत्र मयीह निर्वृते ॥ १२ ॥

今译：因此，闻听自在者
亲自宣说这种法后，
在我涅槃后，应该
受持和宣说这部经。（12）

什译：是故行者①，於佛滅後，
　　　　聞如是經，勿生疑惑，
　　　　應當一心，廣說此經，
　　　　世世值佛，疾成佛道。

इति श्रीसद्धर्मपुण्डरीके धर्मपर्याये सदापरिभूतपरिवर्तो नामैकोनविंशतिमः ॥

今译：以上是神圣《妙法莲华》法门中名为《常不轻菩萨品》的第十九品。

---

① "行者"意谓修行者。此处原文中没有此词。

२० तथागतर्द्ध्यभिसंस्कारपरिवर्तः ।

今译：第二十 如来神通力品

什译：如來神力品第二十一

अथ खलु यानि तानि साहस्रलोकधातुपरमाणुरजःसमानि बोधिसत्त्वकोटीनयुतशतसहस्राणि पृथिवीविवरेभ्यो निष्क्रान्तानि, तानि सर्वाणि भगवतो ऽभिमुखमञ्जलिं प्रगृह्य भगवन्तमेतदूचुः -- वयं भगवनिमं धर्मपर्यायं तथागतस्य परिनिर्वृतस्य सर्वबुद्धक्षेत्रेषु यानि यानि भगवतो बुद्धक्षेत्राणि, यत्र यत्र भगवान् परिनिर्वृतो भविष्यति, तत्र तत्र संप्रकाशयिष्यामः । अर्थिनो वयं भगवननेनैवमुदारेण धर्मपर्यायेण धारणाय वाचनाय देशनाय संप्रकाशनाय वा लिखनाय ॥

今译：这时，从大地中涌出的如同三千大千世界微尘的百千千万那由他菩萨面向世尊，双手合掌，对世尊说道："世尊啊，在如来涅槃后，我们会在所有佛土，在世尊将会涅槃的所有佛土，宣说这个法门。世尊啊，我们渴望受持、诵读、宣示、宣说和书写这个崇高的法门。"

什译：爾時，千世界微塵等菩薩摩訶薩從地踊出者，皆於佛前一心合掌，瞻仰尊顏，而白佛言："世尊！我等於佛滅後，世尊分身所在國土滅度之處，當廣說此經。所以者何？我等亦自欲得是真淨大法，受持，讀誦，解說，書寫，而供養之。"

अथ खलु मञ्जुश्रीप्रमुखानि बहूनि बोधिसत्त्वकोटीनयुतशतसहस्राणि यानि अस्यां सहायां लोकधातौ वास्तव्यानि, भिक्षुभिक्षुण्युपासकोपासिका देवनागयक्षगन्धर्वासुरगरूडकिन्नरमहोरगमनुष्यामनुष्याः, बहवश्च गङ्गानदीवालिकोपमा

बोधिसत्त्वा महासत्त्वा भगवन्तमेतदूचुः -- वयमपि भगवनिमं धर्मपर्यायं संप्रकाशयिष्यामस्तथागतस्य परिनिर्वृतस्य अदृष्टेनात्मभावेन, भगवनन्तरीक्षे स्थिता घोषं संश्रावयिष्यामः, अनवरोपितकुशलमूलानां च सत्त्वानां कुशलमूलान्यवरोपयिष्यामः ॥

今译：然后，以文殊师利为首的居住在娑婆世界的数百千千万那由他菩萨，比丘、比丘尼、优婆塞和优婆夷，天神、蛇、药叉、健达缚、阿修罗、迦楼罗、紧那罗、大蛇、人和非人，如同许多恒河沙的菩萨大士，对世尊说道："世尊啊，我们也会在如来涅槃后，宣说这个法门。世尊啊，我们会在空中隐身发出话音，让未植善根的众生种植善根。"

अथ खलु भगवांस्तस्यां वेलायां तेषां पौर्विकाणां बोधिसत्त्वानां महासत्त्वानां गणिनां महागणिनां गणाचार्याणामेकं प्रमुखं विशिष्टचारित्रं नाम बोधिसत्त्वं महासत्त्वं महागणिनं गणाचार्यमामन्त्रयामास -- साधु साधु विशिष्टचारित्र । एवं युष्माभिः करणीयमस्य धर्मपर्यायस्यार्थे । यूयं तथागतेन परिपाचिताः ॥

今译：这时，世尊对前面提到的菩萨大众导师中那位名为上行的为首的菩萨大士大众导师说道："很好，很好，上行啊，为了这个法门，你们应该这样做。你们已经受到如来教化。"[①]

अथ खलु भगवान् शाक्यमुनिस्तथागतः स च भगवान् प्रभूतरत्नस्तथागतोऽर्हन्सम्यक्संबुद्धः परिनिर्वृतः स्तूपमध्ये । सिंहासनोपविष्टौ द्वावपि स्मितं प्रादुष्कुरुतः, मुखविवरान्तराभ्यां च जिह्वेन्द्रियं निर्णामयतः । ताभ्यां च जिह्वेन्द्रियाभ्यां यावद्ब्रह्मलोकमनुप्राप्नुतः । ताभ्यां च जिह्वेन्द्रियाभ्यां बहूनि रश्मिकोटीनयुतशतसहस्राणि निश्चरन्ति स्म । तासु च रश्मिष्वेकैकस्या रश्मेर्बहूनि बोधिसत्त्वकोटीनयुतशतसहस्राणि निश्चेरुः । सुवर्णवर्णाः कायैर्द्वात्रिंशद्भिर्महापुरुषलक्षणैः समन्वागताः पद्मगर्भे सिंहासने निषण्णाः । ते च बोधिसत्त्वा दिग्विदिक्षु लोकधातुशतसहस्रेषु विसृताः, सर्वासु दिग्विदिक्ष्वन्तरीक्षे स्थिता धर्मं देशयामासुः।

① 以上两段不见于什译。

यथैव भगवान् शाक्यमुनिस्तथागतो ऽर्हन्सम्यक्संबुद्धो जिह्वेन्द्रियेण ऋद्धिप्रातिहार्यं करोति प्रभूतरत्नश्च तथागतो ऽर्हन्सम्यक्संबुद्धः तथैव ते सर्वे तथागता अर्हन्तः सम्यक्संबुद्धाः, ये ते ऽन्यलोकधातुकोटीनयुतशतसहस्रेभ्यो ऽभ्यागता रत्नवृक्षमूलेषु पृथक्पृथक्सिंहासनोपविष्टा जिह्वेन्द्रियेण ऋद्धिप्रातिहार्यं कुर्वन्ति ॥

今译：这时，世尊释迦牟尼如来和已经涅槃的世尊多宝如来、阿罗汉、正等觉一起坐在宝塔中狮子座上，面露微笑，口中伸出舌根。他俩的舌根直达梵界。他俩的舌根放出数百千千万那由他光芒。每道光芒中出现数百千千万那由他菩萨，金色的身体，具有三十二大人相，坐在莲花中的狮子座上。这些菩萨遍布十方百千世界。他们站在十方空中说法。如同世尊释迦牟尼如来、阿罗汉、正等觉和多宝如来、阿罗汉、正等觉用舌根展现神通力，来自其他百千千万那由他世界的这些如来、阿罗汉、正等觉坐在宝树下各自的狮子座上，也都用舌根展现神通力。

什译：爾時，世尊於文殊師利等無量百千萬億舊住娑婆世界菩薩摩訶薩，及諸比丘、比丘尼、優婆塞、優婆夷，天、龍、夜叉、乾闥婆、阿修羅、迦樓羅、緊那羅、摩睺羅伽、人非人等一切眾前，現大神力，出廣長舌[①]，上至梵世。一切毛孔放於無量無數色光，皆悉遍照十方世界。眾寶樹下師子座上諸佛亦復如是，出廣長舌，放無量光。

अथ खलु भगवान् शाक्यमुनिस्तथागतो ऽर्हन्सम्यक्संबुद्धः ते च सर्वे तथागता अर्हन्तः सम्यक्संबुद्धाः तमृद्ध्यभिसंस्कारं परिपूर्णं वर्षशतसहस्रं कृतवन्तः । अथ खलु वर्षशतसहस्रस्यात्ययेन ते तथागता अर्हन्तः सम्यक्संबुद्धास्तानि जिह्वेन्द्रियाणि पुनरेवोपसंहृत्य एकस्मिन्नेव क्षणलवमुहूर्ते समकालं सर्वैर्महासिंहोत्कासनशब्दः कृतः, एकश्चाच्छटासंघातशब्दः कृतः । तेन च महोत्कासनशब्देन महाच्छटासंघातशब्देन यावन्ति दशसु दिक्षु बुद्धक्षेत्रकोटीनयुतशतसहस्राणि, तानि सर्वाण्याकम्पितान्यभूवन्, प्रकम्पितानि संप्रकम्पितानि

① “广长舌”（prabhūtatanujihva）指舌头长而薄，是佛陀三十二相之一。此处原文中没有使用此词。

चलितानि प्रचलितानि संप्रचलितानि वेधितानि प्रवेधितानि संप्रवेधितानि । तेषु च सर्वेषु बुद्धक्षेत्रेषु यावन्तः सर्वसत्त्वा देवनागयक्षगन्धर्वासुरगरुडकिन्नरमहोरग-मनुष्या मनुष्याः, ते ऽपि सर्वे बुद्धानुभावेन तत्रस्था एवमिमां सहां लोकधातुं पश्यन्ति स्म । तानि च सर्वतथागतकोटीनयुतशतसहस्राणि रत्नवृक्षमूलेषु पृथक्पृथक्सिंहासनोपविष्टानि भगवन्तं च शाक्यमुनिं तथागतमर्हन्तं सम्यक्संबुद्धं तं च भगवन्तं प्रभूतरत्नं तथागतमर्हन्तं सम्यक्संबुद्धं परिनिर्वृतं तस्य महारत्नस्तूपस्य मध्ये सिंहासनोपविष्टं भगवता शाक्यमुनिना तथागतेन सार्धं निषण्णां ताश्च तिस्रः पर्षदः पश्यन्ति स्म ।

今译：世尊如来、阿罗汉、正等觉和其他所有如来、阿罗汉、正等觉这样展现神通力整整一万年。一万年后，这些如来、阿罗汉、正等觉收回那些舌根，在顷刻刹那瞬间同时发出大狮子咳嗽声和弹指声。随着大咳嗽声和弹指声，所有十方百千千万那由他佛土出现摇动、遍摇动、颠簸、遍颠簸、涌动和遍涌动。由于佛的威力，所有这些佛土上的所有众生，天神、蛇、药叉、健达缚、阿修罗、迦楼罗、紧那罗、大蛇、人和非人，全都站在那里，看见这个娑婆世界。他们看见百千千万那由他如来坐在宝树下各自的狮子座上，世尊释迦牟尼如来、阿罗汉、正等觉和已经涅槃的世尊多宝如来、阿罗汉、正等觉坐在大宝塔中狮子座上，也看见与世尊一起坐着的那些四众。

什译：釋迦牟尼佛及寶樹下諸佛現神力時，滿百千歲，然後還攝舌相，一時謦欬，俱共彈指。是二音聲遍至十方諸佛世界，地皆六種震動。其中眾生，天、龍、夜叉、乾闥婆、阿修羅、迦樓羅、緊那羅、摩睺羅伽、人非人等，以佛神力故，皆見此娑婆世界，無量無邊百千萬億眾寶樹下師子座上諸佛，及見釋迦牟尼佛共多寶如來在寶塔中坐師子座，又見無量無邊百千萬億菩薩摩訶薩及諸四眾恭敬圍繞釋迦牟尼佛。

दृष्ट्वा च आश्चर्यप्राप्ता अद्भुतप्राप्ता औद्बिल्यप्राप्ता अभूवन्। एवं च अन्तरीक्षाद्धोषमश्रौषुः -- एष मार्षा अप्रमेयाण्यसंख्येयानि लोकधातुकोटीनयुत-

शतसहस्राण्यतिक्रम्य सहा नाम लोकधातुः । तस्यां शाक्यमुनिर्नाम तथागतो ऽर्हन्सम्यक्संबुद्धाः । स एतर्हि सद्धर्मपुण्डरीकं नाम धर्मपर्यायं सूत्रान्तं महावैपुल्यं बोधिसत्त्वाववादं सर्वबुद्धपरिग्रहं बोधिसत्त्वानां महासत्त्वानां संप्रकाशयति । तं यूयमध्याशयेन अनुमोदध्वम्, तं च भगवन्तं शाक्यमुनिं तथागतमर्हन्तं सम्यक् संबुद्धं तं च भगवन्तं प्रभूतरत्नं तथागतमर्हन्तं सम्यक्संबुद्धं नमस्कुरुध्वम्॥

今译：看见后，他们深感奇妙、惊异和欢喜。这样，他们在空中说道："诸位贤士啊，越过无量无数百千千万那由他世界，有个名为娑婆的世界。那里有名为释迦牟尼的如来、阿罗汉、正等觉。他现在向菩萨大士们宣说这个名为《妙法莲华》的法门。这是向菩萨宣说、受一切佛护持的大方广经。你们要发起随喜心，向世尊释迦牟尼如来、阿罗汉、正等觉和世尊多宝如来、阿罗汉、正等觉致敬。"

什译：既見是已，皆大歡喜，得未曾有。即時，諸天於虛空中高聲唱言："過此無量無邊百千萬億阿僧祇世界，有國名娑婆，是中有佛名釋迦牟尼，今為諸菩薩摩訶薩說大乘經，名《妙法蓮華》，教菩薩法，佛所護念。汝等當深心隨喜，亦當禮拜供養釋迦牟尼佛。"

अथ खलु ते सर्वसत्त्वा इममेवंरूपमन्तरीक्षान्निर्घोषं श्रुत्वा तत्रस्था एव नमो भगवते शाक्यमुनये तथागतायार्हते सम्यक्संबुद्धायेति वाचं भाषन्ते स्म अञ्जलिं प्रगृह्य । विविधाश्च पुष्पधूपगन्धमाल्यविलेपनचूर्णचीवरच्छत्रध्वजपताकावैजयन्त्यो येनेयं सहा लोकधातुस्तेन क्षिपन्ति स्म, नानविधानि चाभरणानि पिनद्धाणि हारार्धहारमणिरत्नान्यपि क्षिपन्ति स्म, भगवतः शाक्यमुनेः प्रभूतरत्नस्य च तथागतस्य पूजाकर्मणे, अस्य च सद्धर्मपुण्डरीकस्य धर्मपर्यायस्य । ताश्च पुष्पधूपगन्धमाल्यविलेपनचूर्णचीवरच्छत्रध्वजपताकावैजयन्त्यस्तानि च हारार्धहारमणिरत्नानि क्षिप्तानि इमां सहां लोकधातुमागच्छन्ति स्म । तैश्च पुष्पधूपगन्धमाल्यविलेपनचूर्णचीवरच्छत्रध्वजपताकावैजयन्तीराशिभिर्हारार्धहारैर्मणिरत्नैश्च अस्यां सहायां लोकधातौ सार्धं तैरन्यर्लोकधातुकोटीनयुतशतसहस्रैरेकीभूतैर्ये तेषु तथागताः संनिषण्णाः, तेषु सर्वेषु वैहायसे ऽन्तरीक्षे समन्तान्महापुष्पवितानं परिसंस्थितमभूत्॥

今译：然后，一切众生听到空中这样的话音，站在那里，双手合掌，说道："向世尊释迦牟尼如来、阿罗汉、正等觉致敬！"他们向娑婆世界撒下各种鲜花、香料、花环、香膏、香粉、衣服、华盖、幢幡和胜利旗，撒下各种佩戴的装饰品、项链、摩尼珠和宝石，供奉世尊释迦牟尼和多宝如来，供奉这个《妙法莲华》法门。这些鲜花、香料、花环、香膏、香粉、衣服、华盖、幢幡和胜利旗，以及各种项链、摩尼珠和宝石，撒落在这个娑婆世界。这些鲜花、香料、花环、香膏、香粉、衣服、华盖、幢幡和胜利旗，以及各种项链、摩尼珠和宝石，与其他百千千万那由他世界连成一片，所有那些坐着的如来的上空形成一个四周围绕的大花帐篷。

什译：彼諸眾生聞虛空中聲已，合掌向娑婆世界作如是言："南無釋迦牟尼佛！南無釋迦牟尼佛！"以種種華香、瓔珞、幡蓋，及諸嚴身之具、珍寶妙物，皆共遙散娑婆世界。所散諸物從十方來，譬如雲集，變成寶帳，遍覆此間諸佛之上。于時，十方世界通達無礙，如一佛土。

अथ खलु भगवांस्तान्विशिष्टचारित्रप्रमुखान् बोधिसत्त्वान् महासत्त्वानामन्त्रयामास -- अचिन्त्यप्रभावाः कुलपुत्रास्तथागता अर्हन्तः सम्यक्संबुद्धाः । बहून्यप्यहं कुलपुत्राः कल्पकोटीनयुतशतसहस्राणि अस्य धर्मपर्यायस्य परीन्दनार्थं नानाधर्मप्रमुखैर्बहूनानुशंसान् भाषेयम्। न चाहं गुणानां पारं गच्छेयमस्य धर्मपर्यायस्य भाषमाणः । संक्षेपेण कुलपुत्राः सर्वबुद्धवृषभिता सर्वबुद्धरहस्यं सर्वबुद्धगम्भीरस्थानं मया अस्मिन्धर्मपर्याये देशितम्। तस्मात्तर्हि कुलपुत्रा युष्माभिस्तथागतस्य परिनिर्वृतस्य सत्कृत्य अयं धर्मपर्यायो धारयितव्यो देशयितव्यो लिखितव्यो वाचयितव्यः प्रकाशयितव्यो भावयितव्यः पूजयितव्यः । यस्मिंश्च कुलपुत्राः पृथिवीप्रदेशे अयं धर्मपर्यायो वाच्येत वा प्रकाश्येत वा देश्येत वा लिख्येत वा चिन्त्येत वा भाष्येत वा स्वाध्यायेत वा पुस्तकगतो वा तिष्ठतारामे वा विहारे वा गृहे वा वने वा नगरे वा वृक्षमूले वा प्रासादे वा लयने वा गुहायां वा, तस्मिन् पृथिवीप्रदेशे तथागतमुद्दिश्य चैत्यं कर्तव्यम्। तत्कस्य हेतोः?

सर्वतथागतानां हि स पृथिवीप्रदेशो बोधिमण्डो वेदितव्यः। । तस्मिंश्च पृथिवीप्रदेशे सर्वतथागता अर्हन्तः सम्यक्संबुद्धा अनुत्तरां सम्यक्संबोधिमभिसंबुद्धा इति वेदितव्यम्। तस्मिंश्च पृथिवीप्रदेशे सर्वतथागतैर्धर्मचक्रं प्रवर्तितम्, तस्मिंश्चपृथिवी-प्रदेशे सर्वतथागताः परिनिर्वृता इति वेदितव्यम्।।

今译：然后，世尊对以上行为首的菩萨大士们说道："诸位善男子啊，如来、阿罗汉、正等觉们的威力不可思议。诸位善男子啊，我在数百千千万那由他劫中，为了托付这个法门，以各种法门宣说它的功德，我也不能说尽这个法门的功德。诸位善男子啊，简而言之，我在这个法门中宣示一切佛的雄牛性、一切佛的秘要和一切佛的深邃处。因此，诸位善男子啊，在如来涅槃后，你们应该恭敬地受持、宣示、书写、诵读、宣说、修习和供奉这个法门。诸位善男子啊，凡是曾经诵读、宣示、书写、思惟、宣说和诵习这个法门以及安放这部经书的地方，无论在花园、寺院、家中、树林、城市、树下、殿堂、僻静处或洞穴，都应该建造如来塔。为什么？应该知道这地方就是如来的菩提道场。应该知道一切如来、阿罗汉、正等觉在这个地方觉知无上正等菩提。应该知道一切如来在这个地方转动法轮，在这个地方涅槃。"

什译：爾時，佛告上行等菩薩大眾："諸佛神力如是無量無邊，不可思議。若我以是神力，於無量無邊百千萬億阿僧祇劫，為囑累故，說此經功德，猶不能盡。以要言之，如來一切所有之法，如來一切自在神力，如來一切祕要之藏，如來一切甚深之事，皆於此經宣示顯說。是故，汝等於如來滅後，應一心受持，讀誦，解說，書寫，如說修行。所在國土，若有受持，讀誦，解說，書寫，如說修行，若經卷所住之處，若於園中，若於林中，若於樹下，若於僧坊，若白衣舍，若在殿堂，若山谷曠野，是中皆應起塔供養。所以者何？當知是處即是道場，諸佛於此得阿耨多羅三藐三菩提，諸佛於此轉于法輪，諸佛於此而般涅槃。"

第二十　如来神通力品

अथ खलु भगवांस्तस्यां वेलायामिमा गाथा अभाषत --

今译：这时，世尊又用这些偈颂说道：

什译：爾時，世尊欲重宣此義，而說偈言：

अचिन्तिया लोकहितान धर्मता अभिज्ञज्ञानस्मि प्रतिष्ठितानाम्।
ये ऋद्धि दर्शेन्ति अनन्तचक्षुषः प्रामोद्यहेतोरिह सर्वदेहिनाम्॥ १ ॥

今译：为世界谋福的无限眼，
　　　他们的法性不可思议，
　　　依靠神通智展现神通，
　　　为了让一切众生欢喜。（1）

什译：諸佛救世者，住於大神通，
　　　為悅眾生故，現無量神力。

जिह्वेन्द्रियं प्रापिय ब्रह्मलोकं रश्मीसहस्राणि प्रमुञ्चमानाः।
आश्चर्यभूता इह ऋद्धिदर्शिताः ते सर्वि ये प्रस्थित अग्रबोधौ॥ २ ॥

今译：伸出舌根直达梵界，
　　　舌根放射千道光芒，
　　　众生追求至上菩提，
　　　见神通而深感奇妙。（2）

什译：舌相至梵天，身放無數光，
　　　為求佛道者，現此希有事。

उत्कासितं चापि करोन्ति बुद्धा एकाच्छटा ये च करोन्ति शब्दम्।
ते विज्ञपेन्ती इमु सर्वलोकं दशो दिशायां इम लोकधातुम्॥ ३ ॥

今译：诸佛发出咳嗽声，
　　　同时发出弹指声，

这声音传遍所有
十方的一切世界。（3）

什译：諸佛謦欬聲，及彈指之聲，
周聞十方國，地皆六種動。

एतानि चान्यानि च प्रातिहार्या गुणान्निदर्शोन्ति हितानुकम्पकाः ।
कथं नु ते हर्षित तस्मि काले धारेयु सूत्रं सुगतस्य निर्वृते ॥ ४ ॥

今译：这些关心世界利益者，
展现种种神通和功德，
确实，众生此时喜悦，
善逝涅槃后受持此经。（4）

什译：以佛滅度後，能持是經故，
諸佛皆歡喜，現無量神力。

बहू पि कल्पान सहस्रकोट्यो वदेय वर्णं सुगतात्मजानाम्।
ये धारयिष्यन्तिम सूत्रमग्रं परिनिर्वृते लोकविनायकस्मिन्॥ ५ ॥

今译：我在数千千万劫中，
称赞这些善逝之子，
他们在导师涅槃后，
会受持这部至上经。（5）

什译：囑累是經故，讚美受持者，
於無量劫中，猶故不能盡。

न तेष पर्यन्त भवेद्गुणानां आकाशधातौ हि यथा दिशासु ।
अचिन्तिया तेषा गुणा भवन्ति ये सूत्र धारेन्ति इदं शुभं सदा ॥ ६ ॥

今译：他们的功德无穷无尽，

如同十方的无限虚空，
由于受持这部美妙经，
他们的功德不可思议。（6）

什译：是人之功德，無邊無有窮，
如十方虚空，不可得邊際。

दृष्टो अहं सर्व इमे च नायका अयं च यो निर्वृतु लोकनायकः ।
इमे च सर्वे बहुबोधिसत्त्वाः पर्षाश्च चत्वारि अनेन दृष्टाः ॥ ७ ॥

今译：看到我和所有的导师，
看到这位已涅槃导师，
也看到聚集在这里的
所有这些菩萨和四众。（7）

什译：能持是經者，則為已見我，
亦見多寶佛，及諸分身者，
又見我今日，教化諸菩薩。

अहं च आरागितु तेनिहाद्य इमे च आरागित सर्वि नायकाः ।
अयं च यो निर्वृतको जिनेन्द्रो ये चापि अन्ये दशसू दिशासु ॥ ८ ॥

今译：今天在这里亲近我，
亲近所有这些导师，
亲近已涅槃的导师，
亲近十方其他导师。（8）

什译：能持是經者，令我及分身，
滅度多寶佛，一切皆歡喜。

अनागतातीत तथा च बुद्धाः तिष्ठन्ति ये चापि दशसु दिशासु ।
ते सर्वि दृष्टाश्च सुपूजिताश्च भवेयु यो धारयि सूत्रमेतत्॥ ९ ॥

今译：只要受持这部经，
　　　他会看见和供奉
　　　所有十方的那些
　　　未来佛和过去佛。（9）

什译：十方現在佛，并過去未來，
　　　亦見亦供養，亦令得歡喜。

रहस्यज्ञानं पुरुषोत्तमानां यं बोधिमण्डस्मि विचिन्तितासीत् ।
अनुचिन्तयेत्सो पि तु क्षिप्रमेव यो धारयेत्सूत्रिमु भूतधर्मम् ॥ १० ॥

今译：他受持这部真实经，
　　　也会迅速领悟人中
　　　至尊们在菩提道场
　　　思考觉知的秘密智。（10）

什译：諸佛坐道場，所得祕要法，
　　　能持是經者，不久亦當得。

प्रतिभानु तस्यापि भवेदनन्तं यथापि वायुर्न कहिंचि सज्जति ।
धर्मे ऽपि चार्थे च निरुक्ति जानति यो धारयेत्सुत्रमिदं विशिष्टम् ॥ ११ ॥

今译：他受持这部殊胜经，
　　　也会获得无碍辩才，
　　　如同空中风无阻碍，
　　　通晓诸法义理训释。（11）

什译：能持是經者，於諸法之義，
　　　名字及言辭，樂說無窮盡，
　　　如風於空中，一切無障礙。

अनुसंधिसूत्राण सदा प्रजानति संधाय यं भाषितु नायकेहि ।

परिनिर्वृतस्यापि विनायकस्य सूत्राण सो जानति भुतमर्थम्॥ १२ ॥

今译：他知道诸经关联，
导师的随宜所说，
在导师涅槃之后，
知道诸经真实义。（12）

什译：於如來滅後，知佛所說經，
因緣及次第，隨義如實說。

चन्द्रोपमः सूर्यसमः स भाति आलोकप्रद्योतकरः स भोति ।
विचरन्तु सो मेदिनि तेन तेन समादपेती बहुबोधिसत्त्वान्॥ १३ ॥

今译：如同月亮和太阳，
他闪耀明亮光辉，
在大地各处漫游，
教导众多的菩萨。（13）

什译：如日月光明，能除諸幽冥，
斯人行世間，能滅眾生闇，
教無量菩薩，畢竟住一乘。

तस्माद्धि ये पण्डित बोधिसत्त्वाः श्रुत्वानिमानीद्दश आनुशंसान्।
धारेयु सूत्रं मम निर्वृतस्य न तेष बोधाय भवेत संशयः ॥ १४ ॥

今译：菩萨智者闻听这些
功德，在我涅槃后，
他们必定无疑受持
这部经，求取菩提。（14）

什译：是故有智者，聞此功德利，
於我滅度後，應受持斯經，

是人於佛道，决定無有疑。

इति श्रीसद्धर्मपुण्डरीके धर्मपर्याये तथागतर्द्ध्यभिसंस्कारपरिवर्तो नाम विंशतितमः ॥

今译：以上是神圣《妙法莲华》法门中名为《如来神通力品》的第二十品。

२१ धारणीपरिवर्तः ।

今译：第二十一 陀罗尼品

什译：陀羅尼品第二十六[①]

अथ खलु भैषज्यराजो बोधिसत्त्वो महासत्त्व उत्थायासनादेकांसमुत्तरासङ्गं कृत्वा दक्षिणं जानुमण्डलं पृथिव्यां प्रतिष्ठाप्य येन भगवांस्तेनाञ्जलिं प्रणम्य भगवन्तमेतदवोचत्कियद्भगवन्स कुलपुत्रो वा कुलदुहिता वा पुण्यं प्रसवेत्, य इमं सद्धर्मपुण्डरीकं धर्मपर्यायं धारयेत्, कायगतं वा पुस्तकगतं वा कृत्वा? एवमुक्ते भगवान्भैषज्यराजं बोधिसत्त्वं महासत्त्वमेतदवोचत्-- यः कश्चिद्भैषज्यराज कुलपुत्रो वा कुलदुहिता वा अशीतिगङ्गानदीवालिकासमानि तथागतकोटीनयुतशतसहस्राणि सत्कुर्याद्गुरुकुर्यान्मानयेत्पूजयेत्, तकिं मन्यसे भैषज्यराज कियत्कुलपुत्रो वा कुलदुहिता वा ततोनिदानं बहु पुण्यं प्रसवेत्? भैषज्यराजो बोधिसत्त्वो महासत्त्व आह -- बहु भगवन्, बहु सुगत । भगवानाह -- आरोचयामि ते भैषज्यराज, प्रतिवेदयामि । यः कश्चिद्भैषज्यराज कुलपुत्रो वा कुलदुहिता वा अस्मात्सद्धर्मपुण्डरीकाद्धर्मपर्यायादन्तश एकामपि चतुष्पदीगाथां धारयेत्, वाचयेत्, पर्यवाप्नुयात्, प्रतिपत्त्या च संपादयेत्, अतः स भैषज्यराज कुलपुत्रो वा कुलदुहिता वा ततोनिदानं बहुतरं पुण्यं प्रसवेत्॥

今译：然后，药王菩萨大士从座位上起身，偏袒右肩，右膝着地，向世尊合掌行礼，对世尊说道：“世尊啊，若有善男子或善女人自身受持这个法门，或制成经书，他们的功德有多少？”这样说罢，世尊

---

① 什译在紧接上面的《如来神力品》第二十一之后是《嘱累品》第二十二。而按现存梵本，《嘱累品》是最后一品。护译和《添品》也是最后一品。为对勘方便，现将什译《嘱累品》移至最后。同时也将后面的什译《陀罗尼品》第二十六移到这里，便于与梵本第二十一《陀罗尼品》对勘。

对药王菩萨大士说道："药王啊，若有善男子或善女人尊敬、尊重、崇敬和供奉如同恒河沙的八十百千千万那由他如来，药王啊，你认为怎样？这善男子或善女人由此因缘会产生很多功德吗？"药王菩萨大士说道："很多，世尊啊，很多，善逝啊。"世尊说道："我告诉你，药王啊，我告知你。药王啊，若有善男子或善女人从这个《妙法莲华》法门中，甚至记取一首四句偈颂，诵读、掌握和修习。那么，这善男子或善女人由此因缘会产生更多的功德。"

什译：爾時，藥王菩薩即從座起，偏袒右肩，合掌向佛，而白佛言："世尊！若善男子、善女人有能受持《法華經》者，若讀誦通利，若書寫經卷，得幾所福？"佛告藥王："若有善男子、善女人供養八百萬億那由他恒河沙等諸佛。於汝意云何？其所得福，寧為多不？""甚多，世尊。"佛言："若善男子、善女人能於是經，乃至受持一四句偈，讀誦，解義，如說修行，功德甚多。"

अथ खलु भैषज्यराजो बोधिसत्त्वो महासत्त्वस्तस्यां वेलायां भगवन्तमेतदवोचत्-- दास्यामो वयं भगवंस्तेषां कुलपुत्राणां कुलदुहितॄणां वा येषामयं सद्धर्मपुण्डरीको धर्मपर्यायः कायगतो वा स्यात्, पुस्तकगतो वा, रक्षावरणगुप्तये धारणीमन्त्रपदानि। तद्यथा --

今译：这时，药王菩萨大士对世尊说道："世尊啊，这些善男子或善女人自身受持这个法门，或制成经书。为了保护他们，我们要给予他们陀罗尼咒语。例如，

什译：爾時，藥王菩薩白佛言："世尊！我今當與說法者陀羅尼呪，以守護之。"即說呪曰：

अन्ये मन्ये मने ममने चित्ते चरिते समे समिता विशान्ते मुक्ते मुक्ततमे समे अविषमे समसमे जये क्षये अक्षये अक्षिणे शान्ते समिते धारणि आलोकभाषे प्रत्यवेक्षणि निधिरु अभ्यन्तरनिविष्टे अभ्यन्तरपारिशुद्धिमुत्कुले अरडे परडे सुकाङ्क्षि

असमसमे बुद्धविलोकिते धर्मपरीक्षिते संघनिर्घोषणि निर्घोणि भयाभयविशोधनि मन्त्रे मन्त्राक्षयते रुते रुतकौशल्ये अक्षये अक्षयवनताये वक्कुले वलोड्र अमन्यनताये स्वाहा ॥

今译："阿尼耶，摩尼耶，摩奈，摩摩奈，吉代，遮利代，萨每，萨密达，维香代，摩格代，摩格德多每，萨每，阿维舍每，萨摩萨每，遮耶，刹耶，阿刹耶，香代，萨密代，陀罗尼，阿罗迦跋舍，钵罗底耶维刹尼，尼提如，阿毗衍多罗尼维湿代，阿毗衍多罗波利首提摩古勒，阿罗代，波罗代，苏甘克希，阿萨摩萨每，菩陀维罗吉代，达摩波利克希代，僧伽尼谷舍尼，尼谷尼，跋亚跋耶维娑达尼，曼陀罗，曼陀罗刹耶代，如代，如多高舍利耶，阿刹耶，阿刹耶婆那达耶，婆古勒，婆罗德罗，阿摩尼耶那达耶，娑婆诃！

什译："安爾(一)曼爾(二)摩禰(三)摩摩禰(四)旨隸(五)遮梨第(六)賒咩(羊鳴音)(七)賒履(冈雉反)多瑋(八)羶(輸千反)帝(九)目帝(十)目多履(十一)娑履(十二)阿瑋娑履(十三)桑履(十四)娑履(十五)叉裔(十六)阿叉裔(十七)阿耆膩(十八)羶帝(十九)賒履(二十)陀羅尼(二十一)阿盧伽婆娑(蘇奈反)簸蔗毗叉膩(二十二)禰毗剃(二十三)阿便哆(都餓反)邏禰履剃(二十四)阿亶哆波隸輸地(途賣反)(二十五)漚究隸(二十六)牟究隸(二十七)阿羅隸(二十八)波羅隸(二十九)首迦差(初几反)(三十)阿三磨三履(三十一)佛馱毗吉利袠帝(三十二)達磨波利差(猜離反)帝(三十三)僧伽涅瞿沙禰(三十四)婆舍婆舍輸地(三十五)曼哆邏(三十六)曼哆邏叉夜多(三十七)郵樓哆(三十八)郵樓哆憍舍略(來加反)(三十九)惡叉邏(四十)惡叉冶多冶(四十一)阿婆盧(四十二)阿摩若(荏蔗反)那多夜(四十三)[①]

① 陀罗尼咒语文字处在可解和不可解之间，以暗示其内含神秘的力量，汉译佛经通常采取音译，而护译采取意译。此处及以下咒语附上护译，供参考："奇異所思，意念無意，永久所行，奉修寂然。澹泊志默，解脫濟渡，平等無邪，安和普平。滅盡無盡，莫勝玄默，澹然總持。觀察光耀，有所依倚，恃怙於內，究竟清淨。無有坑坎，亦無高下，無有迴旋，所周旋處。其目清淨，等無所等，覺已越度，而察於法。合眾無音，所說解明，而懷止足。盡除節限，宣暢音響，曉了眾聲，而了文字，無有窮盡，永無力勢，無所思念。"

इमानि भगवन्मन्त्रधारणीपदानि द्वाषष्टिभिर्गङ्गानदीवालिकासमैर्बुद्धैर्भगवद्भिर्भाषितानि । ते सर्वे बुद्धा भगवन्तस्तेन द्रुग्धाः स्युः, य एवंरुपान्धर्मभाणकानेवंरूपान्सूत्रान्तधारकानतिक्रामेत्॥

今译："世尊啊，这些陀罗尼咒语是如同六十二恒河沙的佛世尊所说。若有人冒犯那些受持这部经的说法者，便是冒犯所有这些佛世尊。"

什译："世尊！是陀羅尼神咒，六十二億恒河沙等諸佛所說。若有侵毁此法師者，則為侵毁是諸佛已。"

अथ खलु भगवान्भैषज्यराजाय बोधिसत्त्वाय महासत्त्वाय साधुकारमदात्साधु साधु भैषज्यराज, सत्त्वानामर्थः कृतः । धारणीपदानि भाषितानि सत्त्वानामनुकम्पामुपादय । रक्षावरणगुप्तिः कृता ॥

今译：然后，世尊称赞药王菩萨大士："很好，很好，药王啊，你为众生谋福。你同情众生，为保护他们，宣说这些陀罗尼咒语。"

什译：時釋迦牟尼佛讚藥王菩薩言："善哉，善哉！藥王！汝愍念擁護此法師故，說是陀羅尼，於諸眾生多所饒益。"

अथ खलु प्रदानशूरो बोधिसत्त्वो महासत्त्वो भगवन्तमेतदवोचत्-- अहमपि भगवनेवंरूपाणां धर्मभाणकानामर्थाय धारणीपदानि दास्यामि, यत्तेषामेवंरूपाणां धर्मभाणकानां न कश्चिदवतारप्रेक्षी अवतारगवेषी अवतारं लप्स्यते । तद्यथा यक्षो वा राक्षसो वा पूतनो वा कृत्यो वा कुम्भाण्डो वा प्रेतो वा अवतारप्रेक्षी अवतारगवेषी अवतारं न लप्स्यत इति ॥

今译：然后，勇施菩萨大士对世尊说道："世尊啊，我也要给予这些说法者陀罗尼咒语。这样，任何人想要伺机冒犯这些说法者，都会无机可乘。诸如药叉、罗刹、臭鬼、恶鬼、鸠槃荼或饿鬼，他们想要伺机冒犯，都会无机可乘。"

什译：爾時，勇施菩薩白佛言："世尊！我亦為擁護讀誦受持《法華經》者說陀羅尼。若此法師得是陀羅尼，若夜叉，若羅刹，若富單那，若吉遮，若鳩槃茶，若餓鬼等，伺求其短，無能得便。"

अथ खलु प्रदानशूरो बोधिसत्त्वो महासत्त्वस्तस्यां वेलायामिमानि धारणीमन्त्रपदानि भाषते स्म । तद्यथा --

今译：这时，勇施菩萨大士宣说这些陀罗尼咒语："例如，

什译：即於佛前而說呪曰：

ज्वले महाज्वले उक्के तुक्के मुक्के अडे अडावति नृत्ये नृत्यावति इट्टिनि विट्टिनि चिट्टिनि नृत्यनि नृत्यावति स्वाहा ॥

今译："遮婆勒，摩诃遮婆勒，乌盖，杜盖，摩盖，阿代，阿达婆底，尼利底耶，尼利底亚婆底，伊提尼，维提尼，吉提尼，尼利底耶尼，尼利底亚婆底，娑婆诃！

什译：痤(誓螺反)隸(一)摩訶痤隸(二)郁枳(三)目枳(四)阿隸(五)阿羅婆第(六)涅隸第(七)涅隸多婆第(八)伊緻(猪履反)柅(女氏反)(九)韋緻柅(十)旨緻柅(十一)涅隸墀柅(十二)涅犁墀婆底(十三)[1]

इमानि भगवन्धारणीपदानि गङ्गानदीवालिकासमैस्तथागतैरर्हद्भिः सम्यक्संबुद्धैर्भाषितानि, अनुमोदितानि च । ते सर्वे तथागतास्तेन द्रुग्धाः स्युः, यस्तानेवंरूपान्धर्मभाणकानतिक्रमेत ॥

今译："世尊啊，这些陀罗尼咒语是如同恒河沙的如来、阿罗汉、正等觉所说，也为他们所随喜。若有人冒犯那些说法者，便是冒犯所有这些如来。"

什译："世尊！是陀羅尼神呪，恒河沙等諸佛所說，亦皆隨喜。

① 护译："晃耀大明，炎光演暉，順來富章，悅喜欣然住此，立制永作，無合無集。"

若有侵毁此法師者，則為侵毁是諸佛已。”

अथ खलु वैश्रवणो महाराजो भगवन्तमेतदवोचत्-- अहमपि भगवन्धारणीपदानि भाषिष्ये तेषां धर्मभाणकानां हिताय सुखाय अनुकम्पायै रक्षावरणगुप्तये ॥ तद्यथा --

今译：然后，毗沙门大王对世尊说道："世尊啊，为了那些说法者的利益和幸福，为了保护他们，我也要宣说陀罗尼咒语。例如，

什译：爾時，毗沙門天王護世者白佛言："世尊！我亦為愍念眾生、擁護此法師故，說是陀羅尼。"即說呪曰：

अट्टे तट्टे नट्टे वनट्टे अनडे नाडि कुनडि स्वाहा ॥

今译："阿代，多代，那代，婆那代，阿那代，那底，古那底，娑婆诃！

什译："阿梨(一)那梨(二)㝹那梨(三)阿那盧(四)那履(五)拘那履(六)[①]

एभिर्भगवन्धारणीपदैस्तेषां धर्मभाणकानां पुद्गलानां रक्षां करोमि, योजनशताच्चाहं तेषां कुलपुत्राणां कुलदुहितॄणां च एवंरूपाणां सूत्रान्तधारकाणां रक्षा कृता भविष्यति, स्वस्त्ययनं कृतं भविष्यति ॥

今译："世尊啊，我会用这些陀罗尼咒语保护那些说法者，也保护受持这部经的善男子或善女人，在一百由旬内，保证他们吉祥平安。"

什译："世尊！以是神呪擁護法師，我亦自當擁護持是經者，令百由旬內無諸衰患。"

① 护译："富有調戲無戲，無量無富何富。"

अथ खलु विरूढको महाराजो तस्यामेव पर्षदि संनिपतितो ऽभूत्संनिषण्णश्च कुम्भाण्डकोटीनयुतशतसहस्रैः परिवृतः पुरस्कृतः । स उत्थायासनादेकांसमुत्तरासङ्गं कृत्वा येन भगवांस्तेनाञ्जलिं प्रणाम्य भगवन्तमेतदवोचत्-- अहमपि भगवन्धारणीपदानि भाषिष्ये बहुजनहिताय । तेषां च तथारूपाणां धर्मभाणकानामेवंरूपाणां सूत्रान्तधारकाणां रक्षावरणगुप्तये धारणीमन्त्रपदानि । तद्यथा --

今译：这时，参与这个集会的增长大王坐在那里，千千万那由他鸠槃荼恭敬围绕。他从座位起身，偏袒右肩，向世尊合掌行礼，对世尊说道："世尊啊，为了大众的利益，我也要宣说陀罗尼咒语。用这些陀罗尼咒语保护那些受持这部经的说法者。例如，

什译：爾時，持國[①]天王在此會中，與千萬億那由他乾闥婆眾恭敬圍繞，前詣佛所，合掌白佛言："世尊！我亦以陀羅尼神呪，擁護持《法華經》者。"即說呪曰：

अगणे गणे गौरि गन्धारि चण्डालि मातङ्गि पुक्कसि संकुले व्रूसलि सिसि स्वाहा ॥

今译："阿伽奈，伽奈，高利，健达利，旃达利，摩登吉，布格希，商古勒，波卢萨利，希希，娑婆诃！

什译："阿伽禰(一)伽禰(二)瞿利(三)乾陀利(四)旃陀利(五)摩蹬耆(六)常求利(七)浮樓莎柅(八)頞底(九)[②]

इमानि तानि भगवन्धारणीमन्त्रपदानि, यानि द्वाचत्वारिंशद्भिर्बुद्धकोटीभिर्भाषितानि । ते सर्वे तेन द्रुग्धाः स्युः, यस्तानेवंरूपान्धर्मभाणकानतिक्रमेत ॥

今译："世尊啊，这些陀罗尼咒语是四十二千万佛所说。若有人

① 此处"持国"（dhṛtarāṣṭra），按原文是"增长"（virūḍhaka）。此处护译"顺怨天王"，词义与"持国"和"增长"均不相符。

② 护译："無數有數，曜黑持香，凶呪大體，於器順述，暴言至有。無數有數，曜黑持香，凶呪大體，於器順述，暴言至有。"

冒犯那些说法者，便是冒犯所有这些佛。”

什译：“世尊！是陀羅尼神呪，四十二億諸佛所說。若有侵毀此法師者，則為侵毀是諸佛已。”

अथ खलु लम्बा च नाम राक्षसी विलम्बा च नाम राक्षसी कूटदन्ती च नाम राक्षसी पुष्पदन्ती च नाम राक्षसी मकुटदन्ती च नाम राक्षसी केशिनी च नाम राक्षसी अचला च नाम राक्षसी मालाधारी च नाम राक्षसी कुन्ती च नाम राक्षसी सर्वसत्त्वोजोहारी च नाम राक्षसी हारीती च नाम राक्षसी सपुत्रपरिवारः एताः सर्वा राक्षस्यो येन भगवांस्तेनोपसंक्रान्ताः । उपसंक्रम्य सर्वास्ता राक्षस्य एकस्वरेण भगवन्तमेतदवोचन्-- वयमपि भगवंस्तेषामेवंरूपाणां सूत्रान्तधारकाणां धर्मभाणकानां रक्षावरणगुप्तिं करिष्यामः, स्वस्त्ययनं च करिष्यामः । यथा तेषां धर्मभाणकानां न कश्चिदवतारप्रेक्षी अवतारगवेषी अवतारं लप्स्यतीति ॥

今译：然后，那些罗刹女，名为蓝婆，名为毗蓝婆，名为顶峰齿，名为花齿，名为顶冠齿，名为多发，名为不动，名为持瓔珞，名为贡蒂，名为夺一切众生精气，名为诃利底。她们与儿子和随从一起走近世尊。走近后，这些罗刹女异口同声对世尊说道：“世尊啊，我们也要保护那些受持这部经的说法者，保证他们吉祥平安。让任何伺机冒犯他们的人无机可乘。”

什译：爾時，有羅刹女等，一名藍婆，二名毗藍婆，三名曲齒，四名華齒，五名黑齒，六名多髮，七名無厭足，八名持瓔珞，九名皋帝，十名奪一切眾生精氣。是十羅刹女與鬼子母[①]，并其子及眷屬，俱詣佛所，同聲白佛言：“世尊！我等亦欲擁護讀誦受持《法華經》者，除其衰患。若有伺求法師短者，令不得便。”

अथ खलु ताः सर्वा राक्षस्य एकस्वरेण समं संगीत्या भगवत इमानि धारणीमन्त्रपदानि प्रयच्छन्ति स्म । तद्यथा --

① “鬼子母”对应的原词是 hārītī（“诃利底”）。

第二十一　陀罗尼品　743

今译：于是，这些罗刹女同声合诵这些陀罗尼咒语，给予世尊："例如，

什译：即於佛前，而說呪曰：

इति मे इति मे इति मे इति मे इति मे । निमे निमे निमे निमे निमे । रुहे रुहे रुहे रुहे रुहे । स्तुहे स्तुहे स्तुहे स्तुहे स्तुहे स्वाहा ॥

今译："伊底，每，伊底，每，伊底，每，伊底，每，伊底，每，尼每，尼每，尼每，尼每，尼每，如嗨，如嗨，如嗨，如嗨，如嗨，斯杜嗨，斯杜嗨，斯杜嗨，斯杜嗨，斯杜嗨，娑婆诃！

什译："伊提履(一)伊提泯(二)伊提履(三)阿提履(四)伊提履(五)泥履(六)泥履(七)泥履(八)泥履(九)泥履(十)樓醯(十一)樓醯(十二)樓醯(十三)樓醯(十四)多醯(十五)多醯(十六)多醯(十七)兜醯(十八)㝹醯(十九)①

इमं शीर्षं समारुह्य मा कश्चिद्द्रोही भवतु धर्मभाणकानां यक्षो वा राक्षसो वा प्रेतो वा पिशाचो वा पूतनो वा कृत्यो व वेतालो वा कुम्भाण्डो वा स्तब्धो वा ओमारको वा ओस्तारको वा अपस्मारको वा यक्षकृत्यो वा अमनुष्यकृत्यो वा मनुष्यकृत्यो वा एकाहिको वा द्वैतीयको वा त्रैतीयको वा चतुर्थको वा नित्यज्वरो वा विषमज्वरो वा । अन्तशः स्वप्नान्तरगतस्यापि स्त्रीरूपाणि वा पुरुषरूपाणि वा दारकरूपाणि वा दारिकारूपाणि वा विहेठां कुर्युः, नेदं स्थानं विद्यते ॥

今译："别让任何害人精登上头顶，伤害说法者！诸如药叉、罗刹、饿鬼、毕舍遮鬼、臭鬼、恶鬼、僵尸鬼、鸠槃荼、斯多陀、奥摩罗、奥斯达罗、阿跋摩罗、药叉恶鬼、非人恶鬼和人恶鬼，或者，一日、二日、三日或四日的长热病或毒热病，乃至男形、女形、男童形或女童形的鬼怪在梦中实施侵害，不会出现这样的事。"

---

① 护译："於是於斯於爾於氏，極甚無我無吾無身無所俱同，已興已生已成，而住而立，亦住嗟歎，亦非消頭，大疾無得加害。"

什译："寧上我頭上[①]，莫惱於法師。若夜叉，若羅剎，若餓鬼，若富單那，若吉遮，若毗陀羅，若犍馱，若烏摩勒伽，若阿跋摩羅，若夜叉吉遮，若人吉遮，若熱病，若一日，若二日，若三日，若四日，乃至七日，若常熱病，若男形，若女形，若童男形，若童女形，乃至夢中，亦復莫惱。"

अथ खलु ता राक्षस्य एवस्वरेण समं संगीत्या भगवन्तमाभिर्गाथाभिरध्यभाषन्त --

今译：这些罗刹女同声合诵，用这些偈颂对世尊说道：

什译：即於佛前而說偈言：

सप्तधास्य स्फुटेन्मूर्धा अर्जकस्येव मञ्जरी ।
य इमं मन्त्र श्रुत्वा वै अतिक्रमेद्धर्मभाणकम्॥ १ ॥

今译：若闻听这些咒语后，
仍有人冒犯说法者，
他的头会碎成七瓣，
如同阿尔遮迦花簇。（1）

什译：若不順我呪，惱亂說法者，
頭破作七分，如阿梨樹枝。

या गतिर्मातृघातीनां पितृघातीन या गतिः ।
तां गतिं प्रतिगच्छेद्यो धर्मभाणकमतिक्रमेत्॥ २ ॥

今译：若是冒犯说法者，
他会犯下这种罪，
如同杀死母亲罪，

① 什译这句与原文有差异。

如同杀死父亲罪。（2）

什译：如殺父母罪。

या गतिस्तिलपीडानां तिलकूटानां च या गतिः ।
तां गतिं प्रतिगच्छेद्यो धर्मभाणकमतिक्रमेत् ॥ ३ ॥

今译：若是冒犯说法者，
　　　他会犯下这种罪，
　　　如同压榨芝麻者，
　　　如同芝麻欺诈者。（3）

什译：亦如壓油殃。

या गतिस्तुलकूटानां कांस्यकूटान या गतिः ।
तां गतिं प्रतिगच्छेद्यो धर्मभाणकमतिक्रमेत् ॥ ४ ॥

今译：若是冒犯说法者，
　　　他会犯下这种罪，
　　　如同衡器欺诈者，
　　　如同分量欺诈者。（4）

什译：斗秤欺誑人，調達破僧罪[①]，
　　　犯此法師者，當獲如是殃。

एवमुक्त्वा ताः कुन्तिप्रमुखा राक्षस्यो भगवन्तमेतदूचुः -- वयमपि भगवंस्तेषामेवंरूपाणां धर्मभाणकानां रक्षां करिष्यामः, स्वस्त्ययनं दण्डपरिहारं विषदूषणं करिष्याम इति । एवमुक्ते भगवांस्ता राक्षस्य एतदवोचत्-- साधु साधु भगिन्यः । यद्यूयं तेषां धर्मभाणकानां रक्षावरणगुप्तिं करिष्यध्वे ये ऽस्य धर्म-पर्यायस्य अन्तशो नामधेयमात्रमपि धारयिष्यन्ति । कः पुनर्वादो य इमं धर्म-

---

① "调达破僧罪"这句不见于原文。

पर्यायं सकलसमाप्तं धारयिष्यन्ति, पुस्तकगतं वा सत्कुर्युः पुष्पधूपगन्धमाल्यविलेपनचूर्णचीवरच्छत्रध्वजपताकावैजयन्तीभिस्तैलप्रदीपैर्वा घृतप्रदीपैर्वा गन्धतैलप्रदीपैर्वा चम्पकतैलप्रदीपैर्वा वार्षिकतैलप्रदीपैर्वा उत्पलतैलप्रदीपैर्वा सुमनातैलप्रदीपैर्वा ईदृशैर्बहुविधैः पूजाविधानशतसहस्रैः सत्करिष्यन्ति गुरुकरिष्यन्ति, ते त्वया कुन्ति सपरिवारया रक्षितव्याः ॥

今译：这样说罢，以贡蒂为首的罗刹女对世尊说道："世尊啊，我们会保护那些说法者，保证他们吉祥平安，不受棍棒打击，不受毒药伤害。"这样说罢，世尊对这些罗刹女说道："很好，很好，诸位姐妹啊，你们会保护那些说法者。他们会受持这个法门，乃至受持这个法门的名称。更何况他们受持整个法门，制成经书供奉，献上鲜花、香料、花环、香膏、香粉、衣服、华盖、幢幡、胜利旗、油灯、酥油灯、香油灯、瞻波花油灯、婆师迦花油灯、青莲花油灯和须曼那花油灯，诸如此类百千种供物，表达尊敬和崇敬。贡蒂啊，你和随从们应该保护他们。"

什译：諸羅剎女說此偈已，白佛言："世尊！我等亦當身自擁護受持、讀誦、修行是經者，令得安隱，離諸衰患，消眾毒藥。"佛告諸羅剎女："善哉，善哉！汝等但能擁護受持《法華》名者，福不可量，何況擁護具足受持，供養經卷華香、瓔珞，末香、塗香、燒香，幡蓋、伎樂，燃種種燈：酥燈、油燈、諸香油燈、蘇摩那華油燈、瞻蔔華油燈、婆師迦華油燈、優鉢羅華油燈，如是等百千種供養者。皋帝！汝等及眷屬應當擁護如是法師。"

अस्मिन्खलु पुनर्धारणीपरिवर्ते निर्दिश्यमाने अष्टाषष्टीनां प्राणिसहस्राणामनुत्पत्तिकधर्मक्षान्तिप्रतिलाभो ऽभूत्॥

今译：在宣说这个陀罗尼品时，六万八千众生获得无生法忍。

什译：說是陀羅尼品時，六萬八千人得無生法忍。

इति श्रीसद्धर्मपुण्डरीके धर्मपर्याये धारणीपरिवर्तो नामैकविंशतिमः ॥

今译：以上是神圣《妙法莲华》法门中名为《陀罗尼品》的第二十一品。

२२ भैषज्यराजपूर्वयोगपरिवर्तः ।

今译：第二十二 药王菩萨本事品

什译：藥王菩薩本事品第二十三

अथ खलु नक्षत्रराजसंकुसुमिताभिज्ञो बोधिसत्त्वो महासत्त्वो भगवन्तमेतदवोचत्-- केन कारेणेन भगवन्भैषज्यराजो बोधिसत्त्वो महासत्त्वो ऽस्यां सहायां लोकधातौ प्रविचरति, बहूनि चास्य भगवन्दुष्करकोटीनयुतशतसहस्राणि संदृश्यन्ते? तत्साधु भगवान्देशयतु तथागतो ऽर्हन्सम्यक्संबुद्धो भैषज्यराजस्य बोधिसत्त्वस्य महासत्त्वस्य यत्किंचिच्चर्याप्रदेशमात्रम्, यच्छ्रुत्वा देवनागयक्षगन्धर्वासुरगरुडकिन्नरमहोरगमनुष्यामनुष्यास्तदन्यलोकधात्वागताश्च बोधिसत्त्वा महासत्त्वा इमे च महाश्रावकाः श्रुत्वा सर्वे प्रीतास्तुष्टा उदग्रा आत्तमनसो भवेयुरिति॥

今译：然后，星宿王花开神通菩萨大士对世尊说道："世尊啊，为何药王菩萨大士在这个娑婆世界漫游，世尊啊，看见他修习数百千千万那由他难修之行？请世尊如来、阿罗汉、正等觉稍许宣示药王菩萨大士的修行，天神、蛇、药叉、健达缚、阿修罗、迦楼罗、紧那罗、大蛇、人和非人，从其他世界来到这里的菩萨大士，以及这些大声闻，闻听后，都会高兴，满意，激动，喜悦。"

什译：爾時，宿王華菩薩白佛言："世尊！藥王菩薩云何遊於娑婆世界？世尊！是藥王菩薩有若干百千萬億那由他難行苦行。善哉，世尊！願少解說。諸天、龍、神、夜叉、乾闥婆、阿修羅、迦樓羅、緊那羅、摩睺羅伽、人非人等，又他國土諸來菩薩，及此聲聞眾，聞皆歡喜。"

अथ खलु भगवान्नक्षत्रराजसंकुसुमिताभिज्ञस्य बोधिसत्त्वस्य महासत्त्वस्य अध्येषणां विदित्वा तस्यां वेलायां नक्षत्रराजसंकुसुमिताभिज्ञं बोधिसत्त्वं महासत्त्वमेतदवोचत्-- भूतपुर्वं कुलपुत्र अतीते ऽध्वनि गङ्गानदीवालिकासमैः कल्पैर्यदासीत्। तेन कालेन तेन समयेन चन्द्रसूर्यविमलप्रभासश्रीर्नाम तथागतो ऽर्हन्सम्यक्संबुद्धो लोक उदपादिविद्याचरणसंपन्नः सुगतो लोकविदनुत्तरः पुरुषदम्यसारथिः शास्ता देवानां च मनुष्याणां च बुद्धो भगवान्। तस्य खलु पुनर्नक्षत्रराजसंकुसुमिताभिज्ञ भगवतश्चन्द्रसूर्यविमलप्रभासश्रियस्तथागतस्यार्हतः सम्यक्संबुद्धस्य अशीतिकोट्यो बोधिसत्त्वानां महासत्त्वानां महासंनिपातो ऽभूत् द्वासप्ततिगङ्गानदीवालिकासमाश्चास्य श्रावकसंनिपातो ऽभूत्। अपगमातृग्रामं च तत्प्रवचनमभूत्, अपगतनिरयतिर्यग्योनिप्रेतासुरकायं समं रमणीयं पाणितलजातं च तद्बुद्धक्षेत्रमभूत्, दिव्यवैडूर्यमयभूमिभागं रत्नचन्दनवृक्षसमलकृतं च रत्नजालसमीरितं च अवसक्तपट्टदामाभिप्रलम्बितं च रत्नगन्धघटिकानिर्धूपितं च । सर्वेषु च रत्नवृक्षमूलेषु इषुक्षेपमानमात्रे रत्नव्योमकानि संस्थितान्यभूवन्। सर्वेषु च रत्नव्योमकमूर्ध्नेषु कोटीशतं देवपुत्राणां तूर्यतालावचरसंगीतिसंप्रभाणितेन अवस्थितमभूत्तस्य भगवतश्चन्द्रसूर्यविमलप्रभासश्रियस्तथागतस्यार्हतः सम्यक् संबुद्धस्य पूजाकर्मणे । स च भगवानिमं सद्धर्मपुण्डरीकं धर्मपर्यायं तेषां महाश्रावकाणां तेषां च बोधिसत्त्वानां महासत्त्वानां विस्तरेण संप्रकाशयति स्म, सर्वसत्त्वप्रियदर्शनं बोधिसत्त्वं महासत्त्वमधिष्ठानं कृत्वा । तस्य खलु पुनर्नक्षत्रराजसंकुसुमिताभिज्ञ भगवतश्चन्द्रसूर्यविमलप्रभासश्रियस्तथागतस्यार्हतः सम्यक् संबुद्धस्य द्वाचत्वारिंशत्कल्पसहस्राण्यायुष्प्रमाणमभूत्, तेषां च बोधिसत्त्वनां महासत्त्वानां तेषां च महाश्रावकाणां तावदेवायुष्प्रमाणमभूत्।

今译：这时，世尊听到星宿王花开神通菩萨大士请求，对星宿王花开神通菩萨大士说道："善男子啊，从前，在过去世，如同恒河沙的劫前，那时，名为日月净明德的如来、阿罗汉、正等觉、明行足、善逝、世间解、无上士、调御丈夫、天人师、佛世尊出世。星宿王花开神通啊，这位日月净明德如来、阿罗汉、正等觉身边聚集有八十千万菩萨大士，如同七十二恒河沙的声闻。他的佛土中，没有女人，也没有女人的名称，没有地狱、畜生、饿鬼和阿修罗，地面平整美观，犹如手掌。遍地天国琉璃，旃檀宝树，宝石网晃动，彩带下垂，宝香铃铛摇动。所有宝树下，间隔一箭之地，有一座宝石楼台。所有楼台上，有百千万天子奏乐和歌唱，供奉世尊日月净明德如来、阿罗汉、正等觉。这位世尊向那些大声闻和菩萨大士广为宣说这个《妙法莲华》法门，护持一切众生喜见菩萨大士。星宿王花开神通啊，这位世尊日月净明德如来、阿罗汉、正等觉寿命四万二千劫，那些菩萨大士和大声闻的寿命也是如此。

什译：爾時，佛告宿王華菩薩："乃往過去無量恒河沙劫，有佛號日月淨明德如來、應供、正遍知、明行足、善逝、世間解、無上士、調御丈夫、天人師、佛世尊。其佛有八十億大菩薩摩訶薩，七十二恒河沙大聲聞眾。佛壽四萬二千劫，菩薩壽命亦等。彼國無有女人、地獄、餓鬼、畜生、阿修羅等，及以諸難。地平如掌，琉璃所成，寶樹莊嚴，寶帳覆上，垂寶華幡，寶瓶香爐周遍國界。七寶為臺，一樹一臺，其樹去臺盡一箭道。此諸寶樹，皆有菩薩、聲聞而坐其下。諸寶臺上，各有百億諸天作天伎樂，歌歎於佛，以為供養。爾時，彼佛為一切眾生喜見菩薩，及眾菩薩、諸聲聞眾，說《法華經》。

स च सर्वसत्त्वप्रियदर्शनो बोधिसत्त्वो महासत्त्वस्तस्य भगवतः प्रवचने दुष्करचर्याभियुक्तो ऽभूत्। स द्वादशवर्षसहस्राणि चंक्रमाभिरुढो ऽभूत्, महावीर्यारम्भेण योगाभियुक्तो ऽभूत्। स द्वादशानां वर्षसहस्राणामत्ययेन सर्वरूपसंदर्शनं नाम समाधिं प्रतिलभते स्म । सहप्रतिलम्भाच्च तस्य समाधेः स सर्वसत्त्वप्रियदर्शनो बोधिसत्त्वो महासत्त्वस्तुष्ट उदग्र आत्तमनाः प्रमुदितः प्रीतिसौमनस्यजातस्तस्यां वेलायामेवं चिन्तयामास -- इमं सद्धर्मपुण्डरीकं धर्मपर्यायमागम्य अयं मया सर्वरूपसंदर्शनः समाधिः प्रतिलब्धः । तस्यां वेलायां स सर्वसत्त्वप्रियदर्शनो बोधिसत्त्वो महासत्त्व एवं चिन्तयति स्म -- यन्न्वहं भगवतश्चन्द्रसूर्यविमलप्रभासश्रियस्तथागतस्य पूजां कुर्याम्, अस्य च सद्धर्मपुण्डरीकस्य धर्मपर्यायस्य । स तस्यां वेलायां तथारूपं समाधिं समापन्नः यस्य समाधेः समनन्तरसमापन्नस्य सर्वसत्त्वप्रियदर्शनस्य बोधिसत्त्वस्य महासत्त्वस्य, अद्य तावदेवोपर्यन्दरीक्षा-

न्मान्दारवमहामान्दारवाणां पुष्पाणां महन्तं पुष्पवर्षमभिप्रवृषम्। कालानुसारि-चन्दनमेघः कृतः । उरगसारचन्दनवर्षनभिप्रवृषम्। तादृशी च नक्षत्रराज-संकुसुमिताभिज्ञ सा गन्धजातिः, यस्या एकः कर्ष इमां सहालोकधातुं मूल्येन क्षमति ॥

今译："这位一切众生喜见菩萨大士按照这位世尊所说，修习难修之行。他漫游一万二千年，勇猛精进，努力修行。一万二千年后，他获得名为呈现一切色的三昧。获得这种三昧时，这位一切众生喜见菩萨大士满意，激动，高兴，喜悦，欢喜，愉快，心中思忖：'我获得这个《妙法莲华》法门，从而获得呈现一切色三昧。'这时，这位一切众生喜见菩萨大士又思忖：'我要供奉世尊日月净明德如来和他的《妙法莲华》法门。'这时，他进入呈现一切色三昧。在这位一切众生喜见菩萨大士进入三昧时，空中降下曼陀罗和大曼陀罗大花雨，布满黑旃檀香云，降下蛇心旃檀香①雨。星宿王花开神通啊，这类旃檀香，每一两②就价值整个娑婆世界。

什译："是一切眾生喜見菩薩樂習苦行，於日月淨明德佛法中，精進經行，一心求佛，滿萬二千歲已，得現一切色身三昧。得此三昧已，心大歡喜，即作念言：'我得現一切色身三昧，皆是得聞《法華經》力。我今當供養日月淨明德佛及《法華經》。'即時入是三昧，於虛空中，雨曼陀羅華、摩訶曼陀羅華、細末堅黑旃檀，滿虛空中，如雲而下。又雨海此岸旃檀之香，此香六銖價直娑婆世界，以供養佛。

अथ खलु पुनर्नक्षत्रराजसंकुसुमिताभिज्ञ स सर्वसत्त्वप्रियदर्शनो बोधिसत्त्वो महासत्त्वः स्मृतिमान्संप्रजानंस्तस्मात्समाधेर्व्युदतिष्ठत्। व्युत्थाय चैवं चिन्तयामास -- न तदर्द्धिप्रातिहार्यसंदर्शनेन भगवतः पूजा कृता भवति, यथा आत्मभाव-परित्यागेनेति । अथ खलु पुनर्नक्षत्रराजसंकुसुमिताभिज्ञ स सर्वसत्त्वप्रियदर्शनो

① "蛇心旃檀香"的原词是 uragasāracandana，汉译佛经中也译"龙胜坚固旃檀香"。此词什译"海此岸旃檀之香"。

② "一两"的原词是 karṣa，是一种很轻的重量单位。什译"六铢"。

बोधिसत्त्वो महासत्त्वस्तस्यां वेलायामगरुतुरुष्ककुन्दुरुकरसं भक्षयति स्म, चम्पकतैलं च पिबति स्म। तेन खलु पुनर्नक्षत्रराजसंकुसुमिताभिज्ञ पर्यायेण तस्य सर्वसत्त्वप्रियदर्शनस्य बोधिसत्त्वस्य महासत्त्वस्य सततसमितं गन्धं भक्षयतश्चम्पकतैलं च पिबतो द्वादश वर्षाण्यतिक्रान्तान्यभूवन्। अथ खलु नक्षत्रराजसंकुसुमिताभिज्ञ स सर्वसत्त्वप्रियदर्शनो बोधिसत्त्वो महासत्त्वस्तेषां द्वादशानां वर्षाणामत्ययेन तं स्वमात्मभावं दिव्यैर्वस्त्रैः परिवेष्टय गन्धतैलप्लुतं कृत्वा स्वकमधिष्ठानमकरोत्। स्वकमधिष्ठानं कृत्वा स्वं कायं प्रज्वालयामास तथागतस्य पूजाकर्मणे, अस्य च सद्धर्मपुण्डरीकस्य धर्मपर्यायस्य पूजार्थम्। अथ खलु नक्षत्रराजसंकुसुमिताभिज्ञ तस्य सर्वसत्त्वप्रियदर्शनस्य बोधिसत्त्वस्य महासत्त्वस्य ताभिः कायप्रदीपप्रभाज्वालाभिरशीतिगङ्गानदीवालिकासमा लोकधातवः स्फुटा अभुवन्।

今译：“星宿王花开神通啊，这位一切众生喜见菩萨大士博识强记，聪明睿智。这时，他从这个三昧中起身。起身后，心中思忖：‘我展现这种神通，供奉世尊，不如我舍身供奉。’然后，星宿王花开神通啊，这位一切众生喜见菩萨大士喝沉香、乳香和薰陆[①]香油，喝瞻波花油。星宿王花开神通啊，这位一切众生喜见菩萨大士按照这种方式，喝那些香油和瞻波花油，喝了十二年。星宿王花开神通啊，喝了十二年后，这位一切众生喜见菩萨大士用天衣包裹自己，灌满香油，施展自己的神通。凭自己的神通力点燃自己的身体，供奉如来，供奉这个《妙法莲华》法门。然后，星宿王花开神通啊，这位一切众生喜见菩萨大士点燃的身体闪耀光焰，照亮如同八十恒河沙的世界。

什译：“作是供養已，從三昧起，而自念言：‘我雖以神力供養於佛，不如以身供養。’即服諸香，旃檀、薰陸、兜樓婆[②]、畢力迦[③]、沈水、膠香，又飲瞻蔔諸華香油。滿千二百歲已，香油塗身，於日月

① “沉香”、“乳香”和“薰陆”的原词分别是 agaru（或译“沉水香”）、turuṣka（或译“兜罗香”）和 kunduruṣka。

② “兜楼婆”可能是 turuṣka（“乳香”）的另一种音译。

③ “毕力迦”（pṛkkā 或 spṛkkā）一词不见于原文。

淨明德佛前，以天寶衣而自纏身，灌諸香油，以神通願力①而自燃身，光明遍照八十億恒河沙世界。

तासु च लोकधातुषु अशीतिगङ्गानदीवालिकासमा एव बुद्धा भगवन्तस्ते सर्वे साधुकारं ददन्ति स्म -- साधु साधु कुलपुत्र, साधु खलु पुनस्त्वं कुलपुत्र, अयं स भूतो बोधिसत्त्वानां महासत्त्वानां वीर्यारम्भः । इयं सा भूता तथागतपूजा धर्मपूजा। न तथा पुष्पधूपगन्धमाल्यविलेपनचूर्णचीवरच्छत्रध्वजपताकापूजा, नाप्यामिष-पूजा नाप्युरगसारचन्दनपूजा । इयं तत्कुलपुत्र अग्रप्रदानम्। न तथा राज्य-परित्यागदानं न प्रियपुत्रभार्यापरित्यागदानम्। इयं पुनः कुलपुत्र विशिष्टा अग्रा वरा प्रवरा प्रणीता धर्मपूजा, योऽयमात्मभावपरित्यागः । अथ खलु पुनर्नक्षत्रराज-संकुसुमिताभिज्ञ ते बुद्धा भगवन्त इमां वाचं भाषित्वा तूष्णीमभूवन्॥

今译："这些世界的如同八十恒河沙的佛世尊全都称赞他：'很好，很好，善男子啊！很好，很好，善男子啊！这是菩萨大士的勇猛精进。这是如来供，法供。以鲜花、香料、花环、香膏、香粉、衣服、华盖、幢幡和胜利旗供奉达不到这样。以食物供奉达不到这样。以蛇心旃檀香供奉也达不到这样。善男子啊，这是至上布施。布施王国，布施可爱的儿子和妻子，达不到这样。善男子啊，舍身供奉是殊胜至上的供奉。'星宿王花开神通啊，这些佛世尊说完这些话后，保持沉默。

什译："其中諸佛同時讚言：'善哉，善哉！善男子！是真精進，是名真法供養如來。若以華香、瓔珞、燒香、末香、塗香、天繒、幡蓋及海此岸旃檀之香，如是等種種諸物供養，所不能及。假使國城、妻子布施，亦所不及。善男子！是名第一之施，於諸施中最尊最上，以法供養諸如來故。'作是語已，而各默然。

तस्य खलु पुनर्नक्षत्रराजसंकुसुमिताभिज्ञ सर्वसत्त्वप्रियदर्शनात्मभावस्य दीप्यतो द्वादश वर्षशतान्यतिक्रान्तान्यभूवन्, न च प्रशमं गच्छति स्म । स

---

① 此处"愿力"，据《中华大藏经》校勘记，《资》、《碛》、《普》、《南》、《径》、《清》、《丽》作"力愿"。

पश्चाद्द्वादशानां वर्षशतानामत्ययात्प्रशान्तो ऽभूत्। स खलु पुनर्नक्षत्रराजसंकुसुमिताभिज्ञ सर्वसत्त्वप्रियदर्शनो बोधिसत्त्वो महासत्त्व एवंरूपां तथागतपूजां च धर्मपूजां च कृत्वा ततश्च्युतस्तस्यैव भगवतश्चन्द्रसूर्यविमलप्रभासश्रियस्तथागतस्यार्हतः सम्यक्संबुद्धस्य प्रवचने राज्ञो विमलदत्तस्य गृहे उपपन्न औपपादिकः । उत्सङ्गे पर्यङ्केण प्रादुर्भूतो ऽभूत्। समनन्तरोपपन्नश्च खलु पुनः स सर्वसत्त्वप्रियदर्शनो बोधिसत्त्वो महासत्त्वस्तस्यां वेलायां स्वमातापितरौ गाथयाध्यभाषत --

今译：“还有，星宿王花开神通啊，这位一切众生喜见菩萨大士的身体燃烧了一千二百年也不熄灭。接着，又燃烧了一千二百年，然后熄灭。星宿王花开神通啊，这位一切众生喜见菩萨大士完成如来供、法供，命终后，按照世尊日月净明德如来、阿罗汉、正等觉所说，在净授王家中化生，结跏趺坐。这位一切众生喜见菩萨大士出生后，用这首偈颂，对自己的父母说道：

什译：“其身火燃千二百歲，過是已後，其身乃盡。一切眾生喜見菩薩作如是法供養已，命終之後，復生日月淨明德佛國中，於淨德王家結跏趺坐，忽然化生，即為其父而說偈言：

अयं ममा चंक्रमु राजश्रेष्ठ यस्मिन्मया स्थित्व समाधि लब्धः ।
वीर्यं दृढं आरभितं महाव्रतं परित्यजित्वा प्रियमात्मभावम्॥ १ ॥

今译：大王啊，在漫游中，
我获得三昧，勇猛
精进，履行大誓愿，
而舍弃可爱的身体。（1）

什译：大王今當知，我經行彼處，
即時得一切，現諸身三昧，
勤行大精進，捨所愛之身，
供養於世尊，為求無上慧。

第二十二 药王菩萨本事品 755

अथ खलु नक्षत्रराजसंकुसुमिताभिज्ञ स सर्वसत्त्वप्रियदर्शनो बोधिसत्त्वो महासत्त्व इमां गाथां भाषित्वा स्वमातापितरावेतदवोचत्-- अद्याप्यम्ब तात स भगवांश्चन्द्रसूर्यविमलप्रभासश्रीस्तथागतो ऽर्हन्सम्यक्संबुद्ध एतर्हि तिष्ठति ध्रियते यापयति धर्मं देशयति, यस्य मया भगवतश्चन्द्रसूर्यविमलप्रभासश्रियस्तथागतस्य पूजां कृत्वा सर्वरुतकौशल्यधारणी प्रतिलब्धा, अयं च सद्धर्मपुण्डरीको धर्मपर्यायो ऽशीतिभिर्गाथाकोटीनयुतशतसहस्रैः कङ्करैश्च विवरैश्च अक्षोभ्यैश्च तस्य भगवतो ऽन्तिकाच्छ्रुतो ऽभूत्। साधु अम्ब तात गमिष्याम्यहं तस्य भगवतो ऽन्तिकम्, तस्मिंश्च गत्वा भूयस्तस्य भगवतः पूजां करिष्यामीति । अथ खलु नक्षत्रराजसंकुसुमिताभिज्ञ स सर्वसत्त्वप्रियदर्शनो बोधिसत्त्वो महासत्त्वस्तस्यां वेलायां सप्ततालमात्रं वैहायसमभ्युद्गम्य सप्तरत्नमये कूटागारे पर्यङ्कमाभुज्य तस्य भगवतः सकाशमुपसंक्रान्तः । उपसंक्रम्य तस्य भगवतः पादौ शिरसाभिवन्द्य तं भगवन्तं सप्तकृत्वः प्रदक्षिणीकृत्य येन स भगवांस्तेनाञ्जलिं प्रणाम्य तं भगवन्तं नमस्कृत्वा अनया गाथयाभिष्टौति स्म --

今译："星宿王花开神通啊，这位一切众生喜见菩萨大士念完这首偈颂后，对自己的父母说道：'爸妈啊，即使今日，世尊日月净明德如来、阿罗汉、正等觉还在世上生活，度日，说法。我已经供奉世尊日月净明德如来、阿罗汉、正等觉，获得通晓一切音的陀罗尼。我在世尊日月净明德如来、阿罗汉、正等觉身边，聆听这个《妙法莲华》法门如同恒河沙的八十百千千万那由他甄迦罗、频婆罗、阿閦婆[①]偈颂。爸妈啊，我要去这位世尊身边，继续供奉这位如来。'这时，星宿王花开神通啊，这位一切众生喜见菩萨大士升入天空七多罗树高，在七宝楼台上结跏趺坐，靠近如来。靠近后，俯首向如来行触足礼，右绕七匝，然后，双手合掌，向世尊俯首致敬，用这首偈颂赞美道：

什译："說是偈已，而白父言：'日月淨明德佛今故現在。我先供養佛已，得解一切眾生語言陀羅尼，復聞是《法華經》八百千萬億那由他甄迦羅、頻婆羅、阿閦婆等偈。大王！我今當還供養此佛。'白

① "甄迦罗"（kaṅkara）、"频婆罗"（vivava）和"阿閦婆"（akṣobhya）都是极大的数字，均超过那由他。

已，即坐七寶之臺，上昇虛空，高七多羅樹，往到佛所，頭面禮足，合十指爪，以偈讚佛：

सुविमलवदना नरेन्द्र धीरा तव प्रभ राजतियं दशद्दिशासु ।
तुभ्य सुगत कृत्व अग्रपूजां अहमिह आगतु नाथ दर्शनाय ॥ २ ॥

今译：人中之王，智者善逝啊，
　　　你脸庞清净，光照十方，
　　　我已对你进行至上供奉，
　　　现在来看望你，救主啊！（2）

什译：容顏甚奇妙，光明照十方，
　　　我適曾供養，今復還親覲。

अथ खलु नक्षत्रराजसंकुसुमिताभिज्ञ स सर्वसत्त्वप्रियदर्शनो बोधिसत्त्वो महासत्त्वस्तस्यां वेलायामिमां गाथां भाषित्वा तं भगवन्तं चन्द्रसूर्यविमलप्रभास-श्रियं तथागतमर्हन्तं सम्यक्संबुद्धमेतदवोचत्-- अद्यापि त्वं भगवांस्तिष्ठसि? अथ खलु नक्षत्रराज संकुसुमिताभिज्ञ स भगवांश्चन्द्रसूर्यविमलप्रभासश्रीस्तथागतो ऽर्हन्सम्यक्संबुद्धस्तं सर्वसत्त्वप्रियदर्शनं बोधिसत्त्वं महासत्त्वमेतदवोचत्-- परिनिर्वाणकालसमयो मे कुलपुत्र अनुप्राप्तः, क्षयान्तकालो मे कुलपुत्र अनुप्राप्तः । तद्गच्छ त्वं कुलपुत्र, मम मञ्चं प्रज्ञपयस्व, परिनिर्वायिष्यामीति ॥

今译："星宿王花开神通啊，这位一切众生喜见菩萨大士念完这首偈颂后，对世尊日月净明德如来、阿罗汉、正等觉说道：'世尊啊，你现在还在世。'然后，星宿王花开神通啊，世尊日月净明德如来、阿罗汉、正等觉对一切众生喜见菩萨大士说道：'善男子啊，我已到了涅槃的时候，善男子啊，我已到了寂灭的时候。善男子啊，你去铺设床座吧，我就要涅槃。'

什译："爾時，一切眾生喜見菩薩說是偈已，而白佛言：'世尊！世尊猶故在世。'爾時，日月淨明德佛告一切眾生喜見菩薩：'善男子！

我涅槃時到，滅盡時至，汝可安施床座，我於今夜當般涅槃。’

अथ खलु नक्षत्रराजसंकुसुमिताभिज्ञ स भगवांश्चन्द्रसूर्यविमलप्रभासश्रीस्तथागतस्तं सर्वसत्त्वप्रियदर्शनं बोधिसत्त्वं महासत्त्वमेतदवोचत्-- इदं च ते कुलपुत्र शासनमनुपरिन्दामि, इमांश्च बोधिसत्त्वान्महासत्त्वान्, इमांश्च महाश्रावकान्, इमां च बुद्धबोधिम्, इमां च लोकधातुम्, इमानि च रत्नव्योमकानि, इमानि च रत्नवृक्षाणि, इमांश्च देवपुत्रान्, ममोपस्थायकाननुपरिन्दामि । परिनिर्वृतस्य च मे कुलपुत्र ये धातवस्ताननुपरिन्दामि । आत्मना च त्वया कुलपुत्र मम धातूनां विपुला पूजा कर्तव्या । वैस्तारिकाश्च ते धातवः कर्तव्याः । स्तूपानां च बहूनि सहस्राणि कर्तव्यानि । अथ खलु नक्षत्रराजसंकुसुमिताभिज्ञ स भगवांश्चन्द्रसूर्यविमलप्रभासश्रीस्तथागतो ऽर्हन्सम्यक्संबुद्धस्तं सर्वसत्त्वप्रियदर्शनं बोधिसत्त्वं महासत्त्वमेवमनुशिष्य तस्यामेव रात्र्यां पश्चिमे यामे अनुपधिशेषे निर्वाणधातौ परिनिर्वृतो ऽभूत्॥

今译：“星宿王花开神通啊，世尊日月净明德如来、阿罗汉、正等觉又对一切众生喜见菩萨大士说道：‘善男子啊，我将这个佛法托付你，将这些菩萨大士，这些大声闻，这个佛菩提，这个世界，这些宝石楼台，这些宝树，这些天子，我的这些侍者，托付你。善男子啊，在我涅槃后，我将这些舍利托付你。善男子啊，你要亲自对我的这些舍利进行大供奉。你要广为分送这些舍利，建造数千座宝塔。’星宿王花开神通啊，世尊日月净明德如来、阿罗汉、正等觉嘱咐一切众生喜见菩萨大士后，于当晚后夜进入无余涅槃。

什译：“又勑一切眾生喜見菩薩：‘善男子！我以佛法囑累於汝，及諸菩薩大弟子，并阿耨多羅三藐三菩提法。亦以三千大千七寶世界諸寶樹、寶臺及給侍諸天①，悉付於汝。我滅度後，所有舍利亦付囑汝，當令流布，廣設供養，應起若干千塔。’如是日月淨明德佛勑一切眾生喜見菩薩已，於夜後分入於涅槃。

① “给侍诸天”意谓作为侍者的诸天子。

अथ खलु नक्षत्रराजसंकुसुमिताभिज्ञ स सर्वसत्त्वप्रियदर्शनो बोधिसत्त्वो महासत्त्वस्तं भगवन्तं चन्द्रसूर्यविमलप्रभासश्रियं तथागतं परिनिर्वृतं विदित्वा उरगसारचन्दनचित्तां कृत्वा तं तथागतात्मभावं संप्रज्वालयामास । दग्धं निशान्तं च तथागतात्मभावं विदित्वा ततो धातून् गृहीत्वा रोदति क्रन्दति परिदेवते स्म । अथ खलु नक्षत्रराजसंकुसुमिताभिज्ञ स सर्वसत्त्वप्रियदर्शनो बोधिसत्त्वो महासत्त्वो रुदित्वा क्रन्दित्वा परिदेवित्वा सप्तरत्नमयानि चतुरशीतिकुम्भसहस्राणि कारयित्वा तेषु तांस्तथागतधातून्प्रक्षिप्य सप्तरत्नमयानि चतुरशीतिस्तूपसहस्राणि प्रतिष्ठापयामास, यावद्ब्रह्मलोकमुच्चैस्त्वेन, छत्रावलीसमलंकृतानि पट्टघण्टासमीरितानि च। स तान्स्तूपान्प्रतिष्ठाप्य एवं चिन्तयामास -- कृता मया तस्य भगवतश्चन्द्रसूर्यविमलप्रभासश्रियस्तथागतस्य धातूनां पूजा । अतश्च भूय उत्तरि विशिष्टतरां तथागतधातूनां पूजां करिष्यामीति ।

今译：“星宿王花开神通啊，一切众生喜见菩萨大士知道世尊日月净明德如来、阿罗汉、正等觉已经涅槃，于是，他堆积蛇心旃檀香，火化如来肉身。知道如来肉身已经火化，便收集舍利。他哭泣哀悼。星宿王花开神通啊，一切众生喜见菩萨大士哭泣哀悼后，制作八万四千七宝宝瓶，安放如来舍利，建造八万四千七宝宝塔，高达梵界，装饰有成排的华盖，彩带飘动，铃铛摇动。他建造完那些宝塔后，心想：‘我已经这样供奉世尊日月净明德如来的舍利。我还要对如来舍利进行更为殊胜的供奉。’

什译：“爾時，一切眾生喜見菩薩見佛滅度，悲感懊惱，戀慕於佛，即以海此岸旃檀為積，供養佛身，而以燒之。火滅已後，收取舍利，作八萬四千寶瓶，以起八萬四千塔，高三世界①，表刹莊嚴，垂諸幡蓋，懸眾寶鈴。爾時，一切眾生喜見菩薩復自念言：‘我雖作是供養，心猶未足，我今當更供養舍利。’

अथ खलु पुनर्नक्षत्रराजसंकुसुमिताभिज्ञ स सर्वसत्त्वप्रियदर्शनो बोधिसत्त्वो

① 此处“高三世界”，按原文是“高达梵界”。天上世界分为天界和梵界。这样，与地上世界合为“三世界”。

महासत्त्वस्तं सर्वावन्तं बोधिसत्त्वगणं तांश्च महाश्रावकांस्तांश्च देवनागयक्ष-गन्धर्वासुरगरुडकिन्नरमहोरगमनुष्यामनुष्यगणानामन्त्रयामास -- सर्वे यूयं कुल-पुत्राः समन्वाहरध्वम्। तस्य भगवतो धातूनां पूजां करिष्याम इति । अथ खलु नक्षत्रराजसंकुसुमिताभिज्ञ स सर्वसत्त्वप्रियदर्शनो बोधिसत्त्वो महासत्त्वस्तस्यां वेलायां तेषां चतुरशीतीनां तथागतधातुस्तूपसहस्राणां पुरस्ताच्छतपुण्यविचित्रितं स्वं बाहुमादीपयामास । आदीप्य च द्वासप्ततिवर्षसहस्राणि तेषां तथागतधातु-स्तूपानां पूजामकरोत्। पूजां च कुर्वता तस्याः पर्षदो ऽसंख्येयानि श्रावककोटी-नयुतशतसहस्राणि विनीतानि । सर्वैश्च तैर्बोधिसत्त्वैः सर्वरूपसंदर्शनसमाधिः प्रतिलब्धो ऽभूत्॥

今译：“于是，星宿王花开神通啊，一切众生喜见菩萨大士对全体菩萨和大声闻以及天神、蛇、药叉、健达缚、阿修罗、迦楼罗、紧那罗、大蛇、人和非人说道：‘诸位善男子啊，你们要集中思想。我要供奉如来的舍利。’然后，星宿王花开神通啊，一切众生喜见菩萨大士在八万四千如来舍利宝塔前，点燃自己的百福相手臂。点燃后，供奉如来舍利塔七万二千年。由于这样的供奉，集会中无数百千千万那由他声闻受教化。所有菩萨获得呈现一切色三昧。

什译：“便語諸菩薩大弟子及天、龍、夜叉等一切大眾：‘汝等當一心念，我今供養日月淨明德佛舍利。’作是語已，即於八萬四千塔前，燃百福莊嚴臂，七萬二千歲而以供養，令無數求聲聞眾、無量阿僧祇人發阿耨多羅三藐三菩提心，皆使得住現一切色身三昧。

अथ खलु नक्षत्रराजसंकुसुमिताभिज्ञ स सर्वावान्बोधिसत्त्वगणः, ते च सर्वे महाश्रावकाः, तं सर्वसत्त्वप्रियदर्शनं बोधिसत्त्वं महासत्त्वमङ्गहीनं दृष्ट्वा अश्रुमुखा रुदन्तः क्रन्दन्तः परिदेवमानाः परस्परमेतदूचुः -- अयं सर्वसत्त्वप्रियदर्शनो बोधिसत्त्वो महासत्त्वो ऽस्माकमाचार्यो ऽनुशासकः । सो ऽयं सांप्रतमङ्गहीनो बाहुहीनः संवृत्त इति । अथ खलु नक्षत्रराजसंकुसुमिताभिज्ञ स सर्वसत्त्वप्रियदर्शनो बोधिसत्त्वो महासत्त्वस्तान्बोधिसत्त्वांस्तांश्च महाश्रावकांस्तांश्च देवपुत्रानामन्त्र-यामास -- मा यूयं कुलपुत्रा मामङ्गहीनं दृष्ट्वा रुदत, मा क्रदन्त, मा परिदेवध्वम्।

एषो ऽहं कुलपुत्रा ये केचिद्दशसु दिक्षु अनन्तापर्यन्तासु लोकधातुषु बुद्धा भगवन्तस्तिष्ठन्ति ध्रियन्ते यापयन्ति, तान्सर्वान्बुद्धान्भगवतः साक्षिणः कृत्वा तेषां पुरतः सत्याधिष्ठानं करोमि, येन सत्येन सत्यवचनेन स्वं मम बाहुं तथागत-पूजाकर्मणे परित्यज्य सुवर्णवर्णो मे कायो भविष्यति । तेन सत्येन सत्यवचनेन अयं मम बाहुर्यथापौराणो भवतु, इयं च महापृथिवी षड्विकारं प्रकम्पतु, अन्तरीक्षगताश्च देवपुत्रा महापुष्पवर्षं प्रवर्षन्तु । अथ खलु नक्षत्रराज-संकुसुमिताभिज्ञ समनन्तरकृते ऽस्मिन्सत्याधिष्ठाने तेन सर्वसत्त्वप्रियदर्शनेन बोधिसत्त्वेन महासत्त्वेन, अथ खल्वियं त्रिसाहस्रमहासाहस्री लोकधातुः षड्विकारं प्रकम्पिता, उपर्यन्तरीक्षाच्च महापुष्पवर्षमभिप्रवर्षितम्। तस्य च सर्वसत्त्वप्रिय-दर्शनस्य बोधिसत्त्वस्य महासत्त्वस्य स बाहुर्यथापौराणः संस्थितो ऽभूत्, यदुत तस्यैव बोधिसत्त्वस्य महासत्त्वस्य ज्ञानबलाधानेन पुण्यबलाधानेन च ।

今译：“然后，星宿王花开神通啊，所有的菩萨和大声闻看到一切众生喜见菩萨大士肢体残缺，泪流满面，悲伤哭泣，互相说道：‘一切众生喜见菩萨大士是我们的导师。他现在身体残缺，没有手臂。’星宿王花开神通啊，一切众生喜见菩萨大士对这些菩萨、大声闻和天子说道：‘诸位善男子啊，你们不要看到我肢体残缺而悲伤哭泣。诸位善男子啊，在十方无穷无尽世界上，诸位佛世尊在世，生活，度日。我亲眼看见所有这些佛世尊。我在他们面前发出真实誓愿。凭借这个真实誓愿，我舍弃自己的手臂，供奉如来后，会获得金色身体。凭借这个真实誓愿，让我的手臂复原吧！让大地出现六种震动吧！让空中众天子降下大花雨吧！’星宿王花开神通啊，一切众生喜见菩萨大士发出这个真实誓愿后，随即三千大千世界出现六种震动，空中降下大花雨，一切众生喜见菩萨大士的手臂复原。这是由于一切众生喜见菩萨大士的智慧力和功德力。

什译：“爾時，諸菩薩、天、人、阿修羅等見其無臂，憂惱悲哀，而作是言：‘此一切衆生喜見菩薩是我等師，教化我者，而今燒臂，身不具足。’于時，一切衆生喜見菩薩於大衆中立此誓言：‘我捨兩臂，必當得佛金色之身。若實不虛，令我兩臂還復如故。’作是誓已，自然還復，由斯菩薩福德智慧淳厚所致。當爾之時，三千大千世界六種震動，天雨寶華，一切人、天得未曾有。”

स्यात्खलु पुनस्ते नक्षत्रराजसंकुसुमिताभिज्ञ काङ्क्षा वा विमतिर्वा विचिकित्सा वा -- अन्यः स तेन कालेन तेन समयेन सर्वसत्त्वप्रियदर्शनो बोधिसत्त्वो महासत्त्वो ऽभूत्? न खलु पुनस्ते नक्षत्रराजसंकुसुमिताभिज्ञ एवं द्रष्टव्यम्। तत्कस्य हेतोः? अयं स नक्षत्रराजसंकुसुमिताभिज्ञ भैषज्यराजो बोधिसत्त्वो महासत्त्वस्तेन कालेन तेन समयेन सर्वसत्त्वप्रियदर्शनो बोधिसत्त्वो महासत्त्वो ऽभूत्। इयन्ति नक्षत्रराज-संकुसुमिताभिज्ञ भैषज्यराजो बोधिसत्त्वो महासत्त्वो दुष्करकोटीनयुतशतसहस्राणि करोति, आत्मभावपरित्यागांश्च करोति ।

今译：“星宿王花开神通啊，你是否有怀疑或疑惑，那时，这位一切众生喜见菩萨大士是另一个人？星宿王花开神通啊，你不要这样看。为什么？星宿王花开神通啊，药王菩萨大士就是那时的这位一切众生喜见菩萨大士。星宿王花开神通啊，药王菩萨大士修习百千千万那由他难修之行，他一再舍弃身体。

什译：佛告宿王華菩薩：“於汝意云何？一切眾生喜見菩薩豈異人乎？今藥王菩薩是也。其所捨身布施，如是無量百千萬億那由他數。

बहुतरं खल्वपि स नक्षत्रराजसंकुसुमिताभिज्ञ बोधिसत्त्वयानसंप्रस्थितः कुलपुत्रो वा कुलदुहिता वा इमामनुत्तरां सम्यक्संबोधिमाकाङ्क्षमाणो यः पादाङ्गुष्ठं तथागतचैत्येष्वादीपयेत्। एकां हस्ताङ्गुलिं पादाङ्गुलिं वा एकाङ्गं वा बाहुमादीपयेत्, बोधिसत्त्वयानसंप्रस्थितः स कुलपुत्रो वा कुलदुहिता वा बहुतरं पुण्याभिसंस्कारं प्रसवति । न त्वेव राज्यपरित्यागान्न प्रियपुत्रदुहितृभार्यापरित्यागान्न त्रिसाहस्रमहा-साहस्रीलोकधातोः सवनसमुद्रपर्वतोत्ससरस्तडागकूपारामायाः परित्यागात्। यश्च खलु पुनर्नक्षत्रराजसंकुसुमिताभिज्ञ बोधिसत्त्वयानसंप्रस्थितः कुलपुत्रो वा कुल-दुहिता वा इमां त्रिसाहस्रमहासाहस्रीं लोकधातुं सप्तरत्नपरिपूर्णां कृत्वा सर्वबुद्ध-बोधिसत्त्वश्रावकप्रत्येकबुद्धेभ्यो दानं दद्यात्, स नक्षत्रराजसंकुसुमिताभिज्ञ कुलपुत्रो वा कुलदुहिता वा तावत्पुण्यं प्रसवति, यावत्स कुलपुत्रो वा कुलदुहिता वा यः इतः

सद्धर्मपुण्डरीकाद्धर्मपर्यायादन्तशश्चतुष्पादिकामपि गाथां धारयेत्, इमं तस्य बहुतरं पुण्याभिसंस्कारं वदामि । न त्वेवं इमां त्रिसाहस्रमहासाहस्रीं लोकधातुं सप्तरत्न-परिपूर्णां कृत्वा दानं ददतस्तस्य सर्वबुद्धबोधिसत्त्वश्रावकप्रत्येकबुद्धेभ्यः ॥

今译："确实，星宿王花开神通啊，若有善男子或善女人奉行菩萨乘，求取无上正等菩提，在如来塔前燃烧脚趾手指，燃烧一个脚趾、一个手指、一个肢体或一个手臂，这奉行菩萨乘的善男子或善女人会产生更多的功德。舍弃王国，舍弃可爱的儿女和妻子，舍弃三千大千世界连同森林、大海、高山、河流、池井和花园，都达不到这样。星宿王花开神通啊，若有奉行菩萨乘的善男子或善女人用七宝铺满三千大千世界，布施一切佛、声闻和缘觉，星宿王花开神通啊，这善男子或善女人产生功德，而另有善男子或善女人即使受持《妙法莲华》法门中一首四句偈颂，我说这样产生的功德更多。用七宝铺满三千大千世界，布施一切佛、菩萨和声闻，产生的功德达不到这样。

什译："宿王華！若有發心欲得阿耨多羅三藐三菩提者，能燃手指，乃至足一指，供養佛塔，勝以國城、妻子及三千大千國土山林河池、諸珍寶物而供養者。若復有人以七寶滿三千大千世界，供養於佛，及大菩薩、辟支佛、阿羅漢，是人所得功德不如受持此《法華經》，乃至一四句偈，其福最多。

तद्यथापि नाम नक्षत्रराजसंकुसुमिताभिज्ञ सर्वेषामुत्ससरस्तडागानां महा-समुद्रो मूर्धप्राप्तः, एवमेव नक्षत्रराजसंकुसुमिताभिज्ञ सर्वेषां तथागतभाषितानां सूत्रान्तानामयं सद्धर्मपुण्डरीको धर्मपर्यायो मूर्धप्राप्तः । तद्यथापि नाम नक्षत्रराज-संकुसुमिताभिज्ञ सर्वेषां कालपर्वतानां चक्रवालानां महाचक्रवालानां च सुमेरुः पर्वतराजो मूर्धप्राप्तः, एवमेव नक्षत्रराजसंकुसुमिताभिज्ञ अयं सद्धर्मपुण्डरीको धर्मपर्यायः सर्वेषां तथागतभाषितानां सूत्रान्तानां राजा मूर्धप्राप्तः । तद्यथापि नाम नक्षत्रराजसंकुसुमिताभिज्ञ सर्वेषां नक्षत्राणां चन्द्रमाः प्रभाकरो ऽग्रप्राप्तः, एवमेव नक्षत्रराजसंकुसुमिताभिज्ञ सर्वेषां तथागतभाषितानां सूत्रान्तानामयं सद्धर्म-पुण्डरीको धर्मपर्यायश्चन्द्रकोटीनयुतशतसहस्रातिरेकप्रभाकरो ऽग्रप्राप्तः । तद्यथापि

नाम नक्षत्रराजसंकुसुमिताभिज्ञ सूर्यमण्डलं सर्वं तमोन्धकारं विधमति, एवमेव नक्षत्रराजसंकुसुमिताभिज्ञ अयं सद्धर्मपुण्डरीको धर्मपर्यायः सर्वाकुशलतमोन्धकारं विधमति । तद्यथापि नाम नक्षत्रराजसंकुसुमिताभिज्ञ त्रायस्त्रिंशानां देवानां शक्रो देवानामिन्द्रः, एवमेव नक्षत्रराजसंकुसुमिताभिज्ञ अयं सद्धर्मपुण्डरीको धर्मपर्यायः सर्वेषां तथागतभाषितानां सूत्रान्तानामिन्द्रः । तद्यथापि नाम नक्षत्रराज-संकुसुमिताभिज्ञ ब्रह्मा सहांपतिः सर्वेषां ब्रह्मकायिकानां देवानां राजा ब्रह्मलोके पितृकार्यं करोति, एवमेव नक्षत्रराजसंकुसुमिताभिज्ञ अयं सद्धर्मपुण्डरीको धर्मपर्यायः सर्वेषां सत्त्वानां शैक्षाशैक्षाणां च सर्वश्रावकाणां प्रत्येकबुद्धानां बोधिसत्त्वयानसंप्रस्थितानां च पितृकार्यं करोति ।

今译："譬如，星宿王花开神通啊，在一切泉水、湖泊、水池中，大海为上首，同样，星宿王花开神通啊，在如来所说一切经中，《妙法莲华》法门为上首。譬如，星宿王花开神通啊，在一切黑山、铁围山和大铁围山中，山王须弥卢山为上首，同样，星宿王花开神通啊，在如来所说一切经中，这个经王《妙法莲华》法门为上首。譬如，星宿王花开神通啊，在一切星宿中，光辉的月亮为上首，同样，星宿王花开神通啊，在如来所说经中，光辉胜过百千千万那由他月亮的《妙法莲华》法门为上首。譬如，星宿王花开神通啊，太阳驱除一切黑暗，同样，星宿王花开神通啊，这个《妙法莲华》法门驱除一切不善的愚暗。譬如，星宿王花开神通啊，在忉利天众天神中，帝释天是天王，同样，星宿王花开神通啊，在如来所说一切经中，《妙法莲华》是经王。譬如，星宿王花开神通啊，在梵众天众天神中，梵天娑婆主是天王，是梵界之父，同样，星宿王花开神通啊，这个《妙法莲华》法门是一切有学无学众生、一切声闻、缘觉和奉行菩萨乘者的父亲。

什译："宿王華！譬如一切川流江河，諸水之中海為第一，此法華經亦復如是，於諸如來所說經中最為深大。又如土山、黑山、小鐵圍山、大鐵圍山及十寶山，眾山之中須彌山為第一，此《法華經》亦復如是，於諸經中最為其上。又如眾星之中，月天子最為第一，此《法華經》亦復如是，於千萬億種諸經法中最為照明。又如日天子能除諸闇，此經亦復如是，能破一切不善之闇。又如諸小王中，轉輪聖王最為第一，此經亦復如是，於眾經中最為其尊。又如帝釋於三十三天中王，此經亦復如是，諸經中王。又如大梵天王，一切眾生之父，此經亦復如是，一切賢聖，學、無學，及發菩薩心者之父。

तद्यथापि नाम नक्षत्रराजसंकुसुमिताभिज्ञ सर्वबालपृथग्जनानतिक्रान्तः स्रोतआपन्नः सकृदागामी अनागामी अर्हन्प्रत्येकबुद्धश्च, एवमेव नक्षत्रराज-संकुसुमिताभिज्ञ अयं सद्धर्मपुण्डरीको धर्मपर्यायः सर्वांस्तथागत भाषितान् सूत्रान्तानतिक्रम्य अभ्युद्गतो मूर्धप्राप्तो वेदितव्यः । ते ऽपि नक्षत्रराजसंकुसुमिताभिज्ञ सत्त्वा मूर्धप्राप्ता वेदितव्याः, ये खल्विमं सूत्रराजं धारयिष्यन्ति । तद्यथापि नाम नक्षत्रराजसंकुसुमिताभिज्ञ सर्वश्रावकप्रत्येकबुद्धानां बोधिसत्त्वो ऽग्र आख्यायते, एवमेव नक्षत्रराजसंकुसुमिताभिज्ञ अयं सद्धर्मपुण्डरीको धर्मपर्यायः सर्वेषां तथागतभाषितानां सुत्रान्तानामग्र आख्यायते । तद्यथापि नाम नक्षत्रराज-संकुसुमिताभिज्ञ सर्वेषां श्रावकप्रत्येकबुद्धबोधिसत्त्वानां तथागतो धर्मराजः पट्टबद्धः, एवमेव नक्षत्रराजसंकुसुमिताभिज्ञ अयं सद्धर्मपुण्डरीको धर्मपर्यायस्तथागतभूतो बोधिसत्त्वयानसंप्रस्थितानाम्।

今译："譬如，星宿王花开神通啊，预流、一来、不还、阿罗汉和缘觉超越一切凡夫，同样，星宿王花开神通啊，应该知道这个《妙法莲华》法门超越如来所说一切经，而为上首。星宿王花开神通啊，应该知道那些受持这部经王的众生也为上首。譬如，星宿王花开神通啊，在一切声闻和缘觉中，菩萨被称为上首，同样，星宿王花开神通啊，在如来所说一切经中，这个《妙法莲华》法门被称为上首。譬如，星宿王花开神通啊，在一切声闻、缘觉和菩萨中，如来是戴有顶冠的法王，同样，星宿王花开神通啊，这个《妙法莲华》法门是奉行菩萨乘者的如来。

什译："又如一切凡夫人中，須陀洹、斯陀含、阿那含、阿羅漢、辟支佛為第一，此經亦復如是，一切如來所說，若菩薩所說，若聲聞所說，諸經法中最為第一。有能受持是經典者，亦復如是，於一切眾生中亦為第一。一切聲聞、辟支佛中，菩薩為第一，此經亦復如是，於一切諸經法中最為第一。如佛為諸法王，此經亦復如是，諸經中王。

त्राता खल्वपि नक्षत्रराजसंकुसुमिताभिज्ञ अयं सद्धर्मपुण्डरीको धर्मपर्यायः सर्वसत्त्वानां सर्वभयेभ्यः, विमोचकः सर्वदुःखेभ्यः । तडाग इव तृषितानामग्निरिव शीतार्तानां चैलमिव नग्नानां सार्थवाह इव वणिजानां मातेव पुत्राणां नौरिव पारगामिनां वैद्य इव आतुराणां दीप इव तमोन्धकारावृतानां रत्नमिव धनार्थिनां चक्रवर्तीव सर्वकोट्टराजानां समुद्र इव सरितामुल्केव सर्वतमोन्धकारविधमनाय । एवमेव नक्षत्रराजसंकुसुमिताभिज्ञ अयं सद्धर्मपुण्डरीको धर्मपर्यायः सर्वदुःखप्रमोचकः सर्वव्याधिच्छेदकः सर्वसंसारभयबन्धनसंकटप्रमोचकः । येन चायं नक्षत्रराजसंकुसुमिताभिज्ञ सद्धर्मपुण्डरीको धर्मपर्यायः श्रुतो भविष्यति, यश्च लिखति, यश्च लेखयति, एषां नक्षत्रराजसंकुसुमिताभिज्ञ पुण्याभिसंस्काराणां बौद्धेन ज्ञानेन न शक्यं पर्यन्तो ऽधिगन्तुम्, यावन्तं पुण्याभिसंस्कारं स कुलपुत्रो वा कुलदुहिता वा प्रसविष्यति । य इमं धर्मपर्यायं धारयित्वा वाचयित्वा वा देशयित्वा वा श्रुत्वा वा लिखित्वा वा पुस्तकगतं वा कृत्वा सत्कुर्यात्गुरुकुर्यान्मानयेत् पूजयेत्पुष्पधूपगन्धमाल्यविलेपनचूर्णचीवरच्छत्रध्वजपताकवैजयन्तीभिर्वाद्यवस्त्राञ्जलिकर्मभिर्वा घृतप्रदीपैर्वा गन्धतैलप्रदीपैर्वाचम्पकतैलप्रदीपैर्वा सुमनातैलप्रदीपैर्वा पाटलतैलप्रदिपैर्वा वार्षिकतैलप्रदीपैर्वा नवमालिकातैलप्रदीपैर्वा बहुविधाभिश्च पूजाभिः सत्कारं कुर्याद्गुरुकारं कुर्यात्माननां कुर्यात्पूजनां कुर्यात्,

今译：“星宿王花开神通啊，这个《妙法莲华》法门救护一切众生，解除他们的一切恐惧和痛苦。正如水池对于焦渴者，火焰对于寒冷者，衣服对于裸体者，向导对于商队，母亲对于儿子，船只对于渡河者，医生对于病人，明灯对于陷入黑暗者，宝石对于求财者，转轮王对于一切诸侯，大海对于河流，火炬驱除一切黑暗。同样，星宿王花开神通啊，这个《妙法莲华》法门解除一切痛苦，消除一切病痛，解除一切生死束缚的恐惧忧患。星宿王花开神通啊，若是闻听、书写或让人书写《妙法莲华》法门，这善男子或善女人的功德，即使运用佛智也不能说尽。这善男子或善女人受持这个法门，诵读，宣示，闻听，书写，制成经书，尊敬，尊重，崇敬，侍奉，献上鲜花、香料、花环、香膏、香粉、衣服、华盖、幢幡、胜利旗和音乐，合掌致敬，酥油灯、香油灯、瞻波花油灯、须曼那花油灯、波吒罗花油灯、婆师迦花油灯、那婆摩利迦花油灯，以种种供品表示尊敬、尊重、崇敬和供奉。

什译："宿王華！此經能救一切眾生者。此經能令一切眾生離諸苦惱。此經能大饒益一切眾生，充滿其願。如清涼池能滿一切諸渴乏者，如寒者得火，如裸者得衣，如商人得主，如子得母，如渡得船，如病得醫，如暗得燈，如貧得寶，如民得王，如賈客得海，如炬除暗，此《法華經》亦復如是，能令眾生離一切苦、一切病痛，能解一切生死之縛。若人得聞此《法華經》，若自書，若使人書，所得功德，以佛智慧籌量多少，不得其邊。若書是經卷，華香、瓔珞、燒香、末香、塗香，幡蓋、衣服，種種之燈：酥燈、油燈、諸香油燈、瞻蔔油燈、須曼那油燈、波羅羅油燈、婆利師迦油燈、那婆摩利油燈供養，所得功德，亦復無量。

बहु स नक्षत्रराजसंकुसुमिताभिज्ञ बोधिसत्त्वयानसंप्रस्थितः कुलपुत्रो वा कुलदुहिता वा पुण्यं प्रसविष्यति य इमं भैषज्यराजपूवयोगपरिवर्तं धारयिष्यति वाचयिष्यति श्रोष्यति । सचेत्पुनर्नक्षत्रराजसंकुसुमिताभिज्ञ मातृग्राम इमं धर्मपर्यायं श्रुत्वा उद्गहीष्यति धारयिष्यति तस्य स एव पश्चिमः स्त्रीभावो भविष्यति । यः कश्चिन्नक्षत्रराजसंकुसुमिताभिज्ञ इमं भैषज्यराजपूर्वयोगपरिवर्तं पश्चिमायां पञ्चाशत्यां श्रुत्वा मातृग्रामः प्रतिपत्स्यते स खल्वतश्च्युतः सुखावत्यां लोकधातावुपपत्स्यते यस्यां स भगवानमितायुस्तथागतो ऽर्हन्सम्यक्संबुद्धो बोधिसत्त्वगणपरिवृतस्तिष्ठति ध्रियते यापयति । स तस्यां पद्मगर्भे सिंहासने निषण्ण उपपत्स्यते । न च तस्य रागो व्याबाधिष्यते, न द्वेषो न मोहो न मानो न मात्सर्यं न क्रोधो न व्यापादः । सहोपपन्नाश्च पञ्चाभिज्ञाः प्रतिलप्स्यते । अनुत्पत्तिकधर्मक्षान्तिं च प्रतिलप्स्यते । अनुत्पत्तिकधर्मक्षान्तिप्रतिलब्धः स खलु पुनर्नक्षत्रराजसंकुसुमिताभिज्ञ बोधिसत्त्वो महासत्त्वो द्वासप्ततिगङ्गानदीवालिकासमांस्तथागतान् द्रक्ष्यति ।

तादृशं चास्य चक्षुरिन्द्रियं परिशुद्धं भविष्यति, येन चक्षुरिन्द्रियेण परिशुद्धेन तान्बुद्धान्भगवतो द्रक्ष्यति ।

今译："星宿王花开神通啊，奉行菩萨乘的善男子或善女人受持、诵读和闻听这个《药师本事品》，会产生很多功德。星宿王花开神通啊，如果女人闻听、掌握和受持这个法门，她的女人身会成为最后一次。星宿王花开神通啊，若有女人在末世五百年中，闻听这个《药王本事品》后，她会修习。那么，她命终后，会出生在极乐世界。那里，世尊无量寿如来、阿罗汉、正等觉在世，生活，度日。他[①]会在那里化生在莲花胎藏中，坐在狮子座上。他不会受贪欲侵扰，不瞋怒，不愚痴，不骄慢，不嫉妒，不发怒，不憎恨。他会获得与生俱来的五神通。他会获得无生法忍。获得无生法忍后，星宿王花开神通啊，这位菩萨大士会遇见如同七十二恒河沙的如来。他会获得这样的清净眼。他会用这种清净眼看见这些佛世尊。

什译："宿王華！若有人聞是《藥王菩薩本事品》者，亦得無量無邊功德。若有女人聞是《藥王菩薩本事品》，能受持者，盡是女身，後不復受。若如來滅後後五百歲中，若有女人聞是經典，如說修行，於此命終，即往安樂世界阿彌陀佛，大菩薩眾圍繞住處，生蓮華中，寶座之上。不復為貪欲所惱，亦復不為瞋恚愚癡所惱，亦復不為憍慢嫉妬諸垢所惱，得菩薩神通、無生法忍。得是忍已，眼根清淨。以是清淨眼根，見七百萬二千億那由他恒河沙等諸佛如來。

ते चास्य बुद्धा भगवन्तः साधुकारमनुप्रदास्यन्ति -- साधु साधु कुलपुत्र, यत्त्वया सद्धर्मपुण्डरीकं धर्मपर्यायं श्रुत्वा तस्य भगवतः शाक्यमुनेस्तथागतस्यार्हतः सम्यक्संबुद्धस्य प्रवचने उद्दिष्टं स्वाध्यायितं भावितं चिन्तितं मनसि कृतं परसत्त्वानां च संप्रकाशितम्, अयं ते कुलपुत्र पुण्याभिसंस्कारो न शक्यमग्निना दग्धुं नोदकेन हर्तुम्। अयं ते कुलपुत्र पुण्याभिसंस्कारो न शक्यं बुद्धसहस्रेणापि निर्देष्टुम्।

---

① 此处的人称代词是阳性，而这里使用的"女人"一词是 mātṛgrāma，词性也是阳性。而在后面诸佛称其为"善男子"，说明她转生极乐世界，已变成男子。

विहतमारप्रत्यर्थिकस्त्वं कुलपुत्र उत्तीर्णभयसंग्रामो मर्दितशत्रुकण्टकः । बुद्धशत-सहस्राधिष्ठितो ऽसि । न तव कुलपुत्र सदेवके लोके समारके सब्रह्मके सश्रमणब्राह्मणिकायां प्रजायां सदृशो विद्यते तथागतमेकं विनिर्मुच्य । नान्यः कश्चिच्छ्रावको वा प्रत्येकबुद्धो वा बोधिसत्त्वो वा यस्त्वां शक्तः पुण्येन वा प्रज्ञया वा समाधिना वा अभिभवितुम्। एवं ज्ञानबलाधानप्राप्तः स नक्षत्रराजसंकुसुमिताभिज्ञ बोधिसत्त्वो भविष्यति ॥

今译："这些佛世尊会称赞他：'很好，很好，善男子啊，你闻听《妙法莲华》法门后，按照世尊释迦牟尼如来、阿罗汉、正等觉所说诵习，修习，思惟，向其他众生宣说。善男子啊，你的功德，火不能烧毁，水不能漂走。善男子啊，你的功德，一千位佛也不能说尽。你能摧毁摩罗仇敌，粉碎种种恐惧，拔除怨敌荆棘。你会受百千佛护持。善男子啊，包括天界、魔界和梵界的所有世界，包括沙门和婆罗门的一切众生，无人能与你相比，除了如来。没有哪个声闻、缘觉和菩萨，功德、智慧和三昧能超过你。'星宿王花开神通啊，这位菩萨会具有这样的智慧力。

什译："是時諸佛遙共讚言：'善哉，善哉！善男子！汝能於釋迦牟尼佛法中，受持讀誦思惟是經，為他人說，所得福德無量無邊，火不能燒，水不能漂。汝之功德，千佛共說不能令盡。汝今已能破諸魔賊，壞生死軍，諸餘怨敵皆悉摧滅。善男子！百千諸佛以神通力共守護汝，於一切世間天、人之中無如汝者，唯除如來。其諸聲聞、辟支佛乃至菩薩，智慧禪定無有與汝等者。'宿王華！此菩薩成就如是功德智慧之力。

यः कश्चिन्नक्षत्रराजसंकुसुमिताभिज्ञ इमं भैषज्यराजपूर्वयोगपरिवर्तं भाष्यमाणं श्रुत्वा साधुकारमनुप्रदास्यति, तस्योत्पलगन्धो मुखाद्वास्यति, गात्रेभ्यश्चास्य चन्दनगन्धो भविष्यति । य इह धर्मपर्याये साधुकारं दास्यति, तस्येम एवंरूपा दृष्टधार्मिका गुणानुशंसा भविष्यन्ति, ये मयैतर्हि निर्दिष्टाः । तस्मात्तर्हि नक्षत्रराज-संकुसुमिताभिज्ञ अनुपरिन्दाम्यहमिमं सर्वसत्त्वप्रियदर्शनस्य बोधिसत्त्वस्य महा-

सत्त्वस्य पूर्वयोगपरिवर्तम्, यथा पश्चिमे काले पश्चिमे समये पश्चिमायां पञ्चाशत्यां वर्तमानायामस्मिन् जम्बुद्वीपे प्रचरेत्, नान्तर्धानं गच्छेत्, न च मारः पापीयानवतारं लभेत्, न मारकायिका देवताः, न नागा न यक्षा न गन्धर्वा न कुम्भाण्डा अवतारं लभेयुः । तस्मात्तर्हि नक्षत्रराजसंकुसुमिताभिज्ञ अधितिष्ठामीमं धर्मपर्यायमस्मिन् जम्बुद्वीपे । भैषज्यभूतो भविष्यति ग्लानानां सत्त्वानां व्याधि- स्पृष्टानाम्। इमं धर्मपर्यायं श्रुत्वा व्याधिः काये न क्रमिष्यति, न जरा नाकालमृत्युः । सचेत्पुनर्नक्षत्रराजसंकुसुमिताभिज्ञ यः कश्चिद्बोधिसत्त्वयानसंप्रस्थितः पश्येदेवं-रूपं सूत्रान्तधारकं भिक्षुम्, तं चन्दनचूर्णैर्नीलोत्पलैरभ्यकिरेत्, अभ्यवकीर्य चैवं चित्तमुत्पादयितव्यम्-- गमिष्यत्ययं कुलपुत्रो बोधिमण्डम्। ग्रहीष्यत्ययं तृणानि । प्रज्ञपयिष्यत्ययं बोधिमण्डे तृणसंस्तरम्। करिष्यत्ययं मारयक्षपराजयम्। प्रपूरयिष्यत्ययं धर्मशङ्खम्। पराहनिष्यत्ययं धर्मभेरीम्। उत्तरिष्यत्ययं भवसागरम्। एवं नक्षत्रराजसंकुसुमिताभिज्ञ तेन बोधिसत्त्वयानसंप्रस्थितेन कुलपुत्रेण वा कुलदुहित्रा वा एवंरूपं सूत्रान्तधारकं भिक्षुं दृष्ट्वा एवं चित्तमुत्पादयितव्यम्-- इत्येतादृशाश्चास्य गुणानुशंसा भविष्यन्ति यादृशास्तथागतेन निर्दिष्टाः ॥

今译：“星宿王花开神通啊，若有人闻听宣说这个《药王本事品》，发出赞叹，他的口中会散发青莲花香，身体会散发旃檀香。他赞叹这个法门，会在现世获得我前面所说这样的功德。因此，星宿王花开神通啊，我将这位一切众生喜见菩萨大士的《本事品》托付你，在末世末时五百年时，让它流布瞻部洲，不要让它消失，不要让邪恶的摩罗有机可乘，不要让天魔、蛇、药叉、健达缚或鸠槃荼有机可乘。因此，星宿王花开神通啊，我在瞻部洲护持这个法门。它会成为患病众生的良药。闻听这个法门，身体不会发病，不会衰老，不会非时死亡。星宿王花开神通啊，若有人实行菩萨行，看见受持这部经的比丘，应该向他撒旃檀香粉和青莲花，心想；‘这个善男子会前往菩提道场，会采草，在菩提道场铺设草座，会战胜摩罗药叉，吹响法螺，擂响法鼓，越过生死海。’星宿王花开神通啊，奉行菩萨乘的善男子或善女人看见受持这部经的比丘，心中应该这样想。那么，就会获得我前面所说这样的功德。”

什译：“若有人聞是《藥王菩薩本事品》，能隨喜讚善者，是人現世口中常出青蓮華香，身毛孔中常出牛頭旃檀之香，所得功德，如上所說。是故，宿王華！以此藥王菩薩本事品囑累於汝。我滅度後後五百歲中，廣宣流布於閻浮提，無令斷絕，惡魔、魔民、諸天、龍、夜叉、鳩槃茶等得其便也。宿王華！汝當以神通之力守護是經。所以者何？此經則為閻浮提人病之良藥。若人有病，得聞是經，病即消滅，不老不死。宿王華！汝若見有受持是經者，應以青蓮花盛滿末香，供散其上。散已，作是念言：‘此人不久必當取草坐於道場，破諸魔軍，當吹法螺，擊大法鼓，度脫一切眾生老病死海。’是故求佛道者見有受持是經典人，應當如是生恭敬心。”

अस्मिन्खलु पुनर्भैषज्यपूर्वयोगपरिवर्ते निर्दिश्यमाने चतुरशीतीनां बोधिसत्त्वसहस्राणां सर्वरुतकौशल्यानुगताया धारण्याः प्रतिलम्भो ऽभूत्। स च भगवान् प्रभूतरत्नस्तथागतो ऽर्हन्सम्यक्संबुद्धः साधुकारमदात्-- साधु साधु नक्षत्रराजसंकुसुमिताभिज्ञ, यत्र हि नाम त्वमेवमचिन्त्यगुणधर्मस्तथागतेन निर्दिष्टः, त्वं चाचिन्त्यगुणधर्मसमन्वागतं तथागतं परिपृच्छसीति ॥

今译：在宣说这个《药师本事品》时，八万四千菩萨获得通晓一切音的陀罗尼。世尊多宝如来、阿罗汉、正等觉称赞说：“很好，很好，星宿王花开神通啊，你向具有不可思议功德法的如来发问，如来向你宣示这个不可思议功德法。”

什译：說是《藥王菩薩本事品》時，八萬四千菩薩得解一切眾生語言陀羅尼。多寶如來於寶塔中讚宿王華菩薩言：“善哉，善哉！宿王華！汝成就不可思議功德，乃能問釋迦牟尼佛如此之事，利益無量一切眾生。”

इति श्रीसद्धर्मपुण्डरीके धर्मपर्याये भैषज्यराजपूर्वयोगपरिवर्तो नाम द्वाविंशतिमः ॥

今译：以上是神圣《妙法莲华》法门中名为《药王菩萨本事品》的第二十二品。

२३ गद्गदस्वरपरिवर्तः ।

今译：第二十三 妙音菩萨品

什译：妙音菩薩品第二十四

अथ खलु भगवान् शाक्यमुनिस्तथागतो ऽर्हन्सम्यक्संबुद्धस्तस्यां वेलायां महापुरुषलक्षणाद्भ्रूविवरान्तरादूर्णाकोशात्प्रभां प्रमुमोच, यया प्रभया पूर्वस्यां दिशि अष्टादशगङ्गानदीवालिकासमानि बुद्धक्षेत्रकोटीनयुतशतसहस्राणि आभया स्फुटान्यभूवन्। तानि च अष्टादशगङ्गानदीवालिकासमानि बुद्धक्षेत्रकोटीनयुतशतसहस्राण्यतिक्रम्य वैरोचनरश्मिप्रतिमण्डिता नाम लोकधातुः, तत्र कमलदलविमलनक्षत्रराजसंकुसुमिताभिज्ञो नाम तथागतो ऽर्हन्सम्यक्संबुद्धस्तिष्ठति ध्रियते यापयति विपुलेनायुष्प्रमाणेन । विपुलेन बोधिसत्त्वसंघेन सार्धं परिवृतः पुरस्कृतो धर्मं देशयति स्म । अथ खलु या भगवता शाक्यमुनिना तथागतेनार्हता सम्यक्संबुद्धेनोर्णाकोशात्प्रभा प्रमुक्ताः, सा तस्यां वेलायां वैरोचनरश्मिप्रतिमण्डितां लोकधातुं महत्या आभया स्फरति स्म ।

今译：这时，世尊释迦牟尼如来、阿罗汉正等觉的大人相眉间白毫放射光芒。这光芒照亮东方如同恒河沙的十八百千千万那由他世界。越过如同恒河沙的十八百千千万那由他佛土，有一个名为净光庄严的世界，那里有一位名为莲花瓣明净星宿王开花神通的如来、阿罗汉、正等觉在世，生活，度日，寿命长久。他在众多菩萨恭敬围绕下说法。这时，世尊释迦牟尼如来、阿罗汉、正等觉的白毫放光，这个净光庄严世界大放光明。

什译：爾時，釋迦牟尼佛放大人相肉髻光明，及放眉間白毫相光，遍照東方八百[1]萬億那由他恒河沙等諸佛世界。過是數已，有世界名淨光莊嚴，其國有佛，號淨華宿王智如來、應供、正遍知、明行足、善逝、世間解、無上士、調御丈夫、天人師、佛世尊，為無量無邊菩薩大眾恭敬圍繞而為說法。釋迦牟尼佛白毫光明遍照其國。

तस्यां खलु पुनर्वैरोचनरश्मिप्रतिमण्डितायां लोकधातौ गद्गदस्वरो नाम बोधिसत्त्वो महासत्त्वः प्रतिवसति स्म अवरोपितकुशलमूलः । दृष्टपूर्वांश्च तेन बहूनां तथागतानामर्हतां सम्यक्संबुद्धानामेवंरूपा रश्म्यवभासाः । बहुसमाधिप्रतिलब्धश्च स गद्गदस्वरो बोधिसत्त्वो महासत्त्वः । तद्यथा ध्वजाग्रकेयूरसमाधिप्रतिलब्धः सद्धर्मपुण्डरीकसमाधिप्रतिलब्धो विमलदत्तसमाधिप्रतिलब्धो नक्षत्रराजविक्रीडितसमाधिप्रतिलब्धः अनिलम्भसमाधिप्रतिलब्धो ज्ञानमुद्रासमाधिप्रतिलब्धः चन्द्रप्रदीपसमाधिप्रतिलब्धः सर्वरुतकौशल्यसमाधिप्रतिलब्धः सर्वपुण्यसमुच्चयसमाधिप्रतिलब्धः प्रसादवतीसमाधिप्रतिलब्धः ऋद्धिविक्रीडितसमाधिप्रतिलब्धो ज्ञानोल्कासमाधिप्रतिलब्धो व्यूहराजसमाधिप्रतिलब्धो विमलप्रभाससमाधिप्रतिलब्धो विमलगर्भसमाधिप्रतिलब्धो ऽप्कृत्स्नसमाधिप्रतिलब्धः सूर्यावर्तसमाधिप्रतिलब्धः । पेयालं यावद्गङ्गानदीवालिकोपमसमाधिकोटीनयुतशतसहस्रप्रतिलब्धो गद्गदस्वरो बोधिसत्त्वो महासत्त्वः । तस्य खलु पुनर्गद्गदस्वरस्य बोधिसत्त्वस्य महासत्त्वस्य सा प्रभा काये निपतिताभूत्।

今译：在这个净光庄严世界住着一位名为妙音的菩萨大士，种植善根，见过许多如来、阿罗汉、正等觉这样放光。这位妙音菩萨大士获得许多三昧，诸如旗顶臂钏三昧、妙法莲华三昧、净授三昧、星宿王游戏三昧、无所缘三昧、智印三昧、月灯三昧、通晓一切音三昧、一切功德聚三昧、清净三昧、神通游戏三昧、智慧火炬三昧、庄严王三昧、净光三昧、无垢胎藏三昧、水遍三昧、太阳旋三昧，如此等等。这位妙音菩萨大士获得如同恒河沙的百千千万那由他三昧。这光芒照在这位妙音菩萨大士身上。

---

① 此处“八百”，据《中华大藏经》校勘记，《资》、《碛》、《普》、《南》、《径》、《清》、《丽》作“百八”。

什译：爾時，一切淨光莊嚴國中，有一菩薩名曰妙音，久已殖眾德本，供養親近無量百千萬億諸佛，而悉成就甚深智慧，得妙幢相三昧、法華三昧、淨德三昧、宿王戲三昧、無緣三昧、智印三昧、解一切眾生語言三昧、集一切功德三昧、清淨三昧、神通遊戲三昧、慧炬三昧、莊嚴王三昧、淨光明三昧、淨藏三昧、不共三昧、日旋三昧，得如是等百千萬億恒河沙等諸大三昧。

अथ खलु गद्गदस्वरो बोधिसत्त्वो महासत्त्व उत्थायासनादेकांसमुत्तरासङ्गं कृत्वा दक्षिणं जानुमण्डलं पृथिव्यां प्रतिष्ठाप्य येन भगवांस्तेनाञ्जलिं प्रणाम्य तं भगवन्तं कमलदलविमलनक्षत्रराजसंकुसुमिताभिज्ञं तथागतमर्हन्तं सम्यक्संबुद्ध-मेतदवोचत्-- गमिष्याम्यहं भगवंस्तां सहां लोकधातुं तं भगवन्तं शाक्यमुनिं तथागतमर्हन्तं सम्यक्संबुद्धं दर्शनाय वन्दनाय पर्युपासनाय, तं च मञ्जुश्रियं कुमारभूतं दर्शनाय, तं च भैषज्यराजं बोधिसत्त्वं दर्शनाय, तं च प्रदानशूरं बोधिसत्त्वं दर्शनाय, तं च नक्षत्रराजसंकुसुमिताभिज्ञं बोधिसत्त्वं दर्शनाय, तं च विशिष्टचारित्रं बोधिसत्त्वं दर्शनाय, तं च व्यूहराजं बोधिसत्त्वं दर्शनाय, तं च भैषज्यराजसमुद्गतं बोधिसत्त्वं दर्शनाय ॥

今译：于是，妙音菩萨大士从座位起身，偏袒右肩，右膝着地，向世尊合掌行礼，对世尊莲花瓣明净星宿王开花神通如来、阿罗汉、正等觉说道："世尊啊，我要去娑婆世界看望、敬拜和侍奉世尊释迦牟尼如来、阿罗汉、正等觉，看望文殊师利法王子，看望药王菩萨，看望勇施菩萨，看望星宿王开花神通菩萨，看望上行菩萨，看望庄严王菩萨，看望药上菩萨。"

什译：釋迦牟尼佛光照其身，即白淨華宿王智佛言："世尊！我當往詣娑婆世界，禮拜、親近、供養釋迦牟尼佛，及見文殊師利法王子菩薩、藥王菩薩、勇施菩薩、宿王華菩薩、上行意菩薩、莊嚴王菩薩、藥上菩薩。"

अथ खलु भगवान् कमलदलविमलनक्षत्रराजसंकुसुमिताभिज्ञस्तथागतो

ऽर्हन्सम्यक्संबुद्धस्तं गद्गदस्वरं बोधिसत्त्वं महासत्त्वमेतदवोचत्-- न त्वया कुलपुत्र तस्यां सहायां लोकधातौ गत्वा हीनसंज्ञोत्पादयितव्या । सा खलु पुनः कुलपुत्र लोकधातुरुत्कूलनिकूला मृन्मयी कालपर्वताकीर्णा गूथोडिल्लपरिपूर्णा । स च भगवान् शाक्यमुनिस्तथागतो ऽर्हन्सम्यक्संबुद्धो ह्रस्वकायः, ते च बोधिसत्त्वा ह्रस्वकायाः । तव च कुलपुत्र द्वाचत्वारिंशद्योजनशतसहस्राण्यात्मभावप्रतिलाभः। मम च कुलपुत्र अष्टषष्टियोजनशतसहस्राण्यात्मभावप्रतिलाभः । त्वं च कुलपुत्र प्रासादिको दर्शनीयो ऽभिरूपः, परमशुभवर्णपुष्करतया समन्वागतः, पुण्यशत-सहस्रातिरेकलक्ष्मीकः । तस्मात्तर्हि कुलपुत्र तां सहां लोकधातुं गत्वा मा हीन-संज्ञामुत्पादयिष्यसि तथागते च बोधिसत्त्वेषु च तस्मिंश्च बुद्धक्षेत्रे ॥

今译：然后，世尊莲花瓣明净星宿王开花神通如来、阿罗汉、正等觉对妙音菩萨大士说道：“善男子啊，你到了这个娑婆世界，不要产生低劣的想法。善男子啊，这个世界高低不平，遍地泥土，布满黑山，充满尿粪污秽。世尊释迦牟尼如来、阿罗汉、正等觉身材矮小。那些菩萨也身材矮小。善男子啊，你获得的身材有四百二十万由旬。善男子啊，我获得的身材有六百八十万由旬。善男子啊，你的容貌清净美观，具有众多第一美色，数百千福相。因此，善男子啊，你到了娑婆世界，不要对如来、那些菩萨和这个佛土产生低劣的想法。”

什译：爾時，淨華宿王智佛告妙音菩薩：“汝莫輕彼國，生下劣想。善男子！彼娑婆世界高下不平，土石諸山，穢惡充滿。佛身卑小，諸菩薩眾其形亦小。而汝身四萬二千由旬，我身六百八十萬由旬，汝身第一端正，百千萬福，光明殊妙，是故汝往，莫輕彼國，若佛、菩薩及國土，生下劣想。”

एवमुक्ते गद्गदस्वरो बोधिसत्त्वो महासत्त्वस्तं भगवन्तं कमलदलविमलनक्षत्र-राजसंकुसुमिताभिज्ञं तथागतमर्हन्तं सम्यक्संबुद्धमेतदवोचत्-- तथाहं भगवन् करिष्ये, यथा तथागत आज्ञापयति । गमिष्याम्यहं भगवंस्तां सहां लोकधातुं तथागताधिष्ठानेन तथागतबलाधानेन तथागतविक्रीडितेन तथागतव्यूहेन तथागता-भ्युद्गतज्ञानेन । अथ खलु गद्गदस्वरो बोधिसत्त्वो महासत्त्वस्तस्यां वेलाया-

मनुच्चलित एव तस्माद्बुद्धक्षेत्रादनुत्थितश्चैव तस्मादासनात्तथारूपं समाधिं समापद्यते स्म, यस्य समाधेः समनन्तरसमापन्नस्य गद्गदस्वरस्य बोधिसत्त्वस्य अथ तावदेवेह सहायां लोकधातौ गृध्रकूटे पर्वते तस्य तथागतधर्मासनस्य पुरस्ताच्चतुरशीति-पद्मकोटीनयुतशतसहस्राणि प्रादुर्भूतान्यभूवन्सुवर्णदण्डानि रुप्यपत्राणि पद्म-किंशुकवर्णानि संदृश्यन्ते स्म ॥

今译：这样说罢，妙音菩萨大士对世尊莲花瓣明净星宿王开花神通如来、阿罗汉、正等觉说道："世尊啊，我会照你吩咐的那样做。我会凭借如来护持力，如来威力，如来游戏，如来庄严，如来殊胜智慧，前往娑婆世界。"这时，妙音菩萨大士纹丝不动，不从这个佛土起身，不从他的座位上起身，进入这样的三昧。随着妙音菩萨大士进入三昧，在娑婆世界灵鹫山前，出现八十四百千千万那由他莲花，金秆，银叶，金苏迦花①色。

什译：妙音菩薩白其佛言："世尊！我今詣娑婆世界，皆是如來之力，如來神通遊戲，如來功德智慧莊嚴。"於是，妙音菩薩不起于座，身不動搖，而入三昧。以三昧力，於耆闍崛山，去法座不遠，化作八萬四千眾寶蓮華，閻浮檀金為莖，白銀為葉，金剛為鬚，甄叔迦寶以為其臺②。

अथ खलु मञ्जुश्रीः कुमारभूतस्तं पद्मव्यूहप्रादुर्भावं दृष्ट्वा भगवन्तं शाक्यमुनिं तथागतमर्हन्तं सम्यक्संबुद्धमेतदवोचत्-- कस्येदं भगवन्पूर्वनिमित्तं येनेमानि चतुरशीतिपद्मकोटीनयुतशतसहस्राणि संदृश्यन्ते स्म सुवर्णदण्डानि रूप्यपत्राणि पद्मकिंशुकवर्णानि? एवमुक्ते भगवान्मञ्जुश्रियं कुमारभूतमेतदवोचत्-- एष मञ्जुश्रीः पूर्वस्माद्दिग्भागाद्वैरोचनरश्मिप्रतिमण्डिताया लोकधातोस्तस्य भगवतः कमलदल-विमलनक्षत्रराजसंकुसुमिताभिज्ञस्य तथागतस्यार्हतः सम्यक्संबुद्धस्य बुद्धक्षेत्रा-द्गद्गदस्वरो बोधिसत्वो महासत्त्वश्चतुरशीतिबोधिसत्त्वकोटीनयुतशतसहस्रैः परिवृतः पुरस्कृत इमां सहां लोकधातुमागच्छति मम दर्शनाय वन्दनाय पर्युपासनाय, अस्य

① "金苏迦花"（kiṃśuka）色泽艳红。
② 此处"金刚为须"不见于原文。"甄叔迦宝以为其台"与原文有差异。

च सद्धर्मपुण्डरीकस्य धर्मपर्यायस्य श्रवणाय।

今译：然后，文殊师利法王子看见这些出现的莲花，对世尊释迦牟尼如来、阿罗汉、正等觉说道："世尊啊，出现这八十四百千千万那由他莲花，金秆，银叶，金苏迦花色，这是谁的瑞相？"这样说罢，世尊对文殊师利法王子说道："文殊师利啊，从东方净光庄严世界，世尊莲花瓣明净星宿王开花神通如来、阿罗汉、正等觉的佛土，妙音菩萨大士在八十四百千千万那由他菩萨恭敬围绕下，前来娑婆世界，看望、敬拜和侍奉我，听取这个《妙法莲华》法门。"

什译：爾時，文殊師利法王子見是蓮華，而白佛言："世尊！是何因緣，先現此瑞？有若干千萬蓮華，閻浮檀金為莖，白銀為葉，金剛為鬚，甄叔迦寶以為其臺。"爾時，釋迦牟尼佛告文殊師利："是妙音菩薩摩訶薩欲從淨華宿王智佛國，與八萬四千菩薩，圍繞而來至此娑婆世界，供養、親近、禮拜於我，亦欲供養、聽《法華經》。"

अथ खलु मञ्जुश्रीः कुमारभूतो भगवन्तमेतदवोचत्-- कस्तेन भगवन् कुलपुत्रेण कुशलसंभारः कृतः, येन स कुशलसंभारेण कृतेनोपचितेन अयं विशेषः प्रतिलब्धः? कतमस्मिंश्च भगवन्समाधौ स बोधिसत्त्वश्चरति? तं वयं भगवन्समाधिं श‍ृणुयाम, तत्र य वयं भगवन्समाधौ चरेम । तं च वयं भगवन्बोधिसत्त्वं महासत्त्वं पश्येम, कीदृशस्तस्य बोधिसत्त्वस्य वर्णः, कीदृग्रूपम्, कीदृग्लिङ्गम्, कीदृक् संस्थानम्, को ऽस्याचार इति । तत्साधु भगवन् करोतु तथागतस्तथारूपं निमित्तं येन निमित्तेन संचोदितः समानः स बोधिसत्त्वो महासत्त्व इमां सहां लोक- धातुमागच्छेत्॥

今译：于是，文殊师利法王子对世尊说道："世尊啊，他积累了什么功德，由此这样奇特优异？世尊啊，这位菩萨修习什么三昧？世尊啊，我们想要听取这种三昧。世尊啊，我们也可以在这里修习这种三昧。世尊啊，我们想见这位菩萨大士，看看这位菩萨有什么肤色，什么容貌，什么特征，什么形态，什么举止行为。世尊啊，请如来展现瑞相，劝请这位菩萨大士来到这菩萨世界。”

什译：文殊師利白佛言：“世尊！是菩薩種何善本，修何功德，而能有是大神通力？行何三昧？願為我等說是三昧名字。我等亦欲勤修行之。行此三昧，乃能見是菩薩色相大小，威儀進止。唯願世尊以神通力，彼菩薩來，令我得見。”

अथ खलु भगवाञ्शाक्यमुनिस्तथागतो ऽर्हन्सम्यक्संबुद्धस्तं भगवन्तं प्रभूतरत्नं तथागतमर्हन्तं सम्यक्संबुद्धं परिनिर्वृतमेतदवोचत्-- करोतु भगवांस्तथारूपं निमित्तं येन गद्गदस्वरो बोधिसत्त्वो महासत्त्व इमां सहां लोकधातुमागच्छेत्। अथ खलु भगवान्प्रभूतरत्नस्तथागतो ऽर्हन्सम्यक्संबुद्धः परिनिर्वृतस्तस्यां वेलायां तथारूपं निमित्तं प्रादुश्चकारगद्गदस्वरस्य बोधिसत्त्वस्य महासत्त्वस्य संचोदनार्थम्-- आगच्छ कुलपुत्र इमां सहां लोकधातुम्। अयं तु मञ्जुश्रीः कुमारभूतो दर्शनमभिनन्दति । अथ खलु गद्गदस्वरो बोधिसत्त्वो महासत्त्वस्तस्य भगवतः कमलदलविमलनक्षत्रराजसंकुसुमिताभिज्ञस्य तथागतस्यार्हतः सम्यक् संबुद्धस्य पादौ शिरसाभिवन्द्य त्रिः प्रदक्षिणीकृत्य सार्धं तैश्चतुरशीतिबोधिसत्त्वकोटीनयुतशतसहस्रैः परिवृतः पुरस्कृतस्तस्या वैरोचनरश्मिप्रतिमण्डिताया लोकधातोरन्तर्हितः इमां सहां लोकधातुमागच्छति स्म, प्रकम्पद्भिः क्षेत्रैः, प्रवर्षद्भिः पद्मैः, प्रवाद्यमानैस्तूर्यकोटीनयुतशतसहस्रैः,

今译：于是，世尊释迦牟尼如来、阿罗汉、正等觉对已涅槃的世尊多宝如来、阿罗汉、正等觉说道：“请世尊展现瑞相，让妙音菩萨大士来到娑婆世界。”这样，世尊多宝如来、阿罗汉、正等觉展现瑞相，劝请妙音菩萨大士：“善男子啊，来到娑婆世界吧！这位文殊师利法王子喜欢看到你。”于是，妙音菩萨大士向莲花瓣明净星宿王开花神通如来、阿罗汉、正等觉行触足礼，右绕三匝，在八十四百千千万那由他菩萨恭敬围绕下，从净光庄严世界消失，来到娑婆世界。所有国土出现震动，普降莲花雨，百千千万那由他乐器奏响。

什译：爾時，釋迦牟尼佛告文殊師利：“此久滅度多寶如來，當為汝等而現其相。”時多寶佛告彼菩薩：“善男子！來，文殊師利法王子欲見汝身。”于時，妙音菩薩於彼國沒，與八萬四千菩薩俱共發來。所經諸國六種震動，皆悉雨於七寶蓮華，百千天樂不鼓自鳴。

नीलोत्पलपद्मनेत्रेण वदनेन, सुवर्णवर्णेन कायेन, पुण्यशतसहस्त्रालंकृतेनात्मभावेन, श्रिया जाज्वल्यमानः, तेजसा देदीप्यमानः, लक्षणैर्विचित्रितगात्रो नारायणसंहननकायः । सप्तरत्नमयं कूटागारमभिरुह्य वैहायसे सप्ततालमात्रेण बोधिसत्त्वगणपरिवृतः पुरस्कृत आगच्छति स्म । स येनेयं सहा लोकधातुः, येन च गृध्रकूटः पर्वतराजस्तेनोपसंक्रामत्। उपसंक्रम्य तस्मात्कूटागारादवतीर्य शतसहस्त्रमूल्यं मुक्ताहारं गृहीत्वा येन भगवांस्तेनोपसंक्रामत्। उपसंक्रम्य भगवतः पादौ शिरसाभिवन्द्य सप्तकृत्वः प्रदक्षिणीकृत्य तं मुक्ताहारं भगवतः पूजाकर्मणे निर्यातयामास । निर्यात्य च भगवन्तमेतदवोचत्--

今译：这位菩萨脸上长有青莲花眼，金色身体，百千种福相，神采奕奕，闪耀光辉，身体呈现种种妙相，坚固似那罗延。他登上七宝楼台，七多罗树高，在众菩萨恭敬围绕下来到。他靠近娑婆世界山王灵鹫山。靠近后，走下楼台，手持价值百千的珍珠项链，走近世尊。走近后，向世尊俯首行触足礼，右绕七匝，向世尊献上珍珠项链。献礼后，他对世尊说道：

什译：是菩薩目如廣大青蓮華葉，正使和合百千萬月，其面貌端正復過於此。身真金色，無量百千功德莊嚴，威德熾盛，光明照曜，諸根[①]具足，如那羅延堅固之身。入七寶臺，上昇虛空，去地七多羅樹，諸菩薩眾恭敬圍繞，而來詣此娑婆世界耆闍崛山。到已，下七寶臺，以價直百千瓔珞，持至釋迦牟尼佛所，頭面禮足，奉上瓔珞，而白佛言：

कमलदलविमलनक्षत्रराजसंकुसुमिताभिज्ञो भगवांस्तथागतो ऽर्हन्सम्यक्

① 此处“根”，据《中华大藏经》校勘记，《资》、《碛》、《普》、《南》、《径》、《清》、《丽》作“相”。

संबुद्धो भगवतः परिपृच्छति अल्पाबाधतामाल्पतङ्कतां लघूत्थानतां यात्रां बलं सुखसंस्पर्शविहारताम्। एवं च स भगवानवोचत्-- कच्चित्ते भगवन् क्षमणीयम्, कच्चिद्यापनीयम्, कच्चिद्धातवः प्रतिकुर्वन्ति, कच्चित्ते सत्त्वाः स्वाकाराः सुवैनेयाः सुचिकित्साः, कच्चिच्छुचिकाया मा अतीव रागचरिताः, मा अतीव द्वेषचरिता मा अतीव मोहचरिता मा अतीव भगवन्सत्त्वा ईर्ष्यालुका मा मत्सरिणो मा अमातृज्ञा मा अपितृज्ञा मा अश्रामण्य मा अब्राह्मण्या मा मिथ्यादृष्ट्यो मा अदान्तचित्ता मा अगुप्तेन्द्रियाः । कच्चित्ते भगवन्निहतमारप्रत्यर्थिका एते सत्त्वाः । कच्चिद्भगवन् प्रभूतरत्नस्तथागतो ऽर्हन्सम्यक्संबुद्धः परिनिर्वृतः इमां सहां लोकधातुमागतो धर्मश्रवणाय सप्तरत्नमये स्तूपे मध्यगतः । तं च भगवन्तं तथागतमर्हन्तं सम्यक्संबुद्धं स भगवान्परिपृच्छति -- कच्चिद्भगवंस्तस्य भगवतः प्रभूतरत्नस्य तथागतस्यार्हतः सम्यक्संबुद्धस्य क्षमणीयम्, कच्चिद्यापनीयम्, कच्चिद्भगवन् प्रभूतरत्नस्तथागतो ऽर्हन्सम्यक्संबुद्धश्चिरं स्थास्यति । वयमपि भगवंस्तस्य प्रभूतरत्नस्य तथागतस्यार्हतः सम्यक्संबुद्धस्य धातुविग्रहं पश्येम । तत्साधु भगवान् दर्शयतु तथागतस्तस्य भगवतः प्रभूतरत्नस्य तथागतस्यार्हतः सम्यक्संबुद्धस्य धातुविग्रहमिति ॥

今译：“世尊莲花瓣明净星宿王开花神通如来、阿罗汉、正等觉问候世尊，少病痛，少烦恼，起立轻松，行走有力，生活舒适。世尊这样问候说：‘世尊啊，你是否安忍？是否安适？是否四大调和？众生是否根性清净，容易调教，容易对治，身体清净？世尊啊，众生所作所为不要充满贪欲、瞋怒、愚痴、嫉妒或悭吝，不敬父母，不敬沙门，不敬婆罗门，执著邪见，心不柔顺，放纵诸根。世尊啊，这些众生是否降伏摩罗怨敌？’世尊啊，已涅槃的世尊多宝如来、阿罗汉、正等觉是否来到这个娑婆世界，坐在七宝宝塔中听法？世尊问候这位世尊如来、阿罗汉、正等觉：‘世尊啊，这位世尊多宝如来、阿罗汉、正等觉是否安忍？是否安适？’世尊啊，世尊多宝如来、阿罗汉、正等觉是否长久住着？世尊啊，我们也想见到这位世尊多宝如来、阿罗汉、正等觉的舍利身。请世尊如来展现世尊多宝如来、阿罗汉、正等觉的舍利身。”

什译："世尊！淨華宿王智佛問訊世尊少病少惱，起居輕利，安樂行不？四大調和不？世事可忍不？眾生易度不？無多貪欲、瞋恚、愚癡、嫉妬、慳慢不？無不孝父母、不敬沙門、邪見、不善、心不攝五情不？世尊！眾生能降伏諸魔怨不？久滅度多寶如來在七寶塔中，來聽法不？又問訊多寶如來安隱、少惱、堪忍、久住不？世尊！我今欲見多寶佛身，唯願世尊示我令見。"

अथ खलु भगवान् शाक्यमुनिस्तथागतो ऽर्हन्सम्यक्संबुद्धस्तं भगवन्तं प्रभूतरत्नं तथागतमर्हन्तं सम्यक्संबुद्धं परिनिर्वृतमेतदवोचत्-- अयं भगवन्गद्गद-स्वरो बोधिसत्त्वो महासत्त्वो भगवन्तं प्रभूतरत्नं तथागतमर्हन्तं सम्यक्संबुद्धं परिनिर्वृतं द्रष्टुकामः । अथ खलु भगवान्प्रभूतरत्नस्तथागतो ऽर्हन्सम्यक्संबुद्धस्तं गद्गदस्वरं बोधिसत्त्वं महासत्त्वमेतदवोचत्-- साधु साधु कुलपुत्र, यत्र हि नाम त्वं भगवन्तं शाक्यमुनिं तथागतमर्हन्तं सम्यक्संबुद्धं द्रष्टुकामो ऽभ्यागतः, इमं च सद्धर्मपुण्डरीकं धर्मपर्याय श्रावणाय मञ्जुश्रियं च कुमारभूतं दर्शनायेति ॥

今译：于是，世尊释迦牟尼如来、阿罗汉、正等觉对已涅槃的世尊多宝如来、阿罗汉、正等觉说道："世尊啊，这位妙音菩萨大士想要看到已涅槃的世尊多宝如来、阿罗汉、正等觉。"于是，世尊多宝如来、阿罗汉、正等觉对妙音菩萨大士说道："很好，很好，善男子啊，你来这里看望世尊释迦牟尼如来、阿罗汉、正等觉，听取《妙法莲华》法门，看望文殊师利法王子。"

什译：爾時，釋迦牟尼佛語多寶佛："是妙音菩薩欲得相見。"時多寶佛告妙音言："善哉，善哉！汝能為供養釋迦牟尼佛及聽《法華經》，并見文殊師利等，故來至此。"

अथ खलु पद्मश्रीर्बोधिसत्त्वो महासत्त्वो भगवन्तमेतदवोचत्-- कीदृशं भगवन् गद्गदस्वरेण बोधिसत्त्वेन महासत्त्वेन पूर्वं कुशलमूलमवरोपितम्, कस्य वा तथागतस्यान्तिके? अथ खलु भगवान्शाक्यमुनिस्तथागतो ऽर्हन्सम्यक्संबुद्धः पद्मश्रियं बोधिसत्त्वं महासत्त्वमेतदवोचत्-- भूतपूर्वं कुलपुत्र अतीते ऽध्वनि

असंख्येये कल्पे असंख्येयतरे विपुले अप्रमेये अप्रमाणे यदासीत्। तेन कालेन तेन समयेन मेघदुन्दुभिस्वरराजो नाम तथागतो ऽर्हन्सम्यक्संबुद्धो लोक उदपादि विद्याचरणसंपन्नः सुगतो लोकविदनुत्तरः पुरुषदम्यसारथिः शास्ता देवानां च मनुष्याणां च बुद्धो भगवान्सर्वरूपसंदर्शनायां लोकधातौ प्रियदर्शने कल्पे ।

今译：然后，华德菩萨大士对世尊说道："世尊啊，妙音菩萨大士以前在哪位如来身边种植什么样的善根？"于是，世尊释迦牟尼如来、阿罗汉、正等觉对华德菩萨大士说道："从前，善男子啊，在过去世，比无数更无数的无限无量久远的劫，那时有一位名为云鼓音王的如来、阿罗汉、正等觉、明行足、善逝、世间解、无上士、调御丈夫、天人师、佛世尊出世。世界名为呈现一切色，劫名为喜见。

什译：爾時，華德菩薩白佛言："世尊！是妙音菩薩種何善根，修何功德，有是神力？"佛告華德菩薩："過去有佛，名雲雷音王多陀阿伽度、阿羅訶、三藐三佛陀。國名現一切世間，劫名喜見。

तस्य खलु पुनः कुलपुत्र भगवतो मेघदुन्दुभिस्वरराजस्य तथागतस्यार्हतः सम्यक्संबुद्धस्य गद्गदस्वरेण बोधिसत्त्वेन महासत्त्वेन तूर्यशतसहस्रप्रवादितेन द्वादशवर्षशतसहस्राणि पूजा कृताभूत्। सप्तरत्नमयानां च भाजनानां चतुरशीति-सहस्राणि दत्तान्यभूवन्। तत्र कुलपुत्र मेघदुन्दुभिस्वरराजस्य तथागतस्य प्रवचने गद्गदस्वरेण बोधिसत्त्वेन महासत्त्वेन इयमीदृशी श्रीः प्राप्ता । स्यात्खलु पुनस्ते कुलपुत्र काङ्क्षा वा विमतिर्वा विचिकित्सा वा -- अन्यः स तेन कालेन तेन समयेन गद्गदस्वरो नाम बोधिसत्त्वो महासत्त्वो ऽभूत्, येन सा तस्य भगवतो मेघदुन्दुभिस्वरराजस्य तथागतस्यार्हतः सम्यक्संबुद्धस्य पूजा कृता, तानि चतुरशीतिभाजनसहस्राणि दत्तानि? न खलु पुनस्ते कुलपुत्र एवं द्रष्टव्यम्। तत्कस्य हेतोः? अयमेव स कुलपुत्र गद्गदस्वरो बोधिसत्त्वो महासत्त्वो ऽभूत्, येन सा तस्य भगवतो मेघदुन्दुभिस्वरराजस्य तथागतस्यार्हतः सम्यक्संबुद्धस्य पूजा कृता, तानि चतुरशितिभाजनसहस्राणि दत्तानि । एवं बहुबुद्धपर्युपासितः कुलपुत्र गद्गदस्वरो बोधिसत्त्वो महासत्त्वः बहुबुद्धशतसहस्रावरोपितकुशलमूलः कृतबुद्धपरिकर्मा । दृष्टपूर्वाश्चानेन गद्गदस्वरेण बोधिसत्त्वेन महासत्त्वेन गङ्गानदीवालिकासमा बुद्धा

भगवन्तः। पश्यसि त्वं पद्मश्रीरेतं गद्गदस्वरं बोधिसत्त्वं महासत्त्वम्? पद्मश्रीराह -- पश्यामि भगवन्, पश्यामि सुगत।

今译：“善男子啊，妙音菩萨大士用百千种乐音，侍奉世尊云鼓音王如来、阿罗汉、正等觉一百二十万年，献上八万四千七宝宝瓶。善男子啊，按照云鼓音王如来、阿罗汉、正等觉所说，妙音菩萨大士获得这样的殊胜威力。善男子啊，你是否有怀疑或疑惑，那时名为妙音的菩萨大士是另一人，侍奉这位世尊云鼓音王如来、阿罗汉、正等觉，献上八万四千宝瓶？善男子啊，你不要这样看。为什么？善男子啊，就是这位妙音菩萨大士侍奉世尊云鼓音王如来、阿罗汉、正等觉，献上八万四千宝瓶。善男子，妙音菩萨大士已经侍奉许多佛，在数百千佛处种植善根。妙音菩萨大士以前见过如同恒河沙的佛。华德啊，你看到妙音菩萨大士吗？”华德回答说：“我看到，世尊，我看到，善逝。”

什译：“妙音菩薩於萬二千歲，以十萬種伎樂供養雲雷音王佛，并奉上八萬四千七寶鉢。以是因緣果報，今生淨華宿王智佛國，有是神力。華德！於汝意云何？爾時雲雷音王佛所，妙音菩薩伎樂供養、奉上寶器者，豈異人乎？今此妙音菩薩摩訶薩是。華德！是妙音菩薩已曾供養親近無量諸佛，久殖德本，又值恒河沙等百千萬億那由他佛。

भगवानाह -- एष खलु पुनः पद्मश्रीर्गद्गदस्वरो बोधिसत्त्वो महासत्त्वो बहुभी रूपैरिमं सद्धर्मपुण्डरीकं धर्मपर्यायं देशयति स्म। तद्यथा -- क्वचिद्ब्रह्मरूपेण, क्वचिद्रुद्ररूपेण, क्वचिच्छक्ररूपेण, क्वचिदीश्वररूपेण, क्वचित्सेनापतिरूपेण, क्वचिद्वैश्रवणरूपेण, क्वचिच्चक्रवर्तिरूपेण, क्वचित्कोट्टराजरूपेण, क्वचिच्छ्रेष्ठिरूपेण, क्वचिद्गृहपतिरूपेण, क्वचिन्नैगमरूपेण, क्वचिद्ब्राह्मणरूपेण इमं सद्धर्मपुण्डरीकं धर्मपर्यायं देशयति स्म। क्वचिद्भिक्षुरूपेण, क्वचिद्भिक्षुणीरूपेण, क्वचिदुपासकरूपेण, क्वचिदुपासिकारूपेण क्वचिच्छ्रेष्ठिभार्यारूपेण, क्वचिद्गृहपतिभार्यारूपेण, क्वचिन्नैगमभार्यारूपेण, क्वचिद्दारकरूपेण, क्वचिद्दारिकारूपेण, गद्गदस्वरो बोधिसत्त्वो महासत्त्वः इमं सद्धर्मपुण्डरीकं धर्मपर्यायं सत्त्वानां देशयति स्म। इयद्भिः कुलपुत्र

रूपसंदर्शनैर्गद्गदस्वरो बोधिसत्वो महासत्त्व इमं सद्धर्मपुण्डरीकं धर्मपर्यायं सत्त्वानां देशयति स्म । यावत्केषांचिद्यक्षरूपेण गद्गदस्वरो बोधिसत्त्वो महासत्त्व इमं सद्धर्मपुण्डरीकं धर्मपर्यायं सत्त्वानां देशयति स्म । केषांचित्सुररूपेण, केषांचिद्गरूडरूपेण, केषांचित्किन्नररूपेण, केषांचिन्महोरगरूपेण गद्गदस्वरो बोधिसत्त्वो महासत्त्व इमं सद्धर्मपुण्डरीकं धर्मपर्यायं सत्त्वानां देशयति स्म । यावन्निरयतिर्यग्योनियमलोकाक्षणोपपन्नानामपि सत्त्वानां गद्गदस्वरो बोधिसत्त्वो महासत्त्व इमं सद्धर्मपुण्डरीकं धर्मपर्यायं देशयंस्त्राता भवति । यावदन्तःपुरमध्यगतानामपि सत्त्वानां गद्गदस्वरो बोधिसत्त्वो महासत्त्वः स्त्रीरूपमभिनिर्माय इम सद्धर्मपुण्डरीकं धर्मपर्यायं सत्त्वानां देशयति स्म । अस्यां सहायां लोकधातौ सत्त्वानां धर्मं देशयति स्म ।

今译：世尊说道："华德啊，这位妙音菩萨大士呈现许多形体，宣说这个《妙法莲华》法门。诸如有时梵天身，有时楼陀罗身，有时帝释天身，有时自在天身，有时统帅身，有时毗沙门身，有时转轮王身，有时诸侯身，有时长者身，有时家主身，有时市民身，有时婆罗门身，宣说这个《妙法莲华》法门。有时比丘身，有时比丘尼身，有时优婆塞身，有时优婆夷身，有时长者妻身，有时家主妻身，有时市民妻身，有时童女身，有时童子身，妙音菩萨大士向众生宣说这个《妙法莲华》法门。善男子啊，妙音菩萨大士呈现这些色身向众生宣说这个《妙法莲华》法门。乃至有时药叉身，妙音菩萨大士向众生宣说这个《妙法莲华》法门。有时天神身，有时迦楼罗身，有时紧那罗身，有时大蛇身，妙音菩萨大士向众生宣说这个《妙法莲华》法门。乃至向地狱、畜生、阎摩世界和各种不幸处众生，妙音菩萨大士宣说这个《妙法莲华》法门，成为救护者。乃至有时幻化女人身，妙音菩萨大士向后宫众生宣说这个《妙法莲华》法门。妙音菩萨大士在这个娑婆世界向众生说法。

什译："華德！汝但見妙音菩薩其身在此，而是菩薩現種種身，處處為諸眾生說是經典。或現梵王身，或現帝釋身，或現自在天身，或現大自在天身，或現天大將軍身，或現毗沙門天王身，或現轉輪聖王身，或現諸小王身，或現長者身，或現居士身，或現宰官身，或現婆羅門身，或現比丘、比丘尼、優婆塞、優婆夷身，或現長者居士婦女身，或現宰官婦女身，或現婆羅門婦女身，或現童男、童女身，或現天、龍、夜叉、乾闥婆、阿修羅、迦樓羅、緊那羅、摩睺羅伽、人非人等身，而說是經。諸有地獄、餓鬼、畜生及眾難處，皆能救濟，乃至於王後宮，變為女身，而說是經。

त्राता खल्वपि पद्मश्रीर्गद्गदस्वरो बोधिसत्त्वो महासत्त्वः सहायां लोक-धातावुपपन्नानां सत्त्वानाम्। तस्यां च सहायां लोकधातावेव स गद्गदस्वरो बोधिसत्त्वो महासत्त्व इयद्भी रूपनिमित्तैरिमं सद्धर्मपुण्डरीकं धर्मपर्यायं सत्त्वानां देशयति । न चास्य सत्पुरुषस्य ऋद्धिहानिर्नापि प्रज्ञाहानिः । इयद्भिः कुलपुत्र ज्ञानावभासैर्गद्गदस्वरो बोधिसत्त्वो महासत्त्वो ऽस्यां सहायां लोकधातौ प्रज्ञायते । अन्येषु च गङ्गानदीवालिकासमेषु लोकधातुषु बोधिसत्त्ववैनेयानां सत्त्वानां बोधिसत्त्वरूपेण धर्मं देशयति । श्रावकवैनेयानां सत्त्वानां श्रावकरूपेण धर्मं देशयति । प्रत्येकबुद्धवैनेयानां सत्त्वानां प्रत्येकबुद्धरूपेण धर्मं देशयति । तथागत-वैनेयानां सत्त्वानां तथागतरूपेण धर्मं देशयति । यावत्तथागतधातुवैनेयानां सत्त्वानां तथागतधातुं दर्शयति । यावत्परिनिर्वाणवैनेयानां सत्त्वानां परिनिर्वृत-मात्मानं दर्शयति । एवं ज्ञानबलाधानप्राप्तः खलु पुनः पद्मश्रीर्गद्गदस्वरो बोधिसत्त्वो महासत्त्वः ॥

今译："华德啊，妙音菩萨大士是娑婆世界众生的救护者。妙音菩萨大士在娑婆世界运用这些色身向众生宣说这个《妙法莲华》法门。而这位贤士神通不减损，智慧不减损。善男子啊，妙音菩萨大士以这样的智慧光明闻名娑婆世界。在其他如同恒河沙的世界，他用菩萨身，向受菩萨教化的众生说法。用声闻身向受声闻教化的众生说法。用缘觉身，向受缘觉教化的众生说法。用如来身，向受如来教化的众生说法。乃至向受如来界教化的众生宣说如来界。乃至向受涅槃教化的众生示现自己涅槃。华德啊，妙音菩萨大士确实具有这样的智慧力。"

什译："華德！是妙音菩薩能救護娑婆世界諸眾生者。是妙音菩薩如是種種變化現身，在此娑婆國土為諸眾生說是經典，於神通、變化、智慧無所損減。是菩薩以若干智慧明照娑婆世界，令一切眾生各得所知。於十方恒河沙世界中，亦復如是。若應以聲聞形得度者，現聲聞形而為說法；應以辟支佛形得度者，現辟支佛形而為說法；應以菩薩形得度者，現菩薩形而為說法；應以佛形得度者，即現佛形而為說法。如是種種，隨所應度而為現形，乃至應以滅度而得度者，示現滅度。華德！妙音菩薩摩訶薩成就大神通智慧之力，其事如是。”

अथ खलु पद्मश्रीर्बोधिसत्त्वो महासत्त्वो भगवन्तमेतदवोचत्-- अवरोपितकुशलमूलो ऽयं भगवन् गद्गदस्वरो बोधिसत्त्वो महासत्त्वः । कतम एष भगवन् समाधिर्यस्मिन्समाधाववस्थितेन गद्गदस्वरेण बोधिसत्त्वेन महासत्त्वेन इयन्तः सत्त्वा विनीता इति? एवमुक्ते भगवान्शाक्यमुनिस्तथागतो ऽर्हन्सम्यक्संबुद्धः पद्मश्रियं बोधिसत्त्वं महासत्त्वमेतदवोचत्-- एष हि कुलपुत्र सर्वरूपसंदर्शनो नाम समाधिः । अस्मिन्समाधाववस्थितेन गद्गदस्वरेण बोधिसत्त्वेन महासत्त्वेन एवमप्रमेयः सत्त्वार्थः कृतः ॥

今译：然后，华德菩萨大士对世尊说道：“世尊啊，这位妙音菩萨大士种植善根。世尊啊，他依靠哪种三昧，教化这样多众生？”这样说罢，世尊释迦牟尼如来、阿罗汉、正等觉对华德菩萨大士说道：“善男子啊，这是名为呈现一切色的三昧。依靠这种三昧，妙音菩萨大士造福无量众生。”

什译：爾時，華德菩薩白佛言：“世尊！是妙音菩薩深種善根。世尊！是菩薩住何三昧，而能如是在所變現，度脫眾生？”佛告華德菩薩：“善男子！其三昧名現一切色身。妙音菩薩住是三昧中，能如是饒益無量眾生。”

अस्मिन्खलु पुनर्गद्गदस्वरपरिवर्ते निर्दिश्यमाने यानि गद्गदस्वरेण बोधिसत्त्वेन महासत्त्वेन सार्धं चतुरशीतिबोधिसत्त्वकोटीनयुतशतसहस्राणि इमां सहां लोकधातुमागतानि, सर्वेषां तेषां सर्वरूपसंदर्शनस्य समाधेः प्रतिलम्भो ऽभूत्। अस्यां च

सहायां लोकधातौ गणनासमतिक्रान्तानां बोधिसत्त्वानां महासत्त्वानां येषां सर्वरूपसंदर्शनस्य समाधेः प्रतिलम्भो ऽभूत्॥

今译：在宣说这个《妙音菩萨品》时，与妙音菩萨大士一起来到这个娑婆世界的八十四百千千万那由他菩萨全都获得呈现一切色三昧。这个娑婆世界的无数菩萨大士也获得呈现一切色三昧。

什译：說是《妙音菩薩品》時，與妙音菩薩俱來者八萬四千人，皆得現一切色身三昧。此娑婆世界無量菩薩亦得是三昧及陀羅尼。

अथ खलु गद्गदस्वरो बोधिसत्त्वो महासत्त्वो भगवतः शाक्यमुनेस्तथागतस्यार्हतः सम्यक्संबुद्धस्य तस्य च भगवतः प्रभूतरत्नस्य तथागतस्यार्हतः सम्यक्संबुद्धस्य धातुस्तूपे विपुलां विस्तीर्णां पूजां कृत्वा पुनरपि सप्तरत्नमये कूटागारे ऽभिरुह्य प्रकम्पद्भिः क्षेत्रैः प्रवर्षद्भिः पद्मैः प्रवाद्यमानैस्तूर्यकोटीनयुतशतसहस्रैः सार्धं तैश्चतुरशीतिबोधिसत्त्वकोटीनयुतशतसहस्रैः परिवृतः पुरस्कृतः पुनरपि स्वं बुद्धक्षेत्रमभिगतः । समभिगम्य च तं भगवन्तं कमलदलविमलनक्षत्रराजसंकुसुमिताभिज्ञं तथागतमर्हन्तं सम्यक्संबुद्धमेतदवोचत्-- कृतो मे भगवन्सहायां लोकधातौ सत्त्वार्थः । तस्य च भगवतः प्रभूतरत्नस्य तथागतस्यार्हतः सम्यक्संबुद्धस्य धातुस्तूपो दृष्टः वन्दितश्च । स च भगवान् शाक्यमुनिस्तथागतो दृष्टो वन्दितश्च । स च मञ्जुश्रीः कुमारभूतो दृष्टः । स च भैषज्यराजो बोधिसत्त्वो महासत्त्वो वीर्यबलवेगप्राप्तः, स च प्रदानशूरो बोधिसत्त्वो महासत्त्वो दृष्टः । सर्वेषां च तेषां चतुरशीतिबोधिसत्त्वकोटीनयुतशतसहस्राणां सर्वरूपसंदर्शनस्य समाधेः प्रतिलम्भो ऽभूत्॥

今译：妙音菩萨大士完成对世尊释迦牟尼如来、阿罗汉、正等觉和舍利塔中的世尊多宝如来、阿罗汉、正等觉的侍奉后，又登上七宝楼台，所有国土震动，普降莲花雨，百千千万那由他乐器奏响，在八十四百千千万那由他菩萨恭敬围绕下，返回自己的佛土。到了那里，对世尊莲花瓣明净星宿王开花神通如来、阿罗汉、正等觉说道：“世尊啊，我已为娑婆世界众生造福。我见到和敬拜世尊多宝如来、阿罗汉、正等觉的舍利塔，见到和敬拜世尊释迦牟尼如来，见到文殊师利法王子，见到具有勇猛精进力的药王菩萨大士，见到勇施菩萨大士。所有八十四百千千万那由他菩萨获得呈现一切色三昧。”

什译：爾時，妙音菩薩摩訶薩供養釋迦牟尼佛及多寶佛塔已，還歸本土。所經諸國六種震動，雨寶蓮華，作百千萬億種種伎樂。既到本國，與八萬四千菩薩圍繞，至淨華宿王智佛所，白佛言：“世尊！我到娑婆世界饒益眾生，見釋迦牟尼佛，及見多寶佛塔，禮拜供養。又見文殊師利法王子菩薩，及見藥王菩薩、得勤精進力菩薩[1]、勇施菩薩等，亦令是八萬四千菩薩得現一切色身三昧。”

अस्मिन्खलु पुनर्गद्गदस्वरस्य बोधिसत्त्वस्य महासत्त्वस्य गमनागमनपरिवर्ते भाष्यमाणे द्वाचत्वारिंशतां बोधिसत्त्वसहस्राणामनुत्पत्तिकधर्मक्षान्तिप्रतिलम्भो ऽभूत्। पद्मश्रियश्च बोधिसत्त्वस्य महासत्त्वस्य सद्धर्मपुण्डरीकस्य समाधेः प्रतिलम्भो ऽभूत्॥

今译：在宣说《妙音菩萨大士往来品》时，四万二千菩萨获得无生法忍，华德菩萨大士获得妙法莲华三昧。

什译：說是《妙音菩薩來往品》時，四萬二千天子得無生法忍，華德菩薩得法華三昧。

इति श्रीसद्धर्मपुण्डरीके धर्मपर्याये गद्गदस्वरपरिवर्तो नाम त्रयोविंशतिमः ॥

今译：以上是神圣《妙法莲华》法门中名为《妙音菩萨品》的第二十三品。

① 此处“得勤精进力菩萨”的原词是 vīryabalavegaprāpta（“具有勇猛精进力的”），应该是药王菩萨的形容词。

२४ समन्तमुखपरिवर्तः ।

今译：第二十四 普门品[①]

什译：觀世音菩薩普門品第二十五

अथ खलु अक्षयमतिर्बोधिसत्त्वो महासत्त्व उत्थायासनादेकांसमुत्तरासङ्गं कृत्वा दक्षिणं जानुमण्डलं पृथिव्यां प्रतिष्ठाप्य येन भगवांस्तेनाञ्जलिं प्रणाम्य भगवन्तमेतदवोचत्-- केन कारणेन भगवनवलोकितेश्वरो बोधिसत्त्वो महासत्त्वो ऽवलोकितेश्वर इत्युच्यते?

今译：然后，无尽意菩萨大士从座位起身，偏袒右肩，右膝着地，向世尊合掌行礼，对世尊说道："世尊啊，为何观自在菩萨大士被称为观自在？"

什译：爾時，無盡意菩薩即從座起，偏袒右肩，合掌向佛，而作是言："世尊！觀世音菩薩以何因緣名觀世音？"

एवमुक्ते भगवानक्षयमतिं बोधिसत्त्वं महासत्त्वमेतदवोचत्-- इह कुलपुत्र यावन्ति सत्त्वकोटीनयुतशतसहस्राणि यानि दुःखानि प्रत्यनुभवन्ति, तानि सचेदवलोकितेश्वरस्य बोधिसत्त्वस्य महासत्त्वस्य नामधेयं श‍ृणुयुः, ते सर्वे तस्माद्दुःखस्कन्धाद् परिमुच्येरन्। ये च कुलपुत्र सत्त्वा अवलोकितेश्वरस्य बोधिसत्त्वस्य महासत्त्वस्य नामधेयं धारयिष्यन्ति, सचेत्ते महत्यग्निस्कन्धे प्रपतेयुः, सर्वे ते अवलोकितेश्वरस्य बोधिसत्त्वस्य महासत्त्वस्य तेजसा तस्मान्महतो

---

① 这个品名"普门"的原词是 samantamukha。其中，samanta 的词义为普遍，或遍及一切。mukha 的词义为嘴、脸、入口处、通道或门，在佛经中也指"法门"（dharmamukha）。故而，"普门"的词义为遍及一切的法门。

ऽग्निस्कन्धात्परिमुच्येरन्। सचेत्पुनः कुलपुत्र सत्त्वा नदीभिरुह्यमाना अवलोकितेश्वरस्य बोधिसत्त्वस्य महासत्त्वस्याक्रन्दं कुर्युः, सर्वास्ता नद्यस्तेषां सत्त्वानां गाधं दद्युः । सचेत्पुनः कुलपुत्र सागरमध्ये वहनाभिरूढानां सत्त्वकोटीनयुतशतसहस्राणां हिरण्यसुवर्णमणिमुक्तावज्रवैडूर्यशङ्खशिलाप्रवालाश्मगर्भमुसारगल्वलोहितमुक्तादीनां कृतनिधीनां स पोतस्तेषां कालिकावातेन राक्षसीद्वीपे क्षिप्तः स्यात्, तस्मिंश्च कश्चिदेवैकः सत्त्वः स्यात्यो ऽवलोकितेश्वरस्य बोधिसत्त्वस्य महासत्त्वस्याक्रन्दं कुर्यात्, सर्वे ते परिमुच्येरंस्तस्माद्राक्षसीद्वीपात्। अनेन खलु पुनः कुलपुत्र कारणेन अवलोकितेश्वरो बोधिसत्त्वो महासत्त्वो ऽवलोकितेश्वर इति संज्ञायते ॥

今译：这样说罢，世尊对无尽意菩萨大士说道："善男子啊，在这世上，百千千万那由他众生遭遇痛苦，如果闻听观自在菩萨大士的名号，他们就能摆脱痛苦。善男子啊，众生记取观自在菩萨大士的名号，如果陷入大火，他们就会凭借观自在菩萨大士的威力，摆脱大火。善男子啊，众生如果漂浮河中，只要呼喊观自在菩萨大士，他们就会到达水浅处。善男子啊，如果百千千万那由他众生追求金钱、金银、摩尼珠、金刚石、琉璃、贝壳、宝石、珊瑚、玛瑙、翡翠、赤珠和珍珠等财宝，在海上航行，船舶被狂风吹到罗刹岛，在那里，某个众生呼喊观自在菩萨大士，他们就全都会脱离罗刹岛。因此，善男子啊，观自在菩萨大士被称为观自在。

什译：佛告無盡意菩薩："善男子！若有無量百千萬億眾生受諸苦惱，聞是觀世音菩薩，一心稱名，觀世音菩薩即時觀其音聲，皆得解脫。若有持是觀世音菩薩名者，設入大火，火不能燒，由是菩薩威神力故。若為大水所漂，稱其名號，即得淺處。若有百千萬億眾生，為求金銀、琉璃、車渠、馬瑙、珊瑚、琥珀、真珠等寶，入於大海，假使黑風吹其船舫，飄墮羅剎鬼國，其中若有乃至一人，稱觀世音菩薩名者，是諸人等皆得解脫羅剎之難。以是因緣，名觀世音。

सचेत्कुलपुत्र कश्चिदेव वध्योत्सृष्टो ऽवलोकितेश्वरस्य बोधिसत्त्वस्य महा-

सत्त्वस्याक्रन्दं कुर्यात्, तानि तेषां वध्यघातकानां शस्त्राणि विकीर्येरन्। सचेत्खलु पुनः कुलपुत्र अयं त्रिसाहस्रमहासाहस्रो लोकधातुर्यक्षराक्षसैः परिपूर्णो भवेत्, तेऽवलोकितेश्वरस्य महासत्त्वस्य नामधेयग्रहणेन दुष्टचित्ता द्रष्टुमप्यशक्ताः स्युः । सचेत्खलु पुनः कुलपुत्र कश्चिदेव सत्त्वो दार्वायस्मयैर्हडिनिगडबन्धनैर्बद्धो भवेत्, अपराध्यनपराधी वा, तस्यावलोकितेश्वरस्य बोधिसत्त्वस्य महासत्त्वस्य नामधेय-ग्रहणेन क्षिप्रं तानि हडिनिगडबन्धनानि विवरमनुप्रयच्छन्ति । ईदृशः कुलपुत्र अवलोकितेश्वरस्य बोधिसत्त्वस्य महासत्त्वस्य प्रभावः ॥

今译：“善男子啊，如果有人就要被杀，只要呼喊观自在菩萨大士，杀人者的刀杖就会断裂。善男子啊，如果这三千大千世界布满药叉和罗刹，只要记取观自在菩萨大士的名号，心思狠毒的凶神恶煞就看不见他。善男子啊，如果有人身系木枷铁镣，有罪或无罪，只要记取观自在菩萨大士的名号，就能迅速摆脱木枷铁镣。善男子啊，观自在菩萨大士有这样的威力。

什译：“若復有人臨當被害，稱觀世音菩薩名者，彼所執刀杖尋段段壞[1]，而得解脫。若三千大千國土，滿中夜叉、羅刹，欲來惱人，聞其稱觀世音菩薩名者，是諸惡鬼尚不能以惡眼視之，況復加害。設復有人，若有罪，若無罪，杻械枷鎖檢繫其身，稱觀世音菩薩名者，皆悉斷壞，即得解脫。

सचेत्कुलपुत्र अयं त्रिसाहस्रमहासाहस्रो लोकधातुर्धूर्तैरमित्रैश्चौरैश्च शस्त्र-पाणिभिः परिपूर्णो भवेत्, तस्मिंश्चैकः सार्थवाहो महान्तं सार्थं रत्नाढ्यमनर्घ्यं गृहीत्वा गच्छेत्। ते गच्छन्तस्तांश्चौरान्धूर्तान् शत्रूंश्च शस्त्रहस्तान्पश्येयुः । दृष्ट्वा च पुनर्भीतास्त्रस्ता अशरणमात्मानं संजानीयुः । स च सार्थवाहस्तं सार्थमेवं ब्रूयात्-- मा भैष्ट कुलपुत्राः, मा भैष्ट, अभयंददमवलोकितेश्वरं बोधिसत्त्वं महासत्त्वमेकस्वरेण सर्वे समाक्रन्दध्वम्। ततो यूयमस्माच्चौरभयादमित्रभयात्क्षिप्रमेव परिमोक्ष्यध्वे । अथ खलु सर्व एव स सार्थः एकस्वरेण अवलोकितेश्वरमाक्रन्देत्-- नमो नमस्तस्मै

---

① “寻段段坏”意谓迅即破碎。

अभयंददायावलोकितेश्वराय बोधिसत्त्वाय महासत्त्वायेति । सहनामग्रहणेनैव स सार्थः सर्वभयेभ्यः परिमुक्तो भवेत्। ईदृशः कुलपुत्र अवलोकितेश्वरस्य बोधि-सत्त्वस्य महासत्त्वस्य प्रभावः ॥

今译："善男子啊，如果这三千大千世界布满歹徒恶贼，手持刀杖，有一位商主带着装载大量无价珍宝的商队前进，途中遇见手持刀杖的盗匪。看到后，众人惊恐不安，感到无处藏身。于是，商主对商队说：'别害怕，诸位善男子啊，别害怕。你们同声呼喊赐予无畏的观自在菩萨大士吧！这样，你们就能迅速摆脱对盗匪的恐惧。'于是，商队同声呼喊观自在：'向赐予无畏的观自在菩萨大士致敬！致敬！'随着呼喊名号，这支商队摆脱一切恐惧。善男子啊，观自在菩萨大士有这样的威力。

什译："若三千大千國土，滿中怨賊，有一商主，將諸商人，齎持重寶，經過嶮路。其中一人作是唱言：'諸善男子！勿得恐怖，汝等應當一心稱觀世音菩薩名號。是菩薩能以無畏施於眾生。汝等若稱名者，於此怨賊當得解脫。'眾商人聞，俱發聲言：'南無觀世音菩薩。'稱其名故，即得解脫。無盡意！觀世音菩薩摩訶薩威神之力巍巍如是。

ये कुलपुत्र रागचरिताः सत्त्वाः, ते ऽवलोकितेश्वरस्य बोधिसत्त्वस्य महासत्त्वस्य नमस्कारं कृत्वा विगतरागा भवन्ति । ये द्वेषचरिताः सत्त्वाः, ते ऽवलोकितेश्वरस्य बोधिसत्त्वस्य महासत्त्वस्य नमस्कारं कृत्वा विगतद्वेषा भवन्ति । ये मोहचरिताः सत्त्वाः, ते ऽवलोकितेश्वरस्य बोधिसत्त्वस्य महासत्त्वस्य नमस्कारं कृत्वा विगतमोहा भवन्ति । एवं महर्द्धिकः कुलपुत्र अवलोकितेश्वरो बोधिसत्त्वो महासत्त्वः ॥

今译："善男子啊，那些充满贪欲的众生，礼敬观自在菩萨大士，就会摆脱贪欲。那些充满瞋怒的众生，礼敬观自在菩萨大士，就会摆脱瞋怒。那些充满愚痴的众生，礼敬观自在菩萨大士，就会摆脱愚痴。善男子啊，观自在菩萨大士有这样的大神通。

什译："若有眾生多於婬欲，常念恭敬觀世音菩薩，便得離欲。若多瞋恚，常念恭敬觀世音菩薩，便得離瞋。若多愚癡，常念恭敬觀世音菩薩，便得離癡。無盡意！觀世音菩薩有如是等大威神力，多所饒益，是故眾生常應心念。

यश्च कुलपुत्र अवलोकितेश्वरस्य बोधिसत्त्वस्य महासत्त्वस्य पुत्रकामो मातृग्रामो नमस्कारं करोति, तस्य पुत्रः प्रजायते अभिरूपः प्रासादिको दर्शनीयः । पुत्रलक्षणसमन्वागतो बहुजनप्रियो मनापो ऽवरोपितकुशलमूलश्च भवति । यो दारिकामभिनन्दति, तस्य दारिका प्रजायते अभिरूपा प्रासादिका दर्शनीया परमया शुभवर्णपुष्करतया समन्वागता दारिका -- लक्षणसमन्वागता बहुजनप्रिया मनापा अवरोपितकुशलभूला च भवति । ईदृशः कुलपुत्र अवलोकितेश्वरस्य बोधिसत्त्वस्य महासत्त्वस्य प्रभावः ॥

今译："善男子啊，女人想生儿子，礼敬观自在菩萨大士，就会生儿子，容貌端正美观，具有儿子相，人见人爱，前世已种植善根。女人喜欢女儿，礼敬观自在菩萨大士，就会生女儿，容貌端正美观，具有种种第一美色，具有女儿相，人见人爱，前世已种植善根。善男子啊，观自在菩萨大士有这样的威力。

什译："若有女人，設欲求男，禮拜供養觀世音菩薩，便生福德智慧之男；設欲求女，便生端正有相之女，宿殖德本，眾人愛敬。無盡意！觀世音菩薩有如是力。

ये च कुलपुत्र अवलोकितेश्वरस्य बोधिसत्त्वस्य महासत्त्वस्य नमस्कारं करिष्यन्ति, नामधेयं च धारयिष्यन्ति, तेषाममोघफलं भवति । यश्च कुलपुत्र अवलोकितेश्वरस्य बोधिसत्त्वस्य महासत्त्वस्य नमस्कारं करिष्यति, नामधेयं च धारयिष्यति, यश्च द्वाषष्टीनां गङ्गानदीवालिकासमानां बुद्धानां भगवतां नमस्कारं कुर्यात्, नामधेयानि च धारयेत्, यश्च तावतामेव बुद्धानां भगवतां तिष्ठतां ध्रियतां यापयतां चीवरपिण्डपातशयनासनग्लानप्रत्ययभैषज्यपरिष्कारैः पूजां कुर्यात्, तत्किं मन्यसे कुलपुत्र कियन्तं स कुलपुत्रो वा कुलदुहिता वा ततोनिदानं

पुण्याभिसंस्कारं प्रसवेत्?

今译："善男子啊，凡是礼敬观自在菩萨大士，记取名号，都会如愿以偿。善男子啊，有人礼敬观自在菩萨大士，记取名号。有人礼敬如同六十二恒河沙的佛世尊，记取名号，以衣服、饭团、饮食、床座、治病药物和日用品供养那些在世生活度日的佛世尊。善男子啊，你认为怎样？这善男子或善女人由此因缘产生多少功德？"

什译："若有眾生，恭敬禮拜觀世音菩薩，福不唐捐[①]，是故眾生皆應受持觀世音菩薩名號。無盡意！若有人受持六十二億恒河沙菩薩名字，復盡形供養飲食、衣服、臥具、醫藥。於汝意云何？是善男子、善女人功德多不？"

एवमुक्ते अक्षयमतिर्बोधिसत्त्वो महासत्त्वो भगवन्तमेतदवोचत्-- बहु भगवन्, बहु सुगत स कुलपुत्रो वा कुलदुहिता वा ततोनिदानं बहुं पुण्याभिसंस्कारं प्रसवेत्। भगवानाह -- यश्च कुलपुत्र तावतां बुद्धानां भगवतां सत्कारं कृत्वा पुण्याभिसंस्कारः, यश्च अवलोकितेश्वरस्य बोधिसत्त्वस्य महासत्त्वस्य अन्तश एकमपि नमस्कारं कुर्यान्नामधेयं च धारयेत्, समो ऽनधिको ऽनतिरेकः पुण्याभिसंस्कारः उभयतो भवेत्। यश्च तेषां द्वाषष्टीनां गङ्गानदीवालिकासमानां बुद्धानां भगवतां सत्कारं कुर्यान्नामधेयानि च धारयेत्, यश्च अवलोकितेश्वरस्य बोधिसत्त्वस्य महासत्त्वस्य नमस्कारं कुर्यान्नामधेयं च धारयेत्, एतावुभौ पुण्यस्कन्धौ न सुकरौ क्षपयितुं कल्पकोटीनयुतशतसहस्रैरपि । एवमप्रमेयं कुलपुत्र अवलोकितेश्वरस्य बोधिसत्त्वस्य महासत्त्वस्य नामधारणात्पुण्यम्॥

今译：这样说罢，无尽意菩萨大士说道："很多，世尊，很多，善逝。这善男子或善女人由此因缘产生很多功德。"世尊说道："善男子啊，供养这些佛世尊产生功德，甚至礼敬一次观自在菩萨大士，记取名号，产生功德，这两者的功德相等无异，不多不少。供养如同六十二恒河沙的佛世尊，记取名号，礼敬观自在菩萨大士，记取名号，

① "唐捐"意谓落空。

这两者的功德百千千万那由他劫也不可穷尽。善男子啊，受持观自在菩萨大士名号的功德无穷尽。"

什译：無盡意言："甚多，世尊！"佛言："若復有人受持觀世音菩薩名號，乃至一時禮拜供養，是二人福，正等無異，於百千萬億劫不可窮盡。無盡意！受持觀世音菩薩名號，得如是無量無邊福德之利。"

अथ खल्वक्षयमतिर्बोधिसत्त्वो महासत्त्वो भगवन्तमेतदवोचत्-- कथं भगवनवलोकितेश्वरो बोधिसत्त्वो महासत्त्वो ऽस्यां सहायां लोकधातौ प्रविचरति? कथं सत्त्वानां धर्मं देशयति? कीदृशश्चावलोकितेश्वरस्य बोधिसत्त्वस्य महा-सत्त्वस्योपायकौशल्यविषयः?

今译：然后，无尽意菩萨大士对世尊说道："世尊啊，观自在菩萨大士如何在这个娑婆世界漫游？如何向众生说法？观自在菩萨大士的方便善巧如何？"

什译：無盡意菩薩白佛言："世尊！觀世音菩薩云何遊此娑婆世界？云何而為眾生說法？方便之力，其事云何？"

एवमुक्ते भगवानक्षयमतिं बोधिसत्त्वं महासत्त्वमेतदवोचत्-- सन्ति कुलपुत्र लोकधातवः येष्ववलोकितेश्वरो बोधिसत्त्वो महासत्त्वो बुद्धरूपेण सत्त्वानां धर्मं देशयति । सन्ति लोकधातवः, येष्ववलोकितेश्वरो बोधिसत्त्वो महासत्त्वो बोधिसत्त्वरूपेण सत्त्वानां धर्मं देशयति । केषांचित्प्रत्येकबुद्धरूपेण अवलोकितेश्वरो बोधिसत्त्वो महासत्त्वः सत्त्वानां धर्मं देशयति । केषांचिच्छ्रावकरूपेण अवलोकितेश्वरो बोधिसत्त्वो महासत्त्वः सत्त्वानां धर्मं देशयति । केषांचिद्ब्रह्म-रूपेणावलोकितेश्वरो बोधिसत्त्वो महासत्त्वः सत्त्वानां धर्मं देशयति । केषांचि-च्छक्ररूपेणावलोकितेश्वरो बोधिसत्त्वो महासत्त्वः धर्मं देशयति । केषांचिद्गन्धर्व-रूपेणावलोकितेश्वरो बोधिसत्त्वो महासत्त्वः सत्त्वानां धर्मं देशयति । यक्षवैनेयानां सत्त्वानां यक्षरूपेण धर्मं देशयति । ईश्वरवैनेयानां सत्त्वानामीश्वररूपेण, महेश्वर-वैनेयानां सत्त्वानां महेश्वररूपेण धर्मं देशयति । चक्रवर्तिराजवैनेयानां सत्त्वानां

चक्रवर्तिराजरूपेण धर्मं देशयति । पिशाचवैनेयानां सत्त्वानां पिशाचरूपेण धर्मं देशयति । वैश्रवणवैनेयानां सत्त्वानां वैश्रवणरूपेण धर्मं देशयति । सेनापति-वैनेयानां सत्त्वानां सेनापतिरूपेण धर्मं देशयति । ब्राह्मणवैनेयानां सत्त्वानां ब्राह्मणरूपेण धर्मं देशयति । वज्रपाणिवैनेयानां सत्त्वानां वज्रपाणिरूपेण धर्मं देशयति । एवमचिन्त्यगुणसमन्वागतः कुलपुत्र अवलोकितेश्वरो बोधिसत्त्वो महासत्त्वः । तस्मात्तर्हि कुलपुत्र अवलोकितेश्वरं बोधिसत्त्वं महासत्त्वं पूजयध्वम् । एष कुलपुत्र अवलोकितेश्वरो बोधिसत्त्वो महासत्त्वो भीतानां सत्त्वानामभयं ददाति । अनेन कारणेन अभयंदद इति संज्ञायते इह सहायां लोकधातौ ॥

今译：这样说罢，世尊对无尽意菩萨大士说道："善男子啊，在一些世界，观自在菩萨大士以佛身向众生说法。在一些世界，观自在菩萨大士以菩萨身向众生说法。在一些世界，观自在菩萨大士以缘觉身向众生说法。在一些世界，观自在菩萨大士以声闻身向众生说法。在一些世界，观自在菩萨大士以梵天身向众生说法。在一些世界，观自在菩萨大士以帝释天身向众生说法。在一些世界，观自在菩萨大士以健达缚身向众生说法。以药叉身向受药叉教化的众生说法。以自在天身向受自在天教化的众生说法，以大自在天身向受大自在天教化的众生说法。以转轮王身向受转轮王教化的众生说法。以毕舍遮身向受毕舍遮教化的众生说法。以毗沙门王身向受毗沙门王教化的众生说法。以统帅身向受统帅教化的众生说法。以婆罗门身向受婆罗门教化的众生说法。以金刚手身向受金刚手教化的众生说法。因此，善男子啊，观自在菩萨大士具有这样不可思议的功德。你们要侍奉观自在菩萨大士。善男子啊，这位观自在菩萨大士赐予恐惧的众生无畏。因此，他在娑婆世界被称为赐予无畏者。"

什译：佛告無盡意菩薩："善男子！若有國土眾生，應以佛身得度者，觀世音菩薩即現佛身而為說法；應以辟支佛身得度者，即現辟支佛身而為說法；應以聲聞身得度者，即現聲聞身而為說法；應以梵王身得度者，即現梵王身而為說法；應以帝釋身得度者，即現帝釋身而為說法；應以自在天身得度者，即現自在天身而為說法；應以大自在天身得度者，即現大自在天身而為說法；應以天大將軍身得度者，即現天大將軍身而為說法；應以毗沙門身得度者，即現毗沙門身而為說法；應以小王身得度者，即現小王身而為說法；應以長者身得度者，即現長者身而為說法；應以居士身得度者，即現居士身而為說法；應以宰官身得度者，即現宰官身而為說法；應以婆羅門身得度者，即現婆羅門身而為說法；應以比丘、比丘尼、優婆塞、優婆夷身得度者，即現比丘、比丘尼、優婆塞、優婆夷身而為說法；應以長者、居士、宰官、婆羅門婦女身得度者，即現婦女身而為說法；應以童男、童女身得度者，即現童男、童女身而為說法；應以天、龍、夜叉、乾闥婆、阿修羅、迦樓羅、緊那羅、摩睺羅伽、人非人等身得度者，即皆現之而為說法；應以執金剛神[①]得度者，即現執金剛神而為說法。無盡意！是觀世音菩薩成就如是功德，以種種形遊諸國土，度脫眾生。是故，汝等應當一心供養觀世音菩薩。是觀世音菩薩摩訶薩，於怖畏急難之中能施無畏。是故，此娑婆世界皆號之為施無畏者。”[②]

अथ खल्वक्षयमतिर्बोधिसत्त्वो महासत्त्वो भगवन्तमेतदवोचत्-- दास्यामो वयं भगवनवलोकितेश्वराय बोधिसत्त्वाय महासत्त्वाय धर्मप्राभृतं धर्माच्छादम्। भगवानाह-- यस्येदानीं कुलपुत्र कालं मन्यसे । अथ खल्वक्षयमतिर्बोधिसत्त्वो महासत्त्वः स्वकण्ठादवतार्य शतसहस्रमूल्यं मुक्ताहारमवलोकितेश्वराय बोधिसत्त्वाय महासत्त्वाय धर्माच्छादमनुप्रयच्छति स्म -- प्रतीच्छ सत्पुरुष इमं धर्माच्छादं ममान्तिकात्। स न प्रतीच्छति स्म । अथ खल्वक्षयमतिर्बोधिसत्त्वो महासत्त्वो ऽवलोकितेश्वरं बोधिसत्त्वं महासत्त्वमेतदवोचत्-- प्रतिगृहाण त्वं कुलपुत्र इमं मुक्ताहारमस्माकमनुकम्पामुपादाय । अथ खल्ववलोकितेश्वरो बोधिसत्त्वो महासत्त्वो ऽक्षयमतेर्बोधिसत्त्वस्य महासत्त्वस्यान्तिकात्तं मुक्ताहारं प्रतिगृह्णाति स्म अक्षयमतेर्बोधिसत्त्वस्य महसत्त्वस्यानुकम्पामुपादाय, तासां च चतसृणां पर्षदां तेषां च देवनागयक्षगन्धर्वासुरगरूडकिन्नरमहोरगमनुष्यामनुष्याणामनुकम्पामुपादाय ।

① 此处“神”字，据《中华大藏经》校勘记，《丽》作“身”。

② 什译这一段对观自在菩萨化身说法的描述，用词与前面对妙音菩萨化身说法的描述类似。而其中有些化身，见于前面的妙音菩萨，不见于此处原文。

प्रतिगृह्य च द्वौ प्रत्यंशौ कृतवान्। कृत्वा चैकं प्रत्यंशं भगवते शाक्यमुनये ददाति स्म, द्वितीयं प्रत्यंशं भगवतः प्रभूतरत्नस्य तथागतस्यार्हतः सम्यक्संबुद्धस्य रत्नस्तूपे समुपनामयायास । ईदृश्या कुलपुत्र विकुर्वया अवलोकितेश्वरो बोधिसत्त्वो महासत्त्वो ऽस्यां सहायां लोकधातावनुविचरति ॥

今译：然后，无尽意菩萨大士对世尊说道："世尊啊，我们要给观自在菩萨大士法供养，法礼物。"世尊说道："善男子啊，你认为现在是时机，就给吧。"于是，无尽意菩萨大士从自己脖颈取下价值十万的珍珠项链，作为法礼物，献给观自在菩萨大士："贤士啊，请接受我给你的这个法礼物。"而他不接受。于是，无尽意菩萨大士对观自在菩萨大士说道："善男子啊，请垂怜我们，接受这个珍珠项链吧！"然后，观自在菩萨大士垂怜无尽意菩萨大士，垂怜这些四众和这些天神、蛇、药叉、健达缚、阿修罗、迦楼罗、紧那罗、大蛇、人和非人，接受无尽意菩萨大士献给他的这个珍珠项链。接受后，他将这个珍珠项链分成两份，一份献给世尊释迦牟尼，一份献给宝塔中的世尊多宝如来、阿罗汉、正等觉。"善男子啊，观自在菩萨大士漫游娑婆世界，有这样的神通。"

什译：無盡意菩薩白佛言："世尊！我今當供養觀世音菩薩。"即解頸眾寶珠瓔珞，價直百千兩金，而以與之，作是言："仁者！受此法施珍寶瓔珞。"時觀世音菩薩不肯受之。無盡意復白觀世音菩薩言："仁者！愍我等故，受此瓔珞。"爾時，佛告觀世音菩薩："當愍此無盡意菩薩及四眾，天、龍、夜叉、乾闥婆、阿修羅、迦樓羅、緊那羅、摩睺羅伽、人非人等故，受是瓔珞。"即時，觀世音菩薩愍諸四眾，及於天、龍、人非人等，受其瓔珞，分作二分，一分奉釋迦牟尼佛，一分奉多寶佛塔。"無盡意，觀世音菩薩有如是自在神力，遊於娑婆世界。"

अथ खलु भगवांस्तस्यां वेलायामिमा गाथा अभाषत --

今译：这时，世尊又用这些偈颂说道：①

什译：爾時，無盡意菩薩以偈問曰：

चित्रध्वज अक्षयोमती एतमर्थं परिपृच्छि कारणात्।
केना जिनपुत्र हेतुना उच्यते हि अवलोकितेश्वरः ॥ १ ॥

今译：妙幢无尽意菩萨
询问这事的原因：
“为什么这位佛子
他被称为观自在？”②（1）

什译：世尊妙相具，我今重問彼③，
佛子何因緣，名為觀世音？

अथ स दिशता विलोकिया प्रणिधीसागरु अक्षयोमति ।
चित्रध्वजो ऽध्यभाषत शृणु चर्यामवलोकितेश्वरे ॥ २ ॥

今译：世尊对妙幢无尽意
说道：他眼观十方，
誓愿深广如同大海，
请听观自在的所行。④（2）

什译：具足妙相尊，偈答無盡意：
汝聽觀音行，善應諸方所，⑤

① 以下偈颂部分，据《开元释教录》记载，什译缺，后由阇那崛多译出补入。因此，下面标注的“什译”只是名义上的。

② 这颂中的“妙幢”（citradhvaja）一词，什译“妙相”。按什译，此词用作世尊的形容词，也可理解为世尊的称号。但似乎在别处，未见世尊有这样的形容词或称号。同时，按照前面的叙事，发问者是无尽意菩萨。故而，在这里将妙幢译为无尽意菩萨的称号。此处原文中的 citradhvaja 和 akṣayomatī，在混合梵语中，均可读为体格。

③ 此处“彼”与下面句首的“佛子”连读，即“彼佛子”，指观自在菩萨。

④ 这颂中的 akṣayomati 和 citradhvajo，在混合梵语中，可读为业格或呼格。

⑤ “善应诸方所”意谓照应十方，对应的原文是“眼观十方”。

弘誓深如海。

कल्पशत नेककोट्यचिन्तिया बहुबुद्धान सहस्रकोटिभिः ।
प्रणिधान यथा विशोधितं स्तथ शृण्वाहि मम प्रदेशतः ॥ ३ ॥

今译：不可思议千万劫，
他侍奉千千万佛，
怀抱清净的誓愿，
请听我简要讲述。（3）

什译：歷劫不思議，侍多千億佛，
發大清淨願，我為汝略說：

श्रवणो अथ दर्शनो ऽपि च अनुपूर्वं च तथा अनुस्मृतिः ।
भवतीह अमोघ प्राणिनां सर्वदुःखभवशोकनाशकः ॥ ४ ॥

今译：闻听他，看见他，
听后见后忆念他，
众生愿望不落空，
灭除一切生死苦。（4）

什译：聞名及見身，心念不空過，
能滅諸有苦。

सचि अग्निखदाय पातयेद्धतनार्थाय प्रदुष्टमानसः ।
स्मरतो अवलोकितेश्वरं अभिसिक्तो इव अग्नि शाम्यति ॥ ५ ॥

今译：如果恶人起杀心，
将他推进火坑里，
只要忆念观自在，
如遇大雨火熄灭。（5）

什译：假使興害意，推落大火坑，
　　　念彼觀音力，火坑變成池。

सचि सागरदुर्गि पातयेन्नागमकरसुरभूत आलये ।
स्मरतो अवलोकितेश्वरं जलराजे न कदाचिसीदति ॥ ६ ॥

今译：如果掉进凶险大海，
　　　有蛇、鳄鱼和神怪，
　　　他只要忆念观自在，
　　　就不会沉入大海中。（6）

什译：或漂流巨海，龍魚諸鬼難，
　　　念彼觀音力，波浪不能沒。

सचि मेरुतलातु पातयेद्धतनार्थाय प्रदुष्टमानसः ।
स्मरतो अवलोकितेश्वरं सूर्यभूतो व नभे प्रतिष्ठति ॥ ७ ॥

今译：如果恶人起杀心，
　　　将他推下须弥山，
　　　只要忆念观自在，
　　　如同太阳悬空中。（7）

什译：或在須彌峯，為人所推墮，
　　　念彼觀音力，如日虛空住。

वज्रामय पर्वतो यदि घतनार्थाय हि मूर्ध्नि ओषरेत्।
स्मरतो अवलोकितेश्वरं रोमकूप न प्रभोन्ति हिंसितुम्॥ ८ ॥

今译：如果恶人起杀心，
　　　金刚大山压[①]头顶，

---

① 此处"压"的原词是 oṣaret，相当于 avasaret，词义为散布或遍布。

只要忆念观自在，
一根毫毛也不伤。（8）

什译：或被惡人逐，墮落金剛山，
念彼觀音力，不能損一毛。

सचि शत्रुगणैः परीवृतः शस्त्रहस्तैर्विहिंसचेतसैः ।
स्मरतो अवलोकितेश्वरं मैत्रचित्त तद भोन्ति तत्क्षणम् ॥ ९ ॥

今译：如果群敌包围他，
手持刀剑起杀心，
只要忆念观自在，
群敌顿时发善心。（9）

什译：或值怨賊繞，各執刀加害，
念彼觀音力，咸即起慈心。

सचि आघतने उपस्थितो वध्यघातनवशंगतो भवेत्।
स्मरतो अवलोकितेश्वरं खण्डखण्ड तद शस्त्र गच्छियुः ॥ १० ॥

今译：如果已押往刑场，
死刑必定要执行，
只要忆念观自在，
刀剑断裂成碎块。（10）

什译：或遭王難苦，臨刑欲壽終，
念彼觀音力，刀尋段段壞。

सचि दारुमयैरयोमयैर्हडिनिगडैरिह बद्धबन्धनैः ।
स्मरतो अवलोकितेश्वरं क्षिप्रमेव विपटन्ति बन्धना ॥ ११ ॥

今译：如果身体遭囚禁，

木枷和铁镣紧锁，
只要忆念观自在，
束缚顿时会松开。（11）

什译：或囚禁枷鎖，手足被杻械，
念彼觀音力，釋然得解脫。

मन्त्रा बल विद्य ओषधी भूत वेताल शरीरनाशका ।
स्मरतो अवलोकितेश्वरं तान् गन्ति यतः प्रवर्तिताः ॥ १२ ॥

今译：咒语魔力和药草，
恶鬼僵死鬼害人，
只要忆念观自在，
便会退回给他们。（12）

什译：呪詛諸毒藥，所欲害身者，
念彼觀音力，還著於本人。

सचि ओजहरैः परीवृतो नागयक्षसुरभूतराक्षसैः ।
स्मरतो अवलोकितेश्वरं रोमकूप न प्रभोन्ति हिंसितुम्॥ १३ ॥

今译：遭遇夺人精气的蛇、
药叉、神怪和罗刹，
他只要忆念观自在，
一根毫毛也不损伤。（13）

什译：或遇惡羅刹，毒龍諸鬼等，
念彼觀音力，時悉不敢害。

सचि व्यालमृगैः परीवृतस्तीक्ष्णदंष्ट्रनखरैर्महाभयैः ।
स्मरतो अवलोकितेश्वरं क्षिप्र गच्छन्ति दिशा अनन्ततः ॥ १४ ॥

今译：如果猛兽包围他，
尖齿利爪大恐怖，
只要忆念观自在，
它们顿时去他方。（14）

什译：若惡獸圍遶，利牙爪可怖，
念彼觀音力，疾走無邊方。

सचि दृष्टिविषैः परीवृतो ज्वलनार्चिशिखिदुष्टदारुणैः ।
स्मरतो अवलोकितेश्वरं क्षिप्रमेव ते भोन्ति निर्विषाः ॥ १५ ॥

今译：如果毒蛇包围他，
喷出可怕的火焰，
只要忆念观自在，
毒性顿时会消除。（15）

什译：蚖蛇及蝮蠍，氣毒煙火燃，
念彼觀音力，尋聲自迴去。

गम्भीर सविद्यु निश्चरी मेघवज्राशनि वारिप्रस्रवाः ।
स्मरतो अवलोकितेश्वरं क्षिप्रमेव प्रशामन्ति तत्क्षणम्॥ १६ ॥

今译：乌云滚滚带闪电，
大雨瓢泼雷声隆，
只要忆念观自在，
顷刻之间全停息。（16）

什译：雲雷鼓掣電，降雹澍大雨，
念彼觀音力，應時得消散。

बहुदुःखशतैरुपद्रुतान्सत्त्व दृष्ट्व बहुदुःखपीडितान्।
शुभज्ञानबलो विलोकिया तेन त्रातरु जगे सदेवके ॥ १७ ॥

今译：他具有清净的智慧力，
看到所有的众生遭受
百千痛苦和灾难折磨，
成为世界和天界救主。（17）

什译：衆生被困厄，無量苦逼身，
觀音妙智力，能救世間苦。

ऋद्धीबलपारमिंगतो विपुलज्ञान उपायशिक्षितः ।
सर्वत्र दशद्दिशी जगे सर्वक्षेत्रेषु अशेष दृश्यते ॥ १८ ॥

今译：智慧广大，具有
神通，通晓方便，
他在十方世界的
一切国土上显身。（18）

什译：具足神通力，廣修智方便，
十方諸國土，無刹[①]不現身。

ये च अक्षणदुर्गती भया नरकतिर्यग्यमस्य शासने ।
जातीजरव्याधिपीडिता अनुपूर्वं प्रशमन्ति प्राणिनाम्॥ १९ ॥

今译：一切恐怖的恶道，
地狱畜生阎摩界，
生老病死的折磨，
众生痛苦全平息。（19）

什译：種種諸惡趣，地獄鬼畜生，
生老病死苦，以漸悉令滅。

① 此处“刹”是 kṣetra（“国土”）一词的音译。

अथ खलु अक्षमतिर्हृष्टतुष्टमना इमा गाथा अभाषत --

今译：于是，无尽意高兴满意，用这些偈颂说道：①

शुभलोचन मैत्रलोचना प्रज्ञाज्ञानविशिष्टलोचना ।
कृपलोचन शुद्धलोचना प्रेमणीय सुमुखा सुलोचना ॥ २० ॥

今译：美妙眼，仁慈眼，
般若智慧殊胜眼，
悲悯眼，清净眼，
面庞可爱眼优美。（20）

什译：真觀清淨觀，廣大智慧觀，
悲觀及慈觀，常願常瞻仰。②

अमलामलनिर्मलप्रभा वितिमिर ज्ञानदिवाकरप्रभा ।
अपहृतानिलज्वलप्रभा प्रतपन्तो जगती विरोचसे ॥ २१ ॥

今译：无污无垢清净光，
除暗智慧太阳光，
灭除风灾火焰光，
光辉照耀这世界。（21）

什译：無垢清淨光，慧日破諸闇，
能伏災風火，普明照世間。

कृपसद्गुणमैत्रगर्जिता शुभगुण मैत्रमना महाघना ।
क्लेशाग्नि शमेसि प्राणिनां धर्मवर्षं अमृतं प्रवर्षसि ॥ २२ ॥

今译：满怀慈悲似大云，

---

① 这一句不见于什译。
② 什译这颂中的"观"，原词是 locana，词义为眼或观。

发出慈悲雷鸣声，
你降下甘露法雨，
平息众生烦恼火。（22）

什译：悲體戒[①]雷震，慈意妙大雲，
澍甘露法雨，滅除煩惱焰。

कलहे च विवादविग्रहे नरसंग्रामगते महाभये।
स्मरतो अवलोकितेश्वरं प्रशमेया अरिसंघ पापका ॥ २३ ॥

今译：互相争吵和斗争，
身陷战场大恐怖，
只要忆念观自在，
邪恶敌群会崩溃。（23）

什译：諍訟經官[②]處，怖畏軍陣中，
念彼觀音力，眾怨悉退散。

मेघस्वर दुन्दुभिस्वरो जलधरगर्जित ब्रह्मसुस्वरः।
स्वरमण्डलपारमिंगतः स्मरणीयो अवलोकितेश्वरः ॥ २४ ॥

今译：云中雷声和鼓声，
雨水声和梵天声，
具有一切美妙声，
应该忆念观自在。（24）

什译：妙音觀世音，梵音海潮音，
勝彼世間音，是故須常念。

① “悲体戒”可能意谓以悲悯为主体的戒规，对应的原文是 kṛpasadguṇamaitragarjita，直译为“发出慈悲性质的雷鸣声”。
② “经官”可能意谓法官。此处原文中没有此词。

स्मरथा स्मरथा स कांक्षथा शुद्धसत्त्वं अवलोकितेश्वरम्।
मरणे व्यसने उपद्रवे त्राणु भोति शरणं परायणम्॥ २५ ॥

今译：本性纯洁观自在，
你们忆念莫怀疑，
遇到死亡和灾难，
他是庇护和归宿。（25）

什译：念念勿生疑，觀世音淨聖，
於苦惱死厄，能為作依怙。

सर्वगुणस्य पारमिंगतः सर्वसत्त्वकृपमैत्रलोचनो ।
गुणभूत महागुणोदधी वन्दनीयो अवलोकितेश्वरः ॥ २६ ॥

今译：他具有一切美德，
慈悲眼观望众生，
他是美德大海洋，
应该敬拜观自在。（26）

什译：具一切功德，慈眼視眾生，
福聚海無量，是故應頂禮。

यो ऽसौ अनुकम्पको जगे बुद्ध भेष्यति अनागते ऽध्वनि ।
सर्वदुःखभयशोकनाशकं प्रणमामी अवलोकितेश्वरम्॥ २७ ॥

今译：他怜悯世界众生，
会在未来世成佛，
灭除痛苦和恐惧，
我向观自在致敬。①（27）

① 这颂至下面第 33 颂不见于什译。

लोकेश्वर राजनायको भिक्षुधर्माकरु लोकपूजितो ।
बहुकल्पशतांश्चरित्व च प्राप्तु बोधि विरजां अनुत्तराम् ॥ २८ ॥

今译：他是世主，王中导师，
　　　比丘法藏，举世崇敬，
　　　历经数以百计劫修行，
　　　而获得无垢无上菩提。（28）

स्थित दक्षिणवामतस्तथा वीजयन्त अमिताभनायकम् ।
मायोपमता समाधिना सर्वक्षेत्रे जिन गत्व पूजिषु ॥ २९ ॥

今译：侍立右边或左边，
　　　为无量光佛扇风，
　　　凭如幻三昧前往
　　　一切国土侍奉佛。（29）

दिशि पश्चिमतः सुखाकरा लोकधातु विरजा सुखावती ।
यत्र एष अमिताभनायकः संप्रति तिष्ठति सत्त्वसारथिः ॥ ३० ॥

今译：西方有一个清净
　　　幸福的极乐世界，
　　　众生导师无量光
　　　现在居住在那里。（30）

न च इस्त्रिण तत्र संभवो नापि च मैथुनधर्म सर्वशः ।
उपपादुक ते जिनोरसाः पद्मगर्भेषु निषण्ण निर्मलाः ॥ ३१ ॥

今译：那里没有女人身，
　　　没有任何淫欲事，
　　　佛子坐莲花胎藏
　　　化生，清净无垢。（31）

सो चैव अमिताभनायकः पद्मगर्भे विरजे मनोरमे ।
सिंहासनि संनिषण्णको शालराजो व यथा विराजते ॥ ३२ ॥

今译：这位无量光导师，
安坐在清净可爱
莲花胎藏狮子座，
似娑罗王①放光芒。（32）

सो ऽपि तथा लोकनायको यस्य नास्ति त्रिभवेस्मि सादृशः ।
यन्मे पुण्य स्तवित्व संचितं क्षिप्र भोमि यथ त्वं नरोत्तम ॥ ३३ ॥

今译：这位世界导师在三界
无与伦比，我已赞美
他的功德，愿我迅速
能像人中至尊你一样。（33）

इति ॥

अथ खलु धरणिंधरो बोधिसत्त्वो महासत्त्व उत्थायासनादेकांसमुत्तरासङ्गं कृत्वा दक्षिणं जानुमण्डलं पृथिव्यां प्रतिष्ठाप्य येन भगवांस्तेनाञ्जलिं प्रणाम्य भगवन्तमेतदवोचत्-- न ते भगवन्सत्त्वाः अवरकेण कुशलमूलेन समन्वागता भविष्यन्ति, ये ऽवलोकितेश्वरस्य बोधिसत्त्वस्य महासत्त्वस्येमं धर्मपर्यायपरिवर्तं श्रोष्यन्ति अवलोकितेश्वरस्य बोधिसत्त्वस्य महासत्त्वस्य विकुर्वानिर्देशं समन्तमुख-परिवर्तं नाम अवलोकितेश्वरस्य बोधिसत्त्वस्य विकुर्वणप्रातिहार्यम्॥

今译：然后，持地菩萨大士从座位起身，偏袒右肩，右膝着地，向世尊合掌行礼，对世尊说道："世尊啊，若有众生闻听观自在菩萨大士的这个宣示观自在菩萨大士神通的《法门品》，这个名为《普门品》的观自在菩萨大士神通变化，他们就会获得不少善根。"

① "娑罗王"（śālarāja）一词也出现在下一品《妙庄严本事品》中，是一位佛名，即娑罗树王佛。此词据埃杰顿《佛教混合梵语词典》，推测指称"毗湿奴"（viṣṇu），不确。

什译：爾時，持地菩薩即從座起，前白佛言："世尊！若有眾生，聞是《觀世音菩薩品》自在之業普門①示現神通力者，當知是人功德不少。"

अस्मिन्खलु पुनः समन्तमुखपरिवर्ते भगवता निर्देश्यमाने तस्याः पर्षदश्चतुरशीतिनां प्राणिसहस्राणामसमसमायामनुत्तरायां सम्यक्संबोधौ चित्तान्युत्पन्नान्यभूवन्॥

今译：在世尊宣说《普门品》时，集会中如同八十四恒河沙的众生发起无与伦比无上正等菩提心。

什译：佛說是《普門品》時，眾中八萬四千眾生皆發無等等②阿耨多羅三藐三菩提心。

इति श्रीसद्धर्मपुण्डरीके धर्मपर्याये समन्तमुखपरिवर्तो नामावलोकितेश्वरविकुर्वणनिर्देशश्चतुर्विंशतिमः ॥

今译：以上是神圣《妙法莲华》法门中宣示观自在神通的名为《普门品》的第二十四品。

---

① 此处"普门"若不读为品名，似可理解为"普遍"。

② "无等等"的原词是 asamasama，词义为无等同等同，即与无等同相同，也就是无等同或无与伦比。但这种用法显然含有强调的意味。

२५ शुभव्यूहराजपूर्वयोगपरिवर्तः ।

今译：第二十五 妙庄严王本事品

什译：妙莊嚴王本事品第二十七

अथ खलु भगवान्सर्वावन्तं बोधिसत्त्वगणमामन्त्रयामास -- भूतपूर्वं कुलपुत्र अतीते ऽध्वन्यसंख्येयैः कल्पैरसंख्येयतरैर्यदासीत्। तेन कालेन तेन समयेन जलधरगर्जितघोषसुस्वरनक्षत्रराजसंकुसुमिताभिज्ञो नाम तथागतो ऽर्हन्सम्यक्संबुद्धो लोक उदपादि, विद्याचरणसंपन्नः सुगतो लोकविदनुत्तरः पुरुषदम्यसारथिः शास्ता देवानां च मनुष्याणां च बुद्धो भगवान्प्रियदर्शने कल्पे वैरोचनरश्मिप्रतिमण्डितायां लोकधातौ ।

今译：然后，世尊对全体菩萨说道："从前，诸位善男子啊，在过去世，比无数更无数劫，那时，在喜见劫，光明庄严世界，有一位名为云中美妙雷声星宿王开花神通的如来、阿罗汉、正等觉、明行足、善逝、世间解、无上士、调御丈夫、天人师、佛世尊出世。

什译：爾時，佛告諸大眾："乃往古世，過無量無邊不可思議阿僧祇劫，有佛名雲雷音宿王華智多陀阿伽度、阿羅訶、三藐三佛陀，國名光明莊嚴，劫名喜見。

तस्य खलु पुनः कुलपुत्रा जलधरगर्जितघोषसुस्वरनक्षत्रराज संकुसुमिताभिज्ञस्य तथागतस्य प्रवचने शुभव्यूहो नाम राजाभूत्। तस्य खलु पुनः कुलपुत्रा राज्ञः शुभव्यूहस्य विमलदत्ता नाम भार्याभूत्। तस्य खलु पुनः कुलपुत्रा राज्ञः शुभव्यूहस्य द्वौ पुत्रावभूताम्-- एको विमलगर्भो नाम, द्वितीयो विमलनेत्रो नाम । तौ च द्वौ दारकावृद्धिमन्तौ चाभूताम्, प्रज्ञावन्तौ च पुण्यवन्तौ च ज्ञानवन्तौ च

बोधिसत्त्वचर्यायां च अभियुक्तावभूताम्। तद्यथा – दानपारमितायामभियुक्ताव-भूताम्, शीलपारमितायां क्षान्तिपारमितायां वीर्यपारमितायां ध्यानपारमितायां प्रज्ञापारमितायामुपायकौशल्यपारमितायां मैत्र्यां करुणायां मुदितायामुपेक्षायां यावत्सप्तत्रिंशत्सु बोधिपक्षिकेषु धर्मेषु । सर्वत्र पारंगतावभूताम्, विमलस्य समाधेः पारंगतौ, नक्षत्रराजादित्यस्य समाधेः पारंगतौ, विमलनिर्भासस्य समाधेः पारंगतौ, विमलभासस्य समाधेः पारंगतौ, अलंकारशुभस्य समाधेः पारंगतौ, महातेजो-गर्भस्य समाधेः पारंगतावभूताम्।

今译："诸位善男子啊，在云中美妙雷声星宿王开花神通如来说法期间，有一位名为妙庄严的国王。诸位善男子啊，国王妙庄严的妻子名为净授①。诸位善男子啊，国王妙庄严有两个儿子，一个名为净藏，一个名为净眼。这两个王子具有神通，具有智慧，具有功德，具有智力，修习菩萨行。例如，修习布施波罗蜜、持戒波罗蜜、忍辱波罗蜜、精进波罗蜜、禅定波罗蜜、智慧波罗蜜和方便善巧波罗蜜，修习慈悲喜舍，乃至三十七菩提分法。他俩通晓一切，通晓清净三昧、星宿王太阳三昧、清净光三昧、无垢光三昧、庄严美妙三昧和大威藏三昧。

什译："彼佛法中有王，名妙莊嚴，其王夫人名曰淨德，有二子，一名淨藏，二名淨眼。是二子有大神力，福德智慧，久修菩薩所行之道，所謂檀波羅蜜、尸羅波羅蜜、羼提波羅蜜、毗梨耶波羅蜜、禪波羅蜜、般若波羅蜜、方便波羅蜜，慈悲喜捨，乃至三十七品助道法，皆悉明了通達。又得菩薩淨三昧、日星宿三昧、淨光三昧、淨色三昧、淨照明三昧、長莊嚴三昧、大威德藏三昧，於此三昧亦悉通達。

स च भगवांस्तेन कालेन तेन समयेन इमं सद्धर्मपुण्डरीकं धर्मपर्यायं देशयामास तेषां सत्त्वानामनुकम्पायै, तस्य च राज्ञः शुभव्यूहस्यानुकम्पायै । अथ खलु कुलपुत्रा विमलगर्भो दारको विमलनेत्रश्च दारको येन स्वमाता जनयित्री,

---

① "净授"的原词是 vimaladattā，由 vimala（"无垢"或"清净"）和 dattā（"施予"或"授予"）两个词组成。什译"净德"，护译"离垢施"。

तेनोपसंक्रामताम्। उपसंक्रम्य दशनखमञ्जलिं प्रगृह्य जनयित्रीमेतदवोचतामेह्यम्ब गमिष्यावस्तस्य भगवतो जलधरगर्जितघोषसुस्वरनक्षत्रराजसंकुसुमिताभिज्ञस्य तथागतस्यार्हतः सम्यक्संबुद्धस्य सकाशं तं भगवन्तं जलधरगर्जितघोष सुस्वर-नक्षत्रराजसंकुसुमिताभिज्ञं तथागतमर्हन्तं सम्यक्संबुद्धं दर्शनाय वन्दनाय पर्युपासनाय । तत्कस्य हेतोः? एष ह्यम्ब स भगवान्जलधरगर्जितघोषसुस्वरनक्षत्र-राजसंकुसुमिताभिज्ञस्तथागतो ऽर्हन्सम्यक्संबुद्धः सदेवकस्य लोकस्य पुरतः सद्धर्मपुण्डरीकं नाम धर्मपर्यायं विस्तेरण संप्रकाशयति, तं श्रवणाय गमिष्यावः ।

今译："那时，这位世尊同情众生，同情国王妙庄严，宣说这个《妙法莲华》法门。于是，诸位善男子啊，净藏王子和净眼王子走近自己的母亲。走近后，他俩十指合掌，对母亲说道：'来吧，阿妈，我俩要去世尊云中美妙雷声星宿王开花神通如来、阿罗汉、正等觉身边，看望、礼敬和侍奉世尊云中美妙雷声星宿王开花神通如来、阿罗汉、正等觉。为什么？阿妈，因为世尊云中美妙雷声星宿王开花神通如来、阿罗汉、正等觉要在世界和天界面前，广为宣说这个名为《妙法莲华》的法门。我俩要去聆听。'

什译："爾時，彼佛欲引導妙莊嚴王，及愍念眾生故，說是《法華經》。時淨藏、淨眼二子到其母所，合十指爪掌白言：'願母往詣雲雷音宿王華智佛所，我等亦當侍從，親近，供養，禮拜。所以者何？此佛於一切天人眾中說《法華經》，宜應聽受。'

एवमुक्ते कुलपुत्रा विमलदत्ता राजभार्या विमलगर्भं दारकं विमलनेत्रं च दारकमेतदवोचत्-- एष खलु कुलपुत्रौ युवयोः पिता राजा शुभव्यूहो ब्राह्मणेष्वभिप्रसन्नः । तस्मान्न लप्स्यथ तं तथागतं दर्शनायाभिगन्तुम्। अथ खलु कुलपुत्रा विमलगर्भो दारको विमलनेत्रश्च दारको दशनखमञ्जलिं प्रगृह्य तां स्वमातरं जनयित्रीमेतदवोचताम्-- मिथ्यादृष्टिकुले ऽस्मिन्नावां जातौ? आवां पुनर्धर्मराज-पुत्राविति । अथ खलु कुलपुत्रा विमलदत्ता राजभार्या तौ द्वौ दारकावेतदवोचत्-- साधु साधु कुलपुत्रौ । युवां तस्य स्वपितू राज्ञः शुभव्यूहस्यानुकम्पायै किंचिदेव प्रातिहार्यं संदर्शयतम्। अप्येव नाम युवयोरन्तिके प्रसादं कुर्यात्। प्रसन्नचित्तश्च

अस्माकमनुजानीयात्तस्य भगवतो जलधरगर्जितघोषसुस्वरनक्षत्रराजसंकुसुमिताभिज्ञस्य तथागतस्यार्हतः सम्यक्संबुद्धमभिगन्तुम्॥

今译："这样说罢，诸位善男子啊，王后净授对净藏王子和净眼王子说道：'两位善男子啊，父王妙庄严出身婆罗门。因此，你们不会被允许前去看望这位如来。'然后，诸位善男子啊，净藏王子和净眼王子十指合掌，对自己的母亲说道：'我俩出生在邪见家族中，而我俩是法王子。'于是，诸位善男子啊，王后净授对这两个王子说道：'很好，很好，两位善男子啊，你们怜悯父王妙庄严，向他展现一些神通吧！这样，他会喜欢你俩。他怀有喜欢心，就会允许我们前去看望世尊云中美妙雷声星宿王开花神通如来、阿罗汉、正等觉。'

什译："母告子言：'汝父信受外道，深著婆羅門法，汝等應往白父，與共俱去。'淨藏、淨眼合十指爪掌白母：'我等是法王子，而生此邪見家。'母告子言：'汝等當憂念汝父，為現神變，若得見者，心必清淨，或聽[①]我等往至佛所。'

अथ खलु कुलपुत्रा विमलगर्भो दारको विमलनेत्रश्च दारकस्तस्यां वेलायां सप्ततालमात्रं वैहायसमभ्युद्गम्य तस्य पितू राज्ञः शुभव्यूहस्यानुकम्पायै बुद्धानुज्ञातानि यमकानि प्रातिहार्याण्यकुरुताम्। तौ तत्रैवान्तरीक्षे गतौ शय्यामकल्पयताम्। तत्रैवान्तरीक्षे चंक्रमतः, तत्रैवान्तरीक्षे रजो व्यधुनीताम्, तत्रैवान्तरीक्षे ऽधःकायाद्वारिधारां प्रमुमोचतुः, ऊर्ध्वकायादग्निस्कन्धं प्रज्वालयतः स्म । ऊर्ध्वकायाद्वारिधारां प्रमुमोचतुः, अधःकायादग्निस्कन्धं प्रज्वालयतः स्म । तौ तस्मिन्नेवाकाशे महान्तौ भूत्वा खुड्डकौ भवतः, खुड्डकौ भूत्वा महान्तौ भवतः । तस्मिन्नेवान्तरीक्षे ऽन्तर्धायतः । पृथिव्यामुन्मज्जतः । पृथिव्यामुन्मज्जित्वा आकाशौन्मज्जतः । इयद्भिः खलु पुनः कुलपुत्रा ऋद्धिप्रातिहार्यैस्ताभ्यां द्वाभ्यां दारकाभ्यां स शुभव्यूहो राजा स्वपिता विनीतः ।

今译："然后，诸位善男子啊，净藏王子和净眼王子升上七多罗

① 此处"听"意谓听任或容许。

树高的空中，出于怜悯父王妙庄严，施展佛所允许的成对神通变化[①]。他俩在空中铺设床座，在空中漫步，在空中去除灰尘，在空中下身出水，上身出火，上身出水，下身出火。他俩在空中变大变小，变小变大。他俩在空中消失，在地上冒出，在地上冒出后，又在空中冒出。诸位善男子啊，这两个童子用这些神通变化教化父王妙庄严。

什译："於是，二子念其父故，踊在虛空，高七多羅樹，現種種神變。於虛空中行住坐臥。身上出水，身下出火，身下出水，身上出火。或現大身滿虛空中，而復現小，小復現大。於空中滅，忽然在地。入地如水，履水如地。現如是等種種神變，令其父王心淨信解。

अथ खलु कुलपुत्राः स राजा शुभव्यूहस्तयोर्दारकयोस्तमृद्धिप्रातिहार्यं दृष्ट्वा तस्यां वेलायां तुष्ट उदग्र आत्तमनाः प्रमुदितः प्रीतिसौमनस्यजातो दशनखमञ्जलिं प्रगृह्य तौ दारकावेतदवोचत्-- को युवयोः कुलपुत्रौ शास्ता, कस्य वा युवां शिष्याविति? अथ खलु कुलपुत्रास्तौ द्वौ दारकौ तं राजानं शुभव्यूहमेतदवोचत्-- एष स महाराज भगवान्जलधरगर्जितघोषसुस्वरनक्षत्रराजसंकुसुमिताभिज्ञ-स्तथागतो ऽर्हन्सम्यक्संबुद्धस्तिष्ठति ध्रियते यापयति रत्नमये बोधिवृक्षमूले धर्मासनोपविष्टः । सदेवकस्य लोकस्य पुरतः सद्धर्मपुण्डरीकं नाम धर्मपर्यायं विस्तरेण संप्रकाशयति । स आवयोर्भगवान् शास्ता । तस्यावां महाराज शिष्यौ । अथ खलु कुलपुत्राः स राजा शुभव्यूहस्तौ दारकावेतदवोचत्-- पश्यामो वयं कुलपुत्रौ तं युवयोः शास्तारम्। गमिष्यामो वयं तस्य भगवतः सकाशम्॥

今译："然后，诸位善男子啊，国王妙庄严看到这两个王子的神通变化后，满意，激动，高兴，欢喜，喜悦，愉快，十指合掌，对这两个王子说道：'两位善男子啊，谁是你俩的导师？你俩是谁的弟子？'诸位善男子啊，这两个王子对父王妙庄严说道：'大王啊，世尊云中美妙雷声星宿王开花神通如来在世生活度日，坐在宝树下法座上，在世界和天界面前，广为宣说名为《妙法莲华》的法门。这位世

① 在下面演示的这种神通变化中，上和下，水和火，小和大，空中和地上，成双作对，故而称为"成双神通变化"（yamakāni prātihāryāni）。

尊是我俩的导师，大王啊，我俩是他的弟子。'于是，诸位善男子啊，国王妙庄严对这两个童子说道：'两位善男子啊，我们去看望你俩的这位导师吧！我们到这位世尊的身边去。'

什译："時父見子神力如是，心大歡喜，得未曾有，合掌向子言：'汝等師為是誰？誰之弟子？'二子白言：'大王！彼雲雷音宿王華智佛，今在七寶菩提樹下法座上坐，於一切世間天人眾中廣說《法華經》，是我等師，我是弟子。'父語子言：'我今亦欲見汝等師，可共俱往。'

अथ खलु कुलपुत्रास्तौ द्वौ दारकौ ततो ऽन्तरीक्षादवतीर्य येन स्वमाता जनयित्री तेनोपसंक्रामताम्। उपसंक्रम्य दशनखमञ्जलिं प्रगृह्य स्वमातरं जनयित्रीमेतदवोचताम्-- एष आवाभ्यामम्ब विनीतः स्वपिता अनुत्तरायां सम्यक्संबोधौ। कृतमावाभ्यां पितुः शास्तृकृत्यम्। तदिदानीमुत्स्रष्टुमर्हसि। आवां तस्य भगवतः सकाशे प्रव्रजिष्याव इति॥

今译："于是，诸位善男子啊，这两个王子从空中下来，走近自己的母亲。走近后，他俩十指合掌，对自己的母亲说道：'我俩已经教化父亲无上正等菩提。我俩已经为父亲做导师事。我俩要在这位世尊身边出家。'"

什译："於是，二子從空中下，到其母所，合掌白母：'父王今已信解，堪任發阿耨多羅三藐三菩提心。我等為父已作佛事。願母見聽於彼佛所出家修道。'"

अथ खलु कुलपुत्रा विमलगर्भो दारको विमलनेत्रश्च दारकस्तस्यां वेलायां स्वमातरं जनयित्रीं गाथाभ्यामध्यभाषताम्--

今译：这时，诸位善男子啊，净藏王子和净眼王子又用这两首偈颂对母亲说道：

什译：爾時，二子欲重宣其意，以偈白母：

अनुजानीह्यावयोरम्ब प्रव्रज्यामनगारिकाम्।
आवां वै प्रव्रजिष्यावो दुर्लभो हि तथागतः ॥ १ ॥

今译：阿妈，请你允许
我们俩离开家庭，
我们俩想要出家，
因为如来难遇见。（1）

什译：願母放我等，出家作沙門，
諸佛甚難值，我等隨佛學。

औदुम्बरं यथा पुष्पं सुदुर्लभतरो जिनः।
उत्सृज्य प्रव्रजिष्यावो दुर्लभा क्षणसंपदा ॥ २ ॥

今译：优昙花难得一现，
胜者更难得一遇，
这机会实在难得，
我俩要离家出家。（2）

什译：如優曇鉢羅，值佛復難是，
脫諸難亦難，願聽我出家。

विमलदत्ता राजभार्या आह --

今译：王后净授说道：

什译：母即告言：

उत्सृजामि युवामद्य गच्छथा साधु दारकौ।
वयं पि प्रव्रजिष्यामो दुर्लभो हि तथागतः ॥ ३ ॥

今译：我今日舍弃你俩，
好吧，你俩去吧！

我们也都要出家，
因为如来难遇见。（3）

什译：聽汝出家。所以者何？佛難值故。[1]

इति ॥

अथ खलु कुलपुत्रास्तौ द्वौ दारकाविमे गाथे भाषित्वा तौ मातापितरावेतदवोचताम्-- साधु अम्ब तात एत । वयं सर्वे सहिता भूत्वा गमिष्यामस्तस्य भगवतो जलधरगर्जितघोषसुस्वरनक्षत्रराजसंकुसुमिताभिज्ञस्य तथागतस्यार्हतः सम्यक्संबुद्धस्य सकाशम्। उपसंक्रमिष्यामस्तं भगवन्तं दर्शनाय वन्दनाय पर्युपासनाय धर्मश्रवणाय । तत्कस्य हेतोः? दुर्लभो ह्यम्ब तात बुद्धोत्पादः, उदुम्बरपुष्पसदृशो महार्णवयुगच्छिद्रकूर्मग्रीवाप्रवेशवत्। दुर्लभप्रादुर्भावा अम्ब बुद्धा भगवन्तः । तस्मात्तर्हि अम्ब तात परमपुण्योपस्तब्धा वयमीदृशे प्रवचने उपपन्नाः। तत्साधु अम्ब तात उत्सृजध्वम्। आवां गमिष्यावः । तस्य भगवतो जलधरगर्जितघोषसुस्वरनक्षत्रराजसंकुसुमिताभिज्ञस्य तथागतस्यार्हतः सम्यक्संबुद्धस्य सकाशे प्रव्रजिष्यावः । दुर्लभं हि अम्ब तात तथागतानां दर्शनम्। दुर्लभो ह्यद्य कालः । ईदृशो धर्मराजा । परमदुर्लभेदृशी क्षणसंपत्॥

今译：“然后，诸位善男子啊，这两个王子说完两首偈颂后，对父母说道：‘很好，阿妈，阿爸，来吧！我们一起前往世尊云中美妙雷声星宿王开花神通如来、阿罗汉、正等觉的身边。我们去看望这位如来，礼敬、侍奉和听法。为什么？阿妈，阿爸，佛出世难遇，犹如优昙花，犹如海龟脖颈伸进漂浮大海的车轭缝隙中。阿妈，阿爸，佛世尊难遇。阿妈，阿爸，我们前世积德深厚，才出生在这个说法时期。因此，阿妈，阿爸，请你们放走我俩吧！我俩要到世尊云中美妙雷声星宿王开花神通如来、阿罗汉、正等觉身边出家。阿妈，阿爸，如来难遇，时机难得，这样的法王，这样的好时机极为难得。’

① 什译这句按原文是偈颂。护译也是偈颂。

什译："於是，二子白父母言：'善哉，父母！願時往詣雲雷音宿王華智佛所，親近供養。所以者何？佛難得值，如優曇鉢羅華，又如一眼之龜值浮木孔。而我等宿福深厚，生值佛法。是故，父母當聽我等，令得出家。所以者何？諸佛難值，時亦難遇。'

तेन खलु पुनः कुलपुत्राः समयेन तस्य राज्ञः शुभव्यूहस्य अन्तःपुराच्चतुरशीतिरन्तःपुरिकासहस्राणि अस्य सद्धर्मपुण्डरीकस्य धर्मपर्यायस्य भाजनभूतान्यभूवन्। विमलनेत्रश्च दारको ऽस्मिन्धर्मपर्याये चरितावी । विमलगर्भश्च दारको बहुकल्पकोटीनयुतशतसहस्राणि सर्वसत्त्वपापजहने समाधौ चरितो ऽभूत्किमिति सर्वसत्त्वाः सर्वपापं जहेयुरिति । सा च तयोर्दारकयोर्माता विमलदत्ता राजभार्या सर्वबुद्धसंगीतिं सर्वबुद्धधर्मगुह्यस्थानानि च संजानीते स्म । अथ खलु कुलपुत्रा राजा शुभव्यूहस्ताभ्यां द्वाभ्यां दारकाभ्यां तथागतशासने विनीतः, अवतारितश्च, परिपाचितश्च सर्वस्वजनपरिवारः । सा च विमलदत्ता राजभार्या सर्वस्वजनपरिवारा तौ च द्वौ दारकौ राज्ञः शुभव्यूहस्य पुत्रौ द्वाचत्वारिंशद्भिः प्राणिसहस्रैः सार्धं सान्तपुरौ सामात्यौ सर्वे सहिताः समग्राः येन भगवान् जलधरगर्जितघोषसुस्वरनक्षत्रराजसंकुसुमिताभिज्ञस्तथागतो ऽर्हन्सम्यक्संबुद्धः, तेनोपसंक्रामन्। उपसंक्रम्य तस्य भगवतः पादौ शिरसाभिवन्द्य तं भगवन्तं त्रिष्कृत्वः प्रदक्षिणीकृत्य एकान्ते तस्थुः ॥

今译："那时，诸位善男子啊，国王妙庄严的后宫中八万四千眷属都已受持这个《妙法莲华》法门。净眼王子已经修习这个法门。净藏王子已经修习灭除一切众生罪孽三昧数百千千万那由他劫。为什么？为了让一切众生灭除罪孽。这两个王子的母后净授已经知道一切佛结集，一切佛法秘要。诸位善男子啊，这两个王子已经教化国王妙庄严及其所有随从，让他们悟入和通晓如来法。王后净授及其所有随从，国王妙庄严的两个王子，四万二千众生、后宫眷属和大臣，一起前往世尊云中美妙雷声星宿王开花神通如来、阿罗汉、正等觉那里。到了那里，向这位世尊俯首行触足礼，右绕三匝，侍立一旁。

什译："彼時，妙莊嚴王後宮八萬四千人，皆悉堪任受持是《法華經》。淨眼菩薩於法華三昧，久已通達。淨藏菩薩已於無量百千萬億劫通達離諸惡趣三昧，欲令一切衆生離諸惡趣故。其王夫人得諸佛集三昧，能知諸佛祕密之藏。二子如是以方便力善化其父，令心信解，好樂佛法。於是，妙莊嚴王與群臣眷屬俱，淨德夫人與後宮婇女眷屬俱，其王二子與四萬二千人俱，一時共詣佛所。到已，頭面禮足，繞佛三匝，却住一面。

अथ खलु कुलपुत्राः स भगवान् जलधरगर्जितघोषसुस्वरनक्षत्रराजसंकुसुमिताभिज्ञस्तथागतो ऽर्हन्सम्यक्संबुद्धो राजानं शुभव्यूहं सपरिवारमुपसंक्रान्तं विदित्वा धार्म्या कथया संदर्शयति समादापयति समुत्तेजयति संप्रहर्षयति । अथ खलु कुलपुत्रा राजा शुभव्यूहस्तेन भगवता धार्म्या कथया साधु च सुष्ठु च संदर्शितः समादापितः समुत्तेजितः संप्रहर्षितस्तस्यां वेलायां तुष्ट उदग्र आत्तमनाः प्रमुदितः प्रीतिसौमनस्यजातः कनीयसो भ्रातुः पट्टं बद्ध्वा राज्ये प्रतिष्ठाप्य सपुत्रस्वजनपरिवारः, सा च विमलदत्ता राजभार्या सर्वस्त्रीगणपरिवारा, तौ च द्वौ दारकौ सार्धं तैर्द्वाचत्वारिंशद्भिः प्राणिसहस्रैः, सर्वे सहिताः समग्रास्तस्य भगवतो जलधरगर्जितघोषसुस्वरनक्षत्रराजसंकुसुमिताभिज्ञस्य तथागतस्यार्हतः सम्यक्संबुद्धस्य प्रवचने श्रद्धया अगारादनगारिकां प्रव्रजिताः । प्रव्रजित्वा च राजा शुभव्यूहः सपरिवारश्चतुरशीतिवर्षसहस्राण्यभियुक्तो विजहार इमं सद्धर्मपुण्डरीकं धर्मपर्यायं चिन्तयन्भावयन्पर्यवदापयन्। अथ खलु कुलपुत्राः स राजा शुभव्यूहस्तेषां चतुरशीतीनां वर्षसहस्राणामत्ययेन सर्वगुणालंकारव्यूहं नाम समाधिं प्रतिलभते स्म । सहप्रतिलब्धाच्चास्य समाधेः, अथ तावदेव सप्ततालमात्रं वैहायसमभ्युद्गच्छति स्म ॥

今译："然后，诸位善男子啊，世尊云中美妙雷声星宿王开花神通如来、阿罗汉、正等觉知道国王妙庄严及其随从来到，为他演说法，教导他，激励他，令他高兴。诸位善男子啊，国王妙庄严安心聆听这位世尊演说法，受到教导，受到激励，感到高兴。此时，他满意，激动，高兴，欢喜，喜悦，愉快，将自己的顶冠戴在弟弟头上，将王国托付给他。而他自己与儿子和随从，王后净授及其所有妇女随从，两个王子以及四万二千众生，全都虔信世尊云中美妙雷声星宿王开花神通如来、阿罗汉、正等觉所说法，离家出家。出家后，国王妙庄严及其随从修行八万四千年，思惟、修习和掌握这个《妙法莲华》法门。诸位善男子啊，八万四千年后，国王妙庄严获得名为一切功德妙庄严的三昧。获得这个三昧后，他升上空中七多罗树高。

什译：“爾時，彼佛為王說法，示教利喜，王大歡悅。爾時，妙莊嚴王及其夫人解頸真珠瓔珞，價直百千，以散佛上，於虛空中化成四柱寶臺。臺中有大寶床，敷百千萬天衣。其上有佛結跏趺坐，放大光明。爾時，妙莊嚴王作是念：‘佛身希有，端嚴殊特，成就第一微妙之色。’時雲雷音宿王華智佛告四眾言：‘汝等見是妙莊嚴王於我前合掌立不？此王於我法中作比丘，精勤修習，助佛道法，當得作佛，號娑羅樹王。國名大光，劫名大高王。其娑羅樹王佛有無量菩薩眾及無量聲聞，其國平正，功德如是。’[①]其王即時以國付弟，與夫人、二子并諸眷屬，於佛法中出家修道。王出家已，於八萬四千歲，常勤精進修行《妙法華經》。過是已後，得一切淨功德莊嚴三昧，即昇虛空，高七多羅樹，

अथ खलु कुलपुत्राः स राजाः शुभव्यूहो गगनतले स्थितस्तं भगवन्तं जलधरगर्जितघोषसुस्वरनक्षत्रराजसंकुसुमिताभिज्ञं तथागतमर्हन्तं सम्यक्संबुद्ध-मेतदवोचत्-- इमौ भगवन्मम पुत्रौ शास्तारौ भवतः । यदहमाभ्यामृद्धिप्रातिहार्येण तस्मान्महतो दृष्टिगताद्विनिवर्तितः, तथागतशासने च प्रतिष्ठपितः, परिपाचितश्च अवतारितश्च, तथागतदर्शनाय च संचोदितः । कल्याणमित्रौ भगवन्मम तौ द्वौ दारकौ पुत्ररूपेण मम गृह उपपन्नौ, यदुत पूर्वकुशलमूलस्मरणार्थम्॥

今译：“然后，诸位善男子啊，国王妙庄严站在空中，对世尊云中美妙雷声星宿王开花神通如来、阿罗汉、正等觉说道：‘世尊啊，我的两个儿子是我的导师。他俩展现神通变化，让我摆脱大邪见，安

① 什译这段中，关于妙庄严王向佛献礼和佛授记他未来成佛的内容，出现在后面的原文中。

住、通晓和悟入如来法，鼓励我看望如来。世尊啊，我的两个儿子是善友，化身儿子出生在我的家中，为了让我记起前世的善根。’

什译：“而白佛言：‘世尊！此我二子已作佛事，以神通變化轉我邪心，令得安住於佛法中，得見世尊。此二子者，是我善知識，為欲發起宿世善根，饒益我故，來生我家。’

एवमुक्ते भगवान् जलधरगर्जितघोषसुस्वरनक्षत्रराजसंकुसुमिताभिज्ञस्तथागतो ऽर्हन्सम्यक्संबुद्धस्तं राजानं शुभव्यूहमेतदवोचत्-- एवमेतन्महाराज, एवमेतद्यथा वदसि । अवरोपितकुशलमूलानां हि महाराज कुलपुत्राणां कुलदुहितॄणां च सर्वेषु भवगतिच्युत्युपपत्त्यायतनेषूपपन्नानां सुलभानि भवन्ति कल्याणमित्राणि, यानि शास्तृकृत्येन प्रत्युपस्थितानि भवन्ति, यान्यनुत्तरायां सम्यक्संबोधौ शासकान्यवतारकाणि परिपाचकानि भवन्ति । उदारमेतन्महाराज स्थानं यदुत कल्याणमित्रपरिग्रहस्तथागतदर्शनसमादापकः । पश्यसि त्वं महाराज एतौ द्वौ दारकौ? आह -- पश्यामि भगवन्, पश्यामि सुगत । भगवानाह -- एतौ खलु पुनर्महाराज कुलपुत्रौ पञ्चषष्टीनां गङ्गानदीवालिकासमानां तथागतानामर्हतां सम्यक्संबुद्धानामन्तिके पूजां करिष्यतः, इमं च सद्धर्मपुण्डरीकं धर्मपर्यायं धारयिष्यतः सत्त्वानामनुकम्पायै, मिथ्यादृष्टीनां च सत्त्वानां सम्यग्दृष्ट्ये वीर्यसंजननार्थम्॥

今译：“这样说罢，世尊云中美妙雷声星宿王开花神通如来、阿罗汉、正等觉对国王妙庄严说道：‘正是这样，大王啊，正像你说的这样。大王啊，种植善根的善男子或善女人在生死道中每次命终转生后，都容易获得善友。这些善友从事导师的事业，教导众生悟入和通晓无上正等菩提。大王啊，这是高尚的事，受善友护持，得以看望如来。大王啊，你看到这两个王子吗？’国王回答说：‘看到，世尊，看到，善逝。’世尊说道：‘大王啊，这两个善男子将侍奉如同六十五恒河沙的如来、阿罗汉、正等觉，受持这个《妙法莲华》法门，出于怜悯众生，努力让怀有邪见的众生获得正见。’

什译："爾時，雲雷音宿王華智佛告妙莊嚴王言：'如是，如是！如汝所言。若善男子善女人種善根故，世世得善知識。其善知識能作佛事，示教利喜，令入阿耨多羅三藐三菩提。大王！當知善知識者是大因緣，所謂化導令得見佛，發阿耨多羅三藐三菩提心。大王！汝見此二子不？此二子，已曾[①]供養六十五百千萬億那由他恒河沙諸佛，親近恭敬，於諸佛所受持《法華經》，愍念邪見眾生，令住正見。'

अथ खलु कुलपुत्राः स राजा शुभव्यूहस्ततो गगनतलादवतीर्य दशनखमञ्जलिं प्रगृह्य तं भगवन्तं जलधरगर्जितघोषसुस्वरनक्षत्रराजसंकुसुमिताभिज्ञं तथागतमर्हन्तं सम्यक्संबुद्धमेतदवोचत्-- तत्साधु भगवन्। निर्दिशतु तथागतः -- कीदृशेन ज्ञानेन समन्वागतस्तथागतो ऽर्हन्सम्यक्संबुद्धो येन मूर्ध्नि उष्णीषो विभाति, विमलनेत्रश्च भगवान्, भ्रुवोर्मध्ये चोर्णा विभाति शशिशङ्खपाण्डराभा, सा च समसहिता दन्तावली वदनान्तरे विराजति, बिम्बोष्ठश्च भगवांश्चारुनेत्रश्च सुगतः ॥

今译："然后，诸位善男子啊，国王妙庄严从空中下来，十指合掌，对世尊云中美妙雷声星宿王开花神通如来、阿罗汉、正等觉说道：'世尊啊，请宣示具有什么智慧，如来、阿罗汉、正等觉头顶肉髻放光，清净眼世尊眉间白毫放光，如同月亮和贝螺的白光，嘴中成排的牙齿整齐紧密，闪闪发光，嘴唇似频婆果，眼睛优美。'[②]

什译："妙莊嚴王即從虛空中下，而白佛言：'世尊！如來甚希有，以功德智慧故，頂上肉髻光明顯照，其眼長廣而紺青色，眉間毫相白如珂[③]月，齒白齊密常有光明，脣色赤好如頻婆菓。'

अथ खलु कुलपुत्राः स राज शुभव्यूह इयद्भिर्गुणैस्तं भगवन्तं जलधरगर्जितघोषसुस्वरनक्षत्रराजसंकुसुमिताभिज्ञं तथागतमर्हन्तं सम्यक्संबुद्धमभिष्टुत्य अन्यैश्च गुणकोटीनयुतशतसहस्रैस्तं भगवन्तमभिष्टुत्य तस्यां वेलायां तं

---

① 此处"已曾"，按原文的时态是将来时，即 kariṣyataḥ，意谓他俩将会。

② 此处国王妙庄严询问的问题，世尊没有具体回答。故而，这段什译更合理。

③ "珂"是 saṅkha（"贝螺"）一词的音译。

भगवन्तं जलधरगर्जितभोषसुस्वरनक्षत्रराजसंकुसुमिताभिज्ञं तथागतमर्हन्तं सम्यक् संबुद्धमेतदवोचत्-- आश्चर्यं भगवन्यावन्महार्थमिदं तथागतशासनम्, अचिन्त्य-गुणसमन्वागतश्च तथागतप्रवेदितो धर्मविनयः, यावत्सुप्रज्ञप्ता च तथागतशिक्षा । अद्याग्रेण वयं भगवन्न भूयश्चित्तस्य वशगा भविष्यामः, न भूयो मिथ्यादृष्टेर्वशगा भविष्यामः, न भूयः क्रोधस्य वशगा भविष्यामः, न भूयः पापकानां चित्तोत्पादानां वशगा भविष्यामः । एभिरहं भगवनियद्भिरकुशलैर्धर्मैः समन्वागतो नेच्छामि भगवतो ऽन्तिकमुपसंक्रमितुम्। स तस्य भगवतो जलधरगर्जितघोषसुस्वर-नक्षत्रजसंकुसुमिताभिज्ञस्य तथागतस्यार्हतः सम्यक्संबुद्धस्य पादौ शिरसाभिवन्द्य अन्तरीक्षगत एवास्थात्॥

今译："诸位善男子啊，国王妙庄严以这些和其他百千千万那由他功德赞美世尊云中美妙雷声星宿王开花神通如来、阿罗汉、正等觉后，对世尊云中美妙雷声星宿王开花神通如来、阿罗汉、正等觉说道：'真是奇妙，世尊啊，如来法具有这样的大利益，如来宣说的法律和教诫具有不可思议的功德。世尊啊，从今以后，我们不再随心所欲，不再受邪见控制，不再受瞋怒控制，不再受邪念控制。世尊啊，我不再具有这些不善法，我愿意来到世尊身边。'他向世尊云中美妙雷声星宿王开花神通如来、阿罗汉、正等觉俯首行触足礼后，又升上空中，站在那里。

什译："爾時，妙莊嚴王讚歎佛如是等無量百千萬億功德已，於如來前，一心合掌，復白佛言：'世尊！未曾有也。如來之法具足成就不可思議微妙功德，教誡所行，安隱快善[1]。我從今日，不復自隨心行，不生邪見、憍慢、瞋恚諸惡之心。'說是語已，禮佛而出。

अथ खलु स राजा शुभव्यूहः सा च विमलदत्ता राजभार्या शतसहस्रमूल्यं मुक्ताहारं भगवत उपर्यन्तरीक्षे ऽक्षैप्सीत्। समनन्तरक्षिप्तश्च स मुक्ताहारस्तस्य भगवतो मूर्ध्नि मुक्ताहारः कूटागारः संस्थितो ऽभूच्चतुरस्रश्चतुःस्थूणः समभागः

① "快善"意谓快乐。此处原文中没有使用此词。

सुविभक्तो दर्शनीयः । तस्मिंश्च कूटागारे पर्यङ्कः प्रादुर्भूतो ऽनेकदूष्यशतसहस्र-संस्तृतः । तस्मिंश्च पर्यङ्के तथागतविग्रहः पर्यङ्कबद्धं संदृश्यते स्म । अथ खलु राज्ञः शुभव्यूहस्यैतदभवत्-- महानुभावमिदं बुद्धज्ञानम्, अचिन्त्यगुणसमन्वागतश्च तथागतः । यत्र हि नाम अयं तथागतविग्रहः कूटागारमध्यगतः संदृश्यते प्रासादिको दर्शनीयः परमशुभवर्णपुष्करतया समन्वागतः ॥

今译：“然后，国王妙庄严和王后净授在空中抛出价值百千的珍珠项链。抛出的珍珠项链在世尊的头顶上方成为四柱楼台，整齐美观。楼台上有座位，铺设有数百千绢布。看见有如来身在座位上结跏趺坐。于是，国王妙庄严心想：“这是佛智的大威力。如来具有不可思议的功德。坐在楼台中间的如来身清净可爱，具有众多第一美妙色。”

अथ खलु भगवान् जलधरगर्जितघोषसुस्वरनक्षत्रराजसंकुसुमिताभिज्ञ-स्तथागतश्चतस्रः पर्षदः आमन्त्रयते स्म -- पश्यथ भिक्षवो यूयं शुभव्यूहं राजानं गगनतलस्थं सिंहनादं नदन्तम्? आहुः -- पश्यामो भगवन्। भगवानाह -- एष खलु भिक्षवः शुभव्यूहो राजा मम शासने भिक्षुभावं कृत्वा शालेन्द्रराजो नाम तथागतो ऽर्हन्सम्यक्संबुद्धो लोके भविष्यति, विद्याचरणसंपन्नः सुगतो लोक-विदनुत्तरः पुरुषदम्यसारथिः शास्ता देवानां च मनुष्याणां च बुद्धो भगवान् विस्तीर्णवत्यां लोकधातौ । अभ्युद्गतराजो नाम स कल्पो भविष्यति । तस्य खलु पुनर्भिक्षवः शालेन्द्रराजस्य तथागतस्यार्हतः सम्यक्संबुद्धस्य अप्रमेयो बोधिसत्त्व-संघो भविष्यति, अप्रमेयः श्रावकसंघः । समा पाणितलजाता च वैदूर्यमयी सा विस्तीर्णवती लोकधातुर्भविष्यति । एवमचिन्त्यः स तथागतो ऽर्हन्सम्यक्संबुद्धो भविष्यति ।

今译：“然后，世尊云中美妙雷声星宿王开花神通如来、阿罗汉、正等觉对四众说道：‘众比丘啊，你们看见国王妙庄严在空中发出狮子吼吗？’回答说：‘我们看见，世尊。’世尊说道：‘众比丘啊，国王妙庄严在我说法期间成为比丘后，他将成为名为娑罗树王的如来、阿罗汉、正等觉、明行足、善逝、世间解、无上士、调御丈夫、天人师、佛世尊。世界名广大，劫名大高王。这位娑罗树王如来、阿罗汉、

正等觉会有无量无数菩萨和声闻。这个广大世界平坦似手掌，遍地琉璃。这位如来、阿罗汉、正等觉如此不可思议。’

स्यात्खलु पुनः कुलपुत्राः युष्माकं काङ्क्षा वा विमतिर्वा विचिकित्सा वा -- अन्यः स तेन कालेन तेन समयेन शुभव्यूहो नाम राजाभूत्? न खलु पुनः कुलपुत्रा युष्माभिरेवं द्रष्टव्यम्। तत्कस्य हेतोः? अयमेव स पद्मश्रीर्बोधिसत्त्वो महासत्त्वस्तेन कालेन तेन समयेन शुभव्यूहो नाम राजाभूत्। स्यात्खलु पुनः कुलपुत्रा युष्माकं काङ्क्षा वा विमतिर्वा विचिकित्सा वा -- अन्या सा तेन कालेन तेन समयेन विमलदत्ता नाम राजभार्याभूत्? न खलु पुनः कुलपुत्रा युष्माभिरेवं द्रष्टव्यम्। तत्कस्य हेतोः? अयं स वैरोचनरश्मिप्रतिमण्डितध्वजराजो नाम बोधिसत्त्वो महासत्त्वस्तेन कालेन तेन समयेन विमलदत्ता नाम राजभार्याभूत्। तस्य राज्ञः शुभव्यूहस्यानुकम्पायै तेषां च सत्त्वानां राज्ञः शुभव्यूहस्य भार्यात्वमभ्युपगतोऽभूत्। स्यात्खलु पुनः कुलपुत्रा युष्माकं काङ्क्षा वा विमतिर्वा विचिकित्सा वा -- अन्यौ तौ तेन कालेन तेन समयेन द्वौ दारकावभूताम्? न खलु पुनः कुलपुत्रा युष्माभिरेवं द्रष्टव्यम्। तत्कस्य हेतोः? इमौ तौ भैषज्यराजश्च भैषज्यसमुन्दतश्च तेन कालेन तेन समयेन तस्य राज्ञः शुभव्यूहस्य पुत्रावभूताम्। एवमचिन्त्यगुणसमन्वागतौ कुलपुत्रा भैषज्यराजो भैषज्यसमुद्गतश्च बोधिसत्त्वौ महासत्त्वौ, बहुबुद्धकोटीनयुतशतसहस्रावरोपितकुशलमूलौ एतावुभावपि सत्पुरुषावचिन्त्यधर्मसमन्वागतौ । ये च एतयोः सत्पुरुषयोर्नामधेयं धारयिष्यन्ति, ते सर्वे नमस्करणीया भविष्यन्ति सदेवकेन लोकेन ॥

今译：“诸位善男子啊，你们是否有怀疑或疑惑，那时名为妙庄严的国王是另一人？诸位善男子啊，你们不要这样看。为什么？这位华德菩萨就是那时名为妙庄严的国王。还有，诸位善男子啊，你们是否有怀疑或疑惑，那时名为净授的王后是另一人？诸位善男子啊，你们不要这样看。为什么？这位光照庄严旗王菩萨大士就是那时名为净授的王后。他怜悯国王妙庄严和那些众生，出生为国王妙庄严的妻子。诸位善男子啊，你们是否有怀疑或疑惑，那时两个王子是另外两人？诸位善男子啊，你们不要这样看。为什么？药王和药上这两位菩萨就是那时国王妙庄严的两个儿子。诸位善男子啊，药王和药上两位菩萨大士具有这样不可思议的功德。这两位贤士已经在数百千千千万那由他佛处种植善根，具有不可思议法。任何人记取这两位贤士的名号，都会受到世界和天界的礼敬。"

什译：佛告大眾："於意云何？妙莊嚴王豈異人乎？今華德菩薩是。其淨德夫人，今佛前光照莊嚴相菩薩是，哀愍妙莊嚴王及諸眷屬故，於彼中生。其二子者，今藥王菩薩、藥上菩薩是。是藥王、藥上菩薩成就如此諸大功德，已於無量百千萬億諸佛所殖眾德本，成就不可思議諸善功德。若有人識是二菩薩名字者，一切世間諸天人民亦應禮拜。"

अस्मिन्खलु पुनः पूर्वयोगपरिवर्ते भाष्यमाणे चतुरशीतीनां प्राणिसहस्राणां विरजो विगतमलं धर्मेषु धर्मचक्षुर्विशुद्धम्॥

今译：在宣说这个《本事品》时，八万四千众生摆脱污垢，获得观察诸法清净法眼。

什译：佛說是《妙莊嚴王本事品》時，八萬四千人遠塵離垢，於諸法中得法眼淨。

इति श्रीसद्धर्मपुण्डरीके धर्मपर्याये शुभव्यूहराजपूर्वयोगपरिवर्तो नाम पञ्चविंशतिमः॥

今译：以上是神圣《妙法莲华》法门中名为《妙庄严王本事品》的第二十五品。

२६ समन्तभद्रोत्साहनपरिवर्तः ।

今译：第二十六 普贤菩萨劝导品

什译：普賢菩薩勸發品第二十八

अथ खलु समन्तभद्रो बोधिसत्त्वो महासत्त्वः पूर्वस्यां दिशि गणनासमतिक्रान्तैर्बोधिसत्त्वैर्महासत्त्वैः सार्धं परिवृतः पुरस्कृतः प्रकम्पद्भिः क्षेत्रैः प्रवर्षद्भिः पद्मैः प्रवाद्यमानैस्तूर्यकोटीनयुतशतसहस्रैः, महता बोधिसत्त्वानुभावेन महत्या बोधिसत्त्वविकुर्वया महत्या बोधिसत्त्वर्द्ध्या महत बोधिसत्त्वमाहात्म्येन महता बोधिसत्त्वसमाहितेन महता बोधिसत्त्वतेजसा जाज्वल्यमानेन, महता बोधिसत्त्वयानेन, महता बोधिसत्त्वप्रातिहार्येण, महद्भिर्देवनागयक्षगन्धर्वासुरगरूडकिन्नरमहोरगमनुष्यामनुष्यैः परिवृतः पुरस्कृतः एवमचिन्त्यैर्ऋद्धिप्रातिहार्यैः समन्तभद्रो बोधिसत्त्वो महासत्त्व इमां लोकधातुं संप्राप्तः । स येनगृध्रकूटः पर्वतराजः येन च भगवांस्तेनोपसंक्रामत्। उपसंक्रम्य भगवतः पादौ शिरसाभिवन्द्य सप्तकृत्वः प्रदक्षिणीकृत्य भगवन्तमेतदवोचत्-- अहं भगवंस्तस्य भगवतो रत्नतेजोभ्युद्गतराजस्य तथागतस्य बुद्धक्षेत्रादिहागतः इह भगवन्सहायां लोकधातावयं सद्धर्मपुण्डरीको धर्मपर्यायो देश्यत इति । तमहं श्रवणायागतो भगवतः शाक्यमुनेस्तथागतस्य सकाशम्। अमूनि च भगवन्नेतावन्ति बोधिसत्त्वशतसहस्राणि इमं सद्धर्मपुण्डरीकं धर्मपर्यायं श्रवणायागतानि । तत्साधु भगवान् देशयतु तथागतोऽर्हन्सम्यक्संबुद्ध इमं सद्धर्मपुण्डारीकं धर्मपर्यायमेषां बोधिसत्त्वानां महासत्त्वानां विस्तरेण ।

今译：这时，在东方，普贤菩萨大士在无数菩萨大士恭敬围绕下，所有国土震动，普降莲花雨，百千千万那由他乐器奏响，具有大菩萨威力，大菩萨神变，大菩萨神通，大菩萨崇高性，大菩萨入定，大菩萨炽热光焰，大菩萨乘，大菩萨神通变化，在浩浩荡荡的天神、蛇、药叉、健达缚、阿修罗、迦楼罗、紧那罗、大蛇、人和非人的恭敬围绕下，普贤菩萨大士展现这样不可思议的神通变化，来到这个世界。他走近山王灵鹫山，走近世尊。走近后，向世尊俯首行触足礼，右绕七匝，对世尊说道："世尊啊，我从宝威德上王如来的佛土来到这个娑婆世界听取这个《妙法莲华》法门。我来到世尊释迦牟尼身边听法。世尊啊，这些数百千菩萨都来听取这个《妙法莲华》法门。请世尊如来、阿罗汉、正等觉向这些菩萨大士广说这个《妙法莲华》法门。"

什译：爾時，普賢菩薩以自在神通力威德名聞[1]，與大菩薩無量無邊不可稱數，從東方來。所經諸國普皆震動，雨寶蓮華，作無量百千萬億種種伎樂。又與無數諸天、龍、夜叉、乾闥婆、阿修羅、迦樓羅、緊那羅、摩睺羅伽、人非人等大眾圍繞，各現威德神通之力，到娑婆世界耆闍崛山中，頭面禮釋迦牟尼佛，右繞七匝，白佛言："世尊！我於寶威德上王佛國，遙聞此娑婆世界說《法華經》，與無量無邊百千萬億諸菩薩眾共來聽受，唯願世尊當為說之。若善男子、善女人，於如來滅後，云何能得是《法華經》？"

एवमुक्ते भगवान्समन्तभद्रं बोधिसत्त्वं महासत्त्वमेतदवोचत्-- उद्घटितज्ञा हि कुलपुत्र एते बोधिसत्त्वा महासत्त्वाः । अपि त्वयं सद्धर्मपुण्डरीको धर्मपर्यायो यदुत असंभिन्नतथता । ते बोधिसत्त्वा आहुः -- एवमेतद्भगवन्, एवमेतत्सुगत । अथ खलु यास्तस्यां पर्षदि भिक्षुभिक्षुण्युपासकोपासिकाश्च संनिपतिताः, तासां सद्धर्म-पुण्डरीके धर्मपर्याये प्रतिष्ठापनार्थं पुनरपि भगवान्समन्तभद्रं बोधिसत्त्वं महासत्त्व-मेतदवोचत्-- चतुर्भिः कुलपुत्र धर्मैः समन्वागतस्य मातृग्रामस्य अयं सद्धर्म-पुण्डरीको धर्मपर्यायो हस्तगतो भविष्यति । कतमैश्चतुर्भिः? यदुत बुद्धैर्भगवद्भि-रधिष्ठितो भविष्यति, अवरोपितकुशलमूलश्च भविष्यति, निरयराशिव्यवस्थितश्च भविष्यति, सर्वसत्त्वपरित्राणार्थमनुत्तरायां सम्यक्संबोधौ चित्तमुत्पादयिष्यति । एभिः कुलपुत्र चतुर्भिर्धर्मैः समन्वागतस्य मातृग्रामस्य अयं सद्धर्मपुण्डरीको

① 此处"名闻"意谓闻名。此处原文中没有此词。

धर्मपर्यायो हस्तगतो भविष्यति ॥

今译：这样说罢，世尊对普贤菩萨大士说道："善男子啊，这些菩萨大士智慧敏锐，这个《妙法莲华》法门是不坏真如。"这些菩萨说道："正是这样，世尊，正是这样，善逝。"这个集会中聚集着比丘、比丘尼、婆塞婆和优婆夷，世尊为了让她们[1]安住《妙法莲华》法门，又对普贤菩萨大士说道："善男子啊，女人要具有四法，才能获得这个《妙法莲华》法门。哪四法？受佛世尊护持，种植善根，住于正定聚[2]，为救护一切众生发起无上正等菩提心。善男子啊，具有这四法，女人能获得这个《妙法莲华》法门。"

什译：佛告普賢菩薩："若善男子、善女人成就四法，於如來滅後，當得是《法華經》：一者為諸佛護念，二者殖眾德本，三者入正定聚，四者發救一切眾生之心。善男子、善女人如是成就四法，於如來滅後，必得是經。"[3]

अथ खलु समन्तभद्रो बोधिसत्त्वो महासत्त्वो भगवन्तमेतदवोचत्-- अहं भगवन्पश्चिमे काले पश्चिमे समये पश्चिमायां पञ्चशत्यां वर्तमानायामेवंरूपाणां सूत्रान्तधारकाणां भिक्षूणां रक्षां करिष्यामि, स्वस्त्ययनं करिष्यामि, दण्डपरिहारं करिष्यामि, विषदूषणं करिष्यामि, यथा न कश्चित्तेषां धर्मभाणकानामवतारप्रेक्षी अवतारगवेषी अवतारं लप्स्यते । न मारः पापीयानवतारप्रेक्षी अवतारगवेषी अवतारं लप्स्यते, न मारपुत्रा न मारकायिका देवपुत्रा न मारकन्या न मारपार्षद्या यावन्न भूयो मारपर्युत्थितो भविष्यति । न देवपुत्रा न यक्षा न प्रेता न पूतना न कृत्या न वेतालास्तस्य धर्मभाणकस्यावतारप्रेक्षिणो ऽवतारगवेषिणो ऽवतारं लप्स्यन्ते । अहं भगवंस्तस्य धर्मभाणकस्य सततसमितं नित्यकालं रक्षां करिष्यामि ।

① 此处"她们"（tāsām）应该指比丘尼和优婆夷。

② 此处"正定聚"的原词是 nirayarāśi，应为 niyatarāśi。佛教将众生分为三类：正定聚、邪定聚和不定聚。"正定聚"指注定能达到觉悟。"邪定聚"指注定不能达到觉悟。"不定聚"指有缘能觉悟，无缘不能觉悟。

③ 按原文，这里是讲述女人要具备四法，方能获得这个法门。此处护译与原文一致。

今译：然后，普贤菩萨大士对世尊说道："世尊啊，我在末世末时最后五百年，会保护受持这部经的众比丘，保证他们安全，避免棍杖，消除毒害。让任何伺机伤害这些说法的人无机可乘。让邪恶的摩罗无机可乘。让魔子、魔天子、魔女、魔众乃至魔鬼附身者无机可乘。也让伺机伤害说法者的天子、药叉、饿鬼、臭鬼、恶鬼和僵尸鬼无机可乘。世尊啊，我会永远保护说法者。

什译：爾時，普賢菩薩白佛言："世尊！於後五百歲濁惡世中，其有受持是經典者，我當守護，除其衰患，令得安隱，使無伺求得其便者。若魔，若魔子，若魔女，若魔民，若為魔所著者，若夜叉，若羅刹，若鳩槃茶，若毗舍闍，若吉遮，若富單那，若韋陀羅[①]等，諸惱人者，皆不得便。

यदा च स धर्मभाणको ऽस्मिन्धर्मपर्याये चिन्तायोगमनुयुक्तश्चंक्रमाभिरूढो भविष्यति, तदाहं भगवंस्तस्य धर्मभाणकस्यान्तिके श्वेतषड्दन्तं गजराजमभिरुह्य तस्य धर्मभाणकस्य चंक्रमकुटीमुपसंक्रमिष्यामि बोधिसत्त्वगणपरिवृतो ऽस्य धर्मपर्यायस्यारक्षायै । यदा पुनस्तस्य धर्मभाणकस्य अस्मिन्धर्मपर्याये चिन्तायोगमनुयुक्तस्य सतः इतो धर्मपर्यायदन्तशः पदव्यञ्जनं परिभ्रष्टं भविष्यति, तदाहं तस्मिन्श्वेतषड्दन्ते गजराजे ऽभिरुह्य तस्य धर्मभाणकस्य संमुखमुपदर्शयित्वा इमं धर्मपर्यायमविकलं प्रत्युच्चारयिष्यामि । स च धर्मभाणको ममात्मभावं दृष्ट्वा इमं च धर्मपर्यायमविकलं ममान्तिकाच्छ्रुत्वा तुष्ट उदग्र आत्तमनाः प्रमुदितः प्रीतिसौमनस्यजातो भूयस्या मात्रया अस्मिन्धर्मपर्याये वीर्यमारप्स्यते, मम च सहदर्शनेन समाधिं प्रतिलप्स्यते, धारण्यावर्तां च नाम धारणीं प्रतिलप्स्यते, कोटीशतसहस्रावर्तां च नाम धारणीं प्रतिलप्स्यते, सर्वरुतकौशल्यावर्तां च नाम धारणीं प्रतिलप्स्यते ॥

今译："说法者思惟和修习这个法门时，在散步时，世尊啊，我会乘坐六牙白象，在众菩萨围绕下，来到说法者的身边，走近说法者

① 此处"富单那"（pūtana）是臭鬼，"吉遮"（kṛtya）是恶鬼，"韦陀罗"（vetāla）是"僵尸鬼"。

的散步处，保护这个法门。说法者修习这个法门时，即使忘失这个法门的一个音义，我也会乘坐六牙白象出现在说法者面前，提醒他保持这个法门完整。说法者看到我，在我身边聆听完整的法门，满意，激动，高兴，欢喜，喜悦，愉快，更加努力修习这个法门。看到我后，他们获得三昧，获得名为陀罗尼旋的陀罗尼，获得名为百千千万旋的陀罗尼，获得名为通晓一切音旋的陀罗尼。

什译："是人若行若立，讀誦此經，我爾時乘六牙白象王，與大菩薩眾俱詣其所，而自現身，供養守護，安慰其心，亦為供養《法華經》故。是人若坐思惟此經，爾時我復乘白象王現其人前。其人若於《法華經》有所忘失一句一偈，我當教之，與共讀誦，還令通利。爾時受持讀誦《法華經》者得見我身，甚大歡喜，轉復精進。以見我故，即得三昧及陀羅尼，名為旋陀羅尼、百千萬億旋陀羅尼、法音方便陀羅尼，得如是等陀羅尼。

ये च भगवन्पश्चिमे काले पश्चिमे समये पश्चिमायां पञ्चाशत्यां भिक्षवो वा भिक्षूण्यो वा उपासका वा उपासिका वा एवं सूत्रान्तधारका एवं सूत्रान्तलेखका एवं सूत्रान्तमार्गका एवं सूत्रान्तवाचका ये पश्चिमे काले पश्चिमे समये पश्चिमायां पञ्चशत्यामस्मिन्धर्मपर्याये त्रिसप्ताहमेकविंशतिदिवसानि चंक्रमाभिरूढा अभियुक्ता भविष्यन्ति, तेषामहं सर्वसत्त्वप्रियदर्शनमात्मभावं संदर्शयिष्यामि । तमेव श्वेतं षड्दन्तं गजराजमभिरुह्य बोधिसत्त्वगणपरिवृतः एकविंशतिमे दिवसे तेषां धर्मभाणकानां चंक्रममागमिष्यामि । आगत्य च तान्धर्मभाणकान्परिसंहर्षयिष्यामि समादापयिष्यामि समुत्तेजयिष्यामि संप्रहर्षयिष्यामि । धारणीं चैषां दास्यामि, यथा ते धर्मभाणका न केनचिद्धर्षणीया भविष्यन्ति । न चैषां मनुष्या वा अमनुष्या वा अवतारं लप्स्यन्ते, न च नार्यो ऽपसंहरिअष्यन्ति । रक्षां चैषां करिष्यामि, स्वस्त्ययनं करिष्यामि, दण्डपरिहारं करिष्यामि, विषदूषणं करिष्यामि । तेषां वयं भगवन्धर्मभाणकानामिमानि धारणीपदानि दास्यामि । तानि भगवन्धारणीपदानि । तद्यथा --

今译："世尊啊，在末世末时最后五百年，比丘、比丘尼、优婆塞和优婆夷受持这部经，书写这部经，思索这部经，诵读这部经。他们在末世末时最后五百年，修习这个法门，三七二十一天散步，我会向他们显现一切众生喜见的身体。我会乘坐六牙白象，在众菩萨围绕下，三七二十一天，来到这些说法者的散步处。来到后，我会让这些说法者高兴。我会教导和激励他们，让他们高兴。我会赐予他们陀罗尼。这样，这些说法者就不会遭受任何人伤害。人和非人都无机可乘。女人也不能诱惑他们。我会保护他们，保证他们安全，避免棍杖，消除毒害。世尊啊，我会赐予这些说法者陀罗尼咒语。世尊啊，这些陀罗尼咒语。例如，

什译：“世尊！若後世後五百歲濁惡世中，比丘、比丘尼、優婆塞、優婆夷，求索者、受持者、讀誦者、書寫者，欲修習是《法華經》，於三七日中，應一心精進。滿三七日已，我當乘六牙白象，與無量菩薩而自圍繞，以一切眾生所喜見身，現其人前，而為說法，示教利喜，亦復與其陀羅尼呪。得是陀羅尼故，無有非人能破壞者，亦不為女人之所惑亂，我身亦自常護是人。唯願世尊聽我說此陀羅尼呪。”即於佛前而說呪曰：

अदण्डे दण्डपति दण्डावर्तनि दण्डकुशले दण्डसुधारि सुधारपति बुद्धपश्यने सर्वधारणि आवर्तनि संवर्तनि संघपरीक्षिते संघनिर्घातनि धर्मपरीक्षिते सर्वसत्त्वरुतकौशल्यानुगते सिंहविक्रीडिते अनुवर्ते वर्तनि वर्तालि स्वाहा ॥

今译：“阿丹代，丹陀波地，丹达婆尔多尼，丹陀古舍勒，丹陀苏达利，苏达波地，菩陀波希耶奈，沙尔婆陀罗尼，阿婆尔多尼，商婆尔多尼，商伽波利克希代，商伽尼尔卡多尼，达摩波利克希代，沙尔婆沙陀鲁多高舍利亚努伽代，辛诃维克利底代，阿努婆尔代，婆尔多尼，婆尔达利，娑婆诃！

什译：阿檀地(途賣反)(一)檀陀婆地(二)檀陀婆帝(三)檀陀鳩舍隷(四)檀陀修陀隷(五)修陀隷(六)修陀羅婆底(七)佛馱波羶禰(八)薩婆陀

羅尼阿婆多尼(九)薩婆婆沙阿婆多尼(十)修阿婆多尼(十一)僧伽婆履叉尼(十二)僧伽涅伽陀尼(十三)阿僧祇(十四)僧伽波伽地(十五)帝隸阿惰僧伽兜略(盧遮反)阿羅帝婆羅帝(十六)薩婆僧伽三摩地伽蘭地(十七)薩婆達磨修波利剎帝(十八)薩婆薩埵樓馱憍舍略阿㝹伽地(十九)辛阿毗吉利地帝(二十)[1]

इमानि तानि भगवन्धारणीपदानि यस्य बोधिसत्त्वस्य महासत्त्वस्य श्रोत्रेन्द्रियस्यावभासमागमिष्यन्ति, वेदितव्यमेतत्समन्तभद्रस्य बोधिसत्त्वस्य महासत्त्वस्याधिष्ठानमिति ॥

今译："世尊啊，这些陀罗尼咒语会进入菩萨大士的耳根，应该知道这是普贤菩萨大士的护持力。

什译："世尊！若有菩薩得聞是陀羅尼者，當知普賢神通之力。

अयं च भगवन्सद्धर्मपुण्डरीको धर्मपर्यायो ऽस्मिन् जम्बुद्वीपे प्रचरमाणो येषां बोधिसत्त्वानां महासत्त्वानां हस्तगतो भविष्यति, तैर्भगवन्धर्मभाणकैरेवं वेदितव्यम्-- समन्तभद्रस्य बोधिसत्त्वस्य महासत्त्वस्यानुभावेन यदस्माकमयं धर्म-पर्यायो हस्तगतः समन्तभद्रस्य बोधिसत्त्वस्य महासत्त्वस्य तेजसा । समन्तभद्रस्य बोधिसत्त्वस्य महासत्त्वस्य चर्यायास्ते भगवन्सत्त्वा लाभिनो भविष्यन्ति । बहुबुद्धावरोपितकुशलमूलाश्च ते सत्त्वा भविष्यन्ति । तथागतपाणिपरिमार्जित-मूर्धानश्च ते भगवन्सत्त्वा भविष्यति । ये इदं सूत्रं लिखिष्यन्ति धारयिष्यन्ति, मम तैर्भगवन्प्रियं कृतं भविष्यति । य इदं सूत्रं लिखिस्यन्ति, ये च अस्यार्थमनुभोत्स्यन्ते, लिखित्वा च ते भगवन्निदं सूत्रमितश्च्युत्वा त्रायस्त्रिंशतां देवानां सभागताय उपपत्स्यन्ते, सहोपपन्नानां चैषां चतुरशीतिरप्सरसां सहस्राण्युपसंक्रमिष्यन्ति । भेरीमात्रेण मुकुटेन ते देवपुत्रास्तासामप्सरसां मध्ये स्थास्यन्ति । ईदृशः कुलपुत्रा इमं धर्मपर्यायं लिखित्वा पुण्यस्कन्धः । कः पुनर्वादो ये एतमुद्देक्ष्यन्ति स्वाध्यायिष्यन्ति चिन्तयिष्यन्ति मनसि करिष्यन्ति ।

---

① 护译："無我除我，因我方便，賓仁和除，甚柔軟柔句，見諸佛因，諸總持行眾諸說，蓋迴轉盡集會，除眾趣無央數，計諸句三世數等，越有為舉諸法，曉眾生音，師子娛樂。"

今译：“世尊啊，只要这个《妙法莲华》法门在这个瞻部洲流传，众菩萨大士就会获得。这些说法者应该知道，凭借普贤菩萨大士的威力，凭借普贤菩萨大士的光辉，他们获得这个法门。世尊啊，这些众生会获得普贤菩萨大士的所行。这些众生会在许多佛处种植善根。世尊啊，这些众生会得到如来手掌摩顶。世尊啊，他们会书写和受持这部经，会令我喜欢。他们会书写这部经，理解它的含义。世尊啊，他们书写这部经，命终后，会出生在忉利天众天神的会堂中。出生后，八万四千天女会走近他们。这些天子会头戴铜鼓[①]形顶冠，站在这些天女中间。这些善男子书写这个法门，获得这样的功德。

什译：“若《法華經》行閻浮提，有受持者，應作此念：‘皆是普賢威神之力。’若有受持讀誦，正憶念，解其義趣，如說修行，當知是人行普賢行[②]，於無量無邊諸佛所深種善根，為諸如來手摩其頭。若但書寫，是人命終，當生忉利天上。是時八萬四千天女作眾伎樂而來迎之，其人即著七寶冠，於婇女中娛樂快樂。

तस्मात्तर्हि कुलपुत्राः सत्कृत्य अयं सद्धर्मपुण्डरीको धर्मपर्यायो लिखितव्यः, सर्वचेतः समन्वाहृत्य । यश्च अविक्षिप्तेन मनसिकारेण लिखिष्यति, तस्य बुद्धसहस्रं हस्तमुपनामयिष्यति, मरणकाले चास्य बुद्धसहस्रं संमुखमुपदर्शनं करिष्यति । न च दुर्गतिविनिपातगामी भविष्यति । इतश्च्युतश्च तुषितानां देवानां सभागतायोपपत्स्यते, यत्र स मैत्रेयो बोधिसत्त्वो महासत्त्वस्तिष्ठति, द्वात्रिंशद्वरलक्षणो बोधिसत्त्वसत्त्वगणपरिवृतो ऽप्सरःकोटीनयुतशतसहस्रपुरस्कृतो धर्मं देशयति । तस्मात्तर्हि कुलपुत्राः पण्डितेन कुलपुत्रेण वा कुलदुहिता वा अयं सद्धर्मपुण्डरीको धर्मपर्यायः सत्कृत्य लिखितव्यः सत्कृत्योद्देष्टव्यः, सत्कृत्य स्वाध्यायितव्यः, सत्कृत्य मनसिकर्तव्यः । इमं कुलपुत्रा धर्मपर्यायं लिखित्वा उद्दिश्य स्वाध्यायित्वा भावयित्वा मनसिकृत्वा एवमप्रमेया गुणा भविष्यन्ति । तस्मात्तर्हि तेन पण्डितेन भगवन्कुलपुत्रेण वा कुलदुहित्रा वा अयं सद्धर्मपुण्डरीको धर्मपर्यायो धारयितव्यः ।

① 此处“铜鼓”（bherī）一词，什译“七宝”，应该是改换用词。
② “普贤行”指普贤的所行或修行。

एतावन्तस्तेषां गुणानुशंसा भविष्यन्ति । तस्मात्तर्हि भगवनहमपि तावदिमं धर्मपर्यायमधिष्ठास्यामि, यथा भगवन्ममाधिष्ठानेन अयं धर्मपर्यायो ऽस्मिन् जम्बुद्वीपे प्रचरिष्यति ॥

今译："更何况他们论议、诵习、思惟和思考这部经。因此，诸位善男子啊，应该集中思想，恭敬地书写这个《妙法莲华》法门。若是专心致志书写这个法门，成千佛会向他伸出援手。命终时，成千佛在他面前显身。他不会堕入恶道。命终后，他会出生在兜率天众天神的会堂中。那里住着弥勒[①]菩萨大士，具有三十二妙相，在众菩萨和百千千万那由他天女恭敬围绕下说法。因此，诸位善男子啊，聪明的善男子或善女人应该恭敬地书写这个《妙法莲华》法门，恭敬地论议，恭敬地诵习，恭敬地思惟。诸位善男子啊，书写、论议、诵习、修习和思惟这个法门，会获得无量功德。因此，世尊啊，聪明的善男子或善女人应该受持这个《妙法莲华》法门。他们会有这样的功德。因此，世尊啊，我会这样护持这个法门。世尊啊，依靠我的护持，这个法门会在瞻部洲流传。"

什译："何況受持讀誦，正憶念，解其義趣，如說修行。若有人受持讀誦，解其義趣，是人命終，為千佛授手，令不恐怖，不墮惡趣，即往兜率天上彌勒菩薩所。彌勒菩薩有三十二相，大菩薩眾所共圍繞，有百千萬億天女眷屬，而於中生，有如是等功德利益。是故，智者應當一心自書，若使人書，受持讀誦，正憶念，如說修行。世尊！我今以神通力[②]，守護是經，於如來滅後閻浮提內，廣令流布，使不斷絕。"

अथ खलु तस्यां वेलायां भगवान् शाक्यमुनिस्तथागतो ऽर्हन्सम्यक्संबुद्धः समन्तभद्राय बोधिसत्त्वाय महासत्त्वाय साधुकारमदात्-- साधु साधु समन्तभद्र, यत्र हि नाम त्वमेवं बहुजनहिताय बहुजनसुखाय लोकानुकम्पायै महतो

① "弥勒"（maitreya）是未来佛，住在兜率天。

② 此处"力"字，据《中华大藏经》校勘记，《资》、《碛》、《普》、《南》、《径》、《清》、《丽》作"力故"。

जनकायस्यार्थाय हिताय सुखाय प्रतिपन्नः । एवमचिन्त्यधर्मसमन्वागतो ऽसि महाकरुणासंगृहीतेनाध्याशयेन, अचिन्त्यसंगृहीतेन चित्तोत्पादेन, यस्त्वं स्वयमेव तेषां धर्मभाणकानामधिष्ठानं करोषि । ये केचित्कुलपुत्राः समन्तभद्रस्य बोधिसत्त्वस्य महासत्त्वस्य नामधेयं धारयिष्यन्ति, वेदितव्यं तैः शाक्यमुनिस्तथागतो दृष्ट इति । अयं च सद्धर्मपुण्डरीको धर्मपर्यायस्तस्य भगवतः शाक्यमुनेरन्तिकाच्छ्रुतः। शाक्यमुनिश्च तथागतस्तैः पूजितः । शाक्यमुनेश्च तथागतस्य धर्मं देशयतः साधुकारो ऽनुप्रदत्तः । अनुमोदितश्चायं धर्मपर्यायो भविष्यति शाक्यमुनिना च तथागतेन तेषां मूर्ध्नि पाणिः प्रतिष्ठापितो भविष्यति । भगवांश्च शाक्यमुनिस्तैश्चीवरैरवच्छादितो भविष्यति । तथागतशासनपरिग्राहकाश्च ते समन्तभद्र कुलपुत्रा वा कुलदुहितरो वा वेदितव्याः ।

今译：这时，世尊释迦牟尼如来、阿罗汉、正等觉称赞普贤菩萨大士："很好，很好，普贤啊，你确实为大众谋利益，为大众谋幸福，同情世界，为众生谋利益，为众生谋幸福。你具有这样的不可思议法。你具有大慈悲心愿，你具有不可思议心意。你亲自护持这些说法者。诸位善男子啊，任何人记取普贤菩萨大士这个名号，应该知道他们已经见到释迦牟尼如来，已经从释迦牟尼如来身边闻听这个《妙法莲华》法门。他们已经侍奉释迦牟尼如来。他们已经称赞释迦牟尼宣说的法。他们会随喜这个法门。他们会得到释迦牟尼如来手掌摩顶。他们也会为世尊释迦牟尼披衣[①]。普贤啊，应该知道这些善男子或善女人掌握如来法。

什译：爾時，釋迦牟尼佛讚言："善哉，善哉！普賢！汝能護助是經，令多所眾生安樂利益。汝已成就不可思議功德，深大慈悲，從久遠來，發阿耨多羅三藐三菩提意，而能作是神通之願，守護是經。我當以神通力，守護能受持普賢菩薩名者。普賢！若有受持讀誦，正憶念，修習、書寫是《法華經》者[②]，當知是人，則見釋迦牟尼佛，如從佛口聞此經典。當知是人，供養釋迦牟尼佛。當知是人，佛讚善

① "为世尊释迦牟尼披衣"，可以理解为向世尊释迦牟尼供奉衣服。
② 这一句按原文表述，是"记取普贤菩萨大士这个名号"。

哉。當知是人，為釋迦牟尼佛手摩其頭。當知是人，為釋迦牟尼佛衣之所覆[①]。

न च तेषां लोकायते रुचिर्भविष्यति, न काव्यप्रसृताः सत्त्वास्तेषामभिरुचिता भविष्यन्ति, न नृत्तका न मल्ला न नर्तका न शौण्डिकौरभ्रिककौक्कुटिकसौकरिकस्त्रीपोषकाः सत्त्वास्तेषामभिरुचिता भविष्यन्ति । ईदृशांश्च सूत्रान्तान् श्रुत्वा लिखित्वा धारयित्वा वाचयित्वा वा न तेषामन्यदभिरुचितं भविष्यति । स्वभावधर्मसमन्वागताश्च ते सत्त्वा वेदितव्याः । प्रत्यात्मिकश्च तेषां योनिशोमनसिकारो भविष्यति । स्वपुण्यबलाधाराश्च ते सत्त्वा भविष्यन्ति, प्रियदर्शनाश्च ते भविष्यन्ति सत्त्वानाम्। एवं सूत्रान्तधारकाश्च ये भिक्षवो भविष्यन्ति, न तेषां रागो व्याबाधिष्यति, न द्वेषो न मोहो नेर्ष्या न मात्सर्यं न म्रक्षो न मानो नाधिमानो न मिथ्यामानः । स्वलाभसंतुष्टाश्च ते समन्तभद्र धर्मभाणका भविष्यन्ति ।

今译："他们不会喜爱顺世论。他们不会喜爱舞弄诗文者。他们不会喜爱舞伎、拳击手、演员、酒贩、屠夫、养鸡人、养猪人和豢养妓女者。他们闻听、书写、受持和诵读这些经，而不喜爱其他一切。应该知道他们具有自性法。他们自己内心如理思惟。他们具有自己的功德力，人见人爱。他们受持这部经，成为比丘。他们不会受贪欲、瞋怒、愚痴、嫉妒、吝啬、虚伪、骄傲、自大和狂妄侵扰。普贤啊，他们满足于自己所得，成为说法者。

什译："如是之人，不復貪著世樂，不好外道經書手筆[②]，亦復不喜親近其人及諸惡者，若屠兒，若畜猪羊雞狗，若獵師，若衒賣女色。是人心意質直，有正憶念，有福德力。是人不為三毒所惱，亦[③]不為嫉妬、我慢、邪慢、增上慢所惱。是人少欲知足，能修普賢之行。

यः समन्तभद्र पश्चिमे काले पश्चिमे समये पश्चिमायां पञ्चशत्यां

① 此处"衣之所覆"，按原文是 cīvarairvacchāditaḥ，词义为被衣服覆盖。整个句子的意思是世尊释迦牟尼被他们披上衣服。

② 此处"手笔"意谓诗文，对应的原词是 kāvya。

③ 此处"亦"字，据《中华大藏经》校勘记，《丽》作"亦复"。

वर्तमानायामस्य सद्धर्मपुण्डरीकस्य धर्मपर्यायस्य धारकं भिक्षुं पश्येत्, एवं चित्तमुत्पादयितव्यम्-- गमिष्यत्ययं कुलपुत्रो बोधिमण्डम्, निर्जेष्यत्ययं कुलपुत्रो मारकलिचक्रम्, प्रवर्तयिष्यत्ययं धर्मचक्रम्, पराहनिष्यत्ययं धर्मदुन्दुभिम्, प्रपूरयिष्यत्ययं धर्मशङ्खम्, प्रवर्षयिष्यत्ययं धर्मवर्षम्, अभिरोक्ष्यत्ययं धर्मसिंहासनम्। य इमं धर्मपर्यायं पश्चिमे काले पश्चिमे समये पश्चिमायां पञ्चशत्यां वर्तमानायां धारयिष्यन्ति, न ते भिक्षवो लुब्धा भविष्यन्ति, न चीवरगृद्धा न पात्रगृद्धा भविष्यन्ति । ऋजुकाश्च ते धर्मभाणका भविष्यन्ति । त्रिविमोक्षलाभिनश्च ते धर्मभाणका भविष्यन्ति । दृष्टधार्मिकं च तेषां निवर्तिष्यति ।

今译：“普贤啊，在末世末时最后五百年，如果看到受持这个《妙法莲华》法门的比丘，应该产生这样的想法：‘这个善男子会前往菩提道场。这个善男子会降伏摩罗魔军，转动法轮，擂响法鼓，吹响法螺，降下法雨，登上狮子法座。’在末世末时最后五百年，受持这个法门，这些比丘不会贪著，不会贪图衣钵。这些说法者为人正直。这些说法者会获得三解脱。他们会在现世得福。

什译：“普賢！若如來滅後後五百歲，若有人見受持讀誦《法華經》者，應作是念：‘此人不久當詣道場，破諸魔眾，得阿耨多羅三藐三菩提，轉法輪，擊法鼓，吹法螺，雨法雨，當坐天人大眾中師子法座上。’普賢！若於後世，受持讀誦是經典者，是人不復貪著衣服、臥具、飲食、資生之物，所願不虛，亦於現世得其福報。

य एवं सूत्रान्तधारकाणां धर्मभाणकानां भिक्षूणां मोहं दास्यन्ति, जात्यन्धास्ते सत्त्वा भविष्यन्ति । ये चैवंरूपाणां सूत्रान्तधारकाणां भिक्षूणामवर्णं संश्रावयिष्यन्ति, तेषां दृष्ट एव धर्मे कायश्चित्रो भविष्यति । य एवं सूत्रान्तलेखकानामुच्चग्घनं करिष्यन्ति उल्लपिष्यन्ति, ते खण्डदन्ताश्च भविष्यन्ति, वरलदन्ताश्च भविष्यन्ति, बीभत्सोष्ठाश्च भविष्यन्ति, चिपिटनासाश्च भविष्यन्ति, विपरीतहस्तपादाश्च भविष्यन्ति, विपरीतनेत्राश्च भविष्यन्ति, दुर्गन्धिकायाश्च भविष्यन्ति, गण्डपिटकविचर्चिदद्रुकण्ड्वाकीर्णशरीराश्च भविष्यन्ति । ये ईदृशानां सूत्रान्तलेखकानां सूत्रान्तवाचकानां च सूत्रान्तधारकाणां च सूत्रान्तदेशकानां च अप्रियां वाचं भूतामभूतां वा

संश्रावयिष्यन्ति, तेषामिदमागाढतरं पापकं कर्म वेदितव्यम्। तस्मात्तर्हि समन्तभद्र अस्य धर्मपर्यायस्य धारकाणां भिक्षूणां दूरत एव प्रत्युत्थातव्यम्। यथा तथागतस्यान्तिके गौरवं कर्तव्यम्, तथा तेषामेव सूत्रान्तधारकाणां भिक्षूणामेवं गौरवं कर्तव्यम्॥

今译："如果有些人指责受持这部经的说法者愚痴，他们会天生目盲。如果有些人毁谤受持这部经的比丘，他们的身体在现世就会得白斑病。如果有些人嘲笑讥讽书写这部经的人，他们的牙齿会破碎，稀疏，嘴唇丑陋，鼻子扁平，手脚扭曲，眼睛歪斜，身体恶臭，全身长满肿瘤、脓包、疥癣、疱疹和疥疮。应该知道凡是诋毁书写、诵读、受持和宣说这部经的人，无论真实或不真实，他们会获得深重罪孽。因此，普贤啊，见到受持这个法门的比丘，应该在远处就起身相迎。应该敬重这些受持这部经的比丘，就像敬重如来。"

什译："若有人輕毀之，言：'汝狂人耳，空作是行，終無所獲。'如是罪報，當世世無眼。若有供養讚歎之者，當於今世得現果報。若復見受持是經者，出其過惡，若實若不實，此人現世得白癩病。若有輕笑之者，當世世牙齒踈缺，醜脣平鼻，手腳繚戾[①]，眼目角睞[②]，身體臭穢，惡瘡、膿血、水腹、短氣，諸惡重病。是故，普賢！若見受持是經典者，當起遠迎，當如敬佛。"

अस्मिन्खलु पुनः समन्तभद्रोत्साहनपरिवर्ते निर्दिश्यमाने गङ्गानदीवालिकासमानां बोधिसत्त्वानां महासत्त्वानां कोटीशतसहस्रावर्ताया धारण्याः प्रतिलम्भो ऽभूत्॥

今译：在宣说这个《普贤劝导品》时，如同恒河沙的菩萨大士获得百千千万旋陀罗尼。

什译：說是《普賢勸發品》時，恒河沙等無量無邊菩薩得百千萬

① "缭戾"意谓弯曲或扭曲。
② "角睐"意谓眼角歪斜。

億旋陀羅尼。三千大千世界微塵等諸菩薩具普賢道。佛說是經時，普賢等諸菩薩，舍利弗等諸聲聞，及諸天、龍、人非人等，一切大會，皆大歡喜，受持佛語，作禮而去。

इति श्रीसद्धर्मपुण्डरीके धर्मपर्याये समन्तभद्रोत्साहनपरिवर्तो नाम षड्विंशतिमः ॥

今译：以上是神圣《妙法莲华》法门中名为《普贤菩萨劝导品》的第二十六品。

२७ अनुपरीन्दनापरिवर्तः ।

今译：第二十七 托付品

什译：嘱累品第二十二

अथ खलु भगवान् शाक्यमुनिस्तथागतो ऽर्हन्सम्यक्संबुद्ध उत्थाय तस्माद्धर्मासनात्सर्वांस्तान्बोधिसत्त्वान्पिण्डीकृत्य दक्षिणेन पाणिना ऋद्ध्यभिसंस्कारपरिनिष्पन्नेन दक्षिणहस्तेष्वध्यालम्ब्य तस्यां वेलायामेतदवोचत्-- इमामहं कुलपुत्रा असंख्येयकल्पकोटीनयुतशतसहस्रसमुदानीतामनुत्तरां सम्यक्संबोधिं युष्माकं हस्ते परिन्दामि अनुपरिन्दामि निक्षिपामि उपनिक्षिपामि । यथा विपुला वैस्तारिकी भवेत्, तथा युष्माभिः कुलपुत्राः करणीयम्। द्वैतीयकमपि त्रैतीयकमपि भगवान्सर्वावन्तं बोधिसत्त्वगणं दक्षिणेन पाणिना अध्यालम्ब्यैतदवोचत्-- इमामहं कुलपुत्रा असंख्येयकल्पकोटीनयुतशतसहस्रसमुदानीतामनुत्तरां सम्यक्संबोधिं युष्माकं हस्ते परिन्दामि अनुपरिन्दामि निक्षिपामि उपनिक्षिपमि । युष्माभिः कुलपुत्र उद्गृहीतव्या धारयितव्या वाचयितव्या पर्यवाप्तव्या देशयितव्या प्रकाशयितव्या । सर्वसत्त्वानां च संश्रावयितव्या । अमात्सर्यो ऽहं कुलपुत्रा अपरिगृहीतचित्तो विशारदो बुद्धज्ञानस्य दाता, तथागतज्ञानस्य स्वयंभूज्ञानस्य दाता । महादानपतिरहं कुलपुत्राः । युष्माभिरपि कुलपुत्रा ममैवानुशिक्षितव्यम्। अमत्सरिभिर्भूत्वेमं तथागतज्ञानदर्शनं महोपायकौशल्यमागतानां कुलपुत्राणां कुलदुहितृणां च अयं धर्मपर्यायः संश्रावयितव्यः । ये च अश्राद्धाः सत्त्वास्ते ऽस्मिन्धर्मपर्याये समादापयितव्याः । एवं युष्माभिः कुलपुत्रास्तथागतानां प्रतिकारः कृतो भविष्यति ॥

今译：这时，世尊释迦牟尼如来、阿罗汉、正等觉从法座起身，聚拢①所有菩萨，用具足神通的右掌放在他们的右手上，说道："诸位善男子啊，我将这个历经无数百千千万那由他劫修习的无上正等菩提托付你们，放在你们手中。诸位善男子啊，你们应该让它广为流布。"世尊第二次、第三次将右掌放在他们的右手上，说道："诸位善男子啊，我将这个历经无数百千千万那由他劫修习的无上正等菩提托付你们，放在你们手中。诸位善男子啊，你们应该接受、记取、诵读、宣示和说明。你们应该向一切众生宣说。诸位善男子啊，我毫不吝啬，无隐藏心，无所畏惧，施舍佛智，施舍如来智、自在者智。诸位善男子啊，我是大施主。诸位善男子啊，你们也应该向我学习。你们要毫不吝啬，向前来的善男子或善女人宣说大方便善巧如来知见，宣说这个法门。你们应该教导那些不相信这个法门的众生。诸位善男子啊，你们这样做，就是报答佛恩。"

什译：爾時，釋迦牟尼佛從法座起，現大神力，以右手摩無量菩薩摩訶薩頂②，而作是言："我於無量百千萬億阿僧祇劫，修習是難得阿耨多羅三藐三菩提法，今以付囑汝等。汝等應當一心流布此法，廣令增益。"如是三摩諸菩薩摩訶薩頂，而作是言："我於無量百千萬億阿僧祇劫，修習是難得阿耨多羅三藐三菩提法，今以付囑汝等。汝等當受持讀誦，廣宣此法，令一切眾生普得聞知。所以者何？如來有大慈悲，無諸慳悋，亦無所畏，能與眾生佛之智慧、如來智慧、自然智慧。如來是一切眾生之大施主。汝等亦應隨學如來之法，勿生慳悋。於未來世，若有善男子、善女人信如來智慧者，當為演說此《法華經》，使得聞知，為令其人得佛慧故。若有眾生不信受者，當於如來餘深法③中，示教利喜。汝等若能如是，則為已報諸佛之恩。"

एवमुक्तास्ते बोधिसत्त्व महासत्त्व भगवता शाक्यमुनिना तथागतेनार्हता

---

① "聚拢"的原词是 piṇḍīkṛtya，词义为合成一团或聚合。
② 此处"摩无量菩萨摩诃萨顶"，按原文是 dakṣiṇahasteṣvadhyālambya，即"放在他们的右手上"。
③ "余深法"指其他的深邃佛法。此处原文中没有此词。

सम्यक्संबुद्धेन महता प्रीतिप्रामोद्येन स्फुता अभूवन्। महच्च गौरवमुत्पाद्य येन भगवान् शाक्यमुनिस्तथागतो ऽर्हन् सम्यक्संबुद्धस्तेनावनतकायाः प्रणतकायाः संनतकायाः शिरांस्यवनाम्य अञ्जलिं प्रगृह्य सर्वे एकस्वरनिर्घोषेण भगवन्तं शाक्यमुनिं तथागतमर्हन्तं सम्यक्संबुद्धमेतदूचुः -- तथा भगवन्करिष्यामो यथा तथागत आज्ञापयति । सर्वेषां च तथागतानामाज्ञां करिष्यामः, परिपूरयिष्यामः । अल्पोत्सुको भगवान्भवतु यथासुखविहारी । द्वैतीयकमपि, त्रैतीयकमपि स सर्वावान् बोधिसत्त्वगण एकस्वरनिर्घोषेण एवं भाषते स्म -- अल्पोत्सुको भगवान् भवतु यथासुखविहारी । तथा भगवन्करिष्यामो यथा तथागत आज्ञापयति । सर्वेषां च तथागतानामाज्ञां परिपूरयिष्यामः ॥

今译：世尊释迦牟尼如来、阿罗汉、正等觉这样说罢，这些菩萨大士欢喜踊跃。他们怀着莫大的尊敬，向世尊释迦牟尼如来、阿罗汉、正等觉俯首鞠躬行礼，双手合掌，异口同声对世尊释迦牟尼如来、阿罗汉、正等觉说道："世尊啊，我们会按照如来的嘱托去做。我们会按照一切如来的嘱托去做。我们会完成嘱托。请世尊不必忧虑，安心生活。"所有的菩萨第二次、第三次异口同声这样说："请世尊不必忧虑，安心生活。世尊啊，我们会按照如来的嘱托去做。我们会完成一切如来的嘱托。"

什译：時諸菩薩摩訶薩聞佛作是說已，皆大歡喜遍滿其身，益加恭敬，曲躬低頭，合掌向佛，俱發聲言："如世尊勑，當具奉行。唯然，世尊！願不有慮。"諸菩薩摩訶薩眾如是三反，俱發聲言："如世尊勑，當具奉行。唯然，世尊！願不有慮。"

अथ खलु भगवान्शाक्यमुनिस्तथागतो ऽर्हन्सम्यक्संबुद्धः सर्वांस्तांस्तथागतानर्हतः सम्यक्संबुद्धानन्येभ्यो लोकधातुभ्यः समागतान्विसर्जयति स्म । यथासुखविहारं च तेषां तथागतानामारोचयति स्म -- यथासुखं तथागता विहरन्त्वर्हन्तः सम्यक्संबुद्धा इति । तं च तस्य भगवतः प्रभूतरत्नस्य तथागतस्यार्हतः सम्यक्संबुद्धस्य रत्नस्तूपं यथाभूमौ स्थापयामास । तस्यापि तथागतस्यार्हतः सम्यक्संबुद्धस्य यथासुखविहारमारोचयामास ॥

今译：这时，世尊释迦牟尼如来、阿罗汉、正等觉遣散所有来自其他世界的如来、阿罗汉、正等觉，嘱咐这些如来安心生活："请诸位如来、阿罗汉、正等觉安心生活。"他也让世尊多宝如来、阿罗汉、正等觉的宝塔返回原地，嘱咐这位如来、阿罗汉、正等觉安心生活。

什译：爾時，釋迦牟尼佛令十方來諸分身佛各還本土，而作是言："諸佛各隨所安，多寶佛塔還可如故。"

इदमवोचद्भगवानात्तमनाः । ते चाप्रमेया असंख्येयास्तथागता अर्हन्तः सम्यक्संबुद्धा अन्यलोकधात्वागता रत्नवृक्षमूलेषु सिंहासनोपविष्टाः, प्रभुतरत्नश्च तथागतो ऽर्हन्सम्यक्संबुद्धः स च सर्वावान्बोधिसत्त्वगणः, ते च विशिष्टचारित्रप्रमुखा अप्रमेया असंख्येया बोधिसत्त्व महासत्त्वा ये पृथिवीविवरेभ्यो ऽभ्युद्गताः, ते च महाश्रावकाः ताश्च चतस्रः पर्षदः, सदेवमानुषासुरगन्धर्वश्च लोको भगवतो भाषितमभ्यनन्दन्निति ॥

今译：世尊喜悦地说完这些，无量无数来自其他世界、坐在宝树下狮子座上的如来、阿罗汉、正等觉，多宝如来、阿罗汉、正等觉，所有的菩萨，以上行为首的无量无数从大地裂开处涌出的菩萨大士，那些大声闻，集会四众，包括天神、凡人、阿修罗和健达缚的世界，全都欢迎世尊所说。

什译：說是語時，十方無量分身諸佛坐寶樹下師子座上者，及多寶佛，并上行等無邊阿僧祇菩薩大眾，舍利弗等聲聞四眾，及一切世間天、人、阿修羅等，聞佛所說，皆大歡喜。

इति श्रीसद्धर्मपुण्डरीके धर्मपर्याये ऽनुपरीन्दनापरिवर्तो नाम सप्तविंशतिमः समाप्तः ॥

今译：以上是神圣《妙法莲华》法门中名为《托付品》的第二十七品。

* * * * * *

ये धर्मा हेतुप्रभवा हेतुं तेषां तथागतो ह्यवदत्।
तेषां च यो निरोध एवं वादी महाश्रमणः ॥

今译：如来宣说诸法缘起，它们的原因，
它们的寂灭，这位大沙门如是说。